本邦小祠の研究

岩崎敏夫著作集

名著出版

本邦小祠の研究

題字　金田一京助氏

柳田国男氏書信（右 昭和32年， 左 昭和34年）

相馬北端のはやま岳（新地村五社壇）

夜をこめてまつる祭かやまつみの
かがりの影のかひに照りたる
しんしんとせまる山峡の夜の冷え
たき火うすれて人去らむとす

敏

はしがき

――著作集の一冊に加えて――

『本邦小祠の研究』は私にとって思い出の多い本である。福島県下の高等学校に勤めるかたわら、柳田国男先生のご指導もあって、私の郷里の相馬地方の資料を多くつかって学位論文にまとめたもので、堀一郎・臼田甚五郎教授にも当時何かとお世話になった。内容は葉山信仰が中心であったが、その葉山もそれより以後の調査によって、東北地方のほぼ全域が明らかになったが、それらは近年まとめた『東北民間信仰の研究』に入れてあり、『本邦小祠』の時にはまだ入れるまでにいたっていなかった。なお、葉山や氏神のほかに、一般小祠の考察や真宗移民、吉田神道、修験道、巫女の調査などがその内容であった。

この本が最初にできたのは昭和三十八年三月のことで、「岩崎博士学位論文出版後援会」の世話で、印刷は仙台の笹気出版印刷であった。その後も幸いに版をかさね、昭和五十一年九月には名著出版で複刻版ができた。

一方、私は福島県の高等学校から仙台の東北学院大学に移り、当時の小田忠夫学長等の希望もあってはじめて民俗学の教科が文学部史学科内に置かれたのは昭和四十二年であった。そのため東北地方の民俗の調査研究を計画的に行なうことができるようになり、ゼミの学生で民俗学で卒業論文を書く者が毎年十六、七名平均あり、東北の民俗ことに民間信仰などもよほど明らかになってきたことはまことに嬉しいことである。

さらに一方、大迫徳行・岩本由輝君ら私の教え子たちから著作集の話が出て、新たに書いた『東北民間信仰の研究』上下をまずそれに充てたが、続いてかつての『本邦小祠の研究』も、内容はそのままとして、装幀だけを改めた上、著作集の一冊に加えることにしたわけである。ただ、題箋は金田一京助先生の書いて下さったものなので、これだけは扉に移して記念として残させて頂いた。

思えば最初この本ができてから数えれば丁度二十年になる。当時、持館泰・松田一・荒利美氏等地元中心の後援会に、相馬恵胤・渋沢敬三・大槻文夫氏はじめ、ひろく全国から有志の賛助を頂き、ことに金田一京助・西角井正慶氏をはじめ石津照璽・中村吉治・堀一郎・豊田武・阿部信の各氏は、それぞれ特色ある推薦文を書いて下さった。これらの中には物故された方も多いが、この二十年の間に、柳田国男創始の日本民俗学は長足の進歩をとげて当時とはくらぶべくもないほどである。私の手がけた葉山の問題にしても、当時は阿武隈山脈周辺のささやかなものであったが、その後、会津をはじめ福島県内の各地を見、さらに東北南部にひろく分布する葉山、東北北部に多い森の山・もや山を調査するにおよんで、ようやく葉山信仰の本質がわかりかけてきた感じである。しかし初めに見当をつけたことが誤りでなかったことを知ることができて嬉しいと思っている。

とまれ、姿を改めての名著出版からの再刊に当り、多くの方々のお蔭でこの本のできたことを思い、改めて謝意を表してはしがきとする。

昭和五十九年十月

岩崎敏夫

目次

序論

ここには、一小祠研究の意義、二小祠の性格とその社会的文化的機能、三小祠の種類と変遷、四小祠研究の方法と態度等について概説を試みたい。なお小祠研究の従来の成果や問題点等についても、ここには省略したが本論もしくは結論において触れるつもりである。

一

小祠研究の意義

我国において、古来不滅の光芒を放っている社寺の絵画彫刻の類に対して、現在その芸術的価値をのみ讃歎していることが多い。しかし実は高度の信仰を持ち純粋に精進を重ねた結果、芸術的香気高い作品が自然と生み出されたものであって、最初から芸術作品をつくろうとしたものではなかった。かかる信仰的に秀でたものを多くのこした人々を祖先にもつ日本である。たとい形の残らぬものにあっても、信仰の力によって左右され影響されつつ今にたどりついた代々の人々の思考なり生活なりには、やはりすばらしい価値あるものがあった筈である。確かに日本的といわれる生活の中には、信仰が大きな位置を占めているのである。我々の気づかない現代の生活の中に、古代人の信仰生活のいくつもの記念碑が建っているに違いない。

殊に素朴な古代の人々ほど信仰的な生活を送り、神の姿を見、神の言葉を聞くことが出来、神と交り神を信ずることが容易に出来た。神と人とは不即不離の関係で、神は神でもあったが時によっては人でもあった。そして神と交って得たことはそのまま生活に移した、神の言葉によって天候を予知しては農耕に利用し、村に起る吉凶禍福をきいては村のまつりごとに利用した。火事があれば神をおそれ、病が流行すれば神に頼る。一にも二にも神で、神より外にたのむものはなかったのである。人を呪詛するにまで神の力にたよろうとした。神を利用し又悪用し、おだてたりなだめたり、常にこれをまつり慰め、つとめて怒りをかわぬようにせねばならなかった。

一方必要な神には、頼んで時々来てもらって教を乞い、不要になれば帰ってもらう。時代の推移に伴って社会情勢も変化するから、時と所によって必要な神も必要でなくなることがある。又新たに必要になる神も出てくる。

ほこらはホクラで神の居る場所とすれば、また当然研究の対象とならざるを得ないが、やはり広くここに祀られている筈の神の性格なり、地域に及ぼした影響なりを見るところに意味があるのであって、この影響がいかなる時にいかに現われているかを知ることは面白い。

要するに小祠研究の意義は、一つには日本人古来の信仰を明らかにすることにあり、二つにはひろく日本人の生活を明らかにするにありと考える。この二つは結局一つなのであって、つまりはどういうのが真の日本人の日本人らしい考え方であり生き方であるか、が知りたいのである。この日本人を知るため—実は我々自己を知るため—にはその生活を、更にその基盤となっている信仰を、ということに逆もどりしてくる。日々神棚にものを供えるのも、苗代に神を祭るのも、講も、冠婚葬祭も、嫁入りの時氏神に詣るのも、皆これ日常の生活であり信仰であって、これらの中にこそ無形の芸術品はあるらしい。

神社一般の研究は、従来とてもなされて来たのであるが、主にそれは国家神道、神社神道的な立場よりなされたものであって、最も庶民に関係のあるいわゆる民間信仰に属する小祠の類は、馬鹿にされて顧られなかった。いかにも民間信仰という形のものは、非科学的非学問的な感じを与え、事実漠然としてとらえどころがないようでもあるが、社会に及ぼした影響の多いというところに重点をおいて、この視点から小祠をとらえて見たい。もっとも小祠というのも比較的な話であって、どこからが小祠かと責められれば困るのであるが、ここに対象とするのは、公の名簿や神社帳にももれ易いような、名もなき民間の祠を主としたい、というだけである。従来見すてられがちであったそうした小祠に研究の価値を見出し、小祠そのものを明らかにすることに意義を見出すばかりでなく、それが民間社会といかに有機的につながっているかを知りたいのである。

神道は、日本人の生活を規制した一つの統一ある信仰形態であり、小祠はその具体的対象となる。小祠の研究は日本人の生活原理につらなる。しかし近世の神道には一種の道徳臭がただよっていて、古代日本人の生活はおろか現代の姿の真実をどれだけとらえ得るか。方法論の処にも述べるが、むしろ従来の神道よりする方法を避けて、現代よりさかのぼりつつ、日本人の生活様式と、その底に蔵されている心意現象とを探究してゆきながら、小祠を見てゆくようにありたいと思う。それが小祠を通して古信仰―仏教以前の神道―を明らかにする道でもあり、そうした古風な信仰を持った日本人そのものの解明にも役立つと思う。

それには小祠を中心にしておりなされている信仰と、その信仰を基盤にして複雑に組合されている生活とを、有機的に捕えねばならない。動きを動きのままに生き生きと捕えねばならない。それは困難であるが不可能ではない。小祠とは我々の中に内在するものが、たまたま一つの形あるものとなって外に現れたに過ぎないのであって、小祠そのもの、神像そのものが一応固定して動かぬからといって、偶像そのものに我々は価値ありとしない。心の中にあるいは外に、融通無礙に存在するものの方が本体で、強いていわば小祠という形は依代の更にその座に過ぎぬのである。

さて具体的問題となるが、自分の意図したところより如何なるものが問題として残るか。問題に価値ありとすればそれを解決することがそれで一つの研究の意義目的となり得る。大にしては日本の小祠を学問的に体系づけることにあるのはもちろんであるが、小にしては殆んど無数の疑問がわき問題が起る。葉山の問題にしても、これは東北の一地域のみに限る特殊な信仰の如く思われているが、そうではなくて日本全体に通ずる問題であることに注意したい。たまたまその一部が葉山となってこの地方に現れているのである。故にこの神の本質を知ることによって、国全体の古くからの信仰がわかってくると思われるところに意味がある。それだけにまた全国共通な点を探すことは困難であるかも知れない。渡辺万次郎氏等の調査になる福島県の地質図を見ても、海岸地方に近い阿武隈山系の中生期層に当る地域にのみ点々と葉山が連っているのを知るのであるが、こうした小さな事柄にも案外に大きな意味がかくれている場合が多いのである。

二

小祠の性格とその社会的文化的機能

小祠のもっている本質的な性格は、そこに祀られている神そのものの性質と考えてよいわけであるが、祠という形らしいものがあるように思われている以上、一応それも考えてみる必要がある。神の居る場所というより建物というふうに今はとられ易いが、昔はやはり木なり岩なり、山なり川なり、神の居る場所ならどこでもよかったのである。したがって祭場もまたほこらであってよいばかりか、むしろ山そのもの川そのものが神であるという観念は、祭場が山であり川であったために、その全体を神聖視しての結果そういう見方に変ったのかも知れないのである。太陽の恵をたたえて神とあがめ、滝の威力をたたえて滝そのものを神とした観念とは少し異なるように思われる。

それはとにかく祠となれば、生の神そのものよりは一層社会的文化的に考えられる点を多く具備するから、地域において占める位置もおのずから定まってくる。したがって時代により環境によって影響され変化を受けるというより随時随所に適応した社会的文化的機能を発揮する。人が社会に順応する如く神も順応する。むろん時と場合で抵抗があり、それにまた段階はあるが、結局その基準が社会の要求に合致するか否かに存すると思われる。

また小祠は最初の発生がたとい個々的であっても、それが社会的な信仰のいくつかの流れの何れかにとけ込んで、共有の祠として共同体的なものから祀られることになり易い。個人的な氏神が地域共同のものに移ってゆくのも自然なことらしく、必ずしも同族がふえるばかりによるものでもなかった。はじめは時々やって来た神に、常時居てもらうようになると、そこに又社会との新しい結びつきが生じるとも考えられ、ここにおいても小祠の消長は、その属する社会に左右されるといえるのである。そして昔ほどそれが強かった。すなわち考えようによっては神の力はその属する集団なり社会なりの凝集した力の謂であるから、結集された社会の神の力は強く、個人的になってしまったものに属する神の力は弱い。だから、昔の祈願はみな共同でなされたものである。

例えば最近まで部落には、お千度詣りというのがあった。医者にも見放されたような臨終近い病人のために一戸から一人ずつ出て近くの社に詣でたものだが、この辺の風として社の周辺を千度回る。人数が多いほど早くすむ、この千度まいりは、頼み少くなってほとんど絶望に近いよくよくの時が多かったから、回りあげぬ中に急ぎの知らせが来て病人は今目を落した、と伝えることがよくあった。人々が輪を解いて淋しげに帰り去ってゆくのをあわれな事だと子供心に思ったものである。旱天が続くと雨乞をした。私の父は神職だったから、村から頼まれれば山上の社で祈祷せねばならなかった。部落あげての神事ゆえ、一戸一人ずつ蓑笠をつけ草鞋をはいて、雨たんもれの呪文を一斉に唱和して笠で海から雲を呼ぶのであった。すると必ず雨が一粒でも降って来ると信ぜられた。降らぬのは信仰が足らぬのであった。

したがって小祠信仰の社会に及ぼす影響は大きい。年度はじめの村寄合は村の社で行われることも多かった。後に詳述する村々の葉山の祭などには、最近まで部落より一戸一人ずつ集って、一人に神をつける。その神が翌年の作の豊凶をはじめ吉凶禍福のあるなしを告げる。人々は肝に銘じて村の政治の重要な参考としたのであるが、これも部落共同のことで個人のことではなかった。村に火事があれば秋葉をまつり、麻疹がはやれば白鬚の祠に雲集し、チフスが出来ると村の天王がにぎわう。ただ時代が移るにつれて個人的祈願が多くなり、社会機構の変化するにつれて神も分化し、その仕事も分業的となってきた。同じ病気でも中気には青麻、歯痛には白山、子供の夜泣ならどこ、虫封じにはここといった具合である。

小祠は政治的にも文化的にも地域の中心、集団の中心であった。ということは、昔の生活は信仰をぬきにしては考えられなかったということである。試みに各地に残る市の類は、その殆んどがその土地の社寺の縁日か何かと関係を持っている。村祭の実権はこれも大てい若者組が握っていた。その他年中行事との結びつき、稲作儀礼との結びつき、狩や漁との結びつき、考えてみれば直接間接に信仰と関係のない生活などはないのではないかと思うばかりである。氏神まつりにおける祖先崇拝の観念などはいうまでもない。仏教はむろん中国の儒教も道教も、思いの外に入り込んで我国の信仰をゆがめて―あるいは正しくかも知れないが―いることはわかるが、しかもなお日本的な観念は、村々の小祠によって涵養されてきたと言ってよさそうである。泣く子を負うた貧しげな母親が、子安の祠に額づいているのを見たり、老婆が神おろしの言葉をきいて泣いているのを見たり、馬車ひきが草鞋を足尾の石神に供えているのを見たりすると、信仰心の乏しい私にすら、「日本の神々」の存在を信じ、敬虔な心持が湧いて来る。小祠は確かに昔の人の心のより所だったのである。

ついこの間、宮城県船岡の在にある高い山の頂にある葉山に登ってみると、丁度祭の日なので、藁つとに入れた種籾が堆く供えられてあった。これを一つ借りて帰り我家の種籾とまぜて蒔き、収穫がすんだ時二倍にしてお返しするのである。これも全国的な古い風習である。沖縄における信仰は、古代日本のそれと同系のものだといわれているが、祖先崇拝、巫女、嶽、祓などの思想が、今も彼地の信仰の根底をなしているかに見える。そうとすれば我国の葉山の信仰などと共通する点が追々見出される筈である。

要は小祠が何故に上述のような役目を果さなければならなかったかということであるが、やはり個人でも集団でも、人間の力の限度を考え、人間を超えた力、神の力というものを考え出して、これにすがって安心を得る外は結局なかったのであろう。小祠はこれに応えて、その時代その社会に適合すべく、それぞれの持つ社会的文化的機能を発揮しつつ展開して来たものであると思われる。

三

小祠の種類と変遷

神の種類は何を基準に見てゆくかは困難な問題であって、古く天つ神国つ神という見方から、自然神とか祖先神、勧請神とか土着神、祭神で分ける方法、あるいは高級な神霊や下級の精霊といった見方、また時代々々で見る方法もあって、これなら発生展開のあとも辿ることが出来よう。または形の上から、みや、ほこら、やしろなどを中だちとして見られぬこともない。しかし神の本質に触れ得ぬまでも、なるべく近い見方とするためには、やはり神の機能よりする分類がよいと考えてこれにしたがったが、それは後述の如く、神を必要とする人間の生活の分類でもある。分類の詳細は本論にゆずるが、むろんあれで尽きて居るとは思わない。とにかく多くの神々はそれぞれ異なった性格を持ち、これらの機能の一つあるいは幾つかを兼ね具え発揮しながら神さびているのであって、社会生活に影響を及ぼす程度のつよい神ほど高く評価されている。

国土創造に力を尽した神よりも、部落に雨を降らせてくれる神、五穀を実らせてくれる神の方が村では尊ばれた。国家の統一に力を致した神よりも、部落に病気の入らぬように防いでくれる神、火事を防いでくれる神の方に関心を抱かれた事は当然である。祟をなす御霊神、縁結びの道祖神、難産を救ってくれる子安神、こういう種類の神がより庶民に親しまれたのは、我々の生活の中に呼吸している神だからであった。また一般に稲荷系の多いのは全国的なことであって、これはその発生確立時代に農業が盛んであったことを示すものであろうが、一方後世になって田神系のものに、殆んど見さかいなく稲荷の名を冠したことにもよるらしいのである。何れにしても農業地域が広範にわたり、また農業が生活の中心であったから、これを無視し得なかったためである。

しかし時代が変遷すれば、社会構造が変り生活が変る。また古い職業がすたれて新しい職種がこれに代る。狩猟の神が不要となり、農耕の神が必要となる。その農耕の神も農業技術の発達に伴い複雑に変化する。従来巫女山伏の類と共に禁厭医術の類を引受けていた神は、医学の進歩でその職を人間に奪われた。

なお一、二の例をあげれば、みわたりという古い小祠があるが、古くは水の配分を司ったと思われ、灌漑に関係があるらしい。それが海岸や渡船場のような所では航路安全の神となり、近世は恐らくは音の相似からにわとりと変じて咳をなおす信仰となり、鶏の絵馬を上げる。道祖神は道路安全行旅守護より、男女愛敬縁結び性病治癒、更に市神、耳の神、地蔵と結んで火防の神、猿田彦と結んで先導神というふうに、その先後がにわかにわからぬまでに複雑な変化を遂げている。山の神は山の神で、火難盗難よけ、安産、縁結び、漁の信仰、葉山の山の神作神の信仰はよいとして眼病、妙見の星の信仰から軍神、馬匹守護等々、殆んど止まる所を知らぬ有様であるが、その変化過程は注意すればある程度明らかにすることが出来そうである。足尾の信仰の急激に衰えたのは、道路がよくなり旅行が楽になったからであり、人力車夫の如き足を用いる職業も少なくなったがためである。戦争中あれほど栄えた八幡祠に今は参る人もなく、難産がなくなった現今、子安の神はどこもさびれ果てた。そして問題はどのように変遷したかというよりも、なぜに変遷しなければならなかったかということなのであるが、別にも述べた如く結局は需要供給の原則による。但しいかなる場合でもその時代の人が信じ得るものでなければならなかった。病気にしても、信じたから治ったのであり、信じなかったり信じ方が間違っていたりした場合は治らなかった。こういう考え方を肯定していた古代人の信仰を知ることは、古代を考える上に案外に大切なことなのである。

このように古代の人々が純情素朴な心で感じ取っていた頃の信仰の対象というものは、恐らくは美しい山や海、恐ろしい火山や地震、淋しい森や淵、気味悪い蛇や亀、不思議と思われる生殖作用、強い動物、たくましい大木古木、奇妙に病気の治る温泉といったふうに、主に自然物ないし自然的な作用に神秘性を認めていたのであるが、人間の思考能力が発達し、生活が向上するや、そういう方面の神もふえてゆき、性格機能も多様且つ複雑となり種類も多くなった。例えば御霊信仰一つを見ても、単純明朗な自然崇拝とは趣を異にし、陰鬱悲惨な人間の思考を背後に感ずる。すなわち平安朝には流行神がはびこり、もののけ信仰が盛んであったが、時代の社会観念と結びついて多くの御霊神が出来た。一方これを和めようとする考えも強くなり、それが鎌倉期につづき、祟をなす小祠や怪異をまつるものが多かった。それが江戸期の民間信仰につづき、殊に陰陽五行説と結んで一層複雑化したものである。この外、大黒やえびす、荒神、田の神、地神など中世ないし近世より種々の変遷を遂げて現在に至っている。

さて従来存在すべき理由がなくて存在した小祠などは一つもない筈であるのに、それが近時、殊に戦後急激に減少し来ったについては理由がなければならぬ。要するに存在の理由と意義が乏しくなってきたのであるが、その原因となるところのものは、従来信仰が厚くものを信ずる念の強かったのに、近時信仰を軽視する風の多く生じてきたこと、病気災害等で神に依存したのに、科学の発達に伴って信ずるに足らなくなったこと、人に素朴性が薄れ、また唯物的な見方をするようになったこと、祭なども昔はよほど実用性があったのに、今は必要性が少くなり廃止されるか、あるいは娯楽的に変って残っていること、教養的アクセサリー的になったともいえるかも知れない。要するに従来のような存在価値は次第に否定されて小祠はなくなって行くかに見えるが、この間にあっても小祠の性格が変りまたは機能が別なものになって、新たな存在価値を見出されるものは残るのである。これもまた小祠の一つの変遷に間違いなく、一種の神の蘇生、神の不滅と称してもよいかも知れぬのである。

四

小祠研究の方法と態度

小祠は何が故に発生し、何が故に変化しつつ現在の形にまで進んで来たかを知ることは興味深い問題であるが、最初より発生を明らかにしようとすることは殆んど不可能に近い。時あって現代に古い姿を現すことはあるが、それを待つわけにもゆかない。ただいえるのは、現在における小祠の信仰は、古代の原始信仰の上に積み重ねられたものである、ということである。故に民間信仰というからには、我々の周囲に存在すべくして存在している小祠を、我々の息づいている現代に行われている信仰をもととして、実際の採集より手をそめねばならぬ。今行われているものこそ、豊富なそして生きた資料であるから、これを掘下げて見ることを心がけたい。文献の大事なことはむろんであって、有力な資料たることは間違ないが、実際には、小祠のことを記述した、殊に民間の小祠を取上げたものはまことに尠い。これは民間日常の衣食住と同じく、小祠などには気をとめて見ようともしなかったからである。

次に研究は、現代の資料を究明して次第に上代にまで、能う限りさかのぼりたい。大正時代はどうであったか、明治時代はどうであったか、時代による差違も地域による差違もある程度解明出来て、ことによっては発生まで明らかになるものもあろう。何故なれば一つの小祠と雖も、いつの時代かに発生し、何等かの原則によって変化発達しつつ現在に至っていると思われるからである。出来得れば現在の資料を基礎にして発生にまでさかのぼり、発展変化のあとを明らかにして、再び現在の姿に立帰り、その存在価値を見直すべきである。それには小祠個々の研究も大事であるが、同種類のものの研究がなお大事である。そしてその変遷過程を通して、現在の信仰の中に、原始的信仰がいかに残っているかということ、それが仏教や修験道や神道、さては儒教や道教の影響をいかに受容し、いかに変貌してきたかが知りたいものである。それは現在の巫女の生活を見ると、ある程度昔の神の変遷がわかる。現在の修験道を見ると、ある程度神道の姿がわかる。現在の葬法を見るとある程度古代の魂の行方を想像することが出来るようなものである。ただ信仰の発生というものは、極めて古い時代に淵源していても、途中地にもぐって見えなくなり消えたかと思われても、突如として後世に古い姿で現われることがある。古い竹の根が枯れもせず、何かの刺戟にあえばそして条件が揃えば、思わぬ時に思わぬ所に芽を出すようなものである。その根は小祠にあるのではなくて、人間の心の中にあるのであろう。古代より伝わる人間の血が全く変ってしまわぬ限りは、それを遺伝し芽を出し花を咲かせるものらしいからである。それは環境が異なれば同じ信仰でも現れ方に相違は出来よう。すなわち同じ水の信仰でも、山国の人の感じ取る信仰と海村の人の考えるそれとでは異なってよい。また山の人に山の神の必要があっても、海の人には不要で海の神の方がより望まれる。ここにその地方の生活と結びついて、時代と共にうつり変るものがあるのであって、そういう信仰の生きた所を私共は見たいのである。

したがって当然起る問題は、比較研究ということである。個々の調査が忠実になされ、またいかに深くなされても、比較がなければ学問的に高いものとなり得ない。それぞれの時代に存在した同じ類の小祠を比較研究して見れば、そこには必ず共通したものが見出されるであろう。この類型を求めねばならない。私は一応名義、分布、分類、それぞれの異同とに分けて小祠を見ようとしているが、これも一つの試みに過ぎぬかも知れない。ただ注意すべきは、葉山にしても、葉山という名の神のみが葉山とは限らないことで、熊野岳の熊野が実は葉山であったり、羽黒がそれであったりすることもないではない。ただ葉山の名称は殆んど東北に限られているから割合もれることはないが、その代り葉山以外の地より、これと信仰を同じくするものを探し出すことは頗る困難になる。しかしこれを敢えてせねば葉山そのものも、本当は明らかにならぬのである。

かく考えて来ると問題はいよいよ広くなる。全体を概論的に見るか、一つの信仰を掘下げてみるか迷わざるを得ぬのであるが、自分は地域をせまく限ってその両方を見ようと欲張ってみた。そこには信仰が生活と如何に結びついているか、そして何か一つの法則のようなものがあるのではあるまいかと考えてみたものに過ぎない。そういう中でも自然にかたよって行ったのは葉山の方へであった。

心意現象は、その土地に長く住みついて、常にそのつもりで見て居らねば皮相のことしかわからない。かつ採集の技術の巧みだけをもってしては、信仰の問題の解明は難しい。自分は決して適任ではなかったが、少くとも土地の一員であったために、敬虔にものを見または聞き、素直に村人の考えを自分も考えることが出来た気がする。

次に小祠そのものの調査研究の大事なことはいうまでもないが、それを一層明らかにするためにも、小祠に影響を及ぼし、これが発生あるいは展開をうながすに至った時代ないし地域の背景が明らかにされねばならない。そのためには周辺の諸信仰を明らかにすべきであるし、また一方周辺の諸科学、殊に考古学、民族学、宗教学、史学、社会学等の援助を借りなければならぬ。この外哲学や心理学その他大なり小なり影響を受けている諸学問は非常に多い。我々は心をひろくして周辺諸学と提携し、小祠の研究に向うべきである。

最後に結論への態度であるが、この論文には小さな結論めいた事は幾つかあるが、まとまったものは出さなかった。それは自分の力の足らぬせいでもあるが、やはり資料を出来るだけ多く集めてこれを有機的に配列し、そこから自然に結論が生み出されるようにありたい、これが願であった。それにこの問題ならここまではは っきりしている、この程度の資料からはこう考えておく外は今はないという考え、これが民俗学的な考えだと確信しているからである。しかし私といえども最後には、本当の日本の神道とはどういうものであるのか、それを知るのが最大の念願なのである。

なお、以前に氏神を調査したことがあったが、その時の調査要目を参考のために掲げる。

一、氏　神　一　般

(一) 1 氏神もしくはこれに類する名称及び意義をもつ神ありや

2 うぶすなの意義

3 鎮　守　の　意　義

4 右三者の相違、殊に土着神と外来神とにつきて

(二) 1 氏神とその家、氏族、村との関係

2 個人の氏神にして後に部落共有の神となりし例

3 氏神として祀る神は何々、即ち
4 祭神不明にしてただ氏神とのみ云ふか
5 其家所属の神霊と思はるるものを祀祭することありや、あらばその伝承
6 祖神を祀るものあらばその氏族との関係
7 先祖を祀るものあらばその伝承、殊に年忌過ぎたる仏を神に祀ること
8 歴史上の神明を祀るもの
9 生霊　死霊　等
10 精　霊
11 其他を祀る場合
12 新たに氏神を祀る場合
13 他の祭神を近来神に合祀せる場合

(三)
1 氏神の嫌ふことは何々
2 右につきて家や村に於て作らぬ植物、飼はぬ動物、食はぬ食物及び為してならぬ行事等
3 氏神はいかなることを喜ぶか、村でいかなる人が助けられ利益を受くるか
4 反対に祟や罰を受くるはいかなる人、いかなる時
5 その他氏神と家及び村との信仰上のつながり
6 氏神を中心とする村の行事

(四)
1 いかなる時に氏神に詣るか、人一生のうちで詣りはじめは何時か、必ず詣るべきのものとしているのは何の時か
2 氏神祭の名称と意義
3 氏　神　の　祭　日
4 此日はいかなる日、特にその家だけの祭の日か、村一般の祭の日か、殊に村の神社と祭日一致し居らば、その関係の考慮
5 祭日に伴う物忌とそれをなす人、主として祭を行ふは誰か
6 忌　穢　の　こ　と
7 祭の供物、供へねばならぬものは何々
8 幣を作るは誰、作り方、種類、色

9 幣は何時何処より受け来りて、どこにどう供へるか、方法と順序、本数
10 人の招待、座席、分家本家の関係など

二、氏族の氏神

㈠ 1 氏神は本家にのみありや、草分けの家などは如何、其他特定の家にありとすれば、いかなる家
2 分家にもありや、分家にはすべてありや否や、又特定の家ならばいかなる家
3 同じ氏神を何軒でもって居るか、その場合の姓氏及び出自
4 氏神を中心とせる本家分家の相違
5 祠の鍵持と氏神氏子との関係、氏子総代のこと
6 氏子とうぶ子
7 氏子の範囲とその氏神との関係
8 新たに分家する時の氏神
9 聟入り嫁入りの場合
10 他に転住するときの氏神
11 右の場合残されし氏神の管理
12 他より転住し来れる時の氏神
13 右の場合氏神を持来らぬ時は如何
14 新たに氏子に加入する際の条件
15 新加入者に対する村人の取扱、新加入者の義務等
16 つぶれ屋敷の氏神

㈡ 1 氏神田及び初穂につきての伝承
2 氏神の管理維持方法

㈢ 1 祠の所在地につきて、即ち本家の屋敷内におく場合
2 部落の神社の境内等に
3 その他におく場合
4 氏族共同にて祠を祀りおく場合あり

5 各家に祠あれど同一場所に寄せ集めて氏族共同にて祀りおく場合

三、家々の氏神

(一) 1 家内及び家外にまつる場合、その家の神の種類と伝承

2 氏神と神棚、屋敷神等との関係

3 氏神は屋敷内のどこに祀るか、方角其他

4 屋敷以外の場合あらば、その場所との関係

(二) 1 氏神祠は何を以ていか様につくるか

2 毎年祠をつくり改むる風ありや、あらばその伝承

3 いかなる場合につくり改むべきものに考へ居りしや

4 祠の無き氏神ありや、あらば何をもってしるしとなすや

(三) 1 氏神の神体

2 幣の入替へにつきて

(四) 1 氏神の管理者、本家分家の関係、家督相続、戸主権との関係など

2 氏神あらそひ

3 其他

四、村の氏神

(一) 所在地

(二) 由緒

(三) 氏子関係

(四) 其他

(細目省略)

さて小祠の研究の中心地域を相馬に選定した理由は既述の通りであるが、なお附加すべきものがある。すなわち相馬には縄文弥生の遺跡が多くこれに伴う古い小祠のあること、東北一般の風として、文化の動きが緩慢で途中において急激な変化が認められないこと、中世、相馬は頼朝より拝領の土地で、爾来珍しくも明治維新まで一度も国替にならなら

ず、相馬氏のみによって治められたこと、したがって封建性がつよく、また平凡な時代が続いたこと、その上土地の風として領民は素朴であったから、改革などあまり好まず、生活にも信仰にも旧習を忠実に守ろうとし、新風を入れようとしなかったこと、元禄の頃出た藩主昌胤は、敬神崇仏の念厚く、古い信仰を復活し、新しく社寺を建てたために、領民もこれに習ったこと。以上のような理由で、古い信仰が数多く相馬に残ったのである。ために江戸晩期の藩誌なる奥相志にも夥しい数の小祠が挙げられていて、調査を助けてくれる結果となった。

最後に本論に入る前に、相馬の社会的歴史的ないしは政治的経済的背景を略述せねばならぬ。

相馬は現在福島県の東部、いわゆる浜通り地方で、西には阿武隈山系が連り東には太平洋をひかえている。もと相馬藩で、藩領は現在の相馬郡の全部と双葉郡の北半に及ぶ六万石の小藩であった。この地方の上古の歴史は詳かにしないが、縄文、弥生、古墳時代の遺跡の数々を見、真野の古墳群は中でも著名なのみならず、万葉集によまれた真野の萱原もここであろうと推定されている。八竜祠如き祠がこれらの遺跡地に今に見られるのも一つの特徴であるが、延喜式には、宇多郡名神大社子眉嶺、行方郡名神大社多珂、小社高座、日祭、冠嶺、御刀、鹿島御子、益田嶺、押雄、標葉郡名神小社苕野とある。

この地は前述の如く頼朝の時、相馬氏の祖相馬師常がこれを賜り、元亨三年下総より封をこの地にうつして以来、地方の豪族を次第に服して勢威を張り、遂に明治維新に至った。はじめ相馬氏は氏神として妙見を将来して以来、領内においては領民信仰の一中心となったが、各村落にまつる神々は従来の通りで別に圧迫されることも無かった。相馬市の熊野なども地方としては古い社であるが、相馬氏とは関係なく、文治年中紀州藤代の住人鈴木重原の持来ったものと伝える。

先に相馬氏は太田に落着き、数年にして小高城を築いてこれにうつり、慶長の末年相馬中村に移城するや、この地に城下町を形づくりそれを発展せしめて、後年地方の小都市になるに至った。かくて先には武家文化の伸長が目立ち、頻りに城市を整備し、武士を養成して勢を拡張し志風を高めた。併し隣藩伊達をひかえて席あたたまる折もなく戦争に明け暮れる年が続いたが、この大藩にも併呑せられなかった。相馬の士風が万事質実剛健を旨とし、礼節を重んじたのも、藩時代を通じて隣におそるべき大藩をひかえての結果に外ならず、安逸をむさぼることの出来なかった社会事情が、相馬の生活に非常な影響をもたらしたのである。敵に当る時は妙見の神水を飲み、誓って退散を期したことも記録に見える。江戸期氏神の祭礼にことよせて野馬追の祭を行い、ひそかに武備を拡充したこともよくいわれるところである。

かくて戦争も一応落着くや寛文頃には、田制禄制を確立して内政を治め、はじめて講学所を寺院に設けて文教を盛んにし、武家法令、百姓法令、町人法令を定め、遂に経済的にも元禄の盛時を迎えるに至った。風雅の藩主昌胤の出たのもこの時代で、彼は和歌を京都の中院通茂に学び一派を立て、また吉田神道に帰依して盛んに社寺を建立し、野馬追を盛んにし、領内に新名所を設定するなど、当時の文化人であった。

やがて天明の凶作に遭遇するや、太平に馴れた一藩は忽ち窮乏におち入り、餓死逃亡者相つぎ流行病に斃れるものも多かったから、労働力は減少し、田畑の手入も行届かず、天明四年の損毛高七万六千石、人口は最盛の元禄十五年に比すれば、五万七千人の減少で、割合にすれば六割三分の減であった。

爾後代々の藩主は、この窮乏の打開策に苦しみ、殊に文化以後、益胤は極度に節険を重んじて経済的に藩政の建て直しを試みたが、借金はかさむ一方で利息すらも払うことが出来ず、殆んどどん底に立到った。これが藩の衰微期である。

しかし幸にも右の益胤及び子の充胤は賢明であった上に賢臣相ついで現れ、万難を排して危機を切抜けんとした。まず藩の政策として人口増加をはかるべく、文化中より北陸地方から真宗移民を招致した。幸にこれが成功をみて、いわゆる新軒増加は目に見えて現れ、弘化二年までに移民の数は千八百戸になり、その後も逐次増加明治二年まで続いた。ために従来殆んど見られなかった相馬の真宗はにわかに多くなり、寺院は増加し、それよりも生活及び信仰の面で、相馬の土着民に非常なる影響を及ぼした。

次にこれと平行して弘化二年よりは、二宮尊徳の富国安民の方法が行われた。これは二宮四大門人の中の二人まで、すなわち富田高慶と斎藤高行の二人が相馬の人であったために、極めて好都合に行われた。しかし最初はこの方法も外来の危険思想視されて、排他的な相馬の人々からつよい反対があったのであるが、指導者よろしきを得たおかげで藩の仕事として立派な成果をもたらし、ここにはじめて再び盛んな相馬に立帰るを得たのである。これが庶民文化の興隆の時期といえる。藩の最後の事業であった士族帰農の法もよくゆき、人々は経済的に少しずつ安定を得、随って教育その他にも力を注ぐ余裕が出来るようになって明治の新時代につながるのである。

明治戊辰には、いわゆる戊辰の役で相馬は一時官軍に抗する羽目となったが、元来勤王の志をもっていた為に早く服従してしまい、大なる兵火は被らずにすんだのである。そして廃仏棄釈はここでも行われたが、実際は懸声だけであまり熱心には行われなかったのである。

本論

第一編　葉山、氏神の考察

第一章　はやまを中心として見たる祭祀の本質

第一節　はやま祭の本質

祭祀の本質をどう見るかは問題であるが、自分は

一　祭場と神の降臨
二　御籠りと物忌み
三　神饌と食事
四　託宣
五　神幸
六　芸能神事

とに分けて考察してみたい。しかも祭の本質よりすれば、すべて団体なり集団なりで行うのが本当と思われる。しかも祭の原初的といわぬまでもなるべく古い形をとらえようとすれば、相馬如き限られた地域では不可能であって、勢

い断片的にならざるをえない。即ち神幸があっても物忌みが無くなっていたり、供物を供えることはあっても託宣がほろびていたりする。もっとも古代の祭と雖も、必ずこれら全部を具備する要があったともいえまいが、ともかく託宣などは現在殆んどほろびて残っている方が珍しい。こうした中に、幸に上述の如き諸形態を欠くことなく備えているのは、ひとりはやまの祭位なので、これを中心に祭の古い形を考えてみようと思う。それにしても資料が不足なので、相馬以外のものも参考にして、当地方の祭を見ようとする。

一　祭場と神の降臨

たけはただの山の意でなく、神霊の宿る所というが、はやまもたけであった。はやまは存在する場所より見ても端山の意味であろうとは別にも記したが、奥山に対する里近い山なることは恐らく疑いないようである。はやまの、記録上の祭神というのは、はやまつみとか、はやまどの神であるが、古事記等によれば、前者はいざなぎの神がかぐつちの神を斬った時に生れた神とし、後者はみとしの神の子としている。何れも最初から単なる山の神、穀物の神でなかったと思われる。現在相馬辺の信仰は、作神としてであって山の神としての信仰は頗る希薄なようである。

古代人は深山に山神の霊を信じ深淵に水神の霊を考えたように、人文が開けて農耕が盛んになっては五穀を司る神、養蚕が盛んになっては養蚕の神というように、招いて頼まざるをえぬ神々も追々とふえたのであろう。神霊の常に在る所も同時に祭場であったろうが、遠くに居ってまれに来て吉凶を知らせかつ頼みを聞いてくれる神に対しては、特に祭場を設けて降臨を頼み、一族一村を挙げて厚いまつりを営んだ上で帰って貰う。そういうことを繰り返した。後には帰って貰わずに、またたといお帰りを願っても、また今後の為にと神殿を常置するようになったのである。こうしていわゆる神社は数多くなるばかりであったが、古代には社殿のある神社の数は至って少かったと思われるのである。

例えば小さな屋敷内の氏神にしても、古くは祠が無かったのが普通で、氏神祭の日に新藁でつくるのが本当であった。それを年々繰り返すのがめんどうになったかして、それに藁の祠ではいかにも粗末に見えるので、木や瓦や石で永久的な祠をつくる家も多くなった。こっけいなのは、そうした立派な祠がつくられてあるのに、しかももとの気持もすてきれずに、祭の日になると祠の側に藁でお宮をつくらぬと気のすまぬという家も、今になお多いことである。土地の風として秋には水神を水のほとりに祭るが、やはり祠は無く、氏神をまつるように藁で臨時の祠をつくることが多い。この外祠をもたぬ神も探せばまだまだある。

氏神や水神はさておき、一般的にみて神の祭場は山とか森に多いのは、そういう所へ神は降臨するものだと古代人は考えたからである。殊にはやまは、田の神が山へ入るという形らしいので、必ずこれは山でなくてはならなかった。後世の勧請によるはやまはそうでないが、古いはやまは皆山であった。

一方古い時代、墓が山の上にある事も多かった。くわしくは別にいうが、私共が発掘した円墳、前方後円墳等で、山上にあるものが幾つかあり、またこれも後述するが肉体を葬ったほとけっぽに対して、死霊をまつったとうばつかは高い所にあった。恐らくは神霊仏霊を問わず、そうしたものの集る山がいくつもあったものと思われ、はやまもそれに関連があると考えるのである。

社殿の無い神社は古い形と一応考えてよいわけであるが、近年になって社殿をこしらえたものが多い。昔は祭場に、すなわち岳の頂に樹木があればよかったので、無ければ大きな岩石などでもよかった。山中郷関沢、比曾、松塚、大倉のそれぞれのはやまも、社殿は名ばかりのもののようで、信仰の対象はやはり山自体であった。

信夫郡金沢のも同様で、形ばかりの石の祠がつくられたのは明治四十年のことで、それ以前は山そのものが神社であり祭場であったわけで、祭神は天地の神だとしている。ここのはやまは殆んど村の中央に位置し、山という程のものでもない雑木の繁茂した三角形の丘で、中腹の鳥居にしめ縄がかけられ、ここよりは女人禁制であるばかりか、男でも普段はよくよくのことでない限りのぼらない。したがって木はのび草は茂るままで、祭の際参道を伐りひらいて道らしくする位のものである。この度当福島県の準十大祭礼に選ばれたとかいうので、その報告祭を頂上で行った時も、一同垢離をとってからでないと登らなかった位で、今に頗る神聖視されている山である。まして女性で登って見ようなどと思う者は、土地には一人だっていそうにないという。

極く近年まで奥の三山に登る時は、村によくあった行屋にこもって精進潔斎したが、はやまに登る時もそれがあった。山中郷松塚の行屋などは、今に残っている僅かの行屋の一つであるが、ここに人々はこもって物忌みをし、神壇をつくってはやまの神を招いたりするので、ここを祭場と考える人もいる。また事実そうした場合もあろうが、やはりここは神の送り迎えに仕える人々が物忌みをした所に過ぎぬのであって、このいみ屋に神を降して神託をきく大倉の場合の如きは本当は例外であって、祭場は恐らく別の場所であったものを、便宜上こもり屋の一隅に移したに過ぎぬものと思う。金沢でもこもり屋で神をおろすが、それは翌朝岳で行う神事の完全を期するためのものであって、本当に神をおろして神託をきくのは頂上の祭場においてであった。

次にぼんでんは、いずれのはやまにおいても祭の時は無くてならぬもので、これを高々と立てて祭のにわを表示した。大倉のはやまでは、早朝こもり人が御山に登る時持って行って頂上の木にしばりつける。杉目のはやまのぼんでんは、藁を筒のようにして幣をさしたものをいい、長い竹竿につけて上げた。

信夫金沢のは、長さ三間から三間半位の青竹の先に幣束をつけたもので、中頃に白紙を巻いて水引で結び、下端を藁で包んである。祭の早朝はやまに登る時、一本を本社と呼んでいる黒沼神社の社殿に立てかけ、一本を途中垢離場に立て、残る一本をはやまの頂祭場に立てる。もとは神木の大松に立てかけたというが、今は枯れて無い。やや短か目のぼんでん、二間半位と思われるもの数本、これはその年に新に祭に参加したこそうと称する人々の納めるものという。昔は奥まいりに出かけると、残つた家族のものは、その帰ってくるまで屋根にぼんでんを立てておいたということを、やはりここで聞いたが、明かに潔斎して神をまつる場所と期間を示したものに相違ない。石城地方の正月鳥小屋にも、無くてすまぬものはぼんでんであった。

神の降るのは岳の頂であったと思われ、その処にある樹木であった。石城の辺で苗代に木の葉のついたままの木を立てる所があるが、もともと田の神のより給うものであったろうし、苗見竹も、水口まつりの串も関係があったに相違ない。

祭場にはしめ縄を張って、潔斎せぬ者を入れない。金沢の場合をいえば、山の頂に三間に二間位四角にしめを張りまわし、そこをにわという。にわには一般の人は足をふみ入れる事は出来ない。神幸の先頭が山に到着すると、しめの中に入れるのは神官とのりわらのみで、こもり人といえども入れず、供物などがあって止むを得ぬ場合は何十年も祭に奉仕した老人に託して上げてもらい、老人もその事がすめば直ちに退出する。神と神の介添だけしか入らぬ厳重さであった。ただ一筋の粗末なしめに、目に見えぬ威力を、にわに平伏するすべての人々は疑もなく信じているのである。しめ縄の威力は、大塚権現やあんば様などにも、まだ名残を止めていると思われる。

神はいずれか遠い所からはやまの岳に下り来り、祭がすむと帰り去ると考えられているが、岳に集るのははやまだけでなくよろずの神々、殊に近くをしきます産土神や時には氏神も寄るものと考えられた。現に相馬のも信夫のも降りる神ははやまであるが、その外氏子と特に深い関係のある神も現れることは託宣によってわかる。金沢のなどはしんめいや八幡、諏訪なども降りて託宣するが、それを世話するのははやまの神で、そのことは何神に聞け、この事は誰神に聞けとか教えるが、作だめしはすべてはやま自身が引受けているのを見ても、はやまの作神であることの証拠の一つとなると思う。

またこれは比較的新しい時代になってからの考えと思われるが、神はいつも岳にあって守ってくれるとも考えている。殊に祭場が山でなく麓などにある場合はそうなので、祭場に神降って祭を受けてくれるという考え方であるが、さすがに個人の家にまで来臨してくれるとは考えない。少くともはやまの祭は個人的なものでは今もないので、神託にしても大倉でも臼石でもその他みな、託宣の中心は村全体、氏子全体のことで個人の上についてではない。はやまに神が降るといっても、もちろんここの神の専有でなく、国々に幾つもそういう霊山があって、多くの神はそこを利用して来臨したものではないか。たまたまはやま神の利用度が多かった事と、はやまは作神であった故に里近くの神でなければならないという条件があったから、特にはやま岳は目についたかも知れぬのである。諸国に残る神降臨を伝える岳も、恐らく何等かの意味でこれと関連があるのであろう。例えば会津高田の伊佐須美神社は昔天津嶽に天降った神といい、今に名高い御田植祭があって作神の感が強く出ている。石城の大塚も新しかろうがはやま信仰と酷似している。

米に呪力のあることは知られているが、それを撒くという行為によって更に強まるものであったと思われ、神の降臨を促す力を信じたのかも知れない。金沢のはやまでは託宣のはじまる直前、神を降すと思われる時刻、祭場一面の地に米をまく。今も五合はあろうが以前は一升まくのが本当だったという。田舎の社などで爺婆が無駄になるのもかまわず、ぱらぱら米をまくのを見るが、神に上げるだけならこんな粗末な上げ方はない。

神の来訪する日はいつか、月の一日、八日、十五日、二十三日などを今に神日と称しているが、年にすれば二月八日、四月八日、十月八日、十二月八日などが多く、年神の来る正月や仏の精霊の来る盆もこれに加えられる。以上で見れば八日は神降臨の日か。少くともはやまでいえば、相馬ではそのほとんどが十月八日で十一月八日と四月八日が少しあるに過ぎぬが、十一月は恐らくは十月と同じなのであろう。八日吹きと称して、はやまの祭にはよく風が吹くとも、吹くほど作がよいなどともいうのも神の来臨する日なので、普段と何か違ったところがあったものと思われる。

相馬でも山の神は春に田へ下りて田の神となり、秋山に入って山の神になるといっているが日ははっきりとはいっていない。私ははやまの神も田の神であって、十月八日田の仕事がすんで山にこもる行事がこの祭であろうかと考えるが、十月にはやかましい物忌みがなされるのに、春再び田に下りる筈の時には物忌みもなく、第一春の行事そのものを一向に重く考えていぬのはどうしたものであろう。それに半年間山にこもるとは長過ぎるようでもあり、春四月祭をする社は一、二に止り、他は殆んどすべて秋のみである。伝承をたどってもはじめにあった四月八日がほろびたとも見えぬ。しかも一方四月八日を浜下りと称して神々が海浜に下る風のあるのと思い合せれば、恐らく神の来臨は最初秋の一回であったかも知れぬが、早くから春の四月八日が加わって二回となったのであろうか。四月八日と丁度半年後の十月八日との両度の境目に祭ったとしても不都合ではない。何れにしても十月八日のはやま祭は、収獲を終えた田の神をなぐさめ来春の田植を心に画きながら山に静めて休息させる行事が主になって出て居り、四月八日の神々の浜降りの神事は、目覚めた春の神々が潮を浴びて新しく活動を開始することが主になっているかと考えられる。必ずしもはやまの神だけが半年ずつ山と田に居なければならなかったと考えたくない。かつはやまの神とその他の神々とはつきり区別があるとも思われない。まして田の神と山の神とが同じであると考えられているのも、本当は田の神が山へこもるということから起った事であろうと私などは思って居り、本来の山の神とはしたがって別なものであるということは、いくらも証拠があげられると思う。宮城県柴田郡の羽山神社は、高い山にあり山が神体になっているというが、みだりに入らず、入れば山が荒れると伝える。今は山上に小祠がある。土地の人の話では月山と刈田岳とここことは姉妹で、ここが一番の姉である。四月八日と十月八日と祭をするが今は十月八日のみとなっている。しかし月山、刈田岳は今も行っているらしい。山の神としての信仰は別に無くて、作神となっている。

刈田嶺神社宮司の話によれば、四月八日と十月八日とに祭を行うが格別のことはなく、むしろ表立って知られているのは七月一日の山開きで神様が御上りになり、九月彼岸終りにお下りになることであろう。祭神は吉野の権現の分霊であめのみくまり、くにのみくまりをまつるもので、作神の信仰になっている。ここでも刈田嶺は姉で月山は妹だといっている。

安達郡木幡山鎮座のはやまも、祠は無く山が祭場であると思われた。もっとも頂上近くに大きな石の重なりがあって、ここを祠の代りとしているらしかったが、極く最近のものらしい木の小祠も見られた。相当高い山であるが、田圃ははるか目の下に開けて、やはり端山の感じが出ている。

二　お籠りと物忌

外の祭にもお籠りとか夜ごもりとかいうが、特にはやまごもりという語が残っている位、他の社にはすでにほろびた物忌の風もはやまには今なお名残をとどめている。これははやまでは特に神の出入ということが考えられるので、それに伴うものいみの名残と考えられる。

相馬各地のはやまにおいては、主に旧十月八日の祭にそなえて、数日前から行屋や社務所その他適当な所に集ってものいみの生活に入ったが、その期間は昔は一週間位あるのが普通であったのに、今は簡略になって大倉ではお山かけの前二晩こもる。信夫金沢のは今なおかなり厳重で、小姓(こそう)は旧十一月十二日より一週間、一般の氏子の信者は十五日夜の食事時からとなっている。元来おこもりは、月の四分の一、月の半弦から満月までの七、八日だったらしいともいわれている。自分は何年も続けて旧十月八日の大倉のはやまごもりに臨み、昭和三十一年には金沢に行き、旧十一月十六日夜の神事から、こもり人と共に水を浴びて参加したが、月の光が身にしみた。

大倉では葉山岳の麓、福善寺(真言宗、もとから葉山の別当寺、住職草野星明氏)に籠るが、松塚などにはちゃんとした行屋があった。これは道路の傍に今も残っている珍しいものだが、一隅に祭壇を設け幣束が数本古びたままになっているだけで至って荒廃にまかせてあるところを見れば、殆んど使用しないのであろう。比曽の行屋はすでに廃されて、昭和二十何年かに訪ねた時は、建物は小学校の分教場に造りかえられていた。

宵から集って夜をこめて祭り、朝日の出る前に終るのが普通だったと思われるが、はやまの祭にはこの名残がはっきり見られる。大倉の場合は、「葉山大権現籠り人氏名」という帳面を見ると、今は例年二十人前後の少い数でそれも子供が多い。もっとも子供だから新しいともいえぬので、金沢などでも今の大人だけと違い、昔は却って子供も参加したと伝えられる。なお福善寺の室内には縄を張り渡して、これに幣束類や行衣の類を下げておく。むろん男のみである上、火を別にし、この火で食物をつくり神にも供えるのであったが、翌日お山かけを終えて帰るや水を浴び精進あげをする習であった。籠りやの一隅に壇を設け、神体のある厨子を安置、簡素な供物を前におく。時々寺のすぐ近くの谷川で水垢離をとる。火を別にすること、けものの肉を食わぬこと、水を浴びること、なるべく眠らぬようにすること、神に供えた食物を自分達も食べること等が、どこの物忌にも共通する点であった。

金沢のおこもりは、旧十一月十二日より同十八日まで一週間行われるから、霜月十五夜を中心にしたものらしい。しかしこれはこそう(小姓)であって、何年も経験をつんだ信者などは十五夜のやわら(食事)から参加する。正式に祭に参加するものは皆おこもりをしなくてはならぬが、老幼は問わず氏子ならよいので、もっとも女性は厳禁になっている。したがって年令はまちまちで、十余才から七十余才まで参加しているかに見えたが、明治時代などには八才、十才などの年少者もあった。参加者は希望による故年々違うのは止むを得ぬが、字金沢現在一五〇戸位の中、大たい三〇人から五〇人足らずといったところであろうか。

ここの役員は、宮司を別とし、かしき、やわら、はしる、かしき手伝、待用人等に分れる。もっとも宮司は、まつりの際にはせんだつ(先達)という名称になる。かしきとは役員中でも古参の者が推薦制度によって選任せられるもので、いわば最高幹部である。かしきに三段階あり、一番下がよめ、次がおっかあ、次がばっぱあであって、年限は二年、人員も一応のきまりはあるようだが、現在の実数は嫁二人、ひい婆五人、おっかあ一人になっている。嫁の一人は惣領息子の嫁、一人は孫嫁だなどといっており、ばっぱあの多いのも人数がつかえているせいでもあるらしい。例えば現在最高顧問役とも見られる菅野団蔵氏などは、十四才の年から祭に出、現在(昭和三一年)六十三、四才になるまで五十年というもの休むことなく出ているもので、親が死んで二年ほど休んだだけだという。こういう人はやはりいばっぱあ格なのであろう。なおこの制度は、女人禁制なので却って家族的な名称を借りたものかと村の人はいっていた。その下に係としてやわら係二名、はしる係二名、かしき手伝二名、待用人二名があり、外にのりわら一人が客分として先達の次に坐る。一方はじめて信者となってお籠りに参加する者を一年こそう(小姓)といい、二年のを二年こそうといい、これは四年こそうまである。

おこもりの場所、すなわちこもりやは、黒沼神社(羽山の宮と称している)の古びた社務所が当てられるが、そうなると社務所の家族はこの家をあけ渡しておこもりの期間中他にうつらねばならない。従来は近くの小屋にうつっていたそうだが、現在は新に建て増した建物がすぐ近くにあるのでそれにうつる。こもりやの前に井戸があり、また田圃をへだてて御神水と称する水のわく垢離とり場がある。

こもりやの祭壇には幣束二本を立て並べ、飯を盛った椀二つと箸二膳分が備えられている外、しんめい像が二対見えた。これははやま祭の終る十一月十八日は黒沼神社境内にある神明神社の祭でもあるので、ここにまつっておくのだという。部屋は三間位になっているのを、間のふすまを取りはらって広くし、畳やござも除いて板の間としてある。宮司の家族の使用していた炉はふさいで新たに炉を開く。これは頗る大きなもので、畳一畳位は充分あり、上と下に仕切られていて、これを塩できよめ、切火で火をつくり、一かかえもありそうな丸太をどんどん燃して暖をとる。また上ほどで飯を炊き、下ほどで湯をわかし汁を煮る。後でおひかり木と称する大なるふくじ(枯木)に火をつけてお山に持ってゆくその火は、上炉からのものであった。部屋にはしめ縄を張り廻して、けがれた人、潔斎しない人は決して入れない。用事でもあればしめ縄の外から呼ぶ外はない。一切の食事も男がする。

ここに入る人の服装であるが、綿入羽織は許されているが股引、足袋、襟巻等の防寒具めいたものは一切禁じられ、空脛空足たること、褌も新しい。ただしかんむりと称して、手拭を一寸冠のように先をとげた如きかぶり方をするので、これは外出の時も略することが出来ぬ。恐らくは潔斎服装の代表的なものがこれなのであろう。私が夜半近く福島に帰ろうとする時、途中まで送ってくれた二人のこそうもちゃんとかぶっていた。またこもり屋では草履等を用いず、馬に限る。馬とは下駄のことで、こもりや独得の杉の下駄をはく。お山かけの時はお山わらじをはく。これは終ってもすてずに家に持ち帰り、使われれば来年も使う。お山わらじは数足そなえておく。

また夜も布団毛布の類はすべて用いず、そのままごろりと横になってまどろむ程度であった。炉のほとりとはいえ、霜月の夜半の寒さは膚身にこたえ、寝てもろくに眠れる筈はなく、これが幾日も続くのだからその苦行は容易でない。思うに、夜ごもりの一つの意義はねむらぬということにあったに相違ない。水を浴びるのも、身体を浄める以外に睡魔をはらうためでもあったろう。厚着せぬのもそれに違いない。ねむれば悪霊がとりついて神に近づけないというような感覚があったに相違ない。水を浴び、火をくぐり、神と同じものを食い、ねむらず、神と人との境がなくなって、神に近づくことが出来るのである。

一面常に物忌をしているのだという意識を維持するために、普段の生活と違う点が強調せられた。服装もそうだが忌言葉なども多分それで、物忌につきものであったが、それも多くはほろびつつある。金沢の例を挙げよう。

水　おながれ　　飯　やわら
鍋　うし　　へら　まねき
南蛮味噌　はご　　箸　よせ
火　おひかり　　火箸十能　ぶんすけ
飯米　おはな　　衣服　みの
汁　はしる　　餅　おみねもち

椀　くぼみ　　杓子　すくい
箒　なで　　下駄　うま

忌屋における生活は、この外なまぐさを食わず四足を食わず、外出は止むを得ぬ場合は認められても、火だけは煙草の火と雖も他より貰わない。金沢では、便所に行く毎に、しめ縄をくぐる前塩で清めることも忘れなかった。

こもり人のこもっている間は、家族も出来るだけ注意してけがれに触れまいとする。大倉の祭に、私はうかつに知人の家に生魚を持って土産としたところ、その家からはこもり人を出していなかったにもかかわらず、氏子の一員として生ぐさを遠慮しているのであった。金沢では、猫の飯にさえ生ぐさの入らぬよう注意していた。この位だから死忌の時は、その年の祭に参加出来ぬのは当然である。産忌も嫌う。けがれをのぞく方法はこりをとることだから、たとい間違ってけがれに触れても、そういう人は何べんでもこりをとらねばならなかった。垢離の字は当て字であろう。古事記の潮こほろこほろと何かつながりがありそうな気もする。裸祭は今も随所に見られるが、裸体は清浄な姿として神の好むものでもあったに相違ない。とにかく籠り屋とか行屋には、こりば、こりとり場というのがつきもので、はやまのみでなく湯殿山などに登る場合も水を浴びた。時によっては留守家族もここにつめて精進の生活をし、特に今日お山かけという其の日には、一層そのことを厳重にして、無事家人が参詣をすますことの出来るよう祈願をこめた。はやまのこりとり場は、どこでも籠りやの近くにある小川とか井戸とかで、大てい日に三度以上浴びた。もしのりわらから、一座の中にけがれた者が居ることが発見されると、その者はもちろん同座の者一同こりのとり直しである。そして清まわりの完成した日に神と接し得るのである。

大倉に今も伝わる火つるぎは、修験のそれと同じものと認められるが、こもり屋の庭に、青い笹竹を四方に立ててしめ縄を張り、しば木を燃し塩で更に浄める。他の行屋では、部屋の炉に燃す所もあったというが、ひぼい(炎)が高く上って天井に突き当り横になびくのを、子供心に恐しいと見ていた、それでも火事にならぬものだとの固い信仰を持っていたのだとは、よく聞かせられることとである。大倉では、時を見はからってこの火の上をのりわらがすたすた渡る。次にこもり人が渡らせられ、また年によっては一般の参列者が渡らせられることも稀にあるという。こもり人の一人が、今年は例年より熱かったようだといって、燃えた毛脛を私に見せたりしたが、火傷になると信ずる人は、一人も今でも居ないようである。のりわらが、これまでといって合図して止めてからは、もとの火にかえると見えて熱くてとても渡れないといわれている。

金沢にはこの火渡りの行事はないが（もとあったともいう）、こもりやに火をたき、その火をうつしてはやまの山頂に大なるかがり火をたくことは忘れていない。むしろただ火をたくのが古い形で、火を渡るのは修験の影響を受けた後のことではないか。そして水を浴びることと共に苦行の一つのようになったが、古くは水と同様、やはり身を清める一つの手段であり、更に神がこれをめがけて降臨する一種の依代の如き役をしたのが、かがり火ではなかったかと考えられる。塩で火を清めるというのもおかしなもので、これとて塩は火を鎮める力を持っていた。いわば新陳代謝を促す役をしたのかも知れぬ。且つ場合によっては、水も塩と同じ働きをもつものと思われていたのである。とにかく金沢のはやまでも、払暁山頂の神事が全く終了すると、かしきはすべての人々を一足先に下山させ、自分は神座をはじめ、燃え残りの篝火からにわ全体に塩をまきまき、後向きになって山を下りる。これですべて山を清めて清浄に帰せしめ、あとは一切人を入れぬのであるが、同時に塩をまくことによって神々を山に静め、帰るべき神をそれぞれの所に落着かしめた。燃えていた火を消し、こもり屋で使用したものはこの山に返し納めて、軽々とした気持で下山する。先程神の御供をして山に登った重々しい感じが全くなくなったことは、一時の闖入者のような自分すら感じたことであった。一同は帰途こりとり場の泉に立寄って、冠と着物の裾を浸してからこもり屋に入るので、これではじめて俗人にかえるのである。

はやまの祭では託宣をきくのが重要なことであったから、一同で祈願する。いわゆる祈祷を上げるということは至つて手薄であつた。一つには昔は専任の神職がないから、今のように形式の整つた祈願をすることも出来ず、一同集つて潔斎をしながら僅かに共同の祈り言葉を捧げたのである。むしろよい神託を聞くべく、のりわらに神をつかせるために、人々は骨を折つたことが多かつたろう。

金沢では、十五日朝こりをとつてから、こもり人一同本社黒沼神社に参拝後、こもりやのはやまの神前に、冠をいただいたまま着坐、神官の祝詞の後、一同起立、神官の発声で全員同音に左の辞を唱和する。

天つ神国つ神払へ給へ清めて給ふ

これを十三回繰返す。あるいは三十三回ともいう。次に

じんじょうさいはい羽山の大神のみ前をおろがみまつる

とこれも何回か繰返し、終ると肩にかついでいたぼんでんの大竿を鴨居の辺に立てかけて一同坐り、次の語を神官について一同唱和する。

ああやに畏し天照皇大神　ああやに畏し豊受姫大神　ああやに畏し熊野三社大神　ああやに畏し八幡大神　ああやに畏し八坂大神　ああやに畏し愛宕大神　ああやに畏し川の三水神　ああやに畏し月山羽山(つきやまはやま)大神　ああやに畏し黒沼大神　ああやに畏し諏訪大神　ああやに畏し稲荷大神　ああやに畏し東家本家の守護神

ああやに畏し羽黒二十一社　ああやに畏し伊諾伊冊大神　ああやに畏し白狐稲荷大神　ああやに畏し古峯大神

ああやに畏し家内の守護神

以上先達(神官)の鈴と発声につれて行われ、終ると小憩の後、食事の行事となる。

十六日は午前三時頃、水こりをとり本社に参詣、食事前こもり屋の羽山に一同祈願をこめることは前の通りで、暗い中にすますのを原則とする。もつともこの日は小宮参りとして、信者氏子の中にまつられている各小神に祈願して歩くため忙しく、特に一年こそうの家には、悪魔払い、家内安全の祈願を行なう。とにかく人々の依頼が多いから一

日では応じきれず、止むなく今は二手に分れてゆく。しかし先達は宮司一人だから、一方にはのりわらかかしきが先達代理のような形で先頭に立ち、鈴をならし祈祷して歩く。それでも朝くらいうち出かけて一日かかる。手拭の例の冠におそふきかつまごを空脛につけた程度で、いかに雪が多くても防寒具を用いる者はない。別に述べる放し駒を放すのはこの小宮参りの時である。

十七日の晩も祈願をささげる。夜は氏子または各地の信者から依頼されてある祈願をとり行うが、やはり普通の神社の祭とは違って、神官一人にまかせることなく一同声をそろえて祈祷する。信者個人の心願をとげさせるために氏子一同が同調して奏願するという形で、まだよほど古風を残している。例えば家内安全の場合とすれば、「何の某家内安全、天つ神国つ神払へ給へ清めて給ふ」、というふうに唱え、身体堅固火難盗難その他の災難より病気平癒等あらゆることに及び、先達の鈴と共に皆唱和する。古代は氏共通の一般的な事を氏子一同が共同で祈祷し、やがて個人化したのであるが、この羽山などは少なくとも形の上ではその中間の匂のあるを思わせる。

臼石のはやまでは、前日の旧十月七日の夜、大てい一軒から一人(二人の家もあり)位ずつ集り、行屋に籠って家に帰らず、別火の生活に入る。最近ではただの祈祷だけとなってしまい、したがって日も当日となり、当日も午後となった。村の若いては軒ごめにもちごめ一升(出ない家は五合なり二合五勺なり)ずつ集め歩き、といで水に入れておく。夜になると大夫が来て青や赤の幣をきざみ祈祷の準備をする。若いては餅つく前に近くの川で水をあびて来なければならぬが、高原の村故容易でない。手足を浸す程度でごまかすと、後で託宣の時露見して全員水こりのとり直しをさせられるような事があった。次に大夫を中心に祈祷をあげるが、拝む言葉は

さんげさんげ　六根だいし　おしめにはつらい　金剛どうしの　一じらいはい

というのであったが、食事後再び同様な拝み方をする。これは三山の時のと同じである。行屋の外(中でするところもある)では火をたく準備をしておく。

比曾の菅野老女の話によると、自分の覚えているところでも、三、四百人位集ってお託宣をしたから、朝日の昇るまでかかることも珍しくなかった。しかし後では十二時一時になると済ませて引上げた。戦争のはじめまで続いていた。人々はもち米五合うるち一杯（二合五勺）位お籠り堂に持ち集ったもので炊事はむろん男であり、それらの人々は翌朝山に登って参詣する。女は山へも登れず、行っても二の鳥居が限度であった。葉山は女の神であるという。

佐須の葉山については菅野庄太氏が話してくれたが、この家は代々鍵持の家である。葉山権現は作神でほうねんさまといい、多分稲荷様の類だろうという。どこのはやまも高い山の上にあったが、特徴は夜籠りであった。ここのは小さなもので神社も個人持のようになっていたが、氏子達が行屋に集ってお神酒を上げることは、愛宕湯殿山の神まつりの時などと同様であった。

深谷では葉山を祈る時には、水神、箸神、田神、山神、熊野、しんぞう権現、妙見、おな神、葉山などその他で、何でも十二柱を祈るものだと聞いているがよくわからない。人の話によればこれは葉山の末社かも知れぬという。

栃窪では十月六、七の両日籠って八日に祭を行ったが、こもる場所は禰宜様の家で、水は前の大川で浴びた。どういうものか雨を嫌って、八日に雨が降れば籠り直して祈ることになっていた。雨降れば翌年作が悪いという。しかし葉山にはめったに降らぬようである。

安達木幡山の羽山でも、二三日前から部落では神社や宿に集って潔斎する。ねぎなどの臭気のつよいものは野菜でも食うことを避けた。もとは水風呂をおいて七回浴びたが、今も朝晩二回は少くとも浴びる。新しく今年加入したごんたちは特にやかましいらしい。行列の服装などを見ると、一般はえぼしをつけ水干のようなものを着て居り、ごんたちは袈裟をつけた形である。これは山伏の姿をかたどると伝える。それはとにかくとして、修験道の影響などが潔斎をやかましくしたり服装を規制したりしたことはある程度考えられてよかろうと思う。法螺貝を用いていることなどもそうである。話によれば附近の部落十七の中、今年あたり祭に参加するために、十二個の部落が部落毎に潔斎して山に上るのを見たが、羽山はそうした部落の何れからも望み見ることの出来た山で、やはり神を鎮めに山に御供するという感じは強かった。御幣を山においてくるのが中心らしく思われる。

伊具郡大内のはやまでは、籠り堂があってそこにこもったが、堂は昭和の初頃までは残っていたらしい。

柚木のはやまについては、神官鈴木幸安氏の報告によれば、十月七日夜ごもり前の行事として、神官および晩に夜ごもりする青少年達（人数は決っていない）は、神社（本社と田の神神社及び旧領主岩松氏妻の身投げしたと伝える淵）と氏子各戸をまわる。その所々で左の三種の唱詞をのべる。すなわち神官のみがまず祓詞をのべ、次に神官と若者達が同音に、

あーやにく　くちしき　たーふと　天照神の御前を　おろがみまつる

あーやにく　くちしき　たーふと　葉山の神の御前を　おろがみまつる

これを七回繰返し、最後に神官のみが

とうつ神(かむ)　えみ給へ　いづのみたまを幸ひ給へ

と三回繰返す。そして三寸四方位の紙に刷った墨絵の馬の木版画を神社前の榊などに数枚つけてゆく。但し氏子各戸にはつけない。この日の午後には、当夜の当番の青年数名が、夜籠り志願者の数によって、各戸よりもち米大人一升少年五合の割合で、その他小豆などを、また豆腐野菜醤油石油代等を集めて準備を進める。この日から翌八日までは女人禁制で社務所の者は別室にうつる。夜は夜具を持ち集り深夜まで話をして寝る。なお古くからの夜籠り帳が鈴木氏宅に保存されてあるという。

はっきりした神の姿のない時代には、開帳ということはいわなかったであろうが、拝めば目がつぶれるとか拝むものではないというのも、昔は神の御幸を言ったのが先であったに相違ないから、本来の神のお出ましは夜であったわけであろう。時代が下って、神体も人が拝むに足ると見られても恥しくない立派なものが作られると、逆に開帳せぬと物足らなくなる。しかし尊いものを見る作法は別に考え出され、人が充分見届け得ぬ中に幕などを下すのは却って有

難がらせる方法ともいえる。それに素朴な田舎の人が日蝕を拝む時、直接では畏れ多いとて盥に水を張って映った影を拝んだような気持が、拝む人の側にまだ少しは残っているから、不平も言わず納得しているのである。とにかく神霊が山へ下るだけというのは古風であるから、金沢のようにそれに実感の伴う所にあっては開帳の必要感が少しもない。それですら神幸に何も持って行かぬのは恰好がつかぬから、何時の時代からか普通の白幣になったと思われる。ところが大倉の葉山では、古い懸仏を神体としているので、これを拝む行事が余分に存する。祭当日の朝、こもり人一同が行屋の神座の前に坐して、さんげ〳〵を三十三回繰返してから開帳をする。世話人の一人が白紙を以て口を覆い（紙を口にくわえ）厨子の扉を開く。遠くてよくわからなかったが三寸に足らぬ青銅らしい像で薬師かとも思われたが人々はそうではないと言い、また大同年間の創建にかかりその時のものだなどと言うが、とにかく新しいものではないと見え形がくずれている。一般の拝観がすむと、再びさんげ〳〵を繰返して開帳の行事がすみ、いよ〳〵御山へ向って出発となる。

三　神饌と食事

神のおさがりをいただく風はむろん残っているが、はやま等では、一層古いかも知れない神と食事を共にするといった感じが強い。村々における新嘗の様子は今はわからないが、それかと思われる名残が断片的に残っていないこともない。祭に伴う潔斎はむろん残っているが、そういう事は別として食物に関するだけでいっても、新穀を神に供え家中の者も共にこれを食う風が多い。はやまのみならず、山御講もおふくたも古いほどそういう気持が多分にあったことは確かで、例えば山中郷各村をはじめ里の村々に近年まで伝っていた山の神講の一升餅や一升飯を食う風は、外にも意義と理由があったかと思われるが、神と同じものを一緒にいただくという気持が強かった。そして恐らくはこの場合の山の神は、純粋の山の神に非ずして、作神としての山神、すなわちはやまの如きものを指したものだと私は思っている。焼米も、神に供え自分達も食う風が昔はずっと多かったが、あるいは種籾という意味でもとはあったのかも知れない。さん俵にものをのせて神に上げる風も古いに相違なく、これも極く近い頃まで厄病送りの時などに残っていた。さん俵はもっとも簡単な一種の祭壇だったのであろう。そして新嘗の対象は神であり、その神は祖先の霊か、少くともその霊につながる神、子孫として感謝をしながらまつった霊であったものと考えられる。むろん中国の思想も大いに影響していようが、日本にも新嘗の実際は別に古くからあったものと思う。初穂や新穀を捧げる故に、田の神とか田の神に関係ある神と一般から考えられ、事実それに相違ないが、一段古い形は、田の神も山の神もはやまの神も、氏神のように祖霊としての信仰が強かった。それをまつったものであったろうと思う。

とにかく神との共食に、神の力に自分達もあやかりたいとの願のあることは確かで、それも古い時代ほど、一人でおさがりをいただくより氏子一緒にいただく方が、より効果もあると考えたことも本当であろう。したがって神に供えるものは、そのまま人も食べられるものがよいわけで、とりわけ酒餅のように、飲食すれば力がつくと自覚出来るものは、一層喜ばれた食物だったわけである。

大根を田の神関係に供えるのは、共食という意味でなしに、神の好み給うものとしての供物だったと思うが理由はわからない。真白で清らかだから神が好くのだろうという村の人が居る。大倉の葉山では、旧十月十日は大根の年とりでもあるので大きなのを供える。よい大根が出来ると、葉山様に上げられるのが出来たといって喜ぶ風がある。信夫金沢では、十六日の朝、わっちと称する一寸五分角位厚さ七分位の大根のこま切れを上げるが、これは御護符のようなもので後で一切れずつ食う。

しとぎも古い社古い家などで今もよく用いるのを見るが、これ亦正式の神の食物であったばかりでなく、人もむろん食べたものに違いない。現在神祭には、新しいつとを藁でつくり、中にしとぎと強飯とを入れるのである。

どこのはやまでも餅つきを重んずるところを見れば、餅も重要な供物であったことは確かで、これを二つ重ねて上げる風は広い。ただ宮中などでは、しとぎを二つまるめて並べ、神に供える風のあるのを掌典の方より聞いたことがあるが、相馬でも古い家などでは、氏神にしとぎや餅を備える際、楕円形にまるめたのを二つ並べる風のあることと関連があるのか、あるいは別な並べ方であるのかわからない。

とにかく普通の神社の祭礼が儀式化され、そういう意味では重々しくなり、献饌撤饌を折目正しくきちんと行ない、後でお下りを頂く風になっているのに、はやまにはまだ神人相饗の古風さを見るのである。

例によって各地の様子を概観すれば、まず大倉では、夜ごもりの夜、行屋の外庭に藁をしき臼をすえ、千本杵でつくのだが、最初に葉山に上げる餅をつく。これをおみさきと称する。石城辺で、正月山入りの日に餅を持って田畑にゆき、早稲中稲晩稲ときめて、おからす〱とか、おみさき〱とか連呼して鴉を呼ぶ。柳田国男氏はみさきは先鋒のみさきで、神の御使わしめとして神慮を代表する者という意であろう、その中で一番多いのは鴉と狐であるというような事を述べられていたように思うが、このおみさきも関係があるかないか。一番最初に神に上げるこの辺でいう初穂の意にでもとりたいところである。大倉のおみさきは三宝の上に笹をのせ、その上に上げるのであるが、つく時には口に紙をくわえてつく。恐らく唾や息のかからぬためというが、むしろ喋ることを忌んだ故であろう。次にお供餅をつくが、これには豆粉をつける。山に行ってから頂くもので、一人一つずつの割合につくっておく。いわゆる御ごふで、神のお下りなのである。次に一同の食うべき餅をつくが、豆腐餅や砂糖餅等にする。しかし昔は砂糖餅はなかった。

託宣や田植の行事もすみ、一同行衣を脱いで餅を食う。形はくずれて見るべきものもないが、翌朝食事がすむと、箸のみは卓上にそのままおく。水こりの後行衣にかえると、一同列をつくって食卓の周囲をまわる。一人の子供を殿様に見立てて馬にのせて歩く。馬も人である。下に寄れ下に寄れといいながら家来が随う。若い者の戯れかに見えるが殿様の行列に模したものという。それに相違あるまいが、神のみゆきの最も簡単な形でもあって、子供はよりまし、馬は神馬のようでもある。終るや全員の箸を集めて藁のつとに入れ、葉山にある箸神様におさめるのである。因に葉山の頂までゆく間にある神々は、箸神、弁天、姥神、熊野、山神などであった。朝お山かけの時に幣を納めて行くのであったが、祠も別になく、ただ祭の時臨時に藁で屋根をつくるのだという。なお山かけの時、山での行事がすむと、持参の黄粉餅を食して下山、水こりをとり精進あげをして解散する。こもり人以外の一般の村の人は午後寺に集り酒盛をする。神主はいない。

これに比すれば、信夫金沢の羽山の食事はかなり古風を残しているかに見える。一般的にいうと供物は毎日二回、やわら(食事)の際に奉るを常としている。すなわち旧十一月十五日払暁、先達である神官は、かしきの張りめぐらしたしめ縄の内に入り、ここにある炉ほどを塩できよめ、その他一切の器具什器を清める。一般信者も水こりをとってしめの内に入り、一同挨拶を交し炉辺で煖をとる中、やわら(飯)係はやわら、はしる(汁)係ははしるの用意をなし、更にはご(南蛮味噌)等をも準備する。焚物はこもり人が持ってくるのが本当だが、清らかなものでなければならなかった。こもりやの羽山の祭壇で大夫が拝んでいたが、何度立てかけても二本の幣がすぐ引っくり返ったことがあった。それは薪に蛇のぬけがらが引っかかっていたためであったという。この朝一同は水こりをとるのだが、はなをもむ(米をとぐ)ことを最先とし、それからでなければ羽山に叱られたものだ。

さて神前での祈禱がすむと、一同炉で煖をとるが、こそう(小姓)は飯台を並べて食事の用意をする。先達を第一にのりわら、かしきの順に坐り、次にこそうが坐る。着坐が終ると、やわら係はしる係は、くぼみ(椀)によそって順々に配分、最後によせ(箸)とはご(南蛮味噌)を配る。全部配り終えると、かしき手伝より「お先達様御やしない」と申し上げる。すると先達は「どなたもお養い」という。次に列坐の者一同「どなたもお養い」と同音にいい、ここにはじめてよせを手にして食事をはじめる。一椀食べ終ると、他の人々のすむまで、くぼみを飯台にのせたまま待っている。

一同終った頃を見計って、係は第二膳目のまねき（へら）をとって一同に配る。はしるも同様にする。この二椀目のすんだ時に、やわら係より、「御信心の方に少々おたちが参ります」と告げる。今度は希望者は自由に食うことが出来るのである。やわらが終るとごこぞうとなるが、これはやわら、はしるの両方の鍋をよく洗い、ここにながれ（水）を入れてあたためて一同に配るもので、このごこぞうなる飲料は、一滴も残さずに飲み終らねばならぬので、相当の人数がないと案外容易でない。次に水切とて、清水で各自の食器をきれいに払拭する。以上で食事がすむが、湯や茶は一切用いることが出来ない。飯台などの後始末は皆小姓がする。

以上食事は男手のみであるのに、役員の名称は、おっかあ、ばっぱあなどであるばかりでなく、万事家族的でなごやかであり、また食事が一応すんでごこぞうまでの暫くの時間は、お先達のゆるしを得てまがり（坐った楽な状態）も認められる。なお飯の量であるが、はじめ米で四合ずつ集め、これからおさごをとって、適当の人員に分けて炊くのであるが、最後の検査のある日には余さずに炊ぐ。殊に豊作を喜ぶ習であるから、飯も食べきれぬほど出来るのがむしろよいとされている。毎日飯を入れるおはちも、大きければ作がよいというのも、食物の量の多いことを喜ぶ山の神などの飯の高盛と同様、作神に特に多く見られる一種の予祝的呪行為である。

この十五日の夕方は、おみねつき（餅つき）の儀が行われる。こもりやの土間にわらを敷き臼を据え、千本杵でつく。杵をとる者は四人、こねどり一人、皆口に三四寸の長さに切った藁をくわえているのは、紙より素朴で古い姿かも知れぬ。おみね餅の神聖なことを自覚しての結果だと人々はいっていたが、頭には手拭の冠、褌だけの裸体で頗る威勢がよい。裸の清浄な姿であったことはこうしてみるとよくわかる。汚れたものを脱ぎすて更に水できよめた美しいものはこれよりないのである。つくにつれて傍より一同餅つき唄をうたい、大鼓をたたきつつ杵の音と呼応させる。つく側ではよいよいよいと掛声をかけている。土間の一隅には若い篠竹を立ててしめ縄を張り、かまどの神をまつり、かつかまどを築いて二つのせいろうをかけてある。餅は神前へのお供分として十個、適当なまる形にまるめて五重として奉納するが、あとは信者一同で頂く分とする。餅つき終了後は水こりをとり礼拝があってから頂くのだが、小豆餡やたかとうを用いるだけで砂糖は使用せぬ。朝食と同様作法はやかましく、食物を残すことを嫌い、食器はよく清める。なお毎日の食事は二回である。

十六日の食事は格別なこともないが、ただヨイサァ、すなわち田植行事がすむとさなぶりあり、酒を一升桝で飲む。肴は白い大根の外、豆腐(しらさぎ)と菜っぱの漬物(たこ)程度である。

十七日の朝も常と同様ゆえ略する。夜の祈禱がすむとやわらになるが、例の通り着坐の上盛渡しがすむと、かしきからかしき手伝に「お願がありますからここまでお出を願います」との発言がある。その意味は、皆に配られたやわら、はしる、よせを見るのに、何のとどこおりもなく行届いているのに、小姓の前に出されたよせは二尺以上もあるカッポ木でつくられたもので、その上はしるの実は大根をゆでた塩味もないまら形のものなので、かしきは見て同情しこれを助けようとしてかしき手伝をよんだのである。そこで手伝がまかり出ると、本年の小姓はよくつとめて何の落度もないから、どうか大よせはゆるして頂きたいと申し出る。そこでかしき手伝より、了解したから仰せの通りにしようと大よせを取りかえてくれる。そこでいよいよかしき手伝より「お先達様御養い」と申上げると、お先達が「どなたもお養い」、一同もまた「どなたもお養い」と申し述べる。

やわらの儀がすむと、やわら係より先達並にかしき役員に対して、今夜はくぼみ(椀)の検査がある旨を述べ、やがて時間になるや、ろうそくをともして人々の前に至り順々に、一個々々取り上げて払拭の程度を椀の底まで検査する一同はあらかじめこのことを承知しているから、はげた粗末な椀なのに磨くように拭き清め、検査を受けて合格する。検査官も心得たものだから、時々笑声がわいて頗るなごやかである。結果は先達に報告する。なおよせ(箸)を集めるが、これをよせがりという。

次にこそうは許されて小憩の後、食器をすべて神明水で洗い清め、それを皆で頂くことは何時もと同じだが、このごごぞうがすむと、小姓一同は四十八回の水こりをとって、一回毎に黒沼神社鳥居先で拝礼祈願するのであるが、これがなかなかつらい。この行を重ねて（もとは四年）卒業したのであった。先輩の信者が同情してかわりにこりをとって救ってやることがあり、これを代ごりと言うのだという。この夜のやわらからは、小姓づとめをした者で満六十才を越した者だけは免ぜられているが、水こりをとることや服装のことやすべて一般信者と異なることはない。

十一日結願の日の朝、山より下ってから精進あげをするが、まかないは婦女子も入ったお手伝によって進められ、膳には何日かぶりで魚がつく。

箸を大事にする風は、正月盆等の行事や各種の行事によくあらわれているもので、箸に強い信仰をもっていた名残で、単なる食事の用具ではなかったことは明瞭である。葬式の時の一膳飯に立てる一本の箸とも通じ、しんめいの一対の像とも大塚権現に用いたりする斎串などとも、どこかでかすかな連りがありそうな気がする。とにかく箸神様などという位だから、神聖なもので霊力のあることだけは少なくとも言えると思う。殊に箸を立てた場合に神の依代という考えが強かったらしい。信夫金沢では、こそう連によって通常百二膳の箸が用意されるが、そのうち神に供える大よせは二尺四寸二分に切り、これはかっぽうという木でつくった。一般の人のは八寸の長さで、栗の木でつくってあった。食事毎に新しい別のを用いる。後で新しい俵に入れて御山に納めることは別に記した通りである。

餅は千本杵でつき、お供えの餅をとり、他は夕食として食うのだが、小豆餅、十年餅等にしても砂糖は用いず塩味であった。なかなか食い尽せなかったから、相撲をとったりして腹をすかせ、小昼飯に食うことにした。菜大根などの副食物にするものは持ち集りであったが、生ぐさは一切口に出来なかった。しかし神つけが終って一同が帰る時、留守の人々は料理をこしらえて待っている。そして精進あげをするのだが、昔は鍋を洗った汁まで飲んだものだ。

深谷の葉山では、前日午後こもり堂で米をといで餅つきの用意を整え、夕方水を浴び千本杵で四臼五臼位ついた。交替でよいよいよいと掛声かけながら大鼓と合せ、八時頃までかかってつく。つき手四人、こんどり一人だが馴れた人でないと調子が合わなかった。ついた餅はごうひきとて細かに切って藁の上にのせて神に供え、後でお札と共に人々に分配した。ようはん（夕飯）のかわりに皆餅を食うが残れば翌朝食う。精進あげの際は、伊達の伏黒の神楽を呼んだり飯樋の神楽をよんだりした。

栃窪では、米は二合五勺ずつ取り立てて、夜とあさだちの食事に当てた。柚木では餅つきが終れば一同神前に集合して切餅を大根の上にのせて上げ、またお供餅を上げる。次に一同食事の座について、まず最初に神前に供えた切餅を必ず頂くことになっており、次に種々の餅を食うのであるが、おたち餅の競争も行われた。更に全員に握飯大の白餅が膳に配られるが、これは翌朝にとっておく。おたちされた餅も翌朝食わねばならなかった。すなわちこの十月八日の祭の朝には、昨夜の白餅とおたち餅を青竹にはさんで焼き、炉に集って食う。昼食は白米の飯と豆腐汁で終れば解散した。

大倉にも金沢のはやまにも、神田のあった名残が見える。もとはこの清浄な田圃で出来た穀物を調理して神に上げたのだが、これにたずさわるのは皆氏子であった。その気風が次第にうすれて田圃は神社の単なる財産になってしまい、供物は他から入手して神に供える簡便法に変った。しかし村でも古風な社などでは、今でも村でとれた野菜や魚のよい所を上げようとする風は残っている。酒なども造る権利のようなものを持っていた神社が、領内にもいくつか見られた。

四　託　宣

祭の本質的なものとして重要視せられているものは託宣である。人間のもっている不安の念を神によって除去して貰い、かわりに得る安心感を神によって確めてもらおうとするところに意義があった。そうした大事な託宣を伴う祭は夜をこめて行われたもので、現に残っている大倉では、大てい夜十一時過ぎて行われるようであり、金沢のなども午前一時頃より準備をはじめて羽山岳にのぼり、東天の白みそめる夜のあけ方には託宣が終るのが常である。比曾の葉山も神託を聞く人が多いために夜あけまでかかったというが、人の多いためでなくて、鶏鳴の前に終るのが古代の風だったのである。

託宣には、こちらで伺をたてたものに神が答えてくれるものと、こちらで思いもかけぬ時に進んで彼方より話してくれるものとあるようで、氏神が夢枕に立ったり、新しい神が巫女の口をかりて知らせてくれるなどもよくきくところであるが、はやまの託宣の現存の形式は、問うたことに対して神が答えるというやり方である。今でこそ当る当らぬを問題にしなくてもよい時代になったが、金科玉条であった時代が最近まで続いていた。しかし託宣を今なお実行している位の村では、今だに相当つよい信仰を持っていても不思議ではあるまい。まして明治以前には、神のお告がそのまま村の行事に反映し人々の生活を左右していたことは想像される。したがって神託が当らぬと思うことはそうあり得なかったわけであり、反対に神託を信用せず実行しなくなるほど当らなくなってもくるのである。だからといっても神託は一種の予言なのだから、やはり村人の性質の素朴さによらなければ長く維持されなかった道理であって、神託に少し位の間違いがあっても、神のせいにしなかったところに一つの意義がある。同時に予言の的中率の高い神は尊敬せられ、そののりわらは部落から重宝がられた。そういう意味でもはやまは今に世の尊崇を受け、またはやまに限ってのりわらも残って存在する価値をもたせられているのである。村のはやまののりわらは、部落と直接結びついていたからその余地はなかったろうが、一般職業化している巫女が、予言のよく的中するにまかせて個人の勢力を拡張し、地位を悪用して悪事を働いた例は多かったと言われる。特に領主と結んだりした場合、かなり大きな仕事もし得たろうと思われる。

大倉にしても比曾その他にしてまた金沢にしても、村人が共同でこもり、共同で祈願し、職業巫女でない村人の一人をのりわらに仕立て、これに向って村一般のこと氏子全体のことを聞くことは判で押したようである。それで余裕あれば個人のことを聞くが、それも氏子か氏子に関係のある範囲に限られているようで、職業巫女の許にどこの誰ということもなく自由に行って聞くのとは大分違う。この共同祈願も古い形であったというが、それがはやまによく残っている。それというのもはやまはうぶすな神だったからではないかと思う。

次にはやま託宣の形式を、乏しい実例ながら実際に見聞したものによって挙げる。大倉のは昭和二十六年見学した祭を主とし、二十七年、二十九年、三十年のものを以て補い、金沢のは昭和三十一年の祭の調査である。

大倉の葉山では、陰暦十月十一日の夜十時頃ともなれば、そろそろこもり人達はお託宣の行事に入る。即ち近くの小川で改めて水を浴びてきて、白の行衣を身につけ、各自白い長い幣を手にして神壇の前に坐る。行が三年に満たないもの—主に少年達だったが—これは色ものの短い一寸陣羽織を思わせるような行衣を着て色のある幣を持つ。場所は籠りやなる福善寺内で、一隅に葉山大権現をまつる廚子をおき、神酒大根その他の供物あり、灯がともっている。のりわらは背中に黒い御幣を書いた白衣を着、手に短い白幣を一本持って坐る。席順を言えば壇にもっとも近い中央にのりわら、その左右には当寺の住職と隣村椚窪の法印大蔵院が、その後列に託宣を聞き出す人や二、三の世話人が坐り、その更に後列に籠り人一同が幾列かになってひかえる。一般の来会者は寺（籠り舎）に入れぬから縁をへだてて外庭につめかけて見守っている。

行事は御法楽をあげることによってはじまる。即ち住職に法印が和して般若心経をあげ終ると、一同さんげさんげを唱和するが、これは行をした人のおつとめの詞だという。

さんげさんげ　六根だいしょう　おしめにはちだい　こんごうどう　みなみはとんぼう　じょうるり世界　薬師
のりこうにょうらいじん　らいはいじん　えいほうがっこう　がんにちほう　ああかいたいしょう　かあしきす
いしょう　いちじらいはい

のりわらを祈ってこれに神をつける詞は、

ぎやあてん〱　あらそうぎやあてん　ぼうじそわか　般若心経

だというが、実際にはさんげさんげを二回も繰返したかと思う頃神がついたらしく、時間にしては拝みはじめてからものの二、三分位であったろうか。見れば白鉢巻ののりわらは、目をつむり身体を盛んに動かし、殊に手に持つ幣を上下に動かして正体のない様子になる。世話人によって清めの塩が一同の頭上にぱらぱらまかれる。元来さんげさんげは十三回繰返すのが本当だが、神のつかぬ時はつくまで繰返す。

神のついたのりわらは、時々くるりと身体の向きをかえて一同の方を向いたりまた跳び上ったりもするが、まずは大体神前を向いて身体を動揺させつつ無言で坐っている。聞かぬ限りは喋らない。ただ柔和な常の風貌が失せて形相がすごい。しかし年をとって近年は大分静かになったので、若い頃は高い所から跳び下りたりして物すごかったそうだ。ここで一同唱詞をやめて静まると、神託の聞き役は、「何神様がおあたりになりましたか」と聞いたが、これに対して「はやま」と明瞭にのりわらは答えた。これは毎年大ていは葉山だが、まれに外の神のこともあるのだという。次にこちらの問に対して、「託宣の前に火つるぎを行え」という答がある。戸外の庭に四隅に青い笹竹を立ててしめ縄を張り、中に柴を積んで用意していた人々はすぐに火を燃す。するとのりわらは先頭に立って跣足のまま縁を跳び下りて火の所にゆくので一同も跣足のまま続く。のりわらは火を凝視したまま幣を上下に振りつつ、盛んに燃える火の周囲をまわる。目は閉じたり開いたりであった。住職と法印も火の周囲をめぐるようにして経文を口ずさむ。ある者は塩をまく。籠り人は黙したまま一般観衆の目はのりわらと火とに注がれる。観衆の中に頬被り帽子を被ったままで見とれている者が居たので、世話人は注意して脱がせた。一人が竹竿で火を動かしてよく燃やし、おきをかき分けて大体の道をつくる。一人が塩をまく。のりわらは火勢を凝視していたが、火の衰えて炎のひくくなった頃、幣を頭上高くふりかざして、えいっというような気合を二、三度かけたかと思うと、すたすたと細い道を炎をかき分けるようにして渡った。往復二、三度歩いたかと思う。これは火があつくなくなった証拠なので、これを見た籠り人達も皆さっさとこぎ渡る。年によっては一般の人にもこがせるとの事だが、自分の見た数年の間にはこの事がなかった。やがてのりわらは幣をふり立てて火に向って気合をかけると、それからは熱くて渡れぬことになる。「もう渡れぬから」と世話人は一同に注意をうながした。

火渡りは火つるぎとも言い、俗に火漕ぎともいっている。行事そのものは、湯殿の修験などの行っているのとそう違わない点から見ても、やはり修験の影響の殊に色濃く残った個所なのであろう。ただ祭に火をたくことは欠くべからざる事であったものらしく、実際金沢のはやまも、神託を聞き初める時から聞き終る時刻まで、天をこがす篝火をたく。但し火つるぎの事はない。これを見れば元来祭に必要であった焚火—恐らく神の下りまたのぼるに必要であった火、または依代—であったのが、清浄を崇びけがれを去る意味から、あるいは殊に修験の行の点から、火つるぎにふり替えられたもののようでもある。大倉の火つるぎの如きも、後世の感覚かも知れないが、こもり人が心身を水で清める外に火で清めるという感じを抱き、同時に神に近づき得る自信をこの火の行の体験によって確実にしたように思う。すなわち火も水こりと似ている点があった。とにかく火渡りにはまだ信仰が伴っていて、火を渡った誰に聞いても、熱かったと答える人はいないようである。ただ何年の年であったか、今年は何時もの年より熱かったようだ、毛脛が燃えた、といって不恰好な足を見せてくれた若者のいたのは面白いことであった。

火こぎがすむと一同は再び戻って神前に坐る。のりわらはすでに正気になっていると思われたが幣を動かさず黙然としている。住職と法印は再び「帰命頂礼云々」と唱え、一同またさんげさんげを念唱する。見れば住職等二人はのりわらを中にして、その肩を抱かんばかりに鈴を鳴らして熱心に拝む。再び神がのりわらにつき、幣はしきりに動き、跳り上ったり後を向いたりすることは前の通りである。さんげさんげを何回か唱え終るとこんどは神をおはやしする。その時の詞は、

つきやまはやま　羽黒の権現　並に湯殿の大権現

というのであったが、かく唱えれば神が勇むということで、実際この一種の囃言葉のあとでは、葉山の身振りが一層盛んになるかと感ぜられた。

一同の唱和が止んで、のりわらの振る幣の音のみさやさやと響く頃、聞き出し役は少しく腰を浮かせてのりわらに向いて一礼の上、「何神様がおあたりになりましたか」と聞く。すると時をおかず「葉山」との答が来る。先に聞いてあるので後のこの同じ問を省くこともある。声は早口だが大きく明瞭であった。非常に急いたような激しい口調である。ついで、「来年は早稲を植えたらよう御座いますか、中稲を植えたらよう御座いましょうか」に対して「中稲」、「来年の作柄をおさとし下さるよう御願い致します」には「七分」、「来年の養蚕はどういう出来ばえかお示し願いとう御座います」には「八分」というように頗る簡単な答である。村一般の事については以上で一応すみ、次に「山下某の家のことでありますが、何か変ったことがあればおさとし頂きとう御座います」。葉山は「金神をいじって居るな」と言ったので、「これをよけるには如何致したらよろしうございましょうか」。その答は「御法楽をあげればよい、心配することはない」という事であった。聞く場合、村内の人なら姓名だけでよく、村外の人ならどこそこの誰というようにいうので年令は要らない。集っている人々は片唾をのんで聞いている。よい事ならとにかく人の運命を左右するような重大なことが知らされることは、一面恐怖すべきことであったと思われる。今ですらこの真面目さを失わぬのだから昔はどんなだったろうと推察される。夜を徹して暁に至ることも珍らしくなかったという。神託の中には、「葉山が守ってやる」、「葉山を信仰しろ」、「葉山を疑ってはならん」、「変ったことがあったら葉山は知らせてやる」、などの言葉が聞かれた。一通り申込んでおいた人の分がすむと世話人は起って廊下に出、「あと聞く人はありませんか、と一般の人に聞いている。

最後に御開帳のことを聞くことになったが、その年は葉山祠の屋根の修復をしたので開帳をする予定があったからであった。「御開帳を御願致したいと思いますが、今夜にしたらよろしいでしょうかそれとも明日にしたらよろしいでしょうか」。「明日、今夜は許さん」。「はっ、時間は八時頃にいたしましょうか、九時頃にいたしましょうか」。「八時」。「はっ」といった具合である。

すべて終ったと見ると聞き役は恭しく葉山に一礼して「ありがとう御座いました。ではこれでお上りになって頂きます」と言うや葉山は持っていた幣を頭上に投げ上げた。かくて正気づいたのである。これでお託宣は終りとなる。

なお試みに別当寺に保存してあった帳面中、昭和二十五年旧十月十一日の個所を見ると、

来年度の託宣
一、封内安否　なし（何事もなし無事の意）
一、作柄　中生
一、蚕　八分
一、晴年
とあり、次に個人の分
御託宣
山下耕造の家内　なし
山下鶴松の家内　なし
中井田ミヨ子　病気　三日平癒
郡の家内　なし

信夫郡金沢にある羽山の託宣は、陰暦十一月十八日未明に羽山岳の頂において行われるが、これに先立ち十七日深夜、籠り舎の神壇の前で、翌日の準備の万全を期すべく、のりわらを通して神意を伺う、その様子を見ることが出来

た。

まず一般の人々はすべて遠ざけ、のりわらの某氏が神壇を背にして趺坐し、先達たる神官半沢氏は向ってその右に、役員管野氏は左にいて世話をする。神官は神官の服装、のりわら及びその他の役員数人は皆籠りのままの服装、即ち頭に手拭の冠を頂く。のりわらは膝の上に置いた両手にそれぞれ一本ずつの白幣を持つ。先達は鈴を右手に持ってのりわらの耳に触れんばかりに近づけて「ついたあついたあつき山はやまの大明神云々」の詞を唱し、同時に鈴を静かに振る。と見るまに恐らく十秒ともたたぬうち神がついた。この時は神明様であったように思う。居合せる数人は尽く平伏して頭を上げぬ。管野氏が恐る恐るという形で明朝のお山がけの時刻を尋ねると、「常よりも少し早めがよい」、という神託があり、「その外特に心得ておかねばならぬ事があるまいか」との問には、「別にないから心配するな」、との答であった。ただ例年と違うことと見えて、「文部省より係の人が羽山の御祭を調査のために来合せており、御供をして御山に登りたいと言っているが、大神様のすぐ前まで出ることは遠慮すべきだろうかどうか」、という意味のことを尋ねた。それに対しては、「前もっての指図通りある地点より上には登らぬ方がよい」との答があった。最後に、「のりわらは現在一人しか居らず万一の場合困るから今から養成しておこうと思うが、思召はどうか」と尋ねたのに対しては、「今から皆相談の上気を配っておくのも差しつかえない」との答であり、「どの組から出るだろうかということに対しては、「どの組などいうより何とかの(この点聞きもらした)東の方から自然と出ることになっている」。「若い者でしょうか年とった者でしょうか」。「そういうことよりも自然に出てくるのだ」、と言ったような自分等が聞いたのではあまり要領を得ぬような問答であった。神官がのりわらの手を強くおさえつけると動作が止まって正気に返った様子である。役員達はのりわらをばそのままにして、互いにひそひそ相談を交し、東の方で神様のつきそうなのは誰だろうと評議まちまち、遂に二人の候補者を選定して、まず一人を神前に坐らせる。この選ばれた某は、財布をはじめ身につけた物は一切取去り空身になって幣を握って趺坐する。こんどはこもり人一同神前に坐して、これを見守る。

神官は鈴を耳もとで振り振り、「ついたぁ〳〵月山羽山の大明神、並に当所の大明神云々」とこの辺の神々の名を呼ぶかと見えた。一同も唱和しつつ太鼓を鳴らす。これを暫くの間繰返したが、第一の候補者は黙念と目をつぶったままで微動もせぬ。「だめだ」と言う私語が人々の口からもれ、やがて神前から退かされる。第二の候補者はこれにかわって座席に着き、再び人々の唱和が繰返される。この人にも神のつく風はなかったが、恍惚としてねむったようになった。人々は「これは気がある大丈夫だ」とささやき、いくらか安心した様子だったが、管野氏のような経験者の話では、こうした見込のある人でも、毎年修行してすら恐らく十年かかる。十年もすぎれば話も出来る程度になるかも知れぬとのことであった。のりわらの修行は決してなまやさしいものでないことを人々はよく知っているのであった。

さて岳上の神託にうつる。神幸が深夜岳の頂に到着するや、篝火に照らされつつ祈禱の用意がなされる。神座と思われる所にしめ縄が張られてあって、下に今持参した新薦二枚を敷く。すなわち一つはおみね餅を入れてきた俵で、これにのりわらがこちら向きに坐し、他の雑物を入れてきた俵に神官が坐る。しめの中に入れるのはこの二者のみである。俵を解いた四つの桟俵には聞き役書き役などが坐る。一同は地上にすわるが一年こそうのみは正面に向くことが許されず信者の後列に後向きに坐る。二年こそうは向って左側(西向)、三年こそうは右側(東向)に、四年こそうのみは一般こもり信者と同様、神前正面に向って、礼拝出来るように坐る。一同着坐するや、神前に向って礼拝、かしきが順々に供物を献ずる。次に神官の祝詞、次に先達(神官)の神鈴の合図で、こもりや信者一同左の詞を奉唱する。

きんじょう再拝　羽山の神社大前におろがみまつる

これを三十三回繰返す。米が盛んに撤かれる。次に各々大願成就の合掌をして祈祷が終る。次にみねばつと称して容器が廻され、人々は幾ばくかの賽銭を投ずる。これは三山の山伏の場合と同じと思われた。

さてのりわらは、今回は白でなく赤青の色紙の幣二本をもっている。一同は坐して平伏の姿であり、また小姓は託宣の儀に列することが許されずその直前に下山する。

先達の祈祷があり、また鈴を振る。たちまちにしてまた神がついた。羽山の神であった。そこで「天つ神国つ神、はらひ給へ清めて給ふ」と二回ほど繰返し、託宣にうつる。聞き役は先達であるべきだが、毎年のことと馴れたかしきが代っている。託宣の内容と順序は大体次のようであったが、稲作などは順序がもっと前だったかも知れない。

世の中、日、雨、風、五穀、大麦、小麦、大豆、小豆、あは、きび、そば、ひえ、大根、煙草、蚕、桑、火難、盗難、病難、災難、霜害、稲作

右の一々は耳に止らなかったが、それでも大麦五分、小麦四分、蚕五分、大豆四分、小豆四分などは聞き落さずにすんだ。五分とは平年作をいうのだそうだ。

恐らく羽山は作神ゆえに、以上のような神託が重要視せられたものであるが、信者もいう如く、羽山は大まかな大事な事を教え、小さな点は各々別の神達にそれぞれまかせて託宣させているのは注意を要する。すなわち、何の事は何神に聞けという。そんな風でよく現れるのは神明、諏訪、八幡、白狐稲荷などで、殊に災難は八幡が、病難はしんめいが引受けて教えてくれるらしい。

この年も羽山の次にはしんめいが出現して、「来春二月から三月にかけて風邪のようなものが流行る様子だから、黒沼神社や水神を信仰しておればよい」といい、氏子某（実際には姓名を挙げていた）の病難の件を問うたのに対して、「これは伝染病というほどのものでもないが、飲んだ水が悪くてこの病になったのだから大切にしなくてはならぬ。その外には病難は見えない」とある。三番目に諏訪明神が出現した。「やはり天つ神国つ神云々」を二回唱和の上、「昭和三十二年度において氏子に盗難あらば云々」と聞く。「赤堀屋敷の渡辺某（これも珍しく姓名を明かした）の家で盗難にあう。それほど大がかりでもないが、物貰いに化けて昼やって来、様子を見ておいて夜盗りに来るから気をつけなくてはならない」。「何神様を信心したらよいか」。「黒沼神社を信仰するがよい」。「その外には氏子において災難はない」。第四番目には白狐稲荷が出る。「氏子において火難がないかどうか」。「北郷屋敷に火事がある。三月の末にある。子供達のマッチの

火いたずらからだから気をつけなくてはならぬ」。「その外にあるかどうか」。「別に大がかりな火ではないが南の方に一寸した火が見える」。「誰の屋敷か」。「某山(聞きおとした)の焚火から燃え広がる恐れがあるから注意しなくてはならぬ」。何神様を信心すればよいか」。「黒沼神社と水神を信仰するとよい」。最後に八幡が出る。「氏子に災難は見えないか」。「久保屋敷に見える」。「どんな災難か」。「土地の境のことから話が大きくならぬとも限らぬからよく注意しなくてはならない」。「どの家か」。「名ざして注意するより屋敷として注意するとよい。十二月はじめのことである」。「いかなる神様を信心するとよいか」。「黒沼神社を信仰するとよい」。「外に氏子に災難はあるまいか」。「外には別に心配は見えない」。「先程白狐稲荷大明神にお尋ねするのを聞きおとしたが、火の見えるというのは何月であったか」。「それは四月となっている」。三十二年度の早稲中稲晩稲を植える割合を尋ねたのにも、「早稲もよいが中稲も多い方がよいように見える」というような見通しが示され、田植の時期についても、「いつものようで宜しい」との答であった。以上はその概略を記したので言葉もその通りでないがほぼ推察されると思う。のりわらは何時間も続けると弱るから、時々神主は動く身体をつかまえて正気にもどし暫時休憩してもらう。人々も頭を上げ、休息する。暁の四時五時頃まであるから寒気凛冽として、書記の筆も凍り硯の水も凍ると見えた。

村一般のことや氏子の事がすむと個人のことについて聞かれるが、これまたかなりの時間を要する。遠くは東京や北海道に行っている人などからも問合せがあって、そういうのも聞いてやらねばならない。なお個人の祈祷によく出るのはしんめい様であった。

託宣も終りに近くなる頃には、さすがの大篝火も燃え尽きてあたりは薄暗くなる。風も死んだ岳の頂にうずくまって、神代ながらのおしめし(神託)を聞いていると、まったくこの世のものと思われぬ気持になってくる。託宣の時刻には、この山の下の街道も淋しくて通れぬというが、もっともの事と思われた。

託宣がすむと一同礼拝のうえ下山するが、かしきは皆より一足おくれて、塩をまきまき後向き―岳の頂の方に向いたまま一に続いて下山する。篝火のあとは水などで消さず、塩で清めたままというが、まだ火事になったこともないという。かくて山腹の境の鳥居の所に来てはじめて、生返ったような俗化したような妙な気持になる。人の寝静った夜半からはじまり、夜の明けぬ中に終るのが、古い祭の形だったと人々もいっているが、先に水こりをとった途中の泉に立寄る頃には、夜もほのぼのと明けかかっていた。ここで冠と着衣の裾をぬらして籠り舎に帰るのである。

以上は実際に見聞した二個所のはやまの託宣の様子であるが、他に近年まで行われていた所も多くまだ覚えている人も沢山あるので、今のうちに補っておこうと思う。資料は主として相馬地方のものである。

臼石では神つけというが、のりわらは大夫の着るような白い衣装をつけ、うしろ鉢巻といういでたちである。座席をいえば、神前には大夫とのりわらと聞き取り役の三人が横に並んで坐り、次には潔斎した氏子が半月形に幾重にも坐り、更に外側には一般の人々が居並ぶ。のりわらはやや小さい幣を、氏子達は柄の長い幣をもつが、のりわらは振りまわして破ることが多いので二、三本予備をおく。座が定まると氏子達は、

にやあてん〱　はらそうにやあてん　ぼんじそわか　はんにやしんぎよう

間もなく神がつくから、

ついたあ〱　つき山葉山　は山は羽黒の権現

という。聞き役は「何神様がお当りになりましたか」と尋ねると、「葉山じや、火をこげ」というような事をいう。のりわらを先頭に大夫も氏子も戸外へ出れば、そこには火ぼいが屋根へつくほど炎々と薪が焚かれる。のりわらは幣束で火をたたきたたき渡るのだが、これを火をしめとすいった。「皆こげ」というのりわらの言葉を待って、氏子達は山のような火の中をおきを蹴立てて渡るのであったが、脛毛は焼けても一向に熱くないのは不思議であった。次に見物人にも信心の人にはこがせた。こげば病気をせぬとか何とかいったものだ。すっかり終るとのりわらは、幣でばった〱と火を叩いた。これを火をかえすといったが火をかえしてからは熱くて渡れるものでなかった。一同もとの座に

かえって託宣となる。一般の人でも希望者は、はじめ受付けて貰っておくが、それには男女の別と年令とが必要であり姓名はいらなかった。

はじめは村一般のこと、すなわち世の中のことを聞いた。作柄などからはじめる習であったが、七分とか八分とかの答があった。次に早稲がよいか中稲がよいかなどを聞く。あるいは流行病が入るか入らぬか、入ればどちらの方から入るか、のがれる方法はないものか。そんな時のりわらは暫く黙って答えぬ時があるが、やがて教えてくれることが多かった。誰それの家内に変りごとがないかどうかなどと聞くと、火事があるとか病気が出るとか、はやり風邪にかかるとかいろいろ言う。その時はどうすればよいかを聞くと、あせよこうせよ、例えば何神を信仰すればよい、幣束を切って上げろなどという。失せ物なども聞くことが出来たが、しかし村の誰彼がこうしたというようなはっきりした姓名はいわず、物を盗まれた場合でも、西とか東とか男とか女とか漠然としたことをいう習であった。やがてのりわらは急に幣束を放り上げてうつ伏せになることがある。これをかみあがるという。神上った時はおがみあげとて人々は「さんげ〳〵六根清浄」と唱え、塩水を飲ませると正気に復して平生の人となるのであった。少し休ませると氏子達はまた拝んで神をつける。聞き終らぬ中は何遍でも繰返す。すっかり終った時、この年はじめてさんげ〳〵に加わった人は、お供餅を背負ってお宮に詣る習であった。

比曾の葉山は非常に盛んで、八百人も集ったそうだが、その頃は船方も多く来たし、蚕祈願の人も多かった。原釜、四倉、小名浜、平等からも見えた。籠り堂の前は一帯に旗が立てられ、道の両側には臨時の店が並び茶屋が立った。夜十二時頃となれば、行屋の屋根にちりん〳〵という音を聞く人があったが、神様が来たのだといい合ったものだ。

託宣の内容はどこも似たもので、村一般の事を聞き、続いて個人のことにも及んだが、聞き役には氏子総代が当った。係は三人位居て一人が聞き出すのを二人が書きとめるといったわけであった。個人の場合ははじめ戸主の名と年令とを申し出ておき、三銭とか五銭とかの御初を上げた。するとこの人は何月何日に何があるというふうに教えてくれたが、具体的な人の名や地名などはやはりいわなかった。泥棒が入るとか火が出るとかはよくいったものだが、その防ぎ方を聞いた場合、どうしても防げないような時は、のりわらは幣を大きく縦に振ったものだ。故にこのしぐさを見ると、防ぎ得ぬ凶事として皆恐れたものだったという。善悪両方いったが、概して悪い事を告げる方が多かったようである。ある時直接神威を汚すようなことをした者があったが、この時ははっきり個人の名が出てそれを責める方法まで示されたことがあって皆驚いた。その家はそれからたちまち衰微したといわれる。またあまりうるさく聞いてか、もう聞くなとのりわらから言われたこともある。言うことはよく当った。神のつくことをおちる、離れることをあがるというが、「もう聞くことはないか、お上りになるぞ」などいうそうである(高橋六郎氏)。

大倉などでもそうだったが、のりわらのことをはやまと呼ぶことが多い。もっともつく神は必ずはやまとだけきまっているわけでもないので、比曾などでは五社の神がよくついた。すなわち葉山の外、はくつる、稲荷、田の神、愛宕であった。つまり、葉山がすめばはくつる、次に稲荷といった具合である。かつ注意すべきことは、稀に代理の神の出現することで、例えば稲荷のかわりにつきやま(月山)様が出たことがあり、これは七、八年続いた。そして再び稲荷が出たが、その間稲荷は不在にでもなるのだろうかと村人は思っている。また何れの神かにかわって水神が出たことがあったが、これは一年だけだったそうで、そういう時、神は、都合があって自分がかわりに出るとか、来年からはまた稲荷が出るので自分は出ない、などということがあるそうである。ここの葉山は山の神で男であり、また大同年間の勧請と伝えるがむろんよくわからない。

深谷の葉山では、十時頃から拝みはじめるのが普通だったが、軒ごめに聞くので二、三時間かかる。もとは里の石神辺からもよく来た。託宣中葉山様からほめられることなどもあった。例えばお前は長年信仰しているから葉山様の幣束を授けるとか、一心に参詣してくれるからお前の家の神棚にまつれといった類で、実際里の星某などは死ぬまで毎年参詣をかかさなかったという。

析窪の葉山でも、早稲はいくらとれるとか中稲がよいとかの作だめしをなし、その外今年は火が危いから気をつけろと教えたりした。人が笑ったりするとのりわらはねむってしまう。そういう時はまた起してやった。

宮城大内のはやまでは、昭和の初頃までは籠り堂があって、庭で火をたいたが、この火が遠くからもよく見えると作がよいと言って喜んだものという。安達木幡のはやま祭には今は火もたかず託宣もない。

ごんたちという語は今も稀に聞く語であるがごたち(御達)の意か、または先達に対して後達の意か。大倉のごんたちは三年ごんたちとて、三年間は修行不足でお宮のそばへ寄れなかった。神様の方へ向けず別な方を向いて拝ませられた。安達木幡のごんたちは、木で造った男性器を刀の如くにして腰に帯びた。大倉や石城のごんたちにはまだ子供っぽい行事がまつわっているが、金沢や木幡のはもっと青年くさく、同時に若者組加入の行事などとも結びついているらしい。

のりわらは告童の意かと思われる。神託を告る者で、神の心を持つ無垢な年少者が昔は理想とせられたのであろうが、なかなか得難くなって、現存する大倉のも金沢のも、若い頃から引続いているのりわらだから今は共に老年になった。しかし職業化された巫女などでないから、さすがに古風をとどめて古代の祭祀の状態を髣髴させる。もとは神と自由に交れるのりわらの如き人々が沢山居ったわけだし、少くとも神託を喜んで聞こうとする人が村にあふれていたわけだから、年一回形式的に聞く現在の祭と違い、日常の生活のすべてが託宣によって左右されていたと考えてもそう誤りでもあるまいと思われる。侵略は武器によるよりは、神託予言等の効力の結果によることが案外多かったと想像される。すなわち日常生活は非常に宗教的とまでいえなくても信仰的であったと思われるのである。

のりわらは同じ部落に二、三人あることも時にはあって、一人が都合悪くても代理が利くので便利であったが、村々では次第に欠けたままになってしまい、補充がつかず、随って託宣も次々に滅び去ったのである。最後に残っている大倉も金沢も、のりわらは現在一人なので少し心細そうであった。後継者をきめようと誰もが気がかりにしているらしいが、これればかりは思うようにならぬ風である。

大倉ののりわら大谷吉重氏（昭和三〇年六五才）の家は福善寺の近くにあるが、寺で拝みはじめる時刻に行かず自宅にでもいると、やはり自然に神がついて、帯もしめずに寺に行き託宣をしたこともこれまであったという。囲炉裏で話をして見ても善良で篤実な人と見受けられた。普段は農業や炭焼を生業としている。親は隣の上真野村の人であった。不幸な人で、母親に死別、父親の手で育てられたが、子供の時分からこの土地の佐久間氏の仕事をして面倒を見てもらい成長した。今は子供も大きくなり生活もよいと思われる。氏自身の話によると、十一才の年から五十四、五年も葉山の祭に通っているというから相当なもので、神つけをするようになってからだけでもおおよそ五十年に近い。温厚明朗で村の子供達にも好かれ、酒を飲めば歌ったり踊ったりもする。普通の日は、他と異らぬ村の一員であり、葉山の祭の時にのみはやまの神となって、神の心を言葉として村人に告るのりわらとなるのである。以下はのりわら大谷氏の話である。

私はお籠りに出はじめたのは十一才の時であったが、それから毎年続いた。十七才の時、常の如くさんげさんげに出て籠っていると、身体が震えるような妙な風になった。神がつくとはこういうものかと初めて思った。丁度その頃の数年間は、この部落にのりわらがなかったために、祭の日になると臨時に他部落から雇う外なかったが、多くは近くの深谷部落のを頼んでいた。こののりわらが数年前から、近いうちに大倉から新しくのりわらが出ると予言し、皆も心待ちしていた、そこに自分は神がついたわけで、したがってその翌年からは深谷ののりわらは来なくなり、おのずからここののりわらは自分に決ってしまった。爾来数十年殆んど休んだこともなく勤めてきた。今神のつきはじめた頃の事を思い起して見るに、その少し前から無性に外へ出たい気が起って、自分の生れた村のはやまその他によく出かけたものだ。神のついた最初の三日間というものは、身体を動揺させる結果、あばら骨が痛く足は傷だらけであった。はやまに限らず何神でもつき、またどこでもついた。その頃一人で山へ行き熱心に拝んでいたら神がついてしまって困ったことがあった。それからは恐しいから、一人の時はつとめて神のことは考えぬようにしていたが、少し熱心になるとおはやまのお社辺の様子などが見えてくる。じっと心を静めて居る中になおってくる。今でも熱心になるとつくから、あまり神を思わず神参りなどもしないことにしている。奥の三山にのぼった時も心配だったが、寒さが身にこたえてそれどころでなかった。羽黒でお神楽をあげた時もしっかり心をもっていたのでつくことはなかった。その頃三山の行者になれと勧められたが、結局職業的のりわらにはならなかった。

神がつくと自然とぼーっとなる。全然夢中というわけではないが境目がはっきりしない。目はやはり見えるとみえる。見えなければ歩けぬわけだから。しかし歩くにもまた火つるぎの時火をしめすにも、神のついている間はぼーっとして自分の意志の働きは全くない。法印などによっては、法を知っていて自分も火をしめすことも出来るそうだが、自分などは何も知らずただ神の力に動かされているだけで、自分でどうするわけにもゆかない。今では神もおとなしくなったが、もとは荒くて足の皮のすりむけるのもわからなかった。神の社の側におるような感じはするが神の姿など見たことはない。今でこそ祭の時に風呂に入って身を清める位だが、若い頃は水こりは人の三倍もとり、火をこぐ時熱かったら大変という恐れもあって精進潔斎は夢中でした。

のりわらの祈祷師や巫女と違う点は、職業的でないことだと思う。法印は拝むことはよく知っているがのりわらの仕事は出来ず、結局それを助けるおとのむり（子守）のようなものだ。この部落でも自分のおる間はよいが、葉山様の思召が誰に落着くかは村人の関心の的であるにしても、それは今からは全くわからない。

しかし葉山様の鍵持なる佐久間氏の家から出るという淡い期待のようなものが何となく部落にあるらしく、大谷氏もそれをいい、あるいはそうなるかも知れないなどといっていた。なお村内に東照権現があるが、ここにも一時のりわらの出たことがあった。高橋某という耳の遠い五十才位かと思われる人だったが、二年ほど続いただけで他に転住した。この人の動機は、権現の杉を材木屋が買って木挽に伐らせた時、木に生血がついていると見て、身体が震えて神がつくようになったのだという。

臼石ののりわらについての相良栄氏の話。最初にのりわらをきめる場合、お前なら神がつきそうだからやって見ろと言った具合で皆で拝んでみる。つけばよいがいくらしてもつかぬ人がある。一度つけば毎年同一人がつとめる。極端に馬鹿な人や利口な人にもつかぬようだし、そうかといって静かな人にも喧嘩の好きな荒い人にもついたりしてどうもわからない。年寄も若い者もあった。この辺の例は皆土地の人で男であり、常は百姓仕事をしておる。私の覚えてからののりわらは四、五代変っているようだが、親子でつとめた例はここにはない。またはじめて選ばれた人に神がついても、馴れぬためかよく喋れないので随って聞きとれぬことがあった。石井、永崎、伏見などいう人はよくやった人であった。馬場某はきかない人で、火をこぐのも荒くて見物人まで火を被る有様だったが、その強い気性によるものと見え、ある時、「この中に水を浴びずに来ている者がおる、浴びて来い」と叫び、皆たまげて浴び直してきたこともあった。これもある年の神つけの日に、のりわらが風邪でもひいたかして、「おらは今夜は行くのやんだ」といって、自分の家で火に当っていた。その頃お宮では皆集って、「今夜はどうしたことだかのりわらが来なくて困ったもんだ」と、それでも例の通り「さんげさんげ」と拝み出した。すると火に当っていた彼は、「何だか寒くなってきたようだ」というち、ひとりでに神がついて、ぴょん〳〵足を揃えてとびながら、かなり離れたお宮まで行ったのは有名な話になっている。のりわらのいうことは、ちっとはうそがあってもよく当ったし、また当るものだと大てい信じてもいた。のりわらは多くは村内の人だったので、謝礼なども特別のこともなく、仲間でいくらか集めて贈る程度であった。

比曾ののりわらについては同地の高橋六郎氏に聞いたが以下その話。集っていた一般の人々の中に、「何をのりわらが馬鹿なことをいうか」と軽蔑した口調で私語いた者があったが、たちまち蒼くなって倒れたことがある。またある時などのりわらが、「この中にけがれた者が来ているから今いましめてやる」といったかと思うと、その言葉の終らぬ中に戸外で倒れた者があった。それは生ぐさを食ってきた者だったという。私の祖父はのりわらであったが、ある年風邪をひいて行けずにおると、集った人達で祈禱をはじめた。果して祖父はとび出してお堂まで行ったが、こんなとは二、三回あった。祖父は昭和四、五年頃までのりわらをつとめ、その後一、二年後に六十二才でなくなった。死後臼石からのりわらを頼んで数年続けてみたが、この部落からも出したいと皆考えて、何遍か祈禱して見たけれども遂に出ないでしまった。

比曾長泥の小椋氏の話。今のTさんの爺さんに当る某は、比曾の葉山ののりわらだったがすぐれた人で、ろくに祈らなくても威勢で神が来てついたものだ。坐ったままで五尺位とび上ったりした。ある年の火つるぎの時、村の者ではなかったが、泥酔して歌などうたった者があった。彼は怒って追出してしまえと幣を振って叫んだそうだが、その時彼の男は引っくり返って口から泡を吹いて人事不省におちいった。皆驚いて寝せつけ寒くないように着物をかけておいたが、翌朝正気に返ってこそこそ帰って行ったという。またある時は彼の女房が産をしたので託宣に行かずにいたら、やはり身体が震えてきてしようがなく、着物を出させて着、食った物は露地で吐出した上、こう（垢離）とり場でこりをとってから、お宮まで二百間位もあろうかと思われるのに、耕地を真直ぐにとんで行ったそうだが、はいていた白足袋の裏は少しもよごれなかったという。この爺はそっぷくれの変てこな爺さまで、常はのんきに下駄を売って歩いたが、興のむくまま三味線をひいて皆に聞かせるのが好きだった。

佐須の菅野庄太氏の話。ここでものりわらに選ばれるような人は正直であまり嘘など言わぬ人であった。神のつきそうな人はたいていわかるものだが、深谷の人で北海道で死んだ人があったが、この人はよくついた。彼地に行く前に、のりわらも今年かぎりだといったものだ。この佐須部落でも誰かつきそうなものだとやってみたが駄目だった。

私の祖父は信心家で湯殿に三十遍も行ったが、何か事（多くは喜び事）がある前には狐が現れるといったもので、狐は葉山のお使だと信じていたらしい。だからのりわらにも稲荷がつくのだとこの辺では思っている人がある。そしてのりわらを葉山とも称した。

斎藤熊記、村山仙三、原田直二郎氏等による深谷ののりわらの話。のりわらには独身者がなりやすく、妻ある人には神がうつりがたい。年令はかまわぬらしいが男でないと駄目なようだ。巫女はつきそうなものだがつかぬもので、これは独身でも駄目なようだ。のりわらをはじめてつくる場合、最初から特定の人を選定して神がつくようにと祈ることはない。神はのりわらの形をとって現れるのであって、人の側から云えば晴れて神になることであった。一旦神がつくと二回目からはつきやすくなる。反対につかぬ人はいくら頼んでも拝んでもつかぬものだ。つくのりわらなら、その席に居合せなくても皆で拝めばやってくる。

火をこぐ時、生ぐさを食った人や信心不足の人は熱くてこげぬというが、自分は何でもなかった。のりわらでなく法印でも火をしめしたが、弥勒院などは時間もかかって二十分もかかったようだ。火をこがせるのものりわらだが、これもやはり古い法印なら出来たものである。

覚えているのりわらの中には、まなく（眼）の見えない男もいた。普段は炭背負いなどして暮していた。臨時に禰宜様などをよんで拝んでもらうことはあったが、大ていはためておいてお籠りの時に聞くのが普通だった。

これも忘れられぬ例として、ある年の八月二十五日に大洪水があるとの託宣があった。その日は蚕神の日で皆宿に集った。雲立ての悪い模様だったがあまり気にもせず行事をすすめている中に、あらしとなり大洪水となり、大橋が流れて大変なことになったことがある。また戦時中は、出征している夫や誰それのことを聞いたものだが、戦死した者については、便りはあると出ても帰ってくるとは出なかったものだ。

大倉の中島酉松氏の話。ある時妙見様をあるなしに粗末にしてお堂か何かのすまこ（隅）に置いた。誰も気づく者はなかったのに、のりわらの口から出たので驚いて探すと埃にまみれてがらくたの中にあったそうだ。火つるぎの時火をこぐのはのりわらの命令でやるが、皆が怖れて尻ごみなどすると、のりわらは葉山を疑うのか漕げこげなどといった。

それでもぐずぐずしていると自分でこいで見せるので、皆ならう。すべて「葉山が許す」とか「葉山がどうする」とかいう言葉をのりわらが使うので、人々も彼のことを葉山々々と呼ぶことは他と同じである。

以上要するに、のりわらに神がつくというのは、彼自身心の平衡を失し、ノーマルでない状態に陥った時、そのために起る変態的現象ではないか。神がつくと称するのも、いわゆる神が何処からか来てつくのではむろんないのだから、何でもない正常な神経で感ずるものと異ったものを、異常な神経で感得する対象に過ぎぬであろう。一般にいって文化のひくい人の心が単純素朴な古の時代ほど、そうした心の状態になり得る人、すなわち容易に神と接することの出来る人が多かったことは事実であろう。子供の一人に地蔵をつけて喋らせる地蔵遊びというものが数十年前までこの地方にも見られたが、これなども古の心意現象の残存か再現であろう。そして信仰の諸現象の中で非常に重んぜられ、ひいては原始宗教の大切な要素となりやすかったのはこうした現象であったようである。

五　神　幸

神幸本来の形は神を祭場に招く形をうつしたものであろうが、現実の場合には神の社のある所から、その外の臨時の祭場に赴くこと、その祭場から本殿に帰ることを指している。前者の場合をおくだりとかおさがりといい、後者の場合をおのぼりとかおあがりとかいっている。もっとも簡素な形なら、きっと行列もなく、白い馬にでも乗った神がひとりで岳や森に下りて来たものであったろう。石城草野の古箕明神は、白馬に乗って日中下ったというがそういう例は多い。行列を見せるようになると、それではあまり淋しいので行列そのものに重きをおくようになり、行列を美々しく長く飾るようになっても、神様とのりものだけはさすがになくならず今でもある。

大倉の葉山ではお籠り中の行事になっており、部屋の中で殿様の行列を行うが、至極簡単なもので殿様と馬とお供位で殿様は子供である。石城錦の熊野神社の礼祭にも子供の殿様や馬が見られたが、殿様は明らかによりましと思われた。相馬野馬追祭にも必ず御幣を背負った葦毛の馬が行列に出るが、これが神幸の中心であるべき姿なることは間違いないようである。信夫金沢の羽山では、旧暦十一月十六日の行事に小宮まいりと称し、部落内の小さな神社や氏子の家にまつる神々をまつり歩いて祈禱する行事がある。この時はなし駒ということをするのだが、それは白紙七枚に駒の絵姿を判で押した上、七枚のそれぞれに一匹、三匹、五匹、七匹、九匹、十三匹、四十八匹という文字を書添えたものを篠竹に結付けて持ってゆき、お宮に参詣の時一枚ずつ放しておいてくる。すなわち第一のお宮では一匹を、第二のお宮では三匹をという具合であるが、四十八匹という最後の一枚だけは持ち帰って、終いの日に羽山へ上った際ここに納める。安達木幡の羽山の祭でも似たような事をしていた。養蚕の信仰に結びついている所もある。臼石の葉山では祭が終ると、こもった氏子は幣束を持ち帰って厩の入口にさしておけば、馬に怪我がなくてすむという。

神幸は拝むべきではないという考えが一部に残っているのは、拝んでならない何か理由があったので、尊いということもむろん大きな理由であったと思うが、神が何事かのために一時姿をかくす必要のあったことを意味する場合もあったのであろう。だから神幸は恐らくは夜中で、人の目にふれぬよう行われたものに相違ない。見せるためではなかったのだから。

大倉では、本祭の朝にお山がけの行事がある。すなわち一同は行衣に白鉢巻草鞋ばきのいでたちで、一人は藁苞に入ったおみさきの餅を背負い、一人は大ぼんでんを持ち、一人はお籠の間使用した人々の竹箸を背負い、法印は法螺貝を胸に下げなどして、鍵持が背に負うた葉山の廚子（中に神体あり）に随う如く、住職のりわらその他一同、行屋（福善寺）の庭に居並ぶ。鍵持は施主でもあった。ここでこれから行こうとする方角に向いて法螺を吹き鳴らし、帰命頂礼、さんげさんげ云々の詞を三度唱和して祈念を捧げ出発となる。途中葉山神ゆかりの地に立寄って、さんげさんげを三遍ずつ繰り返す。それはすぐ近くの村の山津見神社、草野への分れ道（ここから葉山が今の所に来る前鎮座していたと伝える姫崎が見える）、栃窪方面への分れ道（もとの行屋のあと）、葉山の御姿の出現したという伝えをもつ施主佐久間氏の井戸、おぶくでん（葉山の御仏供田）、おげえば（うがい場か）、以上の所であるが、おぶくでんでは特にお田植の踊、ごんたち舞、だいもち等もあわせて行なう。岳に上ってからは地蔵岩の上でお寺の方を向いて三遍拝み、頂上の葉山のお宮でも同様にする。もとはごんたちはお宮の前へは行けなかった。大ぼんでんと籠り人の使ったぼんでんとは周囲の木に結びつけておくが、この白紙がその日の大風で里の耕土まで飛ぶと作がよいとて喜ぶ。お宮では御法楽をあげ、さんげさんげを十三遍繰り返す。次に信夫金沢の羽山はどうかというに、旧十一月十八日は結願の日ゆえ、いわゆる大願成就を思わせる大事な神事が行われる。午前一時頃、こもり人一同水垢離を例の如くとって本社黒沼神社に参拝、かしきの命によって服装を正して炉辺に集合、先達はじめこもり人一同は、御神酒一升を手によってあたため、各自くぼみを以て少しずつ頂く。その間おひかり木に点火する。万端の準備成って出発したのは午前三時頃であった。行列順序および役割は左の通り。

一番お山

おひかり木　これはおかま様だという。長さ四、五尺ほどの薪と云うには大木すぎるが、切火でつくった火をこれにうつした最も神聖を必要とするもので、これが先頭に立つ。

次に大大刀　木製のもの二本

次に大ぼんでん　最大のものは羽山の頂に、次に大きいのは黒沼神社へ、やや小さいのは垢離とり場の水神へ上げる。

次に太鼓

次に俵　一俵にはお峯餅を入れ、他の一俵には放し駒をはじめ、よせや其他こもり屋で使用したもの一切を入れる。

次に内しめ

次に外しめ

右の二俵の俵は岳上で解いて新菰とし、これにのりわらや神主が坐るところをみれば、やはり狭い意味の神の座であり、祭壇用でもあったことは明らかである。

二番お山

燈台　これに幾本かの大ろうそくを点してある。持つ人は嫁。

次に羽山大神の御神体　幣束二本、持つ人はおっかあ。

次にしんめい御神体

次に先達

次にのりわら

次に秘書　二人、託宣を筆記する為の硯や筆、帳面などを持つ。

三番お山

その他一同ここに加わる　二番お山につゞいて行列をつくる。

以上の中、一番お山は一足先に庭に集合を終えると、祝詞の奏上があって、おひかり木を先頭に出発する。十分か二十分ほどたって二番お山、引続いてすぐ三番お山が整列、祝詞を合唱して、燈台を先頭に出発する。

まず黒沼神社に参詣して祝詞を奏し、大ぼんでんを立て、次に稅井に詣でて同様の事を繰り返し、五町ほどの道をお山にのぼる。服装は小宮まいりの時などと同じで空脛に素草鞋(新しいもの)、頭に手拭のえぼしを頂く。夜をこめての神幸を道に出て拝む人の姿も見えず、粛々として荘厳この上もない。ただ燈台の灯のみ木立に映え、凍てついた道に影をうつしてこの世のものとも思えぬばかりである。人々は声高らかに、羽山も繁昌、六根清浄、身体堅固、大願成就等の言葉を唱しながらのぼってゆく。思えば田植から収穫に至るまでのすべての農事をめでたく終え、さなぶりをして神人共に楽しんだ結果、人々は感謝の心に胸ふくらませて涙を落すばかり、今田の神をお山に送り暫く休んで頂こうとする、そういう気持がすべての人の心にわき立っているように思われた。

六　芸能神事

大倉の葉山はお託宣がすむと、田植の神事があってこれをごたうえといっている。形はくずれて整わぬが、籠り人は、託宣の時の白衣に幣束を持った姿で、部屋の中で次の歌を繰返しながら田植の仕草をする。極めて簡単な一種の田植踊と見えた。

権現様のお田植だぁ　一本植えれば千本だぁ　七穂で八升　八穂で九の桝とれ

この行事は翌日一同がお山をかける際、途中の田圃でも行なう。この田は広さ五畝ばかり、ごぶくでん(御仏供田か)あるいは拝み田と称し、肥料を入れず金肥のみ入れる。昔葉山権現の神体が飛ぶ途中、この田に休んだとの縁起を伝えているが、現在は個人の所有になっていて、神社と直接の関係はなくなっているようである。

右のご田植に伴ってだいもちということをするが、田植の仕ぐさや歌を間違えたりすると胴上げされることをいっている。多くはユーモアに富んだ大人達が年少者に胴上げされ笑い合って大騒ぎである。これがすむと大人達は座を去り、おこもり三年未満の連中、多くは年少者だがこれをごんたちと呼ぶ、これが舞をする。ごんたち舞という。舞といってもきちんとしたものでもなく、次の言葉を賑かにはやし合って騒ぐ。

見つさいな　見つさいな　ごんたち舞は見つさいな

しょうじかんむり　あーわーわ　かっかかっか　乳飲みたい

これで行事はすみ、一同は行衣をぬいでくつろぐ。

神前における芸能は、神々を喜ばせ神人共に楽しむわけのものであるが、これを写したもとは種々あろう。巫女踊りなどは神がかりした巫女の姿を写したのかも知れぬ。恐らくよりすぐれた神の行動そのものを再現し、その威力をほめたたえた姿を現したものも多かったことと思われる。神さびする神の威力を見れば、人にも何となく移る如く思ったという面もあろう。

田植ははやまに限らず神事として広く行われているが、はやまに附きものであるのも、はやまが農業神だからである。ここの田植が豊作を形どっているのも、はやまの神の力によって豊作となり、これこの通り御力によって豊作になったと再現して見せ、確めもし感謝もすると共に、これにあやかって来年もまたかくあらんを願うものである。

信夫金沢の羽山の作祭を俗によいさあというのは、掛声から来たもので、これは旧十一月十六日の夜行われる。大豊作を祈願するためのもので、氏子のもっとも力を注ぎ、田植の実況を神に奉納する祭だといっている。夜のやわらの後、こもりやの神前に燈明を点し、先達の指揮によって炉をはじめ器物什器に至るまで清めた上、かしきと共にこれからの行事全般に目を配らねばならない。籠りやの戸障子は尽く開放されて、縁の外にはこれからの行事を見ようとする村人の群でうずまる。

炉には盛んに火が焚かれる。やがて鍬頭が現れ、一同に対し、今日は幸にもお天気も上々で田の水加減も至極よろしいから、早速代かきをやって見事な田植をいたしたいからみんな簑を脱げという。ここで一同衣服を脱ぎ裸体となる。代掻準備の掛声がかかると、鍬頭は鼻取役となって元気な馬を引き出す。馬には多くかしきがなった。ところが馬はぴんぴん跳ねてなかなか手におえぬが、さすが手練の鍬頭であるから、馬も力及ばず出て来て代かきがはじめられる。たまたま簑を脱がぬ者があれば次々と脱がせてまわる。あらくれの代かきは容易に土がならせぬと見て、鍬頭は何匹も新馬を見つけて出してくる。そしていよいよ真剣に代をかく。やがて天候がにわかに曇り雷が出てくる。この時太鼓を鳴らす。これは大変だと掛声諸共ヨイサア、ヨイサア、ヨイサッササッサア、ヨイサッサアと猛烈に腕を振ってかきまわし、あの隅はまだ出来ない、この隅はまだかと、時には馬諸共倒れる。このもみ合う様はなかなか壮烈で、それが相当長時間にわたると、鍬頭は充分地ならしが出来たと見、神前に参り、「本日のあらくれもよく出来たようでありますので御神馬をお出し下さい」、とお願いする。かしき役員が承諾して御神馬が現れ、仕上げの代かきが出来上る。御神馬には神官の代理を勤めたようなかしきがよくなったものだ。これで代かき終ってすぐ苗打となる。小姓等は大てい転々と適当に打ち出される。次にかしきを鍬頭として田植がはじめられ田植唄が合唱され、太鼓や囃子の音頭によって田植が出来上る。その田植歌は左のようなものである。なお田植歌というものは田植の時のみうたい、余の時はうたうべきものでないとされていたようである。

豊年作祭田植歌

一、はしまる田の神はや目をさませ　こんにち様に負けぬよう　朝おりて苗代見れば　苗取りに水こんこん困った　神のせき七せき八せき　じやかごとめて水をひく　や一れ

二、苗の中のうぐいす鳥は　何が何とさやずる　や一れ　おぐらおますに　とかきをそえて　俵をつめと　さやずる　や一れ

三、この苗を取上げたなら　蝗はどこにとまる　そんそん　や一れ　金沢のすすきをかけて　すすきの枝にとまる　とんとん　や一れ

四、あさはかの一みなくちに　おいたる松は何松　や一れ　五葉の松の三階枝に　黄金の鶴が巣をかけ　や一れ　巣の中を手をかけみれば　黄金のたまごが九つ　こんこん九つ　一つ取りては　おかま様にそなえて　後の八つは　ちょうじやになる　や一れ

五、金沢作田に姑をもてば　あじなるものを見てきた　や一れ　かのしかにまぐわをそえて　お馬の鼻とりを見て来た　や一れ

六、今日の田植のたんのし様は　大金持だときこえた　奥は奥州南部や津軽　外が浜までも聞えた　や一れ

七、四の休に乗り出る船は　奥の女郎が乗り出る　や一れ　蛇の目からかさ　あとよりさして　しやなりこなり

と乗り出る

八、今日の田植のたんのし様は　うらに小蔵が八つある　八つの小蔵に米積んだなら　いかなるおかみさんも喜ぶら　やーれ

九、今日の田植のたんのし様は　うすが八からでよねをつく　臼が八からで杵の数が十六本　おなわの数は三十三人　やーれ　三十三人あるその中で、どいつが旦那さんのおめかけ　やーれ　赤いたすきにべにけしょつけて　お色の白いのがおめかけに　やーれ

一〇、おひる飯にもはよなりました　お汁の実にはなになに　わかめの汁によれかつ入れて　お皿は鯛の焼きもの　やーれ

一一、七つさがりに田植を見れば　前田の早稲田がそよめく　やーれ　七歩(ほ)打てば九つますも取れましょ　八穂では十ますもとんとん取れましょ

一二、鎌倉ののぼるさきには　女にたる石があり　男より手をかけ見れば　なほよりかかる石がある　やーれ

一三、まいた種は　一石三斗五升まき　それをみんな植付　やーれ　まくわとりいに手をかけならし　また来てござれ田々の神　やーれ　**(繰返す)**

次に天候もよし水かけも上々、田植もこの上もなくよく出来たというところで行事は終り、一同衣服を着、先達やかしき一同招かれた上、信者一同のさなぶりの祝事がある。一升桝を盃とする祝宴で、ばっぱあおっかあというふうに盃が進められ、高砂の謡から民謡隠し芸に及んでもさしつかえない。かくて本年の作祭を無事に過し、併せて来年も大豊作疑いなしとの期待を強くするものだという。

主なる話者　大倉(中島酉松、草野星明、高橋求、大谷吉重、中島一夫、佐久間一氏)、臼石(相良栄氏)、比曾(高橋六郎、小椋、菅野氏)、佐須(菅野庄太氏)、深谷(斎藤熊記、村山仙三、原田直二郎氏)、信夫郡金沢(菅野団三、半沢正富氏)、安達郡木幡（安部達

雄氏)、柚木(鈴木幸安氏)、宮城県大内(阿部正男氏)。

第二節 はやま神の性格

近世まで広い分布をもち、特異の信仰を保ってきたはやま神も、その後急激に衰頽の色を見せてきた。信仰の本質の充分明らかにされぬ前に消滅する日があってはならない。はやまは山の神だともいうのに、何故稲を供え、あるいは田植の神事がともなうのか、反対に作神の信仰がある一面、山にまつるのは何の意味か。他の神社と違って夜こもることを厳重にする。他の神社では今は殆んど聞かぬのに、この神社には神託を重んずる古来の風がなお続いている。出羽の三山と似た信仰形態をもっている。その他数々の疑問の点を中心として見てゆくために、主として相馬地方における信仰の実態を調査し、さらに同信仰の一般に濃厚と思われる東北地方南半に、若干の資料を求めようとした。

相馬地方におけるはやまの分布状態を見るのに都合のよいのは、維新直前までの神祠等を詳記した奥相志であるが、これによれば大小のはやま祠は夥しく、旧相馬藩領は相馬郡と双葉郡北半という小地域であるにもかかわらず、殆んど各村々にゆき渡り、凡そ八十祠に及ぶのを見る。現在の町村数に当てると一個村二祠位の割合になるようである。しかし右の奥相志においてすら、すでに廃絶に帰したと覚しく、単に葉山祠址として名残を留めているものも中に幾つかある。また本稿には採らなかったが、単に権現と呼んでいるのが実ははやまである場合も割合多いらしく、その他地名として残っているものもあり、葉山、葉山下、葉山迫、葉山岨、葉山堂、権現(葉山)下などはその例である。

以上の部落別分類は、分布的には別段の特色を見ないので煩雑をさけて省略するが、やや広く福島県として見ればどうかというに、小さな祠は採録していないためと思われるが数はずっと減少している。即ち、大正七年の同県の神社名簿によれば、郡別にして信夫二、伊達一〇、安達一三、安積二、岩瀬一、北会津四、耶麻五、河沼一、田村五、双葉三、相馬四となっている。相馬の四などは余りに少な過ぎるが事実は上述の通りである。比較的多い郡も全くない郡もあるが、なくてもこれにかわるべき性質を持つ信仰のあることが多い。中でも月山、羽黒山、湯殿山の信仰は極めて類似したものである。また、石城郡には葉山は一社もないようだが、やはり性質の似た大塚という社が非常に多く存在している。さらに北は宮城県より山形県へとこの信仰は続き、相互に関連しかつ混同した点をもったまま、山形の葉山および所謂奥の三山へとそれぞれ連っているものの様である。

葉山の信仰の原初の形態はよくわからない。しかし、極めて古く存在した信仰に、後世になって修験道が大きな影響を与え、それが時代の波にのって発展し膨張し、時には流行的に分布して、現在の信仰の基礎をなしたことは想像せられる。それというのも、葉山と修験道とに、融合を容易ならしめる素因のようなものがもともとあったからに相違ない。というよりむしろ、はやまという本来神道に属すべきものに、神道以外のものが影響して、いわゆる神道以外の神道、すなわち修験道と呼ばれるにふさわしいものに変ったのであろう。

一　山の神と田の神

はやまに祀る神は、記録によれば大てい羽山津見神とか羽山戸神になっている。前者は伊邪那岐神が迦具土神を斬り給うた時、迦具土神の右の手の所に成りました神といい、麓山祇とも称し山祇の一であるとされ、羽山戸神は大年神の子ということになっている。羽山の羽は美称ともいうがやはり端山の義で、奥山に対して里近い端の山の義であると思われる。そういう所に居る山の神の類であろうといわれている。

しかしながら、現在の諸社に見るあまりにも統一された祭神は、極めて近い時代の統制の結果であることは疑いない。何故なら、こうした神の名を知っているのは神主などの一部知識人に過ぎず、明治前の祭神に至っては殆んど不明だからである。古く不明であった祭神が、近頃一斉にわかることはあり得ない。例えば相馬市西山の葉山は徳川時代には祭神を埴安姫とし、土徳の祖にして五穀の守護神である、とあるのに、明治以後は他の葉山の祭神と歩調を合せて羽山津見神としている如き、似た例は頗る多い。昔は単に葉山権現であった。神の名などはわからぬのが当り前で、ただの山の神であり、田の神であり、そして葉山さまであったのである。そうした民間に発達した葉山の信仰をこそ知りたいものである。羽山津見神は山麓を持ち分け給う神とか、山に功徳ありし神とか、先覚の説をかりて一口にいうが、この記録に残された葉山が、村人の考えている神と同じか否かもわからない。恐らくは古い形の葉山の信仰があって、それに後世になって、歴史に出てくる羽山津見神を必ずしも深い考えもなしに当てたのかも知れぬ。山の神として考えようとしても割り切れぬ感じの残るのはここに原因があるらしい。まして葉山は山の神でないとする信仰の各地にあるにおいてはなお更である。

たとい山の神としても、本当の、山を守護する山神と相違のあるらしい点はいくつも挙げられる。山人、狩人の祀る山神なら、山で怪我なきようにとか、山の幸の多からんようにとか祈るのが普通であるのに、葉山にはそれがない。作の豊かならんことを祈るのを第一としている。そして祀るのは農家の人々である。百姓の神様ともいい、百姓を守ってくれるともいっている。例えば前記西山の葉山なども、「五穀成就の神にして農人特に信仰し、衆人この山に集り旱に雨を乞ふ」、などと奥相志にも見える。現在も葉山の祭を作祭という所以である。

所在地は特殊の例をのぞいては皆里近い山であった。相馬の例を見ても、人気の少ない奥山には本当の山の神は祀られても、葉山の祀られている例は聞かない。遠くても田圃の彼方に望まれる程度の里山であった。分布状況を図にして見ても、農村に殆んどくまなく分布し、山のみに片寄っている様子は少しも見えない。ただ大きな古い葉山になると、相当の高さをもち、特に里と山との界にそびえているが、そうでなければならぬ理由があったのである。

試みに二〇万分の一の福島県地図の相馬地方を見ると、阿武隈山脈の山裾、すなわち里との界近くの山に、四個所のはやまが連っているのが見られる。むろんこれは地図にあるものだけで、そういう意味では高さも高い山であるが、これを結ぶ線の東側海岸地帯と西側の附近の村々の信仰を集めている。ところが地図をたどると、阿武隈山脈の西側にも、全く同じように、里近くの山端れに点々と六つのはやまの連っているのに気がつく。これまた遠くは福島、二本松、郡山等を連ねる地方とも関連あり、近くははやま近辺の農村の信仰をそれぞれ集めているのである。南の石城地方にないのは、はやまという名の山がないだけで、これにかわる信仰を持つ山はあったのである。とにかくこの地図からでもはっきりいえることは、はやまは里から山に入ろうとする所、入ったばかりの地点にあるということである。平地のは後世の流行であろう。

葉山にもし漁猟を祈る風があるとすれば、真の山神と混じての故かと思われる。出羽の葉山でも作柄を祈願すると、同地の修験者はいっていた。作だめしという言葉は多くのはやまにある。はやまで焚く火が遠くまで見えると作がよいとするのも、宮城県大内のはやまだけではない。葉山まつりの特色の一つは託宣を聞くことであるが、託宣中第一に重んぜられることは、翌年の作の豊凶であったようである。村一般の重要事項も聞くが、まつりごとの中心というか農村の最重要事は、作柄をおいてなかったのである。

はやまに稲を上げ、籾を上げ、または新穀を供えるのも普通のことで、殊に秋祭にそうするのが一般であった。例えば相馬郡金谷の葉山は、秋毎に稲の初穂を上げるを常とし、宮城県大内の羽山では籾を最近まで上げていた。相馬市馬場野の麓山も作神と称したが、ここでは祭になくてはならぬものは麦の吸物であった（渡辺孫次郎氏）。この日餅をついて神に供え自ら食うのも同じ信仰に基くものであろう。宮城県柴田の羽山にも種籾を上げる。またこれを借りて来る風習がまだ残っている。また、はやまの神事に、田植の行事の伴う所の多いことも注意されねばならない。信夫郡金沢の羽山に、田植から収穫までの所作を行なう神事のあることは別に紹介したが、相馬郡大倉の葉山にも、お田

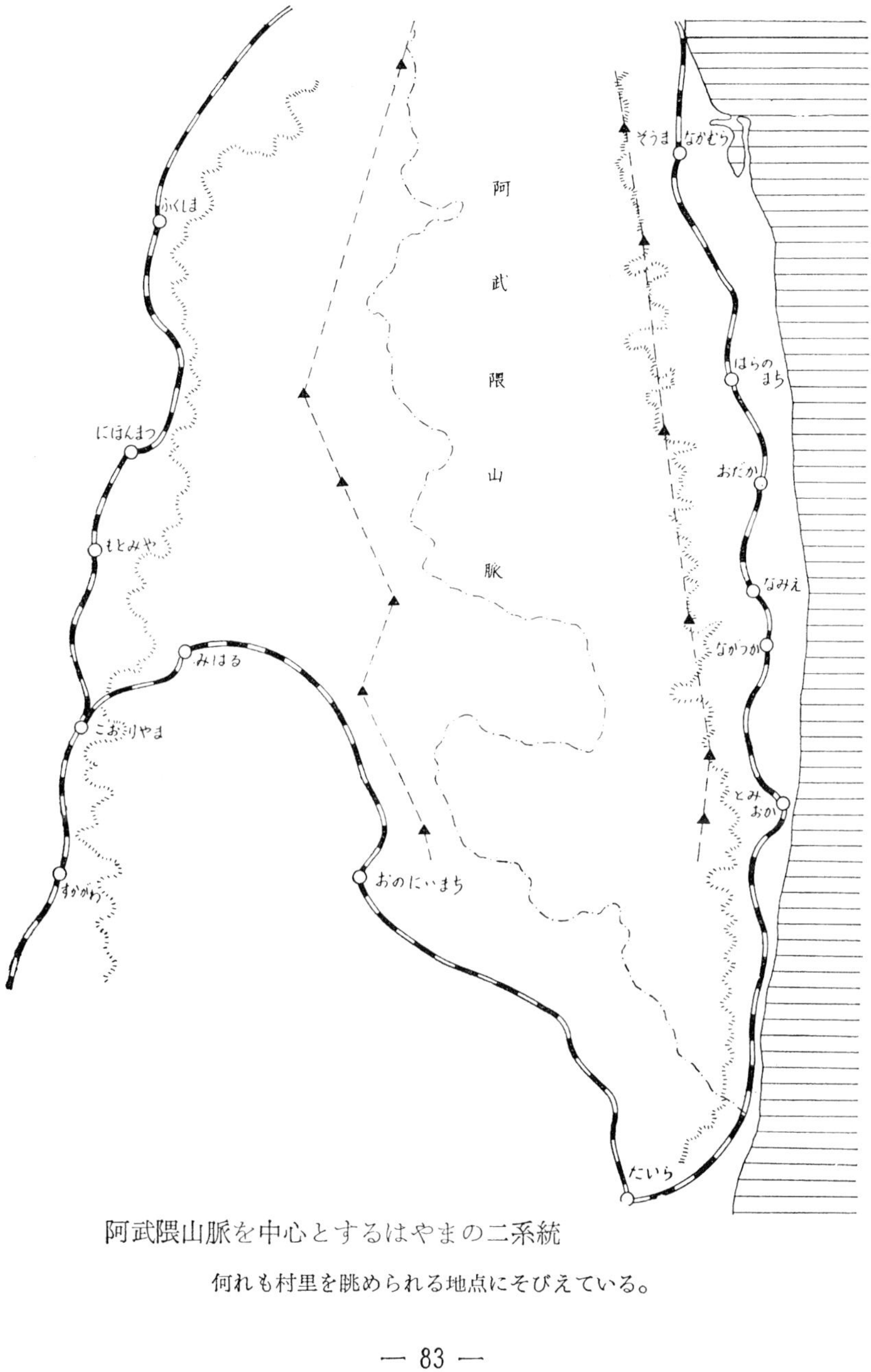

阿武隈山脈を中心とするはやまの二系統

何れも村里を眺められる地点にそびえている。

植ということをやるのを見た。いずれも豊作にあやからんとする一種の予祝であろうといわれている。この時の歌の文句も幾つかあるらしいが、その一つに「一本植えれば千本田、七穂さ八升、ここの桝とれ」。

生殖行事の伴うのも、前記金沢、安達郡木幡山、田村郡船引近くの羽山等みなその例で、農事に関係があると思われる。栃窪の葉山は、祭の当日雨が降れば、翌年は作が悪いといわれ、反対に風の吹くのをよしとしたが、大倉その他にも一般にこれは見られることであるのは、諏訪荒れとか大師荒れ、八日に吹くのを八日吹きといったりするところよりしても、かつては神が風に乗って天降ったその名残の言葉かも知れぬのである。

はやまに何を祀るかということは興味ある問題であるが、それがまたまちまちで、信夫郡飯坂の麓山の如く金山彦を祀るもの、宮城県広瀬村や相馬御山の如く宇賀魂を祀るもの、宮城県富永村の如く大山咋をまつるもの等で、金山彦以外はそれぞれ若干の同じ例を見る。ところで大正十二年の「福島県下諸社祭神」などには、云い合せたように、羽山津見さもなくば山祇とか羽山戸神になって居り、中でも相馬の条は例外を見ない位、殆んど羽山戸か羽山祇で統一されているかに見える。

以上は主に近世の記録によってであるが、これを村々の口碑によって検討すれば、必ずしもその通りでないことは上述の通りであって、信達一統志などに、「この神は度々見ゆれど何を祀れるか詳らかならず」、といっているのはかえって正直だと思う。むしろ山神の面影はうすれて、作神として浮き出てくるのを認めるであろう。村人もあるいは作神としあるいは稲荷を祀るかと考え、あるいは作徳の神で五穀を護ると考え、判然とした祭神を知らぬのである。相馬郡飯館村は、葉山の信仰の現に生きている村であるが、このような狭い所ですら、村の古老達の間には、葉山は山の神である、男である、作神でほうねん様と呼ぶのだ、女の神で片目である、稲荷の類であろう、などと伝承の極めて区々であるのをみてもわかる。相馬市池上の葉山のように、何をまつるかわからないが、山の神ではない、といっている所も多い。宮城県金山の葉山にも、農業神としての信仰が残っているらしいという(志間泰治氏)。山形県の富本村より登る有名な葉山も作神であると、麓の修験者が話してくれた。雨乞などは葉山に限る筈もないが、特に葉山に多いのも偶然とのみはいえぬかも知れぬ。会津高田の伊佐須美神社も、昔天津岳に天降り、田植の神事を伴うところよりすれば、飯豊山などと共に作神の信仰がよく現れていて、はやま信仰ともかすかなつながりが感ぜられる。はやまに田の神山の神等をも共に合せまつるか、または近くにまつっておく例のいくつもあることも、偶然でないようである。

1田神山神共まつるもの

中村西山、富沢焼切山、江垂中館(雷神もまつる)、塩釜西入(雷神もまつる)、磯部切石(二個所共)

2田神のみをまつるもの

信田沢道ノ上、押釜前田、下木戸苅屋沢、中太田西畑、北原愛宕山つゞき、南飯淵木堰無、小野田悪土、北右田薬師堂、小泉医王院境内、小泉高池、岩ノ子葉山、柏崎葉山、柚木葉山迫、成田阿弥陀堂

3山神のみをまつるもの

石神中山、尾浜権現下

これらの理由はよくわからないが、はやまは田の神であっても山の神の性格も考えられる故に、田の神の考えが強い場合は山の神を配祀し、山の神と考える時は田の神を配祀したのかも知れぬ。しかし全般的に田の神を配祀している例が多いとすれば、その土地では少なくとも葉山を山の神と見ていたことになろうか。

相馬山中郷の諸村では、山の神と田の神との関係をよくいうが、例えば飯館村深谷辺では、田の神は秋の彼岸からは山に来て山の神となり、春の彼岸からは田に降りて田の神となる。田の神も山の神も百姓の守本尊であるという。同村関沢で、山の神は百姓の神で、百姓が山へ行けば世話してくれ、耕土へ行けばそこへ行って世話してくれる、というのに似ている。同じく小宮辺では、田の神は旧三月十日に来て田の世話をして百姓を守り、旧九月十日に帰って行くと。本当の山の神は、一年中山にのみ居て里に出て来ることはないように小宮辺ではやはり考えていたが、こうな

ると二種の山の神がなければならない。この考えは里にも多く存する。これよりしても葉山は、本来の山の神とは違う田の神とのつながりにおいて考えられる山の神であるに相違ない。同村深谷辺の人々の考えを聞いてみても、一般に山の神と田の神とは同じだろうと思っている。その理由は上述のように、山の季節には山を守り、田の季節には田を守るからだ、違うという証拠は何もないという。

以上要するに葉山の神は、奥山の山神にあらずして、田の神が里近い端山に居る時の状態をいうのであろう。否、田の神が山の神になるというよりは、むしろ田の神がある期間山に居るのを見て、そう思うようになったのに相違ない。それが葉山の神であろうと思う。相馬の辺で十月十七日を山御講と称し山の神をまつる風は、農家全般の習慣であるのも、そういう意味での山の神、すなわち田の神的な山の神をまつるわけなのである。田の神が本来の田仕事を完了して、来るべき春に再び田の神としての機能を発揮するまで山に入る。入る以上は山の神としての性格を帯びるのは当然と思われる。

田の神が山に入り、また田に下りる時期はよくはわからないが、春は三月、秋は九月頃のように前記山中郷などでは考えているらしく、人によっては、山には九月より四月まで、田には五月より八月まで居るのだという人もいた。この田の神の送り迎えの時は厳重な物忌があった筈で、すなわちこれが葉山籠りであったに違いない。神の送り迎えがなければ、かくまでにやかましい物忌は必要なかったと思われる。各地に伝わる春山入りも、もしかしたら山伏の春の峯なども、それと関連して考察されねばならぬかも知れない。

二　葉山の神と葉山ごもり

峠の上から遙かに、山を囲繞する山々のたたずまいを眺める時に、目に立つ山がある。大抵それが葉山であった。

山容の端正な、頂の尖った、きれいな裾を長く引いた、樹木のよく茂った山であることが多い。こういう山が、後にいう山の神の来臨を考えるに都合のよい姿だったのである。どこの葉山もそうであったが、双葉郡上岡の麓山など、殊に忘れられぬ美しい山であった。その山にどこから神が来るのか、その山に神が常に居るのか、山の頂から神が降りて来るのか、そういう説明をする村人はいないが、ここの山を中だちにして神を考えていることは確かであった。ある人は葉山の頂とどこかしら遙かな所に神の往復の道を考え、ある人は頂と麓の行屋の間に、ある人は頂と近くの田圃との間にそれを想像する。それすら時と場合とによって、その何れでもあり、また何れでもないようにも勝手に想像を変える。こうした矛盾した考えを平気で持っている。とにかく葉山の神は何処からか来て、のりわらをして神託をのらせることまでは一致した考えのようである。のりわらに神がつきはじめた時、ついた神の名を問えば、「はやま」と明瞭にのりわらが答えたのを私も聞いた。また託宣者から神が離れ去ることを神あがるというのも、神の高い所へ帰り行くことを思わせる語である。

恐らく葉山に限らず、必要な神を必要な時に招いたことが、かっての古いならわしであったのだろう。今も託宣の際出現する神は、葉山以外にないわけではない。すなわち相馬郡飯館村比曾の例の如く、葉山以外にも、水神や熊野、月山、稲荷等の出現することが、年によってはあったというが、こういう事は外でも聞いた。思うにこれらの神にしても、村人の生活から遊離した神であろう筈はなく、常に昔からその村人と共にあった神々の範囲を出ることはなかったと思われる。古代人の共同生活の利害の対象となり得た多くの神々の中で、ある時代における村全体としての希望、それが稲作に帰一して一つの固い信仰となった。すなわち農耕的な葉山が、時代の波にのって一方の代表として残された所以であろう。神は必要によって生じ、また必要によってその機能を変えることもありうる。殊にその時代の社会機構に左右されることも大きかった。神の来臨もおのずから制限され固定して、必要度の高い神は重んぜられ、利用価値の乏しい神は次第に影をうすくし、あるいはその性格を変えて行ったことであろう。葉山の祭典は、現在は多くは秋のみであるが、古くは春秋二回であった名残が今に見られるのは、一つには神を招く回数のことから、一つには田の神の山への出入のことから考慮せらるべき問題である。

なお、祭日の統計を手当り次第の葉山八十社程にとってみると、一月は二社、二月は一社、三月四社、四月四社、五月一社、七月二社、八月三社、九月一三社、十月四一社、十一月八社、といった具合で秋が大部分を占める。春秋二回祭を行なう所はあっても、春のみの所は殆んどない。日で最も多いのは十月八日、よほど少なくなって九月二十八日、十月四日、十月十八日、十一月十八日等で、八の日が目につく。そういえば二月、三月、四月、五月、八月、何れもやはり八の日が多く、その外はいうに足りない。地域的にはあまり特色は見られないが、ただ相馬辺は大てい十月八日にきまっていた。月の八日を神日と今も一般にいっているところよりみても、八日が問題なので、十八日、二十八日等は八日の変形と思われる。

昔は時を定めず訪れて来た神も、今はそういう日にやってくる。村の人々の生活に結びつく一番身近の神は氏神のわけであるが、これは氏共有であっても村共有といえない場合が多い。村の共有の神は、やはり農耕的な神であった。そういう神が山籠りをして、翌春再び新しい神となって田に出てくる。人々はその前に、豊作を祈って約束しておかなければならない。年占も必要になってくる。葉山は村の氏神と呼ばれる場合も多い。元来氏神は氏一族の神の謂であるが、村共有の神にいうこともある。しかし後者の場合は比較的古い村のようで、しかも同一氏族が中心となって発達した村の場合が多いように思う。すなわちやはり氏神の本質を幾分でも保存している所ではないかと考えられる。その氏神とは祖先神か否か、したがって葉山は祖先神か否かは遽かに知ることが出来ぬようであるが、肯定する資料が少しずつ集ってきている。実はその辺が私の小論の中心としたいところなのである。

さきにもいった葉山信仰の未だに濃い相馬山間地方では、人が死ねばその霊魂はどこへ行くか判然という人もいないが、とにかく仏になるのだという。そして五十年位過ぎると氏神になるのだと考えている。ある一定の年限が来れば神になるとの考えは広いが、それまでの期間、恐らくけがれの除去され清浄に帰するを得るまでの間は何処に居るか。同地方関沢辺で、人の魂の集っている所として恐れて近寄らぬ木立の深い山沢があった。よく聞いてみると墓があるらしいという。それは実は奈良朝頃の古墳の群で、発掘してみたら地方に珍しいような大石を用いた、まだ人骨の破片の残っている円墳であった。恐らくこれ以前の古い時代でも、こうした葬地などとつながりをもつ信仰が、祖先の霊の寄るところとして近寄ることを憚り、村の区切られた淋しい山峡を一層淋しいものにさせておったのであろう。別にいう相馬各地に名残をとどめているほとけっぽなども結局は同じである。そういう霊が沢を出て山に上り、山に集るという伝承を聞けば、葉山は関係はないといい切れるであろうか。少なくともこうした古い霊魂の信仰の生きている村に、氏神と呼ぶ葉山が古くからあって、これはこれでまた信仰が生きている、ということは事実である。先月山なども先祖の魂の集る所といわれ、月山に詣るを先祖まいりと称するというが、こういうことは外にも多い。今は一般相馬郡新地村三貫地の貝塚のほんの一部から、今より三、四千年前と推定される数十体の人骨が出土した。今は一面畑になっているのでそう淋しくも感じないが、樹立の深かった時分までは、どんなに薄気味悪かったことだろうと話し合ったことである。そうした区切られた所で、言い継ぎ語り継ぎされて来ている所も多かろう。

とにかく、その家の吉凶禍福を知らせるために、その家の氏神の現れることがよくあるように、村の吉凶を知らせるために現れる代表のようなのは葉山なのである。祖先と生活を同じくし、村人と禍福を共にする程の深い関係のある神でなければ、かくもしばしば現われる筈はないのである。信夫郡金沢の羽山も、八幡その他いくつもの神が出るが、その世話をするのがやはり羽山であって、その事は八幡に聞けとか、しんめいに聞けとか、羽山がいうのは面白いと思った。

何れの葉山においても、その特色とするところは夜籠りにあった。記録にも参籠とか葉山籠りとかいう文字が見える。最近は一晩位になったが、昔は長きは七日程も続いた厳重さであった。田の神の送り迎えに対する物忌みであったと思われるが、後にはこの春秋が何かの理由で秋のみになってしまい、同時に作の豊凶を神に聞くことに重点が移って行ったものらしい。故に一面よりいえば、葉山岳は田の神の祭場と考えられる。ここでは後に述べる託宣が行われたが、同時に中世以後は、修験道の影響を受けて種々の作法も発達した。相馬山中諸村に、最近まであるいは現在も一部ではあるが名残をとどめている葉山ごもりは、大凡左のような形であった。村毎と言ってよい位に存在する葉山には、それぞれの麓の方に行屋(ぎょうや)があって、ここで精進潔斎した。昔はそれがひどくやかましかった。日は部落によって少しは違っていたが、大てい旧暦の十月で、一、二日前より、各戸より男が一名位ずつ集って、水を浴び餅をつく。潔斎中頭に手拭をかぶる所もあった。神になったしるしというか、神に交ることの出来るためには、服装がそうでなければならなかったのである。

さて、一名を選んで中に坐らせ、人々は円陣をつくって祈れば、中の者に神がつく。神がついて託宣する者のことをのりわらというが、のりは宣と思われる。法印や僧侶(信夫郡金沢や安達郡木幡では神官)も来るが介添役程度で、行事は専らのりわら中心である。潔斎した氏子の外に一般の村人、村以外の人々も、託宣を聞くべく、遠きは中村、原町その他よりも集り、多い時は数百人に達し、未明に及ぶことも珍しくなかった。のりわらからは最初に村一般のことを聞く。翌年の作の豊凶に関することが主で、流行病や火事のあるなし、その他部落全体に関することであった。都合の悪いことがあれば直す方法も聞いた。村のことがすむと各個人のことを聞いた。終れば神が離れてのりわらは正気にもどる。一般人は解散し、夜籠った氏子の人々は翌朝早く頂の祠に参詣にゆく。

猪苗代湖近くの村のはやまでは、神がよるのは子供で、これをよりわらというと(梅宮茂氏)。相馬市椎木辺では、昔盆の時分、女子供達の間に地蔵遊びというのがあって、円陣をつくって地蔵さん〳〵と唱え言をいうと、中に居る子供の手が震えてくる。神さん〳〵どこからお出でになったと聞くと、八幡とか何とか答えたものだ(神と仏が一緒になっているのも妙なものだが話者のいうまゝ)。これに作はどうか、病気がはやりはせぬか、などと聞く。終ると塩水を口に含んで吹きかけると正気になるのであった。親が死んだとか何かけがれのある子は仲間に入れなかった。神のつかぬ時はかわりに別の子を入れてみた。神つけといっていた（猪狩雄祐氏）。

任意に村の一人を選び、これに神をつけて村一年間のことを予言せしめ、これを政治の参考にすることは、多分日本の古い宗教形態であって、同時に村の祭の本質の一部をここに求めてよいと思う。ただ途中で仏教が入り修験道が影響して、原初の形がどの程度に残っているかは、にわかには見きわめのつかぬことである。日本の古代宗教にも、シャーマニズムの傾向が多分にあったが、まるで同じというわけではなかった。神のつくのは多くは男であり、しかも祭の時にのみ神がついて神託をのべるので、普段は他と変らぬ村人の一人にすぎない。百姓をし山仕事をしている。一般の人達の彼に対する感じも、祭の日以外は格別のこともない。職業的でなく、かつ臨時的である。このことは却って古い形であると思うが、昔のそのままでないことも確かである。

元来、神のつきやすいのは女性の故に、巫女が発達したのを思う時、村々ののりわらの男子であることは、あるいはけがれということから来ているとすれば案外新しいものかも知れない。一段古い形に女であった時代が考えられぬこともないわけで、神主の成立したのと同様の経路をたどってきているのかもわからない。また、一般巫女が卜占療法を行い、祖霊や死霊崇拝が重きをなしているのに、のりわらは人々のために神の意志を聞くことに重きをおいているようである。託宣者は神のお告として、病気をのがれる方法を教えることはあっても、治療をすることは出来ない。これなども修験の行者と同じである。そして神託は古い時代ほど稲作等にはつきものであって、稲作を神のお告で予知するというより、むしろ豊作を予祝する行事であったかと思う。とにかくあるまとまった社会機構が出来上ったその上に出来た信仰で、原初的な個々的なものでないことだけはわかる。

しかしのりわらの仕事も、単に神との交渉に当るだけでなく、山伏の行の中心などもそこにあるらしく思われるように、生命力を結びこめる、ものを生返らせる、というような点にあったらしく思われる。行屋の近くに大ていい流れがあって、そこでしばしば垢離をとった。山伏のように火を渡った。水や火でけがれをはらうというが、かくて特殊な力を身につけて、はじめて神と交るを得、また神となることが出来たのであろう。終夜寝ずに身を恍惚の境においてはじめて、神と交り得る何かを得たのであろう。のりわらは神と人との中だちだけでなく、期間中は神にもなれたのであった。のりわらのことを村人が葉山と呼ぶのも当然である。時代の下った現代では、神と人との隔りがこんなにまで遠くなったが、古にさかのぼる程両者の区別がなかった。特殊の条件のもとに、ある力さえ得れば、誰でも神と話が出来、神そのものにもなれた時代があったのだろう。

要するに、のりわらに神がつくというのは、彼自身の心の平衡を失し、ノーマルでない状態になった時、そのために起るいわば変則的現象ではないか。つく神と称するのも、いわゆる神が来てつくのでは勿論なく、何でもよい正常な神経で感得するものと異ったものを、異常な神経で感得するものであろう。一般にいって、文化のひくい、人の心が単純素朴な古の時代ほど、そうした心の状態になり得る人、即ち容易に神と接することのできる人が多かったことは事実であろう。前述の地蔵遊びにしても、古い心意現象の残存か再現なのであろう。信仰の諸現象の中でも、もっとも重んぜられ、ひいては原始宗教の大切な要素となりやすかったのは、こうした現象であったようである。事実大倉の人々は、火をこぐ気持は何ともいえぬ。はやまにこげといわれて、燃えている火にとび込む気持は普通の気持でないと私にも話してくれたことであった。同村の佐久間一氏などまだ若い人だが、この度の戦争で大陸に行っていたが、空襲にあった時、故郷の葉山の姿がありありと目に見えたので、葉山様にお旗を奉納してくれと家人に頼んでよこした。家では母親が降っても照っても葉山様を拝まぬ朝は一日もなく、親のなくなった時七日間だけ拝まなかったという。こういう環境であればこそ葉山の信仰は固く維持されているのである。

三　修験道の影響

葉山信仰には、非常に古い形が認められる一面、かなり新しい形式を主として修験道にかりていることは、また一つの特徴といえる。そして直接には、いわゆる奥の羽山、羽黒、湯殿、月山などに結びついて発達してきたようである。むしろ修験道の影響というよりは、それ以前よりあった古い形に修験道が加わって、今の基礎をなしたものであろう。例えばくずれてしまったと見える安達郡木幡の羽山祭一つを見てさえ、ぼんでんを立てること、袈裟をまとうこと、法螺貝を吹くこと、羽山の山中に月山の祠をまつっておくことから、潔斎、のりと、数え立てれば全く修験を思わせるものがある。

さて各地の葉山は、その由来を説くに当って、如上の諸社との関連をのべていることが極めて多い。奥相志等による相馬の葉山祠の中で、領内の本社と称せられるものは、御山一社、立野の烏帽子形山(後に嘉倉の神山にうつる)一社、釘野山一社、羽山岳一社、計四社となっている。各村落の葉山はこれらの本社より分れたものもあろうし、また出羽の葉山より直接に分れたものも多かった。出羽にも大なる葉山が三、四個所あって、どれが先か知らないが、修験の上から見て、西北両村山、最上三郡の境にある葉山は、標高一五〇〇米の高山というが、ここにまつる葉山権現は、地名辞書によると、国史にいう白磐神のことであるという。そして三代実録の貞観十二年八月出羽国白磐神に従五位下を授けたことを引いて居り、草創は役行者と伝えることを述べている。なお近くの羽黒山は、古く伊氏波神をまつるものかとの説あり、推古朝の草創と伝え、後世は月山、湯殿山と共に三山と称され、いわゆる羽黒山伏の道場であった。この三山に対応するかの如く、葉山も亦早く修験の一派を立てて葉山派の山伏と称し、羽黒、湯殿、月山の三山がそれぞれ観音大日弥陀をまつる如くに薬師をまつって道場を立て、三山には遠く及ばずとも相当の勢をもっていたのであった。地方の葉山もこの葉山などよりうつしたものが多いわけであるが、三山、殊に羽黒より勧請したというのも幾つかある。殊に室町末までは三山が固定せず(元亀の文書では三山がまだ確立していないという)、時には葉山がその一つに加わっていたということだから(戸川安章氏)、葉山も羽黒もある時代には同じく修験の道場として峯入りの対象とせられ、事実後の三山も葉山同様作神の信仰であった故に、何といっても羽黒は東北の大社ゆえに、ある意味では葉山の信仰も羽黒に包含せられたと見るべきであろう。福島の信夫山にも有名な羽黒があり、出羽の羽黒と本来を争う伝承さえもっている地方修験の中心地であったが、同山の最高峯を羽山と称し、神社という程のものはないが湯殿、月山の祠がある。これなども多分社はなくても、はやまの名の方が先かも知れない。相馬地方でも、奥の三山に参るかわりに土地の葉山に籠る風もあった(猪狩雄祐氏)。信達一統志などを見ても、三山は必ずしも今のままでなく、羽山、月山、羽黒という三山が安達郡などに数個所見える。これなどは三山が確立しない前の名残かも知れない。同時に三山というのも、別々のものでなくもとを正せば同じ系統に連なる山に相違ない。相馬飯館村でも神つけの時の唱詞に、「ついたく〳〵、月山、葉山、羽黒の権現……」とあって湯殿がない。鹿島町海老の葉山院は羽黒派の修験であったが、昔相馬郷胤(長門守義胤弟、慶長六年歿)が葉山神を信仰、臣桑折某、公命を受けて羽州羽山へ行き、分霊をうつし来って公の守神とし、某は別当となった。某の子孫まで久しく葉山先達をつとめていたが、当国には葉山派がないために、寛文中に羽黒派となり、やはり葉山権現をまつっていたという。宮城県富永村の羽山は維新後の名称で、以前は羽黒権現と称し大山咋命をまつり、享保二年の勧請と伝える。信達民譚集に出てくる羽山や相馬市初野の羽山には、古は出羽の羽黒山大権現立たせたまうたともいう。また同市八幡や鹿島町柚木の葉山のように、葉山と一口にいっても実は三山となっている所もあり、奥まいりとは三山を指すのが普通なのに、葉山(出羽の羽山とも限らない)のことと思っている人もあるなど、何れにしても葉山と羽黒との関係は、更に調査の上明らかにされねばならない。

要するに別にも記したように、古来のしかも固有の信仰をもつ葉山は、やはり山嶽崇拝を信仰の基盤とする新興の修験道と結びついて早くから胚胎し、中世以降次第に盛大に赴いてきたわけであるが、各地の葉山を単に歴史的な由緒より見る時は、大方創建年月は不明となって居り、何とか年号を伝えるものを三十程拾ってみれば、天長、仁寿、貞観など平安時代の創建を伝えるものが、岩手、宮城、山形、福島県等に計数社あり、中には坂上田村麻呂東征の際、戦捷奉賽のためとしているものなども見られる。中世も数社に過ぎず、他はみな江戸時代の勧請になっている。ただこの数字はあまり当てにすることはどうかと思われる。また例えば鹿島町御山の葉山のように、天長三年出羽村山郡寒川井庄の葉山よりうつす云々というように出羽の葉山を明らかにいうものもあり、相馬市磯部の葉山が元禄二年右の御山の葉山をうつしたといわれるように、また同じく原釜の羽山が出羽より岩沼に、更に天正頃ここにうつしたといわれるように、近くの村よりうつしたものも沢山ある。

一体に相馬地方では、江戸時代初期中期にかけての元禄、宝永、正徳、享保などの年号の時に、村より村への勧請が行われたことが目につくから、在来数のそうなかった葉山が大体この頃くまなく領内に普及したものと見て誤りなさそうである。そしてこの普及が、殆んど修験道の影響下においてであった。例えば、年号の記入はないが奥相志中、山上村万蔵院の条に、「長子万蔵院は、中野、中妻、大竹、玉野に至るまでの五個村の祈願、葉山の先達となる。次子威徳院は中村祈願葉山の先達となる。この時に当り、十月八日兄弟共に登山者に先達として、北郷葉山に詣づと云ふ。その後公命により、村々葉山祠を建立しかつ仏宇を建つ、云々」と見える。長子次子云々の時代は、藩主相馬利胤が小高より中村にうつった直後のことであり、慶長の末年か元和の初と思われる。随ってその後公命云々の公も同じ利胤とすれば、年代も自らきまってくる。

以上のように隆盛になった葉山も天明以後は凶作のために一時衰え、江戸末期の文化、文政、天保頃に一時再興されたらしいが、再び昔日の隆盛に戻ることなく、やがてそのまま漸次衰頽の一路をたどったものの如くである。とにかく羽黒信仰と裏表になりつつ進んで来たのであった。

上代信仰はしばらくおくとしても、近世修験道との関連においてだけでも多くの資料に我々は恵まれている。先ず最近まで、農村でもっとも生活に関係深い祭といえば葉山の祭であり、葉山籠りを通して見られる農耕的諸々の儀礼であった。部落には行屋がありここで精進潔斎した。三山詣での際も同様で、後に残る家族までが精進して無事を祈った。帰れば精進あげをした。相馬などには三山と比べものにならぬ程の数多い葉山が存在したから、一々出羽国まで行かなくともよかった。恐らくこれも必要によって大事な葉山をこんなに沢山設けたのであろう。こうなれば信仰はそのまま生活であった。葉山籠りの行事も三山修験の行事と酷似している。火つるぎもそうだし、神つけの時の唱詞をみてもそうであり、のりわらに神をつけて神託をのらせる有様なども羽黒あたりの修験の行者と似ている。

本地垂跡以後の葉山権現の本体は薬師であったが、出羽の葉山はじめ皆同じである。例えば宮城県釘子山の羽山は由緒に文徳帝仁寿三年慈覚作の薬師なりと伝え、相馬御山の葉山に関しては、瞽者元都が出羽村山郡寒川井の葉山に詣でた時、衣冠の神が現われ、汝の郷国真野入江の辺に勧請せよとて金像一軀を授けた。時に天長三年という。これは薬師と断るのを忘れたようだが、同郡柚木や上海老のは皆薬師で眼病によしとし、殊に柚木では葉山の氏子に瞽者がないという。それはこの権現が昔信夫郡にあって佐藤氏の守護神であった当時、佐藤元治が盲敵のために敗れ城が陥ったというので権現は瞽者を悪む。眼病の者が祈れば治るのはこの因縁によるという。よくめの字を書いた額を上げる。葉山別当にも薬師寺あり、医王院あり、その他薬師を思わせる名がある。宮城県刈田郡円田村の鎌倉沢は鎌倉権五郎の居所であったというが、敵に眼を射られた時羽山の神女が夢に現れ、我は羽山の使であるが汝の信心をめでて疵を治してやる。この沢の神泉に浴せ、といったとある。これなども間接に薬師の功徳を称えたものであろう。

これを要するに葉山は数多い民間信仰の中にあって、生活と深い結びつきを持つのみならず、時には葉山の神託を参考にして農耕のあり方を知り、村の政治を考えるなど、その生きた信仰は充分に検討され正しく評価されなければならないと思う。

福島県相馬郡大倉の葉山祭

昭和 27 年 11月　　武林達雄氏撮影
昭和 29 年 11月　　岩 崎 撮 影

祭の朝の葉山岳遠望

行屋の中

葉山岳の麓の寺が行屋にあてられ、ここで数日の間精進潔斎の生活をおくる。上に下げてあるのは潔斎者の用いる御幣の類。（昭和 27 年 11 月）

行屋の祭壇
御神体は懸仏。
(昭和 27 年11月)

餅 つ き
(昭和 27 年11月)

神つけの行事はじまる
祭壇前中央はのりわら、その左住職，右法印。 (昭和 27 年11月)

火　渡　り（1）

俗に火こぎという。炎々と燃えさかる火を渡るのりわらの姿は、ほのおのため見えない位だという。潔斎者も渡らせられる。一般の参集者も許されることがある。　(昭和 27 年 11 月)

火　渡　り（2）

火をきよめる。(昭和 27 年 11月)

託　宣（1）

神のついたのりわらが夢中になって盛んに神託を宣るところ。
(昭和 27 年 11 月)

託　宣（2）

のりわらが神託をのる時は、神壇に向ったままであるが、時に跳び上ったり，後を向いたりすることがある。　(昭和 29 年 11 月)

託　宣（3）

一般参拝者が託宣をきいているところで、潔斎していないからしめ縄の内側へは入れない(昭和 27 年 11 月)

お田植行事のだいもち
先輩達を胴上げするところ。
(昭和 27 年 11 月)

潔斎合間のごんたち（後達）
(昭和 29 年11月)

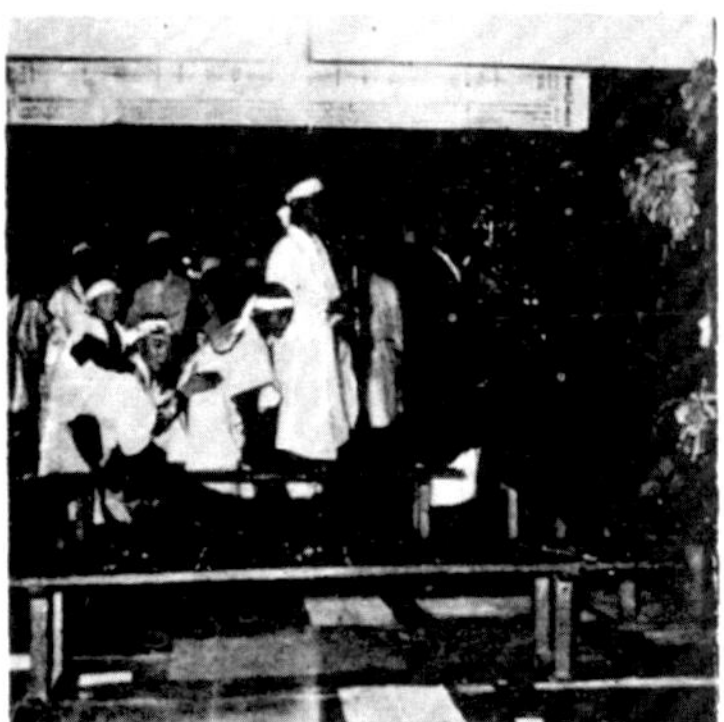

食後行列をつくって部屋をめぐる
殿様の行列にかたどるという。食卓上の箸は後でお山の箸神様に納める。
(昭和 27 年 11 月)

お　山　が　け（1）

数日にわたる精進潔斎を終え，お山に向って出発すべく行屋の前に勢揃い。　(昭和 29年 11月)

お　山　が　け（2）

箸や餅や持物を背負って、これよりお山をかける。(昭和 29年 11月)

祈　願（１）

葉山岳への途中数か所に止って祈願する。いずれも葉山に何か関係のある所である。(昭和 29 年 11 月)

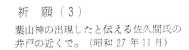

祈　願（２）(昭和 27 年 11 月)

祈　願（３）

葉山神の出現したと伝える佐久間氏の井戸の近くで。(昭和 27 年 11 月)

葉山の神田におけるお田植の行事
(昭和 27 年 11 月)

頂上葉山祠に到着　(昭和 27 年 11 月)

再び御神体を納め終り祭を
終了する (昭和 27年 11月)

福島県信夫郡松川の羽山祭

（昭和31年12月　羽山神社　提供）

羽山岳頂上近く
普段の日でも潔斎しない者はのぼれない。

行屋における履物つくり

祭にだけ用いる履物

行屋における潔斎中の服装
かんむりは無くてはならぬもの。

行屋における臨時の祭壇
向って左の方にある箱の中にあるものはしんめい様。

垢離とり場

垢離をとる

おやしない
潔斎中の食事で、白衣の後姿は先達半沢氏(神官)である。

餅　つ　き

口にわらをくわえている。右端に少し見えるのはしめ飾りをしたせいろう。太鼓や歌に合せてにぎやかにつく。

炉の火

籠り舎の中心となっている炉、神事に用いる一切のものはこの炉でなされる。

田植の神事（1）
「よいさあ」と俗によんでいるのは、かけ声から来ているが苗代つくりから田植，田の草，収穫まで，すべての農耕のしぐさが炉の周囲でくり返される。

田　植　の　神　事（2）

田植の神事（3）

一般来会者は籠り
舎には入れない

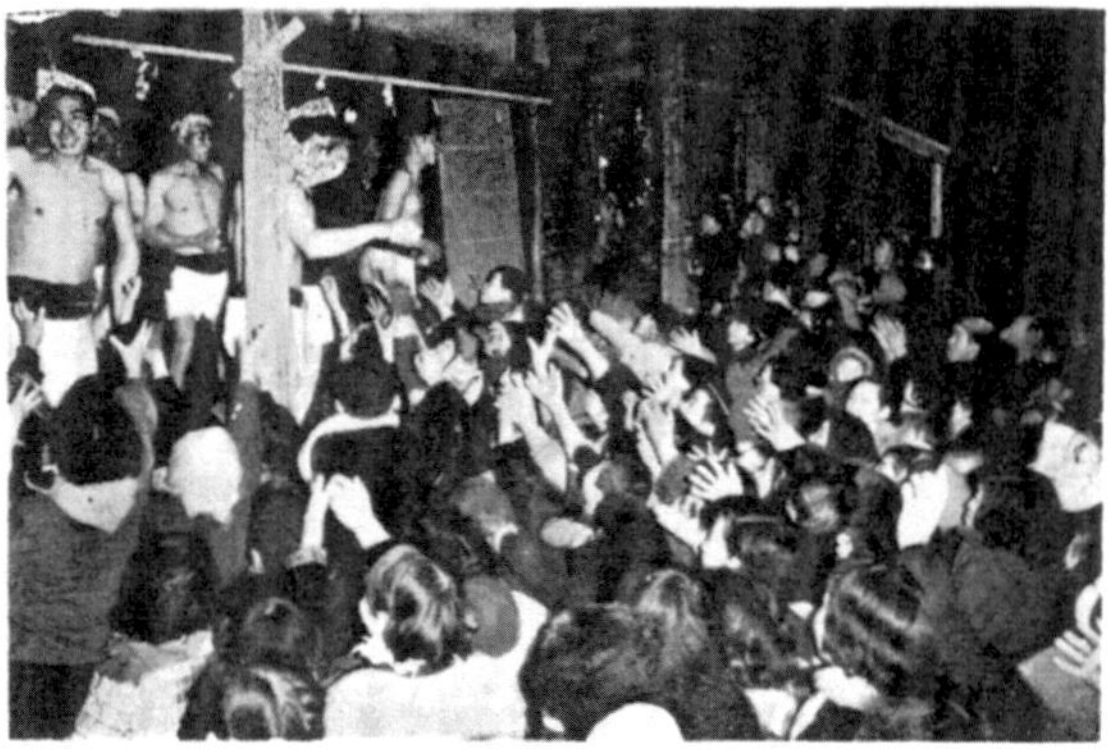

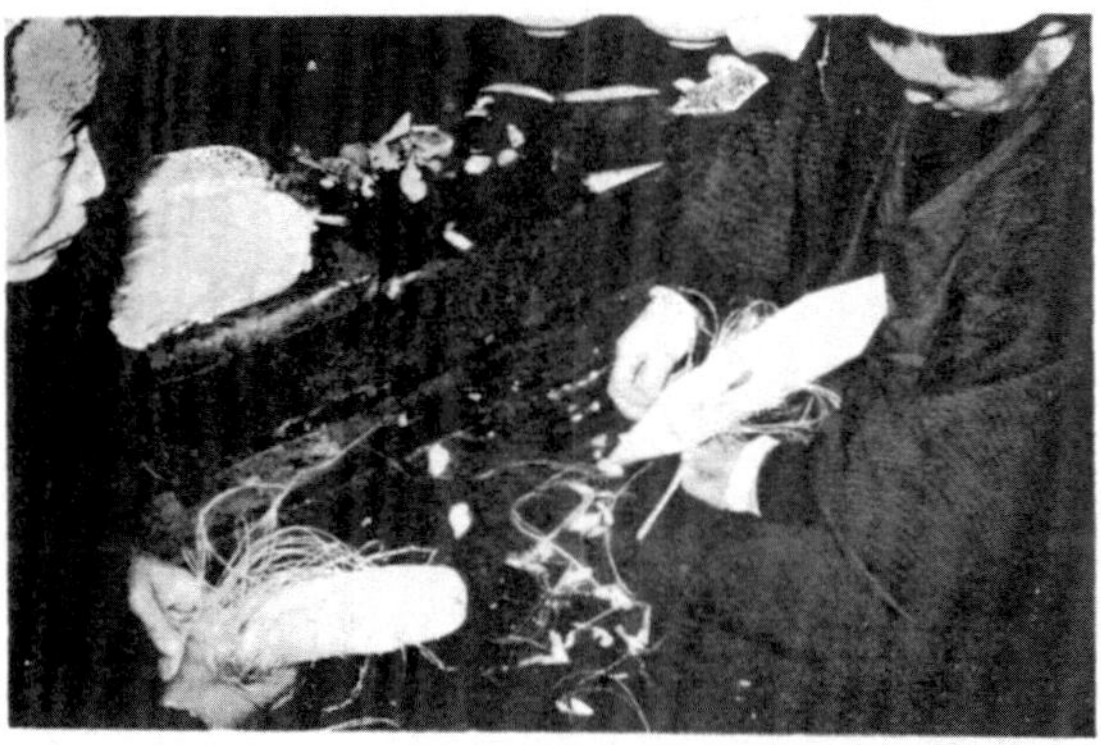

大根で性器をつく
る
これも豊作の予祝。

一升ますを盃とし
ての酒もり

祈　禱

立てるは神官、左方の竹はぼんてん、一同かんむり(手拭)を頭にいただき祈願文を唱和する。

神　幸（1）

午前二時頃お山に向って出発するところ。お光り木を先頭とする一番お山、二番お山と三番お山がこれにつづく。

神　幸（2）

深夜凍る道を羽山岳に向う。

羽山託宣控

毎年の祭毎に書きとどめておく。

祭　場（1）

祭のすんだ後の羽山頂上の祭場である。こゝに見えるしめ縄の中に新俵こもを敷いてのりわらが坐り、神をつけ、人々は平伏して託宣をきく。近くにかゞり火をたく。祭は夜の明けない中に終るものとする。

祭　場（2）

祭　　場（3）

相馬市初野の羽山岳遠望

祭の当日奉納された種籾の藁つと
これをいただいて行って苗代にまく(柴田)。

宮城県柴田の羽山岳遠望

行　屋（相馬郡松塚）
平井利喜氏撮影

行屋の中（同上）

大倉ののりわら大谷吉重氏とその家族
（昭和29年11月）

第二章　氏神の考察

第一節　氏神信仰の特色

一　新嘗の風

氏神の祠は、新藁で年々つくり改めるのが古風であることは、別にも述べた通りであるが、恐らく神の機能を更新することに意義があったのであろう。殊に一年の切れ目をいやでも重んぜざるを得ない作神的な特色をもかねていた故に、年毎にものを改めるという感じが特に強く出ているかと思われる。

近年、木や石の祠を以て、藁の祠に代える風が盛んになってきたが、なお常置の祠の傍に、年々藁でつくり改める古風さもむろん残っているのである。この場合藁の方のを、水神とか雷神とか田の神とか蛇神とかいう名で呼んでいる所もあるのは、常置の氏神祠に遠慮して一二つ氏神祠があるのもおかしいから一いう場合もあるようだし、また本当に氏神以外のそうした神々をまつっている場合もあるようである。もっとも大ていは、氏神祠と呼ぶものは簡単でもとにかく藁で宮型につくり、その他のものは藁を円錐型に立てた型のが多いのであるが、これとてきまっているわけでもなく、円錐形のを二つ並べて、一つを氏神、一つをそれ以外とする所も案外に多い。何れが原型か知らないが、円錐形のはすべてに使うのみでなく、簡単素朴の故に古形とも思われる。なお円錐形を半分にたてに切って横たえたような形のもあるが、中間型であろうか。石城の方では宮型、円錐たて型が多く、相馬地方では円錐よこ型が多く見られるのである。

鹿島辺で、農家に氏神祠をつくるようになったのは明治以降のことで、昔は一般農家などでは、わらで毎年つくりかえた、それが今に名残をとめているのであろう（西　徹雄氏）。思うに給人郷士の家などでは氏神をまつって居ったに相違ないが、昔の一般農家で祀って居ったものは、今でこそ氏神とは呼んでいるが、昔は単なる田の神をまつって居ったのかも知れないのである。知れないどころではなく恐らくそれに相違ない。ゆえに現在の農家の氏神を論ずる場合は、本来の氏神というよりは、従来祠をもたずに信仰していた作神系の信仰に、明治以後士族の氏神信仰などの刺戟によって、急に形を整えたもののようである。

社会事情も変ってきて、一方永久的な氏神の祠も出来ては、祠のつくりかえは無意味としてだんだん考えられなくなろうとしているが、幣束の入れかえだけは、何処でもまだ昔のままに行っている。この年々改める筈の、円錐形の藁の氏神のことを、つとこ氏神、つつこ氏神というが、この呼び名も古いらしい。小高、真野辺では、おふくら様と呼んでいた。藁づとに物を入れる風は古いが、相馬氏の祖が元亨の昔、下総の領地から今の相馬にうつった際、随従の臣某が、自分の氏神をば稲藁のつとこに入れて移したことが古記録に見えるが、この外にも同じような例がある。

氏神まつりに使う藁は大事なもので、特にはじめから心がけていて、新しいものをつかった。昔はわらを採るのを目的とする特殊な米を、一畝か二畝作った位で、これから細くきれいな藁が採れた。氏神の祠も赤飯やしとぎを入れて供えるつつこもむろんこれでつくり、出来たものは新しい箕に入れて準備しておいたものである。近頃でも氏神祭が近づくと、特別早く少しだけ稲を刈取り、氏神様用の藁と米とを調製して準備する家はまだ多い。

新穀を必ず用いるのも特色の一つで、大てい強飯にし、しとぎを添え、新藁のつとに入れて供える風である。氏神以外の神々にも供えることが多かった。私の家などでも、井戸、竈の神、神棚等にもつと―おつつことといっている―を上げるが、この外にうぶすな様―我家の氏神をいう場合と部落の神をいう場合とあって判然しないところがあるが―に、かしぽんに赤飯を盛って粟をふりかけたものと、しとぎを卵形ににぎったのを二個並べたのとを供えなくてはならなかった。新穀は、これを神に捧げる一方、家族中で食べることはもちろんの事であって、氏神祭の時には分家はいうまでもなく、他所に嫁に行った娘達も集ってきて同じものを食べた。この新嘗の風は氏神の大きな特色である。

氏神祭神のわかるものもわからぬものも、作神の信仰が出ていることが多い。厳密にいえば氏神そのものには、そうした要素はある筈はなかったのであろうが、後述のように祖霊を迎えて新嘗を行う風がうつって、田の神的、稲荷的な性格を持たせられたのかも知れない。祭神のわかっている場合を見ると、相馬の氏神で最も多いのは熊野で、また稲荷も多い。稲荷はもちろんであるが、熊野もこの場合作関係の信仰がつよく出ているようである。相馬藩士の氏神も、熊野が一番多かったし、相馬市、鹿島町、原町市、山中の各村々と、現在の祭神を調べて見ても、多いのは熊野であった。熊野をまつる鈴木氏は当地にも散在するが、多くは今も稲穂を家紋にしていることは他と同じである。すなわち、本来の氏神というものと、熊野や稲荷はむろん異るのであるが、信仰に共通な点があって、そこが重っているわけである。重っているといえばうぶすなもそうらしい。生れた土地の意味だといわれているが、そうだとすればそういう独立した神が別に無くてもよいので、ある場合は氏神が産土神に当るだろうし、ある場合は土地の何々神がそれに当ることもあってよいわけである。しかしそれにしても実際うぶすな様の中心を形づくっているのは、いろいろの理由によって氏神であるように思われる。

真野の辺でもやはり殆んどが熊野で、稲荷がこれにつぐというが、蛇霊(蛇類)とか雷神とかも多いという。蛇類ははっきりせぬが、田の神とも考えられているようで、水の神とも関係があろう。しかし藁の祠をつくる際、氏神祠と別に蛇類の祠をつくる所があるのを見ると、祭る日は同じでも、そこには多少の差が、強いていえば蛇霊は氏神の一属霊であるようにも考えられている向きがある。しかし成立のもとを正せば、むろん別系統のものに相違ない。すなわち現在の氏神まつりというものは、随分他の要素が混入していると思われる。私は神職の家に生れ幼時、父の手伝をさせられたが、氏神の幣は二本のしの竹を紙で包んだ上によりで結んだ手数のかかるものであったのに、氏神以外の幣は、すべて一本の竹で、紙にも包まぬ至って粗末といえば粗末なものであった。なお上述の蛇霊については、伝承がまちまちで、蛇を殺したから祀るとか、蛇は鼠をとる、ことに青大将などは家の中にも住んでいて、俵の間に入り込んで鼠をとってくれるので大事にする、蛇は米倉を守ってくれる、氏神のお使であるなどというようなことになっている。

村の人はよく氏神様は尊く大事だから、木や石でお宮をつくるのだ、蛇霊はひくく劣っているから藁なのだ、と云うのを聞くが、当然間違いで、すべて藁でつくっていたのが、尊い氏神の方が、一歩先にお宮に昇格し、他は旧態依然というわけなのであろう。

二 先祖の観念

氏神に、どこか霊的な感じのまつわりついているのは何故か。神なる故といえば簡単に過ぎる。しかし、仏くさい所、仏というより、神にも仏にも無い、また神にも仏にも通ずる霊的なものを、我々は感じとして氏神に対して持っている。すなわちそれは血につながる祖霊の匂なのである。やはり「氏の神」なるが故であろうと思われる。

氏神に、血のつながりの強く感ぜられることは別に述べた通りで、一つの大きな特色であるが、祭神が先祖代々をふくむ祖霊であることを証することも、ここでは必要なことと考える。

まず、氏神は本家にだけあって分家に無いのを原則とする。これは古いほどそうであって、その過程が石城などではまだよくわかる。

○四倉町上仁井田の岡田氏は、岡田まけの総本家で、氏神をもっているが、分家が三軒ある。分家一も分家二も分家三も、氏神がもと無かったのに今はもっている。これら分家が氏神をつくるようになったのはここ三十年来のことという。このまけには、各自の氏神の外に八幡を共同に祀っているが、これは同族神らしく、やはりもとは岡田家の氏神であったらしい。まけの氏神と称しても居るし、九月の一般の氏神祭の時は、各自の家の祭をする外に、しめを作りおんべをもって本家に集る(岡田勝男氏談)。

○豊間の鈴木氏では、本家の氏神を皆でまつる。すなわち分家でも幣を本家にもって行って納める。
○四倉町玉山の高木氏は、本家に氏神があり、分家は分家で別に祀っているのは、その家の先祖だからだという。但し本家に参詣には行き、そして馳走になってくる。 石祠が本家の背戸に六つ並べられている。 一つは本家で他は分家のわけである。前日(九日)をおちかみまつりと称し、たとい他に嫁に行ったものでも、高木の血のつゞいた人は皆集る。二日目(十日)は、まけうちの祭の日で、高木の姓のもの、同族が集る。まけうちの祭は、まけ交替でやった。本家を加えて三軒の時代が長かったが、この時は三軒交替でやった。鎮守の祭よりも、まけうちの祭よりも、おちがみ祭が親近感があったものだ(玉山高木氏談)。うぶすなは、氏神氏子の観念と共に、地域という観念がつよいようだ。嫁むこにゆく時も、わが家の氏神の外に、うぶすなに詣でるものだ(同氏談)。
○四倉町長友の和田氏の場合。隣部落済戸の熊野は、もと和田まけのまけ神で、本家がもっていた。その和田本家が、長友にうつってしまってからは、済戸十三軒でもっている。十三軒の中には和田分家二軒がある。済戸熊野の祭は、旧六月八日と九月八日の二回で、九月お日待には、引越してからも参加していたものだ。これなど地域の神になった例であろうが、鎮守とまで行かぬ(和田文夫氏談)。
○同町上仁井田の小林氏は、家に氏神祠があって、九月十五日に氏神祭をするが、別に熊野がある。これは、小林氏の外、西山、木村、猪狩の諸家で共同してまつってきた。祭は八月十五日で、右の四家が各重詰などを持ち寄って祭をするという。各家には、各自の氏神がある故、この日は、親戚などは格別招くことはしない。この熊野は同族神か否かは、今となっては判然とせぬというが、同族神的なまつり方をしているわけである。
○相馬郡鹿島町大内の荒氏では、氏神は本家にあって分家に無いといい、原町在泉の佐藤氏でも、分家二軒あり、内一軒は氏神があるが、一軒はまだ作ってないという。また一般的に、分家に行って、分家に無い場合は本家に行って拝んでいるという(佐藤二郎氏談)。

本家にあって分家に無い、と一口にすまさずに、総本家にある、分家にもとは全然無かったと強調する所もあって、結局は、本家にのみあって分家に無かった古い時代より、本家にも分家にもあるようになったという今の時代への変遷が考えられるのである。種類も今は色々考えられるわけで、⑴個人の家でまつっている氏神、⑵同族の神（玉山高木氏の氏神）、⑶同族だけでなく異姓の者も入っている氏神（長友和田氏のもとの氏神―熊野）、同族という考えが無くなって全く地域的になってしまった氏神、すなわち部落の神（相馬市小泉の岩崎氏のもとの氏神―熊野）、などと考えられるが、氏神祠の所在地も、一応問題となろう。すなわち⑴本家だけにあって本家だけでまつる場合などは何事もないが、⑵本家にのみ祠を置き、分家も本家に集って来てまつる場合がある。この時分家は幣束を持参して本家のに入れる。この形も古いかと思われる。(3)本家にも分家にも祠をまつり、分家では本家に行かぬ。行つても幣束などは持ってゆかずたゞ詣るだけという場合。この形は新しい。(4)本家に数祠ある場合。この場合は分家で各自の祠を自家におかず、本家の祠の傍に一緒におくのだという考えがあるようである。(5)村の神祠の境内などに置く。以上一寸考えても様々な場合があるのであるが、将来は知らず従来までは、本家とか分家とかの感じが氏神には宿命的についてまわっていたようである。

とにかく氏神は本家だけに、という原則が守れなくなってきたのは、所によってはそう古いことでないのであって、一家を構えて独立した息子はもちろん、聟に出た息子、嫁に行った娘で、本家に帰ってきて、祭に参加する古風を守っている所は、相当に今でも見られるのである。それが分家でも分けてまつるようになった。ここに、血を同じくした者のみの祠から、地縁的に変ってゆく風も出て来るので、次には同氏だけでなく異氏の者も加わるようになり、更には一つの坪とか部落とか、稀には特殊な団体とかでまつる、一種の地縁神にもなりかねない。もっとも氏神は、皆この傾向を辿るわけのものでなく、いつの世にも氏神は氏神として、動かぬものはむろん多い。

相馬の辺でも、加賀の移民の家などには無いが、在来の古い家では、皆氏神をもっている。二代目三代目になると分家でもつくる風が出てくるが、祭の時などは、自分の家にあるにもかゝわらず、本家に大勢で参り馳走になるのを、両方当り前と思っている。これは他人でなく同じ一つ家であった証拠で、かつ祭も、同族が共同で行うのが、普通の形だった名残でもあろう。同族が分化して地域的に広がり住む結果は血もうすくなってしまい、更に反対に氏姓の異る者も入り込むようになるにつれて、地縁的傾向を増し、遂には現代のように、一部にせよ、アクセサリー的な存在とまで氏神はなってしまったのである。

次に氏神の祭神であるが、祖先をまつる、というのが古い観念と思われる。氏神祭のことを先祖まつりと称している所も広いが、氏神は先祖さまだ、という所も案外に多く残っているのも注意すべきである。また、仏の年忌の最終を三十三年位にし、これがすむと、神様になって氏神に祀られる、というのは、相馬真野辺ばかりでなく甚だ広い事は誰にも知られている。位牌も片づけて仏壇の隅や、氏神祠の雨屋などに入れておく所もあって、仏としての祭はもうしないのである。川に流すことも稀にあり、古い御札などと共に、氏神祠の前で燃してしまう例などもあるようである。しかし仏が何年忌過ぎれば神になる、といったところで、その何年に格別の意味は無かったものと思われる。ある程度の年数を経ればよかったのであろうが、そこには当然、神と仏との相違から来るけがれの思想も出来て、これへの遠慮ということもむろんあったと考えられる。たゞ本来は、神でも仏でもない尊い霊なのであったから、古い時代には、期間などはそう問題にしなくともよかったのであろう。我々の祖先の霊が、特に神というものになった、という考えでなしに、神的というのも変だが、氏と盛衰を共にし、常に子孫の行動を見守ってくれている祖先の霊は、自然と神と見なされたに過ぎないと思われるのである。たゞ後世になって神祇思想が発達してくると、漠然とした祖霊などでは具合の悪いことも出来て、都合のよい、或は体裁のよい勧請神を表にするようなことにもなったかと思われるのである。

次に氏神には、常に家族を守ってくれる、という信仰が強い。子供が生れて一番先に参るのは氏神であり、家に事ある場合には知らせてくれる。それは夢知らせでも何でも、とにかく何かの方法で知らせてくれるのは氏神様だと思われている。何事があっても氏神に告げる。嫁にゆく時も氏神に詣で行く。戦争の時もそうであった。仏壇と共に、生れた時から親しんでいたのは氏神であった。たとい引越して他にうつり住んでも、氏神はついてゆくものと思っている人が多い。

○四倉町名木。氏神は先祖をまつる(酒井氏)。
○同仁井田。五十年忌すむと氏神になると思っている。この時のまつりかえは別にない。以後法事はしない(小林氏)。
○同済戸。氏神の祭神は先祖様で、家を守ってくれる。五十年までは和尚様、それ以後は無いようなものだが、粗末になるから氏神様としておく。先祖代々のほとけさまは氏神様に集っている。古いから仏でなく神様なのだ。一々誰それとは考えていない。

○同長友の和田文夫氏談。この辺の風として、五十年忌がすぎると、氏神様の前に若杉の枝を立て、「すぎました」といって倒すと、仏が氏神様に入ってゆく。
○同玉山。氏神は先祖をまつる。五十回忌がすめば、その家の氏神になるのだといっている。すなわちそうはいうがはっきりした形はないので、位牌も仏だんにそのままおくようだ(高木氏)。
○四倉辺で採集してみると、ほとんどどこでも、氏神には先祖の観念がむすびついているようである。
○小名浜。たまった古位牌は焼いてしまう。四倉でもこのことは聞いたが、それは古いのがたまると、大きいのに書き込んで古いのは焼却するということであった。
○豊間。三十三回忌には塔婆を立てるが、小さな石を立てることもある。五十回忌には、生杉の枝をはらわぬものを立てるのが本当だという。仏の供養はこれでおしまい、あとは氏神様に行くのだという考えであるが。位牌はそのまゝ仏だんにおくことが多い。又、九月十五日氏神まつりにおんべを上げるのは、先祖をまつるためだとのこの考えも当然ある。浄応寺という寺には氏神八幡があるが、この寺は八幡神社の寺であったと伝える。寺の姓は小野だが、小野氏の氏神という観念は無いらしい。
○合戸。旧家では最終年忌五十年位に見ているが、それ以上のは普通無いようだ。
○好間。氏神は神と仏の合の子のような観念であるが、氏神の方が仏より一段位が上のように思っている。氏神は祖神という考(宮内氏)。
○嫁をもらったら、まず我家の氏神に詣でさせるとは、四倉辺ではどこでも(上仁井田、玉山、済戸など)いうが、血族につらなる一員になったことを、先祖に報告するわけだという。
○氏神は、まもってくれるからまつるのではない、家の神だから祭るのである(上仁井田)。
○相馬郡鹿島町。仏が三十三年すぎると神様になる。位牌は持仏堂の隅に片付けておく(大内重春氏)。神には毎朝水とおぶっく(飯)を上げ、仏には茶を上げる(同氏)。
○鹿島町小池。三十三年忌をとむらいあげといい、そのあとは神様の分だという。
○新地。家うつりした際は、氏神のお宮と共に、その下の土を持ってゆく風がある。

要するに、仏から神になるといっても、まるで性格の変ったものになってしまうのでなく、低い霊から、高く尊いものへと、移ってゆく段階を示したものであろう。四倉町名木の酒井氏も、自分は親の代に新立ちしたが、本家でまつっている先祖を、自分達もやはり受けついで祀るのだという感じを、強く持ったものだ、といっている。他の民俗現象と同じように、こういう所にも、古い信仰が人々の血管の中を流れていて、時あって表面に出てくるのである。

次に氏神祠のある場所は、現在は多くは屋敷内であるが、昔は必ずしもそうでなかったことは、古いと思われる石城山間地方などで、屋敷に無くて近くの山にあることを見てもわかる。だから一般に屋敷神という言葉も使わない。屋敷は借り物で、祠をおくだけであり、屋敷を守ってくれるという感じは乏しく、家族を守ってくれるという感じが強い。氏神が山上にあるのも、子孫を朝夕に見守るに都合がよいからである。祖霊と関係のある神なら、葉山でも、月山でも、熊野でも、または氏神でも、山とか丘とかにあったことは当然であって、氏神如きは、これをまつる氏族の数も限られていたから問題も無かったろうが、半ば地縁的信仰をもつに至った神々にあっては、その影響するところも広くおよんだわけである。祖霊の居るような尊い山が諸所に数多くあったから、何事かあれば、潔斎してそういう山に登って、神の啓示を受け、祖霊と語りあい託宣を聞いて、わが行く道の指針とした。深山幽谷を跋渉したのは、苦しみを求めて修行する者ばかりでなく、何かの形で祖霊に触れようとするのが、最初の目的であったかと思われる。山岳を神聖な所として社を建て寺院を設けるのは、反対にいえば、尊い霊の集り易い所だからである。

古墳に氏神があってもいゝかと思って、随分注意しているが、はっきりした資料は、この辺ではまだ見当らない。石城の辺で、墓に祠を建てるのは、神道の新しい影響で古いものでは無さそうである。相馬郡鹿島町塩の崎の宮内壇の言い伝えでは、墓(もみの木あり)に御幣を立ててまつる風があるという。これも鹿島町蛯の海岸部落の共同墓地は古いものというが、氏神祠と墓とが混在している。場所は海を一眸に収める高台であるが、大きく分けると、全地域の三分の二位が墓だけになって居り、三分の一位の所は、氏神祠の間に墓がある、あるいは墓の間に氏神祠がある。しかし仔細に見ると、一軒の家の墓と氏神とが混在しているのでなく、墓地の間の空地に、その家の氏神をおくだけの土地をかりて置かせてもらっているという風である。六、七軒分はあったと思う。中に部落共有の鶏足神の小祠があり、その周辺とか、これも共有らしい庚申、二十三夜其他の供養碑があるその周囲とかに、氏神祠をつくっておくことが多いようであった。家々の屋敷にあるべきなのに、狭い土地なので、裏山にも当るこの丘の頂に、勝手な所に土地をかりて氏神祠を立てゝおくといい、実際氏神祠のおく所が、自分一軒の固定した所有地でもない風であった。しかし屋敷がいかにせまいとて、氏神祠をおけぬ筈はないのだから、理由は別にあったのであろう。この風が新しいものでないとすれば、ここも小さいながら、霊の寄り集るに都合のよい古くからの丘だったかも知れぬのである。

本家にしか無かった氏神祠も、今は広くつくられるようになり、つくる考えも違ってきているらしい。

○家計にゆるみが出ると(豊かになると)氏神祠をつくる(石城大浦)。
○家がよくなって余裕が出来ると、氏神様をつくらなくては相すまない(相馬市大坪)。
○分家して何年もすればおふくらをつくる(鹿島村大内)。
○普請する前に一番先に氏神様の場所をつくる　(四倉町名木)。
○氏神様は近くの山に立てる(四倉町玉山)。
○天明のききんで、つぶれ屋敷が沢山出来てしまっても、氏神はそのままであったと見え、そちこちに残っている。この辺はそういう屋敷が十個所位も残っていて、新しい地主が見てやっている(鹿島町塩の崎)。
○四、五代前の大内清左エ門という人は、つぶれかゝった家を復興した人だが、死ぬ時に、山の上に葬れ、代々家を守ってやるから、といったそうだ。守り神になるのだからと、自分の土地に埋めさせる信仰、朝起きても見える所にまつらせる信仰は古い、墓が高い所にあるのはそのわけである(大内重春氏談)。

屋敷の見渡される高い所に葬られて、子孫を守ろうとする観念の、かすかながら今に村々に残っていることは見のがし得ぬことであって、墓が高い所にあったことが、こういう方面からも考えて見ねばならないことと思われる。石城豊間辺で、権現様と称する山(大塚権現などが多い)に氏神をもって行って立てる家が何軒もある。この権現もはっきりせぬ権現であるが、尊い霊の集っている所とだけは間違なくいえそうである。なお権現壇を竹矢来で結うのが一般の石城の風であるが、豊間辺の新墓を、矢来で似たように結っているのを見ると、その間に何か連関したことがありそうな気もする。

赤子の初参りは、どこでも氏神よりはじまるが、この場合の氏神は、うぶすなとして考えられることがより多いように思われる。

とにかく氏神が大きくなって——大きくなったのではなく、純然たる氏の神としては立って行けなくなって、部落共有の神になったりした場合など、やはり自分一軒だけの氏神祠が欲しくなって作るものだ。単なる勧請神ならそうした感じも薄いと思うが、血をわけた神であるが故に、自分達だけで心おきなく祀れる神が無くては、気がすまないのである。同時に、地の神を合祀したのは、本来の氏神の力を大きくするためであったのに、庇をかして母屋をとられるような、悲しい反省の結果も、中にはあったことであろう。

第二節　氏と氏神

一　せど氏神

秋深い磐城の田舎道を歩くと、此処の家の庭先や彼処の家の背戸等に、白い幣束を祀った、同じような形の藁で造られた祠が、思い思いの方角を向いて立っているのが見られる。この辺では九月、十月の頃になると、この藁の祠が、たわわになった柿の木の下だの、白い雲の影の映る泉の辺などに見られるようになる。これは氏神祭のすんだ後の、家々の大事な氏神様の祠なのである。

かつて石城郡好間村の老人に、此辺ではウヂガミ様というか、ウチカミ様というかを尋ねたところ、「そうだね、オチカミ様というようでもあるし、ウヂガミ様というようでもあるし」、という心もとない返答に接したことがあった。この外オヂガミ様とも同じ村でいっているのである。その後、隣村赤井に行った時に、同じ質問を試みたところ、土地の小学校の校長門馬氏は、幾人かの土地の生徒をつれてきて、念をおしてみたのであったが、生徒の答はどれもウヂカミともつかずオヂカミともつかぬ、オとウの中間音であった。一方好間村の一部や平窪大浦等の諸村では、明瞭にオチカミの語に接し、田人村の方ではウチカミ、オチカミ、永戸村の方ではウヂカミ、ウチカミ併用であった。以上の如く、事実はこれ等の語の何れをも截然たる区別もなく使用しているのである。すなわちウヂガミ、ウヂカミ、オヂガミ、ウチガミ、ウチカミ、オチカミ、オチガミなど、仔細に検討すれば種々変化せる発音が見られるが、まずウヂカミが普通のものの如くで、それに次いでオチカミ、オヂガミ、の分布も広く、殊に石城において然りとする。氏神か内神かも一応問題になるかも知れないが、そしてマケウチの神ということを此辺の風としてよくいうから、ウチカミはマケウチの神の転化とも考える人もあるようだが、後述の如き理由によって、暫く氏神よりの転化としておきたい。濁音の清音化する例は土地にはまま見られる。家に、あるいは内にある故とする説もあるようであるが、此辺の土地の観念からは、現在のところそうは考えにくい。随ってオチカミ、オヂガミ等も、ウヂガミと同系列の語と考える。しかして磐城の氏神は本家にあって分家に無いのが古い形であった。

氏神は屋敷神と同一であるか否かは、甚だ疑問とせねばならぬが、この辺においては屋敷神なる語は殆んど聞かない。もし言う場合は同義に使用しているのが普通で、氏神と別個に屋敷神を考えている例は極めて乏しい。石城下小川の市川氏は、一木様というを氏神として一木山に祀っているが、屋敷神と称するものは別にあって、屋敷内に祀ってあるという。石城田人村辺では、屋敷神は多くは山の神や稲荷であるとして、一応氏神と別個に考え、隣村貝泊においては、上組下組において祀るウブスナ神に当ると思われる日吉神社を氏神と称し、屋敷神とは家々の氏神のことなのである。すなわち氏神は古い家にしか無いが、屋敷神は分家其他の家々でももっていることになると、この辺の村ではいうのである。どうも古くは氏神だけで、屋敷(土地)を守る屋敷神は新しいようである。

氏神は古い家、草分けの家、本家、そうした所にのみ存して、分家、新宅等新しい家には無いとする所、いわゆる軒ごめに持っている所、および両者混じている所、すなわち古い家等に多いようだが、新しい家にもあるという、以上三つの場合に我々は遭遇する。もっとも草分けの家は、同時に本家でもある場合が多く、また本家のみに氏神があるといっても、大ていの場合、本家が管理に当っているということなので、祭祀には同族一同が関与していることが多い。地域的に見て、いかなる地方にいかなる型が行われているか見さかいをつけることは困難であるが、佐藤氏に佐藤氏の氏神があり、斎藤氏には斎藤氏の氏神があり、よし氏は無くとも血につながる同族には必ず同族の神があったこと、しかも本家にのみ存して分家にはもと無かったことが、古いと思われる村ほどこの風のはっきりしている事等よりして、同族で祀祭することを氏神の本質とするならば、概して市街地に近づくにつれて、この形はくずれて来ているとはいい得る。石城永戸村や田人村に限らず僻遠の村々では、古い家や本家では必ず氏神をもっているのに分家などには無いのである。正月とか氏神祭とか、その他出産祝儀等何か家に事のある場合、遠いぬかるみの山坂を越えて本家に集ってくる。この例は石城三坂村その他前述の如き山間の部落にことに多い。平市およびその附近の村々の如く、分家においてもそれぞれ一つずつの氏神祠を持たねば恰好がつかないと考えるようになるまでには、かなりの年月を要したものと思われる。

この氏神とウブスナおよび鎮守、この三者の関係は、一見ややこしいようでもあるが、一々の社に当ってみると、その相違は割合に明瞭であって、これはウブスナであって鎮守でないとか、氏神であると共にウブスナ神でもあるとか、観念は案外はっきりしているようである。然るに却って名称の上より混同を来す場合が多く、我家本来の氏神も同族や部落の氏神も時には鎮守までをも、区別なしに氏神と呼んで怪しまぬ。事実石城郡の川前村沢渡や三坂村のみならず、氏神をオブスナとかオボスナとか称する所は甚だ多い。ただ普通一般には個人の家々の氏神はそうは呼ばず、ウブスナといえば、氏とかマケとかいう関係などよりも、その生れた土地に住みついて守って下さるといった観念が強い。したがって地域的になり、個人々々に別にあるのではない。大字とか村とかに古くからあって、その土地をしきます神なのである。石城好間村辺では、郷土を拓いてくれ、郷土を守ってくれる神がウブスナ様であった。すなわち郷土の神の謂であった。故にウブスナは大てい部落単位であると、土地の宮内氏などはいっている。

少くともウブスナ神は、最近になって他所から来た神などではなかった。故にひろい意味の普通の部落のいわゆる氏神は、実はウブスナ神である場合が大部分であった。したがって両者は多く区別出来得る筈のものなのに、漠然と考えて両者を混同している、というよりも氏神の範囲を余りに広げてウブスナの方に迄およぼしているのである。この混乱は、ウブスナ神が生れた土地の土着の神という本来の考えから遊離してきて、個人の家の神という風に傾いてきた時に特に激しいのであろうか、それとも一般にいだかれている観念の方がむしろ誤りで、ウブスナはもともと各家に祀るべきものであったのが次第に発達変形し、家々のは氏神に席をゆずったものか、その名残がこの混乱を来さしめているものか。一つには反対に個人の家の神が大となって、かえってウブスナと呼ぶに相応しくなることがあったかも知れぬし、時には実際にウブスナが氏神と同じ場合のあることももちろん考えられて然るべきで、これが原因をなしていぬとも限らない。

氏神のことをウブスナと呼ぶ以外に、氏神と別個に戸毎にウブスナを祀る例としては、平市上平窪の古館部落などがそうであった。ここの戸数は聞きもらしたが、氏神は軒ごめにもっていて多くは木でつくられ藁の氏神祠は無い。しかるにこの氏神祠の左右に、一つずつ藁でつくった頭を折曲げた三角形の祠に、幣を入れ輪注連縄をかけたのか、対のように二つ立てられてある。これが他所の村なら、やはり氏神と称している筈のものなのに、ここではオボスナサマと称し、明瞭にオチカミサマのお宮とは区別していた。この家の老婆に聞いても昔からそうしている、そしてどこでもそうだという返事であった。かつ氏神は、家を守って下さる神というが、オボスナとの相違ははっきりしなかった。しかし屋敷神などでは無いという。この辺の氏神祭は旧九月十九日で、この日氏神祠に幣を納め赤飯を上げるが、この時に新藁で祠をつくって、例のオボスナ様をまつるのである。そしてオチカミ様のお祝としてそうするんだろう、などといっている。神の待遇というか、おまいりでも何でもすべて、氏神に準じてというよりは氏神と同じにしている。特にオボスナだけの祭ということは無い。

石城大浦の鯨岡氏は天王をもっているが、社の傍に別に石を祀った小祠があって、これが本当の鯨岡マケのオチカミ様だといい、同村古市マケでも、昔先祖がお請けして来たと称する稲荷をもっているが、矢張り自分の屋敷に小祠を建てて之をオチカミ様と呼んでいる。これはもとの氏神が発展して、一族ないし一字の人々の共同に祀る神となるに及んで、別に我家専用の小祠をつくったものである。私の家なども、昔関東から氏神を遷した由であるが、それが後年大字の神となった。そうなると何々神社と言われるようになった建物のいかめしい社を、自分の家の氏神と呼ぶのもどうかと思ったと見えて、新に傍に小祠をつくって、これを直接の我家の氏神としたのであったが、なおこの外に、二つの大字の共有している別の村社の氏子にもなっているのである。

すなわち氏神は、厳密にいえば、その氏でまつる神というわけであっても、事実はしかく判然とせず、上述の如く同族共同でまつる氏神の外に、個々の家々に祀るをも氏神と称し、更に村人共同で祀る鎮守などをも、広い意味で氏神と称する場合もあるから、かかる場合一軒の家で三つの祭祀に関与することともなる。氏子もしたがって狭義広義に考らえれ、広義の場合は、村社が氏神で村民全部がその氏子というが如きこれである。例えば平市には子鍬倉と八幡の両社があるが、前者の氏子は平の町内であるのに、後者の氏子はもとの飯野郷で、もと好間村の一部と同じく平窪村の一部で、平市とは特別の関係をもっていない。石城夏井村藤間辺では、もと村社白山神社をもとは氏神とよんでいた。三坂村下三坂辺では、本家のみにある氏神をオブスナと呼び、旧村社稲荷神社は下三坂全体の氏神であった。相馬幾世橋の初発神社の如く氏子札を出した所もあった。

ツボ内の氏神という名称をも耳にするが、これは氏族の祀る氏神の場合と、小字とまではゆかぬ位の小範囲の地域の人々の共同に祀る氏神を指す場合とがあるが、もともと坪は、地域的にみた家の小集団であり、したがってマケうちの場合が多い。所によっては、ツボに大てい一つずつの氏神があった。田人黒田の唐沢の坪などもそうであった。山合いなどまで入り込んだ一続きの広い地域はいわゆるサクであり、それが自然的な地域関係で、更に幾つかのツボに分れているのである。作が大字なら坪は小字であった。田人村大字旅人の熊ノ倉の坪は二十七戸で、緑川四戸、小野二戸、その他一々は聞かなかったが、この坪の氏神は湯殿であった。大字旅人は小字六つに分れるが、氏神と称するものを一つずつ持っている。そしてこの時の氏神はウブスナと同じことだと村人はいうのであるが、隣村荷路夫の人の談によれば、個人の家にあるのが氏神なので、そういうようなのは氏神といわぬ筈だといい、はっきりしない。併しとにかく、大ていの家々に氏神の無いところを見ると、矢張り坪の氏神こそは、今こそ同族間のみでもっている神でないにしても、もとは同族のものでなかったかと思う。正月など村の社の前に、各家々で藁の祠を建てたり、所にもよるが藁のつとに赤飯、しとぎ等を入れ、これに幣を一本さしたものを坪の氏神に上げてくる風などのあるのも関係があるのかも知れぬ。氏神祠が個人々々につくられるようになったのは後のことだろうと村人も考えているのである。

要するに氏神は、家々のもの、同族のもの、村のものの三つに分けるのが便利かも知れないが、そうでなくても個人や同族のものと、字や村のものとの二つに分けることが出来、産土とか鎮守と呼ぶのは多く後者の場合であり、氏神としては第二義的なものとしたい。この場合に考えられるのは、第一は個人の氏神の発展して大となれるもの、第二は右と関係なく、もとからの村土着の神、第三は此等以外の神で、村と関係が生じて、村人の信仰をかち得て氏神となったものである。この第三の例は極めて乏しいかと思う。石城草野の沢村神社などは、治水の功労者沢村勝為を祀り、のちに郷社となったが、明治九年の創建であった。故に別段氏子というものは無く、主に崇敬者達が信仰しているのであるが、将来氏神と呼ばれて不思議でなくなる時代が来ぬとも限らない。隣村夏井のもと県社大国魂神社は鎮守とも呼ばれるがこれは確かにうぶすな神でもあった。

家々の氏神の祠は藁であるが、木とか石でつくる向きも多かった。昔は藁だったが近頃石などに改めるようになった家が五、六軒出来たとは、永戸村合戸辺で聞いたことだったが、そうした変化は大きな家などにかえって多く、かつ永戸だけのことではむろんない。植田後田辺でも、もとは藁だったのが近頃は木や石のものとし、藁は水神位になった。好間辺では、多く木や石であるが、ここでも水神様、すなわち井戸や川には藁の円錐形の祠をつくる。恐らくは氏神も水神も藁でつくって居たものを、氏神の方を一段尊しと見てまず朽ちぬ祠をつくり、なお水神に昔の名残をとどめさせて居るのかと思われる。

次に家々における氏神祠のある場所を見るに、清浄な所を選ぶことはいうまでもなく、方角はいぬい(乾)が多い。所が豊間薄磯などで、氏神は便所の近くにあるものと昔の人はいっていたとは、土地の人山野辺氏(当時六十才)の談であるが、これは他ではまだ聞かぬことである。しかし概して相馬の方では、家の前の方が多いのに対して、石城は後とか側とかが多い。石城川前、三坂、沢渡等の山間諸村で背戸(せど)氏神と呼ぶのは正にそれで、殆んど例外なしに家の後に南面して立っている。裏がせまいので側に立てたのもあるがむしろ稀であり、小川、好間、赤井等の諸村皆然りで、多くは家の真裏であった。好間村今新田辺では、子(ね)の方にあって家を守るといい、上小川辺でも後にあってやはり家を守っていると伝えている。

氏神はまた村社の境内などに、それぞれの祠をたてて置くことも多い。幾軒かで同一氏神をもつ場合は、大てい本家の屋敷に置くが、石城入遠野の如く、その坪々で氏神をまとめて一緒に置く所も見られる。すなわち見晴しのよい高台などに共同の大なる屋根をもつ雨屋をつくり、中に坪内幾軒かの氏神の小祠を仲よく並べて置くのである。三坂村下三坂の如く、本家の氏神を中にして分家の数だけの祠を並べてまつる所もあった。

二　まけうちの神

平市などにおいてはすでに不明であるが、村々ではマケウチの神というものが、まだまだはっきりしている。石城郡赤井村の岡田マケは熊野を、木田マケは八幡を、柏原マケは琴平を、矢野マケは地蔵を、根本マケは八坂を、今川マケは熊野を、鎌倉マケは天神を、それぞれ氏神と称して祀っているというが、同郡夏井村新田目の古箭八幡なども古内マケでもっている神らしい。好間村好間の一宮八幡などは鈴木マケであった。上述の如き観音地蔵まで氏神と称する当否はとにかくとして、すべて氏神は同族間で同じものを持つのが原則であり、かつ大体においてその通りになってもいる。もっとも氏神は、例えば川前、三坂、沢渡の如く、本家にのみ存して分家にない例と、例えば植田、四倉、好間の如く、分家でも何でも軒ごとに持っている例とがあった。夏井村藤間辺では、氏神は本家に伝わり、分家は分霊を祀るものと考えていた。しかし山間の諸部落の如く、氏神は本家にのみ存し、特別の事情なき限り分祠しないというのが本当の姿らしい。

石城三坂村下三坂においては、本戸合計九十戸位の中、佐藤マケは十軒ほどあって一つのオブスナを祀り、同様に永久保マケは四、五軒、永山マケは六、七軒、白石マケも六、七軒、草野マケは五軒、別の永山マケは五軒、安部マケは四軒、大谷マケも数軒、内藤マケ四、五軒、藁谷マケ十軒許り、根本マケ四、五軒という具合で、各マケで一つずつのオブスナを持っている。すなわち祠は何れも本家にのみ存して分家には無く、分家では事あれば参詣に出向くのである。永山氏などは現在二個所に分れて各々に本家があるが、昔はやはり一つマケらしいとのことでミワタリ神を祀っていた。藁谷氏も谷合という所に五軒と、相当離れた中作という所に七、八軒とあって、別々に今は氏神があるが、これももとは同じだった様子であり、何れも稲荷を氏神としている。そしてこれ等の氏神をウブスナと普通呼んでいるので、村社の鎮守のことは氏神と称していない。村の道を歩いていると、これ等の神々が岡の上などに点々と見られた。厳島神社というのもあれば根渡大明神というのもあった。何れも祭祀にあずかる人々の同姓であるということは棟札によっても明瞭であった。夏井村菅波の大和田マケでは、総本家よりの分家は氏神祭には総本家に幣束を入れにゆく。分家の分家では総本家へ行かずに、直接の本家へ幣束を入れにゆくという。

隣村沢渡辺でも、分家は氏神を持たず遠くから参詣に来る。三坂村中三坂の吉田氏などは今は五軒に分れ、遠い新宅からも祭の時など出向いてくるということであったが、沢渡村下市萱の渡辺氏の如く、分家は一里も隔った所にあるので分祠している。かかる例も稀に見られる。恐らく近世分祠を設けるようになった一つの原因はこの距離の問題かと思う。古くは氏神の混乱も少かったのに、近頃氏神の不明になったのは、本家等に関りなく無闇に祠を設けた点にも原因があるかも知れない。

石城田人村黒田の唐沢では、本戸十二戸で昔からさしたる変りはないが、昭和に入ってから、炭焼や炭礦関係で他所よりの移入者が多くなり、坪の戸数計二十戸位になって居り、戦後配給関係等もあって、彼等も一様に同じ坪内の仲間に入ったのであるが、本当のいわゆる坪つきあいは、やはり先の十二軒に限られているのである。この中で蛭田の姓が五軒あり、他はまちまちで島田とか佐藤とか、高杉、蟻波、緑川などであったが、五軒の蛭田ももと一軒より分れたらしく、高杉ももとは蛭田だったという。どの家がもとのおこりの家だったか不明であるが、一番古いと伝えている家は今も存する。併し鍵をあずかっている家はこれとは別の家であった。とにかくこの坪のウブスナと称えているものは、一寸離れた所に建っている稲荷で、一軒毎の氏神は無い。ただ高杉という家にだけはあってこれを屋敷神としていたが、他所のを学んで最近つくった様子でもあった。

石城川前村大字上桶売に上沢尻下沢尻の二小字があるが、上沢尻は本戸八戸で根本の姓、下沢尻は同じく六戸で宇佐見の姓であり、氏神は根本に一つ、宇佐見に一つある。前者は天王、後者は熊野だったかと思うが、口碑によれば宇佐見の先祖は、伊達政宗に攻められて落城の折、中通りの方から阿武隈の山を越えて落ちのびて来たものという。仏の方では根本一族は阿弥陀を、宇佐見一族は薬師をまつる。かく区別されている向きはよいが、そうでない場合、氏神は阿弥陀だ、薬師だというような考えにおち入ることが往々に見られるのである。同じく石城永戸村合戸には、合津、松崎、荻野、草野という姓が多いが、松崎マケでは稲荷を共同にまつり、初午には稲荷講を行い時々まつりを行う。

合津マケには妙見があった。この妙見は、本家合津音一氏の屋敷内にあって、もとは相馬の妙見であったのを氏の祖先が祀ったものと伝え、今もマケウチの人が信心する。特に目の悪い人によいという。この家の祖父なる人が目を病んだが治り、御礼に閼伽井嶽の参道を拓いたが、何かこれと関係があるかも知れないということであった。正月三ケ日は白いものと生ぐさを食わず、すなわち白飯も用いず、豆腐も白い故に胡麻などを入れて用いるという。これは妙見信仰の結果と思われた。この祠を信仰するのは合津マケ十軒ほどのうち五、六軒あり、他の数軒は別にごてん稲荷というのをまつる。また荻野マケは観音をもっていた。これを氏神と呼ぶか否かは聞きもらしたが、この辺ではこの神の外に、個々に氏神の祠をもっている家が多かった。合津音一氏の家のは例の三角の藁の祠であった。しかし近くにある新宅二軒では個人の氏神は無いとのことであったが、こういう家でも井戸神は皆まつっていた。

石城草野の大字北神谷字鎌倉に、五戸一団となった一族があり、姓は皆江尻で、最も奥の山際にあるのが本家、氏神はこの本家に存する。この家は元禄頃よりすでにあった模様であるが、古く同村字御代より移ったものと伝え、この御代にも江尻があって氏神祠が残っている風である。また同じ北神谷の日中という所には古市氏あり、五軒ばかりに分れていて、一つの古箕明神をもっているが、本家の古市氏の祖先が、日中九つ時に白牛に乗って来られた明神を祀ったものと伝え、石になったという白牛が、今に伝説となって祠前に横たわっている。また平市中平窪には、大須賀氏三軒と新妻氏七、八軒があるが、近くに両家で一緒に氏神としてまつる妙見の塚があり、上に大なる榎があって下に石祠を置く。この妙見は昔相馬より遷せるものというが、大須賀、新妻共に家紋に九曜を用い、正月三日間は白餅を用いず、赤々餅とて小豆等を入れた色のついた餅を食う。石城川前村大字桶売の妙見もマケウチの氏神であった。また同地の永山氏は熊野を氏神としているが、大字川前の永山氏も熊野であるところより見れば、もとは同様であったかも知れない。

和田文夫氏の話によれば、石城大浦の大字長友の和田氏は、先祖が紀伊に参詣に行って背負ってきた熊野を同村済戸にまつり、代々氏神として来たが、後年和田氏は同じ村内でも少し離れている長友に移った。そこで熊野の社は済戸の部落で管理し、和田氏はその境内に別に小祠を建てて自家のオチカミ様として崇敬、神棚の古い御札等もここに納めるのを常とした。この小祠も離れていて不便なゆえか、後に自分の屋敷に移したようであるが、ともかく和田マケの氏神はこれであるといい、分家三軒何れも祠をもっていない。もう一軒の分家は四倉町に出たが、これは遠隔の故にか別に氏神をもっている。その屋根替の際には本家も多少の寄附をしたのであった。和田氏は村の旧家であるが、氏神をもっている本家としての格式というか、古い名残がほの見えて面白い。済戸では毎年、今では村の社となった熊野神社で日待が行われるが、和田本家ではこの日必ず出かけて行って列席する。かつ今でも済戸の家々と同様御初米を納めるのである。

本家より分離して新しく屋敷を設け一家を構えることを、分家、地別け、新や、新宅などいう語であらわしているが、この時氏神は新に設けることをせぬのが原則かと考えられ、分祠することの多くなったのはむしろ最近の傾向かと思う。各分家がそれぞれ氏神をもつ場合は、別にも述べた如く、祠を各自の宅地に置くか、部落の鎮守の境内におくか、本家の氏神祠の傍におくか、数戸共同に一定の個所に置くかの何れかであるようだが、各自の屋敷におくのが最も多数を占める。しかし石城入遠野村の最も奥まった六十戸許りの一地域は、徳一大師入定伝説のある所で有名であるが、ここの小字南は、氏は全部折笠で、箱根権現の棟札ある氏神を祀り、小字田子内も大体折笠で、ここも氏神は一個所にあり共同にこれをまつる。折笠はもと佐竹といい水戸の浪士だったが、ここに来てそのまま居ついたものという。そうかと思えば小字貝那夫は十二軒あり、皆平子と称し、氏神は各自持っているが一個所に集めて立ててある。同じく久保目は皆佐藤であるが、これも一個所にまとまってある様子であった。同じ入遠野村の櫛田氏は十二軒に今は分れ、うち六軒は同じ坪内に住んで鷲宮を共同の氏神としているが、今はこれを祀ると共に、各自の家々の小祠を別に鷲宮の境内に祀っておくという。

次に本家より分祠する場合、同一の祭神を祀ることを原則とすることは当然であって、相馬の岡田氏の如きは一族六戸に分れ、そのうち氏神の祭神の判明しているものは四戸であり、皆妙見をもっている。今試みに相馬において同じ氏が三戸以上に分れても、その何れもが同一神を祀る例を拾ってみれば、水谷氏の妙見と熊野、高田氏の熊野、志賀氏の稲荷、佐々木氏の八竜、新谷氏の富士権現に熊野と稲荷、錦織氏の熊野、富田氏の八幡、松本氏の稲荷、阿部氏の熊野等であるが、門馬氏の熊野と稲荷、木幡氏の熊野、鈴木氏の熊野も多い。ただ注意すべきは、同一の家で祀る祭神数は数柱という場合が多いから、同族何れの家にても祀られてある祭神の故を以て、それが必ずその氏本来の氏神とも断言しかねる。それに後述の如く、熊野、稲荷が相馬地方にも極めて多く分布しているので、大ていの家においてこれを祀り一様に氏神と称しているから本来の氏神祭神となると果して何であったか急には決しかねる問題になってくる。

相馬の富沢氏は、門馬より分れた家であるが、この富沢より更に分れた河村があり、富沢と同様妙見を氏神としている。かつ門馬も本来妙見を祀るべき家なのである。また青田より出た佐伯は、本家と同様稲荷、御霊明神、滝場明神を祀り、岡田より出た松岡は妙見を、中村より分れた富田は熊野を、下浦より分れた榛谷は妙見を、草野より出た増尾は熊野、八竜、円蔵を、大和田より出た西は鶏足明神という具合で、みな本家と同じ神を祭神としている。井口より出た田中なども祭神が似ている。植松より鳶となり、再び植松と名乗ったのであるが、鳶は金鵄明神、春日、八幡、摩利支天で、後の植松は八幡、摩利支天、水天宮であった。すなわち同じ氏より分れて異る氏となる場合は関係も大分遠くなってくるから、家紋も同じの場合と然らざる場合とが出来て一様でない。

相馬における氏神祭神中最も多きは熊野と稲荷で、前者は氏神祭神判明戸数の五十％、後者は四十一％で、次にはずっと降って妙見の十三％、八幡の十三％、春日の九％等である。稲荷は五穀の神の故を以てのみかくひろまったものかは疑問であるが、熊野にしても穂積鈴木氏のもち廻ったことのみが原因でないことは確かである。中村中野の熊野堂は、由緒のわかっている熊野としては同地方では一番古いものかも知れぬが、文治年間頼朝の時、鈴木四郎重原なる者が熊野を奉じて紀州より奥州に下ってこの地の豪族となり、代々熊野の祠官となったという。何年か前に見た石城高久村鈴木氏の系譜中に、重家というのがあり、調査して見ると重原の兄に当っている。思うにこの時兄は石城にとどまって一家を開いたのであろう。この家には義経より貰ったという感状の如きものの写しが伝っているが、真実とすれば義経にしたがって下向したのかと思われる。何れにしても穂積姓鈴木は、皆熊野を祀って氏神を守護神とし、鈴木の分れなる中野もまた熊野を氏神とした。上述の熊野堂のある中野辺では、各戸大てい氏神に熊野を祀るは、かの熊野堂が土地の産土神になっていた故にその分霊を祀ったものかも知れない。相馬の修験本寺寛徳寺が相馬侯について、鎌倉の末熊野を持ち来ったが、派下の修験は相当多く、古記録にその名を留めて居るものを拾い上げれば百四五十に達する。したがって熊野を祀るのもまた多かったから、かかる方面にも注意を向けねばならぬ。氏として揃っているのは、偶然かも知れぬが木幡は皆熊野であり、山田、高野、塩、村田、斎藤、富田、中村、志賀等の海東平氏も熊野を祀るものが多く、熊川、室原、上野、熊、山田等の標葉庶流も多く熊野を祀り、門馬も割合多い。

春日の多いのは河村、藤田、今村、手土等の藤原姓、八幡の多いのは源氏、妙見の多いのは平氏で、以上は特に目につくが、春日は藤原の祖神、八幡は源家の崇敬神たるの故でもあろう。

妙見は下総にも多く分布するが、元亨中相馬重胤が現在の奥州相馬に移封の折に、その氏神の故を以て遷したものであるから、相馬における妙見信仰はそれ以後と見るべきである。代々相馬氏の信仰厚きものがあったが、相馬の類葉なるもしくは深い関係のあった岡田、大井、武岡、大悲山、水谷、江井の諸氏も皆、多くは相馬と同様九曜を家紋に用い妙見を氏神としているようである。その他千葉の余流も存する。新妻、四倉氏等も氏神は不明というが、恐らくは妙見を祀ったことであろう。坂上姓は相馬においては四氏だけであるが、太元明王を祀るを特色とし、家紋は多く三巴を用う。この姓より出たという星氏が三軒ほどあるが、家紋や氏神より見てやはり妙見と関係があるようである。

三 相馬藩における氏と氏神

旧相馬子爵家所蔵の衆臣家譜百冊は、未だ世に出ぬものであるが、この中で氏神に関する個所を丹念に拾出して調査してみると、維新前における相馬藩士の総氏数約三百余のうち、氏神の判明せるもの百六十一氏である。しかし同一氏でも幾戸にも分れていて氏神不明のものも多いから判明している戸数だけを拾い集め整理分類して見ると、平姓五十九氏中戸数よりいえば九十九戸、同様源姓三十九氏六十四戸、藤原姓二十六氏五十九戸、坂上姓四氏八戸、穂積姓二氏五戸、高階姓一氏三戸、安部姓一氏三戸、橘姓二氏二戸、菅原姓二氏二戸、小野姓二氏二戸、物部、和気、秦各一氏一戸、姓不詳二十氏二十戸、以上合計二百七十戸となる。これを表示すれば左の如くである。しかしその家の氏神と一般に称しているのであるが、この場合の氏神は広義のものと解したく、厳密な意味よりすれば、代々その家の崇敬神たるものも包含されていると見ねばならぬ。殊に氏神ならぬ仏教的のものも入っているが暫くそのままとする。かつ一戸において祀る氏神の祭神数は、必ずしも一柱でない場合が多い。

氏神祭祀表（一）

姓	氏	領内総戸数	氏神判明戸数	氏神の種類及祭祀戸数	備考
平	(一)門馬	二〇	一一	熊野を祀れるもの八戸 稲荷七・妙見三・八竜権現・文間明神・筒宮・荒神・富士権現・山神・水神以上各一	
平	(二)幾世橋	一	一	熊野・稲荷	
	(三)富沢	一	一	妙見・八幡	
	(四)河村	一	一	妙見・熊野	
	(五)青田	四	四	稲荷三・妙見二・御霊明神・滝場明神・新山権現・	

平

			天神・熊野・野中薬師	
(六)佐伯	一	一	稲荷・滝場明神・御霊明神	
(七)西内	三	二	熊野二・稲荷・白旗明神・妙見	
(八)西	五	一	妙見・熊野・稲荷・天神	
(九)岡田	六	四	妙見四・熊野・稲荷・日祭明神	
(一〇)立野	四	一	八幡・諏訪・鹿島	
(一一)松岡	二	一	妙見・熊野	
(一二)大井	四	四	大宮明神二・妙見二・熊野	
(一三)水谷	三	二	妙見三・熊野三・稲荷二・摩利支天二・牛頭天王二・山神二・観音二・鶏足明神・滝明神・明王	
(一四)江井	二	一	妙見・国王・牛頭天王	
(一五)大悲山	一	一	妙見・鶏足明神	
(一六)武岡	一	一	妙見	
(一七)原	四	二	妙見二・八竜・八幡	
(一八)牛来	一	一	妙見	
(一九)牛渡	一	一	牛頭天王・天神	
(二〇)北	一	一	春日・稲荷	
(二一)遠藤	一	一	高倉・押雄	
(二二)堀内	一	一	牛頭	
(二三)小島	一	一	山王・稲荷・伊勢・八	本氏蒲田

平

			幡・七面明神	
(二四)太田	二	一	熊野・稲荷	
(二五)須江	一	一	妙見	
(二六)木幡	五	二	熊野・春日・日吉	
(二七)多々部	一	一	大須賀権現・神明明神	本氏大須賀
(二八)山岡	二	一	熊野	
(二九)高野	五	五	鷹(珍珂)明神二・日吉・山王・熊野・妙見・八幡・荒神・稲荷・厳島・弁財天	
(三〇)岩城	一	一	愛宕	
(三一)塩	一	一	熊野	
(三二)荒	三	一	熊野・貴布根・日吉・三宮・愛宕・荒太郎夫婦・七社神霊・五所権現	
(三三)鈴木	五	一	稲荷・山神	本氏荒
(三四)村田	三	一	熊野	
(三五)斎藤	一	一	熊野・稲荷・山王	本氏海東中村
(三六)富田	三	三	熊野三	
(三七)志賀	七	三	稲荷三・熊野二・八竜二・八幡・唐崎明神・荒神・雷神	
(三八)草野	一	一	熊野	
(三九)熊川	一	一	熊野・多賀・八竜	
(四〇)川勝	一	一	熊野・祇園・妙見・稲荷・八幡・諏訪	

平	(四一)下浦	一	一	妙見	
	(四二)榛谷	一	一	妙見	
	(四三)上野	二	二	熊野二	
	(四四)熊	二	一	熊野	
	(四五)山田	四	四	熊野三・稲荷二・山王・勝善・三光宮	
	(四六)大内	三	二	熊野二・稲荷	
	(四七)氏江	三	二	稲荷二・鹿島・伊勢	
	(四八)金沢	三	一	熊野	
	(四九)小畑	二	二	熊野二・白旗	
	(五〇)杉浦	一	一	牛頭・春日・山王・稲荷・弁財天・天満	
	(五一)吉田	二	一	熊野・稲荷	
	(五二)大野	一	一	八幡菩薩・稲荷・七面明神	
	(五三)早川	二	二	熊野・滝場明神・妙見・稲荷	
	(五四)神戸	一	一	稲荷	
	(五五)小林	一	一	熊野・月山・稲荷・三宮・八幡・天神	
	(五六)石田	一	一	朝日・戸隠・稲荷	
	(五七)鎌田	一	一	天神	
	(五八)深谷	一	一	熊野	
	(五九)末永	一	一	春日・鹿島	
	計 五九	一四五	九九		
藤原	(六〇)木幡	一五	七	熊野六・稲荷・春日・八幡・大須賀権現・浮島明神・木幡明神・富士権現・荒神	
	(六一)羽根田	三	一	熊野・月山・稲荷	
	(六二)今村	一	一	春日・熊野・稲荷	
	(六三)河村	二	二	春日・山神・天神・伊勢	
	(六四)藤田	三	一	春日・鹿島	
	(六五)手土	一	一	春日・熊野・稲荷	
	(六六)岡部	一	一	八幡	
	(六七)草野	六	五	熊野三・円蔵三・八竜二・稲荷	本氏増尾
	(六八)増尾	一	一	熊野・八竜・円蔵	
	(六九)佐藤	三〇	一八	稲荷九・熊野七・春日四・薬師三・八幡二・荒神二・湯殿二・白山・富士・山神・月山・日吉・浅間・貴船・国王・七星	
	(七〇)斎藤	一	九	春日・羽黒・熊野・愛宕	
	(七一)遠藤	二	二	妙見・春日	
	(七二)立谷	三	三	神明二・熊野	本氏中野
	(七三)鳶	一	一	金鵄明神・春日・八幡・摩利支天	本氏村上
	(七四)植松	一	一	八幡・摩利支天・水天宮	源氏植松
	(七五)蝦原	一	一	伊勢・熊野・稲荷	

藤原

(七六)井口	一	一	神明・稲荷・天満	
(七七)田中	一	一	霊符尊神・天満・稲荷	
(七八)関	一	一	稲荷・山神	本氏坂上田村
(七九)近藤	一	一	張良大明神	
(八〇)伊東	二	二	八幡二・稲荷・熊野・春日	
(八一)中田	一	一	熊野・稲荷	本氏菊地
(八二)日下	四	二	山王二・稲荷	
(八三)武野	一	一	熊野・八幡・稲荷	本氏服部
(八四)永井	一	一	熊野	
(八五)久田	三	一	春日・熊野・稲荷・八幡・月山	
計　二六	九六	五九		

源

(八六)渡辺	一二	五	熊野三・妙見二・稲荷二・八幡・赤城明神・日祭・子安明神・荒神	或ハ渡部
(八七)井戸川	二	二	熊野	
(八八)大浦	三	二	熊野二・稲荷二	
(八九)岡和田	二	一	降居明神	
(九〇)和田	一	一	熊野	
(九一)島	二	一	若宮八幡・天神	
(九二)佐々木	五	四	八竜四・熊野・稲荷	
(九三)半杭	二	一	熊野	
(九四)半野	二	二	熊野・稲荷・勝軍地蔵	本氏半杭
(九五)氏家	一	一	熊野・稲荷	

源

(九六)新谷	三	三	富士権現三・熊野三・稲荷三	
(九七)新谷	三	二	春日二・稲荷・多賀	本氏佐々木
(九八)錦織	四	四	熊野四・稲荷三・妙見・天神	
(九九)一条	一	一	新羅明神	
(一〇〇)池田	一	一	比尾明神	
(一〇一)池田	二	二	熊野二・稲荷二・荒神二・月山・鹿島・皇大神・妙見	本氏笠井
(一〇二)四本松	二	一	鞍馬明神	
(一〇三)岩角	一	一	毘沙門天	
(一〇四)石橋	一	一	熊野	
(一〇五)紺野	四	三	稲荷二・熊野二・月山・湯殿	
(一〇六)富田	三	三	八幡三・粟島	
(一〇七)石川	三	二	八幡二・弁財天	
(一〇八)渡辺	一	一	熊野・稲荷・荒神	本氏石川
(一〇九)二宮	一	一	加茂明神	
(一一〇)佐々木	一	一	熊野・山王・稲荷	
(一一一)松本	三	三	稲荷三	本氏松平
(一一二)杉本	一	一	富士・稲荷	
(一一三)岩本	一	一	氷川明神	
(一一四)郡	一	一	稲荷	
(一一五)大和田	二	一	鶏足明神	
(一一六)西内	一	一	鶏足明神	

源	(一一七)清水	一	一	明神	
	(一一八)坂地	二	二	菅船明神二・熊野	
	(一一九)玉置	一	一	熊野・稲荷・蛇類・明神	
	(一二〇)久米	一	一	八幡	
	(一二一)打宅	二	一	八幡・住吉	
	(一二二)小河	二	一	八幡・春日・生玉	
	(一二三)石井	一	一	熊野・稲荷・鷲宮	
	(一二四)太田	一	一	朝日明神・不動明王	本氏井上
	計 三九	八三	六四		
穂積	(一二五)鈴木	八	四	熊野四・稲荷二・春日・八幡	
	(一二六)中野	一	一	熊野・稲荷	本氏鈴木
	計 二	九	五		
物部	(一二七)河窪	一	一	熊野・稲荷	
	計 一	一	一		
和気	(一二八)半井	一	一	大己貴・少彦名・稲荷	
	計 一	一	一		
秦	(一二九)湯沢	一	一	熊野	本氏波多
	計 一	一	一		
橘	(一三〇)堀池	一	一	牛頭	本氏和田
	(一三一)坂井	一	一	八幡・稲荷・昆沙門天	
	計 二	二	二		
菅原	(一三二)菅野	一	一	天神・稲荷	

菅原	(一三三)小野田	一	一	天神・稲荷	
	計 二	二	二		
坂上	(一三四)田村	二	二	太元明王	
	(一三五)大越	五	三	太元明王・熊野・稲荷	
	(一三六)熊上	一	一	太元明王	
	(一三七)星	三	二	熊野二・妙見・住吉	
	計 四	一一	八		
小野	(一三八)猪狩	一	一	熊野・春日・稲荷・天神・八幡	
	(一三九)牛渡	二	一	牛頭・天神	
	計 二	三	二		
高階	(一四〇)馬場	四	三	熊野二・稲荷二・手長明神・鹿島・日吉	
	計 一	四	三		
安部	(一四一)阿部	五	三	熊野三・稲荷・春日・愛宕・月山	
	計 一	五	三		
不詳	(一四二)般若	一	一	山王	本氏桜井
	(一四三)岡本	一	一	諏訪	
	(一四四)高玉	一	一	妙見・八幡・諏訪・熊野・牛頭	
	(一四五)福島	一	一	戸隠明神・富士・妙見菩薩	本氏竹村
	(一四六)都甲	一	一	春日・熊野・稲荷	

不詳	(一四七)田原口	一	一	伊勢・熊野・稲荷	
	(一四八)木崎	一	一	熊野	
	(一四九)中津	一	一	天神	
	(一五〇)黒木	一	一	八幡・熊野	
	(一五一)岩舘	一	一	熊野	本氏片山 又本庄内
	(一五二)古内	一	一	十一面観音	
	(一五三)持舘	一	一	塩釜	
	(一五四)根本	一	一	三宝荒神	
	(一五五)岡	一	一	牛頭・虚空蔵	本氏岡野
	(一五六)山中	一	一	日吉・稲荷	

不詳	(一五七)富沢	一	一	熊野・稲荷	
	(一五八)志賀	一	一	山王	
	(一五九)鈴木	一	一	熊野	
	(一六〇)鈴木	一	一	熊野・稲荷	
	(一六一)馬場	二	一	熊野	本氏駒組
	計	二〇	二一	二〇	
総計		一六一	三八四	三七〇	

次に各氏神の由来を明らかにするために、氏々の系統を多少吟味してみる。頭の番号は上述の番号と一致する。

(一)　門馬氏は、相馬将門の裔なる胤家に起る。胤家は胤経の五男にして、総州文間庄に住し文間五郎と称した。この文間が相馬に移って門馬となり、一族大いに広まったが、本家とも云うべき門馬(一)は文間明神、稲荷、八幡を祀っている。門馬(二)は妙見を、(三)は熊野と稲荷を、(四)は熊野、稲荷、荒神、筒宮を、(五)は熊野、(六)は熊野、稲荷、富士、(七)は熊野、(八)も熊野、(九)は妙見、熊野、稲荷、(一〇)は熊野、稲荷、(一一)は八竜、稲荷、山神、水神を祀り、他の九戸は不詳である。以上門馬は尽く家紋に木瓜を用い、五三桐、立四目なる例外一戸あるのみ。

(二)(三)(四)　幾世橋、富沢は門馬一族より分れ、富沢より更に分れて河村となる。

(五)　青田は、高望王の四男平良繇の後と伝え、総州葛飾の青田に居ったので氏としたと云う。はじめ千葉に、後相馬に仕えた。家紋は皆橘に因むもの。青田(一)は稲荷、御霊明神、滝場明神を、(二)は稲荷を、(三)は新山権現、天満、稲荷、熊野、妙見を、(四)は野中薬師と妙見とを祀る。

(六)　佐伯は青田より分れた。

(七)　西内は、相馬胤村の四男有胤に起る。西内(一)は妙見と熊野及び白旗明神を、(二)は熊野、稲荷を祀り、他の一戸は不詳。

(八)　西は、相馬胤村の三男胤重より出で、家紋は星紋が多い。旗紋に稲荷大明神や八幡の文字を用いている西氏も見られる。近世になって西内氏より分れた西氏が一戸あるが、これは西内と同じ梅鉢紋を用いている。
(九) 岡田は、相馬胤顕を始祖とする。岡田(一)は妙見、日祭明神を、(二)は妙見、熊野、稲荷を、(三)は妙見を、(四)は星宮明神をまつり、他の二戸は不詳。
(一〇) (一一) 立野、松岡両氏は共に岡田庶流。
(一二) 大井は、相馬胤顕の庶流にして、はじめ総州大井村に住し、依って氏としたという。元亨中相馬侯に従って移住したが、大井(一)は大井村鎮座の大宮明神を、(二)は妙見、(三)は妙見と熊野、(四)は大宮明神をまつる。家紋は次の水谷氏と共に星紋が多い。
(一三) 水谷は、相馬胤顕の庶流、水谷(一)は妙見、牛頭、鶏足明神、正観音、熊野、稲荷、山神、摩利支天を、(二)は妙見、熊野、稲荷、摩利支天、山神、観音、(三)は妙見、熊野、牛頭、滝明神、明王を祀る。水谷(三)は旗紋にも摩利支天の文字を用いている。
(一四) 江井は、相馬胤実の男胤村六世の孫江井胤元より続いている。
(一五) 大悲山は、相馬胤村の男相馬通胤が大悲山村に住せしよりの名という。
(一六) 武岡は、相馬氏の族延胤が、主君昌胤より賜うた名といい、家紋は蔓九曜。
(一七) 原は、千葉氏の庶流原四郎常余の後裔と伝え、原(一)は稲荷を、(二)は八竜、八幡、稲荷をまつる。
(一八) 牛来は、千葉の庶流に出で、元亨中相馬侯に従って来住し牛来村に住した。
(一九) 牛渡はその先不詳。家紋七曜。
(二〇) 北は千葉の庶流に出る。
(二一) 遠藤も千葉の庶流に出て、相馬重胤に従って来住せるものという。
(二二) 堀内は村岡良文の後裔堀内忠清の後。
(二三) 小島は本苗鎌田、村岡良文の後裔江戸致重が武州六郷の蒲田に住してよりの名といい、慶長頃は北条氏直に仕えた。
(二四) 太田は、村岡良文の後裔会津蘆名太田舘主太田盛治の後。
(二五) 須江は良文三代千葉忠常の二男頼常が常州浮島に住んだことに始まる。
(二六) この木幡は須江の庶流にして、木幡(一)は春日、日吉を、(二)は熊野を祀り、他の三戸は不詳。
(二七) 多々部は、本氏大須賀と称し、後に大塚と云った。良文の後裔多々部(後に大須賀)胤信の後。
(二八) 山岡は本氏志賀。海東成衡の後裔岩崎隆時の後で、岩城志賀館に居住した。
(二九) 高野は海東平氏の庶流行方隆行の後裔である。高野(一)は熊野を、(二)は妙見、八幡、日吉を、(三)は山王、荒神を、(四)は稲荷、鷹明神、弁財天を、(五)は厳島、珍珂をまつる。

(三〇) 岩城は、海東成衡の後裔岩城隆衡の後で愛宕をまつるが、旗紋にも白地に赤地の愛宕大権現の文字を用う。
(三一) 塩は、平繁盛の後裔岩城氏の庶流にして、最初岩城の臣であった。
(三二) 荒は平良文の裔三浦義明の末で、相馬氏に随って移住した。
(三三) 鈴木は本氏荒、三浦庶流。
(三四) 村田は、良望の後裔海東成衡の後で、かって中村とも号したが、のち村田を名のる。
(三五)(三六) 斎藤は本姓海東平氏中村にして、熊野をまつり、これより分れた富田は三家あり、皆熊野をまつる。
(三七) 志賀は海東成衡の三男岩崎隆久の後裔で、岩城志賀館に居った。志賀(一)は熊野、八竜、八幡、稲荷を、(二)は熊野、八竜、稲荷をまつる。(三)は平姓なりといい、あるいは近江源氏よりともいう。すなわち先祖は近江志賀より出るといい、後孫は岩城氏に属したという。唐崎明神、稲荷、荒神、雷神をまつる。
(三八) 草野は岩城氏の一族にして菊田に住し、菊田氏を称したこともあった。
(三九)(四〇) 熊川は、葛原親王の後裔標葉氏の後で、標葉持隆の弟隆重が熊川氏と改め、熊川の舘に居った。八竜を氏神としてまつるが、旗紋にも八竜大権現の文字を使用する。熊川より分れた川勝氏があるが、共に七曜を家紋とする。
(四一)(四二) 下浦は標葉氏の庶流にして、標葉郡下浦の舘に居ったが、榛谷氏はこの下浦より出た。共に七曜の家紋。
(四三) 上野は標葉氏の族類。
(四四) 熊は標葉氏の族類。
(四五) 山田は標葉氏の余派にして、山田(一)は熊野、山王、稲荷、勝善を、(二)は熊野を、(三)は稲荷、三光宮を、(四)は熊野をまつる。
(四六) 大内は、相馬氏の出なる泉氏の分れであり、大内(一)は熊野三所、稲荷五社を、(二)は稲荷をまつる。
(四七) 氏江はもと二本松家に属したが、氏江(一)は鹿島、稲荷を、(二)は伊勢、稲荷をまつる。
(四八) 金沢は、行方郡金沢を領し、高平舘に居ったがその先未詳。
(四九) 小畑は甲州小畑氏の裔、小畑(一)は熊野を、(二)は熊野、白旗をまつる。
(五〇) 杉浦は先祖未詳。杉浦吉成の後。
(五一) 吉田は、仙道岩井沢舘主吉田大学の後。
(五二) 大野は、平清盛の後裔に大野勝定なる者あり、越前国大野郡を領す。その子勝顕が天正の頃相馬の臣となった。
(五三) 早川はもと相州早川に居った。早川(一)は熊野、滝場明神を、(二)は妙見、稲荷をまつる。
(五四) 神戸は左の如く伝える。天照大神岩戸を開きし時、岩戸分れて二つとなり、一は虚空に飛行、一は留って和州にあり、その地を神戸岩と称し、祖先がこの地より出た故に神戸を氏としたという。

(五五) 小林はもと尾州より来たという。

(五六) 石田は、伊達石田に住し、慶長中標葉に移った。

(五七) 鎌田は相州の住人鎌田権守道清の類葉という。

(五八) 深谷は先祖不詳。

(五九) 末永は先祖不詳。

(六〇) 木幡は、藤原鎌足の裔高常というのが山城宇治の木幡庄に居住、その子国豊が木幡を名のった。将門の宇治より下総にうつれる際随従したというが、のち相馬に移ってから十五軒ばかりになり、家紋旗紋等すべて藤に因んでいる。木幡（一）は春日、熊野、八幡をまつり、（二）は熊野、稲荷、大須賀権現、（三）は熊野と稲荷、（四）は熊野、（五）は熊野、（六）は浮島明神、木幡明神、熊野、（七）は富士権現、稲荷、荒神を祀り、他の八軒は不詳。なお木幡（一）は旗紋にも八幡の文字を用いている。

(六一) 羽根田は、鎌足の後裔なる左兵衛資則という者が、越前の羽根田に居住せるよりの名という。

(六二) 今村は鎌足後裔の今村秀村の後。

(六三) 河村は、鎌足後裔の今村三郎右衛門の後で、天神、春日、山神をまつり、別に一戸尾州津島に住した河村があるが別系かと思う。伊勢大明神をまつる。

(六四) 藤田は、鎌足後裔の伊達朝宗の後で、かって掛田城主であった。

(六五) 手土は、鎌足後裔の小山朝政の後なる手土貞隆が、伊達の手土に居て手土氏と称した。

(六六) 岡部は、鎌足後裔の岡部時信の後で八幡を祀るが、旗紋には八幡の文字と南無阿弥陀仏の文字をも用いた。

(六七)(六八) 草野は本氏増尾、先祖は下総にあって相馬に仕え増尾村に居った故を以て氏としたといい、家紋は皆藤巴。草野（一）は熊野、円蔵を、（二）も（三）も熊野、円蔵を、（四）は八竜と稲荷を、（五）は八竜をまつる。草野より出た増尾は熊野、八竜、円蔵を祀る。

(六九) 佐藤は相馬において類葉頗る多く三十を数えるが、その先は余り明らかでなく、普通鎮守将軍左衛尉千常の後として、信夫の佐藤庄司、野州の佐野常世等との連りを説いている。佐藤（一）は熊野と稲荷を、（二）は熊野、稲荷、荒神、（三）は春日、八幡、（四）は春日、稲荷、（五）は薬師、（六）は春日、富士、稲荷、（七）は薬師、稲荷、（八）は春日、稲荷、（九）は熊野、荒神、稲荷、（10）は熊野、貴船、山神、湯殿山、薬師十二神、（一一）は浅間明神、（一二）は八幡、（一三）は日吉、（一四）は湯殿山、（一五）は熊野、月山、（一六）は熊野、稲荷、（一七）は国王、七星、（一八）は白山、熊野、稲荷をそれぞれ祀る。他は不詳。

(七〇) 斎藤は、鎮守府将軍利仁の後裔といい、信州諏訪に住し、のち相馬に移住。

(七一) 遠藤(一)は、はじめ掛田に住して妙見をまつり、遠藤(二)は遠江守藤守憲の末葉といい、相馬重胤に随って相馬に移住。共に藤紋。
(七二) 立谷は本氏中野。元祖立谷右京亮は顕家の麾下にして、伊達より移って宇多立谷に住し、よって氏を改めて立谷としたと云う。立谷(一)は神明を、(二)は熊野を、(三)は神明をまつる。
(七三)(七四) 嶌は本姓は村上源氏の植松であるが、(七四)の植松はこの嶌より出ている。
(七五) 蝦原は先祖不詳。相馬氏にしたがって移住したという。
(七六)(七七) 井口は、近江長浜城主井口弾正義氏の後裔、田中は井口より分れ、共に井桁を家紋とする
(七八) 関は本姓坂上田村、三春城主田村親顕の後。
(七九) 近藤は、かって上州邑楽郡に住したことがある。
(八〇) 伊東は、はじめ濃州多芸郡に居ったが、相馬義胤の頃相馬にうつる。
(八一) 中田は先祖不詳。
(八二) 日下は、先祖は参州に住んだが寛永頃相馬に来り仕えた。日下(一)は山王、稲荷を、(二)は山王をまつる。なお旗紋には四軒とも山王の文字を使用。
(八三) 武野ははじめ伊賀に住し、相馬利胤の時家臣となった。
(八四) 永井は末永氏、井戸川氏と同流と伝え、家紋井桁。
(八五) 久田は嘗て織田信長に仕う。
(八六) 渡辺は、渡部氏もあって類葉多く、本来の渡辺の外に安土より出た渡辺、佐野より出た渡部、但野より出た渡部、塩田より出た渡辺、林より出た渡辺等がある。渡辺(一)は妙見、日祭、稲荷を、渡部(二)は子安明神を、渡辺(三)は稲荷、熊野、荒神を、渡辺(四)は妙見大明神、赤城大明神、熊野、稲荷を、渡辺(五)は八幡と熊野とをまつる。家旗は皆三星一文字。
(八七) 井戸川は、嵯峨源氏渡辺氏の庶流で二家に分れ、共に熊野をまつる。
(八八) 大浦は古は小浦につくり、肥前平戸城主松浦氏の余流と伝え三戸に分れる。(一)(二)は共に熊野、稲荷をまつり、他の一は不詳。
(八九)(九〇) 岡和田は下総より来たが、その先不詳。行方郡岡和田村に住んだ。岡和田より出た和田があり、共に七曜。
(九一) 島は岩松家の臣で、応永中岩松義政が相州より行方郡に移住の際に随って来たと伝え、後年相馬の家臣となる。
(九二) 佐々木は、敦実親王の後胤佐々木秀義の後で、佐々木(一)は熊野、八竜、稲荷を、(二)は八竜を、(三)(四)も八竜をまつる。
(九三)(九四) 半杭は古は羽咋につくり、源氏佐々木の余流で、福岡村有山に住したのが半杭氏の祖という。半杭より出た半野は、(一)は稲荷と熊野を、(二)は地蔵をまつる。現在福岡の地蔵堂にあるが、貞享頃のが古い様である、半杭、半野共に家紋三目結。

(九五) 氏家は、近江源氏佐々木分流で、もと江州に住した。

(九六)(九七) 新谷は今川義元の臣で、駿河の新谷に居り、のち相馬に移る。三軒に分れたが共に富士権現、熊野稲荷をまつる。なお新谷(一)は旗紋に八幡大菩薩の字を用う。別に本氏佐々木なる新谷氏あり、本国は越前福井という。三軒あり、(一)は春日、稲荷を、(二)は春日をまつる。

(九八) 錦織は新羅義光の後裔に出て、近江国錦織に居り氏としたと伝えるが、錦織(一)は熊野、妙見、稲荷を、(二)は熊野を、(三)は熊野と稲荷を、(四)は熊野、天神、稲荷を祀る。

(九九) 一条は新羅義光の後裔一条忠頼の後。素盞嗚命垂跡新羅大明神をまつるという。

(一〇〇) 池田は本国近江で、源頼光の後裔池田泰時の後という。

(一〇一) 池田は、本氏笠井、源頼義の後裔甲斐武田一族の臣。池田(一)は月山、鹿島、荒神、皇大神、妙見、熊野、稲荷を、(二)は熊野、稲荷、荒神をまつる。

(一〇二)(一〇三) 四本松は、源義家の後裔石橋氏の後裔であるが、四本松より分れた岩角氏あり、共に家紋二引両。

(一〇四) 石橋は源義家の後裔石橋治義の後。

(一〇五) 紺野は、義家の後裔紺野四郎の後で、元亨中相馬氏について移り来ったものと称し、紺野(一)は稲荷を、(二)は熊野、稲荷、月山を、(三)は熊野、湯殿をまつり、その他は不詳。

(一〇六) 富田は、源義家の後裔富田昌頼の後で、富田(一)は八幡を、(二)は八幡と粟島を、(三)は八幡をまつる。

(一〇七) 石川は、多田満仲の後裔石川有光の後であるが、石川(一)は八幡と弁財天とをまつり、(二)も同様。

(一〇八) 渡辺は本氏石川、本国は近江で石川定継の後裔と云う。家紋もはじめは前記石川と同様、笹竜胆ならびに蛇目であったが、渡辺氏を称してから三星一文字と改む。

(一〇九)(一一〇) 二宮は本国江州であったが、これより分れた佐々木がある。

(一一一) 松本は、徳川庶流の三河吉田城主松平忠利の後で、慶長中相馬の臣となる。三戸共に稲荷をまつり、輪内立葵を家紋とする。

(一一二) 杉本は、源頼政の後太田道灌の庶流、慶長中より相馬に仕うという。

(一一三) 岩本は先祖未詳。はじめ江戸に住んだ。

(一一四) 郡は桑折とも称し、その先不詳。

(一一五)(一一六) 大和田は総州大和田に居り、後年相馬にうつる。これより出た西内がある。祭神は同じ。

(一一七) 清水は本国上総。寛永中相馬に来り仕う。

(一一八) 坂地は、多田満仲後裔福田頼遠の後で、嘗て石川郡坂地に居住、天文中相馬に来り仕えた。坂地(一)は菅船明神、熊野を、(二)は菅船明神をまつる。
(一一九) 玉置は其先不詳。
(一二〇) 久米は仁明源氏源光公の後裔作州久米の領主左衛門尉盛行の後。
(一二一) 打宅は越前角鹿に住んだ。
(一二二) 小河は、具平親王十二代宇野則景の後裔小河保定の後で、播州小河庄に居った。
(一二三) 石井は先祖不詳。相馬氏に随って関東から来たという。
(一二四) 太田は、清和源氏井上頼清の後で、はじめ下総に居住。
(一二五) 鈴木は紀州鈴木の苗裔で熊野をまつる。即ち鈴木(一)は熊野、春日、八幡、稲荷を、(二)(三)は熊野を、(四)は熊野と稲荷とをまつる。
(一二六) 中野は、本氏鈴木、宇多郡中野に住み、熊野宮の祠官であった。
(一二七) 河窪は守屋大連の後裔の家より出ている。
(一二八) 半井は清麿の長子広世の百十代重明の十三世半井主膳の後と伝う。
(一二九) 湯沢は本氏波多、波多九郎兵衛、大膳亮利胤に仕う。
(一三〇) 堀池は本氏和田、橘諸兄後裔楠正成の一族和田時輝の後。
(一三一) 坂井はもと三河居住。
(一三二) 菅野は菅原道真の苗裔菅原輔正の後。家紋梅鉢。
(一三三) 小野田は、小野田七郎なるもの標葉郡小野田に住んだ故に氏としたという。
(一三四) 田村は、坂上田村麿の後裔田村盛顕の後で、慶長中相馬の臣となった。二軒あり、共に太元明王をまつる。
(一三五) 大越は田村麿の裔と伝える。田村常光なるもの大越塁に居り、よって氏とした。大越(一)太元明王を、(二)は熊野を、(三)は稲荷をまつる。
(一三六) 熊上は、坂上田村氏の庶流で、もと熊耳に作った由、はじめ田村領熊耳の舘主であった。
(一三七) 星は坂上田村氏の分れであるが、星(一)は熊野、住吉を、(二)は熊野、妙見をまつる。
(一三八) 猪狩は小野篁の後裔に出ている。
(一三九) 牛渡は右の猪狩より出て、牛渡に住した。
(一四〇) 馬場は高階将監春続の後。馬場(一)は手長男大明神、(二)は熊野、鹿島、日吉、稲荷をまつり、(三)は熊野、稲荷をまつる。この

（二）は伊豆雪見城主であった馬場氏の後である。
（一四一）阿部に次の如きがある。即ち三春田村の家臣であって、のち相馬に来た阿部（一）は熊野、愛宕をまつり、（二）は不明。安日命後裔の阿部（一）は熊野と月山をまつり、（二）は不明。以上二家の関係は不明である。横山氏より分れた阿部が一軒あり、熊野、春日、稲荷をまつる。
（一四二）般若はその先未詳。はじめ江戸に居住。
（一四三）岡本は未詳。成田村岡本居住。
（一四四）高玉は未詳。今田居住。
（一四五）福島は信州福島を領し、のち相馬に来て利胤に仕えた。
（一四六）都甲は、紀伊頼宣の臣都甲筑後守の後で、寛永頃より相馬に仕えた。
（一四七）田原口はもと三河の田原口に居住。
（一四八）木崎は未詳。
（一四九）中津は修験元開上人より出ているが、その先未詳。
（一五〇）黒木は、北畠顕家の臣黒木正充の裔、累代黒木に住む。
（一五一）岩舘は、はじめ南部岩手郡居住。
（一五二）古内は相馬氏について関東より居住。
（一五三）持舘は持舘三河の類葉、三河は天正中の人という。
（一五四）根本は芋頭氏の類葉。
（一五五）岡は享保中相馬に来た。
（一五六）山中ははじめ佐竹に仕えた。
（一五七）高沢は先祖未詳。
（一五八）志賀は江州志賀の城主であった。
（一五九）（一六〇）鈴木は先祖は不詳。（一）は熊野を、他は熊野と稲荷をまつる。
（一六一）馬場は本氏駒組、岩舘駒組館主より出ている。二軒あり、（一）は熊野をまつり、（二）は不詳。

氏神祭祀表（二）

祭神＼姓	平	藤原	源	穂積	物部	和気	秦	橘	菅原	坂上	小野	高階	安部	不詳	計
熊野	五一	二八	二八	五	一	｜	一	｜	｜	四	一	二	三	一〇	一三四
稲荷	四一	二六	二七	三	一	一	｜	一	一	一	一	二	一	五	一二一
妙見	二九	一	三	｜	｜	｜	｜	｜	｜	一	｜	｜	｜	二	三六
七星	｜	一	｜	｜	｜	｜	｜	｜	｜	｜	｜	｜	｜	｜	一
八竜	四	三	四	｜	｜	｜	｜	｜	｜	｜	｜	｜	｜	｜	一一
文間明神	一	｜	｜	｜	｜	｜	｜	｜	｜	｜	｜	｜	｜	｜	一
筒宮	一	｜	｜	｜	｜	｜	｜	｜	｜	｜	｜	｜	｜	｜	一
荒神	三	三	四	｜	｜	｜	｜	｜	｜	｜	｜	｜	｜	一	一一
富士権現	一	二	四	｜	｜	｜	｜	｜	｜	｜	｜	｜	｜	一	八
山神	四	三	｜	｜	｜	｜	｜	｜	｜	｜	｜	｜	｜	｜	七
山王	五	二	一	｜	｜	｜	｜	｜	｜	｜	｜	｜	｜	二	一〇
日吉	三	一	｜	｜	｜	｜	｜	｜	｜	｜	｜	一	｜	一	六
月山	一	三	二	｜	｜	｜	｜	｜	｜	｜	｜	｜	一	｜	七
羽黒	｜	一	｜	｜	｜	｜	｜	｜	｜	｜	｜	｜	｜	｜	一
湯殿山	｜	二	一	｜	｜	｜	｜	｜	｜	｜	｜	｜	｜	｜	三
水神	一	｜	｜	｜	｜	｜	｜	｜	｜	｜	｜	｜	｜	｜	一
八幡	九	一〇	一〇	一	｜	｜	｜	一	｜	｜	一	｜	｜	二	三四
御霊明神	二	｜	｜	｜	｜	｜	｜	｜	｜	｜	｜	｜	｜	｜	二
荒太郎夫婦	一	｜	｜	｜	｜	｜	｜	｜	｜	｜	｜	｜	｜	｜	一
滝場明神	三	｜	｜	｜	｜	｜	｜	｜	｜	｜	｜	｜	｜	｜	三
滝明神	一	｜	｜	｜	｜	｜	｜	｜	｜	｜	｜	｜	｜	｜	一
新山権現	一	｜	｜	｜	｜	｜	｜	｜	｜	｜	｜	｜	｜	｜	一

天満天神	六	三	二	|	|	|	|	|	一	|	二	|	|	一	一五
円蔵	|	四	|	|	|	|	|	|	|	|	|	|	|	|	四
薬師	一	三	|	|	|	|	|	|	|	|	|	|	|	|	四
白旗明神	二	|	|	|	|	|	|	|	|	|	|	|	|	|	二
日祭明神	一	|	一	|	|	|	|	|	|	|	|	|	|	|	二
諏訪	二	|	|	|	|	|	|	|	|	|	|	|	|	二	四
鹿島	三	一	一	|	|	|	|	|	|	|	|	一	|	|	六
大宮明神	二	|	|	|	|	|	|	|	|	|	|	|	|	|	二
摩利支天	二	二	|	|	|	|	|	|	|	|	|	|	|	|	四
牛頭天王	七	|	|	|	|	|	|	一	|	|	一	|	|	一	一〇
観音	二	|	|	|	|	|	|	|	|	|	|	|	|	一	三
鶏足明神	三	|	二	|	|	|	|	|	|	|	|	|	|	|	五
不動	|	|	一	|	|	|	|	|	|	|	|	|	|	|	一
明王	一	|	|	|	|	|	|	|	|	|	|	|	|	|	一
国王	一	一	|	|	|	|	|	|	|	|	|	|	|	|	二
春日	四	一四	三	一	|	|	|	|	|	|	一	|	一	一	二五
高倉明神	一	|	|	|	|	|	|	|	|	|	|	|	|	|	一
押雄明神	一	|	|	|	|	|	|	|	|	|	|	|	|	|	一
伊勢	二	二	一	|	|	|	|	|	|	|	|	|	|	一	六
七面明神	二	|	|	|	|	|	|	|	|	|	|	|	|	|	二
大須賀権現	一	一	|	|	|	|	|	|	|	|	|	|	|	|	二
神明	一	二	一	|	|	|	|	|	|	|	|	|	|	|	四
鷹明神	三	|	一	|	|	|	|	|	|	|	|	|	|	|	四
厳島	一	|	|	|	|	|	|	|	|	|	|	|	|	|	一
弁財天	二	|	一	|	|	|	|	|	|	|	|	|	|	|	三
愛宕	二	一	|	|	|	|	|	|	|	|	|	|	一	|	四

貴船	一	一	｜	｜	｜	｜	｜	｜	｜	｜	｜	｜	｜	二
三光宮	一	｜	｜	｜	｜	｜	｜	｜	｜	｜	｜	｜	｜	一
三宮	一	｜	｜	｜	｜	｜	｜	｜	｜	｜	｜	｜	｜	一
七社神霊	一	｜	｜	｜	｜	｜	｜	｜	｜	｜	｜	｜	｜	一
五所権現	一	｜	｜	｜	｜	｜	｜	｜	｜	｜	｜	｜	｜	一
唐崎明神	一	｜	｜	｜	｜	｜	｜	｜	｜	｜	｜	｜	｜	一
雷神	一	｜	｜	｜	｜	｜	｜	｜	｜	｜	｜	｜	｜	一
勝善	一	｜	｜	｜	｜	｜	｜	｜	｜	｜	｜	｜	｜	一
朝日明神	一	｜	一	｜	｜	｜	｜	｜	｜	｜	｜	｜	｜	二
戸隠明神	一	｜	｜	｜	｜	｜	｜	｜	｜	｜	｜	｜	一	二
浮島明神	｜	一	｜	｜	｜	｜	｜	｜	｜	｜	｜	｜	｜	一
木幡明神	｜	一	｜	｜	｜	｜	｜	｜	｜	｜	｜	｜	｜	一
浅間	｜	一	｜	｜	｜	｜	｜	｜	｜	｜	｜	｜	｜	一
白山	｜	一	｜	｜	｜	｜	｜	｜	｜	｜	｜	｜	｜	一
金鵄明神	｜	一	｜	｜	｜	｜	｜	｜	｜	｜	｜	｜	｜	一
水天宮	｜	一	｜	｜	｜	｜	｜	｜	｜	｜	｜	｜	｜	一
霊符	｜	一	｜	｜	｜	｜	｜	｜	｜	｜	｜	｜	｜	一
張良明神	｜	一	｜	｜	｜	｜	｜	｜	｜	｜	｜	｜	｜	一
赤城明神	｜	｜	一	｜	｜	｜	｜	｜	｜	｜	｜	｜	｜	一
子安明神	｜	｜	一	｜	｜	｜	｜	｜	｜	｜	｜	｜	｜	一
降居明神	｜	｜	一	｜	｜	｜	｜	｜	｜	｜	｜	｜	｜	一
地蔵	｜	｜	一	｜	｜	｜	｜	｜	｜	｜	｜	｜	｜	一
新羅明神	｜	｜	一	｜	｜	｜	｜	｜	｜	｜	｜	｜	｜	一
比尾明神	｜	｜	一	｜	｜	｜	｜	｜	｜	｜	｜	｜	｜	一
鞍馬明神	｜	｜	一	｜	｜	｜	｜	｜	｜	｜	｜	｜	｜	一
毘沙門天	｜	｜	一	｜	｜	｜	一	｜	｜	｜	｜	｜	｜	二

粟島	加茂明神	永川明神	菅船明神	蛇類	明神	住吉	生玉	鷲宮	大名持	少彦名	太元明王	手長明神	塩釜	虚空蔵	計
—	—	—	—	—	—	—	—	—	—	—	—	—	—	—	二三五
—	—	—	—	—	—	—	—	—	—	—	—	—	—	—	一二九
—	—	—	—	—	—	—	—	—	—	—	—	—	—	—	一一六
一	一	一	二	一	一	一	一	一	—	—	—	—	—	—	一〇
—	—	—	—	—	—	—	—	—	—	—	—	—	—	—	二
—	—	—	—	—	—	—	—	—	一	一	—	—	—	—	三
—	—	—	—	—	—	—	—	—	—	—	—	—	—	—	一
—	—	—	—	—	—	一	—	—	—	—	—	—	—	—	四
—	—	—	—	—	—	—	—	—	—	—	—	—	—	—	二
—	—	—	—	—	—	—	—	—	—	—	五	—	—	—	一二
—	—	—	—	—	—	—	—	—	—	—	—	—	—	—	七
—	—	—	—	—	—	—	—	—	—	—	—	一	—	—	七
—	—	—	—	—	—	—	—	—	—	—	—	—	—	—	七
—	—	—	—	—	—	—	—	—	—	—	—	—	一	一	三四
一	一	一	二	一	一	二	一	一	一	一	五	一	一	一	五五九

右の表は、上述の如く、氏神の判明している旧相馬藩士全部についての調査である。

四 氏神としてまつるもの

現に相馬石城地方において考えられる氏神の祭神は、左の如きものかと思う。

1 その家所属の神霊

別に何々の神などという名称のないいわゆる我家の氏神様である。そして村の家々の氏神観念は大方はこれであった。我々は広い意味で氏神なる語を無雑作に使用してはいるが、しかし単なる村の鎮守からは、名は氏神でも、やはり本当の氏神らしい感じを湧立たせることは出来ない。真の氏神の感じは、祖霊をまつると否とにかかわらず、少くともこれをまつる者同志相互間に、強い交渉が無ければならない。それも単なる隣組式のものに非ずして、血の連繋ということを前提として、自らに湧出してくる厳かさと懐しさを指さねばならない。氏神を背負ってということをよく聞くが、懐しくも尊い氏神は、必要があれば、我々の祖先達によって思い思いの土地に移されたのであった。村々にこの例は極めて多い。私の家の氏神も元亨の頃、下総より奥州相馬の高平へ、高平より現在の相馬市中村へと、背におぶい申してお遷ししたのだと祖母などは感慨をこめて孫たちへ話して聞かせたものであった。相馬の妙見様は、殿様の氏神であったから輿でおうつししたが、家来は皆背負って来たのかも知れぬというのである。あるいはそうかも知れぬ。どこに引越しても氏神様はついてくる。またついて来ないようなのは氏神ではない。

村々で氏神を持たぬという家は殆んど無いが、祭神の分明なるはむしろ珍しい。たずねて見れば何々の神などという祭神こそ無いが、氏神は厳として存在する。これは必ずしも祭神が忘れられたのではなくて、もともと名が無かったのかも知れない。私の家の氏神は熊野というが、私などの抱いている氏神の観念と熊野の観念とは少しかけ離れていて、いわゆる氏神様の感じを熊野でもって全部あらわし尽すことは出来ない。これは長い間に、熊野という神に他の信仰分子が附加したものか、そういう場合もむろんあろうが、むしろ逆に、熊野とは別個の氏神思想というべきものが古くあって、熊野の方が後で結びついた場合の多いことを考えるべきでなかろうか。すなわち古い素朴な考えに新しい祭神の観念が入ってきたとする見方である。何とも知れぬ尊く懐しい神が古くから我々の周囲にあった。その家に大事があれば予知してくれる神、家と盛衰を共にする神、つまりその家について離れぬということを性質として持っている神が氏神たる所以であって、こういう点を氏神の本質の一つに数えてもよかろうと考える。神代以来の名のある神々とは異る一種の精霊ではあるが、木や石のそれとは違い立派に神格化された精霊であり、完全な神霊である。

氏神の離れる時は、多くはその家の運命の傾く時であった。

古代我々の祖先が我家に認めたその精霊が、次第に神格化されてその家の氏神となり、それが種々の事情、環境の下に発達して行った故に、氏神の性格もしたがって変化し多面的になったのかと思う。祖先神と結びついたものはより祖先神的の性格を、神明と結びついたものはより神明風の性格を強く発達させたに相違ない。双葉郡富岡での話だったが、某という家で故あって他国に転住し去った。残された氏神をそのままにも出来かねたので、奇特な人がこれを引受けて祭をしたがろくな事がない。占って見れば、お前の祀るべき氏神ではないとの事、それで畏れて、某と関係のあったこれも何とかいう人に、氏神の保管を依頼したということであった。

2　祖　神

その家の祖神を祀る場合で、藤原の出なる相馬の今村氏が春日をまつる等はその例であるが、実際には多くは古い祖神などはわからなくなっている。相馬市旧城址の天神林にある北野神社は、一般に天神様と呼び、道真を祭神としているが、史実によれば桓武天皇の延暦中、坂上田村麻呂東征の際、菅原敬実を此地に置いて守らせた。すなわち彼は西館に居ってその祖神を祀ったというから、その祖神なる天神とは、菅原氏の祖天穂日命を指すので、道真を祭神としたのは彼の薨後であろうと、只野清氏などはいっている。

3　祖　先

祖先の中で特に功労のあった者を祀る場合と、漠然と古い仏は氏神とする例とが見られる。後者の例は次の村々において確め得た。石城郡大野村、同大浦村、同夏井村、同好間村、平市、四倉町(以上旧村名)。田人、荷路夫、永戸等の山間では、あるかも知れぬがまだ聞かず、氏神は明瞭な神であった(相馬の例は別に記す)。

仏の最終の年忌は、所によって多少の相違はあるが、三十三回忌、五十回忌、百回忌などである。石城夏井村などで百回忌まで行う家があったが、かかる例はやはり少い。しかし平市平窪の大室でも百回忌をすませると、仏を氏神に祀るといっていた。和田文夫氏の話によれば、大浦や大野村の辺では、最終の仏の年忌は五十年で、これがすんだ仏は氏神様になるといい、氏神祠に合祀するのであるが、その供養の終った時、氏神祠の前に行って、杉の若い新芽を立てて「すぎました」と報告する。するとその時から仏は氏神になるというのである。五十年すぎた仏は氏神様になるとも、氏神様と同じになるともいっている。もっとも時としては、仏寄せ等の場合から、六十三年になる仏が出たりもした例もあって、古い仏を特に供養せねばならぬことも稀に起るらしい。大浦の渡辺伊平氏方などでも、氏神は別に何様というものも持っていないが、やはり五十回忌の過ぎた仏を氏神と称して祀っておく。なおこの家では、旧十二月十五日に日待を行い、僧侶を招いて供養するそうである。しかし上述の如き最終回忌終了の仏といっても、別に位牌などを氏神祠に移すことはせず、仏壇に納めたままにしておく。氏神祭の際も別段名前を一々書き出すようなこともせず、氏神になった仏は祠に納っているもの、本来の氏神様と合祀されているものと考え、扉を開いて参詣する位のもので格別のこともない。好間辺では百年を仏の最終忌としているが、多く五十年の時とり越して行う。百年までは仏で、それが過ぎると家の神になるというので氏神に祀る。すなわち百年忌を寺で拝んで貰った位牌を氏神祠の縁の下に納める。祠の中はいつも氏神の幣のみである。これは同地の宮内喜忠氏の話であった。村人の考えでは、氏神は祖先の神であり、その家を守ってくれる神であり、ウブスナとは別に考えている神であった。氏神の祭神などはもとよりわからぬが、強いていえば仏であった。神様より仏に近いが、しかし仏そのものでもない。仏は人に近いが、氏神は仏より一段上の尊いものなのだという。大浦仁井田の新妻恵男氏に氏神の祭神のことを聞くに、驚いた様子で、氏神の祭神に先祖以外に祀るものがあるのかと反問されたことがあったが、この辺では仏を祀ることは普通のことだったのである。夏井村上大越の大乗坊辺でも、五十年を最終忌とする仏は氏神になるが、位牌はやはりそのままであった。この土地のもと県社大国魂神社の神官山名隆貞氏は土地の方であるが、その話によれば、この辺の人の考えでは、氏神は祖先を祀る、亡くなった人は氏神にゆくと考えている、故に神ではあるが普通にいう神の観念からは大分離れているとの事であった。仏を祀ることは、平市上平窪の鈴木茂氏方でも聞いたことであった。

もともと田舎の神道の家に生れ、四足類を口にすることの出来なかった私などは、氏神といえば諏訪とか熊野とかが多いのだろう位に簡単に考えていたが、大変な見当違いであった。甚しきは地蔵や観音まで彼等には氏神であった。もっともこれ等は真の氏神でないことは確かであっても、人々がこれを氏神と呼び、氏神と祀って疑わぬ日常の生活をしている上は、これも無視し得ぬことを知るのである。

4 神明

普通史上に名の見える神々で、多くの家々の氏神祭神はこれに属する。熊野とか稲荷とか八幡とか、先祖の人々と何等かの形で関係の深かった神、崇敬しておかなかった神である。

5 死霊生霊

6 精霊

祟をなす蛇を祀るとか、狐を祀るとか、あるいは石を祀るとか雑多であるが、多くは怖れて粗末にしかねる霊達を祀る。

7 その他

地蔵薬師等の如き仏関係のもの、殊に自分の信仰する守本尊を氏神と称して斎く向きも案外に存する。マケウチ毎に祀る地蔵観音等の例は、最初はいかなる動機によって氏神としたかは不明であるが、恐らく普通の氏神祭神の場合と似たものであろう。ただ夏井辺りでも見られるように、自分個人の信仰しているいわゆる守神を氏神としている例もある。しかしどこの神でもよい、参れば自分の氏神となるという如き例は聞いたことが無い。氏神はもっと関係の深いものでなければならない。自分はかつて四倉の本田文吉氏に氏神のことを聞いたことがあるが、氏神はその氏の守神や守本尊を祀るものだろう、故に家々によって異るという。しかしてこの老人の氏神は普賢菩薩であり愛宕であるという。なぜそれを氏神とするかと聞くと、自分の生れ年の守本尊故という答であった。田人村旅人などで不動を氏神様と称して祀っておくのを見たが、右の如き理由か、それともただ氏神の代りに祀るだけのものかわからない。

これ等の外、神明像の如き特殊信仰物、高貴の方の写真等を氏神として祀っている家が例外的に存在する。

第三節　氏神まつり

この節は、昭和二十四年度文部省科学研究費による小祠の研究の一部であるが、今は極めて小範囲の訂正にとゞめ、多少の「補遺」を加えた。

一　氏子加入とかぎもと

氏神には、幾つかの種類と、そして変遷のあったことはいうまでもなく、個人の家の氏神乃至同族の氏神と、部落乃至は村の氏神とで、その氏子にもかなりの隔りがあったが、氏神があって氏子が存在し、氏子があって氏神が発達したことに変りはない。他所から来てその村の氏子になるということは、その村の一員に加わることを意味する。氏子となって組内に加入させて貰うためには、昔は種々の条件を必要とすることが多かったが、それですら外来者は、名は氏子の数に入れて貰えても、いわゆる本戸つきあいをするためにはなお相当の年月を要した場合が多い。例えば石城の田人村辺などのように、氏子として神まつりの仲間には入れても、山や木などは自由にさせなかった。すなわち本戸つきあいというとこれはまた別だったのである。随って一般の祭の庭における座席なども、村の伝統を知るためには等閑視出来ぬところであり、そこには鍵取りの問題などもあって、所によってはなかなか複雑なものがあった。

長年土地の小学校長をして居った鈴木氏の話によれば、石城郡三坂村の下三坂などは、古くから戸数八十ほどの農村で、もとは一番組より八番組まであり、組に組長があった。十人組だったらしく思われ、吉凶の際世話をしあったもののようである。そして組を構成している人の氏姓の異る所を見れば、同じマケウチとも思われず、随って各組毎にある氏神と称するものもまた、マケウチの神であるか、それとももとは何れかの家の氏神であったものに、他より氏の異った人が後に加ったのか、今ではよくわからぬとのことである。ここでは個人の家には氏神はなくて、そうした組で大ていは一つずつ持っているのである。祭られる神は、淡島とか天王とか天神とかである。そして組毎に赤飯を炊き、神酒を供えて祭を行う。

さて他より移住の場合であるが、元来ここは山寄りの村で炭焼が盛んであったから、白河、会津、田村など県内の移住者が多く、他県よりもかなり入込んでいて、そういう人は炭焼を仕事として落着くことが多かった。あるいは後に開墾などをして、この地に借地して永住しようという者も出てきたのであるが、かかる移入者は今は六十戸ほどになっている。もとはこの移入者を川ナガレなどと称して、上述の本戸八十戸の中に入れてのつき合いをさせなかったし、氏神の祭にも加えなかった。分家でも本家と区別して、氏神まつりには入れたが山の払下げなどには入れなかった。もともとこの辺は分家の少い所で、殊に家屋敷を分けての分家などは殆んど見られない。これは先祖伝来の乏しい土地を分けては、実際に生計を立てて行けぬ経済事情によることと思われるが、藩政時代はやかましくて無闇と分家の出来なかった風の名残もあるのだろうと見られている。そして二男三男は殆んど他に出て、他に落着く風があった。ともかく戦争少し前頃から、土着の者であろうと他所者であろうと、同じように氏神のまつりに加わるようになった。他から移入して完全な本戸つきあいをするまでには多少の段階を経なくてはならなかったが、それには上述のような信仰的な面が、経済的な面よりも多少先に解決されたということがわかる。

石城田人村黒田の唐沢の坪は、本戸と新移住者とより成っているが、もとから坪の氏神稲荷があった。移住者の多くは、昭和に入ってから移ってきたのであるが、こういう際、氏神を持ってこない彼等は、自然同じ坪内の氏神の仲間に入れて貰うことになるので、坪のつきあいとして酒一升位買ったものであった。これを組長にあずけおき、何か坪内に集りのある時、ついでに披露して貰ったものである。座席などはきまって居ぬが、やはり古い人は上座に、新来の人は下座につく風に自然になっていた。祭は九月一日と初午との二回だったが、幣は大夫が納めるらしく、一般の家では祠を持たぬ故に、お札を貰うのである。

氏の神には氏子が当然なければならぬが、村の神にも氏子がある。ただこの場合の氏子は、厳密にいえば本当の氏子ではなくて、単なる崇敬者を指している場合も多くあると思われる。平市八幡小路の八幡社なども、氏子関係よりすると、市とは関係がないので、氏子はもとの飯野郷、すなわち平窪や好間村の一部で、氏子総代の出るのもむろんこれらの部落からであった。祭の人足などもすべてここから出るのである。のちに平窪は平市に編入されたが、氏子関係は昔のままで変りがない。好間村大字小谷作の辺では、同村大字川中子にある愛宕様の氏子になっているが、自分達の方だけを氏子と称していて、肝腎の愛宕の方は、別に氏神とも呼んで居ぬようだが、この辺で氏神といえば自分の家のそれのみを指すから、片方は忘れられた形になったのかも知れない。ともかく古い記録を見ても、寛政、文久、嘉永など皆氏子と書いてあるのに、極めて稀ではあるが産子と書いたのがある。うぶこと読ませたものらしいが、奥相志などにもちょいちょい出てくる。

多くの氏子の中でも、特にその神社と深い由縁をもつものが中にあったが、鍵もとなどもその例で、鍵とりと呼んでいる所も多かった。石城の宿ケ崎の海岸に、昔五兵衛という男が居て、ある晩舟をひく音を海岸に聞いた。出て見れば人影がないのに暫くしてまた聞えた。おれは沼ノ内の弁天だが、そこまで連れて行ってくれという声だったから負うて現在の地に安置した。弁天さんは別れにのぞんで、五兵衛ここで別れるぞといって消えたそうである。それ故以前は五兵衛の家の者が鍵をあずかって、堂を開ける習慣があったが、時代も移って今では檀徒総代になった。彼の家は他部落ゆえに総代にはなれぬが、鍵もとなので、祭には席を総代と同じくする権限をもち、今もその資格で出席しているという。

この同じ豊間の海岸の霊通川にお上りになった神が別にあって、これを拾い上げて夏井村菅波にお遷ししたのが、豊間村遠藤某の先祖と伝える。延喜式にある大国魂神社がそれだといい、祭には今も遠藤氏の一族が行って御扉を開くのだという。大浦村長友の稲荷神社の初午祭には、古市まけの人の手で幟を立てるが、やはりこの先祖が勧請したためと伝える。双葉郡木戸村の大滝神社も那智麻呂なる者が、昔紀州の那智から神霊を負い来り、土地の農夫山内縫の案内で、現在の地に安置したという伝えであるが、今でも同氏の子孫は春秋の祭に幣帛を捧げ、春祭の行列には神輿の先導をなすという。同郡幾世橋村貴布根神社は、大宝年中に海中より光を放って上った神というが、土地の安倍氏が代々氏子頭として、正月に注連縄を飾り、祭典に物を供える所より見れば、やはりもとは神社と深い関係があったに相違ない。石城永戸村合土の大塚神社は、八月朔日が祭で、近頃は氏神祭とかうぶすな祭などというが、もとは専ら獅子まつり、ささらまつり等の名で呼ばれた。この日神幸がある例で、それには社総代とは別にみゆき世話人なる一つの役があった。これは神輿の側を離れぬ護衛の役で、同地の合津氏がこれに当るのである。二軒あって代々世襲であった。やはりこういう家は鍵取りの如く、一つの特権をもっていた風で、幣束祭の時、幣束を貰うのにこの家だけは金は出さなくともよかった。

石城田人村旅人の熊野は、もと山伏沢田氏が紀州よりうつしたもので、はじめは同家の氏神だったが、今は村で祭る。しかし鍵もとは今もこの沢田氏だった。こうした例は非常に多く見られる。ただ鍵もととなり、鍵とりなりは、最初の動機はともかく後には一つの権利のようなものになり勝ちだったので、これをめぐっていざこざの起ったことも稀に見られた。次の例は石城大浦長友の熊野の資料による。これは「乍恐以書付奉願上候事」という見出しで、「村鎮守祭礼之儀、旧例に相違仕候出入一件」として、訴訟人宇平太等十一名の連名で、某等六名を相手取り、左のような文面で代官へ願っている。

「右訴訟人一同奉申上候、当村之儀は、往昔長友村構村済戸村と相唱三ケ村に申伝、殊に記録等も有之、鎮守三社にて、私共並相手某一類之鎮守熊野権現別当之儀は、当村修験寿法院に御座候処、内藤備後守様御領地之節、狐塚村へ引起、社遠方に相成、野火等之節も差支申候に付、甚之允方へ健(ママ)相預け置申候処、同人致困窮、社之掃除等迄も行届兼候間、別当並氏子一統相談之上、某儀は社之麓に候へば健(ママ)相預置申候処、年久敷相成候儀故、相手某先祖自分屋敷内へ致勧請同人抱之社にて、私共儀は同人御下同様之者と申触し、縁組等迄も故障に相成、御百姓相続も相成兼申候に付、此度某方へ及懸合候処、甚以心得違之旨申募、無余儀奉出訴候、右社之儀は、屋敷内には嘗て無之、当村之御見捨地にて、済戸村一統之鎮守に相違無御座候儀は、前々社再建之節、助右衛門並甚兵衛世話致候に付、則棟札にも別当並世話人両人之名前有之儀に御座候、却って某儀は往古より当組の者には無之、中組霞田と申所に居住仕候て、古屋敷名前御水帳に有之、中頃引越済戸へ罷越候ては、漸百五六十年之儀に御座候得ば、同人先祖勧請仕候筋無御座候儀を、右体不相当儀を申募、（中略）畢竟某へ鍵相預候故、右体我儘成申候条、何共恐多御事奉存候得共、某並寿法院被召出、御糺明之上、前々之通、鍵等も寿法院へ相渡、旧例之通、年々祭礼も相調候様奉願上候、委細は寿法院先祖共、神社御改名之節も則小川上平本寺光明寺より書上置候書面にも別当寿法院に書上有之、当所上組之鎮守熊野に相違無御座候、此段御覧方被成下、願之通被仰付被下置候様願上候、（下略）。文化六巳年九月」

なお翌七年の「為取替証文之事」は、

「当組鎮守熊野権現由緒争之儀に付、宇平太甚之允並に外九人之者より、某外五人へ相懸出訴仕候、双方御召出追々御吟味中、名主頭酒井与一左衛門殿立入、社之鍵之儀は、訴答外波右衛門甚次郎甚蔵に至迄、氏子一統年番に致所持、某氏神並に麓之儀は是迄之通にて、諸事睦敷可申合候、依之双方無申分、和談内済仕、為後日連印取替証文如件。文化七午年二月」

そしてこれに訴訟方、相手方、百姓代、組頭、名主等の名を書き連ね、最後に、「前書之通、拙者取扱致内済候に付、為後証致奥印候以上」として、狐塚村名主頭酒井与一左衛門の印を押している。

二　家々に祀る神

村の家々に祀られている神の種類は少くないが、普通氏神と称して居るものの外に、竈神と水神はどこの家でも祭り、えびす、大黒も極めて多い。山間部では馬の神の多いのが目立った。各家で何を氏神とし、またそれ以外に何を祀っているかということは興味ある問題であるが、古い神職修験の家などに伝わる神幣帳などにも、それをうかがうに足るべき資料が散見する。余り古いのはなく、今手許にあるのは万延以降明治四年頃までのもので、それも相馬中村及びその附近の古い二十ほどの村々であるが、その数例をあげて一般を推知したい。

㈠小泉村（明治四年辛未九月　色々神事祭礼万覚帳）

1熊野、山王、蛇類、神明、天王—平助

2氏神—根岸春吉（氏神を祀るが、別にはっきりした祭神の無い場合で、以下同様）

3氏神—斎藤勘左衛門

4氏神無し—斎藤富次（これは3の分家なので氏神はない。しかし竈、えびす、大黒、水神等をまつることは他と同様）

5熊野、疱神、弁天、荒神—宇佐見勝行

6勝善—斎藤仁左衛門

7熊野、稲荷、荒神、疱神—重次郎

8熊野、天の明神、稲荷、荒神—太田市三郎

9荒神、鹿島—末松

10氏神なし—荒了衛

11氏神、他に荒神、山神—卯兵衛

12氏神、他に稲荷、春日、舘腰—文右衛門（舘腰は舘腰稲荷の分霊と思われる）

13氏神—初次郎

14熊野—平蔵

15熊野—勘助

16荒神—西内惣左衛門

17氏神—忠八

18氏神—富右衛門

19熊野—鎌田今之助

20大神宮、荒神—要七

21妙見、八坂、熊野、稲荷、藤権現—金沢魁一

22湯殿、月山、出羽、神明、蛇類、高岡明神、荒神、薬師菩薩、天照大神、日吉、笠間、雷神、海老沢稲荷—渡辺良暉

23熊野、稲荷、疱神—志賀浦甚右衛門

24熊野、蛇類、稲荷、経塚稲荷、荒人神—岩崎宗山（本来の氏神は熊野で、他は合祀神）

右の外十一軒あるが、うち四軒は修験、他は一向宗の家で幣束を必要としなかった。なお24は修験本寺である。

㈡北飯淵村（同　前）

1月山、明神、荒人神、明神、荒神、勝善—仁左衛門（明神二柱があるが、何明神か不明）

2熊野、明神、明神、蛇類—高玉清

3月山、明神、明神、田の神—忠衛

4月山、明神、荒人神、蛇類—彦右衛門

5明神、荒人神、蛇類、勝善—小左衛門

6氏神、明神、勝善—佐藤亀次

7月山、熊野、明神、荒神、荒人神、蛇類、勝善—近右衛門

8月山、荒人神―善右衛門
9月山、明神、熊野、荒人神、勝善―与兵衛
10氏神、荒神―近左衛門
11熊野―五助
12神明、日の神、荒神―作治郎
13氏神、勝善―源衛
14明神、熊野、日の神、蛇類、稲荷、勝善―七兵衛
15明神、蛇類、稲荷、勝善―三重郎
16明神、塩釜、明神、荒人神、勝善―五郎兵衛
17熊野、月山、八幡、稲荷、明神―四郎次

(三)中村町の一部（同　前、氏名略）

1熊野、天満、疱神、稲荷
2熊野
3熊野、春日、雷神、稲荷、勝善
4八幡、稲荷、山王、荒人神
5六十六部、蛇類、勝善
6八幡、春日、稲荷、熊野
7氏神
8熊野、月山、勝善
9熊野
10氏神、勝善
11熊野、稲荷、勝善
12八幡、稲荷、熊野、荒人神、勝善、厳島
13木幡明神、熊野、稲荷（これは木幡氏）

18御霊社、明神、田の神、荒人神―渡辺友右衛門
19明神、荒人神、蛇類、勝善―治兵衛
20熊野、千手、妙見、稲荷―幾世橋作左衛門
21熊野、月山、荒人神、明神、蛇類、明神、稲荷、勝善―文左衛門
22月山、明神、熊野、明神、疱瘡神、勝善―弥三郎
23熊野、月山、勝善―八十吉
24明神―長左衛門
25氏神―喜左衛門
26熊野、葉山、荒人神―横山弥助

14熊野
15氏神
16熊野
17熊野
18熊野、稲荷
19熊野、北野
20熊野、山王、火の神
21氏神
22氏神
23氏神
24氏神
25氏神

(四)西山村の一部（同 前、氏名略）

1 熊野、春日、諏訪、蛇類、疱瘡神
2 熊野
3 熊野、明神、田の神、勝善
4 氏神、荒神
5 富士、熊野、稲荷
6 熊野、氏神
7 氏神
8 氏神
9 氏神
10 氏神
11 氏神
12 熊野、富士、稲荷
13 熊野、富士、稲荷
14 氏神
15 氏神、勝善
16 稲荷

以上のものに原釜村九十四戸、黒木村八十一戸を加えたものを表示すれば左の通りである。

氏神祭祀表(三)

村＼祭神	熊野	山神類	湯殿	月山	出羽	葉山	天王	稲荷類	荒神	荒人神	御霊
小泉	九	三	一	一	一	｜	二	六	八	｜	｜
北飯淵	一一	｜	｜	一〇	｜	一	｜	五	四	一二	一
中村（一部）	一五	二	｜	一	｜	｜	｜	八	｜	二	一
西山（一部）	六	一	｜	｜	｜	｜	｜	四	二	｜	｜
原釜	五三	五	｜	｜	｜	｜	一	三〇	三	｜	｜
黒木	一八	四	｜	一	｜	｜	五	二二	二	｜	｜
計	一一二	一五	一	一三	一	一	八	七五	一九	一四	二

死霊	—	—	—	—	—	三	三
鹿島	一	—	—	—	—	一	二
大神宮	二	—	—	—	一一	—	一三
日の神	—	二	—	—	—	—	二
妙見	一	一	—	—	三	—	五
八幡	—	一	三	—	一	二	七
塩釜	—	一	—	—	—	—	一
天満天神	—	—	二	—	—	一	三
春日	—	—	二	一	一	六	一〇
厳島	—	—	一	—	—	—	一
諏訪	—	—	—	二	—	—	二
富士	—	—	—	一	—	—	一
火の神類	—	—	一	—	—	二	三
田の神	—	二	—	一	—	一	四
蛇類	二	八	一	一	—	九	二一
神明	二	一	—	—	—	四	七
疱瘡	三	一	一	一	—	—	六
勝善	一	一三	六	二	—	一四	三六
馬頭	—	—	—	—	—	一	一
藤権現	一	—	—	—	—	—	一
弁天	一	—	—	—	一	—	二
天の明神	一	—	—	—	—	—	一
高岡明神	一	—	—	—	—	—	一
明神	—	二二	—	一	二一	四	四八
雷神	一	—	一	—	—	三	五
松尾	—	—	—	—	—	二	二

鶏足	|	|	|	|	|	一	一
広瀬	|	|	|	|	|	一	一
滝羽	|	|	|	|	|	一	一
八竜	|	|	|	|	一	|	一
二十三夜	|	|	|	|	一	|	一
虚空蔵	|	|	|	|	|	一	一
こを神	|	|	|	|	一	|	一
大日	|	|	|	|	一	|	一
観音	|	|	|	|	一	|	一
木幡明神	|	|	一	|	|	|	一
うべ神	|	|	|	|	一	|	一
萩羽	|	|	|	|	一	|	一
千手	|	一	|	|	|	|	一
薬師	一	|	|	|	|	|	一
祭神不明	六	四	八	九	一四	四九	九〇
氏神無きもの	二	|	|	|	一	|	三

右の中で厳島は弁天、滝羽は滝場と同じかと思われ、千手は千手観音、こを神は荒神であろうが、うべ神、萩羽はわからない。八竜は雨の神、天王は疫神、弁天は手芸上達、勝善は馬の神、湯殿、月山、羽黒は農作神、雷神も作神、諏訪は風雨の神、松尾は酒屋の神、妙見は馬の神ともなっている。荒人神、荒神の区別はあまり判然としない。双葉郡藤橋の金山玄蕃という者が、鷹野で一人の行者を殺したが、祟があったために祀って荒人神明神と称したというところより見れば、人の霊等を祀ったのが荒人神であろう。普通荒神は、火の神、農作の神となっている。藤権現は富士権現かと思われる。

石城郡川前村附近で、各戸に祀るのはたいていはうぶすなと称する実は氏神と、おかまさまと井戸神とである如く、一般の村々でもこの三者がもっとも多い。氏神以外で祀るものの多くは水神、山神、竈、えびす、大黒、勝善等で、蛇類、死霊、荒神、神明、疱瘡神、梵天等も案外多く、時には稲荷等もこの仲間入りをしている。これらの中で竈神、すなわちおかまさまは、石城郡草野村などでも荒神様と称して大切な神とされ、何事があっても最初に物を供えるのはこの神であるという。夏井村辺では火の神を、囲炉裏のかぎに祀っておく所も多く見られる。

石城好間村今新田辺では、氏神をいわゆる軒ゴメに持っていても祭神は殆んどわからない。これに反して家の神棚に祀ってある神々のはっきりしていることは、他の村々と同じであるが、試みに白土賢治氏宅のものを聞いてみるに、もっとも上座に大神宮を、次にお正月様を、次に火伏の神、次に山の神、次にあいじん様で、田の神もあったようである。別な部屋にはおかまさまを祀ってあった。この辺では明治三十五、六年まで藍を作っていたから、藍の神を祀っていたので、一時は組合かで、青藍大黒なる木版刷りの紙を信者に配ったりしたこともあったそうだ。同じ部落の高萩長次郎氏の家を見るに、大神宮、お正月様、えびす、大黒、おかま様、田の神様で、同村川中子の愛宕神社の札なども見られた。この家にもあいじん様はもとあって、そのため肉食なども遠慮していたが、今は藍もつくらぬので近頃は何時からともなくまつらなくなってしまった風である。この辺のお正月様の神札は、平市の子鍬倉神社から配られるものであった。田の神には、田植終了の際に苗を水で洗って上げる風があって、どの家の神棚の田の神にも煤だらけになって上っていた。とにかくこの辺では、大神宮と正月神をまつるが一般であり、えびす、大黒、竈神も同様であった。しかしえびす以下の方は、田の神とか、山間地方でよくまつる馬神と同様、部屋の入口に近い下座に祀るか、同じ座敷の神棚にしても下座の方が多い。また正月神を大神宮の上座にまつる例はない。内郷辺でも似たようなもので、座敷には大神宮を中にして諸神をまつり、下炉の部屋、それも土間に近い方に、一方に田の神と竈の神、一方に馬の神をまつっておく家がよく見られた。

なお家々で祀っている神で特殊なものを少し拾って見ると、石城下小川村字台の荻野氏の氏神は、塞の神と称して居り、耳神としての信仰があるが、この家は土地でも旧い家であった。同地の市川氏の氏神一木様には弓が供えられてあるが、子供の夜泣きを治すに借りてくるとよいという。相馬磯辺の寄木明神は、現在は村の社になっているが、昔寺島三郎という者が神託によって、潮のまにまに寄って来た寄木を藁苞にして祀ったものと伝え、爾来大いにこの家は栄えたそうだが、今でも正月には幣と藁苞とを供える習があると。相馬山上の白滝明神は、昔大和宇陀郡日中村にあり、日中氏の氏神であったが、後世相馬の新田浜に移り住んだ。丁度その頃大和の明神は火事で焼けたが、神体は飛んで大木の上に遷り火災をまぬかれた上、更に奥州帰りの船に乗って新田沖に来て海中に入った。日中氏はこの夜のことを夢に見たので、尋ねてこれを得、山上に安置したというが、魔障除去、疫病除去に霊験あらたかであった。相馬岡和田にある降居明神は、現在にぎの命を祀るが、昔竜にのって近くの浮田村下原に一夜天降った神があって、それで降居明神と名づけたという。後に岡和田に遷したが、ここは岡和田氏の食邑であったため、氏は氏神として代々崇信した。

石城入遠野村入定辺では、その坪の家々の氏神祠を寄せ集めて祀っておくのが、高い展望のきく彼方此方に見られた。ある所では一個所に七祠あり、七戸かと思われた。何氏の神か明らかにし得ず残念であったが、一つの祠には、天保十一年の疫病神の棟札と享和三年鹿島大神宮の棟札とがあって、坪内安全とか氏子安全とか記してある。第二祠は熊野、日光大権現、倉主野神、第三祠は太元明王、疱瘡神、舟玉、八坂、鹿島、第四祠は日光、太元明王、第五祠は倉主神、鹿島、太元、第六祠は日光、倉主野神、熊野、第七祠は稲荷をそれぞれ祀ってあることが、棟札によって明らかなようである。そう古いのはなく宝暦以後であったが、一、二枚文字のわからぬ古いのが交っていた。太元明王が他と比してこの辺に多いのは、坂上田村氏との関係があるものかと思う。

特殊な関係をもつそれぞれの個人の氏神が、次第に発展して部落の氏神、村の氏神になった例は多い。

三　氏神を背負って

どういう場合に氏神をつくるか、また氏神をもつ家が他に移住するような場合、そうでなくても分家になる場合など氏神はどうなるか、近い時代の例のみを少しあげる。

相馬氏の氏神は妙見であるが、相馬氏はもと千葉氏と共に下総にあって妙見を信仰、元亨年間奥州相馬に移ってからも、社をうつして歴代の信仰厚いものがあった。岡田をはじめ相馬の一族は皆妙見を氏神としたのみでなく、この信仰は領内に広く及び、今に各地に村の鎮守としてまたは家の氏神として存在する。

石城郡川前村の下桶売に、星神社と称する妙見祠があって、新妻、駒木根、赤塚氏の氏神とし、うぶすな様と称えて祭祀を絶やさない。昔は一族七軒だったという。何時の世にか相馬七騎が落ちのびて来てここに落着いたと伝え、相馬から来たとも、総州相馬から来たともいい、今ではよくわからぬとのことだったが、その七騎の氏神がこの妙見であった。もとは矢田氏も仲間だったが、今は他に出てここには居ない。現在の妙見氏子は二十戸ばかりになっているが、その中の一軒新妻氏の話によれば、先祖は将門の家臣で、何時の頃かここに来て東照院なる寺を建てたと伝え、現在数軒に分れた新妻は皆家紋に妙見の九曜を用いているという。正月三日間白餅を食わぬことも、各地の妙見信仰の家と同様であった。

現在相馬に住む藤田、川村、今村、佐藤、斎藤、久田、手土氏等は、何れも藤原姓で春日を氏神として居り、分家した場合も、やはり春日を祀ることは変らない。これはどの神にもいえることで、よくよくのことのない限りは、氏神の祭神をとりかえるなどのことは考えられぬようである。

平市杉平の木幡氏などは、相馬に実家をもっているが、現住地では氏神がないから、大家の家の氏神なる八十八夜稲荷を氏神代りに尊崇しているが、その前住地でもそんな風だったという。どこでも借家人は、信仰心のある人なら必ずしも自分の大家の氏神でなくとも、近くの氏神なり鎮守なりに自然参ることとなるのが例のようである。石城三坂村辺でも、他より移住者が来た場合、彼等に氏神がなければ、移住先の他人の氏神の氏子仲間に入れて貰って一緒に信仰するということであった。そうするうち、自分も本当にその信仰に入ってしまって、今度は移る際、その分霊を持ってゆくなどの例も稀に出来るという。この下三坂の本戸は九十戸で、寄留は二十戸位であったが、どれかの本戸と一緒になって氏神祭に加わっているのであった。

石城の炭礦地帯や炭焼地帯は殆んど他よりの移住者であり、氏神信仰は極めて稀薄であるが、在来の農村においてはよほど趣きを異にする。そうした農村で元来一家転住の際の氏神はどうするか、好間の例であったが、事情があって一家をあげて逐電した。その後を買ったのが鎌倉という家であったが、やはり前住者の氏神を祀り、仏をも祀って、長く祭祀の礼を絶やさないという。この辺では氏神は、その家の神という観念が強いらしいが、一時家を去って他に仮住する場合に、氏神は置いてゆく。そのあとを借りた人が、借りている間はその氏神をまつって上げ下げしてくれるのが普通であって、川前村その他でもそうであった。他に新屋敷を求めて移る時には、氏神祠を持ってゆく場合と置いてゆく場合と両方出来る。持ってゆくといっても、大きな祠などの場合は、中のもののみを持ってゆくので、いわゆる氏神様を背負って移ったという言葉の多くつかわれるのも、こういう事をいうのであった。しかし忙しい時代になり、殊に町場などの引越しは簡便を喜ぶようにもなって、氏神の祠はそのまま置いてゆくことも近頃は多くなった。そういう場合も捨ておくことなしに、近くの人がこれを管理するようである。すなわち置いて行ってもそんなに粗末にされぬ見通しがつくとか、あるいは進んで土地の人からの希望があったりして、そのまま残して行くという場合も割合に多い。だからそうした家では、氏神をおいて先方に移っても、またそこで同じ神をつくって祀るのが本当なのである。だから残して行くのは祠だけなので、観念的には氏神はいつの場合でも、わが行く先々に持ってゆくことになるのである。

和田文夫氏の話によると、つぶれ屋敷に入り住むようになったものは、本当の意味の分家ではないのだから、本来はその屋敷の氏姓を名のるのが本当だと石城大浦辺ではいうそうだが、実際は種々の関係でなかなか行われぬようである。その時の氏神もその屋敷に前からあったものをまつり、その家の仏の供養その他一切は、新たに入った者の手で行うべきである。仏の供養をトギともいっているが、こういう時はよんだりよばれたりする。自身は仏と何の関係がなくても、その屋敷の前住者の縁でこうするのである。大浦の渡辺氏は、もと屋敷だった所へ新しく分家して家を興した時に、祖父からお前の家はもと稲荷が氏神だったといわれたので、爾来九月氏神祭をする外に、初午には五色の小旗を立てて祭を絶やさぬという。石城草野の高木誠一氏方でも、本来の自家の氏神の外に更に一祠あって祭を行っているが、これも前住者の残して行ったもので、もとの屋敷あとに存する。

氏神は随分遠方よりも移ってくる。相馬の志賀氏は唐崎明神を氏神としているが、先祖は近江の志賀より来たものというから、恐らくかの地の明神かと思われ、別の志賀氏に山王を祀るのがあるが、先祖はやはり近江の志賀の城主だったというから、これもかの地の山王かも知れない。相馬の佐藤氏に湯殿権現を祀るのがあるが、これは先祖に出羽国村山郷に住み、のちに総州に移った者があったから、そんな関係からであろう。

元亨年中に相馬氏が下総より移って来た際、氏神の妙見を神輿にのせて太田村に奉遷して安置し、後年更に神輿にのせて小高に奉遷したことが古記録に見える。しかし一般には移住の際などには、氏神は背に負われて遷されたのだという。中村町大工町の妙見は、伏見氏の祖先が下総より背負ってきたものと伝え、石城草野の花園も坂本氏の祖が負うて来たもの、同じく川前村石川氏の氏神は薬師というが、他よりやはりオブッテ来たものと伝える。双葉大甕村の妙見は、相馬氏移封の際、岡部掃部という者が、出穂早稲藁を以て神体を包み、これをオブッテ供奉し来り、そのつとを当村戸屋下の梅の古木に掛け置いて、宮を新たに造り、これにうつしたと記録に見える。藩政時代より医を業としていた相馬の半井氏は、氏神として昔から大名貴少彦名命を祀っているというが、むろん医者になってからのことに違いない。高野氏の鷹明神、鴬氏の金鶏明神、何れも姓と関係がありそうだが、今その出自や変遷を明らかにし得ない。相馬に多い門馬氏の祀る文間明神は、下総より移住の際運んだものであろう。一条氏は新羅義光の後裔一条忠頼の末で、新羅明神をまつるというが、この変遷がよくわからない。この明神はすさのおの命の垂跡のように伝えている。

最後に新たに小祠をつくった一、二の最近の例をあげて見れば、平市柳町の某の家ではどういうものか病人が絶えぬので、人に話したら、氏神様がないからだ、早くつくって家を守ってもらったらよいとのことで、新たに造ったのは七、八年前のことであった。石城の古市某氏は、笠間に三回の上も参拝して、はじめて氏神として分霊をうつしたといい、戦時中霊山神社の神符を膚につけていたため無事凱旋し得たと信じた男が、自分の宅地に新たに祠を建て、氏神のようにして祀ったということも聞いている。

四　氏神まつり

秋になって新穀の出来はじめる頃、ささやかな氏神祭が村の家々でとり行われる。祭の日はむろんまちまちで、村の鎮守、うぶすなと一致している所もあれば、種々の事情から祭日を統一している村もある。例えば石城郡入遠野の部落では、明治三十五、六年頃であったが、家々で祭日の異るのは不便だというので、比較的に祭の多い九月九日に、村全体の氏神祭を統一して実行してみた。しかるに種々の不思議があり、神慮にかなわぬらしいとて、三年ほど後にはこの制度も自からに破れたそうであるが、しかし中には規約を守ってこの日に祭を行ない、ただ幣束だけは昔ながらの定った日に祠を入れて祭る家も多いという。同じく夏井村などでも九月九日、十五日、十九日、二十四日とまちまちだったが、経済上その他にも不便なので、三年ほど前から九月十五日に一定した。しかしこれも前の通りでなければ満足出来ぬ人があって、祝はこの新しい日に行なっても、御幣だけはもとの日に納めるというのも多いとの話であった。概してこの辺の氏神まつりは九月に多く、それも一日、九日、十五日、十九日が目立っている。

この日、その年の新藁で氏神の祠をつくる。篠竹や細木を以て骨組を整え、藁で三方を覆い屋根をふく。正面は明けておく。中を幾つにもしきった祠もある。屋根と柱だけの簡素なものもあったが、ともかく可憐な形をした三、四十糎位のお宮が多かった。あるいは篠竹を曲げて半円形に、地上にある間隔をおいてさし、上に藁を覆い、あたかも円筒を横たえた如きもある。一方が入口で、他方は自然に細くして塞いである。もう一つの形は、藁の一握りを揃えて上端を折り曲げて結び、下方を開いて円錐形に地上に立て、一方を開けて入口の如くにしたものである。どの村にどの形が多いともいえないが、石城地方の南部はお宮型のが目立ち、北部は大体円錐形で宮型のは殆んど見られない。そして南部もそうだが、西部の山間地方は、簡素ではあるがその何れをも用いていたように思う。相馬の方では藁の祠はあまり作られぬが、それでも横たえた円筒形のはよく見かける。

この新しい祠にはしめ縄をかけた中に幣束をまつるが、つくる場所はむろん毎年きまっている。新たにつくりかえる頃には、一年前の祠は藁の故に腐朽して、僅に名残を止めているだけだから、新祠は旧祠の傍か旧祠を取去った跡かに立てるのである。毎年立てかえる手数を省いて、木や石の祠もつくられるように今はなった。そういう所は新たにしめ縄をはり、中に幣を入れるにとどめるのであるが、中には気がすまぬと見えて、昔ながらに藁の祠を氏神祠の傍に立てて毎年祭をしているのもよく見受ける。

つくる祠は一つであるが、稀には祭神の数だけつくることもあった。年毎に御幣を新たにするのは神の着物を新たにするもの、祠を新たにするのは神の住居を新たにするものと、土地の人は考えているのであるが、実際氏神祭の一要素であった。古い形でもあったに相違ない。それが面倒だという理由ばかりでなく、より立派なものにしようとの考えがあって、永久祠に代りつつあるわけだが、今はまさにその過渡期なのである。荷路夫村の例のように、氏神祠はその人一代に一度つくるべきものであるというのは、これはまた意味が違うようである。

氏神祭は、幣束まつり、御幣まつり、幣束入れ、幣はぎまつり、切替まつり、おんべまつり、おんべはぎ、先祖まつり、取入れまつり、おみさきまつり等、種々の名称を以て呼ばれているが、今注意して見たいのは先祖まつり以下の名称についてである。

先祖まつりの名は、恐らく先祖を氏神にまつる観念に起因するらしく、その先祖も単に祖神という如きものだけでなく、もっと具体的な、即ち五十年忌とか百年忌とか過ぎた先祖さまは氏神になる、との考えから来ていると思われる。次にとり入れまつり、おみさきまつりの名であるが、必ず祭には新藁、新穀を用いたもので、なければ他からゆずって貰う。昔は斎戒沐浴してつくったもの、そして年男の仕事であったと石城好間辺でもいっている。私の家などでも、藁の祠はつくらぬけれども、供物を入れるつとの藁は毎年きまって隣家などから譲って貰っていた。まだ青みの残っている綺麗な藁であった。このワラツツコに、その年の米を粢と強飯とにして入れて供えるのである。藁つとでなければ、藁を短く切って敷いたその上に、あるいは藁を折って結んだ結び目の上に供えたりする。米は新しいのが手に入らぬ時は古米でも止むを得ぬが、藁は今もやかましい。しとぎはオノリとも称し、強飯と共に初穂として捧げる。これもなくてはならぬ大事なものである。取入れまつりというのも、多分に新嘗の意義をふくむものと思う。別にも記したように、もともと村の家々の氏神のまつりは、多分に農業的なものをもっていた。また、古い記録によって見ても、相馬藩士総数三百余氏の中で、ともかくも氏神祭神の判明するもの、この中には本当の氏神でなく氏神と合祀しているのも多いと考えられるが、それが百六十一氏、戸数にすれば二百七十戸で、祭神の中で最も多いのは熊野と稲荷とであり、熊野は二百七十の丁度半数を占め、稲荷は百七十一戸を数える。これは石城、双葉地方の村の家々約五百戸について見ても大体同様であった。しかも熊野も稲荷も共に農業にも関係をもつ神である。

正月鍬入れの時に、米や餅を畠にまいて、「おみさきおみさき」と烏を呼ぶのは石城地方の風であるが、磐崎村辺では、秋の氏神祭のことをオミサキ祭と称し、祠前に物を供えて烏を呼ぶこと正月と同様であった。当然農家では五穀の神なる稲荷を多くまつるから、それが移って氏神祭にとり入れられたのかも知れぬが、反対に最初から氏神に農業神的な性格があったようにも思われる。諏訪を祀るという氏神にも、山神を祀るという氏神にも、それらの神を思わせる祭の模様は乏しくて、むしろあるのは稲荷などを思わせる農業的な祭である。

氏神祭の日はまた山の神と水の神を祭る日でもあった。私の辺では幣だけを裸のまま井戸や川の傍に立てたものだが、祠のあるのが古いのかどうかは知らない。あるいはむしろ新しいかも知れないが、しかし石城地方などでは、幣のみを立てるのは、行事が粗略になった結果だとみて居り、そうした家でも昔は祠を造ったといっている。石城田人村や平市平窪辺で、別に水の神には幣を上げず、しめ縄位の所もあったが、よく聞けばまつらぬのではなくて、氏神と一緒にまつるという考えであった。そういえば神棚へは大神宮の幣一本位にして、あとは正月神でも竈神でも何でも氏神祠に合祀の形でまつる風も見られる。しかしそういう場合でも山の神は別なようであった。石城永戸村辺でもこの日山の神をまつった。この神は戸毎にあるわけでもなかったが、山間地方だけに数多く存在する。

最近は経済事情も窮屈になって、人をよぶことは稀になったが、古くは祭というにふさわしく賑かなものであった。個人の家の氏神祭にも大字のそれにも人を招いたものである。石城好間の宮内喜忠氏は、その頃はどこの村でもそうだったといって、こんな話をしてくれた。「この辺の氏神祭は九月十五日であったが、その日は多くの人が出入りしてにぎやかであった。七月二十七日は村のうぶすな諏訪さまの祭で、この日にも人をよんだ。氏神祭の当日になると、自家から他家へ嫁している人も楽しそうに皆やってくる。しかし先方にも同様祭の客があるのだから、そういう人を饗応して客達の皆帰るのを待ってやってくるので、いつも私の家に来るのは夜の十一時頃になるのであった。私の伯母で赤井村に行っているのがあったが、やはりやって来る。私の家から出たものは、娘をはじめいとこ、またいとこまで皆集まる。別にヨビツカイを出さなくても親類縁者は皆集るのである。子供を全部つれて母親が来るのだから、したがっていとこ同志の交際も濃かった。こちらはこちらで来た娘達を接待してから自分の実家へ行くのであったが、別に泊りもせず明けの二時三時に帰ってくる。六、七十になっても何ぼになっても行ったものである。土産品などは別段のこともなく、自分の家で出来たさつまいもとか柿とか梨とか、向うにないからとてよく持って行った。昔は果物でも何でも商人に売るなどいうことは考えてもみなかった。時には畑のもの、稀には魚などを持ってゆくこともあった。いわゆる手土産であったが、おいおいには履物その他にもなっていった」。

大浦村辺でも氏神祭の時は、分家の人は自分の氏神にまいってから、オノリを持って本家の氏神様にお参りをし、そこの主人に挨拶した。格別のみやげものもいらず顔だけもってゆけばよいわけであった。本家では分家から何人来ても当然のこととして、喜んで接待したものである。

こういう氏神のヨビヨバレは、明治になっても暫く続いたが、日清戦争以後は政党政派が盛んになって、党派争いが寒村にまで波及し、その他いろんな事情から、平和な村の神まつりも次第に形を変えてしまったのである。夏井村藤間辺では、この先祖祭の日には、分家の人々がまけうちの氏神のある本家に参詣に来るし、本家の主人も分家にゆく。やはり家々では新穀を炊いて祝をなすとは同地の青木清太郎氏の談であったが、四倉の新妻恵男氏の話にも、同地方では氏神祭に、まるくつくった餅をもって、本家の氏神に参詣にゆく風が今にあるとのことである。平市平窪辺では、強飯と神酒を持って本家に詣りにゆくが、本家でも待っていて馳走する。氏族共有の氏神の祭の際は、宿をきめて順番に集まることもあって、植田近辺でもそれが見られた。すなわち個々に祭は行わず一緒にするのである。しかしこういうのは少ないようである。

幣すなわちオンベは、切るというを忌んでハグといい、幣をはいでくれる人をヘイサキと称し、もとは山伏などの役目であった。裁ち方に種類あり、紙の色にも多少種類があった。炉のかぎや竈、戸口などに上げるのは大ていは少し形が変っていて、片幣とか祓幣とか呼ぶ紙が片方だけに垂れているのなどが多く、川や井戸などもこれの場合を見かける。所によっては、火の神に上げるのを火バライ、戸口にさすのを戸バライなどと称して、柱などに打ちつけた竹ボンケにさしておくのである。好間村古館の権現山にある小祠に、赤幣のみ沢山上っているのを見たことがあるが、荒神やシンメイにも赤幣や五色幣を用いた。疱瘡神のような疫神にも用いた。しかしこれと異り草野の高木誠一氏の氏神祠にある一本の赤幣などは、白山の姫神を祀る故とのことであった。また幣は一本のものと二本のものとの別もあったが、二本の方は大神宮とか氏神とかに上げるようである。要するに幣の裁ち方や色などに種々の呪力を認めたことは確かであった。

これらの幣を、秋の幣束祭の時に祠に入れるのであるが、正月にも同じことをするところが稀にはあった。石城の中三坂辺では正月三日に氏神祭を行い、分家では本家の神にまいるというが、四倉などでも正月に氏神まつりをするそうである。この日氏神と井戸神にまいってから初水を汲むというのである。しかし一般には正月はしめ飾りをする程度である。

家々で用いる幣の数は、祭神数によって異るのが普通であるが、石城永戸村辺の例のように、縁起をかついで七本とか九本とかの奇数にする所もあった。同じく入遠野の中に、大ていどこでも十一本ずつの所もあった。この幣を神棚に上げ祠に納め、井戸や川や竈に捧げて、それぞれの家風による氏神まつりを行うのである。

補　遺

○真野辺では、もとは氏神祭用に、もちともうるちともつかぬ極早稲を少しつくり、新米は赤飯にし、わら一把で氏神様をつくった。
○氏神の供えものは赤飯、シトギ、お神酒などだが、石城の上仁井田辺では、オノリ（シトギのこと）を二つかしばんにのせて供える風があったが、カヤの箸をこの日用いる風が豊間や合戸などに見られた。
○新舘村の大倉辺で、オツツマツリというのは、新米を赤飯にして新しいわらのツツコに入れて供えるからである。なおこの辺では「秋餅」と一緒だというが、古くからの風とすれば注意しなくてはならない。
○相馬藩主益胤の年譜文政八年八月の条に、一丁触にて被仰付候趣として、「神事仏寺等之節、客無用被仰付候得共、近頃取緩候向も相聞候処、差当り氏神祭礼之節に相至候処、神前に供物相供候迄にて、家内に於ても祝ケ間敷義一切用捨可致候」とあり、文政十年十一月十一日の条に、「神事仏事之節客無用、但し仏事凶事にて酒相出候儀堅く無用、出家社家へ対し、神前仏前へ備候品相出候儀不苦、以前被仰付置候通、仏事成丈寺にて執行可致候、若重き法事宅にて執行候節、親子兄弟へ相賄候共、一汁二菜を越すべからず」。

○一般に氏神まいりは、七夜、氏神まつり、正月などはきまったものであるが、殊に赤子の初まいりはどこでも重視されていた。血につながる者が増員したことを氏の神に告げるのだという。石城玉山の高木氏などの話では、分家で子供が生れた場合、分家に氏神があれば第一にそれに参ってから鎮寺に参るといい、四倉の岡田の家では、自分の家の氏神でなしに、まず本家の氏神に先に参るという。大浦済戸では、七夜にはオブゲをはさんだのを氏神に納めて拝む、産婆が赤子をつれて参るという。相馬の山上辺でもお七夜に赤子を氏神に参らせる。

○家の、主に神棚にまつる神々の例は、新舘村大倉の佐久間一氏の家では、棚三つあり、かまの神、そうでんさま(馬の神、お札は小池から受けてくることあり)、山の神をまつる。新地村の杉目辺では、正月弊束を上げる所は、年徳神、えびす、田の神、かまの神、おそうぜんさま(馬の神)、石城植田辺は大神宮、荒神様、しうじんさまが多い。玉山の高木氏は大神宮、おかまさま、えびす、大黒。大浦の和田氏は大神宮、正月様、燧神、田の神など。相馬の大内辺は田の神、かまの神がよく見られた。この辺の古い家の形は、神棚は床の間のある所に、仏だんは中の間においたようだ。

○鹿島町江垂西徹雄氏蔵の幣束帳に、烏崎部落(もと真野村現在鹿島町)の家々の氏神やその他の祭神が出ている。左の通り(氏名略)。

1 熊野、稲荷、蛇類、水神、かまの神
2 二十三夜、稲荷、水神、かまの神
3 大神宮
4 水神
5 水神、かまの神
6 水神、大神宮、かまの神
7 安波
8 大神宮、熊野、稲荷、水神
9 妙見、亀の神
10 大神宮、熊野、水神、かまの神
11 大神宮、熊野、蛇類、水神、かまの神
12 大神宮、熊野、水神、かまの神、金毘羅
13 大神宮、水神
14 大神宮、熊野、稲荷、水神、かまの神
15 熊野、稲荷、水神、かまの神
16 熊野、稲荷、蛇類、水神
17 熊野、稲荷、水神、かまの神
18 熊野、稲荷、水神、かまの神
19 熊野、蛇類、あいこう様、水神、かまの神
20 舟殿、水神、かまの神
21 熊野、水神、かまの神
22 水神、かまの神
23 熊野、蛇類、水神、かまの神
24 二十三夜、蛇類、妙見、熊野、井戸、かまの神

25八坂、稲荷、蛇類、かまの神、水神
26大神宮、水神、かまの神
27水神
28熊野、水神、かまの神
29水神
30水神、かまの神
31ごんげん、蛇類、水神、かまの神
32熊野、稲荷、蛇類、水神
33熊野、稲荷、蛇類、水神
34かまの神、水神
35大神宮、水神、お徳羅様
36熊野、蛇類、水神、かまの神
37熊野、愛宕、稲荷
38蛇類、妙見、稲荷
39氏神、かまの神、水神
40氏神、かまの神、水神
41氏神三社、かまの神、井戸
42かまの神
43かまの神、井戸
44熊野
45稲荷、水神
46稲荷、熊野、蛇類
47稲野、水神、かまの神
48蛇類、稲荷、水神、かまの神
49稲野、八竜、蛇類、水神、かまの神
50妙見、熊野、稲荷、水神、かまの神
51熊野、大神宮、水神、かまの神
52熊野、水神、かまの神
53熊野、水神、かまの神
54熊野、水神、かまの神
55熊野、蛇類、水神、かまの神
56参綿スキ大神、水神、かまの神
57妙見、子安、蛇類、大神宮、水神、かまの神
58三宝子荒様、かまの神、水神
59大神宮、安波、水神、かまの神
60熊野、稲荷、水神
61稲荷、蛇類、ヒメ神社、水神、かまの神
62熊野神
63熊野、蛇類
64かまの神
65雷神、熊野、かまの神
66かまの神、水神
67水神
68稲荷、コウジン様、蛇類、水神、かまの神
69熊野、蛇類、水神、かまの神
70熊野、かまの神
71かまの神、月山、蛇類、水神、熊野
72コウジン、水神、かまの神

73熊野、水神
74氏神三社、水神、かまの神、外一社
75氏神三社、蛇類、水神、かまの神
76稲荷二体、蛇類、水神、かまの神
77稲野、稲荷、蛇類、水神
78稲野、水神
79稲荷、毘沙門天、高神、水神

高神は荒神か。三宝子荒様は三宝荒神か。氏神三社は熊野かもしれず、亀の神は妙見と関係があろう。お徳羅は子供のひきつけを治す神、アイコウ様、舟殿、参綿スキ大神はわからない。

なお実際の資料をもっと集めて、統計をとってみると面白いと思う。

福島県浜通り北部地方の氏神祠の形態

岩本由輝氏撮影
(昭和 35年)

相馬地方（1）

相馬地方（2）

相馬地方（3）

相 馬 地 方（4）

宮城県柴田町

相馬地方（5）

浜通り南部の氏神祠の形態

内藤丈夫氏，岩崎撮影（昭和17〜35年）

石城地方（1）

石城地方（2）

石城地方（3）

石城地方（4）

石城地方（5）
常置の氏神祠の側につとこ氏神をおく

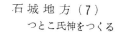

石城地方（6）

石城地方（7）
つとこ氏神をつくる

第三章　祖霊と氏神、葉山など

一　ほとけっぽと塔婆塚

神には自然神の外に人間の霊を祀るものもあるわけであるが、肉体と霊魂の問題となると、考古学その他の考えも借りねばならない。人間が死ねばその霊肉がおのおの分れるものか。なきがらとは霊のなくなった肉体とすれば、そうした考えはいつから出来たものか。それはとにかくとして、まず普通屍体は土中に埋めるが、この習わしは確かに古くからのものらしい。相馬郡新地村三貫地の貝塚は、縄文末期のものと推定されているが、数年前ここの発掘がなされた。土地は殆んど平地に近く、心持小高い程度の、丘陵ともいえぬほどの所で、春は麦畑、秋は豆畑となる。この畑の更に下手はなお一段ひくく水田が続き、それが三、四千米先の海の方に続いているから、昔は海水がもっと近くまで来ていたらしい。この貝塚の地域より凡そ一米の深さの所から、数十体分の人骨が殆んど完全な形で出土したが、伸展葬も屈葬もあり、場所によっては重なり合うような状態で埋められてあった。後世の目を以てすれば葬るというにはあまりに粗末な、すてたに近い感さえ抱くのである。思うに当時すでに霊肉の分離が考えられていて、霊魂の去った肉体故、むしろ一日も早く亡びることを願ったとも疑われ、気持の上では曝葬に近いものであったらしくも想像される。土地を掘る道具が不完全であったことが主な原因であったとは思われない。しかし時代が下るにしたがい、骨は霊魂の一部がとどまるものとしてある程度大事にされたものとは思われる。

相馬市成田藤堂塚は、現在は耕地整理の結果一面水田になっているが、縄文と弥生の中間土器が、重り合うような状態で十個近く出土した。状況より推して祭祀遺跡ではないかという疑いもあるが，はっきりしない。もっとも藤堂権現，唐土権現などいう由緒不明の古い祠が領内に二，三あるが，それと関係があるかないかもわからない。

古墳時代となっては，追々死体を大事に葬る風も生じ，殊に豪族たちは大なる墓をつくって勢威を誇示すべくつとめたことは，一般に考えられている。一方仏教が入ってきて，その影響も追々受けるようになったと思われる。相馬における古墳の数は多く，種類も，大部分の円墳の外，前方後円墳あり，また方墳らしいものもあり，平地にもあり山上にも存在する。時代は古いのから新しいのまで相当長期間にわたるらしく，棺の形式も一通りではない。中には舟形のもあったりして，割合古いものと推定されて居り，葺石古墳も幾つか発見せられている。意識しての北枕，西枕は，古いものにはまだなかった。真野古墳の一つよりは，渡部晴雄氏によって鎌が発見せられたが，後世の一所によっては現在でも一墓に，やはり鎌などの刃物を用いる，その古い形かと思う。埋葬の時墓に鎌を刺す例は相馬にも石城にも見られる。古墳の末期より，はじめは円墳などと平行に存在したかと思われる横穴墳は，これまた夥しい数であって，大体当時のものと推定される狩猟や弓箭を持った武者，鹿と思われる動物などの壁画も発見せられている。また，数年前，相馬市宿仙木の水田を底掘りした時，現在の田の面の下二尺位の所から木棺が出てきたが，中に六文銭と覚しきもの五個が発見された。うち一枚は朽ちて形をなさず，また三枚は永楽銭であった。棺も朽ちたのが多い中で，一個だけやや原型をとどめているものがあったが，凡そ三尺に一尺六，七寸位，板は松であり，用いている釘は木と思われた。

次に注目すべきは，各地に発見せられつつあるほとけっぽととうばづかであるが，よく古墳地帯に見られることがある。時代的にも古墳と平行し，また古墳に続くものかと思われる。強いていえば古墳は，豪族など一部のものの墓であり，一般庶民はほとけっぽの方へ進んで行ったものらしい。ほとけっぽのある場所は大てい，村端れなどの人の行かぬ淋しい所が多い。作(さく)の奥のような所，山あいの所，道のかげ，山のかげ，低い所，じめじめした湿地，河原，みさきのように出張った先の一角、たとい高い所でも一段ひくくなっているような所、そうした所に残っていて、今でも人魂が飛ぶとか、人骨が出たとか、行くと魔がつくとか、馬をつなぐと怪我するとか、子供が行くと神かくしにあうとか、夕方行くものではないとかいって、恐れて近よらぬ一区域である。多くは足も踏み入れられぬようなひどい藪か荒れた草地になっている。恐らくこの一角こそは、人間世界と隔絶した一現実には村の一隅にあっても一地獄であったのであろう。むしろ早く肉体の腐蝕を念じて、すてるが如くに葬った所であろう。恐れて近づかぬ故に、早くからあるいは恐らくその当時から荒れていたことであろう。埋葬する時だけ、必要なだけの区域のやぶを払って使用したのであったろうと思われる。ほとけっぱ(仏場)という地方もあるようである。

ほとけっぽが一体に低いさびしい所であるのに反して、大てい少し離れた高い所に、とうばつかがある。鹿島町江垂のとうばつかと呼ばれる所は山の上で、その東方二百米位離れた低い所にほとけっぽがある。このとうば塚なる区域には古墳時代と思われる円墳などはあるが、石碑も何もない。ただ由来を知っている人も全くないわけでないと見え、盆などには野花を供えて、無縁仏を供養する奇特な人もあるという。

小池の薬師は、大同年間と伝える磨崖仏のあった所であるが、大同はとにかくとして、泉沢や吉奈の薬師、観音の古い形式をついでいるらしい点もあるから、創建のかなり古いことに間違いはない。この境内に自然石の多くの供養碑が林立している。時代は不明であるが、いつの頃からか始まって明治前に至ったのであろう。共同墓地も出来るようになって、この場所も次第に必要でなくなったのであろう。古きは元禄から新しきは明治初年まで、年号を記したのも少し見られるが、大部分は楕円形の何も刻んでいない石である。恐らく当時は寺の僧に頼んで、文字を書いて立てたのかも知れぬのである。上小池でも、埋葬した所は家々の近くにあるが、塔婆はやはり前記下小池の薬師のような一種の霊場があって、そこに立てたらしいとは伝えているが、場所ははっきりしなくなっている。何れにしても、石碑だけをここに立てた、いわゆる塔婆塚で、各地にあった霊の集る場所の一つだったのである。

鹿島町大内の宮下の山の頂からも人骨が出たという。石碑も何もなく自然石が少し出た位のもので時代も不明であるが、その裏手からは小さな舎利壺が出て、中に水晶が二個入っていたそうである。土地の大内重春氏などの談によれば、人が死ねば高い所に埋めるのが本当で、古い家の旧墓地は高い所にあったものだ。それは高い所だと子孫を見守ることも出来るし、その家の威力を示すにも都合がよいし、埋葬も案外楽だから、昔の山上墳などもそうした所から発達したかもしれぬ。野墓時代に降っても、偉い人は高い所にまつられたものらしい、というのである。鹿島町烏崎の田の神山には、もと大内氏の田の神と氏神がまつってあった。なお同氏は非常な旧家であるが、その旧墓地は二、三個所にあり、何れも高い所にあるという。霊魂の祭場が社になることは、昔は随分あったことと考えられる。

最後に時代的にはほとけっぽより新しいものかと思われる、いわゆるふるはかである。すなわち現在の墓(殊に共同墓地)になる一歩前までの墓のことで、今はもうぼやけて居るが、何軒か共同のものもあったようだし、個人の家々にもあったものである。

このついでに、当時最も勢力のあった領主の墓はどうであったかを、相馬家所蔵の相馬侯年譜や奥相志等によって見よう。大きな領主はむろん一三二一年(元亨三年)以来の相馬氏であったが、その間応永頃千倉荘を領有した岩松氏あり、明応頃までは、標葉を領有した標葉氏もあって、一時勢威を張ったが、何れも相馬氏の傘下に帰した。そこでもっとも古い、下総よりはじめて相馬にうつった相馬重胤の墓はどうかというに、彼は一三三六年(建武三年)鎌倉で討死したが、多分遺骨がうつされたか、太田村上太田岩屋寺の後の山頂にある彼の墓は、高さ七尺方三間で、杉を標木としたという。次に岩松義政は、鎌倉よりうつって来た人であったが、一四一九年(応永二六年)卒し、貞岩清公の法名を伝え、冢塋は八沢の阿弥陀寺の東の丘の上にある五輪塔がそれだといい、また、墓標の杉が二株あったと記録に見える。相馬領主高胤(明応元年)、前の盛胤(大元永年)、同夫人、顕胤(天文一八年)、顕胤夫人、利胤女、など皆標木は杉という。大ていは御壇の杉と呼んだらしい。

天正の戦争時分も同様で、土壇を築き木をうえた。

○天正十一年歿した相馬胤乗の墳墓に椴を植え、椴木壇という。

○相馬隆胤天正十七年伊達と戦って戦死、黒木地蔵院に葬る。また壇を火沢竜蔵院に築き、杉を植えて標とした。寛政中に至り墓標の杉二十二株あり、これ二十二人のしるしか、などと奥相志に見える。

○相馬市西山の九曜杉は、もとの安養寺の跡にあるもので、天正中隆胤が伊達と戦った時の戦死者を葬ったしるしの杉という。

埋葬する所と供養する所と別な場合も多く、丁重にすればまた更に複雑にもなった。一六〇一年(慶長六年)後の盛胤死去の際は、今田村野次において葬礼を行う。この地に標あり、また灰塚を築く(大杉枯る)、廟壇を宇多川原に築き杉を植えて墓標となす、とある。

○利胤夫人慶長六年歿、牛越川原に於て葬礼、石神に壇を築く。標木に杉、檜榎三株を植う。華桂御壇というと。

○黒木の丹波壇は、佐藤丹波信綱の墳といい、冢上の標木は樅。元和二年歿。

葬制が整って立派になったのは寛永頃からかも知れず、前の義胤が一六三五年(寛永一二年)、中村城に死去した時のことを見るに、齢算八十八、法諡蒼霄院殿外天雲公、尊骸に甲冑太刀を帯ばしめ、北に向わせ、菩提寺なる小高山同慶寺に葬る(北方の伊達に対させたものと伝う)。五輪石塔を建て、傍に灰塚を築く。後室薙髪して簾室妙高大姉と号し、逆修の五輪石塔を、公の冢塋の側に建つ、とあり、相馬の史上に最初に出てきた石碑である。奥相志の編者もこのことに注意して、当郡古昔墓碑なし。君侯と雖も壇を築き標木を植う。寛永十二年外天公の墓碣をはじめとなす。天正より以来元和に至る稀に碑石あり、後世これを造建す、といい、寛永二年死去した利胤の碑も後世のものだといっている。そうとすれば鹿島町南屋形の田中郷胤の、慶長六年の墓碑も後のものとなろう。

○郷胤は慶長六年歿、導師同慶寺九世、陽山寺を鹿島に開建して香花院となす。冢標古杉あり。墓碑あり。法諡田中院殿陽山青公大居士(院号は後世贈るという)。

○相馬市石上の古碑の玉山照公大禅定門(藤橋紀伊胤泰天正七年歿)も、月庭常公大禅定尼(胤泰室天正九年歿)も同様後世子孫の建てたものと思われる。

一六五一年（慶安四年）三月、後の義胤葬礼も複雑丁重を極め、先ず江戸で没するや、宝泉寺にて葬儀、骨を中村に下し七月中陰終の日、宇多川原で葬礼を行い、冷灰を葬儀場に集め壇を築き杉を植えてしるしとした。また、傍に院宇を建てて霊牌を安んじ、月海山巴陵院という。霊廟を小高山同慶寺に立てて霊骨を納む。また石塔を小高山及び江府宝泉寺と紀州高野山に立てた、と年譜などに見える。

寛永後ぽつぽつ石碑を立てるようになっても、壇に木も植えることはずっと後まで続いたと見える。

○延宝五年十一月、広徳公忠胤の壇木を植う（蒼竜寺）。

○寛永十四年玄蕃（下総行徳の人、相馬にはじめて製塩を教えたと伝う）死し、相馬市和田に玄蕃壇をつくり、松を植えた。

○上之坊常栄（修験）元和元年七月刑死、墓は相馬市砂子田の東川原の傍にあり、標木榎、石碑は同じく小泉にある。

別にも記したように、一般の墓碑は元禄頃から散見するようになったが、法印関係などは割合古いのもあって、私の所の山などにあるのも、法印上之坊関係らしいが、承応（一六五二年）、寛文、延宝、天和、貞享、元禄と続いている。神職の墓なども、昔は皆標木を植えたようである。

○南柚木神職鈴木大太夫（祠官奥氏の祖）の墓は松という。

以上領主の場合は却って複雑になっているが、一般的には、古い時代は高い所に埋めて壇を築き、樹木を植えたことだけははっきりしているわけである。古墳時代の古墳に続く考えであろうと思われる。

次に領主などでないが、古い家で、今に伝わっているはっきりした墓制の例が、長塚町寺内の安照院長徳寺にある。ここにも古いと思われる阿弥陀堂があるから、あるいはここを中心とした地方の一霊地であったのかも知れない。裏山には沢山の古墳が続いている。さてこの境内は、今は共同墓地のようになっているが、よく注意して見ると埋葬する地域は片隅の方にあって、土饅頭の小塚が重っている。どこからどこまでが誰の家のものという区別もないらしく、大凡何処の家ではこの辺にと思っている程度のようで、いわば共同で使っている区域なのである。ここより百米も離れた所に、そこはやや かみ手の幾分高い所であったが、石碑が建っていた。いわゆるからっぽかで、おはかと呼んでいるのはこれである。ここでも元禄あたりが古い方だったが、小池のような無銘の自然石はなかった。家人は埋葬地の方を先にして両方に詣るという。埋める場所と詣る場所と違うようになっている家は、石川氏以外十何軒なそうで、何れも古い家柄の家だという。埋葬地に石碑を建てるようになったのは、ごく新しいようだともいっていた。

石城地方の資料を多少検討して見れば、上述のような墓制もかなり残っているのが見られる。らんとう、らんとうばというのは、普通には土饅頭の埋め墓の方をいうようである。最終の年忌がすむと、つつこ神になるのだともいうが、つつこ神とは氏神のことである。また、人が死ねば魂は寺へ行くという。寺はすなわちまいり墓と同じなので、霊魂の祭場を指すのであろう。古く寺が山にあるのも理由のあることだった。ただ小児一家内を持たぬ者もそうだというが一の魂は賽の川原に行くというのは、仏教の影響もあるに相違ないが、ここを霊の祭場とすれば、後世の仏教だけのものとしなくてもよかろうし、同時に山に賽の川原があっても、不思議でなくなるわけである。豊間の海岸にある賽の川原などは土地ではよく知られて居て、供養の石地蔵が立ち並び、よく人気のない川原に子供の足あとがついているのを見ることがあるなどという。子供をなくした人が行って石を積む。満潮時、波が小石の塔を崩し去るのを見るとさすがに感傷的にさせられる。賽の川原もからっぽかである。この豊間辺でも墓はふやすことを嫌う。少くするのはかまわず、先の墓をこわしてそこに一緒に葬るのはよいのであるから、これも昔の風がかすかながら残っていると見るべきである。ここでは、富貴の家では碑を寺に建てるといっていたが、まいり墓に碑を建てるのは、もとは一部の特権階級のものだったことがわかる。

この辺の人の話では、埋め墓とまいり墓とに分れているのは古い家に多かったようにいうが、高久も夏井なども同じであった。まいり墓はこの辺では石塔場とか拝み墓とか普通呼び、碑は寺の境内などに立てた。そういう場合は、埋葬地は寺の附近であることが多かった。

同じ同族によって、埋める墓地はきまっていたらしい。夏井辺でも、死骸は同族系統の墓地に埋めて石塔は建てず、石塔は寺に建てた。寺に石塔を建てるについての土地の伝承はこうである。すなわち、はじめ石塔を寺に建てることの出来たのはよい階級の人であって、他は出来なかったが、後になると一般の人もならって自家の墓地に立てはじめた。後に共同墓地になった時、家々の石塔を持って行って共同墓地に移したものあり、旧墓地に残したままのも出来た。旧墓地は荒れ果てて一層誰の碑かもわからなくなったのである。また、仏の三十三回忌には塔婆を立てるが、もとは小さな石を立てることもあった。また五十年になると、杉の生枝を立てることもあったという。

○鹿島附近のほとけっぽやとうばつかは左の通り。江垂の高田にあるとうば塚は山の上にあり、土地の俗名のようになっている。現在は藪で古墳時代の円墳がある。稀に塔婆などを立てて無縁供養をする。それより東方一段ひくい所に、時々人骨がでる、火の王がとぶなどといわれる所があり、最近まで荒地であったが近頃は開かれて大体畑になった。昔のほとけっぽである。

寺内のほとけっぽは仏方と書き地名にもなっている。一個所だけ開き残されて荒地になっている。子供が行ったりすると魔がさすとか、馬や山羊をつなぐと怪我することがあるという。

屋形のほとけっぽも古墳のそばにあり、ひどい藪になっている上、ひくくじめじめしている。地名にはなっていない。ここには塔婆塚が近くに見当らぬが、三百米位離れた所にある阿弥陀寺がそうではなかったか。

寺内にも一個所のほとけっぽがあり、人家から離れた淋しい所で、今は藪になっている上、間にひくい土手のようなものが残っていて、こちらからははっきり分れている感じである。この下を流れる溝を血の瀬川という。

鹿島の下、真野川の辺薬師寺橋の南たもとに塔婆うちとよぶ一域があり、一部は藪、一部は畑であり、所々に旧墓地の残るを見れば、もとも野墓があったのであろう。今は小島田に属する小さな地名となっている。

夬沢にとうばつかと呼ぶ所あり、谷津田にもとうばつかがある由(以上大内重春氏)。

○日下石の田圃の中に、開墾されぬ一区域あり、この辺をひじり壇と呼ぶ。今は荒地になっているが、よくみると石碑が数個あり、馬場富子氏の話によると、氏の親戚の古墓で、両墓制の名残だという。相馬の両墓制を見つけたのは馬場さんである。

○下小池の辺は、大体宗旨は真言であるが、埋めない墓は大正の初年まではぽっぽっ見られた。薬師の境内には埋めない墓だけある。

年号ある石碑で最も古いのは元禄十三年かと思う。その外文政、安永、明治などの年号が散見する。水谷、高野、小林（皆給人）、渡辺（足軽）、その他百姓二、三軒などここを使用している。ここに石をもって行ったのは何時までであるか七十の老婆も覚えぬというが、土地の水谷老人の話によると法事のような時石を持っていったことをかすかに覚えているという。水谷氏の曾祖母は、その頃出来た共同墓地に埋りたくない。旧墓地に行きたいと常々言っていたので、亡くなった時旧墓地に葬った。それで罰金二円とられたことがある。明治初年であった（小林吉元氏、水谷正氏談）。

○文化文政から北陸地方の真宗移民が入ったが、墓地はどうかと云うに、江垂や塩の崎辺では、共同でなく個人々々に所有地内に墓地をとっている。相馬内でもぽっぽっ共同墓地に入りつつあるが、江垂塩の崎の辺の一向宗は、一軒々々墓をもつ風をくずそうとしない。

○葺石古墳が少しある。八沢鶏足神社の古墳の葺石は、下の方にずっとのせてある。葺石は棺の上に石を重ねてのせると同じことで魂を山に静めるためでもはじめはあったろうか。後では経文を書いた石をのせることもあったか知れぬ。

野辺の送りのすんだ霊のないからは、そのまま朽ちたとして、霊魂はどこに去ると考えたか。それは地下の世界でなくて、空間を遠くへだてた所であったことはいろいろと例証があげられる。真野の古墳に、石棺の舟型のものがあったが、舟にのって遠くに去ると考えた古代観念の名残であろうかという。しかしこの地方で一般に考えられていたことは、そう遠くのことでなくて、家の近く村の近くの高い所に止って家や村を守ってくれているという信仰であった。そういう気持は、かすかながら今も名残を止めているようである。すなわちほとけっぽのような所に、捨てるが如く肉体が埋められても、肉がなくなれば霊は浄化されてゆく考えで、その霊は高い所に上ろうとした。人々も霊の高い所にあるを信じて、そういうところに塔婆を立ててまつった。霊の集る霊場であり、神の祭場であり、社や寺の祖形にもつながるものと思われる。

鹿島町大内の大内重春氏の話であったが、同氏の先祖大内清左衛門は、つぶれかかった家を復興した人で、死んだら守り神になるのだから、家のよく見える山の上に埋めろと遺言して死んだ（実際にはそこには埋めなかったらしいが）。また私の伯父が分家して、はじめて墓地を村の共同墓地に求め、先祖代々の石碑を立てたが、その向きは、附近の他家のどの墓とも違っていた。それは家の方に向けて立てたので、やはり子孫を守るためであった。こういう思想は、ものがたい人ならまだまだ今でも持っているのである。

霊魂は高い所、高い祭場を求めているということと、やはり関係があろうと思うが、貝塚などにもそういうことはあったと思う。現在の海岸部落では、貝をむいた貝殻がどの家にもすてられて庭先は大なり小なり層をなしている。しかるに古代の貝塚は、そうどこにもあるのでなくて、相当広い地域に一、二個所といった風である。たとい部落がかたまっていて、そこにだけ貝をすてたにしても、あまりに特定の個所にのみかたよって居すぎる。恐らく霊の集る神聖な場所がそちこちにあって、貝もそこに運んだのではないか。貝殻を神に上げる習慣の今に残っているのも、祖先のかすかな遺風かも知れぬ。貝塚は海岸地方ゆえ平地であるが、平地の中でも高い所が選ばれたらしい。駒ケ嶺の三貫地貝塚にしても、多くの屍体の葬られた所である。土偶もそこから出るし、土器にしても出るのは破片でない。完全なものが出土するのは、決してごみ捨場であった筈はなく、立派な霊場であったのであろう。

前方後円墳にしても、円墳の丁寧な形と思われるので、後円部は山をかたどり、死者の霊魂をここにしずめたものに相違なく、長い前方部は、霊魂が山にうつる道程を示したもの、いわばその通路ではなかったか。前方部だけが祭壇とも思われず、全体で一つの祭場であり、前方部の更に手前の平地で祭の式は行われたのであろう。前方部を省略した形が円墳に相違ない。

氏神祠が山の上にまつられてある例は、殆んど挙げきれぬほどであり、古墳を伴う古い祠も数多い。そういう祠はもとはきっと普通の勧請神でなくて、何等かの形で祖霊と関係をもつものであったに相違ない。恐らく霊は神になる、仏教が入ってからは仏になるという信仰―第二義的ではあるが最終年忌がすむと清まわって氏神になるとの信仰もふくめて―で、その神は常に子孫の行動を見守ってくれると信じたのである。昔は墓そのもので神になったものが沢山あつたであろうが、触穢の思想が盛んになつてから、強いて別々のものとしたものであろう。たまたま古墳に墓を置くことや、墓に祠を立てる風のあることが、今は却つて非常に奇異に感ぜられるようになつたのである。

自分は氏神信仰の中心をなす考えは、こうして起つてきたものと思つているのであるが（勧請神はむろん別）、そういう浄くなつた霊の集る山が諸所にあつたことも確かで、はやまなどもそれであつたのである。柳田国男氏もこのことは推定されて居り、自分も諸所のはやまを見て、それを敷衍して見ようとしているのであるが、つまり葉山という山の祭場に集る霊、すなわち葉山の神は、氏神と似て祖霊であつたことは、出てくる神や、託宣の内容その他によつても推測するに難くない。祖霊の最も大事な役目は、家を見、子孫の仕事を見てやることで、仕事の代表的なものは農業であつた。だから氏神も葉山も農業的な匂いが強く新嘗の感じも強い。苦心して作つた新穀を祖先と共に食うことは、勧請神に上げた食物のお下りを食うのと比較にならない親近感、結合感があるのである。相馬の氏神祭神に稲荷や熊野が多いのは、別の理由も考えられるが、一つには本来の稲荷や熊野の神そのものにのみ意味があるのでなくて、もともと氏神の方にそうした田の神的要素が多く存するので、それに一番当る適当な神として、稲荷や熊野が後になつて選ばれたということも考えられぬことはないのである。

葉山にははやまどの神とかはやまつみの神をまつるというが、民間信仰からは縁が遠い。ただやはり、山のある場所からいつて端山の意に相違なく、祖霊が村端れの山に登つた姿なので、奥山ではないのである。ただはやまという山は、山そのものを神とまつると考えていたのは誤りらしく、やはりもともとは祭場だと思う。すなわちはやまにおいて祖霊をまつるのであつて、常は神聖な山であるが、山の神そのものでも田の神そのものでもないと思われる。山の神になれたり田の神になれたりするというだけで、祖霊は祖霊なのである。そういう意味からなら、山の神と田の神は同じだということも出来よう。葉山の境内に、山の神や田の神を併祀していることの多いのも決して偶然ではないのである。

要するに、神には、風とか雨とか自然の威力を神格化した神が考えられてよいわけだが、そうした神以外で力強い存在を示しているのは祖霊に相違ない。我々と生活を共にした人々の霊であるが故に、我々の家や職業や生活を守ってくれ、吉凶を知らせてくれるものとして、この方が自然神よりはるかに身近に感ぜられていたに違いない。

二　四月八日と浜下り

神々の浜に下る例は、相模、常陸、下総、上総、九州等に見られるが、その理由に至っては頗る不明瞭である。しかし幾つかの例に見られるように、昔海岸からお上りになったから、という事だけが理由でないことはもちろんであって、むしろ後の附会らしくもある。

相馬郡江垂の山王は、古来浜下りで有名であるが、康永三年甲申四月初申、国家鎮護一族安穏五穀豊穣の為、遷宮祭礼を行ふ。郡主行列して山王の鳳輦を守護す。宝財神楽これに列し、烏崎浜に神幸し、潮水に垢離す、以来十三年目を以て期となし云々（奥相志）。

浜下りは、石城や相馬の海岸にも多いので、例をあげて多少の考察を試みたい。

相馬の海岸で、浜下りの行われる所は幾つかある中で、顕著に残っているのは北郷の村々であるが、年一回神々が浜に下りる。おはまおりと称する。

御山の葉山	海老浜に	六十年に一回
海老の虚空蔵	海老浜に	
太田の薬師	右田の高野浜に	
寺内の八幡	烏浜に	いぬ年
上栃窪の八竜	海老浜に	
烏の八竜	烏浜に	四月八日
海老の鶏足	海老浜に	四月八日
江垂の山王	烏浜に	さる年、十三年目 もと四月八日
大倉の八竜	右田の高野浜に	

更に奥相志によって補えば

山下の降居	烏浜に	四月八日
山下の山王	烏浜に	さる年
大内の愛宕	烏浜に	六月二十四日

北郷には祭場は海老、右田、烏崎の三個所があるわけで、真野川の川南は大たい烏浜に下るようである。北郷以外

のも、聞書や奥相志によって、わかる範囲であげると、

磯辺八竜　磯辺浜に　四月八日
赤木山王　磯辺浜に　さる年、八月中の申の日
柏崎の山王　磯辺浜に　さる年
蒲庭の熊野　八沢浜に　四月八日

泉の出羽　渋佐浜に
信田沢の雷神　萱浜に　四月十七日
馬場の八竜　近くの浜に　四月八日
大原の八竜　同　四日十七日
大井の大黒　同　四月八日

右のうちで、現在は浜下りを止めた社がふえたから、反対に昔はこれより多くの神々の浜下りが見られたことであったろう。御山の葉山などは、子供の時御供をして浜に行ったのを覚えている（真野の大内重春氏談）というが、今は附近の村をめぐり歩くことになっていて、これをおのぼりといっている。山の手の方にも行くからの語であろう。

石城各浜の浜下りは、

夏井の大国魂は　豊間の浜に
高久の八剣　同
高久の二荒　胡摩磯に
飯野の二荒　同
夏井の白山　同
飯野の佐麻久嶺　中屋磯に
薄磯の薄井　明神磯に
玉山の十市　四倉浜に

白岩の鹿島　四倉浜に
四倉の諏訪　同
四倉の安房　同
四倉の羽黒　同
原高野の大神宮　同
狐塚の稲荷　仁井田浜に
仁井田の諏訪　同
名木の八幡　同

相馬において、現在もなお古式を伝えているのは、前述の真野郷江垂の山王であるから、その概要を昭和三十一年四月の浜下りを主として記して見る。

同社はもと山王大権現と号し、社伝によれば、延元中北畠顕家、義良親王を奉じ、霊山に在って権現を尊崇していたが、僅か半年足らずの後には顕家この山を去った。彼の一族桑折五郎元家は、主従七人その他六人都合十三人と敵中をくぐり、千倉荘江垂村の中舘の地に

至り、高地を以て社地とし山王権現を安置したとある。

祭は古来四月初申日を当て(現在は四月二十七日)、十三年毎の申年に浜下りの神事が行われる。おはまおりという。約一里十町の道を鳥浜に下る。芸能としては宝財踊、御篦馬、日置流印西派弓芸、獅子舞等を数えている。

浜下りの神事に参加するのは、旧真野郷内の七個村(寺内、江垂、塩崎、川子、小島田、大内、烏崎)であるが、安永五年の記録によれば、寺内、江垂、塩崎、川子、小島田、鹿島の六個村に近隣村の山下、浮田が入って居り、文政七年には、寺内、塩崎、川子、小島田、鹿島、江垂の六個村に近隣村が参加している。また烏崎部落は、古来浜格(はまかく)と呼ばれ、特別の資格で祭典に参加する、明治以降は現在とほとんど変りないが、鹿島の代りは大内になった。現在は旧七個村はもちろん、旧北郷一町三個村の協力によってそのほとんどの経費がまかなわれて居り、近隣の部落も事情によって参加を認めている。

祭典は凡そ一年半ほど前より、氏子総代と各部落より選出された祭典係によって準備される。祭典係は、各部落の祭典執行の責任者であるので厳選される。氏子総代、区長、祭典係など各部落の責任者は、度々会合を重ねて部落員との連絡を密にし、その部落の祭典参加の態度を決定する。このようにして前の年の十月頃には、各部落より出る人足により郷奉賀(北郷よりの奉賀金)の募集が行われ、祭典の費用の一部が、氏子以外の郷の人々の浄財によってまかなわれる。もちろん祭典費の大部分は、氏子各員の支弁にまつ。これらの費用を以ってまず主として社殿の屋根のふきかえに充て、その他修繕に当てられる。この大事な屋根ふきは、十三年目に村の共有林よりの萱でなされるのであるが、屋根は大きくてあついから、萱の量は大変なものらしい。その他の費用は祭典当日の諸費用とする。

屋根ふきはじまる時、まず下遷宮を行い、神体を仮殿にうつす。次に各部落より出た人夫によってふきかえが行われ、凡そ二十日位で終了、上遷宮が行われる。その期間中、境内地の整備は氏子と各部落の人夫によって行われる。祭典の三個月ほど前になると御供に出る各部落の氏子総代、区長、祭典係は、社務所に集って、御供部落協議会を開き、祭典当日に至るまでの諸準備の打合せ、祭典の諸規定に関する打合せが行われる。この打合会は祭典まで幾回も開かれて遺漏なきを期する。この会議の何日か前、すでに氏子総代より選出されている祭典総裁は、前回の祭典総裁より祭典書類及び事務の引継が、旧式によって指定の家で行われるが、この時以後は、総裁は祭典に関する一切の権限をもち、その指揮命令によって、祭典の諸準備が行われることとなる。一方御供の各部落においては、御供に随うに必要な諸芸の稽古その他諸準備が行われる。例えば大名行列に用いる種々の道具や服制に関するもの、お篦馬の荷に用いる花嫁の帯数十本、各手踊組の衣装、宝財踊の衣装の準備などである。

かくて一応の準備がすむと、祭典の数日前、各部落では、祭典当日御供すると同じ姿で行列を整え、部落内を一巡する。これを仕度ぞろえと云う。例えば祭典行列の先陣をつとめる塩崎、川子部落では祭典の七日前を仕度ぞろえの日と定め、この日午後部落の鎮守八幡社の社前に、若殿様をはじめ一同集合の上、仕度ぞろえを奉告し、諸芸を奉納してのち部落を一巡する。また江垂部落の場合は、宝財踊、御篭馬、神楽、諸芸などの各組が盛装の上、日吉神社の社前で奉告ののち部落を一巡する。かくて祭典当日をまつ。

祭典当日は、予め、御供部落協議会で定められた通り、午前五時半日吉神社前に、御供の各部落の供奉員が参集するのであるが、塩崎、川子部落の大名行列などはなかなか格式が高く、神社より七度半も出迎えにゆかねば出て来ないなどいわれたものである。先着の部落より順々に諸芸の奉納があり、御発輦の指揮をまつ。この間要員の玉串奉奠が行われ、諸員警固のうち御神体は新装の神輿にうつされる。祭典係の列帳よみ上げ順に各部落の行列が整えられ、号砲(花火)と共に御発輦となる。

海岸までの一里余の道中に十三個所の建場(たてば)がある。多くは十字路とか沿道の神社仏閣をこれに充てる。ここで各部落の諸芸を奉納する。この間中神輿は建場におろすことなくかついだまま列中に居る。故に午前六時頃の発輦でも海に到着するのは午後三時頃となる。途中大内部落と烏崎部落との境界なる大内堤下の建場は、古くから行列の受取り渡しの場と言われ、行列はここ(俗に関所という)よりは浜格(はまかく)と呼ばれる浜の格式に従って、烏崎部落の青年の特別の警固のもとに海岸まで導かれる。この大内堤下の受け取渡しの儀式は、古来頗る厳重なもので、すなわち祭典総裁が祭典列帳を烏崎部落の祭典元締に引継き、ついでこの列帳にしたがい、一々人員と芸の照合が行われる。随ってこの大内関所では、各種の手踊組や神楽その他諸芸の組が、すべての芸を略すことなく披露しなければならない。この関所を無事通過した行列は、手に六尺余の青竹を持った烏崎部落青年の警固係に先導されて、海岸の祭場に向う。ここで神輿は、あらかじめ竹矢来のめぐらされた祭場に海に向って安置され、諸供奉員の整列が終るや潮垢離神事が行われる。

この神事中、神輿は祭場に安置されたままで海には入らない。烏崎の部落の区長が白衣のまま桶を高く捧げて海に入り、潮水をくんで再び高く捧げて神輿の前に進んで供える。これはあとで神輿にのせて持ち帰り御開帳の時まで置くようである。その後玉串奉奠、諸芸奉納と続くので祭典は夜の十時近くまでかかり、神輿が還幸になるのはいつも夜中の十二時近くなる。かくて祭典は終了するのであるが、祭典中宝財踊は特に重視され、必ず先頭に奉納されるのを例とする。翌二十八日は御開帳祭で、前日と同じ盛装で供奉員が社前に参集し、諸芸を奉納する。

以上は祭典の概略であるが、なお多少補う。まず祭典の列帳であるが、現在発見されている最も古いものは安永五年のもので、表紙に、山王大権現御祭礼行列帳、安永五年四月七日、久右衛門、四郎左衛門、孫右衛門、金右衛門、平右衛門、銀兵衛とある、申の日を祭礼としたのは山王としては普通かも知れないが、四月八日にも意味があった。他の例よりすれば、浜下りは四月八日を本体としたと思われるからである。

次に参銭預扣があり、一、三貫九百五十八文、一、六貫二百三十八文、一、拾参貫百三文、一、米二斗三升、〆九参(ママ)貫二百九十七文、右之通相預申候也、四月六日本〆銀兵衛門、平右衛門、文三、孫右衛門、肝入佐藤儀右衛門預、村長七兵衛預、長三郎預組頭、善兵衛預とあって、次に左の通りの行列順が記されている。

一、額物左ヱ門市郎兵ヱ―一、弓武者善右ヱ門平右ヱ門―獅子踊・笛吹友右ヱ門・甚左ヱ門・孫助・長左ヱ門新左ヱ門伊左ヱ門―一、伊勢参義兵ヱ子供・伊右ヱ門子供長之助子供・藤兵ヱ子供―一、幌武者喜七・丑松・善之助・軍次文五郎―一、歩武者千代松門馬平四郎―一、宝財額藤左ヱ門・彦助彦左ヱ門―踊子幸右ヱ門・惣助・権十郎・市五郎善兵ヱ・次兵ヱ・五郎八―笛吹二郎兵ヱ―一、大鼓額安左ヱ門・金五郎太郎兵ヱ

一、海道奉行孫左ヱ門五右ヱ門―一、村目付五郎兵ヱ利右ヱ門―一、大鳥毛二郎右ヱ門小池利助―一、御鉄砲林右ヱ門五左ヱ門―一、御弓立庄左ヱ門善六―一、御挾箱七右ヱ門市右ヱ門―一、弐本鳥毛四郎太永次―一、御徒士掛田辰右ヱ門（深野）・深野伝次（〃）・門馬二郎兵ヱ（〃）・辰之助（高平）青田惣助（高平）・鈴木五左ヱ門（〃）・渡辺久右ヱ門（〃）―御刀筒作兵ヱ―御簞新之丞平兵ヱ（鹿島町）―御草履取佐松辰之助―一、白婦久里市三郎次三郎（北右田）―長刀武者松右ヱ門次右ヱ門―一、大笠立笠藤兵ヱ善蔵―押足軽助左ヱ門作兵ヱ―一、神楽源六・利右ヱ門・文二郎・彦七利七・金兵ヱ・勘助・善二郎

―一、白幡弐本木幡半ヱ門佐藤五郎（右田）―御祭旗喜惣太（小池）今野卯ヱ門―一、白木綿旗佐藤藤左ヱ門（岡和田）―一、赤旗弐本岡田伝之助（深野）星永司（〃）―一、五色旗勘左ヱ門（鹿島町）―宝剣大和田十郎左ヱ門―一、鉾木幡兵次―一、法螺覚永坊（小島田）教智坊（八幡）―一、鉢（手替）―佐伯末治・照山長譪・今野卯右ヱ門―一、鐃安休坊―一、大竜立今野源左ヱ門渡辺市左ヱ門―一、花持和七・喜藤二辰之助―一、花木星茂左ヱ門（深野）―一、日天月天木幡藤五郎門馬善大―一、榊鈴木十松（大内）・門馬専左ヱ門佐藤覚次（右田）―一、宝幣門馬十郎兵ヱ佐藤市次（大内）―御棟札佐藤茂左ヱ門（手替）佐藤幸左ヱ門―一、御菓子熊太郎伊之松―一、御供物要太郎（小島田）喜十郎（小島田）―一、導師・草履取観音寺供御箱吉郎（北屋形）孝太―一、線香今野本兵ヱ今野惣兵ヱ（日下石）―一、御鳳輦又左ヱ門・庄兵ヱ・善八・次左ヱ門・彦兵ヱ・作左ヱ門・吉五郎・外二人久助・庄五郎・与兵ヱ・三兵ヱ・孫兵ヱ・善七・六兵ヱ―一、天蓋佐藤庄八（尾形）―一、御宮脇侍木幡半左ヱ門・佐藤庄八（尾形）今野卯兵ヱ（尾形）・佐藤五兵ヱ（北右田）―一、禰宜内鳥造酒（鹿島町）―御台所持

次に寛政元年、文政七年等の列帳が残っているが、大同小異であって、安永期にないもので見える名称は、村印、御案内、大羽熊位のものであるが、村印は村印額とも別にあるから、安永の額というのと同じであろうか。現在（昭和三十一申年）の行列は、先陣大字塩崎昭和踊一組、大名行列、大字川子大名行列、大字烏崎・南組手踊・北組手踊・中組笠踊、大字大内万作踊一組、大字寺内、大字小島田猩々一組御神楽。後陣大字江垂・宝財踊・御簞馬・御神楽・大名行列・御鳳輦御供となっている。部落別にすれば左の通り。

塩崎―村印、御案内、手踊、猩々鉄砲、仲間、物頭、若党、鎗持、御前鏡、大羽熊、御箱、二帳台、御徒士、口取、神官御馬、御馬中性、草履取、鎗持、立傘持、押、弁当長持、御使番

川子―村印、御殿案内役、御使番、大鳥毛、御前鏡、二挺台、御徒士頭、御徒士、御馬脇、御馬口取、御若殿、御槍、御挾箱、御行列係、手踊組

大内―村印、御使番、手踊

寺内―村印持、榊持、馬丁、神官御馬、立傘持、若人、高張、御使番、竜長持、供物

小島田―街道奉行、御馬印、余興、御神楽附、神冠、神楽後冠、神楽大鼓、御使番、押、頭屋

江垂―村印額、御手先、道祖、獅子舞、手踊、神女、宝財額、宝財躍、村目附、鉄砲、御弓立、鳥毛、御従士、御刀筒、御篭馬、大旗
　神楽師匠、大工棟札、小旗、大榊、小榊、御供物、大麻、武者、螺役、宝幣、神鏡、御棟札、榊箱、錦欄旗、神官馬、御馬口取、
　五色旗、御神輿宮脇、御腰掛、祭主、立傘、御箱、薙刀、押、御使番

祭典に関する諸規定中、各部落の出し物について、安永五年のものには、

一、獅子踊　江垂村　一、獅子　山下　一、宝財　江垂　一、神楽　同村　一、六方　同村　一、小踊　同村　一、神楽、
六方、小踊　小島田　一、神楽、　六方　鹿島　一、神楽　山下

と見え、酒、米、その他費用の点にも触れている。

浜での順位は、

一、獅子踊　江垂村　行列立一番　一、同断　山下村　二番　一、同断　浮田村　三番　一、宝財　江垂村　四番　一、神楽
同村　五番　一、六方　同村　一、小踊　同村　一、同断　浮田村　一、神楽小躍　小島田村　一、同断　鹿島　一、神
楽　山下村

還幸の際は左の通り、すなわち御戻の番付として、

一番　塩崎　二番　川子　三番　寺内　四番　小島田　五番　鹿島

右之通先年より相定居申候。

明治二十九年の浜での番付は、

一、獅子　江垂　一、宝財　同村　一、神楽　同　一、六方　同村　一、小躍　同村　一、神楽　小島田　一、神楽　鹿
島

とあり、御戻番付は、

一番　塩崎・川子　二番　江垂　三番　寺内　四番　小島田　五番　鹿島

なお、祭典規定の中、大正九年およびそれ以後のものより二、三抜粋すれば、

一、郷社日吉神社吉例により、毎申の歳即ち十三年毎四月二十七日に宝財躍を以て御浜下りの祭事をなすものとす。
一、宝財躍は古例により江垂より奉納するものとす。
一、御浜下りの祭事は烏崎浜にて行ふ。
一、棟札は古例により、江垂、小島田、烏崎区長之を捧持す。
一、御供の儀は古式により、塩崎、川子、江垂、小島田に於て、旧大名格を以て御供をなすこと。

一、烏崎、大内、寺内よりは、一戸一名以上ずつ供奉を出すこと。
一、各大字御供界には各大字印を立て、その御供界を明にすること。
一、江垂、小島田よりは神楽を奉納し、その他の大字よりはなるべく諸芸を奉納すること。
一、御簞馬は従来鹿島町只野家より奉納の儀なるも、他町村なればその都度適当の方法をとること。
一、御浜下りの順路は、国道一石坂を北に十文字に至り、真野街道を東に、小島田を経て大内に至り、大菜より出塘下を東に堤下を経て烏崎に至り、札場より南に米本前より堤防を北行して祭式場に至る。帰路は堤防を南に野馬出より西に大内街道に出て御下行に帰路によるものとす(原文のまま)。
一、行列順序左の如し。先陣塩崎、川子、烏崎、大内、寺内、小島田、鹿島、江垂。
一、御還幸の頂序は先陣は後陣たるべきこと。
一、建場を定むる左の如し。
江垂二ケ所　　十文字、柚原前
小島田二ケ所　藤内前、蓮華寺前
大内二ケ所　　出塘下前、堤下
烏崎三ケ所　　字界、札場、米本前
一、各大字より御神輿舁二名並に御鳳輦附として若干名供奉すること。
一、御浜御着輦の上は、御潮水御献納の式を行ひ、勤行をなすものとす。
一、御潮水献納の儀は累代烏崎区長之を行ふ。
一、御浜にて諸芸奉納は細則の定むる所による。
一、祭典翌日は御開帳式なるを以て、総裁以下各祭典係員参列し、前日の供奉諸芸奉納の事。氏子一戸一人宛参拝のこと。
一、祭典三日目は閉帳式を行はせらるるを以て、氏子総代区長参列の事。
一、祭典十日前まで矢来竹二百本、警固用五寸竹二十五本を烏崎に送附すること。
一、御浜祭式場は一切烏崎に於て準備すること。
一、矢来竹二百本は祭典後烏崎に無料交附するもとす。
一、行列烏崎大字内に入る時は道案内として二名同大字より出すこと。
日吉神社特別祭典細則　第二十五号に、

一、総裁及副総裁は裃着用の事。
一、氏子総代及区長は裃着用の事。
一、祭典係は紋付羽織袴とす。

各部落の踊の種類と人数

1 川子―伊勢音頭、相馬二遍返し、佐渡おけさ節、相馬かんちよろりん、相馬甚句、麦搗唄、大漁唄込、遠島甚句、よしころ節、三階節。人数は踊手十三名、唄上四名、世話人四名、仕度掛二名。歌詞省略。
2 鳥崎―伊勢音頭、麦搗節、草津節、木曾節、佐渡おけさ、炭鉱節、大漁唄込。人数省略。
3 大内―相馬流れ山、相馬二遍がへし、麦つき唄、佐渡おけさ、遠島甚句、大漁唄込、おけさ節、山形おばこ、小原節。人数、男子万作踊、踊手十名、笛吹三名、世話人五名。女子手踊、踊手八名、歌上三名、世話人五名。
4 塩崎―(資料なし)
5 江垂―宝財踊。人数、師匠二名、世話人一名、躍手(五才より十三才までの子供)七名、笛吹(五才より十三才までの子供)五名。歌詞「神のやしろに榊を植えて、折って一枝欲しござる」(前唄)。笛の音に合せて躍り出し、各々「柄杓廻しも宝財だ、子供抱きなども宝財だ、山伏なども宝財だ、笊籬下冠も宝財だ、獅子舞なども宝財だ、とうしん坊も宝財だ、座頭坊も宝財だ」のうたを唄いながら輪になって踊り歩く。踊手の家は代々世襲であったが、最近では部落内の適当な子供が十二名程、師匠の家に集り、歌と踊りのけいこを行うのを常とする。師匠の家は世襲である。踊手の仕度は奥相志に次の如く記されてある。

柄杓廻（ひしゃくまわし）―顔を染め短衣を着し、手襁をかけ長柄杓を持つ
子供抱（おとだき）―肩頭巾を冠り女衣を着し子供を抱く
山伏―顔をそめ、篠懸、錫杖をもつ
獅子―獅子頭を冠り、大鼓を打つ
笊籬下冠（ざるしたかぶり）―顔を染め笊籬冠下を冠り軍配団扇を持つ
道心坊―顔をかくし法服を着し扇子をもつ
座頭―顔をかくし三絃子を負い杖をつく

この宝財おどりは特に重要視されている。桑折五郎元家が、霊山より逃れ出る時、七種の変装をして身をやつし、宝財踊と名づけて、踊りながら逃れてきたという伝説の伴っているもので、十三年目毎の遷宮祭典には必ず奉納され、この踊なければ山王の御神体動き給はずとさえいわれているという。今は昔の姿とずいぶん変っているらしいといい―また、各人は必ず顔を染

め顔をかくすのも特徴だと云われている。御篭馬（おつづらうま）人数世話人一名、歌手四名。歌詞「殿様お立ちお供もお立ち」、「めでためでたの若殿様天下御役で繁昌する」、以下略。おつづら馬には花嫁の帯を五本ほど用いる。北畠顕家の子供をのせて荷馬の装をなし逃れて来たのがおつづら馬だとも伝える。奥相志によれば、鹿島の桑折元家の余裔が代々世襲的に出すという。

6小島田―小島田神楽、参加人員三十一名（笛吹師匠共九名、神楽冠師匠共六名、後冠師匠共六名、太鼓打師匠共十一名）。舞の順序、(1)とおり神楽舞 (2)つの舞 (3)幣束持 (4)鈴舞 (5)乱劇 (6)太刀のめ、その他余興として、別に、神楽舞あり。歌詞（幣束舞、四方固の時それぞれ歌うもの）「天地開いてよも静か、いざや神楽も舞遊ぶ、天の岩戸もおしひらく、朝はよいものそよそよと、朝の中にも出てみたか」。

さて、何のために浜下りをするかという伝承は、村にはなくなっているが、次のことが相馬における特色として一応注意せられる。

(1)山から海に下ること
(2)潮を上げること
(3)四月八日であること
(4)種々の神であるが、作神系統のが特に多いらしいこと
(5)相馬では特に八竜が多いこと
(6)その八竜は縄文や弥生の遺跡を伴い、古い祠は山の入口（端山）にあること

その他である。海に下る神々の数は前述の通りであるが、昔はもっと多かったかも知れない。四月八日といえば、十月八日と共に年を二つに分けたその切れ目であって、十月八日が現にそうであるように、四月八日も神の去来の日であったかと考えられる。十月の方は、神が山に行ってここを祭場としてまつられる日、四月の方は、神が海に出てここを祭場としてまつられる日であったのであろう。しかしこれらの神とても、初めから海に下るのではなくて、一旦山にこもり、春になって山を出て潮を浴びに海に出る、そういう神々があって、その姿が残っているのではないか。そ

古代における文化の通路

―路線上に浮かぶ遺跡と古信仰を持つ神々―

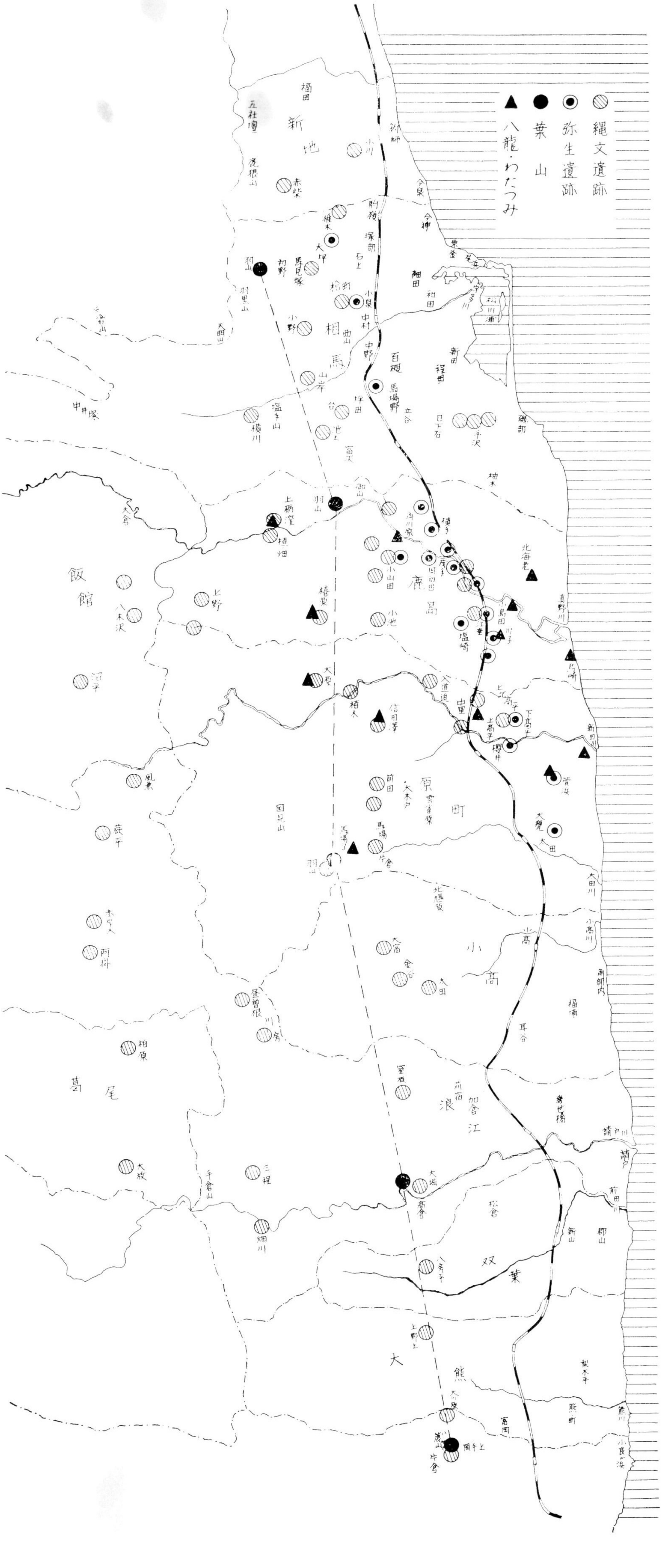

ういう神々は作神系に多く、山の神にも田の神にもなることが出来る二つの性格を持っていたのかも知れず、それが形の上では二つに分れたのかも知れないのである。

十月八日の祭の代表的なのが葉山であるように、四月八日の浜下りの最もはっきりしているのは八竜で、ほとんどの八竜はこの日を祭とし海に出る。そして八竜の祀られてある所は、たとい村里でも高い林が多く、かつ大内重春氏の長年にわたっての調査によれば、ほとんどの八竜は縄文、弥生の遺跡を伴っているという。すなわち相馬における古代の文化の通路は、詳細な調査の結果、従来の常識を超えて、川を渡り山を越えて縦に、それも縄文が二本、弥生が一本、南より北に通じているのが見られる。むろんその間には枝葉もあり飛び地もあるが、古い伝承をもつ社は、多くこの線上にあることがわかった。そして特に目につくのは、この辺では葉山、八竜などだということである(別掲地図)。

八竜はそのままに受取れば竜神で水の神のわけだから、農村にまつられて雨乞いなどをするのは当然であるが、古い八竜が上述のように山寄りに点々と連っているのは、恐らく葉山と同じように神霊の寄り集まる古代の祭場であったためと思う。最初は里の神々が、里近くの山に籠った名残に相違ない。一時的だったのが何時も山に居るように思うようになったのであろう。十月八日の葉山は神が山に入る所、四月八日の方は、山に居た神が山を出て海に行く所が表立っているのである。八竜もむろん海神というよりも雨の神、作神として、雷神と共に活躍したようである。真野川、新田川、太田川などの大きな川の上流には、今だに雨乞の古い場所を伝えている。とにかく八日に山から出た神は、潮に浴して、ねむっていた機能を盛んにし、あるいは蘇生の思いで新しい働きをする準備を神自身がしたことであろう。「八日山はするな」という言葉が真野辺にあるのも、八日は神の出入の日ゆえに、山に入らず、人も慎しみの日を送らなければならなかったのである。

この、月の八日という日が神日と呼ばれるのは古い考えと思われる。神の来臨する日だと思われるが、そういう日は年に何回かあって、その度に神の啓示に接することが出来たのであろう。二月八日、四月八日、十月八日、十二月八日など、今に残る古い祭日の名残りかも知れぬ。また、グループに分けると、新田川流域に属するかと思われる八竜は、渋佐、上高平、馬場、大原、草野、南萱浜、信田沢、泉などにあるものであり、真野川流域に属するかと思われる八竜は、上栃窪、海老、岡和田、椙原、川子、小島田、烏崎、大内などにあるそれであるが、宇多郷や標葉郷に少いらしいのは、それだけの理由があるのか、別の神にふりかえられているのかまだ調査してみない。

　要するに八竜は、多くの点において葉山と並べて考えられるので、というより神の本質からいうと最も葉山的なもので、決して竜神そのままの信仰が強いとはいえないのである。

ほとけっぽと塔婆塚

(昭和31年)

ほとけっぽ（1）

鹿島町寺内にあり、人が死ねば屍はこの藪に埋め、たましいは別に高台にまつり塔婆をたてる。ほとけっぽの方は荒れるにまかせ、恐れて近よらない。写真の小川は血の瀬川呼んでいる。

ほとけっぽ（2）鹿島町屋形

塔婆塚の石塔婆
（1）
鹿島町小池薬師堂境内。殆んど皆文字のない自然石である。

塔婆塚の石塔婆
（2）

古墓（1） 日下石
これもほとけっぽであるが、時代的にはほとけっぽより新しいものである。

古　墓（２）寺内

埋め墓（１）長塚

これも屍を葬るところで石碑はずっと離れた所にたてる。

埋め墓（２）

埋め墓（3）

まいり墓（1）長塚

まいり墓（2）

石塔婆には稀に墨書の年号が残っている。元治というのも見られた。

浜 下 り の 行 事 (昭和32年)

江垂山王社神輿海岸に到着（相馬郡鹿島）
旧四月八日は神々が海浜に幸して潮を浴びる神事があったが，今にその名残をとどめている。

諸 芸 中 か ぐ ら の 奉 納 (同上)

寺内男山八幡社祭礼（相馬郡鹿島）
潮水を桶に汲んでくる。

潮 水 を 神 に 捧 げ る（同上）

第二編　一般小祠の考察

第一章　相馬藩における小祠の分布

一

藩政時代の神祠の類には、神仏混淆のため、当然仏教、道教、修験道等の影響を受けたものが多く、雑然たる感をまぬがれぬが、ここには民間信仰という広い意味で、当時ともかくも神祠として取扱われたものは一応網羅してみることにする。しかし数と種類とは時代によって異るから、なるべく正確を期する意味で、ここには藩政時代の最末期に成立した正史ともいうべき奥相志(註)所載のものに一先ず限定する。ただこの書は完成を前に維新に際会したために、山中郷、南標葉郷の部が欠けているから、該地方のもののみは新たに補なった。他に比して簡略であり、均衡を失している感のあるのはそのためである。なお分布図に意義を見出そうとする一つの理由は、かかる一定の地域に発生展開し来った小祠は、何が原因で右の結果になったのかを知ろうとするにある

はじめ相馬領全域の郷村別小祠分布表を作ってみたが、いたずらに尨大に過ぎて不便であるため、ここでは藩政時代の行政区でもあった郷別とした(次頁折込)。相馬北部より、宇多、北、中、小高、北標葉、南標葉、および山中の七郷で、各郷はそれぞれ数多い村に細分される。この村が大体後の大字に当る。

当時の全相馬領二七六個村の祠総数一、五八七を郷別にすれば、

郷名	村数	祠数	一村平均祠数
宇多	四〇	五一六	一二・八
北中	三〇	二七六	七・二
小高	四一	三二七	八・〇
北標葉	三二	一九三	六・〇
南標葉	二五	一八六	七・四
山中	二七	三二	一・二
計	三一	五七	一・八
	二七六	一五八七	

すなわち各郷平均にすれば二二六祠、全域の村平均を見るに一個村五ないし六祠程度になるが、実際は表の通りで宇多が断然多く、村平均一二祠を超えているのは、最後の城下町であった中村をもつ、いわゆるお膝下でもあり、祠の祭祀も心して続けられていたことにもよろう。南標葉、山中の少いのは、前述の通りの理由である。

祠数の多いのは、古い村、由緒ある村においても認められることで、宇多の中村は別としても小泉が多い。これは元禄の頃、藩主相馬昌胤が、京都の東山に擬して小泉を北山と称し、多数の社寺をここに集めて建立したことによるものと思われ、坪田も中村の南に連る丘陵で、土地の一霊地としたことによるかと思う。北郷で栃窪の多いのは、古い神社もあって、信仰的に早く開けた村のゆえか。小高はかつての城のあった地であり、北標葉の幾世橋は、これまた元禄頃信仰深い藩主の隠栖地であったことによると考えられる。しかし内面的な民間信仰によるものはとにかく、表立った祠などは、藩当局の指導いかんによってある程度多くも少くもなり得たのである。

この一五八七の神祠を、郷別に多い順より列記した場合、その郷の特色が出ていないかというと、これは顕著なも

郷村別小祠分布表(一)(宇多郷四〇ケ村)

	山神	稲荷	葉山	東照	田神	牛頭	熊野	雷神	疱瘡神	天神	塩釜	伊勢	白山	弁財天	神明宮	妙見	山王	滝明神	秋葉	愛宕	羽黒	八幡	湯殿	水神	幸神	荒神
中村	3	18					1	3	3	6	1	3	3	3		7	1		1	1	1				1	3
中野		2					1							1												
西山	2		1		1															1						
北飯淵			1			1																				
和田											1															
本笑			1	1		1	1																		1	
小泉	1	2	2	1	4	2	3		1	2		4	2	3		1	1			1						2
北小泉																										
新沼		1	1								1			1	1				1			1				
尾浜	1	1	2	1							1	1														
原釜			1	1																						
石上	1	1	1	1		1				1					1				1			1				
塚部			1																							
長老内				1			1								1							2				
椎木	1		1	1	1			1																		
大坪	1		1			1	1										1									
初野	3		1		1		1										2			1	3		1			
黒木	2			1	1	1	1	1					1		1	1			2							
小野	2		1	1	2	1		1											1					1	1	
山上	2		1	1			1						1					1							1	
入山上	5		1	1	1	1	1	1							1			4			1			1	1	
粟津	1																									
今田	3		1	1	1	1	1		1											1	1				1	
坪田		4	1	1			1	1									1					2				
成田	1	1	1	2	1	1						1												2		
富沢	1	1	1	1																		1				
日下石	1	1	1	1	1	1		1			1	1	1		1		1		1							
立谷	2	1		1	1	1			2	1		1	1	1							1		1			
赤木	3	1	1				1	1	2								1							2		1
柚木	2		1	1	1	1			1	1	1									1			2			
磯部	5	1	2	1	2	1	2	1	2		2		1	1	1			1		1			1			
蒲庭	3	2			1		1				1							1	1				1			
百槻													1		1											
馬場野	1	1	1	1	1	1	1		1																	
程田	1		1	1	1	1	1	1																1		
柏崎	1		1	1	1	1	1	1	1		1	1			1	1	1	1					1			
大曲						1				1																
新田	1	1	1	1		1		1			1				1											
岩子	1	1	1	1	1	1					1		1					1								
南飯淵		1	1	1	1	1																				
計	51	41	32	26	24	22	21	15	14	12	12	12	12	11	10	9	9	9	8	7	7	7	7	7	6	6

	諏訪	金毘羅	十二所権現	鹿島	津明神	勝善	貴船	富士	朝日神	赤木	八竜	大黒(甲子)	相馬天王	聖徳太子	三峯	月山	舟玉	安場明神	子安	藤堂権現	飯縄	大将軍神	豊年神	粟島	国王	古四王
中村	2	1					1						1	1	1	1								1	1	1
中野																										
西山																										
北飯淵																										
和田																										
本笑																										
小泉		1										1														
北小泉			1																							
新沼			1	1																						
尾浜		1	1	1	3												1	1								
原釜					1		1										1	1								
石上				1		1																				
塚部							1	1																		
長老内																										
椎木															1											
大坪	1																									
初野																1										
黒木	1					1			2										1							
小野						1																				
山上																										
入山上														1												
粟津																										
今田						1	1																			
坪田										1									1	2	1	2		1		
成田																										
富沢								1																		
日下石	1									1			1													
立谷										1		1														
赤木																							1			
柚木												1											1			
磯部		1																								
蒲庭											1															
百槻																					1					
馬場野				1																						
程田			1						1		1															
柏崎								1			1															
大曲																										
新田																										
岩子																										
南飯淵																										
計	5	4	4	4	4	4	4	3	3	3	3	3	2	2	2	2	2	2	2	2	2	2	2	2	1	1

	埡子	湯尾明神	青麻	体興霊神	円蔵神	斗倉	厳島	亀齢社	八郎明神	八手明神(春日)	矢大神	玄蕃明神	茶木明神	松尾	五竜明神	鳳神	白駒	川口明神	白狐神	根渡明神	金谷内神	天野明神	手長	天華神	足屋権現
中村	1	1	1	1	1	1																			
中野							1	1	1																
西山																									
北飯淵										1															
和田											1	1													
本笑																									
小泉													1	1											
北小泉																									
新沼																									
尾浜															1	1									
原釜																									
石上																	1								
塚部																		1							
長老内																									
椎木																									
大坪																			1						
初野																									
黒木																									
小野																				1					
山上																					1	1	1		
入山上																								1	1
粟津																									
今田																									
坪田																									
成田																									
富沢																									
日下石																									
立谷																									
赤木																									
柚木																									
磯部																									
蒲庭																									
百槻																									
馬場野																									
程田																									
柏崎																									
大曲																									
新田																									
岩子																									
南飯淵																									
計	1	1	1	1	1	1	1	1	1	1	1	1	1	1	1	1	1	1	1	1	1	1	1	1	1

	十二神	伊豆	池明神	因王神	若玉神	香取	都王神	多賀	住吉	剣社	赤鷲明神	五良権現	蘇々焼権現	狐塚明神	二宮権現	貝殻神	深田権現	寄木明神	信成神	乳房明神	四本木明神	日月宮	大塚神	己巳神	計
中村																								1	77
中野																									7
西山																									5
北飯淵																									3
和田																									3
本笑																									5
小泉																									36
北小泉																									1
新沼																									9
尾浜																									17
原釜																									6
石上																									13
塚部																									3
長老内																									5
椎木																									6
大坪																									7
初野																									14
黒木																									17
小野																									13
山上																									12
入山上	1	1																							24
粟津																									1
今田																									14
坪田			1	1	1	1	1	1	1	1															27
成田											1														11
富沢																									6
日下石												1													17
立谷													1	1											18
赤木															1										15
柚木																									14
磯部																1	1	1	1						30
蒲庭																									12
百槻																									3
馬場野																				1					10
程田																					1				11
柏崎																						1			16
大曲																									3
新田																							1		11
岩子																									9
南飯淵																									5
計	1	1	1	1	1	1	1	1	1	1	1	1	1	1	1	1	1	1	1	1	1	1	1	1	516

郷村別小祠分布表㈥（南標葉郷二七ヶ村）

	山神	八幡	稲荷	諏訪	妙見	愛宕	海渡・宮渡	鹿島	雷神	日吉	新山（山神・秋葉を含む）	葉山	熊野	青麻	幸神	大和久（妙見という）	勝善	計
長塚					1													1
鴻草								1										1
寺沢																		0
渋川						1												1
中田			1															1
上羽鳥									1									1
下羽鳥																		0
松倉																		0
新山		1	1							1								4
郡山		1									1							1
前田			1															1
山田		1																1
目追																		0
水沢																		0
細谷																		0
松追																		0
石熊	1																	1
熊					1													3
熊川				1								1	1					2
夫沢	2					1								1				4
小良浜	1													1				1
小入野							1											2
両竹			1	1												1		2
中野																		0
野上				1			1										1	3
下野上		1																1
大川原	1																	1
計	5	4	4	3	2	2	2	1	1	1	1	1	1	1	1	1	1	32

郷村別小祠分布表㈦（山中郷三一ヶ村）

	山神	愛宕	稲荷	牛頭	葉山	八幡	熊野	雷神	妙見	白山	古峯	臼石（愛宕）	八竜	加茂別雷	沼神	黄金山	月山	姥神	計
玉野				1															1
東玉野		1																	1
大倉	1				1														2
佐須	1																		1
臼石	1											1							2
関根																			0
前田		1																	1
松塚				1															1
須萱	1																		1
二枚橋				1					1										2
深谷	1			1	1														3
草野		1								1			1	1					4
八木沢	1																		1
小宮			1																1
関沢					1														1
伊丹沢																			0
沼平															1				1
芦股							1												1
飯樋		1	1	1		1		1			1								6
比曾		1	1		1		1												4
津島			1			1													2
下津島		1																	1
南津島			1	1		1													3
羽附							1		1										2
川房																			0
赤宇木	1																		1
昼曾根								1											1
落合	2		1																3
野川			1			1					1								3
上野川																1			1
葛尾	1	1					1		1								1	1	6
計	10	7	7	6	4	4	3	2	3	2	2	1	1	1	1	1	1	1	57

郷村別小祠分布表㊄（北標葉郷二五ケ村）

	稲荷	山神	東照	熊野	八幡	雷神	葉山	疱瘡	愛宕	秋葉	天神	牛頭	荒神	弁才天	白旗（八幡の一部を含む）	妙見	青竜	蛭子	三手倉鷲宮	水神	山王	白山	金毘羅	雨神	羽黒	鳳神	神明宮	狼神	箱根	八竜	塩釜	玉津島	市幸神
権現堂			1	1	1													1						1	1	1							
高瀬	1	3	1		1		1			1				1						1													
樋渡												1																					
牛渡											1																						
川添			1				1	1		1																							
北幾世橋	5	1	1	3	2	1	1	1	1	1	1			2		3	1			1	1	1	1									1	1
南幾世橋	1					2												1															
棚塩		1	1			1	1	1		1		1			2						1	1		1		1	1				1		
大堀	1	2	1		2	1	1		1				1							1								1					
伊手	2						1				1						1						1										
田尻				1																									1				
末森		1		1	1				1																								
小野田	1			1							1		1	1			1																
小丸	1	5					1	1											3										1				
谷田	1								1						1																		
酒井																																	
刈宿	1	1	1			1		1				1			1																		
立野			1	1																										1			
室原	1	1	1			1		1	1	1		1																1		1			
嘉倉					1		1																										
藤橋													1					1									1						
西台						1																			1								
酒田				1																													
請戸	1		1								1	1	2																				
外倉								2																									
計	16	15	10	9	8	8	8	8	5	5	5	5	5	4	4	3	3	3	3	3	2	2	2	2	2	2	2	2	2	2	1	1	1

	三宮	大将軍神	春日	住吉	朝日権現	夕日権現	諏訪	神馬明神	国王	二宮権現	貴船	天日ノ神	飯成五社明神	津明神	大杉明神	三島	三光明神	蛇神	一宮明神	伊豆	伊勢	地神	香取	乳明神	木守神	勝手神	産神	国造明神	刈宿明神	粟島	鶏足	七社明神	浮土明神	計
権現堂					1	1																												9
高瀬							1																											11
樋渡								1																										2
牛渡																																		1
川添									1	1																								6
北幾世橋	1	1	1	1																														34
南幾世橋																																		4
棚塩											1	1	1	1	1																			20
大堀																	1																	13
伊手																					1	1												8
田尻																																		2
末森																							1											5
小野田																																		7
小丸																1		1	1	1				1										16
谷田																																		3
酒井																																		0
刈宿																									1	1	1	1	1	1				13
立野																															1			4
室原																																1		11
嘉倉																																		2
藤橋																																		3
西台																																		2
酒田																																		1
請戸																																	1	9
外倉																																		0
計	1	1	1	1	1	1	1	1	1	1	1	1	1	1	1	1	1	1	1	1	1	1	1	1	1	1	1	1	1	1	1	1	1	186

郷村別小祠分布表四（小高郷三二ヶ村）

	東照	山神	田神	稲荷	八幡	熊野	牛頭	妙見	葉山	疱瘡	道祖神	雷神	白山（若野を含む）	鶏足	愛宕	天神
小高		1		1	1	3	2	1	1	1		2		1		1
南小高	1		1					1		1	1		2		1	1
大井	1		1	4	1	1		1		1						1
塚原														1		
岡田	1	1	1					1								1
吉奈		1											1		1	
片草	1	2			2						1					
小谷	1				1			1								
飯崎	1	1	1	1	1			1		1	1	1				
南鳩原	1				1											
北鳩原							1			1						
大谷						1				1						
金谷		1						1	1							
羽倉	1															
川房	1	2	1				1		1		1	1			1	
小屋木	1	1														
上根沢			1	1											1	
大田和				1			1									
神岡	1				1				1							
行津	1	1	1						1							
村上	1	1														
水谷		1	1			1	1							2		
女場	1	1									1				1	
神山																
角部内		1	1		1											
蛯沢		1	1	1			1									
上浦						1							2	1		
下浦	1		1			1					1	1				
浦尻	1						1		2							
蓬田																
耳谷	1			1												
泉沢																
計	17	16	11	10	9	8	8	7	7	6	6	5	5	5	5	4

	貴船	八竜	伊勢	弁財天	塩釜	白旗（八幡を含む）	富士	新山権現	秋葉	多賀	神明宮	金谷神	国王	雨神	出水神	九頭竜神	大年神
小高		1		1									1				
南小高	1		2		1					1				1	1	1	1
大井						1						1					
塚原				1													
岡田																	
吉奈						1											
片草																	
小谷																	
飯崎							1	1									
南鳩原																	
北鳩原																	
大谷																	
金谷									1			1					
羽倉																	
川房							1		1		1						
小屋木																	
上根沢																	
大田和																	
神岡		1															
行津																	
村上	1																
水谷																	
女場											1						
神山																	
角部内		1															
蛯沢			1														
上浦																	
下浦								1									
浦尻	1				1												
蓬田																	
耳谷									1								
泉沢																	
計	3	3	3	2	2	2	2	2	2	2	2	2	1	1	1	1	1

	高市神	金毘羅	風神	赤木明神	小松神	蚕養神	本社明神	子王明神	甲子祖神	住吉	諏訪	子安	豊年神	益田嶺	社地守神	水社明神
小高				1												
南小高	1	1	1		1	1										
大井							1	1	1	1						
塚原											1					
岡田																
吉奈																
片草																
小谷																
飯崎												1				
南鳩原																
北鳩原																
大谷													1			
金谷														1	1	
羽倉																
川房																
小屋木																1
上根沢																
大田和																
神岡																
行津																
村上																
水谷																
女場																
神山																
角部内																
蛯沢																
上浦																
下浦																
浦尻																
蓬田																
耳谷																
泉沢																
計	1	1	1	1	1	1	1	1	1	1	1	1	1	1	1	1

	姥明神	古四王	青竜	羽黒	大塚	安場明神	荒神	年徳神	産泰神	鷲明神	津明神	川口明神	滝場明神	鹿島	星宮	宮王	計
小高																	19
南小高																	23
大井																	17
塚原																	3
岡田																	5
吉奈																	4
片草																	7
小谷																	3
飯崎																	12
南鳩原																	2
北鳩原																	2
大谷																	3
金谷																	7
羽倉																	1
川房																	12
小屋木																	3
上根沢																	3
大田和																	2
神岡	1																5
行津														1	1		6
村上		1	1	1	1	1											8
水谷																	6
女場							1	1	1								8
神山																	0
角部内										1	1						7
蛯沢																	5
上浦																	4
下浦																	6
浦尻												1					7
蓬田															1		1
耳谷													1				4
泉沢																	0
計	1	1	1	1	1	1	1	1	1	1	1	1	1	1	1	1	193

郷村別小祠分布表㈢（中郷四一ヶ村）

	田神	東照	山神	雷神	稲荷	牛頭	妙見	熊野	八竜	葉山	白山	天神	若木	塩釜	鹿島	疱瘡	愛宕	山王	三島	津明神	神明	八幡	荒神	幸神	伊勢	荷渡・水渡	金毘羅	豊歳神
大原			1				1		1								1											
深野		1	3		1					1											1	1						
石神	1	1	1			1		1		1			1															
馬場		1	5	1					1																			
高倉		1	3				1		1		1																	
押釜	1	1	1							1																		
大谷																												
信田沢	1		1	1		1		3		1	1							2					1					
大木戸	1	1		1	1		1	1		1																		
牛越							1				1																	
北長野																									1	1		
長野																												
北新田	1	1	1	1	2			2											1					1	1			
上太田		1		1			1							1								1		1				
中太田	1				1		1		1	1												1	1					
下太田	2					1		1	1							1										1		
片倉										1																		
矢川原	1	1	1	1								1			2													
益田	1	1		1		1								1														
鶴谷	1	1							1																			
高	2	1		1	1	1	1																			1		
小木迫			1						1												1							
牛来	1	1						1	1																			
南新田		1	1	2	1	1	2			1	1	2				1		1	1								1	
桜井																												
上渋佐	1	1		1		2		1																				
下渋佐						1																						
高平	1						1		1				2			1							1					
北高平	1	2	1		1		1					1					1											
泉		1		1		1	1			1	1				2		1											
北泉													1	1														
金沢		1	1			1			1	1	1		2	1						1								
大甕	2		3	1	3	1	1	2	1		1	2		1		1		1						1			1	
江井	1	1	1	2	2		2	1	1	1	1								1									1
下江井	1	1																							1			
萱浜	1	1		1	1	1			1		1																	
雫	1	2				1														1							1	
小浜	1	1	1	1	2			1							1	1				1								
米々沢	1					1																						
堤谷	3	1			1		1	1	1		1								1	1								1
北原	1	1		1		1				1							1											1
計	29	27	26	18	17	16	16	15	14	12	10	6	6	5	5	5	4	4	4	4	3	3	3	3	3	3	3	3

	水神	住吉	伊曽部大神	足王	秋葉	風神	富士	子安	通り神	悪竜	石上	化粧光神	押雄	月山	押釜明神	高座(白山もいとう)	冠嶺	八剣明神	手長明神	諏訪	伯父太郎権現	甥太郎権現	子鶴明神	赤鷲明神	多珂	蔵王	和気明神	松尾明神
大原																												
深野	1	1								1																		
石神	1		1								1	1																
馬場				1																								
高倉																												
押釜													1	1	1	1												
大谷																												
信田沢																	1	1										
大木戸																												
牛越																			1									
北長野																												
長野																												
北新田																				1								
上太田																												
中太田								1																				
下太田																												
片倉																												
矢川原																					1							
益田																						1						
鶴谷																							1					
高																									1			
小木迫																										1		
牛来																												
南新田					1	1																					1	1
桜井					1																							
上渋佐																												
下渋佐																												
高平																												
北高平																												
泉																								1				
北泉																												
金沢																												
大甕		1	1	1		1	1	1																				
江井																												
下江井																												
萱浜																												
雫									2																			
小浜							1																					
米々沢																												
堤谷																												
北原																												
計	2	2	2	2	2	2	2	2	2	1	1	1	1	1	1	1	1	1	1	1	1	1	1	1	1	1	1	1

	滝尾社	照崎神	新山権現	太田姫神	羽黒	大磯明神(津明神)	大杉明神	物見岡明神	天野明神	聖権現	甲子(大黒)	貴船	思兼神	蚕養神	日祭	雨神	白狐神(稲荷)	粟島	弁財天	松島明神	聖徳太子	根元明神	白旗明神(八幡)	計
大原																								4
深野																								11
石神																								11
馬場																								7
高倉																								9
押釜																								8
大谷																								0
信田沢																								14
大木戸																								7
牛越																								3
北長野																								2
長野																								0
北新田																								12
上太田																								6
中太田																								8
下太田																								7
片倉																								1
矢川原																								8
益田																								6
鶴谷																								4
高																								9
小木迫																								4
牛来																								4
南新田																								20
桜井	1																							2
上渋佐		1																						7
下渋佐																								1
高平																								7
北高平			1	1																				10
泉					1	1																		12
北泉							1																	3
金沢								1	1															12
大甕										1	1	1	1	1										38
江井															1	1	1	1						16
下江井																			1					3
萱浜																								7
雫																								9
小浜																				1				13
米々沢																					1	1	1	2
堤谷																								13
北原																								7
計	1	1	1	1	1	1	1	1	1	1	1	1	1	1	1	1	1	1	1	1	1	1	1	327

郷村別小祠分布表(二)(北郷三〇ヶ村)

	山神	雷神	東照	稲荷	熊野	田神	牛頭	十二天	八幡	伊勢	疱瘡	八竜	葉山	神明	妙見	天神	水神	富士	白山	弁財天	湯殿	金毘羅	山王	愛宕	鶏足	秋葉	大黒	羽黒	降居神	千倉権現	聖権現
栃窪	2			1														1													
上栃窪	7	3	1				1	1		1	1	1		1			2			1	2	1				1	1				
橲原	2																														
角川原			1		1		1		1																						
牛河内			1	1		1	1																								
小池	1	1	1	1	1	1	2					1	1		1				1												
小山田	1		1	1																		1									
御山		1			1	1	1		1	1			1						1							1		1			
岡和田	1			1			1				1	1																	1		
浮田	1		1	2	3	2	1		1	1	1										1					1	1				
山下			1		1										1			1					1						1	1	
横手		3	1	1	1	2			1			1		1	1	1	1														1
鹿島		2		2	3				1		1				1	1			1											1	
南右田			1															1													
北右田	1	1				1							1			1															
江垂	1	2	1		1	1	1				1		1	1		1							2	1							
小島田		1	1		1	1		1				1	1		1																
川子	1	1	1			1		1				1	1																		
烏崎		1	1	1		1	1	1		1		1													1						
袋										1																					
大内		1	1	1			1	1							1	1				1				1	1			1			
塩崎	1	1	1			1		1	1				1							1											
寺内	1		1	1		1		1	1																						
海老		1	1	1		1	1							1								1			1						
北海老				2	2			1											1					1							
南屋形	2	1	1	1	2		1	1	1							1	1														
北屋形	1		1	1		1	1	1			1						1	1													
南柚木		1	1		1	1	1			4	1			2																	1
永渡									1																						
永田	1																														
計	24	21	20	18	18	17	15	10	9	9	7	7	7	6	6	6	5	4	4	3	3	3	3	3	3	3	2	2	2	2	2

	切部明神	磯部(豊年神)	勝子明神	青麻	白蛇権現	十二神	青竜権現	神山権現	子安	笠沼明神	若木権現	月山	粟津明神	伊豆	天野明神	清水権現	日天月天	鹿島	幸ノ神	御刀神	第六天魔王	貴船	浮津明神(鮭川)	真野明神	諏訪	金砂権現	清滝権現	塩釜	土神	多賀	計
栃窪			1																												5
上栃窪				1	1	1																									28
橲原							1																								3
角川原																															4
牛河内																															4
小池								1	1																						3
小山田										1																					5
御山											1	1																			12
岡和田													1	1																	8
浮田															1																17
山下																1															8
横手																	1														16
鹿島																		1	1												15
南右田																															2
北右田																				1											6
江垂																					1										15
小島田																															8
川子	1																														8
烏崎	1																					1									11
袋																							1								2
大内																															11
塩崎																															8
寺内																								1	1						8
海老																										1					9
北海老																											1	1			9
南屋形																															12
北屋形		1																											1		11
南柚木		1																												1	15
永渡																															1
永田																															1
計	2	2	1	1	1	1	1	1	1	1	1	1	1	1	1	1	1	1	1	1	1	1	1	1	1	1	1	1	1	1	276

のはない、結局小藩で土地がせまく、国替えもなく、上の威令が隅々までゆき渡っていたために、言語風習の差はあまりないから、信仰とても同様なのであろうと考えられる。ただ細部にわたって検討すれば、多少の相違は無論見られ、注意すべき点も多々目につく。例えば各郷を通じて多いのは山神をはじめ、稲荷、熊野、雷神等で、田神、疱瘡、牛頭なども多い。いかに昔の生活が耕作や山仕事に依存し、天候を気にし、病気を恐れたかがわかるのであるが、葉山の信仰なども各村に根強く存在したことが看取される。また東照の多いのは別にもいうが時の政府におもねらざるを得なかった封建制下の悲しい姿の一つでもあったらしく、恐らく一村一社ずつつくれとの藩の示唆があったらしく、あるいは新しく、あるいは昔から名のみ残って祭神不詳のごんげんに東照を当てたものではないか、いわば官製の、信仰の伴わぬ祠であったかと思う。そうでなければ、藩時代に極度に高率を示したにかかわらず、明治以後はほとんど影をとどめなくなった筈はない。妙見もまた藩主の氏神であったから、特に大事にされたようであり、信仰の強制は無かったにしても圧力はある程度感じられたに相違ない。

相馬は山中を除いて各郷とも海に面しているため、海の信仰も盛んであり、また塩を製する所には塩釜を祀った。また白山は曹洞の寺院の守護神となっているのが目立つ。ただ他郷に多い前記東照が、明治後の資料による山中郷にないのは当然としても、南標葉に一祠もなかったり、他にあまりない十二天宮が北郷に数多く見られたり、田の神にしても南北標葉に全く見られぬのは不思議である。同じ領内でありながら異るのは種々の原因が考えられようが、田の神などは恐らくなくてすまぬものであるから、資料として出す際に、別の名ある祠に直してしまったことも考えられる。事実南北両標葉および山中に田の神はなくて稲荷が頗る多く、また雷神も見られるのは、これを裏書しているとも思われる。

(註)奥相志。稿本、相馬家所蔵。宇多郷四六巻、中郷四二巻、北郷三二巻、小高郷三二巻、北標葉郷二六巻、計一七八巻。相馬藩において藩士斎藤庄八郎完高をして編纂させたもので各村の地勢、田秩、戸数、人員、地名、神社、仏閣等より村により伝説、故事、産物、武

夫、社家、その他に及ぶ。南標葉郷と山中郷が出来ぬうちに明治維新になってしまったが、明治四年四月奥相志編纂の功により完高は藩主より賞せられているから一応この年を奥相志の出来上った年としてよいと思う。

二

次に祠を類をもって分ち、多い順に見てゆけば種類別小祠表の通りになる。これは郷別のものよりは多少整理して同種のものをまとめた。例えば幸神と道祖神、多賀と多珂はもとより、日吉と山王を一つにし、水渡、根渡、鬼渡、鷄等を一つにし、八竜、五竜、青竜、悪竜、九頭竜神等も同種類の竜神と見た。甲子と大黒を、大杉と安波、滝と滝場、妙見と星宮、産泰神と子安神なども一緒にして見た如きである。しかし多分そうであろうと思われても確実な資料のないのは一応もとのままに別にしておく。

すなわち全域を通じての祠の種類は一六二祠(内二祠以上あるもの八八、一祠のもの七四祠)で、延数一四九〇祠となる。多い順よりいえば山神の一四四祠、東照の一〇一祠、稲荷の九四祠、田神の八一祠、熊野七八祠、牛頭七四祠、葉山七一祠、雷神六八祠、八幡五一祠等で、妙見の四四祠以下これに続く。中にも山神は最も多く全祠数の一〇%弱に当る。これは木伐り、薪とり、炭焼狩等によることはむろんであるが、農村にも多い所をみれば、葉山などと共に農家の信仰もあつく、安産、火難、盗難から、漁師は豊漁を祈るといった広い信仰の結果によるものと思考される。山神で特に崇信されたのは山中郷佐須の山神で、ここの分霊を祀った祠も多い。農家に年中行事として行われている山神講の如きも、講としては最も広範囲に、また盛んに行われているもので、そういう点では他に比類を見ぬ位である。

三

次に分布の中、山関係、農関係、海関係の祠を一瞥すれば別掲農山漁村関係祠の分布図の通りで、山には山神、農には田神、稲荷、雷神、三山(月山、羽黒山、湯殿山)、海には八竜等の竜神をはじめ、安波、貴船、住吉、津、塩釜、金

種類別小祠表

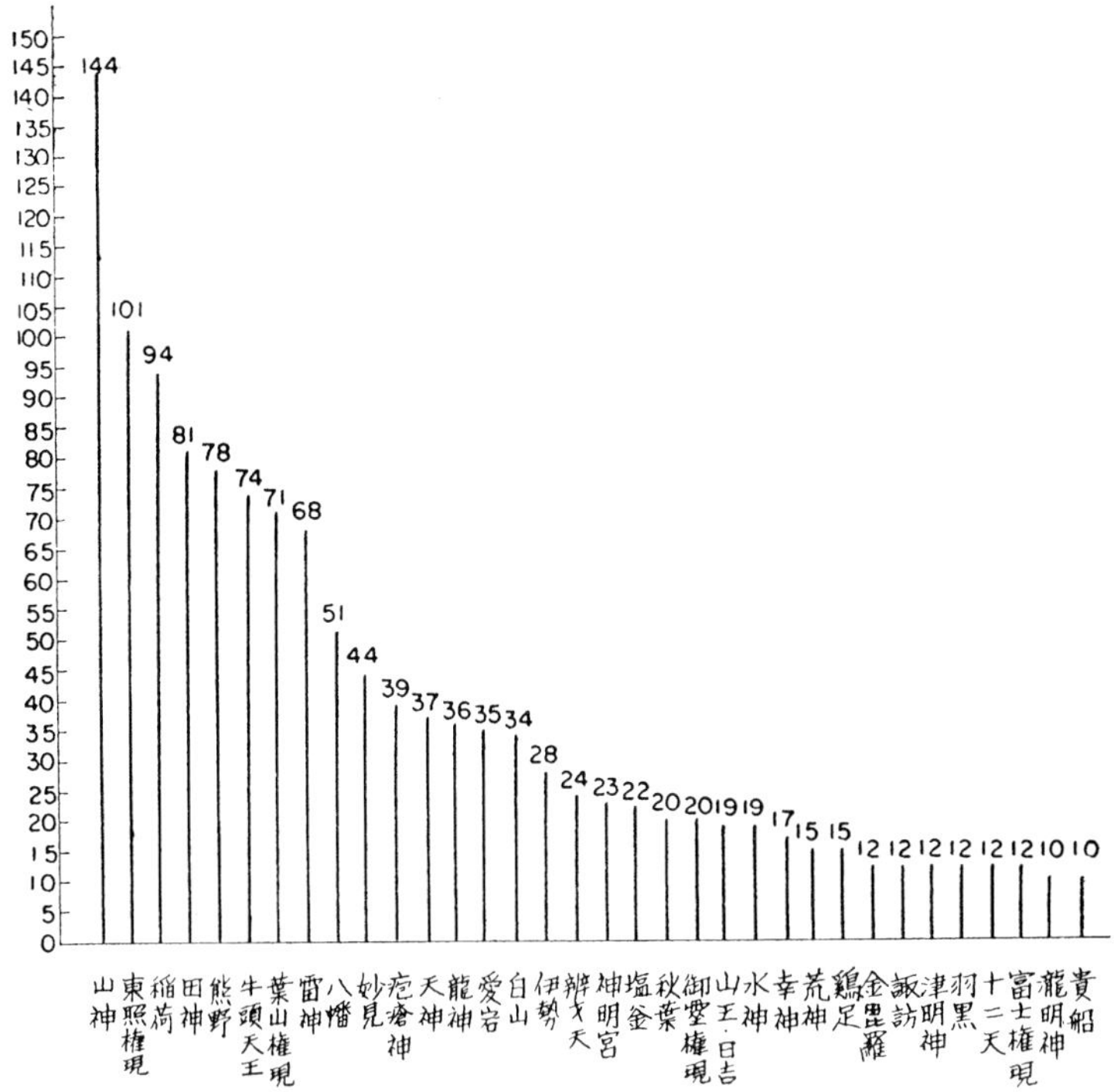

9祠以下のもの

9〔湯殿、鹿島、磯辺神〕
8〔大黒天〕
7〔子安明神〕
6〔風神、鷲明神、安場明神〕
5〔白旗明神、雨神、三島、多賀〕
4〔日·月神、青麻権現、赤木明神、月山、住吉、淡島、姪子、新山権現〕
3〔聖権現、朝日権現、聖徳太子、伊豆、馬神(勝善以外)、船玉、天明神、金谷神、若木権現〕
2〔十二所権現、十二神、姥明神、寄木明神、蛇神、狼神、松尾、大塚権現、乳明神、箱根、勝善神、香取、降居権現、古史王神、足王神、千倉権現、手長神、剱明神、春日、通り神、石上明神、三峯権現、古峯神、飯縄神、遠々権現〕

農山漁村関係祠の分布図

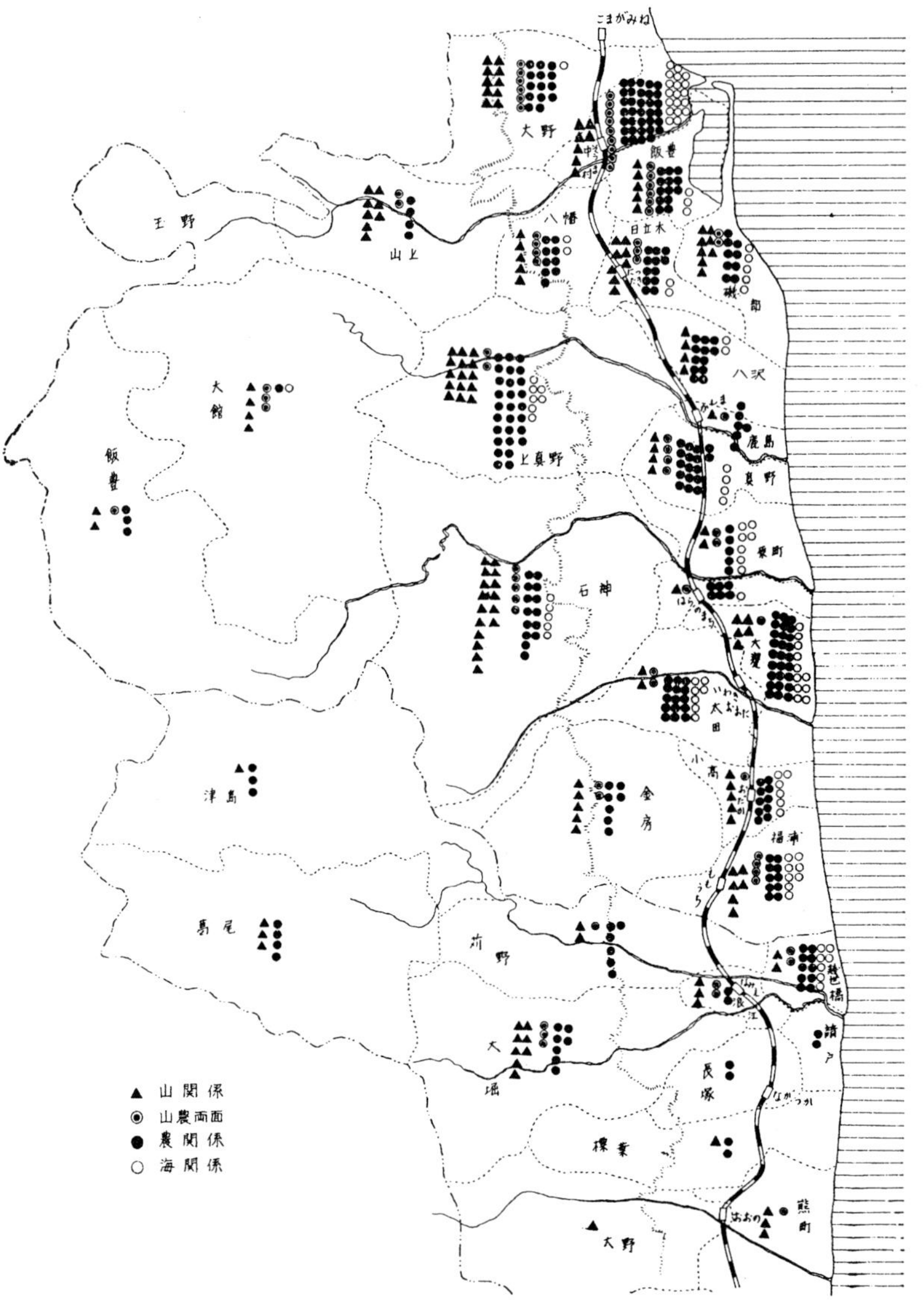

毘羅、舟玉等の祠が見られる。ただ葉山は山神、田神の両面をそなえ、信仰も半ばしているため特別に取上げてみた。この外みわたりなども農村と海村にわたって、両面の信仰をもっているが、その外の信仰も混入しているのでこの表からは一応省いた。

この表でみると、前述のように山神は農村にまでおよび、はやまは山村と農村の間に位置し、海神は海村のみでなく農村まで入りこんでいる。ことに竜神の場合などは雨をつかさどるゆえに、農村との結びつきが密接である。祭の日に浜に下る八竜は特に多いと思われる。また、漁師は沖に出て山を見、方角を見定めるばかりでなく、山神にも豊漁を祈るから、山と海との結びつきもないわけでない。

数の多いのでここに入らぬのは牛頭熊野等であるが、熊野も古くは作神信仰であった名残りが充分に認められる。

四

次に祠堂の類の、地名、ことに小字名になって名残りを止めていたのも相当に見られるのであるが、例えば石上にある白鬚、山上にある幸神という地名、下北高平の荷渡、泉の根渡、立野の庭垂、益田の塩釜、立谷の山王、上栃窪の道陸神という地名、その他非常に多い。しかし数よりいえば、同じく場所を表すにしても、宮前とか宮後、葉山迫、諏訪西などいう用い方をした方が多い。祠堂そのものでないが、大木戸の仏場、室原の堂場内、成田の遠々塚、富沢の火明など信仰上注意したい地名も見られる。宮田、神田、仏供田の類もかなりある。

小祠関係地名表（細字は所在地を示す旧村名）

荷渡下北高平　根渡泉　庭足前粟津　庭垂立野
三島南新田　三島沖南新田　三島迫塚原
熊野前泉・角川原・両島・信田沢・江垂　小熊野今田・北幾世橋・棚塩　大熊野北幾世橋　熊野林栃窪　熊野沢小丸　熊野平大谷
妙見前大亀・小島田　妙見平小谷・大井　妙見迫江井
天神高瀬　天神谷地上北高平・大曲　天神前今田・小野田・横手・岡田　天神沢江垂　天神淵請戸
八竜百槻・入山上・北右田　下八竜百槻・大曲　八竜前萱浜・牛来・新田　八竜

迫立野　八竜内室原　八竜崎耳谷
八幡西坪田　八幡原坪田・角川原　八幡下今田　八幡田片草　八幡林寺内
諏訪西黒木　諏訪前黒木・日下石・塚原　諏訪田黒木・寺内　諏訪後大坪　諏訪
原高瀬・塚原
塩釜益田
葉山初野　葉山下今田　羽山下矢田　葉山曾根西山　葉山迫柚木
白鬚石上　南白鬚石上
鹿島前新沼・馬場野　鹿島後馬場野・石上
羽黒初野　東羽黒平今田　西羽黒平今田　羽黒堂鳥崎
勝善黒木　東勝善黒木
田ノ神下浦　田神塚中太田
天王前成田
祇園大坪
幸ノ神山上・入山上　幸（さや）ノ前鹿島（幸神あり）　幸前下浦（道祖神あり）　幸神
山上・今田　幸神曾根山上
道陸神上栃窪
道神川子
白山福岡
山王立谷
若宮塚部・南屋形・永田　若宮前南屋形
御稲荷高　稲荷（とうが）萱浜　稲荷前立谷・富沢・矢田　稲荷田北右田
金井神高　金谷内初野　金谷地山上（金谷内神あり）　金谷原入山上　金谷前
権手　金谷迫　泉沢

山神川子　山神前初野・大坪・山上・上栃窪・女場・高倉
神明女場　神明前岩子・益田・新沼・日下石・上栃窪・横手　南神明前岩子
水神米々沢　水神下南柚木　水神崎金沢　水神沢大堀
大塚牛来・北原　御塚北請戸
雷（いかづち）新田・南小高・請戸
貴船前塚部
池神前坪田
十二神入山上
愛宕前矢田
七社室原
唐神横手　唐神沢横手
新山小池（神山権現あり）
剣宮北右田（御刀神社あり）
蛭子堂権現堂
遠々塚成田（遠々権現あり）　遠々林今田（遠々権現此地より出現）
宮前上高平・泉・小屋木・中太田・矢田・深野・小池・水谷・大内・南柚木　宮前
下小池
宮後上高平・小屋木・上栃窪
宮上室原
宮下南新田・刈宿・室原・上栃窪・姥沢（えびざは）
宮東坪田
神ノ前堤谷・高倉
宮林矢田

神ノ内田尻・末森
石ノ宮南屋形
明神山上・南新田　明神前中野・袋・請戸　明神下入山上　明神山泉・大亀　南明神百槻　北明神百槻　大明神福岡　大明神北ノ坪福岡
本宮南新田
権現下尾浜・雫・山上・坪田・富沢・入山上・今田・酒井・矢田・北幾世高　権現壇高・片草　権現森富沢　権現沢寺内
御山下栃窪（葉山のこと）
勝子沢栃窪（勝子神をまつる）
宮田小谷・山上・富沢・刈宿（標葉氏神田を寄附云々）・立野・寺内・川子・烏崎
神田金谷・萱浜
禰宜内高瀬
浜井場上栃窪
仏供田金谷・米々沢・南屋形
仏ノ前下江井
観音堂大井　観音前大亀・新沼・藤橋
薬師堂高・岡田・黒木・北右田　上薬師堂馬場野・石上・立谷　薬師前堤谷・泉沢・北幾世橋・請戸・堤谷・下浦・塚原　薬師後立野
大師堂大原・請戸　大師前程田・大井
阿弥陀堂北飯淵・大原　阿弥陀堂前高
般若堂黒木
弥勤堂高
十王堂岡田　十王前高　十王田鹿島
地蔵堂北泉・鹿島・吉奈　六地蔵前請戸　南六地蔵前請戸　地蔵前江井・今田・立谷
荒神前片草　荒神大井
釈迦前牛来
千躰前新田
聖（ひじり）堂大坪　聖沢川添・田尻
毘沙門堂坪田
如来堂矢田・南屋形
堂前益田・小木迫・小野田・浮田・横手・塚原・高倉・江垂・矢田　南堂前小木迫
堂後下高平
堂下下北高平・上栃窪・北右田・大原
堂ノ内矢川原・室原・泉沢
堂ノ北金谷　堂東小野田・南屋形
寺前下高平・泉・中野・馬場野・石上・川添・下浦・烏崎
寺内馬場野・小野田
寺下烏崎
本堂大木戸
六道ノ辻岩子
経塚下北高平　経塚沢雫・南屋形・北幾世橋
若王子前成田　善光寺塚部　仲善寺小野田　寿性寺迫横手　上長命寺田鹿島　神宮寺前北幾世橋　地福寺後北幾世橋
乱墳（とう）前立谷　蘭東前矢田
丈六高瀬　丈六天江垂（丈六天祠あり）
尾狼沢長沢

御壇西請戸（御壇の地名はこの外数ケ所にあり）　火明富沢（火明又は火明森はこの外数ケ所にあり）
上姥田小屋木　下姥田小屋木　姥田鹿島・南小高・大井　姥迫下浦　発加羅坪田・村上（この外にもあり）　神長倉室原　延命田南屋形
和尚道請戸

以上挙げた地名は、主に奥相志の小字として存するものであるが、当時の村名にも、御山、鹿島、寺内、石神、大悲山、神山、権現堂、寺沢、宮ノ迫など若干見られる。

第二章　小祠の分類

小祠は信仰の結果の発生であり、信仰は生活の中に培われて来たものと見て、分類の基礎を、生活に則した信仰において考えたい。すなわちそれは「神を必要とする生活」の分類でもある。生活に必要な所に必要なだけの神は発生し、成長し、必要度が薄れれば亡び去る運命を負うものと見る。しかし実際に臨めば、そう割り切った分類の出来ぬことはもちろんであって、大きく外来神ないし勧請神と、その土地に発生した神、少くともその土地に古くから居ついた神と、この二つに分けて見ることもやや可能であり、また神の性格や機能よりする分類、すなわち主に神の本質より見た場合と主に機能より見た場合とこの二つに分ち、これを細分することもあながち不可能でない。しかし何れにしても不完全のそしりを免れぬとすれば、むしろ上述のように、人間の生活に必要なことから生じた信仰の分類にしようと思う。しかしこれとて例えば水の信仰と一口にいっても、水の霊そのものを神として祀ろうとすることもあろうし、水の霊力なりはたらきなりを讃え感謝することもあろうし、また水の威力を恐れ畏むことも、そしてその危害より救われんと乞うことも、水の配分を掌る神と見たり、水を守って貰う願をこめてまつることもあろうという風に千差万別であるから、神の本質と機能とを截然と区別しようとするのはよくないと思う。その両面を兼ね備えて、必要に応じてふくらみまたはしぼみつつ、時と場合に応じて、神をして応分の霊力を発揮させて現在に至ったのである。すなわち神をつくったのは人間だからである。

以下の分類は、主として奥相志に見られる相馬領内の神祠によって行い、多少相馬周辺のものを以て補った。空欄は、相馬にその実例を見ぬものではあるが、当然考えられる項目であるゆえに記したに過ぎない。

その一

1日月星辰等に関するもの

日　日月の宮、日天月天、朝日権現、夕日権現、天日の神、三光明神(日月星)、その他日祭、日待月待の信仰など

月　二十三夜の信仰

星　星宮、妙見、北辰星王

2風雨雷等に関するもの

風　風神(風の霊、風のはたらき)、諏訪(風波を静める)、天王(荒除け)

雨　雨神、雷神(風雨順時、ことに降雨を祈願随って作神としての信仰)、滝明神(降雨祈願)、貴船(風雨順時、竜神系)、八竜(雨を司る)、青竜権現(旱に祈雨)、悪竜権現(雨を司る、水害をのぞく)、竜神、雨の宮、はやま(雨乞)

雷　雷神(雷の霊、雷よけ)

3山川海淵滝等に関するもの

山　山神(山の霊、山を守護)、月山、羽黒、湯殿、葉山、大塚、社地森祠(金谷)、社地神(大原にあり、山神というが道祖神との説もある)、三島、新山明神(飯崎にあり、にいやまとよみ、祭神やまつみ)、富士、白山

川　川の神(水神)

海　海神、貴船(竜神系、海上安全)

滝　滝明神、滝場明神、清滝権現

淵

沼　沼神社

池　池明神

井戸　井戸神

泉

4水火土石金等に関するもの

水　水神(水の霊、水で怪我せぬよう、水利用感謝、水の危険より救われる、雨乞)、水渡(水の配分、灌漑、多い祭神は天水分天村雲)、竜神(貴船も竜神系)、出水神、清水権現、霊泉(温泉鉱泉)、悪竜権現(水の害を恐れてまつる)、大蛇河童の類、水天宮

火　愛宕、秋葉(共に火の霊、火を司る、火伏)、荒神(火の霊、火の守護)、鹿島(火伏)、竈神(おかまさま)、古峯原信仰、金谷神は荒神らしい

土　土神、土公神、地神もか

石　立石明神、石剣石棒、陽石陰石等、石神、石上等の地名

金　かなやまびこ

5草木等に関するもの

草

木　木守神、神木の信仰

6鳥獣虫魚貝等に関するもの

鳥　小鶴明神(鶴の霊)、鷲宮(鷲の威霊)、白鳥明神(やまとたけるの関係)

獣　子眉嶺神(駒ケ嶺にあり、延喜式内社、総前、勝善などいう)、馬神、熸神、馬頭観音、馬力神、駒形神の類、神馬明神(名馬の霊)、狼神(狼をまつり狼害をふせぐ)、猫の供養碑(石城)

虫　蛇神(小丸にあり、しかし一般に蛇霊、蛇類などと呼ばれるもの各村に多く存在)、虫供養の信仰

魚　魚の供養碑(石城)

貝　貝殻神（霊力のある貝殻）

7氏や人に関するもの

氏霊　氏神（妙見は相馬氏の氏神、八手神は春日で藤原氏の氏神と伝える）

人霊　霊

大将軍神（藩主昌胤の霊）、市幸大神（昌胤の霊、市神と一緒にしたらしい）、東照権現（家康）、伯父太郎権現、甥太郎権現（それぞれ伯父甥の霊をまつる。共に相馬重胤の臣）、五郎権現（鎌倉権五郎景政の霊）、玄蕃明神（玄蕃の霊）、朝日権現（朝日長者の霊をまつるという。伝説的においが強い）、国王社（将門の霊）、亀齢社（相馬恕胤の霊）、相馬天王（相馬師常の霊）、照崎社（小野篁の霊）、常朝明神（塩田を開いた常朝の霊）、信成祠（佐藤信成の霊）、因玉祠（相馬因胤の霊）、剣社（相馬外天義胤の霊）、都玉社（相馬都胤の霊）

外に生祠（但し新しい、尊徳の弟子荒至重をまつる右田神社、石城には本田忠籌をまつる祠あり）、怨霊祟霊等

荒人神（諸所にあり、寃罪死者の霊を普通いう）、天神（道真の霊）、体興霊神（門馬隆経の霊）、円蔵権現（円蔵の霊、一種の城隍神）、八郎明神（為朝の霊）、若玉祠（門馬式部信経の霊）、聖権現（高野聖の霊）、殺されたと伝える行者の供養碑など

8その他の神霊精霊怪異等に関するもの

姥神（老婆の霊という）、竜神、青竜、五竜、悪竜等、川口明神（竜神という）、手長足長明神、浮戸明神（漂着神女）、劔大明神（劔の霊）、劔宮、寄木明神（漂着の寄木）、河童、天狗の類

その二

9農耕穀物等に関するもの

農耕　田神、作神、山神、葉山、大塚、熊野、作神としての羽黒、月山、湯殿、雷神、農神（北原）、諏訪（農耕神の信仰一部にあり）、荒神（同上、石城）

農家守護　伊勢大神宮（農家の護神）、磯部大神宮（豊年宮ともいい、農家の護神という）、貴船（風雨順時を祈り、農業神ともなっている）、甲子祖大神、花園権現（石城）

田　　田神、山神

穀　物　稲荷、うがのみたま（穀物守護、穀霊）、年の神

五穀豊熟　稲荷、雷神、大黒、豊年神

土地開発　伊勢大神宮（新しく開墾して新家を営む時、先ず祭るは多くこの神）、山王、磯崎

10養蚕紡績等に関するもの

養　蚕　大黒、養蚕神

機織紡績　棚機神社（新しいもの）、天日鷲神

11漁業航海等に関するもの

漁業　諏訪（豊漁）、稲荷（同上）、あんば（同上）、舟玉（同上）、山神（山の神は山にあって海のものをよぶ）、浮津明神（鮭川明神ともいい、鮭漁を祈る）、妙見（石城）

航海　みわたり（航海安全、祭神わたつみ）、浮戸明神（海上安穏、舟行安全）、舟玉（船内安全、航海安全）、金毘羅（貴船、住吉、共に渡海安全、舟にこれらの神名をつけたのが多い）

運搬　みわたり（荷わたりともなっており。荷物の安全運搬）、貴船、住吉（共に穀船安全）

船舶　舟玉（舟の霊、舟の守護）

港湾　津明神（港湾繁昌、船舶安全）

12製塩に関するもの

塩釜、玄蕃明神、常朝明神（製塩および塩場守護）

13狩猟金掘山仕事炭焼等に関するもの

狩　猟　山神、諏訪
金　掘　山神、かなやまびこ
山仕事　山神
炭　焼　山神

14商業市等に関するもの
商　業　えびす、大黒、鷲宮（商売繁昌金持になる）
客寄商売　稲荷（殊に料理屋など）
市　　市神（市の繁昌）、幸の神（道祖神）

15その他の諸職に関するもの
酒　造　松尾神
鍛工陶工　荒神（火の守護）、金谷神（三宝荒神といい、昔金を吹いた人々これを祭ったか）
大工瓦工いかけ屋等　いずれも聖徳太子（聖徳太子は職人の神様という）

16牧馬に関するもの
妙見（馬匹保護、馬による怪我、野馬追安全）、勝善（馬の安全）

その三

17病気怪我の予防治癒等に関するもの
疫　病　疫神、天王、八郎明神（為朝の霊）、第六天王（石城）
疱　瘡　疱瘡神、もがみさま、若木神、八郎明神（為朝霊）、湯尾明神（本社は越前湯尾山という）、住吉（このことのある神あり）
麻　疹　白鬚明神

中　風　青麻
婦人病　粟島、幸の神、花園(石城)
肩のこり頭痛　しんめい神
足　患　足尾神(足の病、足を丈夫にする)
咳　にわとり権現、片岡さま(石城)
性　病　幸の神
耳　病　幸の神
眼　疾　山王、茶木明神、薬師
歯　痛　羽黒、白山、薬山(本地仏　薬師)
その他一般治病　甲子祖神(おおなむちをまつる)
怪　我
ひきつけ　斗倉

18火盗難その他災厄除去に関するもの

火盗難よけ　山神、しんめい神、古峯神、三峯山権現、愛宕、秋葉(共に火よけ)
水難よけ　水天宮、水神
虫よけ　しんめい神、虫祈禱の信仰
狼よけ　狼神
鼠よけ　蛇神
厄よけ　藁人形の牛頭天王など(石城)

祟よけ

19延命息災運命長遠等に関するもの

しんめい神、千倉(運命長遠)、多賀(坪田にあり、寿命をつかさどる)

20禁厭呪力等に関するもの

姥神、行者の霊、泥棒よけの藁人形、油でにた人形、磯崎祠、おおなむちすくなひこな

21吉凶予知に関するもの

葉山、しんめい(男女一対)

22武勇賊平定等に関するもの

勝軍地蔵、大将軍(相馬昌胤の霊)、鬼渡(坂上田村麿鬼退治)、妙見(軍神)、諏訪(同上、しかしこの地方では特に目立ってない)、鷲宮(弓箭守護)、伊豆、箱根(共に武家尊信)、古史王(蝦夷鎮護神という)、伯父太郎甥太郎権現（相馬重胤臣門馬某の霊、弓箭守護)、八幡(戦勝、武勇、武運長久)、白旗明神(八幡の場合)、鹿島(戦勝祈願、武運長久)、香取(同上)、八竜(武勇、武運長久)

23先導に関するもの

道祖神(さるたひこ)、鷲宮(先導戦勝に導く)、塩釜(先導)

24福徳開運出世財宝等に関するもの

貴船(開運出世)、弁天(福徳、子孫繁栄)、けえさらばあさら(福徳)、厳島、金華山(弁天)、大黒、えびす(蛭子)

25子授安産子育に関するもの

赤木明神(安産守護)、山神(安産)、八幡、鹿島(安産)、花園(子育、石城にあり)、乳房明神(乳の出を祈る)、乳明神、産神(刈宿にあり)、子安明神、子安観音、産泰神(何れも安産子育)、千手観音(安産)、このはなさくや(浅間)、塩釜、幸ノ神(子授)

26行旅安全に関するもの

道祖神（幸ノ神）、行路神としての庚申、足尾（足の病気をも祈る）、鹿島（鹿島立ちの語あり）

27学問芸術遊戯運動等に関するもの

学問　天神（よみかき）、玉津島（和歌上達）

芸能　弁才天

蹴鞠　さるたひこ

28陰陽方位暦法等に関するもの

大将軍神（閉塞をつかさどる）、天華神、陰神、陽神（金砂権現は上海老にあり、陰神として沙土煮神をまつるという）、金神（主に方位をつかさどる）

29男女和合縁結恋愛等に関するもの

道祖神、幸の神、社地神（大原にあり幸の神という説がある）、聖天、山神（縁結）

30境四隅守護防塞鬼門除け等に関するもの

幸の神（賊をふせぎ疫病侵入をふせぐ）、山神（粟津、石城勿来等にある例、岐の神としての信仰がある）、古支王、矢大神（門守の神）、みさきの神

31利殖に関するもの

えびす、大黒、庚申、二十三夜

32智恵思慮等に関するもの

思兼神、弁才天（智恵）

その四（雑）

33漂着した神

寄木神

34天降った神

降居権現、古箕明神（石城）

35遊行を好む神

しんめい（男女）、粟島

36年毎に訪れ来る神

正月神

37渡来神

新羅明神

38護寺神ないし仏教に関係ある神

白山権現、十二天、歓喜天、第六天

39男女対をなしている神

しんめい

40物を神として祀った例

真野明神（坂上田村麿の笛という）、兜祠（石城にあり、義家の兜と伝える）

第三章　相馬における神々の伝承とその考察

この章は主として相馬家所蔵にかかる稿本奥相志の記載により、小祠を中心としてその分布異同等を見ようとしたものであるが、考察の資料は多少相馬以外にも及んだ。また、大塚権現やみわたり権現その他、文献が乏しいために実地調査によって補ったところも多いが、何れにしても村々に残る神々に関しての古老の伝承におもきを置こうとしたものである。

第一節　水神、海神、竜神の伝承と考察

一　水　神　信　仰

○水渡権現（一五祠）

（名称）みわたり、にわたり、ねわたり、にわとり、みわたし、にわたし、おにわたり、けいそく。水渡、庭渡、庭足、二羽足、荷渡、新渡、宮渡、宮当、海渡、鶏足、庭垂、鶏、二渡、鬼渡、見渡、見当、三渡、根渡、三谷渡、御渡、三輪渡、子渡、水雲、水分等の字を当てる。権現または明神。

（分布）

（宇多郷）小野

（北　郷）烏崎　大内　上海老

（中　郷）下太田　北長野　高

(小高郷)　上浦　塚原　水谷(二)　小高
(北標葉郷)　立野
(南標葉郷)　野上　小入野
(異同)

以上は相馬における分布であるが、この権現は田村安達両郡が大体中心であるらしいので、参考に福島県各郡の主なる社の数と文字に当てた名称とを、県の神社名簿によって拾って見れば、

信夫郡	八社	水雲
伊達郡	九社	庭渡・水渡・水雲
安達郡	二四社	三渡・二渡・三輪多理・水雲
安積郡	三社	二渡・鬼渡
岩瀬郡	一社	二羽足
南会津郡	六社	庭渡・鬼渡
北会津郡	一社	鬼渡
耶麻郡	一社	鬼渡
河沼郡	六社	鬼渡
大沼郡	四社	二渡・鬼渡・庭渡
東白川郡	六社	根渡・鬼渡・荷渡
西白河郡	一〇社	庭渡・根渡
石川郡	一社	庭渡
田村郡	二四社	三渡・見渡・二渡・子渡
石城郡	六社	根渡・庭渡・三谷渡・水雲・水分
双葉郡	四社	見渡・海渡・宮渡
相馬郡	二社	鶏足・二羽渡

以上は大体もとの村社以上位のものであり、文字は当て字が多く、これとて同じ地方では同じような字を使っている傾向があり、信夫では何れも水雲を、伊達でも大てい水雲、安達では三渡を、東白川は根渡、西白河は庭渡、田村は見渡を多く用いている。よみ方は多くはみわたりである。北長野などのはにわたしであった。ねわたりはすさのお尊を祀るものでみわたりとは別なりとの説は首肯出来ず、またにわとりは別系統という説もおかしいと思う。前記のものはすべてもとは同じものだったのに、信仰が後で分れたものと思われる。

現在の新しい祭神名を以て古来の祭神を決める事はほとんど不可能であろうが、明治維新の変動期ですら、信仰その他において古くより存在した何か由来伝承に基いて新祭神を当てたことの多かった実状よりすれば、これも一つの方法として考えられてよかろう。県下のもと村社以上のみわたり五十一社について調査してみると、直接あるいは間接にとにかく水に関する神なることがほぼ想察出来る。もっとも合祀神もあれば祭神の変更等もあろうから、確かなことはこれだけでわかるわけはない。安達郡杉田の三渡の如き最も甚しい例で、天水雲命の他にいざなみ、すさのお、あめのこやねの命等の十三神ほどを祀るという賑かさで、こんなのは外には無いが、二、三神位の合祀の例は幾つか見られる。しかしそれとても中の一神は水とか雲に関するものである。ただ安達郡嶽下の須佐之男を祀るもの、双葉郡久之浜の国常立を祀るもの、大沼郡旭の船玉を祀るもの、東白川郡の面足惶根を祀るもの、田村郡守山の宇迦魂を祀るもの、相馬郡新地の高良玉足櫛明玉山津見三神をまつるもの、石城郡大野の邇々杵磐余彦を祀るもの、平市平窪の日本武尊を祀るものとかは実は珍しいのであって、これ等以外は左のような祭神である。

天御雲神	二社
天水雲神	四社
天水分神	七社
国水分神	五社
天村雲神	一六社
水波女神	四社
水速女神	一社
阿須波神	二社
波比岐神	二社
綿津見神	二社
大己貴神	六社
少彦名神	一社
熊野加武呂神	一社
火産霊神	一社
高皇産霊神	三社
天御中主神	一社
高龗神	一社
闇龗神	一社
大日孁神	一社

以上の中、天御雲と天水雲は同じかも知れず、水波女と水速女は同じであろう。熊野加武呂は須佐男のことという

が、これは天村雲や天水雲と合祀されて居り、大日孁、少彦名は水雲と、天御中主は高龗闇龗と、火産霊は村雲と一緒なのである。高皇産霊のみを祀る水雲社は信夫と伊達とにあるが、その理由はわからない。右の外には恩兼をまつるのが岩瀬郡大屋村に、猿田彦をまつるものが双葉郡野上に、泥土煮、沙土煮を祀るのが相馬の上海老に、五十猛を祀るのが大沼郡旭村に、豊城入彦を祀るのも同村に、手力男をまつるのが田村郡大越町に、国常立と共ににぎ、建御名方をまつるのが信夫郡大波村や大久保村に、天水雲と共に大山津見をまつるものが石城郡大浦にそれぞれ見られるが、これ等は管見に入ったものだけでこの外になおあろうから、これだけでも古い信仰の神で、はっきりした祭神がわからないのも寧ろ当然といえる。

以上は主として文献による祭神であるが、民間信仰ではこうした祭神のことはあまり気にしなかった。民間で問題にするのは生活に基礎をおいた信仰、いいかえれば、神を必要とする生活にむすびついた信仰内容なのである。第一は広く水関係であるが水の配分を主とすると云ってもよいかも知れぬ。祭神にそれが自然と反映しているようであるが天水分とか村雲神が特に多い。それに土地の伝承が水関係になって居り、社の所在地がまた水に関係のある所になっていることが多い。殊に古い時代のものほどこれに属するものが多いようである。第二は灌漑で前者と強いて区別をつけなくてよい場合が多いかと思う。やはり水分神が多いこと、天水場や、田の近くにまつられてあることが多い。また伝承もそうなっている。第三は渡海安全を祈るみわたりである。海岸地方にある神は水の信仰でも少し変って、航路安全、渡海安全を祈る信仰がある。したがって祭神としてわたつみを祀ったりする。また、荷渡の字を当てて荷物の安全運搬とも結びつけた信仰になっている。第四には、みわたりからにわとりに変って咳の治癒を祈る信仰になっている。第五には坂上田村麻呂などと結びついて、鬼退治から賊平定の伝承を生んでいる。以上大体であるが、以下村々における伝承を参考にしながら、社の縁起なども見てゆきたい。

まずこの権現の存在する場所であるが、とにかく水に何かの意味でかかわりあいのある所が圧倒的に多い。山間および平地にあっては水の湧出するところ、天水場、そこから田圃の水がかかってゆく源に当る辺にこの祠があることが多い。八沢村海老のは、けいそく神社と今は呼んでいるらしいが、古墳時代の古墳を伴っていて、地勢はやや小高い。現在は前は一面の田であるが昔は湿地帯であったろうと思われる所で、飲料水に乏しい所であるが、ここだけにはよい湧水がある。烏(地名)にもけいそくあり、水の湧く所が三個所あるが、中の一個所は田圃である。なおこの海老の鶏足明神は奥相志等によれば祭神は泥土煮(沙土煮と並び称せらる)で頭に鶏冠をいただいている神体で冠嶺(さかみね)神ともいうと。延喜式行方八社の一とも伝えるが、社伝によれば延徳年中泥雨降り、村人がこの祠に集って徹夜止雨を祈ること三日三夜におよんだ。丑の刻になると一同睡魔におそわれたが、時に雌雄の鶏が社庭に降り立ち、首尾をふりつつ庭土を掻いて天に上げたかと思うと泥雨が止んだ。翌朝見れば社庭に鶏足があったので鶏足明神と称するようになったという。

相馬市小野の根渡明神は、にわたりともいっているが、やはり田圃の奥の高台にあり、神像は勝軍地蔵であった。

二、三の棟札あり、その一

根渡大明神、大導師歓喜寺法印俊光、別当密徳院住泉澄法印、宝永五年八月吉祥日

その二

小野村根渡明神、本地地蔵菩薩、寛文元年九月吉祥日

下太田の鶏権現は、今はすたれて殆んど参る人もないが、天水場であり、また、もと社のあった所には今でも水がわいているという。田村郡に多いみわたりの祠も一通り見たが、今はたとい水の信仰が消えて咳の信仰などになっていても、所在地はほとんど水の湧く所にまつられ、また山作の天水場である。安達郡もそうであった。田村郡大越のどのみわたりであったか、雨乞平という所にあったのがあり、これまた水に関することが明かであった。同じく田村郡上大越字町の見渡については、霊山城陥った時、義良親王は五十六騎をつれて宇都峯にかかった。大越村柏原に至っ

た時、丁度盛夏の候でのどがかわいたが水がない。土地の人も水不足で困っていた折柄であったから、親王は天村雲命を祈り、臣宇佐見安房正吉に祠を建ててこの神を勧請させて効験があった。宇佐見はこの地に止まり代々神官となったという。同じ田村郡の見渡（みわたしと呼んでいた）で、義家が東征の際、水不足でのどがかわき、杖で地を突いたら水が出て見渡すかぎり漲った、それでみわたしというのだという祠があったのを覚えている。アイヌ語では霧が立ちのぼって雨となり、ぽたぽたおちる意であるというがはっきりしない。相馬郡新地の小川の庭渡権現はにわたりという地名の所にあり、俗ににわとり権現と呼んでいる。雀が稲を荒して困った時、二羽の白雀が現われて平げてくれたので、それを祀るのだなどともいうが、鶏の名には合わぬようだ。しかしここにも近くに清水の湧く所があると云う、伊達郡伏黒村宮本の水雲神社は、口碑によれば弘治二年、阿武隈川の洪水の時に、古臼のようなものが流れて来たから、草分け百姓の松浦彦之進が拾い上げて薪にしようと割ろうとするに、木から血が流れ目がくらんで割ることが出来ない。拝んでみると「われは此里に鎮るうぶすなの神だからこの地にまつれ」との託宣であった。穴を掘ってその霊木をおさめ箕を覆い、その上に祠を立てた。それがこの神社だという。

双葉郡久之浜町金ケ沢の見渡祠のある所も、水無くて田に困る風であり、石城郡山間部の見渡もそう見える所であった。西白河あたりで大己貴を祀るのも、地を拓き水を通す開拓の方からも行っているらしい。南会津郡楢原村の鬼渡は農作物の神、岩手県東磐井郡八沢村の宮当も農作の神という。

みわたりが大きな川の辺りとか海岸地方になると、同じ水辺であっても水利を主とする農業的な神でなしに、海の神の信仰に変り、海上安全航路安穏守護になってしまい、祭神に海津見神を当てている。小高塚原の荷渡権現は二十四個村の運糧船をこの浜より出したゆえに祀るとの伝えも近頃にはじまるものではない。荷渡の文字もそれより当てたものと思われ、一方海や河だけでなく、水に関係のない普通の道路、山坂においても荷を運搬することにいう場合も出て来たらしい。要するにみわたりのみは水であろう。わたりはその水の四方に通ずる意であろう。

前記塚原の荷渡については、八十三老三島庄蔵氏は、「昔塚原の浜に倉庫あり、相馬藩ではここに一旦年貢米を納め、さらに海路江戸の方に運んだ。そのため海上安全を祈って祀った神であろう。随って水神ではないかと思う」といっていた。「なお近頃みわたしといっているが、そんなわけでにわたしが本当だろうと思う」との事であったが、特に改めてにわたしと断らずとも、意味はもとのままで通ずるのである。川の渡し場にまつってある所も、信達一統志などには見える。双葉郡熊町のみわたりは海渡と書き、完全に渡津見神をまつっている海の神となっている。

鶏の信仰もみわたりよりにわたり、さらににわとりと転じたものと思われ、鶏のくっくっとのどを鳴らすことより連想して、咳の信仰となったものに相違ない。現在はこの信仰が最も広い。実例を挙げる。

飯館村関沢のにわたりという地名の所ににわとり明神がある。地名の方がこの場合古いのであるから、にわとりが最近の変化であることは明らかで、この例は外にもあったと思う。新地村小川のにわたりは、にわとりと発音している人もあるが、字名はにわたりであるという。相馬市粟津にも庭足前という字名がある。ここでは祠はすでに滅びて場所も定かでなくなったが、とにかくにわたり等の地名は幾つかあるのに、にわとりの地名の無いのは注意すべきである。

前記関沢の祠は田圃近くの丘の上にあり、「庭鳥大明神、明治二十七年五月七日の」棟札を見る。昔鶏が何かに追われてここに来て死んだ。風邪の時せきこんで息を吸う音が鶏のけっけっとなくのに似ているのでこの信仰があるのだという。卵を上げる。旗も奉納する。この旗を借りて来れば御利益がある。鶏の絵馬が二、三枚あがっていた。小川の二羽渡は高良玉垂を祭神とするといい、白鳥が飛んで来て止ったのを祀ったという。この辺は何か平市平窪の日本武尊をまつる社を思わせる。しかしここで咳によいというのは鶏は咳をしないからだといい、二羽の鶏を書いてあげることになっている。水の関係はあるまいかと探したら、この辺は総前原の続きで、原の裾のひくい所に水の湧く所あり、しかも旱でも涸れたことがないという。下太田のにわとり権現は百日咳によく、俗にくちめき様と呼ばれ旗をあげる。

福島信夫山のところにある同権現には、鶏の絵馬があがっているが、鶏は朝ときをつくるのでその鶏に咳を持って行ってもらう。この絵馬を借りてきて、逆さに入口に貼っておき、水をかけて虐待すると鶏が逃げ去る。その時咳も一緒に持って行ってもらう信仰なそうである。岩瀬郡増見の庭渡権現は九月九日が祭で、鶏の信仰も別にないようであるが、同じ増見の鶏峠について、昔この山に鶏がすんだのでこの名がある、この山にのぼって鶏の声を聞けば死ぬと伝える。この伝承と何か関連がありそうである。西白河の甲子山にも鶏峠あり、時々鶏が飛び来ったゆえの名のように伝える。やはり白川風土記に出ている新小萱の鶏子権現も庭渡の系統であろうか。咳の治癒を祈り、治れば御礼として鶏を山に放つという。蕪内にも庭渡社あり、熊倉新田の庭渡と共に九月九日を祭とする。鶏信仰の祠はにわとり権現と呼んでその名も一つになっているのが多いのに、若松西黒川の鬼渡神社のようにまだもとの名を止めているものも見られる。すなわち糠塚町より上荒久田村に行く道の傍に一株の欅の古木があって、ここに鬼渡の社があった。ここを俗に鶏林というそうだが、咳を患う者がこの木に祈れば治る、そして鶏の絵馬をあげるのだという。鶏と咳との関係は単に声からばかりでもなさそうで、相馬市山上須萱辺では、百日咳には雄鶏のかせを針でつゝいて血を出し、これを飲ませるとよいといっていた。山本明氏の話では、宮城県伊具郡一帯にも、また白石地方でも百日咳と鶏との信仰をいうそうである。相馬市小野の根渡明神には現在も幾枚かの木や紙の鶏の絵があがっていたが、多くは二匹書いてあったと思った。昔は本当の生きた鶏を上げて境内に放したこともあり、卵などは二十も三十も奉納されているのを見て知っている人もある。土地では咳の信仰とはっきりいっていないのに、他より参詣に来る人は百日咳などのためにも来ているらしいといっていたが、こうしたところにも信仰の変遷が伺われると思う。伊達郡梁川駅より町へ出る途中にある水雲神社も百日咳（とりけという）によく、同郡藤田町の水雲社も同じく百日咳であった。

田村郡大越町上大越のみわたり社はもと村社で、この地方のみわたりの中心と見てもよいらしいが、土地の蒲生明氏などによれば水の神で、旱害の時水の不足を補ってくれる、そういう神らしいという。時代は南北朝らしいと。また、にわとりの信仰もあり、ばひふの神様でじふてりやによい、百日咳にもよい。鶏を逆さに書いて上げ、治癒を祈るという。この外咳によいとするのは岩瀬郡大屋村大里の庭渡、北会津郡荒井村蟹川の鬼渡、河沼郡柳津町長倉の鬼渡、同柳津町小柳津の鬼渡、宮城県刈田郡七ケ宿村滑津の二渡、同柴田郡槻木町船迫の二渡、牡鹿郡鮎川町十八成浜の鶏権現等で（鈴木棠三氏調査「旅と伝説」十六ノ二）、多くは卵や鶏の絵馬を奉納している。

鬼渡（おにわたり）となると、坂上田麻呂の鬼征伐などと結びつく。石城郡永戸村上永井の永井神社は、昔大和の三輪より勧請したというので三輪神社と称したそうだが、これも鬼渡明神であった。伝説によれば坂上田村麻呂が東征の際この神に祈誓して賊を平定出来たというので帰途参拝、鬼神降伏を神の御蔭とし爾来鬼渡大明神と称したという。田村郡に多いにわたりに田村将軍と結びつきの出来ているのが多いのも当然であるかも知れぬ。なお上の永井神社は明治六年の改称であるが、元文年間に鬼渡明神を改めて水雲大神としたとある。信夫郡水原村の水原神社も鶏明神であるが、永正年間加藤金兵衛山際の居館にあり、当社は館の鬼門に当るので鬼渡明神と改称、供米田を寄附した云々。勿来市江栗の鬼越神社は社名より見ればみわたりと関係ないかも知れぬが、平市神谷に片寄の三谷渡が日本武尊を祀っているところより見れば、この神社も祭神が同じである上に、安部貞任が義家に追われ鬼の声を出したので鬼越の名を得たとあるのは、全然の無関係とも思えない。

宮城県桃生郡北村の見渡に耳疾の治癒を祈るというのは百日咳より変ったものか。四倉町狐塚の庭渡も耳によく、更に歯痛にもよいという。

場所を見渡して鎮座したという例は少い。これは新しい変化であろう。宮城県遠田郡南郷村の見渡は、坂上田村麻呂が賊を追ってここに来り、遙かに見渡したところと伝える。石城四倉の狐塚の庭渡は同社の由来記によれば、岩城常朝が将軍義満の家臣として鎌倉に在番中、厚く三宝を信じ念仏を怠らなかったので、円覚寺の長老のとりなしで帰国を許されたが、この時安阿弥作の阿弥陀、十一面観音、地蔵の三体を与えられ、船によって帰国居城の後、ここに三尊を安置した。その後悪疫流行の時、彼は三尊の御影を紙に画いて家々の門に貼らしめて、大事に至らせずに終った。常朝三代狐塚光秀に至って亡び、堂もこわれたが、寛政六年阿弥陀を戸田に地蔵を長友に、観音を稲荷明神社に、それぞれうつし、その跡に三渡権現を奉祀したとある。しかしこの縁起では三尊と三渡との関係がはっきりしない。同地の高崎氏の老婆に尋ねるとやや異る伝承を持っていた。すなわち海より上ったのは戸田の阿弥陀と長友の地蔵とみわたし様との三体だったという。この三社(狐塚、戸田、長友)は互いに等距離であつたから、権現様はここで見渡して落着いたのだという。ここに参詣に来る人は耳が悪かったり、歯を病む人がことに多い。穴をあけて糸で通した椀が下げられてあるのは耳の方、萩の枝をすだれにあんで下げてあるのは歯の信仰である。しかし耳もそうだが歯も咳から変ったものか、それとも白山権現が合祀されてあるらしいから、歯のもとは白山の方であろうか。

みわたり権現の本地は地蔵で、相馬市小野の根渡明神などには勝軍地蔵の像が今もある。四倉町大森の本地仏は庭渡地蔵と称し、器量のよい坐像の地蔵様であったが、片方の目が少し小さい。それで大森に生れる人は片目が幾分小さいし器量のよい人が出ない。これも産土柄で、村に器量のよい女の出来るのを地蔵様はお嫌いになるからという。原町市高の庭渡は、前には庭渡勝軍地蔵権現などという名をもっていたが、本地は延命地蔵だったという。この地蔵はもと大和宇治郡にあり、北条氏が鎌倉にうつして崇信したものと伝え、ある時これに彩色を施したところ、いつの間にかもとの木軀になった。それで水浴地蔵ともいったそうである。北条高時が新田義貞に亡ぼされてから、庭渡別当大楽院は、地蔵を笈中に入れ、当地にうつり住んだ。後世藩主昌胤の時京都の仏工に修理させ、厨子を新たにして九曜紋を附したというが、昌胤自筆の文に、

勝軍庭渡地蔵尊、此像是行基菩薩所造、享保十二年六月修覆、伏願加護武運旺盛永久福寿増長子孫繁栄後世善処、御史中丞平朝臣昌胤

とあるという。重胤にしたがってこの権現を鎌倉より負うて来たのは、大楽院の祖木幡勘解由という人だったとも伝

えるが、この家の旗紋は黄地に庭渡の二字を書いたものであった。

祭日は頗るまちまちで、これでは何ともしかたがないと思う位である。三、四、五、七、九、十、十一月等で、中でも四月、九月、十月、ことに九月十五日、十九日、十月十九日、それに十一月三日などが多いようである。

田村郡下のみわたりは一通り見てまわったが、やはり山作(さく)に多く、水のわく所とか流れの源となつているような所に特に多かった。福島県神官会議田村郡支部と書いた明治二十三年十月の「田村郡郷村小社明細書綴」を見るとみわたりは二十余祠あり、祭神は大抵あめのむら雲神となっていて祭は大体秋である。土地の人の話によると、田村郡は山多く灌漑の池が少いから殆んど天水がかりに田圃は依存している。石川郡蓬田村のみわたりが本社であるまいかという人もあるがわからない。とにかく水関係、灌漑関係、雨乞関係があるものと思われる。やはり田村のみわたりで持舘泰氏示教のものを見るにそれが裏書きされるようである。ただ郡下にこうもひろくみわたりが広まったのは何時の時代かわからぬのは残念であるが、中世から徳川の初期にかけたあたりが一つの目標になりそうである。常葉のみわたりは社伝によれば常葉の 城主赤松顕則が天正三年五月勧請したもので、農村開拓灌漑のためであったろうという。高台で附近を見渡せるから名づけたのかともいっていると。同郡文珠村の見渡は、昔の由来は不明であるが興国二年北畠顕信がこの辺を通った時、その臣の額田部宿禰大夫某(伊勢度会神主の族)が村民に農桑をすすめ灌漑を教え、その霊験を称えて再建した。上大越字町の見渡は建武の頃霊山の城落ち、北畠顕家等は従士と共にこの地を通ったが宇津峯に行くためであった。しかるに夏のこととて水無く、村人も田畑に水無く苦しんでいるところであったから、天村雲命をまつり、祠を建てて効験があった。臣宇佐見安房正をここにとどめ祠官としたという。同郡高野村土棚の見渡も護良親王にむすびつけてあるが、百日咳の信仰にもなっている。しかし農業に関係のあることも確かだという。社伝によれば河内国の水分社を楠氏の臣橋本某が崇敬していたが、祭神は天牟羅雲その他二神をまつり、寛永元年三月に子孫の橋本清九郎が勧請したという。同郡中妻村斎藤のみわたりは、水田の近く、用水池の近くにあり、夏湯立の神事を行うという。同郡中里村込木のみわたしは普通とりけの神様という。風邪をひいた人はお参りして麻のひもを頂いてきて首にまき、治ったら倍にして返す。五里程も離れている船引辺からも参詣する人があると。これは内藤丈夫氏の調査であった。

石城の豊間字樋口の鬼渡については、内藤氏はにわたり様というが普通なるも、訛ってにわとりさま、にわとす様などというそうで用水堀の傍にあるといい、泉村字下川の根渡はにわどっさまなどと呼び、歯の信仰がある由、大野村戸田の根渡については、苗代の種蒔をすませて無事に苗が育つようにと種上り正月と称して青年達が注連縄をつくり神官をよんで祭を行い、五日位休む習であるが、根渡さまもそれに関係があるという。五穀、保食の神を祭るという信仰も石城にあるのと合せ考えればそうでもあろうと思われる。勿来の字御光前のにわたりは鶏ともいうと見えて、そう書いた旗が上って居るが、咳の神様で田の水源地の台地にある。願かけに土だんごなど上げる。

むろん本当の団子も上げる由である。双葉郡末続のは猪狩喜通氏に聞いたことがあったがみわたすといっていたように思う。はっきりした信仰は無くなっているが海岸の高台に立っている。茨城県久慈郡のにわたりのある所は交通路に当っていて、荷物を運搬する意だろうと。お荷渡りも同じで人夫が殿様のお荷物を運ぶ意味だなどといっているそうである。

岩瀬郡のは大抵にわたりで白河風土記の下巻に六祠ほどあり、岩越二郎氏の示教による。同郡児渡荘広戸郷上大里村の庭渡は思兼命をまつると云うが児渡荘という名は珍しい。同荘にもう一つの庭渡がある。

相馬の小入野のは普通みわたりと呼ぶが本当は海渡りであろうかといい、昔日本武尊をまつったものという。だから宮渡りが本当なのでそれが海に変ったものかと思うという人も居た。

安積郡山口の鬼渡は普通にわたりと呼び、猿田彦をまつるといい、夫婦の縁不縁を司ると伝える。

宮城県柴田郡富岡村文倉に五尺位の石あり、それについて田村馨氏の報告に、「表面剝落して文字全く見えず、土俗権現様と称し古くより百日咳に卓効ありと伝う。正月に部落全戸でおしめを上げ、旧の九月の節句にも苞っぽにおこわを入れてこの碑前に供える。百日咳の時は石の表面の苔をかき落して与えるとよいと云う。石の表面の文字の磨滅しているのはこの為かと思われる。何と申す権現なるか知れず。但し病気の際は鶏の絵を紙に画き供えるらしい。かって碑を移して堀の橋石とせるところ工夫監督のもの発熱してうなされ、この神の祟りと判り再びもとの部落入口に立てたと伝う。この碑の守りをする家では未だ嘗て百日咳を患うことなしと。にわたり、にわとり権現など云う者もあり」。

○水神（一九祠）

（名称）すいじん。出水神（一祠）、清水権現（一祠）等も含む。

（分布）

（宇多郷）程田　赤木（二）　成田（二）　入山上　小野

（北　郷）横手　上栃窪（二）　南屋形　北屋形　山下

（中　郷）深野　石神

（小高郷）南小高

（北標葉郷）北幾世橋　大堀　高瀬

（異同）

氏神祭の日に、神職であった父のところに幣を受取りに来る中で、特別こしらえの長い青竹のついた幣を持ってゆく部落があった。水神に供える幣は普通のよりは柄が長くて三十糎位だが、それはあまりに長くて普通の竹の三、四倍はあった。この幣は村の堤の水神様に上げる特別なものであった。

水神は水道の出来る前は殆んどすべての家で祭ったもので、かまどの神と共にどの家でも見かけた。井戸が二つあれば二ヶ所にまつり、川があれば川にも、池があれば池にも幣を上げて水神をまつった。共用の泉などには、その同じ所に使う家すべてで幣を上げて祭るから美事な位であった。

この現在も広くまだ行われている各戸の水神の外に、村共用の堤などにはやはり水神が祀られていることが多く、その幾つかは祠になっていて、祭神も水波女神とか沢女神とか適当についているが、多くはただ水神様で通っている。

鹿島町栃窪大貝の常安寺前の田間にある水神祠は、昔この田中から大貝が出たので祠を建ててまつったといい、大貝は地名にも氏名にもなっている常安寺が別当で大貝氏は寺の東に住んでいた。別の話では享保十九年大谷宗五郎という人が大貝関と大関の二つが竣工した時、水神をまつったともいっている。横手厝神堤築造の時も水神祠が立てられ、南屋形石ノ宮の地にも、元禄中堤築造の時水神祠を立ててまつり鈴木主馬を祠官とし、七邑より修補料を納めることとしたという。八沢水神と呼ばれたのは現在のどこの地にあった祠か自分は知らぬが、南屋形、北屋形、南柚木、上海老、下海老、蒲庭との六邑の鎮守で、祭神はやはり水波女であった。祭日の三月二十八日には塩役人と村々の里正が祠官の森氏の家に集る例であったという。

程田にある水神石は雷神石とも称せられ、縁日は八月十七日であった。「石城北神谷の話」によると、井戸神は厠の神と兄弟だから、厠と井戸とが向き合っているとよい水が出る。また、井戸神は千人に見られればよいというとあるが、相馬の辺ではこうした伝承は無いようである。

出水神というのは小高貴船社の末社で、文政十年九月二日渡辺仁太郎という者が、貴船社に参籠した折、神託によって湧水を知り、社地内に引いて御手洗としたという。清水権現は山下の清水池にある。

○滝明神　（一〇祠）

（名称）　たき明神。白滝明神（五祠）、滝場明神（二祠）、清滝権現（一祠）を含む。

（分布）

(宇多郷)　入山上(四)　山上　蒲庭　柏崎　岩子
(北　郷)　北海老
(小高郷)　耳谷
(異同)

滝そのものが神であった時代は古いことと思われず、今でも清い滝に対して一種の尊敬に似た気持で見ている村の人は少くない。入山上には白滝明神が少なくないが、ここの坂下および天明山大福院境内にあった白滝神は本地を正観音とし、天保三年修覆の棟札がある。岩子の滝場明神、耳谷の滝場明神、これは何れも本地を十一面観音と称している。耳谷のは本祠は総州豊田郡にあるといっている。青田氏の護神だったというが、別当は滝場山滝泉寺というどこまでも滝に縁故のある名称であった。

入山上坂下の白滝祠の縁起は広瀬の高橋与六の家に代々伝わっているというが、それによれば正一位白滝大明神は昔大和の宇多郡日中村に鎮座してあったが、この村の日中九郎兵衛の家で代々氏神のようにして崇敬していた。その子の与六も父同様崇敬していたが、その次子の与六が高橋を名のり、故あって当地に下り住んだ。その頃は村上天皇の御代だったが、大和の白滝明神が類火にあい、神体は飛んで大木に止って火難を免れた。時に奥の商船で帰るものがあったので、神はこれにとびのって宇多の浜の沖に来た時、海中にとび入ったという。たまたま与六はこの夜夢を見た。それはお前の代々氏神としている白滝明神が水中にあるから引揚げよとの事だった。早朝に水を浴びて浜辺に行って見ると、成程神体が石上に坐してあったから、はじめ山上の広瀬に祠を立ててまつったというが、爾来明神の神徳は大きなものがあった。例えば大竹の里に二本の妙な竹が生えて魔障をなした際、明神は大竹地蔵と力を合せてこれを消滅させた。また村に疫病の流行した際、巫女が明神の神前で湯立をして占ったら、熊野神が宇多川の上流水中に沈んでいるからだと神託に出たそうである。入山上縄谷の熊野はその時引きあげた神だった。古内地蔵十石薬師の在りかを知らせたのもこの明神であった。やはりある時明神は託宣して、宇多川の源に大蟹がいて毒を吐いて害をする、早く捕えよといったとある。話は次のようにもなっている。霊山国司北畠隅虎(北畠顕家と橘隅虎と別人とするのが普通)歿落の際、その魂魄が化して蟹となり毒を吐く。その水を飲めば人馬といわず、鳥獣といわず斃死したから、明神は憂えて伊達大石村の山王権現の眷族なる猿猴をよび、かの妻蟹を捕えて北霊山において磔にした。夫蟹は驚いて二滝の下まで逃げたが、爾後害をしない旨明神に誓ったそうだ。遂に淵の主となり、今に蟹這淵とよんでいるのがそれであると。永徳三年大旱の時白滝神に祈って大雨を降らせてもらうこと二日、村民大いに喜んだとも、文化十四年の大旱の時も祈り効があったともいう。与六歿後弟の太左衛門が明神を入山上の小田原にうつし、祠を滝平に立てて、九月九日青萱を以て屋根をふいたというが、この故に九月九日以前に青萱で氏子の屋根をふかぬ例になったそうである。明暦中僧某が神体を盗み出して坂上に来るや、急に眼暗く神体は石のように重くなってしまい、某はもとの社に返したが間もなく死んだという。神前の橋下に誤って人馬が落ちたりしても怪我をしないのは明神の加護によるものらしく、今田の庄兵衛が馬と共に落ちた時もそうであった。文化年中藩主に請うて九曜紋を神紋とした。昔から小田原の太左衛門の家で鍵をあずかっているという。

清滝権現は海老の宝蔵寺の池の島にまつられてあるが由緒はわからない。

二　海神信仰

○安波明神（六祠）

（名称）あんば、あんばおおすぎ、あわ。安波、安場、阿葉、大杉、大椙。

（分布）

（宇多郷）原釜　尾浜

（北　郷）烏崎

（中　郷）北泉

（小高郷）村上

（北標葉郷）棚塩

（異同）

原釜のあんば様について、同地の飯塚子之松氏（八十一才）は次のように語った。古くは大津のりょうざい院という法印の所にあって、のち一時村社にうつし更に大井誠という法印の所にうつした。三月二十七日はあんば様の祭で、青年は榊をとって来て神輿をかつぎ、舟一ぱい毎にとりかぢから上って舟玉様の上にみこしを据え、屋根を榊で叩き叩き、「あんば大杉大明神、大漁々々、よいやあさー〳〵」と囃した。はやすほど大漁になるというのでこわれるのもかまわず叩いたものだ。五人も七人もでたたくのでみ輿は長持ちせず二、三年もするとこわれるから、始終つくり直した。舟から帰ると青年達は宿に集って飲みくいした。お掛魚や酒は無理しても船主から集めたものだ。おかけざかなをあげぬと漁が無いぞなどといって大きいのをあげさせたりした。もとはほっき貝の貝殻が盃で、これを潮水で洗って参詣に来た人にも飲ませたものだ。

新地村釣師のあんばは、現在津明神と合殿であるが、もともとあんばさまと呼んでいる所は海の出っ崎の地名であるから、安波のお宮はもとはここにあったらしい、祭は春秋二回あって、現在三月十五日、八月十五日となっている。春にお下りがなければ秋にするといった具合で、年一回は村をまわる。お出かけの時もおかえりの時も潮こりをとるという。臨時の祭も昔は度々あり、あるだけの艪を台にしてその上に祭った。年に五回も六回もやったのでやり切れぬとあって、戦後間もなく回数を二回にきめた。中に入ったのは漁業組合であった。

以上は相馬のあんばの現在の伝承であるが、石城の方面の情況がこれよりは詳しくわかるので以下摘記して補う。

西にや明神東にゃあんば、はんべ稲荷は漁させる

これは薄磯の浜に採集に行き、近くの安波大杉明神の屋根を眺めながら土地の老婆から聞いたものであった。

あんばさまから吹来る風は、いわしとれとれ松の風（豊間）
あんば様からおき来る風は、いわしとれとれ杉の風（薄磯）
あんば様から吹きくる風は、およしとれとれどちゃこちゃの、かどに門松祝ひの小松、かかる白雪みなこがね（中之作）
あんばさまから吹きくる風は、大鰯とれとれ、とりゃござれ（江名）

その他なお多いが、こういう歌は殊に旧正月十四日前後の鳥小屋の日に盛んにうたわれたものだった。例えば江名辺では、鳥小屋の若連中は太鼓を鳴らし、新しい万両籠へ大福帳や魚の形の縁起物など入れて、一軒々々安波様をはやし立てて、船主やその他の家々を廻って歩いた。その時の歌によく前記のような歌がうたわれたのであった。

あんばには大漁を祈願するのが本体らしいが、安波の漢字を縁起よく当てても居ることから海上安全をも祈願す

る。あんばの字義については一、二の説があるが、何れも首肯出来ぬようである。ただ少くも安波ではないのであって別の意味が無ければならない。右の歌のあんばさまからのあんばはどこか。どこでもあんば祠は海岸にあるものだが、そこから風を吹かせるのも変な話だしそんな風の吹き方も無さそうである。風は沖から吹いて来るのが当り前で、あんばの位置も沖の方でなくてはならない。そうとすれば網を用いて漁をするところ、網場（あみば）の転とするのが一番自然なように思われる。

もう一つあんばの特色は、定まったお宮の昔は無かったらしい事である。近代になっては祠となり宮となって固定したものも出来たが、それでも過渡期の段階にあるものがなお多い。臨時の祭の時、臨時に祭壇を設け、祭が終れば祭壇を取払ったものでないか。少くとも神輿位で間に合わせて普段はしまっておいてもよかったのである。お宮の形をしたものでなければ気がすまなかったとすれば、祭の時だけ持ち出せばよかったのである。すなわちあんばは最初は固定したものでなくて、大漁祈願などの目的で漁の神（何神でもよい）をはやし申す行為そのものからはじまったものではなかったかと考えられる。

現在何をあんば様というかといえば種々ある。一つは安波神社とか大杉明神とか呼ばれる様な固定した社殿を持った神社であって、新地村大戸浜の安波神社や、石城豊間薄磯の安波神社などはその例である。その二は前述の原釜の様な場合、すなわちあんばのみこしと称するものを舟に飾って大漁を祈願することをいい、その三は前と似ているが、船止めにすることを目的として行うのをいう。その四はあんばの意味がまるで変わって、漁を休むこと自体ないしは仕事を休んで一服する、という意味にまでなっているのはむしろ滑稽という外はない。

石城におけるあんばの分布は、「国学院雑誌」民間信仰研究号の和田文夫氏の文にゆずり省略するが、南は安房の国から北は宮城、岩手の海岸にも及んでいる。石城のあんばは聞いてみると、主に船止めに利用されることが多かったもので、今にその名残は見られるようである。すなわちあんば様を必要とする時、臨時にその辺の稲荷の小祠なり、個人の家の神棚なりを一時借りて来て飾り、これをあんば様と称するものである。またはあんば専用の小祠、というより神輿を用意しておき、常には村の社の拝殿の隅などに片付けておき、あんばの祭の時に持ち出す風も多いが、しかしいずれにしても古くは定まった祠はなく何とかその場で間に合せた。それでもそういう意味で飾られると立派にあんばの役目をした。多分は昔の目的であった船玉様を勇ませることも出来たわけだったろうと思う。

豊間の海岸の津明神社の社の中に置いてある高さ七十三糎程の小祠はみこしとしてかつぐもので、中に赤や白の御幣が納めてあった。浜が大漁つづきなどで船の若者が疲れて休みたくなったりすると、海岸に船具を集めて井桁に組み、その上に持ち出した祠を飾ると船止めになる。右の幣は九月十五日のおんべ祭の時、村社諏訪神社の神官より裁ってくれるものであった。夕方になると若者達はこの祠をかついで各船主、船頭の家を廻り歩く。船止めの禁をおかせば不漁だったり、時化にあったり、ろくな目にあわぬとされている。この辺の浜に幾軒もある四家という姓も、本来しけと呼ぶべきなのに時化(しけ)を恐れてしかと称している位だから非常に縁起をかつぐ。だからあんば様が飾られたとなると必ず仕事を休んだもので、休まぬ者があったりすると、その持船の楫をかくしたり、時には人殺しも出来かねない殺伐な空気をかもし出すことも珍しくなかった。しかし大漁の続く時の船止めは、船主にとって大損失となるので、何とかあんばを飾らせまいとし、夜中に人を頼んで浜を警戒する等のこともあった。しかし近年はそんな時代ではなくなったと見えて、この風も急にすたれて稀となり、あんば様はほこりにまみれて他の神様の社殿に寄寓されたままになったのも幾つかあるようである。しかし信仰はむろん名残をとどめ、豊間の某はあんばの信仰が厚いので遠洋漁業に行っても大漁して帰ったとか、某は不信心なのでその持船は今年もこわれて某港で休んでいるとかいう話はよく聞くところで、近年豊間附近で漁が少くなったのはあんば様を出さぬからだと歎いて話す浜のおかみも居た。海に面した町のある家の軒先に、どこかの家の神棚のらしい祠が置かれてあったが、これももとはあんば様として再三持ち出しては飾られたものであった。その度に片付けるのが面倒なので出したままになってしまったものらしかった。

中之作の遠藤勝馬氏談によれば、昔は漁があると休む暇もなくねむる時間も惜しんで働かねばならなかった。若者達はどうせわがものにもならぬものだから時々休みたい。そこで船主の目をかすめて夜の中に、あるいはあけ方早くお宮をかざり、しめを海岸に張るのであるが、船のあるすかぱたに一直線に七、八十間も張る。こんなことは大漁で多忙な時は、年に数回はあった。見つかると船主に文句をいわれるから、飾ったら飾りっぱなしであった。大抵一日で、時に二日位にわたることもあったが、船主があとで取除けたものである。船主からすれば大いに迷惑なことなのだがどうすることも出来ない。もっとも忙しいとなると船の若者達は、陸へ来て休む時間など四、五時間位しか無かったから、こんな一種の非常手段がとられたのであった。

不漁の時に、漁をいのるためにあんばさまを飾ることもあった。なおあんばが飾られたのを取払う時には、大津などでは神官がお祓いをし、久之浜ではあんば様大漁だといいながら、笹を以て叩きつつ囃し立てて取払ったというが、豊漁を祈るもとの姿が残っているように感ぜられる。

何故大杉というのかわからない。大日本地名辞書常陸の部阿波村の大杉明神の祭神は大己貴というが、相馬辺のはすべて小祠ゆえか祭神も伝えていない。なお新地の向坂源三氏の話に、漁師が杉葉を重んずるのは、杉は赤くなっても葉が落ちずについているので、海の中に立てて目標にするに便利だからだという。しかしあんばの大杉と関連があるとも思えない。

新地村大戸浜の安波の現在の祭神はわたつみの神であった。

○舟玉権現(三祠)

(名称) ふなだま。舟玉、舟玉天妃権現。

(分布)

(宇多郷) 原釜　尾浜

（北標葉郷）受戸

（異同）

固定した社は極めて少いが、船にまつる船玉信仰はまだ相当に残っているようである。原釜の飯塚子之松氏（八十一才）の談話によれば、「船を新たに作った時には、ふなだまてんしょう大神宮とて、舟の中柱の側面を一部ほり取って穴をあけ、次のものをまつり込んで蓋をする。十二の神様に上げるものだといったようだ。紙でつくったおひな様一対、これは男女一対で両親が揃っている女にたたんで貰う。女の髪と男の髪、これも両親の満足にある女（本当をいうと三夫婦揃った上の、女の一人子を最もよいとする）に紙で包んで貰う。私の家内は両親揃っていたのでよく頼まれたものだった。すご六のさい、これは亀のまわし木でばくちに使うさいをこしらえたものだが、舟玉様にもこれらのさいを用いたものだ。これを潮水で洗い浄めてあげる。銭も入れるが普通一文銭であった」。原釜の高橋某氏の話もほとんど同じであったが、御神体となる紙のひなは威勢のよいちゃんとした人にゆって貰うといっていた。この神様がまつられると舟に魂が入ったことになるので、人の心のままに舟も動くようになる。そして海上安全、大漁満足を祈る。初漁の魚を供える。毎朝飯を上げる人もいる。

舟玉はだいおろしの際神主におはらいをして貰って舟大工に納めて貰うのであるが、漁が思わしくなくて取りかえることもあった。また、髪は妊婦のがよいともいっている。さいころは二つという。小舟なら舟の中央帆を立てる横木の中ほどを横にくりとって入れるのである。

原釜の竜海山常明院境内の船玉天妃権現祠は三月十一日を祭日とし船玉神を祀るが、この神は我国の猿田彦命であり、異域の船玉天妃菩薩なりとも伝え、海神だとしている。延享三年の常明院智昌の書いたという略縁起によれば、この船玉には次のような由来がついていた。昔竜海房なる行者あり、諸国を巡って湯殿行を行っていたが、功成って行屋開山と称し隠遁の志があった。それで山下村の万海を招いて後住と定め、道場の本尊大日如来と船玉権現の像を授けた。この船玉は彼若年の頃摂津の住吉に詣でた際船玉祠に参詣し、神像を拝さんと社人に請うて許されず、祠の近くの豊島利助という者の家に泊り、その心残りなことを語ったところ、利助の母のいうに、自分は正真の船玉の像を持っているから貴方の信心にめでて差し上げようとて譲られた由縁をもつという。船玉はまた竜宮の姫神で本地は観音だともいわれている。請戸にもあるがここのは吉祥天のようにいっていた。

四倉町本田文吉氏の談によれば、お船玉は船の真中に祀ってあって、御飯は釜の蓋にのせてあげた。また、おなまと称して生魚を二匹供えることがよくあった。葱は臭みがあって神様が嫌われるので船に持ち込まない。また、船玉様におひや上げるとて水をかけることがあった。

○塩釜明神(二三祠)

(名称)　しおがま、塩竈、塩釜。

(分布)

(宇多郷)　中村(二)　新沼　和田　岩子　新田　蒲庭　磯辺(二)　柚木　日下石　尾浜　柏崎

(北　郷)　北蝦

(中　郷)　大甕　益田　金沢　北泉　上太田

(小高郷)　浦尻　南小高

(北標葉郷)　棚塩

(異同)

相馬は海岸に面しているだけでなく、藩の政策として製塩を取り上げ、御国産として出来た塩を他に出した。随って藩領内至る所に塩場があり、塩場ある所には多く塩釜神がまつられた。もっとも製塩は藩自体の経営に係るものでなく民間で行ったものであったから、塩釜神をまつることも彼等の自由意志であった。塩が専売になり相馬の製塩も廃されてから年久しくなるのであるが、終戦直後塩が払底した時、再び古老の言い伝えをたよりに一時松川浦その他で製塩をはじめた。潮水を煮つめるだけの頗る原始的なものであったが、その塩釜の一つがはじめて設けられた時、自分も招かれて行って見た。やはりそういう気持に皆なるものと見えて、かまに火を入れる前にまず塩釜神を祭ることをしていたのを、印象深く見たものであった。奥相志等旧藩書庫に残る記録によると塩場は次の所にあった。塩場の坪数や採塩者戸数等も出ているが直接必要でないので省略する。

長老内　塚部　石上　新沼　原釜　尾浜　和田　南飯淵　岩子　新田　柏崎　磯辺　南柚木　北屋形　南尾形　上蝦　蝦沢　小沢　浦尻　棚塩

相馬における製塩は元和中がはじめで、祠としては和田の塩釜祠のように伝えられている。同祠の縁起書によれば、下総行徳の玄蕃という人が諸国を遍歴して当地に来た時は年六十余であったというが、絹服を上下に着し、大小を帯し、外に九寸五分の小刀を指した異様な風体であった。はじめ隣村本笑に来たが、当時本笑部落は戸数九軒、和田は十三軒だったという。宿を貸す者もなかったが、和田の鈴木惣右衛門兼久は親切な士で暫く己が家にとどめて饗応した。ある時玄蕃のいうに、此地はわが行徳の地に似ていてよい塩場になるらしいと。兼久にすすめて試みに塩場を開くに果して非常によい塩場となった。後の玄蕃灶、大工灶、外記灶、船若灶等は当時の名残で、すなわち塩場の起りであった。そして玄蕃の所持していた竈神を塩場成就により自家（兼久の家の傍に小屋を建てて住む）に祀ったが、一生をここで終えた。また別に塩灶守護として川添森にも小祠を建てて塩釜明神を勧請したが、八月十日を祭日として代々和田、本笑、北飯淵三部落共同で行っているという。のち村社に列し祭神は味耜高彦根になっている。彼の鈴木氏は世々鍵持として重んぜられた。玄蕃所持の尊像はこの家に今も安置せられ、例年二月七日祭を行うという。

塩場に関係ないもので古いものは上太田の塩釜であろう。元亨三年相馬重胤がはじめて総州より当行方郡に下向移住の際、妙見などと共にうつしたもので、はじめ井内村に、天和元年上太田に遷したものである。天文三年十二月十三日大檀越平顕胤大檀那盛清藤原朝臣乙丸代という上棟文、天文二十四年四月八日大檀那平盛胤云々の上棟文が残っているというが知らない。

岩子の塩釜は勧請の年月は不明だが、宮城県塩釜が本祠といい、正一位塩釜大明神云々の宮修覆の棟札があり、これは天保のものだった。祭神を国勝事勝長狭命、一名塩屋王子すなわち塩土翁とし、あるいは岐神すなわち猿田彦ともしているが、本地仏は十一面観音となっていたようである。新沼の塩釜は文安二年の建立とし、和田のそれの如く味耜高彦根を祭神としたが、この方は本地を阿弥陀としていた。塩土翁は塩浜を支配する神として何時の頃よりか国勝事勝神と同じと考えられている。上太田の塩釜も塩土翁である。岐神を塩土翁と同神ともしている。

日下石の塩釜も元和元年の勧請だったが、相馬の北に隣る宮城県の逢隈村や吉田村の塩釜祠も元和六年とか元和二年などの勧請と伝えているものがあるから、当地方製塩の大凡の見当がつきそうである。

中村城内妙見社の末社になっている塩釜は宮城県千賀浦の塩釜を勧請したものと伝えるが、弁財天縁起なるものによれば昔相馬氏の先祖信田小太郎の守神であった。彼幼時小山判官に国を奪われ、のがれて国々をさまよい遂に奥州津軽の内塩浜という所の藤太という者の家の僕となり、塩焼をして暮していた。或時浜の砂の上になぐさみに書いた歌が縁となって土地の地頭健頭左衛門信勝に見出されてその館に滞在したが、この間ここの鎮守弁財天と塩釜明神に祈念して世に出ることを願っていた。後に本領安堵を蒙り帰国したが、この両社の神体をうつして社を営み別当を真福寺とした。後世相馬氏が奥州に移った時もこの両祠を行方郡にうつしたが、更に前述の如く中村妙見社境内にうつし、七月十日を祭日、月の十日を縁日とした。潔斎なども妙見と同様であったらしく、「二夜三日精進而可拝詣者也」などと見えている。益田の塩釜も総州よりうつしたものという。

右の外新田、蒲庭、尾浜、新沼、磯辺、北泉、棚塩その他に塩釜祠が見られるが、いう迄もなく大抵は海岸にまつられていて塩場との関係が深かった。柚木の塩釜などは永正五年の創建となっていて、塩場を柚木村前日向高芦に開き、釜屋をつくって塩を焼いた時と伝えるから、こういう伝えが真実とすれば、元和前後をさかのぼること凡そ百年となる。岩子の塩釜は更に古く暦応元年黒木城主黒木定信の建立にかかり神田八町を寄附した。黒木はのち相馬顕胤に亡ぼされ、祠宇も随って頽廃したのを相馬氏によって再興されたという。これも海岸でよい塩場だから直接製塩と関係があったものらしく、こうして見てゆけば相馬の製塩もかなり古い時代にまでさかのぼって行くことが出来そうである。

なおこの岩子の塩釜、新沼八幡末社の塩釜、同じ新沼明神前の塩釜など何れも明治初年の調には祭神は事勝国勝長狭神と載っている。

○津・住吉・貴船明神・金毘羅権現(三八祠)

(名称) つの明神、すみよし、きぶねも明神と称し、こんぴらは権現といっている。

(分布)

津

(宇多郷) 尾浜(三)　原釜

(北　郷) 烏崎

(中　郷) 堤谷　金沢　萱浜　小浜　泉

(小高郷) 角部内

(北標葉郷) 棚塩

住吉

(宇多郷) 坪田

(中　郷) 深野

(小高郷) 大井

（北標葉郷）　北幾世橋
貴船
（宇 多 郷）　塚部　坪田　原釜　中村
（北　　郷）　烏崎
（中　　郷）　大甕
（小 高 郷）　村上　浦尻　南小高
（北標葉郷）　棚塩
金毘羅
（宇 多 郷）　磯辺　原釜　中村　小泉
（北　　郷）　上海老　小山田　上栃窪
（中　　郷）　大甕　南新田
（小 高 郷）　南小高
（北標葉郷）　伊手　北幾世橋
（異同）

原釜の津明神については次のような縁起を伝えている。この明神の創建は不明であるが、村が開かれた頃からすでに原中に祠があって明神と呼んでいた。近くに老人夫婦が住んでいて浜に釜屋を立てて塩を焼くことを業としていたが、老人は此神を塩屋の神としてまつり信心していた。ある時祠前に雪のように白い石を見つけたが近づくとそれが狐となって去った。それから白狐明神と称したが、これは享禄二年の事のように伝えている。その後爺は更に二つの新釜を旧釜の側にしつらえて仕事をしたが、同じく塩を焼くことを業とする者達が相談して、葦原の中に新しく社地を卜して石祠を立てて矢張り白狐明神と称した。天正中、原釜の葉山権現勧請の頃だったが、この明神が人に現じて自ら庄司と称して宮祠の造営に尽力したということが誰いうとなく噂になって庄司白狐明神ともいったそうである。

元禄十年のある暁別当の蓮台院の夢にこの明神が出現し、「自分は当村の拓かれた当初よりここに住み、民家の繁昌を見守ってきたがすでに百年になった。将来港の繁昌と船の安全とを守護しようと思う」と宣うや、光輝く十一面観音となって空に上り月光中に入った。驚き覚めれば朝靄深く、彼方よりは白雲棚引いてきて祠上に及んだ。これより人々一層信心したなどと書いてある。祠も原中より葉山の社地にうつして造営し、十月八日白狐明神を改めて津の明神と称した。だから本地は観音である。以上は明和五年法印智昌の筆になる縁起の中の要旨である。現在の祭神は海少童神。

棚塩の津明神は貴船と合殿で九月十九日を祭日とするが、大宝某年の此月此日に貴船神と共に海中より出現したという。泉の津明神は地名をとって大磯明神とも呼んでいるが、昔大鯨がこの浜に上った時勧請した祠といい、三月十七日を祭日とする。諸所の明神の社殿の内外の扉などに錨や庖丁、きせるなどを書いたのが所せましと貼っているところがある。これは船で使用中誤って金物類を海中に落すとさわりがあるとて忌む。そのため明神様に額として上げて罪を謝し、海上安全を願うのだという。

浦尻の住吉も幾世橋の住吉も、元禄中藩主相馬昌胤の勧請ということになっているが、幾世橋のは海上守護神として穀船安全を祈った外に疱瘡によく疱瘡守護の掛守を社で出していた。深野のは天徳二年の創建というが確認は無いらしい。大井の住吉には田楽が二月と八月との社日に行われた。祭神は他と同様である

貴船は明治前でも高龗をまつるものあり、又小高のなどは闇龗と共にまつっていた例である。海上安全、航路安全、穀船安全を祈願した。もともと竜神であるから雨をつかさどると信ぜられひいては海のおだやかならんことを祈ったのである。原釜の明神の弘化四年の上棟文に奉造立貴船宮、海上安全大漁満足とある。原釜の飯塚子之松氏(八十一才)の話によれば笠岩の一部小岩の上に貴船がまつられて居て、海上安全を祈ったものだ。小岩をねらって出入すれば必ず波を食わぬものだとされていた。いくら寒くても出入の時は被り物をとって明神を拝んだものだという。坪田の貴船はやはり祭神が高龗なのに、夫婦愛敬を祈願する風があったというが、元禄中相馬昌胤の勧請にかゝる。烏崎の貴船はこの坪田から文政年間に勧請したものという。棚塩の貴船は津明神と合殿であるが、祭日を九月十九日としているのは、大宝中この日、津明神と共に海岸から光を発して出現した故事によるものとの由縁によると。小高の明神の祭は六月十九日で市が立ったが、村上のは三月八月の二回、祭があってやはり市が立った。それに関して次のような証印が残っているという。

此度村上古舘ノ内、貴船明神社頭曲輪に於て、毎年三月二十三日八月朔日、新規の市相立可申旨、屋形様思召を以て仰出され候、是は村上角部内両村賑ひの為仰せ出さるる所なり、仍て市場の辰賃は両村の族永々所務仕るべく候、以来社僧神主百姓等に対し諍論之なき為、仍御意証拠件の如し

宝永八年辛卯四月二十二日　　門馬三右衛門判　木幡五郎右衛門判

小高郷代官中

屋形様とは相馬昌胤のことで元禄十四年致仕して泉田にあり、さきに彼の献詠一首がある。「守れなほ沖つ塩会波風も静かなれとて祈る神垣」。これは宝永七年のことであったが、その後豊漁を喜び正徳元年(宝永八年)より市を開かせたといい。この明神は村上の地に暫く居られたという義良親王の勧請というが、皇子の居った史実は無く、単に村上の地に附会した伝説に過ぎぬと思われる。

南小高の貴布根は小高郷総鎮守であったが、相殿は風宮雨宮である。勧請の年は不明であるが箱の銘には保延五己未年八月十九日造営とあるという(此年天子位階を貴布根に授け悉く諸州の衰社を興すと伝う)。而して気候順正五穀豊熟舟中安穏を祈ると云う)。これより先元永二年より保延二年まで連年五穀不熟故に勅して大祭を行うに霊験があった。高龗闇龗は竜神であるから天候を掌る。又開運出世の神で義経も鞍馬の貴舟に祈り、のち文治二年奥州に下り当社に参詣したという。承応元年十月勝胤社参海上安全祈願、万治元年九月公命により海上安泰祈願、元禄九年十月昌胤の命により穀船渡海安全を祈る。天明元年十月公命により穀船渡海安全をいのり、同五年祥胤気候順正五穀成就祈禱、文政元年八月二十六日特に命じて穀船渡海安全祈禱、文政四年夏大旱命により五月七日より十三日まで通夜祈雨闔郷の吏人及農家一戸一人集って拝す。天保元年五月二十七日二夜三日公命によって晴を貴舟に祈る云々。以上の社の縁起にはかなり作意があるものと認められる。

磯辺の金毘羅塔は文化八年の建立、上栃窪の金毘羅塔は文政十二年の建立とあるが、金毘羅の祭は三月十日、六月十日、九月十日、十月十日など十日が多い。原釜のは九月十日例祭で奉造立金毘羅大権現という享和三年十一月吉辰日の棟札がある。石城湯本関船の金刀比羅は永正年間の創建と伝え、郡内のみならず信仰の厚いものがある。宝暦中磐城の年貢米江戸廻船の際海上で風波にあうもの多く、漁船亦難船の厄にあうものがあるので、沼田峰順という者が讃岐の金刀比羅に三十三度参詣して祈願した上勧請したなど記録に見える。

三　竜　神　信　仰

○八竜権現(三六祠)

(名称)　はちりゅう、八大竜王。大部分が八竜権現であるが、青竜権現(四祠)、悪竜権現、五竜明神、九頭竜神、竜王各一祠を含む。種々の竜神のわけであるが、今はこれらの名称はすべて止めて、一様にわたつみ神社にしているようである。

(分布)

(宇 多 郷)　大曲　新田　蒲庭　尾浜

（北　郷）小池　横手　岡和田　上栃窪　椙原　烏崎　小島田　河子
（中　郷）中太田　深野　牛来　萱浜　上高平　下太田　馬場　高倉　大原　江井　大甕　小木迫　鶴谷
（小高郷）南小高　村上　小高　角部内　福岡
（北標葉郷）伊手　小野田　北幾世橋　室原　立野
（山中郷）草野
（異同）

新田の八竜は祭神を八大竜王とし本地を十一面観音としているが、三月十八日が祭で、神酒を捧げ、別当法楽を勤め、獅子舞あり、寛保二年の上棟文があるという。行方八社の一に冠嶺神社があるが、栃窪の冠嶺をいうのか信田沢の冠嶺をいうのか判然としないという。それはとにかくとして栃窪冠嶺はもと八竜と称し、天津彦火々出見命をまつり神体は騎馬像という。蒲庭のも小島田のも騎馬像といい、馬場野のも甲冑で白馬にまたがるという。祭日は大抵どこも四月八日である。

右の栃窪の八竜明神の縁起を抄するに、両栃窪、小山田、山下、角河原、五ケ村の鎮守であり、昔日本武尊東征の際当山に陣し夷賊を退治した。地主神猿田彦の霊示によって皇御孫尊を勧請し、冠嶺神社と号した。四方の沢を以て社地の界とした。道引の神なる道祖神の縁故を以てこの山を道陸神山という。川上に立石あり、道陸神鎮座の所とする。永承中に至り冠嶺神降臨の式を以て神輿を真野川に降して祭を行う。のち社荒廃して小社となる。寛喜二年道陸神山より今の地にうつす。また若野神社八竜を相殿とした。はじめて下海老の浜に浜下りの神幸を行い、爾来例となり七月七日神輿を出す。以上は祠官渡辺越後の筆になる縁起であるという。

浦尻の川口明神も祭神は竜神というから、この系統の神であろう。大曲の八竜祠も新田のそれも八竜という地名の所にあって、大曲のを上八竜とし、新田のを下八竜としている。

次に注意すべきは多くは四月八日の祭日に浜下りの神事の伴っていることであるが、これは別に検討してみたい。もう一つは八竜の所在地は多く古代の遺跡を伴っているらしいことでこれも別に考えて見たいが、更に古い八竜は海岸よりもむしろ里の端山の入口にあるようで、すなわちそこが遺跡地というわけである。海の神だからもとの古巣に幸する意味で浜下りがあるのと考えるのは、恐らくわたつみ神社と一様になってしまってからの考え方であって、昔は海そのものの信仰ではなくやはり竜神として雨を祈り、そのためには山口にまつった方が、というより山口を祭場とした方が都合のよい理由があったのだと思われる。そしてやはり農業をもととした信仰のような気がする。

後世鎌倉権五郎景政と結びついたのも妙なことだが、単に五郎と五竜などの名称から起ったものかどうかはわからない。この例は相馬では大原の八竜などはそうで、やはり神体は騎馬像でこれも四月十七日に海辺への神幸があった。なお縁起中左のようなことが記されている。天文中相馬顕胤が伊達晴宗を討つべく、小高を発してこの大原に至るや道の近くに花表があったので家来に何神であるかを問うた。天野尾張という者がこれは八竜明神といい、景政をまつる、昔義家に従い鳥海弥三郎に眼を射られ、矢を抜かずして敵を追うて射殺し武名をあげてより戦闘の護神としてまつると答えた。顕胤に証拠を問われ、昔から当邑に生れる者は男女共すがめであるこれが証拠だと答えた。顕胤出陣に際して軍神の話をきいて喜び、戦勝の後この社に神田を寄せ、神職田代左エ門大夫は小高にあるため、天野を社司として祭事社務のことを掌らせた。後年天野の嗣絶え田代が代った。鎮西八郎為朝をまつるという八竜もあるようである。

右の大原の八竜は領邑の関係から嘗ては堀内氏の護神であったが、高の八竜は元亀中より佐々木氏の、小高のは羽根田氏の、小島田のは弥治右衛門なる者の、横手のは大越氏の、江井のは江井氏の、それぞれの護神であった。

馬場野の八竜は景政と源義家をまつるが、伊具郡舘矢間村の八竜などは義家だけをまつっているらしい。

第二節　農神の伝承と考察

一　農神信仰

○葉山権現(七一祠)

(名称)　はやま。葉山、端山、羽山、麓山などの文字をあてる。

(分布)

(宇多郷)　中村　初野　石上　大坪　椎木　小野　小泉(二)　塚部　新沼　程田　馬場野　本笑　北飯淵　岩子　新田　柏崎　磯辺(二)　柚木　日下石　赤木　富沢　成田　坪田　今田　南飯淵　山上　入山上　尾浜(二)　原釜

(北　郷)　小島田　川子　北右田　小池　御山　江垂
(中　郷)　北原　金沢　泉　南新田　中太田　片倉　大木戸　押釜　石神　信田沢　深野　江井
(小高郷)　浦尻(二)　行津　金谷　福岡　小島　川房
(北標葉郷)　小丸　大堀　嘉倉　川添　伊手　高瀬　棚塩　北幾世橋
(南標葉郷)　熊町
(山中郷)　関沢　比曾　深谷　大倉
(異同)

葉山権現は、稲荷、熊野などと共に極めて広く村々に分布する神であるが、古い時代には里近い山の上にあったものの如くである。そのために山神のようにも考えられ、またその性格も持っているが(小高福岡の羽山や、安達郡戸沢の羽山、宮城県山下の葉山、岩手県米里の麓山のように大山津見を祭神とする社もいくつかあり)、まずは作神の信仰で、福島県下の葉山は、祭神は多く羽山津見となっている。もっとも祭神を明かにしたものは古くは稀であるが、たとい祭神はわからなくても五穀守護の神としての信仰は、江戸時代も相当早くから村々に浸透したようである。棟札なども似たようなもので、「奉再建葉山一宇、大檀那御武運長久、邑中安全、五穀成就、万民豊楽、文化六年月日、導師某別当某」といったものが多い。祭神を宇賀神としたのもあり、相馬市西山葉山岨の葉山祠は、昔は埴山姫を祭神とし、土徳の祖にして五穀守護神と考えていたのに、明治に至って麓山祇としてしまった例もある。

恐らく信仰は出羽の羽黒と同様と思われ、そういう意味の混乱が随所に見られる。例えば宮城県遠田の羽山神社は維新前は羽黒山権現といい、亘理郡吉田の羽山社も最上の羽黒を勧請したといい、相馬の栃窪の葉山も奥の羽黒よりうつしたという。相馬市初野の葉山は相当高い山であるが葉山権現祠あり、この山もと羽黒権現があったので元羽黒というとある。これも祭神を宇賀神としている。相馬の羽山本社は、立野の烏帽子形山、御山、釘野山、羽山嶽の四ケ所といわれているが、葉山信仰の古い形と思われる事については別に記した。

とにかく葉山は特に農家の信仰があつかっただけに、雨乞なども各部落の葉山社頭で行われた。相馬市西山の羽山も、旱魃の際に雨を乞えば降雨を見、雨時晴を祈れば験ありといわれた。祭の特色は夜籠にあって、前日の七日、あるいは六日頃から人々は参籠したが、諸村みな同じで葉山ごもりと称した。馬場野の葉山は十月六日夜より八日に至る二夜三日であった。程田の葉山は七日夜別当の法楽院に集って潔斎徹夜して、翌八日参詣したが、深野の葉山では一戸一人別当東照院に参籠、福田を唱え餅をついて供えた。金谷の葉山では稲の初穂を捧げて籠ること二夜三日、翌年の豊作を祈念した。なお葉山の祭日は部落によって多少異るが、その多くは陰暦十月八日であった。新田の葉山の如く、春秋二回に祭を行い、春は三月八日神酒を供え、別当法楽を勤め獅子舞をするところも中には見られた。滑津のは室原の西の高山にあって、滑津、下浦、浦尻三邑の鎮守であるが、十一月二十日生土子此山に参籠して行を行うとある。

嘉倉今神山の羽山の祭は、十月三日より十五日迄であったが、その由来記に、「羽山権現と申奉るは、徳を五種のたなつものに施し恵を蒼生に垂れ給ふ、……中にも百姓は年毎に秋の初穂を取収め冬の初に御神へ備へ奉り、二夜三日のいみ座に籠り、諸々の罪とがを散解たまふ云々」とあり、御山の葉山権現は、俗に御山と称して崇敬せられ、地名もこれに由来するかと思われる。山に往々不思議あり、古来古木繁茂し、伐る者がなかったという。明治以前は祕神として倉稲魂を祀ってあったが、社伝によれば瞽者の元都が、出羽の村山郡寒川井の葉山祠に額づいていたら、神殿の扉が自から開いて、光りかがやく中に衣冠の神が出現し、「汝の所願満足すべし、因りて汝が郷国真野入江の上に勧請せよ」とて、金像一軀を授けた。よって川の上の三本松の峯に祠を建てた、時に天長三年と伝える。しかし伝説はいろいろあって、この三本松の前に、すなわち天長三年瞽者栄法願市が寒川江庄の葉山を負うて来て、山下の竹ノ塚山（今に本葉山という）に安鎮したのに、この山は道路の南側にあって村人は葉山の影をふむことになる。遂に神の怒りを買い、一日大暴風雨あり、永正元年四月八日(承平ともいう)、本葉山より光り物が現在地に飛んだ、それが葉山の神だったという。葉山神の御手洗水なるものあり、乳不足の婦人によいと。

出羽の羽山を直接うつしたものもむろんあったが、多く村から村へうつしたものだったらしく、あるいは藩主のお声がかりで村々に建てたりもした。奥相志中山上の万蔵院の条に、十月八日、万蔵院の兄弟が修験者として共に登山者の先達として北郷の葉山に詣でたことを述べ、かつ「其後由公命、村々建立葉山祠、且立仏宇、於是一村之祈願則帰其邑之一寺」と見える。時代は慶長十六年小高より中村にうつった藩主利胤の時と察せられる。また例えば宝永六年柚木の葉山を磯辺に、元禄二年、御山のそれを磯辺に勧請したなどは、近距離の例である。北飯淵の葉山などは、牛頭天王を合祀して御両社権現と称したという。

右の柚木の葉山も古い有名な権現であるが、上海老のなどと同様、本地を薬師如来とし、脇士を日光月光としていたから、殊に眼疾の者など願をかけるものも多く、めの字を書いた絵馬を諸所に見る。御山の元都が瞽者だったのも意味があり、柚木の葉山氏子に瞽者なしとするのも、この権現が昔信夫郡にあって佐藤の護神であった時、元治が盲敵のために敗られて城が落ちたから、権現も瞽者を悪むのだそうで、眼疾の者が参拝すれば治癒するのはこの因縁によると伝える。御山の葉山も本地は薬師という。小野の葉山は薬師堂とよぶ地にあり、入山上の葉山別当は薬師寺と称し、小泉の葉山別当を医王院と称したのも、何か縁故がありそうである。

石城の閼伽井嶽薬師に竜燈の伝説があるが、柚木の葉山にもそれがあり、今に時々漁夫が八沢浦より見ると奥相志に述べている。この葉山神は、先にいった佐藤元治の没後、飛遷して信夫より当地に来たものとし、相馬藩侯崇敬の次第を仏教の文句を用いて長々と述べ、その後で次の如き怪異を述べて神徳を畏んでいる。時として葉山が震動したり、大木の折れる音がするので行って見ても何事もない。ある時修験円明院が一千日の参籠したが、ある晩行屋の側から一匹の蝮が出て来た。梃で払いのけたらまた幾匹かの蛇が来る。払いのける毎に数は多くなって仕末がつかぬ程になつた。大奮闘の結果翌朝になつてみると影もなかつた。夜臼のような大蛇を見たことも、風と共に天狗が来て立つていたこともあつた。この天狗などは形容があまりにも山伏そのままになつていて可笑い位である。南柚木の百姓幸七が、馬に跨つて鳥居前を過ぎようとしたら、社の方から一陣の風が吹いてきて、白束帯葦毛の馬に乗つた権現様が出て来て、幸七々々と二声呼んだ。幸七はびつくりして馬から落ちて気を失つたが、村の人に助けられ、家族と共に神罰を畏んで氏子となり、爾来葉山籠りを怠らず、散供を献じた。神の手洗水といわれる殺生禁断の葉山沢の堤で、中村の士二人が釣をしてとがめられた。また近頃のことというが、百姓又次郎の妻が、近くに嫁している娘の家に行こうと、日暮に葉山の前を通りかかると、社が光りかがやいてまぶしかつたという。

相馬市原釜の葉山地主大権現は、昔岩沼の宍戸吉時という者が、毎年のように羽州羽山に参籠したが、ある年も登山してみると、途中で紅衣を着け小剣を帯びた小人に会つた。どこからと問われたので岩沼からと答えたら、それではお前は吉時かという。驚いていると、自分は神命によつて知つているのだといい、汝の誠心をかなえよう、これは権現が当山に霊跡の時のお姿である、といつて霊鏡を一つ与えて林の中に去つて行つた。その時名を聞いたら歓喜と答えた。吉時は穢衣で触れては畏れ多いと思い、朴の木の葉で神体を包み、別当院に寄つて内陣に入り、改めて尊像を拝すれば薬師如来のお姿であつた。歓喜とは聖天が姿を変じたものだつたろうという。彼はこの授り物を岩沼に持ち帰つて氏神としたのであつたが、後年天正頃神体が見えなくなつた。その頃子孫の宍戸吉方は相馬の粟津に移り葉山祠を立てて信心していたが、十月八日俄かに社の辺が光り輝き、松の木の枝に曾て失くした尊体のあるのを発見した。吉方は喜んで安置するによい場所を求めて海浜に行くと、一人の翁に会つた。翁のいうには、この地に住め。この地は人戸少なく今一戸増せば後栄える基となろうと。粟津に帰つて権現の籤に卜えば皆吉を得、再び海浜に行くにまた翁居り、権現の使で庄司という者であつた。そのすすめにしたがつて社地と定め宮祠を造営した。時に藩主盛胤の天正十八年であつたという。

葉山に火伏の信仰がある。相馬市馬場野、新地村杉目、田村郡各地の葉山などその例であるが、昔中村に大火があった時、尻ふり襦袢一つで火を消している男あり、のち馬場野の方に立ち去ったのを見れば、葉山の神だったろうというので、葉山の遷宮の時は中村の人々も来てお供をするようになったのだという。この社の下に渡部という家があるが、祭には麦二斗を煮て吸物として出す習であったと、同家の孫治郎氏(当時七十七才)の話であった。

田村郡や信夫郡の方では、羽山は多く馬の守り神になっているが、相馬ではその事を聞かない。しかし御山の葉山の近くに片葉葦と共に名馬を出した伝説などあるのを見れば、やはり何か関係があったようでもある。駒ケ嶺の蒼前社の馬の伝説は有名であるが、ここも近くの葉山と何かしら信仰が混同している点があるらしい。そしてここの葉山だけは安産の守護神ともなっているのである。はやまは母山で、昔さる高貴の姫君が馬と通じ、流されてこの地に上り、ははは山で馬の子を生んだという。宮城県大内の羽山などに、豆を年の数ほど持って行って上げると疣が治るというが、そういう信仰もここにはない。

相馬市塚部の葉山―十一月八日はお葉はんのおふくたをしておがみっこをした。宿はとうめえ、拝む人は別に頼まず、若手が集ってする。もとはやかましい夜籠りがあり、米を七合五勺ずつてんでんに持ち集って餅をついた。奥参りはお葉山はんのものだと思っている。ここの葉山はもと新城山の東端にあった(佐藤タカ女談)。

山形県行者の話―昭和二十六年八月、奥の三山に登った時修験行者数名と同伴、葉山の話を聞く。この地に大なる葉山四ケ所ほどあれど、富本村より登る葉山が、その代表の山らしい。もとは信仰頗る厚く、多くの修験者を擁し、葉山修験といって羽黒とはまた別個の独立したものであった。もと大寺あり、諸院諸坊が散在し配下の寺院数は八十三と伝う。作神の信仰で、行事は羽黒修験の行事と同じようなものだったらしい。葉山の本地は薬師である。明治維新の際修験道一時廃された時、ほとんどの修験者は帰農し、中には僧侶となった者もあった。現に残る寺は十個寺位で、昔のまゝの天台を奉じているという。なお同行の行者の中最も年老いた人は、葉山の麓の人で若い時しばしば登ったという。

上海老の葉山―昔桑折伊勢の子甚右衛門、若年の時密家の僧となり護摩を修するの後、又還俗して武夫となり、其子四郎平、平郷胤公に仕ふ。公常に葉山神を信ず。四郎平の父もと僧たるの故を以て公の命を奉じて羽州葉山に代礼し、権現を勧請して公の守神となす。神田三反歩を伊勢崎に寄附し、四郎平を別当たらしめ三蔵院と号す。葉山修験は両蝦の先達なり。公卒去の後社田を納め税田に帰す。然れども葉山一派として子孫に至るまで三蔵院は当国に葉山派無きを以て寛文中羽黒派となり葉山権現を安置す。本地薬師如来。ここに於て三蔵院を改めて葉山院となす(奥相志より)。

新庄領の葉山末派修験—明治二年葉山権現別当大円坊、神仏末派修験新庄領四十一ヶ院並に末派十ヶ院の取調書を民政方役所に呈出した。即ち新庄領最上郡二十九院村山郡十二院計四十一ヶ院(戸川安章氏資料)。

○羽黒・月山・湯殿権現(二五祠)

(名称)羽黒は近年多く出羽(でわ)神社ともいい、月山(がっさん)は稀につきやまともいう。

(分布)

羽黒

(宇多郷)中村(三)　立谷　今田　初野　入山上

(北　郷)大内　小山

(中　郷)泉

(小高郷)村上

(北標葉郷)西台　権現堂

湯殿

(宇多郷)立谷　柚木(三)　磯辺　蒲庭　柏崎

(北　郷)上栃窪(二)　浮田

月山

(宇多郷)中村

(北　郷)小山

（中　郷）押釜
（山中郷）葛尾
異同

相馬における羽黒の信仰は出羽の三山より来て居り、三山一緒になった信仰と、それぞれ独立した信仰と併存する。しかし独立といっても三山信仰の一つであることに変りがないので、その場合いわば三山の代表として祀っているようなものである。そして一つの神社となり、しかも古い勧請は羽黒に多く、湯殿は広いが新しい。そして大部分は社殿をなさず石碑である。かつ奥参りとか三山講、湯殿講等と呼ばれる講中とも最も結びついて居て、江戸時代の民間信仰の代表的なものの一つであった。月山も三山の一つとして信仰があったが、月山だけの祠や碑は他の二者に比して遙かに少い。三山共作神の信仰である。領内にひろい湯殿等の石碑も、奥の三山に詣でた講中の立てたものが多く、己が部落々々に勧請して五穀の成就を祈念したものである。文化、文政頃のが多いようである。奥まいりは今に名残をとどめているが、大正の末年頃までは盛んで、大ていの農村では殆んど行くものにしていた。村によっては八月八日をお山しまいと称し、奥の三山へ登るのもこれで終りとする。またこの日を村の権現様の祭ともし、神酒、赤飯を供えて祭る風もある。丑年がお山の御縁年であるともいう。

出羽の羽黒というのがすなわち延喜式の田川郡の伊氏波神社のことなるべしといわれ、推古帝の草創と伝え、三山の主となって来た。福島信夫山の羽黒も古いと思われるが、出羽よりうつしたものかどうかは未詳という。この外会津羽黒山は、天平元年行基に関係あるかのように伝えている。すなわち彼一日瑞雲の妙見峯にたなびくを見、かつ三本足の鴉の現れたのを見て三社権現を勧請したが、それが熊野らしく、また、城東羽黒山には端山、蔵王、妙見三峯ありという。石城泉の羽黒は、此地年々不作のため、平城天皇の御宇、羽州羽黒に祈誓して験あり、ここに勧請したといい、双葉郡木戸山田岡羽黒山の羽黒も大同の勧請といい、南北朝頃勧請したという社も各地に見られる。羽黒に羽山の地名の出てくるのも注意すべきことで、前記の外、羽州の羽黒についても、地名辞書は旧記を引いて、崇峻帝第三皇子羽山にのぼり修行したことを伝えている。恐らく羽山の方が古く、各地にあった神聖な羽山の一つに羽黒をまつったものではないかと思われるのである。また鴉は熊野だけでなく羽黒にもついていて、東奥紀行にも、能除王はじめて羽黒山を開いた時に嚮導したので、山を羽黒山と称したと伝えて居り、鴉を羽黒のお使ともいう。

相馬での羽黒の古社は、相馬市初野にある高山であろうが、これも現在葉山に隣る羽黒山をいう。しかし葉山を本羽黒と称し、昔羽黒権現が鎮座してあったというから、尚更葉山に羽黒をまつった事の妥当さを思うのである。この羽黒については、社伝によれば祭神をうがやふきあえずの尊とし、あるいはうがの尊として居り、仏からいえば正観音だという。本祠は羽州田川の羽黒であるが、延喜五年平良文が東征の際、羽黒に祈誓して平定を見たので、神恩を謝して越後村上、奥州福島、伊具宇多両郡の境と以上三個所に勧請したその一つであったと伝え、後に義家、顕家等とも結びつけているが確証もない。三月十七日を祭日とする。山の木を伐る者があれば俄に大風が起るといい、時々東の海より竜燈が上るともいう。参詣者は潔斎して登山するが、終るや一の鳥居の茶店で酒肉を食して潔斎を解いた。また、参籠堂あり、毎月の十六日夜集ってお籠りする信者もあった。

祭神は殆んどが宇賀魂神で五穀成就を祈ったが、外にいざなぎ、大山津見、大物忌などをまつる例も少しあり、また作神の信仰の外に虫歯治癒を祈る例も見られる。白山などと共に羽黒のはが歯に通ずるためらしい。例えば石城郡泉のお羽黒山の羽黒様には、萩の木が沢山に奉賽されてあるが、歯痛になやむ人が、右の小枝を百本一束にして痛む頬をなで、治ったら二倍にしてお返しする。同じく入遠野の字羽黒の羽黒祠にも、萩の箸をすだれの如くあんだものを上げてあるのを見たし、植田の羽黒も同じ信仰で、治れば萩の箸を上げるという。相馬にもあったと思うのに、今にわかには思い出せない。

月山　相馬の辺でも葉山権現の夜籠りの夜に、神をはやす詞に、「つき山、は山、羽黒の権現」というところをみれば、湯殿以前の信仰によるものに相違なく、同時にここでもまた、月山と葉山との結びつきを考えねばならない。殊に注意すべきは、月山に参ることを先祖まいりと称することであり、月山の神かみおやの神と考えられていることである。会津辺の伝承でも、われ等の先祖の地を開拓してくれた神だとあるが、それもそうだろうが、やはり葉山のように祖霊のとどまる霊地の一つであったと思われる。広く見てこれもまた葉山の一つだったのである。

現在祭神を月読命とし、やはり作神の信仰で農家の信心を集めている。

湯殿　民間の信仰は作神としてであって、祭神は問題にならないが、大山津見、大己貴命などをまつる。会津の辺では、飯豊山は米でつくった山で参る時は新米をもって行ってまくのに対して、湯殿山は銭で積んだ山で銭をまく。信仰すれば銭に不自由しないというが、相馬の辺ではいわぬようである。三山講は普通湯殿で代表して湯殿講と呼ばれ、講中を組織して奥まいりに行く。現在は甚だすたれたが、嘗ては村々に行屋(ぎょうや)かあり、ここにこもって精進潔斎して出発した。これを湯殿行といい、相馬にあっては羽黒派の修験が世話をしていた。この行屋は村の葉山籠りにも使用されたものであったが、今は殆んど残っていない。

なお奥の湯殿にも、登れば来迎仏を拝し、あるいは死んだ妻子に会うことが出来るという信仰が伝っている。

（補）湯殿行と行屋

農村で最も大事なものは農耕に関することで、中にも目立つ一つは湯殿参詣に伴う湯殿行であった。大抵の部落に講があり、又これに準ずる団体を募集したりして湯殿に参詣に行く。むろん全員ではなく代表のことも多かった。そういう人があらかじめ村にある行屋にこもって精進潔斎して行く。彼等の不在の間無事お山がけが出来るようとて家族の者が代って行屋で精進することも多かった。参詣者が帰ればまた行屋に入って行を行いまた精進あげをした。これは湯殿が代表的であっても葉山にもそれがあり、又石城では湯殿と同じと思われる御塚の場合行をした。

奥相志を見ると、村々に旦那祈願と湯殿行との数が出ているが分けずに一緒にして書いてある方が多い。延享四年の資料によっているらしく、皆相馬修験本司羽黒派日光院の派下の修験が世話していたものである。しかし延享の原簿も今は無く、奥相志にも一覧表になっていないので抄出する外は無い。したがって脱漏も考えられる。

部落名	修験院名	旦那湯殿行数
北幾世橋広内	浄蓮院	五〇
同　権現下	法幢院	二五
請戸川原	南岳院	七一
同	寿明院	七〇
棚塩	金剛院	一〇〇
酒井	光善院	三〇
刈宿	山城坊	三〇
上栃窪台	普門院	(旦)六七・(湯)一八〇
浮田一丁目	文珠院	二五
岡和田	門正坊	二一
横手	普明院	(旦)七三・(湯)九三
同	覚正坊	(旦)一・(湯)二一
小山田	快学院	(旦)六七・(湯)三七
原釜	常明院	二〇二
鶴谷坂下	本覚院	二五
南新田原町	寿命院	二五
北泉	法泉坊	四一
萱浜	芳順坊	一八
黒木	宝蔵院	(旦)三〇・(湯)九〇
同	運昌院	八〇
同	閑明院	二〇
小泉根岸	安楽院	(旦)二〇・(湯)二四〇
小泉高池	積善院	三五
大甕	玉宝院	一五
同	大蔵坊	七
押釜	立光院	三一
牛越	法雲坊	二三
北鳩原仲ノ内	和光院	(旦)二・(湯)五一
片草	覚仙坊	一〇
大井	観音院	一三
南柚木堤田	覚法院	(旦)一・(滅在)一・(湯)一六二
岡田	宝性院	四二
耳谷	宝積院	三五
女場	金剛院	六五
福岡	唯教坊	二五

かつて村々に多くあった筈の行屋も、明治になって急に無くなり、私の見たものも三、四に過ぎない。皆一隅に祭壇を設けて湯殿等をまつっておく。部屋に大なる炉あり、また台所がついている。飯舘村深谷の行屋は普通「葉山のお行屋」と称し、十間近いかと思われる大きなもので三部屋から成っている。向って右は祭壇のある部屋であるが、その奥正面に南面して祭壇を設け、葉山の神幣を並べ、末社水神、箸神、田神、山神、円蔵神、妙見、下道□神、女名神、熊野の九神をまつっている。真中は大きな部屋でやや片よって炉あり、向って

左の部屋は稍小さく炊事屋という。別に祭壇のある部屋の南に突出して二間四方位の小さな部屋があるが、札売場なそうである。松塚の行屋もこれと似ているが深谷のよりは小さかった。比曾の行屋は廃されて小学校分教場の一部に変っていた。とにかく行屋は建物は稀に残っていても本来の目的の為に使用されている風はもう無いようである。

随って行屋における行事もだんだん忘れられてしまうわけだが、人々が覚えている程度のこと二、三を記せば行屋が流れの近くにあるのが普通だったのは、そこで水を浴びることが出来るためであった。長いのは二十一日も潔斎したそうである。家族もお山がけの終るまで、殊に今日がお山がけだという日には水を浴びて無事を祈ることがあった。部落には先達というのがきまっている場合が多かった。帰るとその先達者が骨を折って湯殿の碑を立てることもあった。

古くは湯殿行も日常のことだったと見え、却って記録に残っていないのであるが、それでも奥相志等より一、二を摘録するに、百槻の条に「夏六月邑人集りて湯殿行を勤むる所なり、文久元酉年この屋を毀つ」とか、原釜の竜海山徳宝寺常明院に関して「在昔行者あり、竜海と号す。若歳より諸州を行脚湯殿行業を勤む。年すでに四十にして功成り、上人の号を得行屋開山と称す」。かつ右の常明院の開山となるとある。斎藤笹舟氏の大野村史に湯殿山参詣の時の通行券のことがのっている。「通行券、南柚木村覚法院、右同人儀、五穀成就の為湯殿山参詣罷通候間、御関所無相違御通過可被成下候、正徳二辰八月朔日、行人松本重右衛門、御関所御当番衆中」と書いてある五寸に六寸の大きさの紙という。

石城豊間辺では昭和十六年頃まで行屋あり、ここに集って三山をかけたので湯殿行の記録も多少残っている。表紙に「月山湯殿山羽黒山遙拝講、大正八年旧九月、三町内」とあり内容を抄出すれば、

一、八日の登山用意及献立

講者は起床と同時に水こりをなし、斎戒後神道に遙拝すること。当番は梵天の用意をすること。その時当番は朝茶を出し凌餅をすすめること。

朝食献立

神酒一升、朝食は一人に対し米一合の割合にて、御ヤワラ飯盛切となす。御汁は里芋茄子豆腐の味噌汁とす。生酢、辛も添へること。

当番は御流(水のこと)を用意し、食物は粗末にせざること。

登山後献立

主食、御飯は松たけ飯。自由食とす。

副食、けんちん汁、豆腐を多くし人参、牛蒡、里芋、松たけ、油。

一、御堂払

丗酒一升、魚は何魚にてもその時季のものにて料理す。

一、御護符餅

一重を講員及び信神家に配布す。

集会中は勝手に離散せず敬神の念を守るべきこと。

昭和十三年旧九月八日

石城の御塚権現のことは別に述べたから省略するが、一、二補う。豊間の権現は高台にあり、現在九月八日男達のみ四、五十人程宝蔵寺に集り、当番があって炊事する。権現壇の矢来を結直し、二十本近くの大小のぼんでんを立てる。同じ沼之内でも似たもので、旧九月八日竹をとりえかて新しい幣束を上げる。御幣の紙は萱を割って之にはさむ。三山に参詣する代りに此処に詣るのだという。

神官佐藤鉡一氏の話によると、御塚権現を掘ってみたら昔の古墳であった例がある由、しかし大体において御塚は湯殿であるらしく、何れにしても祭神ははっきりせぬという

豊間の辺で御塚はその家の先祖をまつっているという人があったが、中にはそれもあろうと思う。すなわち諸所に祖霊の集る所があった筈だから、それも混じている場合が当然あるものと思われるのである。祭は八月八日か九月八日が多い。豊間辺の墓に行ってみると、新墓に竹矢来の結ってあるものが見られるが、御塚と全然無関係とも思われぬ。この辺では葬式の時に棺をになう青竹を（実際には竹は弱いので別なものでかつぎ竹は持って行く）二本、息つき竹として立てる（長さ七尺位）。翌日行って親戚が割り、これを以て墓を垣根の如く結う、もっとも所によってで、沼之内等にはこの風が無いという。

以上は相馬に接する南部であるが北部はどうかと云うに、行屋のことはそう変っていない。これ亦戦争前まであったが今は無くなった。宮城辺坂元辺の様子を見るに岩佐林吉（七十七才）、阿部豊三（七十才）、渡辺伝四郎（四十才）の諸氏その他より聞書として、小島睦男氏の報告によれば、川の近くにあった「お行屋」で行をした。毎年二、三名三山に代参したが、期日は大体盆過ぎてか、十一月七、八、九日の三日間などであった。行は一週間あり、女は入らぬ。行中は家に帰らず泊りこみで、膳や箸すべて行屋に備えてあった。食事は朝夕二食。食前川で水垢離をとり、料理は精進料理。祈禱の言葉は「日天月天云々」というのであったが忘れたという。

○大塚権現（二祠）

（名称）おおつか、おつか。大塚、王塚、御塚。

（分布）

（宇多郷）新田

（小高郷）村上

（異同）

奥相志所載の大塚は相馬に二祠しかないのに、石城には頗る多い。葉山は石城に殆んどないのに相馬には村毎に見られる。作神としての関連性があまりにも著しいから、特に石城の大塚の資料をあげて相馬のそれの補いにしたい。

数多い石城の御塚権現も殆んどが小祠で、大ていの神社名簿にももれている。

三坂差塩、三坂上三坂、三坂中三坂、三坂下三坂、草野神谷、夏井荒田目、夏井菅波、夏井山崎、赤井田町（二ヶ所）、好間小谷作、好間下好間、永戸合戸、永戸渡戸、永戸下永井、小名浜住吉、豊間簿磯（三ケ所）、豊間沼之内、平中平窪、内郷小島、内郷御厩、錦大倉鹿島上矢田、双葉郡上岡大原、茨城県磯原町南中郷、同町高岡下君田

以上は見つけ次第一応の調査をしたものであるが、むろんこれのみではない筈であり、この僅かの中ですら大正七年の福島県神社名簿にのっているのは、三坂村永戸村位であとは書いてない。祭神もさだかでない民間の小祠として恐らく問題にもせず仲間にも加えなかったものであろう。

とにかく記録に祭神名はないのだから、勢い民間における信仰の実態を見る外はない。しかも権現様とのみ呼びならわして何をまつるか聞いてみても人々の知らぬ中に、僅かながら知り得たのは、かなり不確実ではあるが左のような事であった。

月山、湯殿山、羽黒山をおつか権現という（荒田目）。

東照権現、徳川家康をまつる（中平窪、小谷作）。

稲倉魂神、月夜見神、大山祇神をまつる（合戸）。

大己貴命をまつる（永井、渡戸郷土誌）。

湯殿権現をまつる（下三坂、棟札による）。

その家の先祖をまつる(豊間)。

稲荷をまつるといい、百姓の神という(大倉)。

大山津見神（南中郷、高岡）。

稲荷と合祠、祭神は宇賀魂命相殿塩土翁(新田、縁起による、明治以前の記録には大塚祠祭神未詳本地正観音)。


大体以上であるが、もっとも本祠と思われる奥の湯殿山神社の祭神は、大山津見となって居り、社殿によれば大己貴、少彦名、彦火々出見、あるいは湯殿神大神などともなっているから、これらの何れを祭神としても一応不思議はないわけである。ただ東照権現という説は恐らくは誤で、大塚の名称を略して単に権現とのみ呼びならわしていたために、当時勢盛んであった東照に結びつけられてしまったものらしい。東照の祭日は四月十七日などである筈なのに、この日にまつられる大塚はない。また、稲荷と一緒にしているのは作神ということからであろうと考えられる。

下三坂の権現は、附近の人に聞いてもただ権現様とだけでわからなかったのであるが、幸いこわれかけた一米余の小祠の中に、上棟札が六枚程はみ出すようにつまっていた。第一枚の表には

奉屋禰替湯殿山大権現諸願成就処、聖主天中天迦陵頻伽声、哀愍衆生者我等今敬礼、寿王山光明院長栄代

裏面には

寛政十二庚申天八月吉祥日、惣村氏子中、名主永山七右ェ門、組頭永窪藤右ェ門

とあり、もう一枚の古棟札に「奉勧請湯殿山大権現」、裏に名主……と僅かに文字の残るを見るのみで、年号の不明なのはぜひもなかった。嘉永元年のも湯殿山の文字があるが、明治二十一年八月八日、三十年八月二十三日のなどは何れも御塚神社に変っていた。とにかくこれで大塚はあるいは大塚の前身は湯殿であるらしいことが明かになって嬉しかった。小谷作でも湯殿をまつっているという。下好間なる大館の権現山には、この辺としては有名な湯殿権現があるが、社殿の裏手一隅に小壇を築き、この上にまつる小祠を御塚権現と呼んでいるとの事であったが、両者の関係はよくわからない。中神谷の出羽神社の境内にも御塚のあるのを見れば、はじめは湯殿の行を執り行った所かも知れず、

一方その塚が神社に移行して行ったことも考えられる。荒田目では、月山、湯殿山、羽黒山を御塚権現と称しているというが、恐らく御塚権現とは三山をいうので、三山を代表するのが湯殿なのだろうと思う。

したがって御塚は、必ず山丘の上にまつられ、更に塚の形をしているのが普通である。また、そうした塚をもつ山が三つ近くに並立していることも多いようである。その場合、その何れをもそれぞれ御塚と称しているようで、必ずしも一つを湯殿、一つを羽黒、一つを月山と区別していないが、やはり初めは奥の三山にかたどったらしく思われる。

御塚の塚は、特に築いたものもあり、高い土地の一部をそのまま利用した所もあり、稀には古墳を利用したらしいのもある。塚の形状は様々であるが、盛土の場合は一米かせいぜい二米とない程度の高さで、その上に木や石などの小祠を置き、盛土の四囲を柵で囲うのが普通である。荒田目の権現は平地で塚らしいものも見当らぬが、むしろ珍らしい。菅波のは径六米位の塚で山の中腹にあり、四方に竹が立てられてある。昔は別に堂があってお籠りしたという。赤井の田町にあるのは華蔵院裏山頂に見られ、権現塚と称され、二つの塚らしいものが並んでいて、一方は木が生えたままになって居り、他の一つを権現塚と呼んでいるとの事であった。この方は周囲約十二米高さ一米位。三筋の縄を周囲にめぐらし、細い竹を数本立てておく。山頂より下って左に折れると、権現塚というのがあって中央が小高くなっていた。すなわちしめ縄を張った杉の間をくぐりぬけるとこの塚に出る。

永戸の合戸にあるのは、学校の裏山の上に特に作ったと思われる円塚で、周囲を竹矢来でかこみ正面に入口あり、中に石の小祠をおき、そこに磨滅して何やらわからぬ石の坐像があった。永井、合戸、渡戸と、ここには三個所に御塚がある。別のものか、合して三山となるものかはっきりせぬが、何れも同じ作り方であり、かつ非常に神聖視されて、人々は跣足で参り、また、年頃の娘は登れぬという。小名浜住吉のは八幡社の裏の丘の中腹にあり、周囲を竹で囲った円い塚で、中に三、四十糎の三角形の石が置いてあり、ぼんでん竹が高々と立てられてあった。中平窪の小野菊次郎氏（当時八十一才）の話によれば、同地にはおつか権現と称する祠は三個所にあり、最も上手にあるのを上のお塚、中のを中のお塚、下のを下のお塚と呼ぶと。上のお塚は横山台という高台の上、林の中にあって、道らしい道もなく木の葉の積っている中にある小祠であった。祠のある所は平坦だが、すぐ側に塚の如きがあって樹が茂っていた。昔はここに大木があったのを伐採したことがあったが、伐った木挽も伐らせた人も不幸に見舞われたという。中のお塚は古館の天王様にあったが、これも祠の近く二株の大杉の下に、今は全く参る人もないらしく道も絶え、一本の白幣のある石の祠のみとなっている。ただそこだけ小高くなってはいるが特に塚と思える程でもなかった。直ぐ下の田圃で働いている村の人に権現様はと聞いても、一寸思いつかぬ位だったから、まして何権現と聞いても聞く方が無理な位に今はなっている。やはり村の人にやっと思い出して貰ったのが、残る下のお塚であった。昔は辰の口の酒屋の近くにあったのを、庄屋の某が下平窪の庄屋にゆずったので、今は下平窪分になっているというが、高い丘の上にあった。恐らく奥の湯殿に参詣に行った人がおうつし申したのだろうとの事だが、あるいはそうかも知れぬ。ここは尚更ひどい叢であったが、誰のわざか注連縄が掛けてあり、小祠には白い幣束も清々しく祀られてあった。打見たところ先の二個所と全く同じ形の石の祠で、古さも同じ程度と思われた。互いに関連ある三山なのであろう。

下三坂では二つを見つけたが、その一つ上手の権現山にあるのは、土塚を築いた上に一米余の木の小祠を置き周囲を木柵で囲んであるが、柵の一辺の長さは三、四米位。祠前には根のついたままの稲穂が供えてあった。下手の根小屋部落にゆくとここにも権現山あり、急坂を上ると前と似たような円い形の塚あり、木柵をめぐらし四方に鳥居を設けてある。塚の高さは一米位、上に石の小祠あり、御塚神社大正十年八月云々、白土保民佐藤賢外五名の名を連ねた棟札が放出されてあるだけで何もない。御厩のも山上にあり、二株の大杉の下に石の小祠が立って、中に数本の白幣あるのみ。祠の裏に直径三、四米位かと思われる塚があった。石祠の向って右側に文政二卯歳と彫ってある。差塩のも下三坂のと似て居て、山上の土塚の四方を柵で結い、四方に入口を設け、中央に石の小祠を置く。なお柵の一辺の長さ五米位。中神谷のは既述の如く出羽神社の境内にあり（この事は三山との関連を思わせる）、やや小高い土壇あり、上に更に四角形に小石を積重ねてあるがその一辺は三米近くあったろうか。中央にぼんでんを高く立て、これを中心に四方につなを引渡して四周の柵に結びつけてある。薄磯のも高い岩山の上にあり、竹などを折りめぐらして厳重に囲つた中に小祠がまつられてあった。近くの海岸にあるのは、松林の一寸した高みを利用して柵を結い、中に小祠がおかれてあるが、共に柵の手前が開いて入口をなしている。沼の内のもほぼ似たようなもので、岩山の上にあった。

双葉郡上岡の大原にあるのは、やや高台ではあるが別に塚らしくも見えなかったので、後で聞くと長慶天皇の御陵かと一時噂された塚がすぐ近くにある由で、附近より土器なども出る話であった。ここのみは社殿が大きく立派なものであったが、この社殿とどういう関係があるのかすぐ傍に石の柵があって中に三十糎程の小祠あり、そばに王塚御太刀権現昭和十一年二月と記した標木があったが、近くに聞くべき家もなかった。相馬飯豊の大塚祠も小祠といえぬ大きな社殿をなしている。これらの大きな社も、あるいはやはり塚から発達して行ったかも知れないが、要するに御塚権現の特色とする所は、第一に塚であり、また塚上の祠にめぐらされた柵であり、ぼんでんである。これが湯殿といわずお塚と呼ぶに至った理由でもあろう。

農村と最も関係の深い不可欠の信仰は作神の信仰であり、その主なるものの一つは、江戸時代にあっては三山すなわち湯殿信仰であったようである。村では年々講中をつくり、または個人で三山に出かけて行った。部落には行屋といったものがあって、その際ここで垢離をとり身を潔めた。行屋にも湯殿をまつって祈念をこめ、また、近くの山にも丘にも湯殿をまつったのである。奥まいりの際はここをもかけ、奥まいりに行くかわりにこの近くので間に合せることもあったわけである。相馬には葉山神が村々にあって奥の三山と深い関係をもっているが、石城では葉山は姿を見せず御塚がこれにかわっている形式である。葉山の祭は収穫時を主とした十月八日前後であるが、御塚の祭はお山しまいを考えての八月八日(九月八日もあるが)が大部分である。お山はじめの四月八日にも参る者がある(四月八日は葉山の春祭でもある)。葉山信仰の相馬の村々に広まった一つの時代は、大体江戸初期より中期にかけてであった事を思えば、似た性質を持つ御塚も、あまりかけ離れた時代とは考えられぬが、これについて磐城志などは、左のような注目すべき説をのせている。「磐城諸村に御塚権現と云へるあり、神体は大日如来にて出羽の湯殿山権現なりと云へり。菊多郡の中には関田成就院、新田安養院、四沢千手院、小山田東福寺等にあり。其故は寛永の始の頃、湯殿山権現、御国廻りとて村々在々を巡り給ふ。これを御塚権現と崇め奉れるよし。その到着の日を以て祭日と定めおくといへり云々」。同書はなお楢葉郡箒平新田久保田某筆記というものを載せて、「寛永二乙丑関東より湯殿権現御通りなさるる時、北迫の内飯島へ御腰を掛けさせらる。その跡を塚に築き権現とまつれる由見えたり」とある。祭日の八月八日をこの地方では今もお山終いの日としているから、やはりもとの形であろう。奥の三山にのぼるのも今日で終るので、各地の権現様で祭をする習になっている。この時村人が集って柵を結い直し、ぼんでんを立て、神酒を供える。恐らくもと村々に極めて盛んであった湯殿行の名残を引くものである。そして御塚の管理者は大てい修験者であったようである。小谷作の権現をはじめ何処もおこもりがあるが、荒田目などでは前夜より集るといい、奥参りの時も前の晩より籠って出かけるというがその名残であろう。昔は七日間籠ったというから、忌籠りの厳重さも思いやられる。また所によっては講中も出来て居て、年一回はお山から先達がお札を持って来るという。この湯殿の行屋も今は殆んど見られなくなった。また、各地の御塚に稲を供える風の多いのも、作神として当然であろう。夏井の山崎武平氏の談によれば、「奥参りをして来たら、ますで量って箕でかえせ」といったものだと。

要するに村々では、奥の湯殿と平行して御塚が盛んに信仰され、ある時代には流行的に隅々にまで広まって行ったことと思われる。しかし湯殿はかなり古かろうが、御塚となったのはもっと新しく、前記の寛永頃関東より云々もその一つの現れであって、石城の御塚は皆関東よりまわって来たとは思われない。好間大館の湯殿は、磐城氏が奥より勧請したもの(江戸期以前)というが、直接三山よりのものも多いと思われる。とにかく時代は江戸初期と見て恐らく差しつかえないと考える。奥相志所載の相馬市飯豊の大塚祠の棟札にも、「奉造立権現堂、現世安穏後世善所、寛永四丁卯十二月九日、木幡次郎右衛門敬白」とあるという。ただ此処の大塚祠については、奥相志は二股帯刀なる九十六翁の話をのせて由来をのべているが、それによると修験大法院が弟子と共に関東より来て二股に居住したが、共に奇病にかかったので巫女に占わせると、「我は常州の大塚神なり、汝は即ち別当たり、汝の流落してからは、我を信仰する者もなくなったから汝の居所に移ろうと思う」との事で、病も癒えた。三日すぎて何か光るものが南方より飛んで来て葦原の中に落ちたが、嘗て関東に居た時分、作って拝んだ神幣であった。仮の祠を立てて祀ったが、のち社殿を造営した。それが寛永四年十二月なのだという。なおこの大塚は本地を正観音としているが、大日としているのが普通で、大塚を大日塚とも呼ぶのはそのためである。以上の常州の大塚神なるものは寡聞で知るを得ないが、寛永という年号が真実とすれば、一つの資料を加えたことにはなる。なおついでに年号の事をいえば、合戸の大塚に「正徳三年奉斎昭和十三年旧八月改築」の棟札を見、好間大館の湯殿は前述の如く岩城氏らしいというから古いが、傍の大塚権現の方は藩主内藤氏が各村に祀らせたものと伝える。因みに岩城氏の大館築城は応永十四年であり、慶長五年羽州亀田にうつるまで大体ここに居住したらしい。内藤氏は元和八年より、元文三年の百姓一揆によって平を去るまで、平城に居住した。小島の石祠は文政二卯歳と彫ってあったことは既述の通りである。

　最後に祭の模様であるが、大ていどこも部落の人々が集って来て行う程度の簡単なものであるが、小谷作では宵に甘酒をこしらえておき当日子供達に振舞う。大館では昔は濁酒をつくってふるまった。すなわちお塚の祭はどぶろくの造りはじめといわれた。永戸村各部落の御塚には獅子舞があり、昔は天下一の札を腰にさし、往来の人をして笠をとらせた程権勢があったという。天保七年の飢饉の年にはすでにこの祭はあったと伝える。住吉ではこの日村人が集って竹を取りかえ縄を結いめぐらしなどして、囲をつくり直す。後は区長の家で小宴をする程度。中平窪の上のお塚のは、前の晩より宿に集って別火をするが忌言葉があり、餡でつつんだ餅をくろかべぬり、納豆餅はじゃり、豆腐はしらかべ、大根おろし餅は砂かべ、あまかゆはざいもくと呼んだ。黒かべぬりは椀に盛り、人々はこれを第一に食うべきものとし、あとは自由であった。神には白い御供餅を上げこれはお山に持って行く。別に小餅も上げるが、この方は持ち帰って御護符として人々に配った。むろんお山に参詣しない中は生ぐさは食わなかったし、いみやちみのかかった者はお宮へはもちろん宿へも行けぬ。集った人々は太夫から幣束を貰い、代表という意味で宿の人と昨年宿をした人および来年宿となるべき人との都合三人は、是非お山を三つすなわち中平窪の中の三個所の御塚に参詣してまわる。お山まいりといったが、湯殿参詣ともいったらしい。奥のお山とは関係はないというが昔はそうでなかったのであろう。中の御塚すなわち古館の御塚には権現講あり、その人々が主に参詣する。奥まいりに出る時も帰って舟ばらいする時にも、参詣するという。

双葉郡上岡の大塚神社は立派な社殿をもっているが、月の八日に参詣する人が多く二月八日は殊に盛んである。しかし祭日は旧の八月八日となっている。子供の守護神としての信仰があり、刀や薙刀などを子供の御守としてかりてゆき、後でそれに一本加えて返す。富岡辺の年中行事を見ると、二月八日お塚様から刀をかりて、十二月八日にお返しすると安産する、とあるが、なぜ大塚の信仰がこう変ったものかわからない。

とにかく現在では、祭の形態は崩れて簡略になってしまったが、要するに御塚の祭は湯殿や葉山と同じく、修験道と結びついた、忌ごもりが主となるもので、今は殆んど忘れられた行(ぎょう)がその中心であったのだろうと思う。そして御塚という名称よりすれば、石城に特に多い特殊なもののようにも見えるが、実は湯殿信仰の変形で、東北到るところにあるものに過ぎないもののようである。

○熊野権現　(七八社)

(名称)　くまの。

(分布)

(宇多郷)　中村(二)　黒木　初野　大坪　長老内　小泉(三)　程田　馬場野　本笑　柏崎　蒲庭　磯辺(二)　赤木

坪田　今田　山上　入山上
（北　郷）浮田㈢　山下　北海老　南屋形㈡　南柚木　小島田　江垂　鹿島㈢　小池　角川原　横手　小山
田沢㈡
（中　郷）小浜　牛来　上渋佐　上高平㈡　北新田㈡　下太田㈡　堤谷　江井　大甕㈡　大木戸　石神　信
（小　高　郷）小高㈢　大井　下浦　上浦　大谷　北鳩原　水谷
（北標葉郷）小野田　末森　田尻　立野　酒田　権現堂　北幾世橋㈢
（南標葉郷）熊町
（山中郷）比曾　羽附　芦股
（異同）

熊野は東北にも広く見られるところであるが、相馬においても稲荷と一、二を争う位に多いことは別にも述べた。紀州熊野との関係、鈴木氏とのつながり、山伏との連関も簡略ながら触れておこうと思う。この辺の熊野は何時の時代より広まったか詳かでないが、大体鎌倉初期と見られる。相馬市中野の熊野堂は、縁起によれば、文治中紀州藤代の鈴木穂積重原が、熊野を奉じてこの地にやって来て、祠官となって代々勢力があった。したがって熊野も忽ち大社となって、その信仰は近村を風靡したものの如くで、この分霊をまつる小祠は極めて多い。昭和十年石城高久の熊野社を見た時、そこの鈴木家に義経よりの感状の写の如きものを伝え、かつ系図を見るに及んで、高久に落着いたのは重家で、相馬の重原の兄であったが、ここにも地方熊野の一根拠を見たように思った。

また、よほど伝説化されている泉の泉長者も、紀州の人で、その信仰する熊野神の使たる鴉に導かれて泉に落着き、天然に湧出する酒泉のために大長者となったが、義経が奥州に下った際、軍用金を申付けられ、渋って出さず邸宅を焼払われた話があり、焼米が今に出る。泉長者の話は小泉にも今泉にもあって有名であり、今泉は知らぬが、小泉のも熊野と結びついている。恐らく熊野を奉じた豪族が海路南よりうつって来て、海岸近い恰好の地に本拠をかまえ、熊野をまつりながら海運関係の仕事にたずさわったのではなかったか。

修験関係の熊野もあった。相馬の聖護院派修験の総本司は上之坊寛徳寺で、百余の配下をもっていたが、熊野をまつっているのが圧倒的に多かった。もともと上之坊は元亨三年藩侯相馬に移住の際、下総から随従して、氏神の熊野をもって来たものであった上、これまた次第に勢力を得て配下の数が増し、配下と共に常に紀州の熊野に往復したから、熊野が領内にふえるのも当然の事で、こういう意味では、すなわち熊野信仰を広める上にどれ程大きな役割を果したか知れぬのである。

熊野の信仰は後世漠然として稲荷などにお株をゆずった感があるが、古くは作神として相当な信仰を民間にかち得たものの如く、鈴木氏の稲穂の家紋と共に、かすかながらその名残をいろんな方面に止めているようである。会津野沢の熊野は古社であるが、同地の神官荒井氏の話によれば、五穀の信仰あり、ほとんど農家においてまつっているという。春二月八日と秋十一月八日の熊野講は、祭をして餅をついて上げる。昔から伊勢に参れば熊野にも参る。そうでなければ本当の伊勢参りにはならぬという。石城郡錦の熊野は大同年間の勧請と伝え、もとの県社であるが、百姓の神といわれており、宮城県大内の熊野は作神といわれ、籾を上げる風あり(あるいはおふかしを入れたおつつを上げる)、また保食神をまつる熊野も合祀かも知れぬが相馬に一、二の例を見る。石城入遠野の熊野は延暦中坂上田村麻呂の勧請と伝えるが、古伝にも当地の総社にして領主国入りの時は必ず参詣し、また十一月卯の日には、年々新嘗の祭を行うとあるのは野沢のと似て新穀に縁由あるものと考えられる。熊野のくまは稲の意味と思われ、神稲と書いてくましねと読ませた語も関連があるのであろう。現に近年まで黒い品種の稲があってこれを熊稲(くましね)といったが、熊野様に上げたものだと高木誠一氏に聞いたことがある。これも最近まで田の境目などに区別するため(品種の区別)作られた黒い稲紫稲(しとう)と同じものかどうか聞かずにしまった。相馬と石城の境に熊という地名があるが、あるいは昔稲を植えたその当時の北限ではなかったか。後世のものかも知らぬが熊野がまつられている。からすもちという種類の米もある。

石城の方に殊に盛んであるが、正月の農初めに、米とか餅とかを早稲、中稲、晩稲と定めて三個所に置き、鴉を呼んで啄ませ、早く啄んだものを翌年まけば豊作になるという信仰は、熊野に直接関係はないにしても注意されてよい行事である。元来鴉は三本足でなくても熊野のつきもので牛王宝印にも出てくる。作物に関係あり、また道案内に関係があったからであろう。前述の農立てに鴉を呼ぶことを俗におからすといい、またおみさきというが、みさきは先導のことでやはり鴉を指しているような気がする。紀州から熊野が東北の海岸にうつる時に、鴉が先導した話はあまりに多い。烏崎の烏林山専法寺は泉長者の建立にかかるというが、長者はもと紀州熊野の人で、父母ははじめ子供のないのを憂え三所権現に祈って男子を生んだ。子は長じて木工となり宮祠を修造して神恩を謝したという。のち他国に赴かんとし権現に住む所を祈った時に、夢に神が現れて鴉をして導かしめようという。よって那智の沖より船で漂流、奥州の海に到った時、鴉が飛んで専法寺の山に止まった。ここを住所と定め烏林山と号した。のち泉にうつり豪族となった。宮城県加美郡宮崎村の熊野は、今の神官家宮崎氏の祖紀州熊野の社司であったが、故あって東国に下向、当国に住んだ。その彼をたよって海路紀州よりやって来て海岸に上り着いたのが、右の熊野神だという。鴉の先導のことはないが、毎年正月山籠りの際に餅を供えて鴉を呼ぶ行事あり、年の豊凶を卜するとある。また、会津羽黒山に関しては、行基が当地に来た時、三本足の鴉の出現を、奇瑞に感じて三所権現を勧請した云々。霊鳥の先導だけなら熊野に限った事はないが、とにかく古い時代の熊野信仰の伝播のかげには、稲の信仰がかすかに感ぜられるようである。

熊野には、直接紀州より来たものとそうでないものとあり、勧請の年代も信用出来るものは少いが、管見に入ったものを二、三挙げて一斑を示せば、紀州の熊野をうつしたと称するもので比較的古いらしいものは宮城県大内村の熊野の永承中（安部貞任この郷邑に戸ロ播殖の守神として祀ると）、本県勿来市錦の熊野の大同二年（紀州熊野の別当日下大膳持来ると）、同双葉郡請戸村両竹の熊野の大宝年中（標葉一郡の総鎮守）、降って宮城県加美石村の熊野の正安二年（旭舘城主内海長重の勧請）、本県伊達郡伏黒村の熊野の弘治二年、宮城県大鷹沢村の熊野の慶長中等これであり、別に紀州からと伝えていないもので古いものは会津野沢の熊野の天喜二年、宮城県館矢間村の熊野の天平九年（行基）、同元涌谷村の熊野の大同二年、同宮崎村の熊野の大同二年（坂上田村麿）、秋田県牛島町の熊野（田村将軍とあり）、更に宮城県沼部村の熊野の正治二年、相馬中野の熊野の文治中、宮城県福岡村の熊野の文治元年、同富永村の熊野の大永六年、同中埣村の熊野の天正六年、同色麻村の熊野の天文中、相馬長老内の熊野の元亨三年、本県岩瀬郡下小屋の熊野の永享五年（これは勧請の年でなくこの年の棟札ありということ）、宮城県館矢間村堀之内の熊野の文治中（義経の臣鈴木三郎勧請）、本県笹木野村の熊野の建武中等はその例である。

ずっと後世になって江戸期にも熊野の信仰は続き、修験者の熊野参詣も真面目に続けられたようである。元禄頃は藩主昌胤が敬神家であったために、熊野に限らず社寺が多く創建改築された。磯辺に熊野杉というのがあったが、元禄中威徳院光円という者が大峯及び熊野に登り、修験道を苦行、その時熊野杉の実をもとめ帰郷の上植えたのが大木となった。幹や枝の様子が尋常の木と異っていたという。

神社に神田のついていたことは当然のことであったろうが、熊野に特に多いのも偶然でないような気がする。とりわけて五穀の成就を祈願した故であったと思われる。一、二の例を挙げれば、相馬市小泉の熊野は、天和以前は原町市高平にあったが、藩侯から神田を寄せられた

奉寄進熊野山田一町　熊野ロ内
永禄十三年卯月廿七日　義胤
寛徳寺　参

という記録が残っているが、この社は上述の如く別当を寛徳寺上之坊と称した相馬領内の修験本司であったために、

営繕等の時は藩の許しを得て、領内全域すなわち宇多、行方、標葉三郡の寄進を求めることの出来る特権ともいうべきものを持っていたが、これを熊野勧化と称した。安政六年と思われるものを示せば

願書

当山熊野大権現ハ往昔下総より御遷座ニ而、御当家千葉相馬之御鎮守ニ御座候、御本社並本地堂修覆之節々ハ御領分中勧化被仰付来候、然ルニ去ル寅年御本社大破ニ付、勧化願之通被仰付修覆仕難有仕合奉存候、当度御本地堂大破ニ罷成候ニ付、修覆仕度、先年之通リ御領分中勧化奉願上候、右願之通勧化被仰付被成下候ハヾ、難有仕合奉存候、以上

未九月　　上之坊

寺社御奉行所

（差紙）

御城下並御領分中志次第勧化当年計一廻り被相済可然候

山下の熊野は松福山西方寺の山内鎮守であったが、正徳中寺社新田開発の命あり、よって新田一石を墾して熊野権現の社料としたことが見え、上浦の熊野は昔中村胤孝が上浦の塁に居った時勧請し、社田を寄せたが、慶長七年後社田はなくなった。しかし中村の後が相変らず祠を修理して崇敬していたが、正徳中公に金を納めて新田を拓き、これを神社に寄附した。

当社熊野宮は、標葉郡上浦邑に勧請し奉る神区なり。上浦邑往古は中村氏平胤高の采地なり。彼の霊祠を尊崇すること年あり。其孫故ありて他邑に移ると雖も、今に半谷氏当社の神職としてその霊祠を守る。因て以て今又同氏の子葉、氏が族の永安を祷らんが為神田の地を新にし、之を寄附せしめ、尚神光礼奠を倍せしむるものなり。正徳三年癸巳十月十一日、富田勘右エ門高詮、斎藤喜兵エ刑隆（外六名連記）

半谷日向守殿

南屋形の熊野は、田中郷胤がこれを氏神として崇敬し社田五反を寄せ、別当を田中山蓮花院と号したが、彼の歿後社料もなくなって社もすたれたが、間もなく郷胤の臣高橋昌兵衛が山田に新田を拓き、土中から現れた熊野の神体を得て祠に祀り里社とした。別当も旧によるに至ったが、のち（正徳かという）藩より神田一石の寄附があった。この正徳

には新たに田を開くことが多かったらしく見える。

双葉郡小久の熊野は、海中より出現した神といい、草原の中にあったのを草刈の者が発見し、宝林寺の古雲という僧が祠を立てて安置した。伝説によれば至徳年間という。草原の地は大宮堂という地名の所であるが、神がここに来る間に、秋田をうなってある所を通り土塊につまずいて稲の切株で目をついたというので、爾後秋田はうなわぬことになった。村人の片目が少し小さいのもそのためだそうだ。九月十五日の祭日には、新穀で強飯をつくり南天の葉に盛って神に供え、せんどうくと呼びながら社を三回まわる。この辺で古い家ではよく庭に南天を植えている。

石城郡小浜の海岸にある熊野は、漁の信仰で魚の上ることが多いが、安産の神にもなっていて幾本かの箒が上げられてあるのを見たことがある。相馬入山上の熊野は、後白河帝の時に山上の村に疫病が流行し、白滝明神の神託によって宇多川の上流に熊野神のあることがわかり、探し出して祀り、忽ち病がなくなったと伝える。双葉郡上小塙の大滝神社については、昔那智麻呂という翁の行者が紀州熊野山に居り、本宮より神霊を奉じてどこか適当の所に奉祀しようと遙々奥州に下り、遂に木戸川の辺に休んだ時、奇瑞あって上流に霊場のあることを感得した。村人の案内で現在の地に安置し、彼は一生修験道に精進してこの地に終えたという。この行者は瓜を常食としていたが、鴉が折角の瓜畑を荒した。彼悪鳥の退散を祈るや鴉は三声程ないたと思うと神祠の裏の滝壺に飛んで行き、くるくまわって落ちた。これを埋めた鴉塚も瓜畑の跡も今に残るという。

湯本から阿武隈山脈を越える御斎所街道にある熊野は、場所柄か草鞋などを上げて道路の安全を祈った。なお熊野を信仰している家では、黒い家畜は飼わぬのが通例であるのに、反対に私の家では黒しかおけぬ(馬)と黒木の門馬氏より聞いたことがあった。

また、本県飯坂の在の天王寺田村の熊野やあるいは水原村の熊野は本地を弥陀如来としていた。薬師、観音、地蔵等のことはまだ聞いていない。また他界観念も確かに紀州熊野などには附随していたのであろうが、後世の地方の僅かな伝承などには、はっきりしたものは最早何も残っていないようである。ただ鴉を通じて霊界との幾分のつながりが感得せられるだけである。

○雷神（六八祠）

（名称）　らいじん。雷神。

（分布）

（宇多郷）中村(三)　黒木　椎木　小野　程田　新田　柏崎　磯辺　赤木　坪田　山上

（北　郷）上海老　南屋形　南柚木　烏崎　大内　小島田　河子　塩崎　北右田　鹿島(二)　小池　横手(三)

小山　上栃窪(三)　江垂(二)

（中　郷）小浜　北原　萱浜　上渋佐　泉　北新田　南新田　上太田　矢川原　馬場　大木戸　信田沢　江井(二)

大甕　高　益田

（小高郷）下浦　川房　飯崎　小高

（北標葉郷）西台　大堀　室原　刈宿　棚塩　南幾世橋(二)　北幾世橋

（南標葉郷）上羽鳥

（山中郷）飯樋　昼曾根　葛尾

（異同）

雷神は村々に相当に多く分布しているが、信仰は至ってはっきりして居り、作神専門に見える。雨乞も雷神において非常に多かった。勧請も江戸期の新しいものが多く、同時代に農村を風靡した信仰であった。したがって勝手な伝承も多い。

昔天長三年のことだそうだが、坪田の村内七ケ所に落雷あり、その中の一個所に青色の奇石があったのを、村人が集って怪み合って居たら、通りがかった徳一大師がこれは雷石というものだから神様としてまつれと教えたそうで、それより祠をつくって村の社とし、晴雨順時五穀豊熟を祈念することにした。藩侯の崇敬も厚く相馬昌胤の元禄頃には社田五石余を寄せて宇多の郷総鎮守とした。古来旱の際は神輿を松川の海浜にうつし、海神に雨を祈る例があった。縁日を月の十七日、例祭を六、八月の十七日としたのは、天長の大雷は六月十七日だったからだとしている。六月の祭には五穀豊熟を祈誓して、諸邑獅子を出して神前に舞い、八月の祭には豊熟を謝する御礼の獅子舞を同じ斎庭で奉納する例であったが、今日なお続いて名残を止めている。

中村藩庁の明治三年の記録を見るに、雷神は特別扱いらしく総鎮守という格式で各郷に祀られていたことを見ても、いかに重んぜられたかがわかる。農村の機械化その他急激な社会事情の変化にしたがい、雷神の信仰も忽ち衰えてきているが、それでも今年(昭和三十三年)の旱に、あるいは雷神でなかったかも知れぬが、近村の一、二個所で昔ながらの雨乞をしたことが新聞にのって居たのは珍しかった。古老の覚えている郷の代表雷神は、宇多郷のは坪田、小高郷のは小高妙見境内、中郷のは西原(今は牛越)北郷のは今は鹿島御子境内(もとは別の所)にあるという。

勧請の例を挙げれば、小浜の雷神は宝暦四年三月十七日の大雷の時祠を建てて祀ると伝え、泉の雷神は貞享二年の旱魃時の創建にかかる。南屋形のは田中の館主郷胤の頃、旱時に祈って降雨をみ、喜悦して雷神をまつる(祭日は八月朔日)とあり、原町のはやはり旱の時祀ったというが、年代を延長七年などといって居る。後世相馬義胤の寛永中、祠官松太夫という者が上京して新たに加茂別雷神を勧請の上再建し、更に明暦三年風神雷神を加えて三神とした。

雷神を祀るのは降雨を見るため、五穀成就のためであり、一方には雷を畏怖するため、雷よけのためでもあった。柏崎の雷神は天正八年創建と伝えるが、その年大雷あり、台畑(地名)に落雷火光二六時中消えずとある。人々驚怖して神に祈るに、翌日に至って雨はれ火光も消えた。藩に告げて此所に雷神を勧請の上祠を立てて神像を安置したが、爾来旱の時に祈誓した。文化十四年夏は大旱で諸所で雨乞をしたが験なく、当社を磯辺の浜に降してその夜降雨をみ、お蔭で五穀よく実ったので、七月六日に御礼の祭を執行し藩吏村民の多くの参詣があった。

磯辺に雷神壇と称するのがあるが、昔落雷のあった際に、その所の土をとって清浄な場所に納めて壇を築き、桂木山の僧に加持させ神幣を捧げたといい、棚塩の雷神も同様、六月十八日村の孫惣なる者の田に落雷があって、その土を封じて小祠を立てて雷神と崇め、この日を祭日と定めたものである。享保四年六月十六日には幾世橋に雷が落ち、別当の蓮光院の周囲は黒雲に覆われてあり、雷獣が天に上れずうろ〳〵していたから、院主の某が一本の竿を地上に立ててやると、それによって上って行った。藩主昌胤これを聞いて祠を建てさせ社料一石を寄せたとあり、これも落雷の日を祭日としたと。中村城妙見社地の雷神も寛文十年五月、天守雷火にあった後建てた祠という。

その外年代の明らかなものとして伝えているのは、寛文年中山田忠右衛門が曳地次郎右衛門の東の山に建てたという横手の雷神(宝暦四年上横手角川原両邑の鎮守となる)、宝暦四年の小山の雷神、同じ年の小浜の雷神、皆落雷のためだったようである。また室原の寛政六年、新田の元禄十五年、黒木の元禄三年など見られ、大甕の雷神は宝暦の頃より郷鎮守となったと伝え、信田沢の雷神は四、九月の十七日を祭日とし、四月十九日には萱浜へ神幸があった。昔大原にあったのをある年洪水で祠が流れたので、村人が取り上げてこの地に建てたものだという。

石城辺の例を少し挙げる。明治二十五年の大旱の時、高久下山口の雷神様を御輿にのせて沼之内から薄磯の海まで御下りを願ったことがあった話を高木誠一氏から聞いたことがあった。この雷神は水戸の雷神の分霊ゆえに、村人の代表がはるばる水戸に出むいて雷神様のお水を貰いに行った。その間の三、四日というもの昼夜の差別なく一心に祈願をこめたそうだが、やがていよいよ代表の帰る日に皆は一本松の所まで出迎えにゆくと、人々は旗を立てて元気よく帰ってくるところであった。すると急に空が曇って雨が降って来たそうである。しかしこの時はどれ程のこともなかったらしい。なお途中三十何里、休むとそこに雨が降るとて休まず夜通し歩いてきたものだという。昔から雨乞をこの祠で行ったが、簑笠をつけて境内に集まり笛太鼓に合せ節をつけて雨を呼ぶ。「雨たんぼいほえー、沖から曇りを立って来いー、ざあ〱と降って来いー」。

また、五月六日は雷神様の日で、この日田に入ることを忌み、これを犯す者があれば皆で追い上げるという。この日は多分雨乞の日であったろうと人々はいっている。田に入れば夏雷雨を見ず旱天不作となる。降れば百日、照れば百日ともいう。昔藁で人形をつくり、竹で刺したり川へ流したりしたのも、この日田に入ったものへのいましめであった。やはり高木氏の話であったが、草野辺でも五月六日は雷神様の日として寺では雷神念仏を申した。同地には雷神様のお宮はないが天水場であるから信仰している。また山に刈敷たばを置くと雷神様が来ぬとて、置かぬようにする。また正月と五月は機を織ると雷様がかからぬとてこれも禁じていた。夏雷鳴があれば線香を上げて拝み、適当に雷雨があれば、おしめり神事として仕事を休んで感謝の意を表したものだ。虫歯の痛む時は馬沓を雷神様に上げるとよいとは石城の辺でいうことであるが、相馬辺でも雷の落ちた木をとって来て、痛む歯をつつくとよいという。雷様は馬が好きだから雷鳴の際は馬を引き出さぬものだと聞いているが、馬沓と関係があるかどうかはわからない。雷神と馬沓の事はネフスキーの書簡にも出ている。石城の大須賀筠軒の岩城怪談集に、楢葉郡小久村の嘉右衛門という喘息で苦しんでいる正直な老人が、雷神から霊薬を貰った話がのせてある。某年六月大雷、その夜雷神が枕元に立って一包の霊薬を授けた。服用して癒えたために、人に尋ねられ口止めされたのを忘れて話したので病を得て死んだ。もしその事を秘してさえ居たら長寿を保ったろうにと人々が言ったとある。

雷という地名もあるようで、幾世橋の雷神や宮城県宮城郡高砂村の雷神などは、雷という所にある。祭神は普通大雷神とか別雷神とかになっている。宮城郡利府村の雷神は永禄二年旱天の時、雨を乞うて験あり、社殿を造営、信達一統志にのっている筐木野村の雷神は天正中伊達成実がまつるといい、宮城県亘理郡荒浜村のは延宝中同村清野某の勧請といい、その他大同小異であるので省略する。雷神の石碑も諸所に見られる。

○東照権現（二〇一社）

(名称)　ごんげん、とうしょうごんげん。東照。

(分布)

(宇多郷)　黒木　石上　長老内　椎木　小野　小泉　程田　馬場野　本笑　岩子　新田　柏崎　磯辺　柚木　立谷　日下石　富沢　成田(二)　坪田　今田　南飯淵　山上　入山上　尾浜　原釜

(北　郷)　上海老　北屋形　南屋形　南柚木　烏崎　大内　小島田　河子　塩崎　牛河内　寺内　江垂　南右田　小池　小山田　角川原　横手　浮田　山下　上栃窪

(中　都)　大木戸　押釜　石神　高倉　深野　堤谷(二)　下江井　江井　雫(二)　高　益田　鶴谷　小浜　北原　萱浜　牛来　上渋佐　金沢　泉　下北高平　上北高平　北新田　南新田　上太田　矢川原　馬場　上　福岡　大井

(小高郷)　片草　南小高　浦尻　下浦　行津　小屋木　川房　羽倉　南鳩原　小谷　飯崎　岡田　耳谷　女場　村

(北標葉郷)　大堀　室原　立野　刈宿　川添　高瀬　権現堂　棚塩　受戸　北幾世橋

(異同)

相馬には東照権現はないものと聞いて居り、現に福島県神社名簿を見ても一社すら見当らないのに、不思議にも明治以前は各村に一社位ずつ存し、その村も大体今の大字に当るから、東照祠は数として夥しいものがあったことは、奥相志その他によって知ることが出来る。雷神、葉山、湯殿、石城の御塚の如く村々に数多く存在した小祠でも、大方は昔の形を止めて居るものなのに、独り東照権現のみ二、三の叢祠以外は、伝うるものもなく全く姿を消したということはあり得ないことのように思う。恐らくこれに伴なう真の信仰がなかった故に、徳川の世が去るや祠も共に消え去ったものであろうか。否、家康を祀った東照に結びつけてあるのは実は一部であって、大部分の権現は本当は東照権現を指すのではなかったのであろう。この事はすでに奥相志の編者も疑いを抱き、闔国邑毎に東照権現の叢祠あれど、未だ勧請の来由を詳にせず。家康薨じその荼毘の灰を国々に配り命じて塚を築くといふ説世人口碑にありと雖も甚だ疑ふべし。勧請の法神社の埴を用ふる者ありて未だ荼毘の灰を用ふるものを聞かず。荼毘の灰は不浄物なり。天下を平治せし大人と雖も豈不浄を以て神となすの理あらん。蓋し釈氏荼毘灰を集めて壇を築き木を植ゑ、以て灰塚と名づくる者あり。且つ邑毎に称して権現壇と云ふ。これによりて之を見れば、権現の高徳を仰ぎ壇を築きて之を敬礼し、然る後各叢祠をその地に立てて之をまつれるか。或人曰く、毎邑神君を祀るもの独り当封内のみ。他邦このことあるなし。永潤（修験の長上之坊）曰く、古昔邑民悉く紀州熊野山に詣づ。後世に至り邑毎に熊野祠を建てて之を拝し、称して当所権現と云ふ。爾来上之坊紀州に詣づれば邑民の代拝をつとめ今尚然り。中世命あり、東照宮鎮座を糺す。邑吏当所権現を以て之を奏す。当所東照音近きを以て之をあやまると云ふ。然れども毎邑皆謬るべきにもあらず。且つ村々熊野権現多くこれあり。この説亦信ずるに足らざるなり。他邦東照宮大社ありて、当邦旧来東照宮を建てて祭祀せる例なし。封君これをまつらず、独り邑民之をまつれること亦不審なり。尚識者の弁をまつのみ。

といって居り、近くは柳田国男氏の石神問答の中にも、

奥相志によれば、相馬領にては村毎に権現壇といふ封土あり。或は東照公の社と申し候へども、固より権現の名に基ける臆説に候べし。奥州には熊野の信仰盛んに候へども、単に権現と申す神は自から別種の信仰あるように候。

など見えている。

藩時代に東照公をまつる風のあったことは考えられてよいかと思うが、相馬においては、特に命じて村々に祀らせた事実は発見されず、村々で自発的に祀ったという風もなかった。恐らく以下述べる理由によって領内に単にごんげんと呼ぶ作神信仰があって、それがある時代にみな東照権現と混同してしまったものと考えられる。第一奥相志に東照権現と明記されている祠をたずねて見ても、部落の人々は少しも知らず、昔から単にごんげん様とよびならわしていて東照公の事など何一つ伝承されていない、そういう権現のあまりに多いことである。権現信仰を仔細に見れば作神信仰そのものらしいとはいうものの、更に内容を吟味すれば葉山権現も熊野権現も湯殿権現も御塚権現もあるらしく、異質のものは東照公をまつるとするものだけである。こうした作神信仰を総称したのが権現信仰なのであって、以上の信仰から離れて独立した別個のものではなさそうである。

東照公と関係のなさそうなことは地名からもいえる。権現森、権現下、権現壇、権現堂、権現山などの地名はあまりにも多い。諏訪とか山神とかの人々の生活に特に親しい関係を持つ神でさえ、地名として神名の存するのはそれ程ないのに、直接部落人に関係のなかった東照権現の、かくも多く残る筈はなく、かつこうした地名はもっと古くからすでにあったに相違ない。この場合の権現は明らかに東照権現でなかったと思われる。

権現それも古い時代のものはみな山の上であった。高のは高、鶴谷、益田三村の境の山にあり、大甕のは雫と蛭沢の境の高嶺にあり、別に鶴谷のは長峯という山に、益田のも前山の頂に、雫のも権現山という山の上に、江井のもそうであった。これらは一例に過ぎず一般に山上に祠のあるところを見れば、葉山信仰に基くか、少なくとも何かこれと関連があるものと認められるのである。推測するに葉山信仰というものが古くからある所に、新しい湯殿信仰などがそれも修験などが仲だちとなって附加されたもののようである。

次に東照壇ともいうように壇を築くのが、この権現に多く見られる風であって、例えば牛越の東照宮は、野馬追原の内、方二間の土壇の上にあり、とことわって居り、江井の東照については奥相志に、「元和二年家康歿し勅して東照宮と号す。荼毘の灰を国々に配す。命あり塚を諸村の高地に築き一字を建つ。故に当邑に於てもその灰を高山に納めて塚を築き権現壇と称し祠を建つ」とあり、成田の東照権現壇の条にも同様のことを述べ、天明年間に至り叢祠あり、其後廃亡して古木のみ存す云々、小泉のは御壇といい、また雁畑(がんばたけ)というのも東照公の龕を納めた所か、などの伝説がある。とにかく壇を築いてまつるのは湯殿がそうで、石城の御塚と酷似する。この壇なり塚なりは祭場に相違ない。右の小泉の東照壇は今は跡もなく場所すら定かでないが、奥相志によれば寛政七年の上棟文に、奉再建東照宮、本地薬師、徳一大師作、導師日光院別当安楽院とあったという。

建立年代の明らかなものは少ないが、寛永(椎木)、文化、享保、天和(山下)、元和三年(小浜)などと伝えているものは存在する。

祭日もまちまちであるが八月十五日、八月八日、三月十五日などは幾つかの例がある。八月八日はお山しまいの日でもあり、湯殿の祭もこの日に行うのがあり、御塚も同様であった。新田の東照は八朔で、粢、造酒を捧げて法楽を行うとあるのは、これも作神信仰に近い。四月十七日に祭るのが本当の東照であろう。

要するに相馬における東照権現の信仰は別にあるのであって、東照公を祀るとするのは、ある時代に何かの理由であらゆる名のない権現を一緒くたに東照にしてしまったのである。そしてその理由にしても信仰的基礎のあるものでなく、例えていえば東照宮をまつる社の調査などあった時、大ていのあやしげなものは皆一応東照にしてしまった。そんな程度に過ぎなかったのではないか。そうでなければこんなに急に無くなってしまう筈もないのである。

○田神(八一祠)

(名称)　たのかみ。御年神、大年神と同じという。

(分布)

(宇多郷)　入山上　南飯淵　今田　成田　日下石　立谷　柚木　柏崎　蒲庭　磯辺(二)　岩子　馬場野　程田　小泉(四)　小野(二)　椎木　初野　黒木　中村

(北　郷)　江垂　上海老　北屋形　南柚木　烏崎　小島田　川子　塩崎　寺内　北右田　小池　横手(二)　浮田(二)　小山　牛河内

(中　郷)　矢川原　中太田　下太田(二)　北新田　下高平　上北高平　上渋佐　萱浜　牛来　北原　米々沢　小浜　鶴谷　益田　高(二)　大甕(二)　雫　江井　下江井　堤谷(三)　信田沢　石神　押釜　大木戸

(小高郷)　川房　飯崎　小谷　岡田　女場　大井　行津　下浦　上根沢　南小高

(山中郷)　比曽

(異同)

田の神社に大きなものは無いが、小祠は数多く、田の神とよんでいる。しかし何々神社などいうちゃんとした名が無いからか、だんだん仲間はずれのような恰好になって非常に影が近年うすくなって来た。稀に大田神、大田農神などやや改まった名をつけてみたものもあるが皆田の神であることに変りはない。祭日は大抵春秋の社日ときまっていた。民間における祭神は別に無くてただ田の神で通っているが中には益田の田の神が祭神を保食神とし、西山、南柚木、鶴谷の田の神が祭神を宇賀魂とする如く、はっきりした名をいうのも多少は藩政時代から無いわけではなかった。いつか立谷の田の神の小祠をのぞいたら、極く新しいものと思われる右手に鎌を持ち左手に稲穂をもった木製彩色の神像がまつられてあった。

南柚木の田神祠は昔村の原野を開墾した時、祀ったものというが年代はわからない。今創建の年代を一応伝えているのは、例えば横手の応永中、柚木の天徳元年、小高の明暦元年等でどれ程もない。天徳などむろん信用出来るものではない。女場の田の神はうがのみたまをまつり、鷲宮鎮座の時はすでにあったものと伝え、今もこの田の神の神札を苗代に立てて虫害を防ぐ。大井の田の神は益田嶺神社の末社であるが、ここには田楽が伝わっていた。雫の京塚の田の神は小祠であるが、秋の社日の祭は一戸一人ずつ集まる村一番のにぎやかさであった。社に集まってのみ食いするが、家に残ったりすると「稲背負う」と悪口をいわれたものだ。稲背負うとは稲の出来が悪くて他人のを盗むという意味だそうである。この日新しい米を赤飯にし、おつつに入れて供える。また餅をつく。たとい褌を質においてもつくという。村の旧家北原家などはわかっている所から数えても二百年になり、この間田の神様を休んだことがないというのはそれほど古くから田の神様も北原氏も続いていることをいったのであろう。石城の小島や下好間の如く、いかにも田の神らしく田圃の中にぽつねんと立っている小さな祠も多かった。

主に石城地方の農家では、神棚にも田の神をまつる所多く、小島や今新田など実際によく見る機会を得たが、どの家でも大抵田の神は大神宮の棚とは別にし、一緒の場合でも棚の下座端の方にまつり、稲の苗が供えてある。この苗はさなぶりの時水で洗って供えるのであったが、この苗を上げる風は相馬にもある。秋に稲刈り稲こきというような仕事がすっかりすむと、家々では田の神まつりを行い、馳走をつくって田の神に供え手伝の人を招待する。刈上げは十月九日と大抵きまっているが田の神まつりはきまっていないと好間ではいっていた。小島辺では、九月九日の刈上げに、稲束のよい所を選んで神棚に供えるが、こういう時には村の田の神様にも物を上げて感謝のまつりを行うのである。また苗代に春種籾をまく時に、入口の水口に竹や木に幣をさしたもの(草野辺では苗取山の三宝荒神の牛王札を用いた)をからす幣と称したがこれを刺し並べる。幣の紙は正月神棚に敷いて餅をのせた紙を用い、これを月の数ほどつくって、半分の六本は家内の田の神の棚に上げ、半分は水口の田の神に立てる。この時焼米も供えるもののように思っている。桜や山吹、つゝじなど季節の花も上げる習である。草野辺では十月九日刈上餅をついて神棚の田の神をまつる。新しい藁で円座をつくり、それに大なる一重ねの餅を供える。蛙は田の神のお使で、夜この餅を背負って行くのだという。

もとは社日講もあった。山上辺では雷神様を田の神として秋の社日にまつり、宿で集まり濁酒や甘粥をのんで楽しんだ。

田の神が冬になると山に入って山の神となり、春田の神として山を下りて田を守るとは相馬の辺でもいうが、この田の神は田仕事を終えて山に入るだけで真の山の神でないらしいことは他でも述べた。神俣の蒲生明氏はあの辺の信仰について、春になれば山の神が下りて来て田の神になるという伝承はない。然し田の神の田を植える時山から田の神を迎えてならの木を立てる風習がある、といっているのは注意すべきである。このならの木とは、田の神の田が植えられると、その田の中央にならの木の高さ三ないし五米位の上方に小枝を残したままのもので下方を五〇ないし七〇糎位皮を剝いたのを立てる。これを田の神様という。石城でもこのことあり、木はにわとこを用いているのをみた。やはり田の神のより代と思われた。蒲生氏の話では右のならの木を立てる風は次第にすたれて来て、代りに田の神と称して板の小祠をつくって杭の先に打ちつけおき、中に幣束や神札を入れるようになったという。こういうことから考えれば、あるいは現在の田の神祠の原型は枝葉のついた例の木であったかも知れない。

正月の「鍬入れ」の日に、おさごを早稲中稲晩稲ときめて三個所におき鴉をよんで早くついばんだものをその年うえればよいとする風は石城などには今に名残をとゞめているが、この時も田の神をまつったのである。鴉は先導の霊感をもっていることから、ものの見分けもつけてくれ、前知らせもしてくれると信ぜられていたのであろう。それと同時に鴉は祖霊の使者でもあったらしいから、その家の最重要な豊凶を知らせに祖先が鴉をしてこれに当らしめたことも当然であろう。四月八日には祖霊自ら山より出て来て、子孫の田仕事を見てくれたものと思われる。

お田植祭のよい例は相馬にないので石城のを見る。勿来の国魂神社の境内にある田の神様の祭は旧正月の十一日(鍬入れの日)と旧五月節(せつ)の日とであるが、五月の節の日の方はお田植祭が行われる。大国魂神社には一反九畝ほどの御供田あり、更にその一部をし切って矢来で囲み、ここを田の神様の神田としている。「窪田御領窪田村御検地水帳(元禄元戊辰年)」に「明神脇、中田、一反九畝六歩、大明神御供田」とあって田の神のことはないようだが、実際には上述のように、一部を田の神の田として芒種の日(五月節の日)お田植をする。しかし、多勢が無秩序にうえるために到底稲にならないそうだ。田の草の時も沢山集まるがこれは御礼参りだという。また常の時でもこの田の土をこねるとそら手を病まぬ。窪田の稲荷のまつりの日にも参詣者がある。その時神官から麻をいたゞいてゆき、手をしばればそらでが起らず、襷にすれば肩がこらない。大国魂神社の祭の時も参詣する。とにかく矢来の中のは実らぬからそれ以外の御供田を当てにする。これは昔から神職が耕作し、その米で濁酒をつくることになっていた。田の神の方には別に氏子というものはないから、大国魂神社の方で何事も世話して居る。田植の時は新しいみの笠ふんごみ脚絆手さしで朝早くから来て勝手に植えて行ったものだが、今は祭式(のりと)がすんでからでないと植えさせぬ。神官が植えそめし役員がこれにつづく。

双葉郡広野町の大田農神社は田の神様と俗称しているが、籾俵やまんが、草刈鎌その他農具が上っていた。大和田藤吉氏(八十三才)の話によれば、田の神の田よりは玄米で三斗五升位とれ、当番が保管していた。当番は二人で一年交替である。旧六月十一日には参詣に来た人に甘酒で接待したものだ。又神前の小さな俵を借りてくることはしよっ中あったことでこれを種籾として使うのである。翌年は倍にして返すから神社にはいつも米がふえ、昭和の初め頃すら三斗位は上っていたものだ。祭にはこの米を久之浜辺に持って行って売り魚を買って来て御祭の御馳走をつくった。祭は旧六月十一日の外正月十一日であった。もとは沢山の講中があった。田の神の社の下の土をいただいて来て田に入れるとみのりがよいともいうが、これは正月十一日に多かった。六月十一日にはお札をしの竹にはさんで田に立てた。本田のみな口毎に立てたわけだが、こうすれば虫が稲につかぬといわれた。

川内辺でも木を本田に立てて之を田の神と称し、その根元から田植をはじめたもである。

第三節　山神、火神の伝承と考察

一　山神信仰

○山神　（二四四祠）

（名称）　やまのかみ。小牛田山神その他数種のものを含む。

（分布）

（宇多郷）　中村(六)　黒木(二)　初野(三)　石上　小泉　程田　岩子　新田　柏崎　蒲庭(三)　磯辺(五)　柚木(二)　立谷(二)　赤木(三)　富沢　成田　今田(二)　粟津　山上(二)　入山上(五)　尾浜　大坪　椎木　小野(二)　馬場野　日下石

（北　郷）　北屋形　永田　南屋形　河子　塩崎　寺内　槙原(二)　小池　小山田　岡和田　上栃窪(七)　下栃窪　浮田

（中　郷）　大甕(三)　小木迫　馬場(三)　押釜　石神　高倉(三)　信田沢　深野(三)　大原　江井　小浜　金沢　上北

高平　北新田　南新田　矢川原
（小高郷）小高　行津　小屋木　川房(二)　飯崎　村上　水谷　岡田　蝦沢　角部内　女場　片草　南小高　吉奈
金谷
（北標葉郷）小丸(五)　大堀(二)　末森　刈宿　高瀬(二)　棚塩　北幾世橋　室原
（南標葉郷）石熊　熊(三)　大野
（山中郷）関沢　須萱　八木沢　臼石　深谷　大倉　佐須　赤宇木　落合(二)　葛尾
（異同）

山の神と田の神とは同じで、農耕時には田に下りて田の神となり、収穫が終ると山に入って山の神になるとは、広い伝承であるが、そういわれる山の神は本当は田の神なのであって、本来の山の神はやはり別なのだと思われる。同じ相馬の山中郷においてすら右の二つの伝承が平行して存在する中に、小宮の高橋猪之助氏などは、やはり注意すべき伝承を持っていた。すなわち山の神は一年中山に居て田に出ることはない。旧三月十日に田に下りて来て田の世話をし、百姓を守ってくれ、旧九月十日に山に入るのが田の神である。山の神と水の神が争った話もある。海の鯛と山の柏の数を比べたら、魚の数がうんとあって山の神は負けそうになった。木は二本不足かに見えたが山の神は、いやまだかたすみもやまんぼもあるといったら、そんだらおら方は負けたと水神がいった。それで右の二種類の木は山の神の木だから、やたらに伐るものでないという。上述の田の神の出入を三月と九月の十日にするという説は定説でないし伝承も区々である。私は葉山の神祭が十月八日であることから、この日と四月八日とをも考えて見る必要のあることを別に述べた。

相馬における大きな山の神は、山中郷佐須のそれであって、その分霊は領内各所に祀られているらしい。しかし佐須の本社も由来があまりはっきりせぬが、社伝によれば、後冷泉天皇の御代、豪族墨虎なる者あり、良民を苦しめ朝命に抗したので、源頼義が勅命を奉じて来り誅した。ここにおいて遠近はじめて安堵したので、頼義は山神の祠をその地にたてて奉賽したと伝える。現在大山津見神を祭神とし東北六県の外栃木茨城辺よりも講中が参るらしい。豊漁、火盗難よけ、養蚕守護として特に名高い。近くは信夫、伊達方面よりも参詣者が多い。

年代の推定出来るのに馬場の山神があり、記録には別当片倉の山先九郎兵衛とある。これは昔元亨中、相馬重胤がはじめて関東より下向した際、妙見、塩釜、鷲宮を輿にのせて来たが、山神をも同じ神輿に乗せ、九郎兵衛がもってきて馬場に安置した。このためか古来宮社を造営する時は藩侯より木材を賜う例であったと伝う。しかし民間一般の山の神などは、年代などもちろんわかるわけもなく、いつからということなしに広く信仰せられていたものに相違ない。

おこぜを山の神と称して四倉の町を売り歩いているのをみたと、和田文夫氏かに聞いたことがあったが、相馬でも、やまのかみ、さくたろ、さったろ、おまつりなどという別名を持っているが、特に山の神に供えるとは聞かぬようである。しかし石城上小川桐ケ丘に鎮座する山の神はあの辺では有名な社で、一月、十月の十七日には参詣人が非常に多いが、昔は相馬佐須の山神を勧請したものだと伝える。今附近の村々の山神は、殆んど皆桐ケ丘の分霊をまつるという。おこぜはこの桐ケ丘の山神に上げられるのであるが、それに歯のあとがついていることのあるのは、やま犬たろうといわれている。これを山の神のお手がついたと称し、お下りを頂くと御利益がある。佐須のも桐ケ丘のも海岸地方の漁師の信仰が非常にあつく、魚類が多く上がる。皆漁を祈願するのである。山の神は山にあっても海のものを呼ぶといい、正月山入りの日にも魚貝類をもって行って上げる風あり、平市北神谷辺では餅と共にわかさぎを上げてくると高木誠一氏より聞いたことがある。すなわち随って山にあっては狩猟を、海にあっては漁猟を祈ったのである。

上栃窪の山神は小祠であるが、寛政中から、相馬藩侯が狩する毎に祈願したものといい、特に寛政何年か、当祠に祈って猪鹿三十余頭を得、驚喜して新たに祠を造営した。狩する時はいつも幣を捧げ、酒肴を供え、人々の拝礼終るや山先の者が蓑を著て鹿の姿となって出てくる。三たび火銃を発して山に入って狩をする、とある。この外、藩侯が山に狩する時、山神をまつる例はこの社に限らなかった。山上遠藤の山神などには、祥胤が山猟毎にこれをまつって信仰したが、時代は享和中であった。代々佐藤某が祠守をしていたが、明治末佐藤氏が他に転住してからは隣の渡辺氏が世話している。当主は七十六才であるが色んなことを知っていて教えてくれた。昔は毎年二月十七日に殿様が見えてお山追いをした。犬の掛りには犬扶持をくれていたが隣の荒氏がそれだった。また、足軽の中から、しし狩をする者にも手当をくれておいたものだという。二月十七日のお山追いは名残を止めて明治の半頃まであったそうだ。入山上金谷原の山神も祥胤が狩の時よく参詣した。

羽黒と羽山とか湯殿とかになると社殿をもつものも多いが、単なる山の神様には小さな祠が多かった。また、その祠さえなくて、木の根元などにしめ縄をめぐらしてそれと示しただけの所も多かった。山神と刻った石碑も多かった。十七日は山の神の祭の日であるが、この日は山人も山に入らぬ。三つまたの木は山の神の居る木とて伐ることを嫌う。石城辺ではどうしても伐らねばならぬ時は、その木のもとを二、三間焼払ってから伐るという。また、普通の木でも、伐ったら切株は平にしておくべきで、尖った切先を少しでも残しておくと、山の神様が腰かけようとして尻に怪我するとの伝承がある。また、山の神は鎌を忌むとて、狩人は鎌をもたない。それから血忌は忌んでも死忌は忌まぬという。獲物の胆玉を十文字に裂き、ヲンソワーロタヤソワカと三遍唱えて山の神様に上げるものだともいう。山の神の神木を伐って祟りを受けたという話などはまた随分多い。山の神はかんかち(火傷)なので、外聞が悪いとて、神無月にも出雲の神の会議に行かぬから、お慰めする意味もあって十月には山の神講をするのだという。これらは高木誠一氏の話であった。

火難盗難除けの信仰もあって、佐須のはいうまでもなく、石城桐ケ丘の神札にも狼の絵の上に「火盗難消除祈」とあり、立谷の田の神祠内の古札にも「虎捕山神宮、火祭行事祈禱守護処、多田淡路正一」などと書いたものを見たことがある。田畑に山の神の神札を竹などにはさんで立ててあるのを見るが、農作物をとられぬまじないの意味と、五穀成就の祈願の意味との何れか、あるいは両方の意味合いからなのである。

山の神は田の神と同じだといわれる位だから、作神としての信仰のあることも当然であり、一月十七日、十月十七日の山御講は、山仕事関係の人が祭る以外に、すべての農家でこれを祭るのを見てもわかる。農家の山御講は、山人が山で怪我せぬように祈るのとは異なり、明らかに豊作を祈るのである。または一部かも知れないが鼠害をのぞき養蚕の無事を山神に祈るのである。正月山入りは大体六日であるが、石城辺では山神に供えた米を鳥のついばむのを見て年の豊凶を占うという。

山の神が出産と関係あるらしいことも古くからいわれて居り、四倉の山神のように箒を奉納するのは安産のためである。俗信では腹をはき出すからだという。一本借りてきて、産後御礼に二本にして返すのである。これも正月山入りの日に、山神にもって行って上げた餅を下げて来て食えば安産だともいう(石城)。相馬でも馬場の薬師前の高峯にある山神は安産守護神と称せられ、弘安年中の創建と伝え、旗を上げて信心すれば難産のおそれがないとされている。安産の例は外にも多いのでなお一、二を挙げれば、今は勿来市になったかと思うが御宝殿の熊野神社の裏手に山神の小祠があり、男が生れた時は白い旗を、女が生れた時は赤い旗を上げるというが、これも安産祈願であった。木戸駅より程遠からぬ所にも文政十六年の山神の石碑あり、木挽の建てたものというが、安産の信仰が今でもある。石城田人村小室の山神なども、安産に特によかったらしく、月の六日と十五日の縁日は参詣者が多い。伝説によれば神体は黒竜大王というのだそうで、昔々四時川の四時ケ淵に黒竜が住み、附近を荒す上に人身御供を求めた。ある時村の豪農の一人娘の春というのに白羽の矢が立てられた。土地に万蔵という力強い男があり、これを知って剣を持って淵中に入り竜を斬った。竜は驚いて隣の川部に逃げたので、追って尾を斬り落し、中から宝珠を見つけた。黒竜退散後は天候異変で凶作が続き、ためにかの宝珠を淵中に沈め、また、黒竜をまつったのが、この山神のはじめだという(小山田井上玉田院住職）。同じく人遠野旗沢の山の神も安産によく、奉納されてある旗を一本借りて来て、出産後二本にして返す。東京、神奈川、栃木、山梨、群馬の辺の人まで祈願するらしいことは、旗の署名によってもわかることである。

相馬にも多い小牛田の山神は、やはり安産の守護としての信心で、路傍碑が多い。中には本社に参詣に行った女人講中の建立したものなども幾つかあるようである。

昔は産の重い時に、山の神様をお迎えに行くと称して馬を引いて北に向って行き、馬が止れば山の神様がお乗りになったものとして帰って来る習が石城辺にあったそうだ。山の神は産場をまわって歩き、生児の職業や縁組を一々帳面につけて歩くのだという。

したがって山の神には縁結びも祈願した。右と同じような事だが、人が生れた時、神様は縁組の宿札を打って歩く。それでよい縁があるように、山の神に頼むわけである。大倉の山の神もお産の信仰で、ここでは枕を借りて来る。福島信夫山の小牛田山神からも、白、紅の枕をかりる。白の時は男、紅の時は女が生れるという。

山の神は女だというのは広い。しかし女ゆえに女が信仰してはならぬとする（飯舘村関沢）ような例は珍しい。草鞋を片方上げる山の神があるそうだが、山の神様はびっこでかんかちだからとはお気の毒な話である。

漁に沖に出た時、水平線に沈んでゆく山を見ながら距離をはかる。そういう実用的な外に、何物もない水ばかりの上に遠く高い山々を望めば、誰しも山のありがたさがわかって心細さもまぎれるという。

○山王権現（一九祠）

（名称）　さんのう。今はひよしともいう。

（分布）

（宇多郷）　初野　小泉　坪田　赤木　日下石　柏崎　中村（二）大坪

（北　郷）　江垂（二）　山下
（中　郷）　大甕　信田沢（二）南新田
（北標葉郷）　北幾世橋　棚塩
（南標葉郷）　新山
（異同）

山王、日吉は同じで山の神に近いと考えられている。江垂の山王は明治になって日吉となったが、もと霊山の鎮守であったといい、北畠顕家が霊山を退去する折桑折五郎元家の一族十三人が山伏、座頭、道心坊など七福神に身をやつして宝財獅子踊と名づけ、山王を奉じて落ちのびてきてここに勧請したものと伝える。すなわち神託によって高地を卜し安鎮した。康永三年申四月初申日遷宮祭を行い、郡主行列して神輿を守り、宝財、神楽これにつらなり、烏浜に神幸して垢離をとった。爾来十三年毎にこのことがあるようになり、塩崎、川子、寺内、小島田、鹿島、江垂の六ケ村がこれに従い、桑折の子孫も必ず加わる風である。

信田沢の山王は堀川玄悦の建立というが堀川氏は寛政のころ家絶えた。赤木鬼越の山王は申年の八月中申日に大祭を行い磯辺浜に神幸するが、立谷、日下石、赤木の三村が随う例であった。なおこの山王は元禄七年九月立谷からここに移ったものという。

霊山より勧請したと伝えるのは江垂だけではないようであるから、霊山の山王は嘗ては非常に勢力のあったものらしい。口碑には貞観中霊山開基の際峯々に山王二十一社を建てたともいっている。後世のことであるが北畠同族桑折の一族某が江戸桜田の山王祠に詣でた時、時の藩主義胤が庚申の年に生れ、亀姫がこの桜田において生れているので土地の神なりとしてこの山王を勧請したことが奥相志に見える。

山王にはどこも猿がつきもので、大抵くくり小猿が上げられてある。祭も申の日、殊に四月が多かった。初申も中の申もあり、赤木の如く常の祭は二月十五日なのに申年に限り八月中申を用いたりするのも中にあった。山下の山王は申年毎に烏浜に神幸あり、山下、浮田、角川原が扈従した。石城泉の下川の日吉には目の悪い人が奉賽物の布の小猿をかりてきて目をこすり、治れば新しいのを上げるが、その時は二匹にして上げる。前記江垂の山王にも沢山のくくり猿が奉納されていたが、殆んど目の心願らしいという。また近くに水がわき目によいとてこもり堂に籠りながら治してゆく人もあった。小猿は石城と同じでかりて行って目をなで、治れば新しいのを添えて上げるのである。山王の祭神は大抵大山咋命。

○新山権現（四祠）

（名称）　しんざん。にいやまというのが一祠ある。神山権現は同じものか。明神とも称する。

（分布）

（北　郷）　小池

（中　郷）　上北高平

（小高郷）　飯崎　下浦

（異同）

新山にある新山権現は標葉氏の旧城址になっていて大山祇神をまつる。明治三年中村藩庁の記録に村社新山神社氏子七十三戸云々。下浦のは新山森にあった。飯崎のはにいやまと読ませ、大山祇をまつることは同じであった。正徳頃よりの棟札があるという。上北高平のは新山前とよぶ岡の上にある。祭礼は皆日がまちまちである。小池の神山権現は新山という所にあるより見れば新山のことかと思われるが、天文六年十二月十三日平朝臣胤慶の銘ある鰐口があるという。田村郡大越町の新山権現の祭神は木花咲耶姫である。

○三島明神（五祠）

（名称）　みしま。

（分布）

（中　郷）　南新田　桜井　北新田　江井

（北標葉郷）　小丸

（異同）

南新田の三島明神の現在の祭神は事代主の由であるが、もとは大山祇であった。古い社伝によれば神体は三日月不動といい、坂上田村麿が都より勧請したものだなどといっているが、むしろ伊豆の三島明神がもとではあるまいかとする説もある。祭は四月九月の十六日。もと三島沖にあって南新田、北新田、桜井三村の鎮守だったが、この地は寛永頃新舘氏の領地で氏の滅びて後今の地にうつるという。今は商売繁昌を祈る。正月の恵比須講は講中で賑わう。北新田の三島は祭神大山祇祭日も同じ、桜井の三島も祭日祭神同じである。なお新舘彦左衛門が罪があって釆邑を没収せられたのは寛永十八年のようである。小丸の三島は小丸氏の勧請にかかり、伊豆、箱根、三島の三神合座となっている。会津の三島も大山祇で(蒲生郡)、伊達の東湯野や藤田の三島に百日咳を祈る風のあるのはどういう信仰の変遷からであろうか。

二　火神信仰

○愛宕権現(三五祠)

(名称)　あたご。

(分布)

(宇多郷)　中村(二)　初野　小泉(二)　磯辺　今田　柚木

(北　郷)　北海老　烏崎　大内　江垂

(中　郷)　北原　泉　上北高平　大原

(小高郷)　南小高　上根沢　川房　吉奈　女場

(北標葉郷)　末森　室原　大堀　北幾世橋　谷田

(南標葉郷)　長塚　熊町

(山中郷)　草野　東玉野　比曾　前田　飯樋　下津島　葛尾

(異同)

勝軍地蔵を以て愛宕の本地仏とするのは、上海老、上根沢、上高平、大原のものなどで、中村西山愛宕山のも、昔(天応元年などという)慶春法師なる者が愛宕山にすみ勝軍地蔵の法を行い、地蔵を安置して本地と称したといい、上述の上海老の愛宕の別当などは愛宕山勝軍寺と号した位である。祭神とするところは夫沢のは火産霊神、埴安姫、奥津日子神、大原のは火産霊神、伊弉冊神、上高平のは伊弉冊、中村のは火産霊と伊弉冊である。以上は明治以前のいい伝えによる祭神である。北原の愛宕も祭神は伝えぬが神像は二つで一は長六寸で岩石座に立ち、一は長五寸で甲冑騎馬と記録に見える。上高平のは弘仁五年の棟札あるというもむろん取るに足らず、夫沢のも治安二年土地の豪族椿氏の勧請などと云い、今田や坪田のは昔霊山よりうつしたものと伝え、江垂のは田中より出現、茂兵衛なる者田間に祠を立ててまつる。中村のは長門守義胤小高在城の時総州よりうつしたものといい、皆歴史的には確実性が乏しい。大内の愛宕もいい伝えで文治某年の九月二十四日に、漁師が港口で鮭をとっている時網にかかったもので、鮭川鎮守愛宕権現と崇めまつったという。六月二十四日の祭日には烏崎まで神幸あり、大内、烏崎両村一戸一人出て扈従する例で、九月二十四日には神酒を捧げて法楽を行った。

愛宕は火の神であるだけに火に関する俗信を生むことしばしばであった。天保元年十一月十七日と日まで伝えている話がある。この日烈風の中に野火が起り、村々の人家三十数戸を延焼の上、火は北原の愛宕山権現の拝殿に及んだが、急に風は方向を転じて北風となり大雨が降出し、邑中一軒も焼けずにしまった。もともと六月二十三日夜は村の人々が参籠する習であったが、この年からは益々多くなった。この権現は前山という所にあるが、頂に五尺許の石があり、瘧を病む者がこの石を嘗めると癒えるとて参詣するものがあるという。

また中村の愛宕の話であるが、天狗がすんでいたとみえて、荒井某という別当が参籠していると、夜中に神殿が震動して内陣から大足が出て来たとか、花本坊という修験者が参籠中、堀田某の家僕の病気が悪くなったと聞き、家に帰って壇をつくり七日間祈祷をしたが、満願の夜背中が急に熱さを覚えた。それは鳶のような大鳥が火焔を吹きながら頭上をかすめて壇をこわし愛宕山の方へ飛び去るところであった。これも天狗の所為だったろうという。中村の愛宕山にも実際に鳶はよく居たものだと、私なども祖母からよく聞かされたもので、愛宕と鳶との関係はこの辺でもいうことである。

愛宕の火のことは殊に火祭については昔は知らぬが、今は別に聞かぬようである。しかし石城の菅波の愛宕などでは二十四日夜丑の刻に村人が松明ともして山にのぼるが火のよく燃え上る時は村に凶事無しといい、またこの火は不思議によそのものに燃え移ることがないという。石城好間辺では、家々によく火伏の神を祀っているが、大てい同村川中子の愛宕の分霊というわけであった。この愛宕は祭日には鎌田川の橋の所まで行って垢離をとる習であった。

○秋葉権現（二〇祠）

（名称）　あきば。

（分布）

（宇多郷）　黒木（二）　石上　小野　新沼　蒲庭　日下石　中村

（北　郷）小山　上柄窪　浮田
（中　郷）南新田
（小高郷）川房　金谷
（北標葉郷）室原　川添　高瀬　棚塩　北幾世橋
（南標葉郷）新山
（異同）

村にはよく秋葉講があった位だから秋葉の碑も諸所に見かける。愛宕は大てい社をなしていたが秋葉の方は社の形をなさずに、民間信仰として村の生活に食入っていた。したがって火事にあえばこの神を祭ることが多く、そのことなくても火よけの信仰が盛んであった。

相馬市黒木はせまい田舎町なのに、祠をなした秋葉が二祠もあったことは奥相志に明かであるが、もともと火事の多いところのように考えられていた。それというのも昔は町の道路が東西になっていて、これに沿うて人家が続いていたから、相馬の季節風ともいうべき西風の為に、風上に火事が起ると一たまりもなかった。黒木という名も悪いとて江戸末期岩井町と改め、道を南北につけ直して更に道の真中に流を通した。旧道は古老も覚えているし、新道の流は私の子供の時まであったが（今は道の片側に寄せた）、水に縁をもたせてつけた岩井町の名は用いられずにしまったらしく今に黒木で通っている。相馬市西山に火の沢という地名があったがこれも火を忌んで水沢と直したが、これは新しい方も併用されている。

古い時代の記録には祭神を書いたものは殆んど無いが、それでも黒木の秋葉の一つは迦具土を祭神とし元禄三年の創建とあり、室原のは祭神はないが安永二年の造立という。江井のは三・九の両月十五日を祭日として人々仕事を休み、一戸一人修験寺の光山院に集り神酒を上げて拝む、故に村に火事が無いといい、文化十三年の造立と見える。石上のは九月二十八日が祭で、新田のは二月二十四日という風にまちまちだったようである。この新田の秋葉は観音寺の境内にあったが、文化十一年の棟札がある。

愛宕と秋葉とは同じく火の神でも、愛宕の方は「火そのもの」という感じがつよく、秋葉の方は火伏せの信仰がつよく出ているようである。

○荒神　（一五祠）

（名称）　こうじん。　三宝荒神二を含む。
（分布）
（字多郷）中村(三)　赤木　小泉(二)
（中　郷）信田沢　下高平　中太田
（小高郷）女場
（北標葉郷）大堀　小野田　藤橋　受戸(二)
（異同）

多くは火に関する信仰であったことは、多くの鍛冶屋が祀っていたことでもわかる。御幣の色も赤かったりした。新田に鍛冶屋敷なる地名あり、すなわち田間の岡上に三株の古杉あり、これを荒神といっている。鍛冶屋宅趾でその守り神のあとだという中村に斎藤勘左衛門清実（先祖は秋田の人という）という鋳士があって、会館の時鐘を鋳たのはこの人であったが、その鋳鐘の地に荒神堂を建てて信仰したといい、寛文十年の棟札に施主斎藤勘左衛門、享保、安永、文化のそれにも導師の僧と並べて施主に斎藤氏の名が見える。信田沢のは荒神石像であったが、これも昔志賀奥右衛門が鍛鉄所を内城沢に立てた時祀った荒神という。大堀の荒神も昔陶工の護神として祀ったものであった。金谷の三宝荒神は今は金谷神社となっているが、昔古い道路が通じていて山の向側と交通していた頃鉄をふいたらしく今も鉄屑が多く出るという。

護寺神になっている荒神もいくつか見られるが、小高同慶寺内の唐土三宝荒神というのは、昔総持寺より請来ったもので拝すれば罰が当るとて、住持進山の時に限り一度だけ開いて見ることが許されていた。火難盗難を除くといわれる。

石城辺で荒神はおかま様と呼び火の神とし、炉のある部屋に設けられた神棚にまつる。大神宮の神棚には一緒にまつらない。座敷にまつることがあっても一段下座に置くが、しかし大事な神で何事があってもこの荒神様に最先に物を上げる習である。この神様にだけは何を上げてもよいともいう。石城好間の今新田や小谷作の辺は、別にかまどの神をまつることをしないが、神棚に火伏の神と称するものがあった。御幣は一旦台所のかまどに供えてからこの神棚に上げておくという家も多かった。おかま様をもって女を守る神と内郷辺でいっているのは炊事の火よりいったものであろうか。

石城好間小谷作の三宝荒神は武の神として戦争中は武運長久を祈るものが多かったが、これは新しい近年の変化ではなかったようである。やはり火は勇武をあらわすだけではなく、荒神の語もそういう感じを人に与え易い故であろう。もっともこの三宝荒神は戦国時代にここに立てたものだという伝えをもっている。

農神としての信仰を持つ石城草野の水品の水品神社は、もとは苗取山三宝荒神と号した。万治二年記された縁起によれば、伏見天皇の永仁二年四月下旬降雹あり、稲田の損傷甚しかった時、毎夜山林中に光り物が見えた。行って見るに稲苗が山と積まれてあるので郡主に告げ、巫女をして湯花を捧げて占わしめると、余は三宝荒神である、この苗を持ち帰って植えよとのお告げであったから喜んで植えた。所が六月末より、旱となり、村民は当山によって雨乞をした。すると艮巽坤三方から黒雲がわいて来て大雨となった。なお水品の地名はこのことにもとずくという。郡主喜び社をたて、鎌倉の僧恵哲に社務を掌らせた。山を苗取、別当を荒林寺という。今に遠近から参詣して、虫除けの札を受ける者が多いが、昔は磐城五郡に牛王宝印の札を配った。これを水口祭の時、苗代の入水口に立て種籾を供えて田の神をまつる。その為この部落は虫害に昔からあわぬといっている。正月の十四日には火祭の神事があり、丑の刻に氏子達お宮に集り庭に篝火をたき、裸体となって社殿を五遍まわって御百度をふんだものだが、火のよく燃え上る年は豊作という。お百度をふむ時はころんだりする者があると凶事があるとして忌む。十五日は達磨市が立つ。御神田は千枚ぼっこといって小さな田が段々をなして幾枚もある。田の草とりの時いくら勘定しても一枚足らぬと思ったら蓑の下にあったなどという。

小児の夜泣には鶏の絵馬を納める。昔は老鶏をここの境内に放して上げたものだが、雌鶏を上げてもいつしか雄鶏になるといわれていた。石城あたりではもと白鶏を土地の風として飼わず、出来た時は荒神や不動様に納めたそうである。

やはり石城の錦辺でさなぶりの日、神酒を三宝荒神に上げるのは、他村で田神に上げるのと同様で、やはり荒神に農神としての信仰があることを示すものであろう。

相馬の辺でも田植のしまいに、最後の苗を水で清め田の神の外に荒神様に上げる風がある。

三宝荒神に鶏の絵馬を上げるのは福島地方でも同様であった。

荒神は火伏の信仰にもなっている。

いつでも家で留守番をしていて、家を守ってくれる神だともいう(石城岩間)。だから何でも荒神様から上げるのである。

○金谷神(三祠)

(名称)　かなや神。金谷内神(一祠)を含む。

(分布)

(宇多郷)　金谷内

（小高郷）大井　金谷

（異同）

金房の金谷にある金谷神祠は三宝荒神をまつる。宮城県利府の金神祠は一に荒神祠といい、同若柳の金神社も三宝荒神をまつり、共に刀匠や鍬鍛冶のまつるものであった。

相馬においては海近くの山間部において近世まで鉄の製錬をした風で、ほとんど至る所といってよい位にその跡があり、津島、葛尾にまで広がっている。その上限は時代的にどこまでさかのぼるか興味ある問題であるが、大体想像するに砂鉄を山に運んで豊富な山の木を以て燃料としたものではなかったか。そして主に農機具をつくったらしく、運搬には馬を用いたと思われる。ただ不思議とするところは鉄を吹いた跡は無数にあり鉄屑が多く出ても、必ず祀っていたに相違ない鍛冶屋の神が残っていないことと、その子孫らしいものも全くといってよい位残っていないことである。恐らくこの職業にだけたずさわる別種というか別系統の民族が居て（木地師の如く）山から山をわたり歩き、燃料がなくなると次の場所に神と共に移り去ったのではなかったか。そして土着するには至らなかったのであろう。

第四節　御霊、漂着神、産神、性神、流行神、馬神の伝承と考察

一　御霊信仰

○御霊神（一三祠）

（名称）個々の祠の名称を以て呼び、格別おしなべての名称はないが、強いていえばごりょう（御霊）とか、霊神（れいじん）とかいう。もっとも霊神という名は相馬では吉田神道から来たものらしい。記録などでは荒人神とよく書いているのは、あらひとがみと読むべき筈なのに必ずしもそういわず、こうじんと読んだりして荒神と混同している。

（分布）

国王　（宇多郷）中村　（小高郷）小高　（北標葉郷）川添
大将軍神　（宇多郷）坪田　（北標葉郷）北幾世橋
聖権現　（北郷）横手　南柚木　（中郷）大甕
円蔵祠　（宇多郷）中村
都玉神　（宇多郷）坪田
亀齢神　（宇多郷）中村
若玉神　（宇多郷）坪田
因玉神　（宇多郷）坪田
剣社　（宇多郷）坪田
相馬天王　（宇多郷）中村
体興霊神　（宇多郷）中村
市幸神　（宇多郷）北幾世橋
信成神　（北標葉郷）磯辺
玄蕃明神　（宇多郷）和田
伯父太郎権現　（宇多郷）矢川原
甥太郎権現　（中郷）益田
八郎明神　（中郷）中村
五良権現　（宇多郷）日下石

相馬における御霊信仰の資料は、古くても中世で、取立てる程の特色はないが、単に神道、修験道、仏教等のそれぞれより受けた影響からだけでなく、多分に民間に御霊の信仰が潜在している所へ、巫女呪術者の徒がこれに関与し、修験や神道の名を借りてあらわにしたに過ぎぬようである。ことに江戸期の元禄頃は吉田神道が盛んであったから、これを通して作られた小祠も多かった。

元来死霊が神になる思想はあったにしても、すべての死霊が無条件に神になれたわけではない。また、死んでも死にきれず純粋の神になれず、いわばおにの観念でうろうろしている、そういうものの中には御霊もあるのであって、こういう考えは今もある。もっとも御霊といわれるほどのものは特殊な例ではあるが、しかもけがれの思想と相まって、この浄まわりの足らない霊はよほど人臭く感ぜられながら存在すると考えられているのである。

もっとも御霊を広く見れば、寃罪を受けて祟をなすいわば本来の御霊と、単に人の霊をそれも平和な霊をまつるものと少くとも二通りはあった。また単に祟をなすが祭られれば祟の止む単純なものと、何かで苦しんだので同じ苦しみを人にさせまいと人を救ってくれるものとがあると考えられている。しかし後者は前者より後のものであろう。またよく氏神に荒人神というのを合祀している例があるのはあらひと神で、荒神とは別なようである。

とにかく事実において巫女呪術師の徒が死んだ霊魂をよびかえして祈禱をする、その有力な対象が御霊なのであるから、暫く彼等をなかだちとして民間に沈んでいる信仰を解明しない限り、御霊の姿ははっきりして来ないと思われる。

○国　王

国王祠は相馬市中村城址妙見社地にあり、相馬氏の祖将門の霊をまつるという。本祠は正一位国王大明神と称して猿島岩井にありといい、神体は将門の女如蔵尼の作るところと伝える。伝説によれば聖武天皇の朝、すさのお尊を国々に勧請してまつったのが国王祠なので、関東において将門の霊神となったのは、将門の霊を合祀したための混同であろうともいわれている、はじめ相馬重胤が元亨中下総より今の相馬にうつった際小高の入迫にまつったが、後年中村に移城するに及び中村にうつした。しかし旧地にも祠がある。

○大将軍神

相馬昌胤の霊をまつる。昌胤は元禄享保頃の藩主で神仏を崇い吉田神道に帰依した人であった。公在世中これをまつるとある位だから、神道に熱中した程度もわかる。少し間をおいて相馬恕胤が出、彼も吉田神道に熱心であった。奥相志に「安永四年九月七日より恕胤命じて大将軍神の祭礼を行ふ云々、恕胤自ら十八神道を勤行す。神官田代重信及社家輩諸祓音楽執行。恕胤公親書に曰く永世祭礼減略あるべからず云々」。

しかし大将軍神は他所にある神であるから、昌胤専用ではない。将軍神という如き武家に喜ばれる名をやはり喜んで借りたに過ぎないのであろう。

○聖　権　現

殺したひじりをば祟を恐れてまつったという聖権現の思想は、聖権現本来のものかどうかわからないが、この例は乏しいながら相馬にも見られる。大甕村（現原町市）舘の聖権現祠は佐藤氏の鎮守であったが、昔天文中佐藤好信居舘の頃、高野の聖僧が門前に来て一宿を乞うた。門番はこれを断ると、僧は紙帳を門前に張って立ち去った。佐藤氏これを聞いて怒り、追いついてこれを殺した。僧は化して石となり祟るので祠を建てて聖宮と称してまつった。この石次第に成長して多くの子をうむようになった。氏子が石を取って祠に納めたらこれもまた大きくなり、そして子を生むようになったという。相馬市小野に、小豆島かの六部をまつる宝暦五年の碑があるというが、これにも殺されたのだという伝説がくっついていた。こういうのが聖権現のようなものになり易かったのであろう。相馬日下石に聖壇という地名が残り、荒れた両墓制の名残があるが、行人塚のようなものがあったのかも知れないといわれる。

鹿島町横手の聖権現は、そうしたいわれは伝えていないが古いものらしい。応永十三年足利氏の族岩松蔵人頭義政が、行方郡千倉庄の領主となり鎌倉より船にのって奥州に下るとき、鎮守聖権現若宮八幡天満宮の三神をもってきた。結局横手に居舘し、居舘の東に聖宮を建てて社田五町を寄せ（この地を宮田という）、別当寺を建てて竜樹寺と号した。竜樹菩薩は聖権現の本地仏と考えられている。

○円蔵祠

円蔵権現という。昔（大永年間などとも伝える）平右衛門なる者が、のち中村城址の一部となった天神山にのぼり、枯木落葉を拾いつつ、この地は自然の城の形をなしているからここに築けば名城となるであろうにと独りごちているのを、宇多郡主中村某が聞きつけて城を築き、彼を殺して祠を立てた。彼の父親円蔵は大いに怨んで死に、のち祟をなした。それで二人の霊をまつって円蔵権現と号したが毎年三月十五日を祭日とし、二人にかたどって二幣をつくって納めるという。この辺を円蔵山と称しているのもその為である。今田某の家は平右衛門の邸址といわれて古くより円蔵の小祠を建ててまつり、また草野氏はその祖式部直清が中村の舘主であった縁故でやはりこの権現をまつるという。要するに御霊化した城隍神の俗説である。

○都玉神

くにたま権現とも明神ともいうが、最初は吉田神道の霊神の一つであった。相馬市坪田にあり、吉田神道の条にも述べたのでここには省略するが藩主相馬昌胤がその子都胤（くにたね）の神霊をまつったもので、童形を安んじかつ頭髪を納むという。彼は正徳五年に五才で夭折神にまつられたのは享保三年であった。

もともとこの地に国玉の社はあったらしく他と同じように大己貴をまつっていたようである。それが文政中廃す、その社号をとって古の廃社を再建すと称す、などと記録に見え、新しい明治六年の会所へ差出した神社調にすら、国玉神社祭神大国魂神、社の起源不詳、享保八年建替とあって、後世はほとんど無いに等しい小祠となってしまっていたのであろう。そこで都胤の霊はすなわちくにたまであり、昔の本来の国玉を再び盛んにするという意味になることも考えて、この名称にしたものではなかったかと思う。本来の国玉はわからないが、国々の土地の霊であろうか。

○亀 齢 神

吉田神道よりのもので相馬市中野熊野の社地にもとあった。寛政七年六月この地に祠を建てて藩主相馬恕胤の霊をまつったもので、彼も吉田神道に熱心な人であった。のち坪田八幡神社にある剣社と相殿とした。普通きれい社と呼んでいる。

○若 玉 神

坪田の都玉社地にあり、安永二年十一月二十七日、相馬恕胤命じて門馬式部信経の霊をまつるという。若宮の意味もあるのであろうか。

○因 玉 神

坪田都玉の社地にあり、天明二年六月相馬恕胤の命により、彼の子因胤(よりたね)の霊をまつる。天保十三年都玉祀と合座となつた。

○剣　　社

坪田八幡の社地にあり(現在は中村の相馬神社境内)相馬外天義胤と昌胤の霊とをまつる。起源はわからないが、もとは小高にあったともいう。案外昌胤あたりが建てたのかも知れず、義胤は勇武の人であったから剣社もそれに因んだ名のような気がする。祝祠などには、つるぎの社とよんでいるようである。今は代々の戦死者をその都度合祀している。明治初年からの相馬の招魂社でもある。

○相馬天王

中村城内妙見社地国王祠と合殿、相馬氏の祖師常の霊をまつる。本祠は鎌倉にあるといい、天保十三年藩主相馬益胤の勧請にかかる。

○体興霊神

相馬市反町にあるもので、門馬八郎兵衛隆経の霊をまつる。隆経は相馬恕胤の時の重臣であったが、年三十六才の時事によって(相馬家世継の御家騒動)死刑に処せられ子供も皆殺されたが、辞世の歌として「思へ人犯せる罪のある無しを末にただすの神のある世に」が残されている。当時極刑として世人を驚かしたものらしく、今に門馬八郎兵衛事件として歴史に残っている。その後祟止まず寛政五年に至り恕胤の子祥胤命じて彼の霊を熊野社内にまつり筒宮と称して、彼の絶えた家も興してやったが祟はなおおさまらずその家もまた滅んだ。文化十三年祥胤次子益胤またその家を興して旧禄を賜うた。法会もあつく執り行い、京都の吉田家に託して隆経の霊をまつり体興霊神（相馬家の記録にからおきのみたまの神とあり、今たいこうれいじんという）と号し、毎年三月十六日祭を行うことになった。爾後はじめて祟が止んだという。最近霊神社の屋根が荒廃したのを相馬家で全額寄附して修理したことがある。昭和二十七、八年頃だったと思う。これなどは相馬の御霊社らしい御霊社である。

○市幸神

双葉郡幾世橋は元禄十四年藩主相馬昌胤が隠栖した土地であるが、その横町という所にある市幸大神は彼昌胤の霊をまつり、市店の繁昌を祈ったものという。十月六日を祭日とした。今でも相馬領内各地に秋市が立ち、その起源は必ずしも新しいものだけでない。恐らく昌胤頃も幾世橋に市が立ち、市神をまつったことであろうが、昌胤の霊をも併せ祀ったものかと想像される。

○信成神

相馬市磯辺にあり、社地は岡で地名を信成という。天文中佐藤好信が先祖信成の霊を祀って明神と称したものと伝えるのみで詳細はわからない。九月一日祭。

○玄蕃明神

昔元和の頃玄蕃という者が下総から相馬の和田に来て、鈴木兼久方に身をよせ、この地にはじめて塩場を開いたが、寛永十四年一月病革った時、自分が死んだなら川添森明神（元和二年勧請の塩場守護の塩釜明神）の側に葬ってくれと兼久に遺言した。末社になって永く塩場を守るからといって八十余才で歿した。同十六日に遺言通り葬ったが、爾来この森を玄蕃壇を称し、墓には松を植え、また祠を建てて玄蕃明神と呼び八月十日を祭日としているという。

○伯父太郎権現・甥太郎権現

前者は矢河原に後者は益田にある。永享中後の相馬重胤が馬場の五台山に隠居した時、側近奉仕の者に門馬太郎、門馬文九郎という伯甥あり、これを伯父太郎、甥太郎と呼んでいた。主重胤歿するや二人悲しんで耦刺して殉死したが、その時「我死せば甲冑を著け弓箭を携へしめて埋葬すべし。永く霊魂此地に止まり邑里を守るべし」と遺言した。高胤深くあわれんで厚く堂内山に葬った。伯父太郎権現甥太郎権現と称し村民の崇敬を集めたという。堂内山は矢河原の方だが、この伝では一緒にここに葬ったように見える。別の伝によれば甥太郎の方は甲冑を帯する八寸ほどの神像で益田の前山の地にまつるとある。あるいはいう、重胤逝去の後伯甥のこれに仕うること生に仕うるが如く遂に矢河原に卒る。その霊をまつって伯父太郎権現といい、甥の方は甲冑をつけ太刀を帯びて益田の前山に葬る。寛永中弥右衛門という農夫が金色の鼬を見つけて追う中に岩穴の辺で見失った。ここを堀ると甲冑仏具が出てきた。彼は発狂して死に子孫も

また絶え村にもわざわいがあったので、岩窟の前に祠を建てて甲冑の像を安んじ甥太郎と称した、とも見える

○八郎明神

権現ともよぶ。相馬市中野の熊野社地にあり、鎮西八郎為朝の霊を祀るという。為朝八丈島にあって疱瘡が流行したとき、彼武勇を以てこれを払い人々の難儀を助けたとて疱瘡よけ疫癘よけによいとする。この明神は明和年中相馬恕胤の勧請によるという。この神は諸国にまつられている。石城上遠野のは秋田うなわずの伝説が結びついていたようであった。また竜神をまつる八竜とも混同している向きがある。

○五良権現

相馬市日下石地内の五良権現の小祠は、宝暦四年再建の棟札がある由だが祭神はわからない。あるいは五霊権現かという。同市尾浜須賀畑の五竜明神も祭神不詳で、五良は三月十三日、五竜は九月九日を祭日としている。諸国の五郎権現は、例えば福島在仁井田のも、宮城県逢隈のも鎌倉権五郎景政をまつるとしているから相馬のもそうではなかったか。それとも五霊は御霊と関係があったか。五竜は八竜などと似て竜神と関係があったものか。大原村宮下の八竜神社は鎌倉権五郎景政をまつり、神体は騎馬像で四月十七日を祭日とするという。武勇の信仰らしいと。これも妙なもので、八竜と五郎とを混同したものらしい。八竜は相馬に多い竜神であるが、これと景政を一緒にしても意味が無い。

とにかく八郎も五郎も平安の昔から民間に潜在する御霊信仰の根から生えた一つの小さな枝なのであろう。そしてその時代々々の社会事情にむすびついて或は疫病防塞の神となったり、その他人々のかくあるべしと願う神にまつり上げられて流行して行ったものであろう。

以上は奥相志所載のものを中心としたのであるが、この外、手近の例をなお二、三挙げる。

石城上湯長谷の長松霊神は鈴木吉之丞をまつり、霊神様として民間から崇められている。吉之丞は湯長谷藩士で弓の名人であったが、内藤侯の時、夜毎に何かギイ〳〵鳴るものがあって殿様はそれを苦にして病気になった。吉之丞が外へ行って見ると大木のすれ合う音だったから矢をその間にはさんで音を無くした。殿様は彼をほめて褒美を与えようとすると他の家来が妬んで中傷したため却って牢に入れられた。夏になると蝿が天井を飛ぶのを吉之丞は松葉を以て弓矢とし射落した。彼は牢死したが潔白な心持はやがて人の知る所となって祠を立てて神とまつられ武運長久の神と考えられた。また夜熱等の時社にある縁起の弓矢を借りてきて身体をなでると治るといい、あとで倍にして返すのである。

双葉郡藤橋の天魔森にある荒人神についてであるが、昔藤橋胤平に二子があり、長を金山彦四郎胤清といい金山舘に居り、次を石上玄蕃といい石上舘に居た。ある時胤清が石上に来て鷹狩をなし、日暮れて帰途新沼を通っている時、道海という行者が馬の傍を走り過ぎたのを、無礼であるとて太刀を持って斬殺した。これから行者の祟がしばしばあらわれるので胤重の代に至って祠を建てて祀ったのが荒人神であるという。殺したのは兄でなく舎弟玄蕃の方だともいわれている。

相馬小高の在吉奈に玉都塚がある。建武の頃相馬光胤時代というが、たまいちという盲目の法師があって、大悲山の薬師に参籠しつつ琵琶を弾じた。夜な夜な美青年が現われて彼の琵琶に聞き入っていたが、満願の日彼がいうに、自分はこの近くにすむ大蛇であるが近く小高の村を泥海にする。琵琶を聞かせてくれた礼としてお前だけは助けるから遠くへ逃げよ、この事は人にもらすなといって消え去った。法師は驚いて国の大事と小高の光胤公に告げた為に、光胤は軍勢を催して山狩りをなし、大蛇の嫌う鉄釘を一面に打って大蛇を退治した。大事をもらした玉都は八裂にされて死んだが、人々は彼をまつって玉都塚としたという。

新しい話であるが鹿島町の南右田神社は荒専八をまつる。彼は文久八年藩より登用せられて北郷の代官となり数々の事蹟を残した中でも慶応二年鹿島西川原に堰を設けて百町歩の用水を開いたことは大したことであった。大正十年社を建ててその霊をまつった。専八は諱を至重と云い、二宮尊徳晩年の門人で和算に通じ測量にたけていた。平市の初代かの町長になった人である。墓は相馬市歓喜寺の墓地にある。

石城郡合戸にぞうす坊という六部を祀る御霊祠があるが、この六部が上遠野へ行こうとしてここを越す時、村の某に殺された。それで某一族に七代に祟るといわれている。九月九日氏神まつりの日、おこわとのりとを上げて年々六部の霊をまつることを今も続けている。

宮城県加美郡色麻村の新八大明神というのがある。文化の頃仙台に白石某なる地頭があり、その小作人に新八という男があった。孝心あつかったが、兄の嫁は腹悪しくある年の十一月三日御大師の日、団子に針を入れて進めた。知らぬ新八は父に進めたら針が出た。あによめは奉行に訴えたが新八は累のあによめに及ぶをおそれていわず、捕えられて打首になろうとする時、果して我に罪あらばわが首南に飛ばん罪なき時には北に飛ぶべしと、果して北に飛んだという。その後彼の家はほろび、その小作するものも何れもつぶれて祟を受けた。奉行より地頭聞いて彼の小作していた土地全部を同地の弥勒寺に寄附した。土地の人ははじめ彼の霊を薬師如来として祀ったが効なく、のち霊告により新八大明神として祀るにおよんで祟が無くなった。

同じ系統の話は各地にあると見えて同県遠田郡大貫村の八広神もそれらしい。義民新八をまつるという。昔大貫と蕪栗両村境を争う時、蕪村の肝煎日野某わいろを官につかって勝訴となり、新八斬に処せられた。はじめ彼の母は子のために菩提寺より木像四体を借りて来て家の四周に埋め、日夜祈祷をさゝげもし新八勝たば再び堀起してまつるべしと願った。遂に負訴となったのでそのまゝにしてしまったという。後年子孫の者堀り起した時二体あり、熊野社境内に祠を建ててまつったという。新八処刑の時、我首前に落ちなば天命なり。後に落ちなば我魂長く止まり七世まで宿志をとげんと遺言した。今一個の石碑あり八広神という。彼の霊をまつるもので、村民病気の時八広神にいのれば効ありという。文化四年に建てたものだと伝える。

石城飯野に片岡さまと称する咳の神様がある。同社の縁起書によれば源義経四天王の一人片岡八郎は文治二年頼朝に追われる身となつた義経の供をして都を落ちたが途中一行と別れた八郎は義経の正室の供をして奥州さして下る中、この地に来つて病を得、同年十一月咳甚しき中に世を去った。不動院高山寺の住職は親切な人でよく面倒を見てやったが、土地の人も追慕して祠を建てて片岡神社と称したと。咳ことに子供の百日咳によく、奉納されてある徳利をかりてきて酒あるいは水を飲めば治る。治れば二本にしてお返しする。今も徳利が多く上って居り、鶏の絵馬も見られた。鶏の方はにわとり権現の信仰と一緒になったものらしい。

石城下神谷の沢村神社は沢村勝為を祀ったものである。勝為は内藤侯の家来であったが慶安五年二月に工をおこし夏井川の上流より堀をつくり四倉に至る六里八町の仕事を三年三ケ月を経て完成させたものである。神社建設の最初の願が関係筋から磐前県令村上光雄に出されたのは明治九年三月であった。

上海老の常朝明神は、昔常朝なる者が来て八沢の塩場を開いたので人々彼を明神とあがめ塩場の守神とした。常朝壇というものあり、上に古木あり、彼の墓所かという。

二　漂着神信仰

○寄木明神(二祠)

(名称)　よりき明神。

(分布)

(宇多郷)　磯辺

(中　郷)　雫

(異同)

磯辺の寄木明神はあるいは圭木神ともいう。昔天正十三年のことというが、寺島三郎という者牡鹿郡の寺島より来て佐藤伊勢に仕えたのちやめて漁師となり古磯辺に居た。ある時海に漁していると一つの寄木が網にかかった。その夜神託あり、それによって箱厨子に納めて藁薦で覆うた。これは木を拾った時に網と共に藁ごもで包んで帰ったことによるのだという。寄木明神と号し祠を建てて祀った。その後三郎は名を市太夫と改め厚く崇敬して幸を得たと伝える。毎年正月元日に幣束及び藁ごも一枚を献ずる習という。以上は奥相志等の記録によるところであるが元の村長島卯兵衛氏（八十才）の話によれば、藩当時村の某が網さしに行ったら妙な木株がかかった。持ち帰って人にくれた。その人重いので途中川にすてた。その後再び某の網にかかったのはこの前の木株であったという。この木は伊勢より流れてきたものだったそうで、寄木明神としてまつり、九月一日を祭日とする。新稲を刈ってのりをつくって供えるが新しいわらでこもをつくり神体を包む。これをおこもがえといい毎年くるめ直すのである。九月一日にはまだ米が出来ぬので、稲の穂を一本々々抜いてのりをつくるという。怠るとひどい目にあう。某の家はどうしても大漁するように出来て居り、また厄難にあっても遭難しないのは明神のお助けによるものであろうし、またよく信心しているからだと思われる。

新地釣師の水神社は慶長十四年当村の助左衛門のさし網にかかった流木という。そのままに放っておくとまた翌日もかかるので持ち帰って祭ったという。駒ケ嶺の子眉嶺神社の祭神は敏達天皇のお姫様であったが、事によって流されて今神浜に漂着した云々。

受戸にある浮渡明神（今、若野神社の額を掲ぐ、延喜式の若野はこれかという）については昔人皇のはじめ沖より一艘の舟岸に漂着したのを見るに中に九人の神女居り、浜の阿部某これを怪しむ。村老新汐渡媛夫婦これを制して庵をつくって住ましめた。神いうに海上浪をしづめ船の難を救ってやるから若野の小島に宮居を立てて我をまつれと。夫婦その通りにした。古より神体を拝する能わず、七月七日神衣を献ず、神主面目を覆うて着せ奉る。毎年九月二十七日祭礼を行うという。社寺好問志（作者不詳正徳頃）に曰く、請戸の神は天竺又震旦国王の后と云う、夫婦隙あり、后を空舟にのせて海に放つ、漂うて浮戸沖に至る云々。荒氏得て之をまつる云々。標葉記（元禄中藤橋月船編）曰く、古老伝へて曰ふこの大明神は新羅国より受戸の小島に出現せし女神なり云々。社司鈴木家伝に曰く、当社は元正帝の養老元年小島に出現す云々。なお奥相志に詳しい。

三　産神信仰

○子安明神　（七祠）

（名称）　こやす。子安。稀に産神、産泰神など記録の上に出ている。仏の方と一緒になって子安観音、十九夜観音、子育、子安地蔵など多数が見られる。

（分布）
（宇多郷）坪田　黒木
（北　郷）小池
（中　郷）大甕
（小高郷）飯崎　女場
（北標葉郷）刈宿
（異同）

子安信仰は別にとりわけたのでここに省略することとし、単に各祠の異同を見るに、女場の子安明神は木花咲耶姫をまつるが双葉郡川内の子安神社も同じ祭神であり、安産を祈願した。祭日は七月七日。飯崎の明神は北原の新山明神の末社であった。坪田のは間引矯正のため藩で世話をして建てたもので享保三年のものといい、非常な信仰をあつめたものであった。今でも神社で麻と小枕を出しているが、麻は借りてきて産婦の髪の毛を束ね、又子供の臍の緒を切る時に使う。枕も今なお沢山上っている。現在祭は春の三月七日であるが昔は春と秋と二回あり、参拝の女の数は大変であったという。磯辺の辺ではお産の時炉に火をたいたという。中村の辺でも出産が近くなるとろうそくに火をともして神をまつったが、早すぎてもならず、火がともり尽きても出産が無いと産が重いとて忌む風が最近まであった。頃を見はからうのが面倒なものだったと。

○乳明神・乳房明神（二祠）
（名称）　ちちがみ。
（分布）
（宇多郷）馬場野（乳房）
（北標葉郷）小野田（乳）
（異同）
乳不足の女が祈願した。

○赤木明神（四祠）

（分布）

（宇多郷）　日下石　坪田　立谷

（小高郷）　小高

（異同）

日下石の赤木山長健寺に赤木明神の祠あり、開基の陸山和尚が故郷の関東の鎮守を勧請したものという。中村の長命寺にもあったが安産の護神で、藩侯の夫人が妊娠すればここに祈願したものであった。昔藩侯の某が総州の相馬に居った時分、嗣子が無かったので長命寺に命じて男子誕生の法を修し、蓮池の傍で護摩をたいたらその験があったというので、いつも長命寺には蓮池が無くてはならぬようなわけになったそうだ。坪田の赤木明神は鈴木某の護神であった。立谷のは神体が木像の由で祭日は二月初午の日という。

四　性神信仰

○幸の神　（二七祠）

（名称）　さえのかみ、どうそじん、どうろくじん。さえの神だけでも幸神、塞神ほか当て字はいろいろあり、省略する。岐神とあるのは記録の上だけの事らしい。社地森神というのが一祠あるがこれも幸神かも知れぬのは、幸神をさえのかみの外にさちがみともいったらしいからである。奥相志ではほとんどすべて漢字で幸神と統一して書いているので真相がかえって今ではわからなくなった。

（分布）

（宇多郷）　入山上　小野　中村　今田　山上　本笑

（北　郷）　鹿島

（中　郷）　大甕　上太田　北新田
（小 高 郷）　片草　下浦　川房　飯崎　女場　金谷
（南標葉郷）　夫沢
（異同）

祠はないので右の分布表にはないが、真野川の上流上栃窪の地に、立石とよばれる巨大な石が川に影を落して聳え立っている。測量した筈もないが奥相志などに高さ四丈などと見え、昔の道祖神だったらしい伝説がある。近くに聳える山を今も道陸神山（祠も何も無いという）というから、この石にそういう信仰のあったことは確かであったと思われる。そうとすればわが国でもたぐい稀な大道祖神に相違ない。この立石は自然のものであるが、御神体として古い社にまつられているものに縄文期の石棒があり、社の所在地も古いものは縄文から弥生の遺跡に見られるのは注意されてよいことである。この石棒に生きた信仰が未だに結びついているものの稀に見られるのも面白い。石神の辺では長さ八十糎ほどの欠損した石棒を今でも持ち運ぶ風が一部にあるらしく、子供のない時、夜分石棒を借りてきて任意の所に立てておくとよいという。だから始終在り場所が変るそうであるが、これも近くの道祖神の御神体だったろうといわれているのである。

相馬ではさえの神、道陸神、道祖神を区別して考えていない。今田の幸神小祠は地名幸神にあり、山上ではどそうじんといっているそのどそうじんのある地名は才の神（さいのかみ）であった。石城四倉には済戸（さやど）という所にさえの神があったが、村道から二、三十米入った木の粗生している小高い所で、二股の山桜の根元に頭の尖った一米位の自然石が立てられてある、これがさえの神だった。周囲の木の枝には塞神神社と書かれた小旗と、神酒を入れたらしい竹筒と穴をあけて糸を通した椀の幾つかが下げられてある。石碑には文字はない。もともと相馬や石城地方には、他地方にある如き男女の石像もないし、文字を刻った石も古いものにはなく、陽石の類のみいたずらに多かったようである。

さえの神は道路の傍にあることが多く、ことに二股になった所に多く、二股の木の下にもあった。故にむしろ古い時代には、邪霊が道を通らぬよう守ってくれた信仰が主となっていたのであろうが、江戸末期の奥相志にすべて幸神とした理由の裏には、当時は全く男女の幸福を祈る風潮となっていたからに外なるまい。更に古い記録には幸神と書かずに道祖神と書いたのがあり、奥相志にも幸神その祭神は道祖神などと書いていることでもわかる。とにかく近い頃となっては男女愛敬の神、縁結び、性病治癒の神としての信仰ばかりが強くなって、奉斎物としても専ら陽物が用いられるようになったのである。

石城草野のさえの神は、人家を離れた小山の上の峠のようになっている所にあったが、そこは道が三またになっていた。近くの家で聞くと、あゝ道陸神ならといって教えてくれた。成程新しい石祠に道陸神と刻まれ、裏面に明和二酉年二月建祀、文化十二年亥十月再建、昭和十一年旧十二月再建、下片寄袋内五七云々とある。もとは石碑だったらしく石の破片が半ば土に埋れてあり、一つに道という字が見られた。附近には道陸とか道六の神社の小旗が下り、数十個の椀と皿とが古いみかん箱にうずたかく積まれ、余りが周囲に散乱していること大野村のと同様であった。ここにも二またになった一抱え程の白かしに似た大木が立っていた。小石も若干上っていた。

奉賽物なる穴をあけた木製の椀や皿は、多くは耳を病む人が上げるのであったが、道路は通るという意味から耳もよく通るようにとの信仰なのである。大野済戸のも耳が治れば自分の使っている小皿に穴を通して供えるという。石城の浮矢を通った時、二またの道路に、椀を上げた形ばかりの祠があって、附近の老人に聞いてみたらみみだれさまだと答えた。あるいはさえの神だったかも知れない。

さえの神のある石城大野の地名は済戸と書いてさやどと読んだが、同じく飯野の砂屋戸（さやど）の坂にも古く道祖神をまつったといい、やはり泉の道祖神のある坂を道祖土坂（さやどざか）といったが、茨城県益子の近くかに道祖土と書いてさやどと読ませる地名があること、これは金子堅一氏に聞いたことがある。とにかくさやどと道祖神とは関係のあることは確かであるが、修験とのつながりもありそうであるが充分にはわからない。しかしさやどには修験が住んでいたことは確かなようである。また、さやどは偶然かどうかわからぬが坂の場合が多い。石城辺でもとにかく古い道祖神は三坂村の差塩とか、田人村の御斎所とか道路険岨の所に見られることは間違ない。さへとかさやは障、防塞などの義で、どは処であろうか。

さえの神は近くは性神としての性格をつよく持って来たから、未婚の男女が良縁を得るために、下の病が治るように、水商売の女が商売繁昌のために、子のない者が子の生まれるように、などの祈願で、奉賽物には男性を象徴したものを用いることが多い。相馬市塚ノ町の道祖神にも、近年まで石で作ったのが境内に立ち並んでいたものだ。このすぐ近くの小川を今にどうそん堀と呼び昔の名残を止めている。小野の番沢の堤の近く道路の傍にある小祠には今も木製の男根が並んでいるのを見かける。前の塚ノ町の祭神は猿田彦であるが、奥相志などは古事来歴をものものしく述べた上、左のような事をいっている。この神は一神にして数名あり、道路往還を護る岐ノ神、市神なる幸ノ神、塩の祖なる塩土翁、軍の先鋒武勇の神なる国勝事勝長狭神、土公神なる土祖神、および庚申是なり云々。また蹴鞠の神としてこれを祭る、ゆえに蹴鞠に専ら庚申を用うといっている。これはさえの神の一般信仰を述べたものですべてが相馬にあったわけではない。更にいい伝えによれば、昔大野東人が鎮東将軍となって奥羽を平定した時、嶮路を開き諸所に岐神を祀ったと伝え、当祠もその折の勧請のようにいっている。建武中、中村広重が中野に館を築き、当祠を鬼門鎮護の神としたが、相馬侯になってからも九曜亀甲の紋を附され人々の崇敬をあつめていた。祭日は毎年六月一日、霜月十八日の二回だったが、のち四月十五日になった由で、昔は田町に市が立ったそうである。田町の某酒好きのために悪心をおこして祠の賽銭を盗もうとしたところが、内陣震動して赤面高鼻の神が出現したから田町の町端れまで逃げ、後で別当の山伏に罪を謝し法楽を奉ったとある。これなどは全く猿田彦に結びつけたつくり話である。

山地に古いさえの神の多いことは既述したが、ひろく地名に残っていて、山上に幸ノ神、幸ノ神曾根、幸ノ神沢という如きあり、今田にも幸ノ神沢、入山上にも幸ノ神の地名あり、上太田には幸林山、下浦に幸ノ前、本笑に才道がある。道祖神、道陸神の名よりも多いかと思う。しかし何れも大社はなくほとんどいわゆる叢祠の類であった。

祭神は相馬にあってはすべて猿田彦でその外はなさそうであるが、これとてわかっている限りの話で、実際には祭神などは全く問題にしていない。夫沢のさえの神はさるたという所にあるというが、この地名は古いものとは思われない。女場の道祖神は、男女子なき者子を儲ることを祈るとあり、小高の貴船祠末社の道神は道祖神のことであろうかはっきりせぬ。祭日は相馬地方は九月九日が多いようである。本笑の幸神は、藩侯が狩の時にここで篝火をたいて山先の者が祭を行う習だったという。篝火といえば正月の道祖神送りが思いあわされるが、当地方にはこれと同じ風習はなかった。しかしこの夜、すなわちかせどりに男根をつくって持ち歩く風はもと盛んであった。

さえの神の本地は地蔵であったが、平市飯野八幡社境内道路の近くにあるのなどはよい例といえよう。穴のある椀と小石が沢山上げられてある。高木誠一氏の談によれば、一夜地蔵と称しもとは一夜地蔵尊と書いた旗が上げられてあったもので芸者や遊女が信仰していたというからやはり性神としての半面をもっていたらしい。古い頃は塞の神とも称し石ころなども上っていた。もとは他にあったものを後にここに移したらしいとの事である。現在は塞の神の信仰は忘れられてしまった風で、火伏の地蔵としての信仰の方が強くなっていて、椀を上げるのもそれで水をかけて火を消すのだという。社務所で聞けばかぐつちの神と神社の人らしい答であった。かぐつち様ともいっていた。この地蔵堂が朽ちて建てかえる頃は愛宕様にでもなってしまいそうな錯覚すらおこすのである。火伏の信仰は相馬には見ないようであるが、福島市辺で家の新築落成の時、藁などで男女の象徴をこしらえ、梁に結んで火伏のまじないとする風と連絡がありそうに思える。

宮城県伊具郡枝野村の道祖神や、同じく遠田郡田尻町の道祖神では、百日咳治癒の信仰がある。祠の男根を借りて来る。この風も相馬にはない。ただ当地では八竜神とかすかな連絡がありそうに思えるがまだ判然としない。山の神の信仰ともどこか重なっているらしいのは、場所的なことと山の神に縁結びの信仰がくっついているゆえであろうか。

五　流行神信仰

○疱瘡神(三九祠)・若木権現(三祠)

(名称)　ほうそうがみ、もがみさま、おさなぎ(若木)権現。

(分布)

疱瘡神

(宇多郷)　中村(三)　小泉　磯辺(二)　柚木　立谷　日下石　赤木(二)　今田　馬場野　柏崎

(北　郷)　北屋形　南柚木　江垂　鹿島　岡和田　浮田　上栃窪

(中　郷)　大谷　大甕　小浜　上高平　南新田　下太田　南小高

(小高郷)　大井　飯崎　小高

(北標葉郷)　小丸　室原　刈宿　川添　棚塩　受戸(二)　北幾世橋

若木権現

(北　郷)　小山

(中　郷)　石神　金沢

(異同)

家によって疱瘡の軽くてすむ家と、かかれば重い家とがあるように考えられて居たが、自分の家などは軽かったようだと、石城の高木誠一氏から聞いたことがある。文久二年は疱瘡流行の年で、「疱瘡御祝儀控帳、文久二年六月二十九日」という帳面が同氏宅に残っているが、疱瘡にかかれば出居に神棚を設け、法印を頼み赤幣をあげて祈禱した。軽くてすむように皆お祝に集まったものだ。治ればも流しの祝をした。高木氏の村(石城郡草野)はこの文久二年の流行が最後で、後はぽつぽつ種痘をするようになったらしい。

種痘の行われぬ以前は疱瘡で死ぬ者が非常に多かった。したがって大きなものはないが疱瘡の小祠や若木の碑は至る所に見られたもので、ことに流行の年には目立って多く建てられたもののようである。石城の宮内喜忠氏の話によれば、もとはよくあばた(石城ではじやんかという)の人が見られたものだが、それがまた大抵同じ年頃の人であったのは疱瘡の流行を示しているようである。軽くてすむようにとの願いから、軽い人からわざとうつしてもらったりしたそうだ。また、かゆいと小豆で叩いてやったものだ。とにかく疱瘡は「命定め」といわれたほど大事なものだったのである。家によっては氏神などと共にこの神を祀ってあるのも、疱瘡の重い家である場合が多かったが、そういう家の中には、形状が似ているせいであろうか、とうもろこしを作るのを忌むところがあった。相馬藩では藩医中井某を長崎に遣して種痘を習得せしめたのは藩主益胤(文化十年—弘化二年)の時であったが、当分の間は藩主の垂範があっても人々は嫌って思うようには広まらなかった。

子供が最初のうえぼうそうをすますと、五色の幣束と大きな草鞋とを門口や道のわきの木などに下げて疱瘡送りをする。子供のある家はどの家でもしたもので、今でも山上や真野辺で稀にこの草鞋を見ることがある。幣は法印につくって貰った。わらじは一尺も二尺もあるもので大きいほどよいとされた。こんな大きな草鞋をはくもがみ様とは一体どんな人だべと、子供心に考えたものだったと、山上須萱の渡辺老人は話した。「ほうそうは片輪のさかい、はしかは命のさかい」といわれたものだったと。

鹿島町南柚木の疱瘡神は貞享中、原町市上高平のは元禄二年建立のように記録などには出ているが、柚木の他の一祠は宝永中といい、あまり古いのは見当らない。宮城県亘理郡吉田村のは寛政元年、石城郡豊間のは天文三年、宮城県刈田郡宮村のは建久年中などで、これらは管見に入ったものに過ぎぬ。最後の刈田の疱瘡神社については土地の風土記に、

祭神忠朝朝臣、建久年中頼朝公御子式部大輔忠朝朝臣和賀郡へ下向の節、当村小田島平右エ門と申者の所へ御寓被成候処、御疱瘡にて御卒去被成候に付、疱瘡神と奉崇候由申伝候云々

と見える。相馬市大工町吉祥院寺域の疱瘡神祠は神像に元禄二年の年号がある由で、元禄中の建立かといわれている。藩主恕胤（明和二年―寛政三年）再興して社料を寄附した。明和三年の上棟文があり、また恕胤奉納の疱瘡守護の和歌と称するものがある。「みどり子をもらさでつつめこけ衣岩尾の帯でしめは長命」。

祭神は明治以前のもので記されているものはほとんど無いが、鹿島町岡和田の降居神祠末社の疱瘡神の祭神は五行神となっている。双葉郡川内の若木は木花咲耶姫をまつり、石城豊間の疱瘡神は月読命をまつり、宮城県亘理郡吉田村の若木は大名持少彦名の二神をまつるという。前記南柚木の疱瘡神祠については、貞享中はじめて疱瘡神をまつり延享二年三月出羽国若木より勧請して祠を建てて村の鎮守としたと奥相志などに見えるが、何と呼んでいたものか。相馬で若木権現の名の見えるのは数個所に過ぎぬが、石城ではこれよりは少し数が多いかと思う。石城郡泉の諏訪と八幡両社の境内にある若木の祠を、ここの神職はわかぎさまといい、疱瘡よけの神というだけで由緒はよくわからぬと答えた。明治十二年の棟札には、「奉遷宮若木神社建速須佐之男命」という文字が見られ、祭は八月十五日八幡の時に合せ行うということであった。神社名簿に鮫川村高倉無格社若木神社というのがあるので訪ねると、やはり疱瘡よけの神である。植田八幡社の神主宮川氏は、おさなぎ神社だと教えてくれた。しかし夫人の方はわかぎ様と覚えているらしかった。

同じ石城の好間の愛谷や大館の権現山、桐ケ丘山神への道の途中にあるものは、若木山と刻った石碑で、愛谷のは文

久二戊八月村安全、小川(桐ヶ丘途中)のは慶応四年五月吉日とあった。双葉郡上岡村上手岡麓山社境内の小祠をのぞくと、奉斎若木大神美璽昭和二年二月十七日と記した木札があった。幾つか並んである祠の中で、この祠だけに赤幣が一杯入っていたが、疱瘡などの流行神は必ず赤幣束で、供えるのも赤い飯であった。石城郡岩間のおさなぎには赤い旗が上げられてあり、同じく錦のおさなぎの小祠は、祠が赤色で塗られてあった。紫疱瘡は重かったから紫色を忌み、赤はよかったので縁起をかついで赤色がよく用いられた。やはり石城の入遠野にも疱瘡祠があるが、昔は疱瘡があれば神官が行って祓いをしたものだったと土地の佐藤神主が話してくれた。

この辺の若木は山形の若木の分霊らしいが、次のように伝えている。最上の若木様は疱瘡神で、天子様の御子様であったが疱瘡にかかり島流しにされた。同病相憐れむでこれを信ずれば病が軽い。奥詣りにはここにも参詣して来たものであった。御影には御本地大日如来、垂跡大日霎命、末社牛頭天王と書いてあった。

○牛頭天王(七四祠)

(名称)　ごずてんのう、てんのう、稀にぎおん。現在はほとんど八坂に統一された形で、稀に八雲、八重垣など。

(分布)

(宇多郷)　黒木　大坪　小泉(二)　小野　程田　大曲　本笑　北飯淵　岩子　新田　磯辺　柚木　立谷　日下石　成田　今田　南飯淵　入山上　馬場野　柏崎　石上

(北　郷)　上海老　北屋形　南屋形　南柚木　烏崎　大内　牛河内　江垂　小池(二)　角川原　岡和田　浮田　御山　上栃窪

(中　郷)　米々沢　北原　萱浜　下渋佐(二)　金沢　泉　下高平　南新田　下太田　馬場　石神　信田沢　雫　大甕　高　益田

(小高郷)　浦尻　大田和　川房　北鳩原　水谷　蝦沢　小高(二)

（北標葉郷）　棚塩　受戸　室原　樋渡　刈宿
（山 中 郷）　深谷　玉野　松塚　二枚橋　飯樋　南津島
（異同）

八坂神社は神仏分離以前は牛頭天王と呼ばれていたが（相馬市小泉の八坂は明治二年、隣村南飯淵のは明治三年改称とあり）、祇園という名も稀にあったことは数ヶ所に残る地名によっても知られる。相馬市小野のものなどは、はっきり祇園牛頭天王と称していたらしい。小泉の天王は往古荒某が関東より背負って来たものと伝え相馬市中野にあって同氏の護り神としていたが、子孫の鍛工吉右衛門がどういうわけでか今田の如法寺に一時うつした。元禄中藩主昌胤の命により現在の小泉にうつして中村城の鬼門の守護神としたが、近頃まで鍛冶町の鍛工が氏子同様崇敬したもので、祭礼に立てる牛を画いた旗にも鍛冶町連中とあり、また石階は慶応元年やはり同町氏子の寄進になるという。丑年毎に遷座祭があるが、その際の御旅所はきまって今も鍛冶町である。社の縁起によれば元禄四年九月十日夜、如法寺より神体を仮殿にうつし、十一日丑寅の刻、歓喜寺及び祠官田代氏勤行、卯の刻を以て正迂宮、上之坊を別当とした。大正年代の遷座祭の時だったと思うが、やはり真夜中丑の刻に御扉を開いて、神官から受取って神体の入っている箱を暫時抱いたが、手足が震えて止らなかったと当時の氏子総代某が語ったことがある。素朴な村人にとっては、神は在すが如くでなく実際に在すのである。祭神は例外なくすさのお命であるが、水谷の天王祠の像は大日如来だという。勧請で古いのは聞いていない。二、三の伝説をそのまま記せば石城郡入遠野字天王の八坂は大同元年六月十五日有宇中将の臣平子左近がこの郷を領した時、山城の牛頭天王を和歌城に勧請したと伝え、宮城県岩切村の八坂は、文治五年六月高森城主伊沢家景が京都の祇園より勧請したといい、同丸森町の八雲は応永二十五年笠間義光の勧請という。相馬では南柚木の牛頭は正長年間、千倉庄の県主岩松義時が弑せられた時、母親及び藤御前が悲しんで柚木川に投じて死んだ。その御前の所持していた牛頭の画像があったのを村人の但馬なる者が、祠を杉内山に建てて祀ったという。成田の天王前にある天王も牛頭であるが、南北朝時代白川道忠が弓箭冥加のために坪田の八幡と共に建立したものというから、柚木の天徳年間云々というのをのぞけば相馬ではわかっているものでは最も古い方であろう。

牛頭天王は一口に疫病の神様といわれているが、いわゆる疫病神ではなくて疫病消除の神であったから、病気のはやる年は非常に参詣者が多かった。柳田国男氏は、天王をすさのお命とする説は存外近き世の発生であろうといい、また行疫神とするのは足利以前より存在する説だと述べている(石神問答)。大甕の天王は古記に、旧来邑に疫疾無し。病者ありと雖も一家に止まり他に伝染することなし。柚木のは、天徳元年疫癘流行柚木村の人々之を病む。故に祠を建ててまつるに疫癘頓に消して邑人安んじ、爾来邑人疫癘を病まず云々。水谷のは、毎年六月十五日神前に於て国家安穏武運長久の奉幣を捧げ、疫神安鎮の祭法を執行す云々。

前記の相馬市小泉の天王は丘の上にあり、下にはいわゆるえぞ穴と称する古墳が幾つかあるが、常に幾組かの乞食が住んでいて朝夕のどかな煙を立てていた。今から数十年前、これでは神威をけがすからとて彼等を追出して穴をふさごうとはかったが、チフスかが流行して死人多く、これは神慮にかなわずとして中止したことがあったそうである。平附近の村々を歩くと、一之矢天王(八坂)と書いた小旗を軒に下げておくのをよく見かけるが、これは内郷市の一之矢天王(八坂)へ奉納された小旗であって、祭の折これを拝借してきて軒にかかげ、一年中の病気の浸入を防ぐ。後で新しい旗を添えてお返ししてくるのである。ここの祭も六月十五日で、胡瓜を上げるところから胡瓜天王という。元来天王は夏祭で六月、八月、九月が多いが、二月、三月も例外的には存した。

石城入遠野の入定部落で目についたのは、六月十四日にこしらえて飾るという疫病よけの藁人形の姿であった。もとは軒ごめに造ったというが今でも数軒共同で作ると見える。家の門口とか道端に立てておく。小麦わらでたけ一米位につくり、頭は藁を折り曲げて髷の如くにして、杉葉をよろいの如くに着け、顔には紙を貼って目鼻を墨で書き竹の槍や刀を持たせてある。昔はもっと大きなものを作ったという。これに団子などを供える。称して厄神よけの人形という。なお足もとには厄年の人の厄除祈願らしく、「御神護、当二十五才男、厄災消除」などと書いた小さな紙札が竹を割ったのにさして立ててあった。注意してみると二十五才、四十二才の男、十九才、三十三才の女が多かった。ここの八坂は、四年毎に神輿が上根本まで渡御される習である。同社の神官佐藤兵馬氏の家に保存されている古文書の中、寛永のものは最も古い方であった。

奥州石川郡葛野村牛頭天王之祠官佐藤出羽守家次、恒例之神事祭礼参勤之時、可着風折烏帽子狩衣者神道裁許之状如件、寛永十八辛巳年六月十六日、神道管領長上卜部朝臣兼里花押朱印、出羽守家次

六　馬神信仰

○勝善神　（五祠）

（名称）　しょうぜん、そうぜん。勝善、総前、想善その他いろいろの字を当てる。この外神馬明神（樋渡）、馬頭権現（堤谷）、駒峯神社（南津島、もと馬頭観音）などがある。旧藩時代は仙台領であったが現在相馬郡になっている駒ケ嶺の子眉嶺神社は奥の総善と呼ばれた延喜式名神大社である。石城の方では燧神、駒形神などともいう。

（分布）

（字多郷）　大野　坪田　小野　石上　黒木

（異同）

奥の相善と呼ばれている駒ケ嶺子眉嶺神社は現在豊受比売を祭神とし五穀豊穣、安産、子供の悪疫除を祈願するが、第一はやはり牛馬守護の信仰である。口碑によれば昔敏達天皇の姫君豊受姫が唐人の駒という男に通じ、流されてこの海岸により着いた。姫はこの近くのはは山で出産したが、先に今神についた時親切に見てくれたのが糠塚権太夫（あるいは沼塚）という老人であった。駒は今帝駒という）

本当は馬だともいう)。都から姫をたづねて来たが会うことが出来ず空しく帰ったので、駒ケ嶺は駒返り嶺だという。田辺希文の宇多郡風土記には、昔この地に馬首獣身の者生れ、父母おそれて谷に棄てた。猿が集り来って葛葉を嚙んで食わせて育てた。この異人をまつったのがこの社だという。子眉嶺ははじめ葛嶺であったと。とにかく牛馬守護神として名高く日本三総善の一つともいう。また「子供の悪疫の為に頸に結ぶ旗は社務所に於て頒けて上げます。無断で神前の旗を裂かないよう御願いたします」と貼札のしてある所を見れば、そういう信仰もあると見える。後で聞くと百日咳によいそうだがヂフテリヤにもよい。そして奉納の旗を首にまくとよいので、治ると御礼に新しい旗を上げるのであると。旧三月七日と七月七日が祭でこの時夜ごもりあり、夜馬でお参りにくるものが多く、明治の末まで盛んで馬数三百も集った。妊娠馬も来たし母馬子馬も参詣に来た。そしておさごを食わせたものだ。

黒木の勝善縁起を見ると、石城の入遠野の朝日長者の伝説と頗る似ていて出所が同じだということはほぼ推定出来る。黒木にも朝日長者の話があった。ここの勝善縁起は宝暦四年大内正春の文になっていて奥相志にも引いてあるが同書の編者はこれを目して続太平記にある日光縁起を剽掠して作ったのだと述べている。概略を述べれば、京都の有宇中将が勅勘を蒙り、蒼鹿毛という馬、雲ノ上という鷹、阿久太丸という犬をつれて都を出、下野二荒山より更に当宇多郡小野の里に到着した。この地に朝日長者という長者あり童名を勝善(さやけき)と呼んだ。長者に一人の娘あり、勝善姫という。やがて中将との間に馬頭御前という若君が生れる。中将は念願のことがあって姫と別れ故郷にかえるが途中二荒山まで来て死んでしまう。馬頭御前の子が小野の猿丸太夫で容貌みにくかったが後に手柄を立てて宇都宮明神となった。黒木に建昌寺という寺があったが山号を朝日山といい、寺の南に朝日長者をまつるという朝日の宮あり、また古城の内に馬頭観音がある。勝善はすなわち長者の姫君勝善姫のことだと伝える。

双葉郡野上の勝善社は現在の祭神はうがのみたまになっているそうである。石城夏井山崎の勝善は正月第一の申の日に馬をひいて行ってまつる。やはり馬の神だとしている。支那の伝説でも馬場に猿をつなぐは馬をして畏れしめず、悪をさけ百病を消す故とあるという。すなわち猿は馬にとって魔除けになるという俗信である。

石城好間今新田の白土氏宅の馬屋の柱に貼ってあるのは二枚の神札で一は田村郡新町の東堂山、一は相馬妙見のものであった。この辺で馬屋の神といえば、この二者になっていて時々参詣にゆくのである。妙見は太田神社のであったが、それには牛馬健全馬屋安全とあった。平地では少いが、山間の馬産地にゆくと、家毎に馬の神(ひうじんさまともいう)を部屋の中の神棚にまつっておく。然し大神宮の棚とは別で、多くは別部屋か同じ部屋でも入口近い下座の方にこの神棚は設けられる。神札は厩太夫が配った。猿が衣冠束帯で幣を持ち馬をひいている図である。正月初申の日を祭日とする。上小川字峯岸にひうじん様とよぶ祠があって、主に農家の信仰を集めている。信心すれば馬に災難がないといい、一月甲の日なる縁日には売っている笹の一束を買ってきて我家の馬に食わせる。四倉町上仁井田の細谷、俗にしうじんさまという所にしうじんさまと呼ぶ馬神のお宮がある。今は駒形神社という。縁日には在方では裸馬にのって参詣にゆき境内の竹笹を受けて馬に食わせる。

馬頭観音は同じ馬の信仰でも一応仏になっているからここでは省略したいと思うが、石城の例一、二だけを加えてみる。箕輪大利の馬頭観音はこの辺では有名なものであるが、昔馬がここで怪我をしたので建てたものという。道ゆく馬の安全を祈ると共に、人もまた疲れ怪我せぬ為との信仰が出来て、そのため小石を上げる風がある。神谷の塩という所にある馬頭観音は、相馬の殿様が江戸参勤の際鮫川を渡ると鮫が居た。弓で射たが殺すに至らず、鮫は怒って追いかけたので殿様は馬で命からがら逃げたが馬は疲れてこの地で死んだ。この馬をまつったものという。竹筒に入れた甘酒が上っているのは、のどを痛めた者が借りてのみ治れば新しいのを上げる為、草鞋の上っているのは馬がつかれた時はかせ、治ればやはり新しいのを上げるため、木の椀に穴をうがって上げてあるのは、耳の病を治すためという。馬の絵馬も沢山あった。

馬頭観音は至る所にある。馬頭尊馬力神などいろいろにいい、三月と六月の十七日を縁日とする。「神のみさき、仏のしりへ」といって神様の前通り、仏堂の後方に当る所は馬のあやまちの多い所という。そういう所には三面六臂の御影を石に刻んで立てる。馬の病気の時は尊像の鼻を削って馬にのませるとよいというので鼻のひくくなった観音もある。馬をおとした家では石の供養塔を建てるが、この風は今も広い。馬力組合とか馬方仲間で立てることも多いようだ。大抵道路傍にたてるものだが、道行く人に供養してもらう意味からそうなったのであろう。岩間のしうじんさまは盗賊よけの信仰もあった。宮城県伊具郡西根村毛宣と同村高倉に子眉嶺神社のあることが郡誌に見えるが共に祭神は宇加御魂である。なお相馬樋渡の神馬明神はこの地に産した名馬の霊をまつったものという。

第五節　一般信仰ならびに補遺

一　一般的信仰

○妙見明神　（四四祠）

（名称）　みょうけん。妙見、北辰菩薩、星宮（ほしのみや）。新しい名では初発神社。

（分布）
（宇多郷）中村(七)　黒木　小泉
（北　郷）大内　小島田　鹿島　小池　横手　山下
（中　郷）泉　下北高平　上高平　南新田(二)　中太田　上太田　大木戸　牛越　高倉　堤谷　江井(二)　大甕　高
（小高郷）金谷　小谷　飯崎　岡田　小高　大井　南小高　行津
（北標葉郷）北幾世橋（二）
（南標葉郷）長塚　熊町
（山中郷）飯曾　津島
（異同）
相馬市の真言宗歓喜寺の門前に、祭の日になると奉納妙見大菩薩の旗が高々と立った。神仏混淆の時代に歓喜寺は妙見の神宮寺の位置にあったから、分離の時棟札その他ここに移されたものも多かった。中村城内の妙見本祠の方は純然たる神社となるため中村神社と改称した。もっとも寺の方にも最初から別に護寺神としての妙見を祀り、相馬昌胤の時神体を安置したと古記に見える。何れにしても古く妙見は妙見大菩薩として一般に尊崇せられたもので、寛文中藩主忠胤の書になる大明神の篇額も残っているという。彼は妙見は先祖より軍神として祭り戦勝を祈願して霊験があった、しかし菩薩は仏ゆえ明神と称したいといったという話が残っているが、菩薩では軍神にふさわしくないと考えたのであろうか。しかし一般に呼ばれた名は妙見菩薩だったのである。
妙見縁起書によれば、聖武天皇の神亀五年、行基が綸命を奉じて上野国花園村に精舎を建立して七星山息災寺と号し、妙見七体を神殿に安置したというのを以て、妙見鎮座の最初としている。妙見の祭るところは神道の方より来た天御中主の外に、あるいは北辰星王といい、北斗七星といい、九曜といい、要するに衆星の王であり星辰の信仰であったが、実際は必ずしも星を祀るとばかりは考えていない。星をまつるという事は誰でも知っているが単なる知識に過ぎず、民間信仰としては格別なことは何も無いようである。それから北斗七星の本地は薬師七仏だともいっている。しかしとにかく星の信仰が基をなして居ることから、妙見信仰の家は家紋は勿論、旗紋、幕紋等星辰に因むものを用いる家の多いことは事実であって、かつて少しばかり調査した相馬以外の石城でさえ、千葉、新妻、大須賀、大平など相馬ないし千葉系の家はそうであった。千葉六党が来た所だなどと伝えている所はなお更で、六曜、七曜、八曜、九曜、十曜の中、ことに九曜が多い。この星紋の多いことは、妙見の神事なる野馬追祭のその旗紋としても著明にあらわれていたことでもわかるのである。

この妙見も維新の神仏分離の後は、多くは初発神社などの名称を与えられて神様らしくなってきた。元来妙見の信仰は下総が早く、これを鎮守の神とした千葉氏、この千葉から分れた相馬氏が頼朝の時に奥州相馬に領地を与えられ、元亨三年妙見を神輿にのせて新領地に下向移住したと伝えるのであるが、時の領主は重胤であった。最初太田に落着いたので妙見をも同地に安置、嘉暦中小高に築城の際、新祠をつくってここに太田の神体を遷そうとしたが重くて鳳輦動かず、祠官別当等は二夜三日神前に祈禱を捧げて長くこの地に止まることを請い、別当を北斗山星蔵院と称した。爾来女人結界のところとして、また社前の道路は君侯も騎馬するを遠慮し、一般民は笠を用いることが出来ず誤って用いたりすれば忽ち咎を受けた。後年天保中というが、吏人三株の社木を伐ろうとしたら木みずから火を発して焼けたなどと伝えている。したがって小高には神体を新たに造って安置したが、慶長十六年中村移城に際して妙見をも遷したが、慶安三年この神体を小高の旧祠に遷し、中村の祠には新たに神体を秩父より遷したと伝える。

相馬における妙見の本祠というべきこの三祠は、相馬の三妙見として事実上宇多、行方、標葉の総鎮守であったが、明治初年それぞれの土地の名をとって太田神社、小高神社、中村神社と改称、皆天御中主神を祭って何れも県社に列し随って相馬領内に散在する多くの妙見は、直接下総より遷されたものもあるが多くは相馬妙見との縁故の方が深かった。大正七年の福島県の神社名簿によると、これには勝手な名がついているからわからぬが、妙見と思われるものが相馬郡に十三社、双葉郡に四社ほど見られ、県内諸郡に比すれば圧倒的に多い。むろん名簿にのらぬ小祠の数は非常に多く大体上述の分布の如き状態である。なお名簿には石城、西白河、石川、安積、安達、耶麻、信夫の諸郡には一、二社位ずつ見られた。相馬の妙見祠は今は大抵初発神社となったのは、古事記の「天地初発之時於高天原成神名天之中御主神」によったものに違いないが、この名称は西白河郡かに一社あるのみで他はやはり妙見神社が多かった。明治三年の中村藩庁の調にはすでに初発神社の名が出ている。星神社、星之宮神社も大体において妙見かと思われる。妙見の分布は秋田、山形、青森、岩手より北海道にも及んでいるが、多くは相馬の分霊である。勧請年月のわかっているものは案外少く、古くて天文といい、多くは江戸期である。極く近年のはまた別でこれは間違ないものであり、例えば中村神社関係のもので二、三をあげれば大正十五年七月十二日（室蘭市輪西町）、大正十五年十二月三日（石狩空知郡赤平村）、昭和八年八月四日（石狩雨竜郡北竜村）、昭和十年三月十一日（胆振勇払郡安平村）等その他である。

相馬の北に隣る藩は伊達氏の仙台藩であったが、その境に近い辺は常に争いが起ったが、妙見の数の多い所を見ると、その妙見はある時代相馬の影響によって出来たものだったことがわかるのである。近頃星伊策氏の「相馬公と逢隈地方妙見勧請について」なる一文は参考になると思われるので要点を掲げる。

文治五年頼朝は千葉介常胤次男師胤に宇多の大部、行方の全部を賜わり、師胤の弟武石三郎に宇多の一部、伊具、亘理の全部を賜うた。しかるに両者の間に間隙が出来たのは宇多兼領が原因と思われる。それも知行地の問題でなく妙見の神輿さわぎでもめたことを俗説は伝えている。もう一つの原因は十文字綱安、信綱、政安という系統が逢隈にやって来たのを武石氏が牛耳れなかったことである。その十文字氏は相馬についたり逆いたりしていた。相馬光胤より信任されていた時宇多郡の探題に登用されたという。その領地は駒ケ峯までで、時は建武二年と文書にあるという。また「永享十二年城主以下二十七人の連判を以て再び妙見社を建立して誓文と宝剱とを奉納」したという文書もあるという。正中二年正月光胤より妙見社建設のすすめが十文字城にもたらされた。

御本宮相馬城守護鎮座妙見大神
抑妙見社者正中二年正月、亘理十文字城主従五位源朝臣十文字監物相馬家幕下武運長久□従□□□為□□□□祀主□而遷如件　正中二年正月　平朝□相馬光胤（花押）神主奉幣使藤原定信（花押）亘理十文字城十文字監物殿

伝説に曰く、将門の霊が陸奥に下り亘理にとどまり（そこが赤城神社）、又進んで荒浜にとどまった。臣であり友人でもあった菊地蔵久が川口神社を建てて大明神と号し、将門より与えられた十一面観音を祀った。更に将門は夢に相馬盛胤の枕元に立って、汝の子孫の治むべき地はやはりもっと北だ、そこに妙見を建てよと北進を進めたので一族坂元三河をして坂元に妙見社を建てさせた。これはもと将門神社といい、のち妙見社と改め、更に北辰神社と改め、また改めて坂元神社とした。

逢隈近傍の妙見社

年号	勧請者	祭神	所在地（社名）	備考
天文年間	相馬長門守義胤	天御中主神外	早川神明前（森戸早川神社）	俗に妙見という
天文年間	相馬長門守義胤	天御中主神外	十文字宮前（十文字神社）	
天文八年	相馬長門守義胤	天御中主神外	鷺屋宮前（鷺屋神社）	古妙見という
天文年間	相馬長門守義胤	天御中主神	高屋保土原（高屋神社）	
天文七年三月	平久胤	宇迦御魂神	柴町（稲荷神社）	
弘和三年三月	平行胤（亘理肥前寺）	大海津見神	荒浜（湊明神社）	相馬公の命によって
天慶年間（伝）	平将門知己	十一面観音（妙見の使者）	荒浜（川口大明神）	
不明	相馬の神社大工（二社）	天御中主神	森戸蛇屋敷（妙見神社） 鹿又弥田内（妙見神社）	合祀
天文年間	相馬長門守義胤	天御中主神	鹿島倉庭（倉庭神社）	

（余云、天文中とすれば長門守義胤はあまりに若年（天文十七年生）であり、父盛胤か祖父顕胤の頃に当る。義胤の活躍せるはむしろ天正年間である）。

一里四方の逢隈にこれだけの妙見社建立は何のためかわからぬが、相馬侯の勢力地帯であって北辺の護であったであろう。とにかく逢隈の地は知行地でなくても一時有力な勢力範囲であったのである。妙見祭後相馬公への貢物で競争となることが多かった。ある年も祭後七十二駄の貢物が集り馬に晴着を着せて十文字城を出たが満昌寺前で馬がさわぎ出し斃死した。寺の前の馬塚がそれだという。

相馬の妙見信仰に伴う潔斎は厳重なものがあり、殊に妙見の神事なる野馬追の祭には、数日前より藩主藩臣共に

精進潔斎して祭場に臨み、服穢の者は出場しない。家人が産褥にある場合も遠慮した。前日は出陣披露をなし、当日の朝は家人と告別の宴を張った。陣中で誤って怪我する者があっても妙見の神水を飲めば必ずなおるものと信ぜられ、この風は今もあり、荒馬にふり落されて気絶した武者に神水をそそいでいる姿を見ることがある。小高に神水池あり紙を神水にひたしてのめば人馬によい。これをおみだらしという。中村神社その他にもあった。祭の日のみならず正月には潔斎して人々は四足類を食わず、また白餅は用いず三ケ日は赤々餅とて小豆か何か入れたものであった。これは昔藩侯が質素を重んじ、心願の筋により白餅を食せず、かて餅を食べたのに習ったものかというが、そうではなく清浄の色として却って白をさけたものであろう。

妙見にうなぎの信仰のあるのを高木誠一氏より聞いたことがあったが、もとの平町長伏見彦衛氏もこんな事を話した。氏は心願のために一生どじょうを食わぬ事を妙見に祈誓したそうだが、ある時旅僧が来て念仏など唱えている言葉の中に、妙見を信仰する者はどじょうを食わぬとの語あり、偶然の符合に恐しく思ったことがあったと。

多分昭和十八年旧暦一月八日であったと思うが、四倉町の妙見様の御開帳があるというので、四時何分の汽車で行って見た。妙見堂は正しくは千葉山妙見堂といい、北辰妙見尊と書いた燈籠や額があり、幕の紋は九曜である。やがて三人の僧を先頭に護摩木を山のように台にのせて捧げた僧等都合十人ほどの行列が、まだ暗い中を下の寺の方から上って来て堂の内陣に入り護摩をたきはじめる。人々はいつか百人程になって堂の内外にあふれこれを見ているが、終ると一人の僧が鞭の如きもので厨子の垂幕をうやうやしく上げて中の妙見像を拝ませる。人々がざわめく中を忽ち幕が下りてしまい、亀に乗り給う御姿との事であるが確かめる暇もなかった。また船乗りなどに多いというが信心深い人は、午前零時過ぎから自家で水垢離をとり、妙見堂へ裸参りをするが、この時堂の入口に張り渡してあるしめ縄のおふさにまぜて下げてあるちがやを抜いて持ち帰る。一般の参詣人にもこのことがあるが何にするのか聞かずにしまった。帰途は大浦の新妻恵男氏と同じ汽車であったが、同氏の家も妙見信仰の家で、正月三ケ日間は精進料理で生ぐさを食わず、汁にだしさえ入れぬという。なお四倉の宮沢氏の話によれば、右の妙見堂ははじめ山丸の鈴木氏が氏神として寺町に立てたのであったが、ここにうつってからも随分古くなるような話であった。大野の山田の妙見をうつしたともいっているらしい。昔は妙見寺という別当寺があったようだが、それが無くなってしまった現在では、大野の薬王寺の和尚が正月八日の祭にやって来るし、他は戸田の円福寺町内の海岳寺の和尚がよく祈禱に来るようである。正月八日に護摩をたくが、長谷川という家で護摩木を用意したり餅をついたり万事世話をして現在に及んでいるところを見れば、何か深い関係があったのかも知れない。管理は別当寺が無くなってからは一時如来寺がこれに当り、のち青年団となって、今でも青年団で鍵を持っている。今も妙見様あるいは妙見堂と称し神社の号は無いようである。現在は本町の氏神のような恰好になっている。

　序でに石城に散見する妙見信仰の家を挙げてみる。平市中平窪の大須賀、新妻の両氏は妙見信仰の家で、大須賀は三軒、新妻は七、八軒に分れている。上に榎の古木のある妙見の塚と称するものがあり樹下に石祠がある。これは両家の氏神で昔は相馬からうつしたといっている。両氏の一族尽く家紋は九曜で、正月三ケ日は白餅を用いずあかあか餅である。川前の桶売にも妙見氏子が約二十戸あり、祠を星神社と称し天御中主神をまつっている。口碑によれば何時の頃か相馬七騎とて七人の士が落ちのびてきてここに落着き、七騎の氏神として妙見を建てたといっているが、あるいは将門の家来が下総より来て東照院という寺を建てた、新妻氏はその一族だともいっている。紋は九曜で白餅を用いぬことも同様である。平市白銀の妙見は加藤氏の氏神として祭られたがやはり昔は相馬からうつしたものという。後年隣村内郷に移りすみ妙見をも遷したが、もとの白銀の祠はそのままにして今は同地の青年達の手で祭祀を絶やさない。草野の水品にも妙見信仰の家あり、星野氏という。

　多くの妙見社の別当は大概は寺で、明治初年から神官の奉仕になったが、更に寺の護寺神たる妙見も中にあった。妙見様は神か仏かと聞いても返答に困る土地の人が沢山居るのである。上述の四倉の妙見のように、堂は妙見堂といい別当職は今に僧侶であるのも多いのである。

妙見尊は亀にのって瓔珞をかけているというので、遠慮して子供のよだれかけは亀の形にはつくらず、また、ま祝いの着物には鶴のみ画いて亀をかかぬという。海から亀が上がると酒をのませて再び海に放ち、死んだ亀の時は境内に埋める。

相馬館越の亀岡山妙見寺星蔵院などは旧号を北斗山と称したが、これも別当寺らしい名をつけたものである。元禄十二年の鐘の銘に、行方郡太田邑亀岡山星蔵院本尊は妙見大士相馬累代鎮護の神なり、とあるという。相馬の岡田氏は岡田の岡田館に居て妙見を祀っていたが慶長十六年中村にうつった。元禄八年の話というが、岡田伊胤が書家佐々木玄竜に妙見大菩薩の額を書かせて奉りたいと考えていたが、宮間を計ることが出来ず思案にあまっていた。夜夢に異人が現れてその寸尺を告げたので、その通りにして無事に額を掲げ得たなどという話を奥相志にのせている。石城錦の妙見の祭によく雨が降るといい、俗にみのかさまつりなどといわれている。

相馬市大工町の妙見は、同じ職人仲間で持っている例で、別当は三昧院という寺だったが、神体は鍛冶屋の長伏見某が下総から負うて来て自家に安置したが、のち元禄の頃俗家におくのをはばかり、鍛冶、木工等新に宮祠をつくって安置したという。九月二十二日の祭には大工町に市が立ったものだそうである。

中村城内の妙見は奥相志その他に詳しいが、平良文が敵と上野国染谷川に戦って苦戦していた際、雲の中に妙見が出現し、その神力によって克つことが出来たから、彼随喜して村人に聞くに、その地に妙見が鎮座しているという。すなわち花園村の妙見であった。良文はこれを郷国に移そうと家臣に命じたので家臣某神慮をうかがう中、夢に、良文を助けた神は七神の中の中尊であるから、その封国にうつせとの神託であった。そこで斎戒の上神体を負い武州秩父の良文の許にうつしたと伝える。後年良文の嗣村岡忠頼鎌倉にうつるや妙見をもうつし、忠頼の嫡子忠常下総にうつるやこの地にうつし、その後一、二個所転々して一度は上総にうつったこともあったが、結局古より北辰菩薩を安置しある北斗山金剛授寺なる寺が下総千葉にあったのでここを霊場と定め大治年中遷ったとしている。更に後年相馬師常が下総相馬に居城の際千葉の神体をうつしたが(金剛授寺の千葉妙見は別にありて存すと)、これが後世奥州相馬にうつった妙見だったというのである。

大甕村戸屋下の妙見は、元亨中相馬重胤下向の際、岡部掃部左衛門が出穂早稲稾を以て神体を包んで背負って供奉し来り、戸屋下の梅の古木に掛けておいた。そして祠をここにつくって遷したので苞掛の妙見というのだそうで秘仏であった。別当の医徳寺が一代に一度だけ拝むことが出来るという。ある時住僧か龕を開いて神像を出し破損個所を仏工に修理させようとしたら、中から蜂か出て目をさし眇目となった。享保の頃医徳寺の境内に祠を立ててうつそうとした時もたたりがあり中止したという。

妙見を馬匹の守護神とする信仰はそう古いものではなかろうが、妙見と馬との関係はかなり古くからあったもののようである。小高神社の野馬懸の神事の意味はよくわからないが、現在のように馬の価格をせり上げて藩侯が買い取ることなどではなくて、神の意にかなった馬を神に供えて祈祷することではなかったかと思われる。のまがけのかけは物に繋ぐ意であろう。やはり一種の犠牲であるから、葦毛や白の馬を用いたものらしかった。相馬故事秘要集に、五月は馬の月であり、猿は馬の守りと称し、猿を山父、馬を山子ともいったりして、ことに未申の日は妙見の縁日でもあるので、野馬追は申の日を用いたという意味のことが記されてある。もし五月に都合がわるく他の月にしなければならぬ時は、妙見の神前でくじをひいてきめる習であった。

石城の方でも妙見は、東堂山と同様馬の神と考えていてよく参詣に相馬に来る人がある。田人は石城の山間部落であるが、ここに妙見信仰のあるのも放牧が盛んで馬の産地の故であった。永戸村合戸の妙見様は、御神体は馬頭観音で六百年前に庄屋荻野六郎衛門の時に出来たという。六百年はとにかくとして馬頭尊になっているのは面白い。

要するに小高妙見などの例でいえば、東京秋田などでは主に開運の神、馬産地では馬の神、一般には武の神、また星まつりとて星まわりの悪い人のために祈祷をする。また海近い妙見には漁の信仰もあるようである。

○鹿島明神(九祠)

(名称)　かしま。

(分布)

(宇多郷)　石上　新沼　馬場野　尾浜

(北　郷)　鹿島

(中　郷)　小浜　矢川原

(小高郷)　行津

(南標葉郷)　鴻草

(異同)

鹿島が陸奥に広がったのは古く、すでに清和天皇の貞観八年常陸鹿島の禰宜中臣道雄の奏言によれば、陸奥の菊田、岩城、標葉、行方、宇多、伊具、亘理、宮城、黒川、色麻、志田、小田、牡鹿の十三郡に、鹿島の苗裔神三十八社を数え、延暦以来本社の封物を割いて奉幣するを例としたという。以てその神威の遠くおよんだのを知るべきであるが、しかも右の諸郡における鹿島祠の数はせいぜい各二、三祠なのに、岩城郡の十一に次いで、宇多郡は七祠で群を抜いている。また鹿島志には延暦五年陸奥鹿島御子神社に勲五等を授けたとあるという。当時の相馬の情勢は知るによしもないが、鹿島御子神社のある鹿島町は古の真野郷の中心であり、奈良より平安にかけていわゆる真野文化の栄えた所であることは、群在する奈良時代の古墳とその出土品より証明出来る。ほど遠くない小高の近在には大同頃と推定される磨崖仏あり、平安初期の土地の文化は必ずしも低くなかったと思われる。「みちのくの真野の萱原遠けども面影にして見ゆというものを」の大伴家持に贈ったという万葉集の笠女郎の歌にある真野も恐らくここに間違あるまいといわれている。鹿島の鹿島御子神社は古く鹿島大神宮と称せられ、例祭を四月十七日、縁日を毎月十日としていたが、別当は神宮寺であった。大同元年の創建と伝える延喜式行方八社の一で神体は衣冠に剣を持つという。昔は大社で大宮司ありといい、今に大宮司の地名が残って居る。神田もあり藩主の崇敬も一方でなかったらしい。現在旧正月十四日の夜から十五日の暁にかけて火伏の神事があって名高い。鹿島社前で加持した水を家々にかけて歩くのが宵の行事で神官に水をかけるのが暁の行事である。家々にかざる高い燈籠をてんとうろうといった。

妊婦の安産を祈願して効験があるといわれるのは、尾浜船越の鹿島や新沼鹿島前の鹿島で、鹿島さまから安産の御枕をかりてくるとか御礼にお旗を上げるとかは、婦人の口より我々のよく聞くことであった。この新沼の明神は祭神はたけみかづちであるが、本地を十一面観音としている。伝説では大同元年坂上田村麻呂の勧請として居り、神子(かんす)神妻(かつま)、と称する二人の神があって神に仕えたという。附近は山林つづきで昔は鹿が多くすみ、死ねば社地に埋めたのでその骨が今にあるという。当社は諸病流行の難をはらい、婦人産生の苦をのぞき、渡海漂泊の難を救い、かつ手足に瘡疾ある者これを祈れば利益があったと寛保二年の当社縁起に見えている。たけみかづちの神が邪神を退治しながら道をきり拓きつつ進んだので道路安全旅人通行安穏をも祈る、故に出発に先立ち鹿島香取に祈るといふ。これなどもよほど手加減して作られた由来らしい。

矢川原の池の御前にある鹿島は、今は社址のみであるが、近くに鹿島様の通路というのがあるという。もと村の大井氏の護神だったらしい。馬場野の鹿島は藤田氏の護神で、寛永六年の上棟文に大檀越藤田佐左衛門清宗云々とある由、別当は鹿島山宝前寺であった。長塚の鹿島は天長中の勧請と伝え、行津の鹿島館の鹿島は昔標葉氏の鎮守だったが後相馬領となる。標葉氏が善明迫芦ケ迫において寄附した神田は後世無くなって、宮田の地は名称としてなお今に残って居り年々初穂を献ずるという。石上の鹿島前にある鹿島の祭は九月九日であるが明治十年頃は十月十七日であった。旱天の時や病気流行の時その他何事につけても祈願したが、安産にはことによかったらしい。昔藤橋胤泰が天文十一年藤橋より石上にうつった時建てたといわれている。小人の宗右衛門を鳥居の傍に住ませ社の鍵をつかさどらせておいたので、人々は彼のことを鹿島宗右衛門と呼んだそうである。また里老の伝としてつぎの如くにも奥相志は述べている。当社は上古からあった旧社であるか(天平中の勧請ともいう)、藤橋胤泰が石上にうつってより特に崇信し、嫡子の大病をこの神に祈って治癒してから、今野宗右衛門を常陸の鹿島に代参として遣わした。彼は三日の参籠をして、社前で一つの奇石を拾い神の授けと思って持ち帰り、鹿島祠を再建の上、石を神体とした。白色円形の石で、次々に子石をうむので宮の中は石で充満しているといい、その霊徳によって村に災もないという。

○諏訪明神(一二祠)

(名称)　すわ。

(分布)

(宇多郷)　中村(二)　日下石　大坪　黒木

(北　郷)　寺内

(中　郷)　北新田

(小高郷)　塚原

(北標葉郷)　高瀬

(南標葉郷)　熊町　両竹　野上

(異同)

相馬における諏訪の勧請は、大社のある割合に社の数が少いのではっきりしたことはまだいえないが、平安時代のものと伝承しているものなどは不確実ゆえ別として、大体鎌倉室町時代に広がったものと思われる。宮城県広瀬村の諏訪は文治中頼朝の命により奥州留守職左近将監胆沢家景の建立というが、たとい頼朝の命云々はどうかわからないにしても、鎌倉幕府の圧力というか、そうしたものによってもその息のかかった各国の武家の間に盛んに勧請されたことは事実だから、相馬にも当然あてはまることであった。相馬氏は最初下総に居住していたのであるが、師常は文治五年八月頼朝の泰衡征討に父と共に従軍、奥州東海道より進み磐城磐崎を経て逢隈川を渡り、多賀国府において頼朝に謁し、各所の堡塞を撃破しつつ平泉に迫る云々。同年九月二日軍功により行方郡を賜る旨、師常の年譜にも見える位で幕府との関係は非常に深かった。当時の諏訪は恐らく武神としての崇敬があつかったらしいが、時代が下るにつれて社会事情も変り、武の信仰は次第に薄れて風波を静める神、海上安穏より豊漁を祈願するようになった。これは神功皇后三韓征伐の折に諏訪の神が住吉の神と共に船を守護してくれた事、弘安の役に大風の吹いたのは諏訪の神の力によるものだとする説などがあっての事だというから、これも当然の信仰といえる。それに南北朝の頃、信濃の豪族にして中国四国の海辺に、郷里諏訪の神をまつりながら活躍したというから(日本紋章学)、そんな方面からも海との関連が一層こくなって行ったかも知れない。とにかく石城相馬においては多く海岸に諏訪を見るが、これは鎌倉期の武神として勧請したもの中にはあったかも知れないが、多くは室町期頃海上守護の神として広く勧請されたものの様である。そして海岸の諏訪はもと風波の神なので、更に漁にまで変って漁師の信仰を集めるようになったらしい。七月二十七日は一般に諏訪の祭日であるが、この頃よく風が吹いて海が荒れる。これを諏訪荒れと称し、鎌を竿の先に結びつけて刃先を向うにむけ、風がなぐように立てる。この風習は今も稀にあり自分も見た。また諏訪の神輿の上に鎌を交叉させてのせることがあるというが、この諏訪鎌の信仰はここばかりではない。

諏訪は海にあっては漁を祈るように、山の地方にある諏訪には狩を祈る風があるが、これは海の漁が山にうつったものでなく信仰の系統は別らしい。信州諏訪の御射山神事などを見ても非常に古くからの信仰らしく思われるのである。恐らく弓矢を持って山野をかけめぐる狩姿も武神としてのたけみなかたの姿も結局同じなのであろう。更に時代が下って徳川期に入っては農業神の面もつよくなって農村の信仰をも集めた。しかしこれとて相馬でそうなのであって、本社ではすでに国の農業期からはじまった信仰であったかと思われる。

今井真樹氏の「諏訪神社」（諏訪所載）によれば、昭和五年の全国調査によると諏訪の分社総数四千七百七十七社となっていて、県別に数字が出ている。それによると最も多いのは新潟県の千四百九十六社で、長野、富山、埼玉、山梨がこれにつづき、福島県は第八位で百四十一社となっている。

今井氏はこれに註を加えて、建御名方命と関係深い地域が北越に多いことを述べ、信玄を最盛期としての武家信仰が山梨、群馬、埼玉方面に多いこと、また関東に多く関西に少いのは、この神を祖神とする信濃侍が一世を風靡した頃、その居城附近に勧請したものと思われること、また鎌倉幕府の政策が各地の豪族をして諏訪の御射山祭祀に奉祀せしめた関係上、自己の所領の内にこの社を勧請した結果であろうといっている。

双葉郡上岡村の諏訪は、七十五膳と称して祭の当日の朝、氏子達が各自の畑に出来た野菜を一、二種ずつ持ち集り、これを七十五の膳部にして神前に供するのであるが、初穂の意味をもっていた。これは諏訪を農業神と見ての故かどうかは確かめなかったが、信州の下社で正月十五日に行われる筒粥の神事や、八朔に稲穂を奉る行事に似たものは地方にもあって、宮城県伊具郡桜村の諏訪社の筒粥、同県宮城郡広瀬村の諏訪の筒粥等はその例である。前者の勧請の年代は嘉承四年と伝えるが、藤原朝宗伊達へ下向の時旱のため雨を祈り、武運長久を祈ったといい、永禄四年正月十五日の御筒粥御目録というのが残っているという。

伊具郡誌に転載している右の目録は神主別当小野彦太夫の名で麦七分、麻五分、豆六分、小豆三分、粟三分、稗三分、早稲四分、中稲六分、晩稲六分、日七分、雨七分、風八分とあり、右の目録は建武以来氏子にのみ授与して来たが、伊達政宗の時、天正十八年より封内にひろく授与すべき旨仰出され、数十人の係を各地に遣わし、挟箱を供に負わせて威風堂々と授与して廻った、受けない者は謹慎させられたようなことが記してある。

広瀬村の諏訪は上述のように頼朝の時からといい、筒粥の神事も文治からはじまったと伝えている。

今井氏の引用している信州諏訪社の「御柱に付諸事懐中留」の中に御柱守の数が控えてあり、それによれば、大御玉会、小御玉会、掛守、疱瘡守、鹿食免、御供、鹿除、養蚕札、安産守等でこれは文化九年のものであるから、結局徳川時代にはこうした農業的な需要となったのだろうとのことである。戦勝祈願の見えぬのは大平のためであるか、それとも御玉会の中に含まれているものかともいっている。

神饌田として名残をとどめているものなどは無いが、寺内の諏訪などは土地の岩松三郎これをまつって守護神となし神田を寄せたが、これを諏訪田というとある。この程度のは多かった。黒木の諏訪社も地方では有名なものであったが、記録に見る最も古い上棟文は左の通りである。しかし実物でない故に真偽のほどに疑問がある。

天文七戊戌年四月十九日　大檀那藤原朝臣若狭守彌房地頭神主太夫民部卿　柱立三月六日　棟上四月七日申刻　大工内匠助惣番匠三百五十人本山百人代物五十貫白米十石

すなわち最初神護慶雲三年宇多郡尾浜村十二所に鎮座、時に桃井左近啓綱罪あり京都より来て社司となったが、後天文六年四月十九日中村塚町にうつり、寛永七年現在の地にうつったとも、昔駒ケ嶺にあったのが一時他にうつり天文七年四月十九日今の社地にうつったともいってはっきりせぬが、右の縁起には作為の跡があって明確を欠く。ただ近世は正月二十七日に射礼流鏑馬等あり秋の七月二十七日には市が立った。村の大和田、佐藤の両氏は弓をよくし、前者は弓太郎、後者は弓次郎と称せられて毎年射礼にたずさわっていた、というような事は事実であったろう。大坪の諏訪は七月二十七日を上社の祭、八月二十七日を下社の祭として賑わったことも記録に見える。祭日は一般に七月二十七日であるが、春秋二回の時は正月、七月の二十七日であった。

前記黒木の諏訪は元禄時、中村城守護の四方神の一つと数えられたというが、黒木の場合は前からあったものだからそれに当てたのでもあろうが、他の地方では武神という意識のもとにそうすることも多かったと思う。石城湯本関船の諏訪ははじめ田村麿の勧請などと伝えるが、延宝七年湯長谷藩主が鬼門除として他からここに遷し、宮城県山下の諏訪もいくさ神で坂元の城の鬼門に当るのでまつったといい、同じく大内の諏訪は慶長三年金山館主中島宗勝が政宗について大阪に出陣の際、信州の諏訪に戦勝を祈願し、凱旋の後分霊をまつったものと伝える。相馬にも、直接信州からうつしたと伝えるものはむろん幾つかあるが、多くは時代が漠としていてはっきりしない。日下石の諏訪は、信州諏訪因幡守の次子某が僧になって回国したが、そのとき笈中に安んじた本尊か諏訪明神であって、のち当国に来り光照寺の住職となった時、祠を立ててまつったのがそれだといっている。

神体が蛇体だとする例は石城でも会津野沢辺でも聞いたが、少くとも諏訪の御使だとするのは広い。また諏訪を鎮守にしている村や町は紺屋か繁昌しないと昔からいうそうだが、これは石城の高木誠一氏の話であった。相馬ではそういう事は聞かぬようである。きせるでもいかりでも刃物でも海に落したままにしておくと不漁になるとて忌み、それら失物を紙に書いて社の格子などに貼っているのが、石城中之作の諏訪社などにも見られた。

〇八幡神（五六祠）

（名称）　はちまん。もと八幡大菩薩という。若宮八幡（六）、白旗明神（七）、石宮、宇佐、伊丹、男山、八幡各一を含む。地名をやわたという所よりすれば、当地でもやわたの神といったのかも知れぬが今はその名称は残っていない。

（分布）

（宇多郷）　新沼　坪田（二）　塚部（二）　石上　富沢

（北　郷）　寺内　鹿島　角川原　横手　浮田　小山　塩崎　長渡　南屋形（二）

（中　郷）　泉（二）　中太田　上太田　深野　大甕　堤谷

（小高郷）　小高　大井（二）　南鳩原　小谷　飯崎　福岡　片草（二）　角部内　吉奈

（北標葉郷）　末森　嘉倉　高瀬　権現堂　北幾世橋　請戸　刈宿　大堀（二）　谷田　棚塩（二）

（南標葉郷）　下野上　新山　郡山　山田

（山中郷）　飯樋　野川　津島　南津島

（異同）

相馬地方の八幡の勧請は平安時代よりであるが、はっきりしているのはさすがに中世のものでまた数も多い。ことに相馬の藩祖師常は頼朝にしたがって平泉へ進軍し、軍功によって現在の行方の地を拝領し、四代を経て五代目の重胤の元亨三年下総より移住した位であるから鎌倉幕府との関係も深いものがあったから、幕府の崇敬する八幡を遷したことは当然だったと思われる。しかしそれ以前、頼義、義家東征の折八幡に祈って諸所に建てたことを由来にもつ八幡が多い。所によっては五里八幡とか七里八幡とか称して一定の距離毎に建ててひそかに成功を祈ったとの伝説も残っている。少し南よりいえば常陸の荒川八幡、植田八幡、飯野八幡、楢葉八幡は皆五里八幡だという。昔も今も武神としての信仰が濃い。

頼義、義家等と結びつけている八幡は、相馬でなくても近郡に例多く、双葉郡川内村の五社八幡(五里八幡の一という)、東白川郡鮫川村の八幡、同郡常豊村の八幡、宮城県刈田郡大鷹沢村の八幡、同郡斎川村の八幡、伊具郡角田町の八幡、加美郡色麻村の八幡、遠田郡箟嶽村の八幡、同沼部村の八幡、同田尻町の八幡、同中埣村の八幡等その一例に過ぎぬ。なお義家の更に前の時代になると坂上田村麿との結びつきをもつ八幡あり、宮城郡多賀城村の八幡、同郡原町の宮城野にある八幡等はその例であるという。

相馬においても上太田に大同二年鎮座したという八幡の古跡を残しているが、天保十一年に別所の妙見社地にうつしたものはそれであったという。相馬市八幡の正八幡宮は建築において郡内屈指のものであるが、元禄中相馬藩主昌胤の造営にかかるといい、この時山城男山八幡を勧請、本殿拝殿その他一切が整備された。別当寺は放生山八幡寺、神官は田代氏であった。しかし創建はもっと古い時代に属し、口碑によれば吉野朝時代、朝廷方であって当地を領有していたらしい白川城主白川道忠が、相馬市中野なる熊野堂社司と結んで賊に当り、軍功成って後この宮を建てたと伝え、八幡塚なる小塚のあるのは、道忠が戦終って旗八流を献じて埋めた所のようにいっている。社は二つになっていて片方が若宮八幡と今はいつて居るが却ってこの方が古く、元禄の正八幡は再興の形でもあった。若宮の永享七年十一月の棟札には、奉造立八幡宮大檀那藤原朝臣氏朝次沙弥道秀並平朝臣治胤とある由、氏朝は道忠の孫である。正八幡の祭神は、中を応神天皇、左神功皇后、右を玉依姫とし、若宮は仁徳天皇、上高良武内宿禰、下高良藤大臣連保となって居り、正徳三年の棟札には奉造替若宮上高良下高良相殿一宮云々とある。

鹿島町寺内なる男山八幡は安産守護である。孕婦を守る信仰なので遠方からも詣るものがあって、その際神社から小枕を借り来って、御礼まいりの時に返すのである。大ていの八幡は祭は八月十五日であるが、ここは四月朔日を例祭とし縁日を六月十五日としていた。

南屋形字石宮の石宮八幡は、昔応永中岩松義政が千倉荘を領したが、その臣に四天王と呼ばれる四人あり、義政病革るや彼等に嫡子専千代丸の輔佐を依頼し誓文を書かせたが、紙は腐朽する故石に刻ませた。しかるに彼の死後十年四人主命にそむいて幼君を弑し相馬に服した。爾来千倉荘は相馬領となったが、のちこの石を崇めて石宮と称し八幡宮を勧請したという。別に伝えていう、相馬顕胤、岩城重隆の女を伊達稙宗の子晴宗に媒酌したが、重隆はじめ諸しておきながら約にそむいた。顕胤怒ってこれを討ち、女を晴宗に嫁せしめた。稙宗彼の信義に感じたが、晴宗不孝で父を幽居させた為に、顕胤不孝を責めて稙宗を相馬に迎えた。稙宗のち伊達七世相馬に弓をひくべからずと石に刻して去ったが、伊達側これを恥としこの石を盗もうとしたので、埋めて上に八幡宮を建てたという。この二つの伝説はいずれも附会らしい。祠の下は実際は古墳で石棺があるようである。椙原の八幡は妙見熊野と三神合座であるが、寛文年中相馬忠胤の建てたものという。後年社が破損したので文化三年から濁酒製判を賜い修覆料に充てたが、文化四年諸判追奪の令によって一時藩に返却、その後天保に至り祠官島某金二十両を藩に献じ、かつ自費を投じて修覆した功により永世濁酒判を賜うたという。

新沼の正八幡宮は、義家東征の折、当社に祈願して賊を平げ、神田を寄せたことが縁起に見えるが、義家に結びつけた附会伝説が多い。その一つに、境内に義家の腰掛松と称するものの下に石あり、義家のと伝える足跡があって水が溜っている。この水をつければ病が治るとて、子供の頃その話はよく聞いたものであった。双葉郡新山の郡山の八幡は天喜四年頼義の、同じ新山の山田のは義家の勧請と伝え、その他小高のは応永二十年などと伝えるが、確かなことはもちろん判りようもない。この新山の八幡はのち楢葉氏の崇敬する所となったが、この外幾世橋の八幡は泉田氏の、石上のは藤橋氏の(天文十一年藤橋より石上にうつる)、富沢のは佐藤氏の、嘉倉のは嘉倉氏の、末森のは渡辺氏の、南屋形のは岩松氏の、塚部のは高田氏の、田尻のは渡辺氏の、大堀のは(宇佐八幡)小丸氏の護神であった。むろんこれらの人の手にばかりあったのでなく盛衰もあり、管理者も時によりいろいろに変ったことである。

平市の飯野八幡の祭は一名を生姜まつりといわれる位、生姜の店が出る。中平窪小野菊次氏(八十一才)によれば、この八幡は平市の一部と好間とが氏子であるが、祭の行事は八月一日よりはじまる。すなわち一日より別火、八日は装束、十三日は夏井藤間の海岸で潮とりを行い、すかの貝でお神酒をのむ。祭当日は七十五膳を神前に供える。石城下小川の二俣八幡は延喜式内社でもと夏井川の辺二股の大木の下にあったのを、洪水にあいがちなので天和二年現在の地にうつした。ここに獅子舞あり、祭の日(九月十四日、五日)に行うが獅子頭をその年この村に聟になってきた者にかぶらせる習であった。昔はそれで下小川に聟にくるのをいやがったというから、やはり聟いじめの一つだったらしい。別当を宮林山来泉寺といい聖護院派の修験であった。同寺に宛てた領主岩城義孝の貞享四年の証文や元禄十一年の棟札などが残っている。神体はもとは懸仏だったという。

相馬領刈宿の八幡はこれも旧社といわれ標葉清隆の祖先より崇信あつかったものといい、神田を寄附したこともあり、それが今の宮田の地名になって残っているといわれる。明応中標葉が亡び、爾後相馬氏が崇敬しやはり神田を寄せたと伝える。

白旗明神は八幡が多いが、全部でもないようである。南飯淵の白旗明神は稲荷で正一位稲荷大明神なる修覆の棟札(相馬充胤の頃)があるという。堤谷の白旗は祭神がわからない。これは田村清顕夫人(顕胤女)が当村に居て崇信したが、慶長五年彼女は神田を寄せたその自筆の印証があるという。「御しらはたへ　やつして御ふっくてんに田二反上申候　よくよくおこたらず御きねんつくし可有之

候　慶長五年庚子拾一月廿日　　判」。この神田はのち他の有となったが、神田なる地名が今に残っている。この神はどういうものか、むろや土蔵を好まぬので村にはこれをつくる者がない。また村に昔より火事が無い。この外は白旗は大てい八幡と思われる。刈宿のも八幡では昔流鏑馬も行われた。

○天神（三七祠）

（分布）

（名称）　てんじん。稀に天満宮ともいう。

（宇多郷）　中村（六）　小泉（二）　大曲　柚木　立谷　日下石　石上

（北　郷）　南屋形　烏崎　大内　江垂　北右田　鹿島　横手

（中　郷）　大原　大甕（二）　上北高平　南新田　北新田　矢川原

（小高郷）　小高　大井　岡田　南小高

（北標葉郷）　小野田　伊手　牛渡　受戸　北幾世橋（二）

（異同）

今は中村神社の境内にある北野神社は、もと大自在威徳天神と号した由であって桓武天皇の御代坂上田村麿東征の折、中村に菅原敬実を置いて守らせた。敬実は西舘に居ってその祖神を祀るという。現在祭神は菅原道真になっているが、むろんこれは道真以後のことであるから、敬実の祀ったのは菅原氏の祖天穂日命であろうかと只野清氏などはいっている。確かにそうであろう。伊具郡西根村の天神社なども祭神は道真でなく天神七代地神五代だとしている。上の中村の天神はもとは今の中村城にあったが、城を築くに当り慶長十六年円蔵山にうつし、延宝八年祠を妙見社地に建てて遷した。

柚木の天神は道真をまつるというが創建を明かにしない。後世社が廃頽、神体を社の傍の枯梅の洞に入れておいた。建保六年という年荒道源義光なる者、関東より当地に来ていたが、夜々光りかがやくものがあるのを見て神像を発見、祠を再建したと伝う。慶長頃僧源照この祠に祈って能書となり源照流をひらき、小高金繡寺の僧大我も同じく伊川流をひらいたりして、文書を学ぶものは天神を崇信した。そう古くない話としてせきという農夫の娘が、大関の田に行っている両親の許に行くとき社の傍を通ると、社の方から微風が吹いてきた。見れば黒衣に冠の老翁が髪をたれて立っていたそうだ。これは天神さまだったろうという。また村の人々が徹夜この天神祠に参籠すれば夜の長短が分らなくなり、燈油五勺で朝になる、これも一つの奇体なことだったといわれた。

村々では天神講が子供によって行われることが多かった。大抵正月と十月の二十五日で、この日子供達は宿をまわり番にして集り天神様をまつった。最近まで小さな神輿をかついで村をねり歩いているのを石城の方などでは見たものだ。

寺の護寺神たらずとも寺にまつられている例が随分あって、中村の西光寺、石上の常円寺、中村の長松寺、中村蒼竜寺、屋形の阿弥陀寺がそうであったし、北新田新善寺の境内、小泉の地蔵院、同じく寿性寺、受戸の南岳院、中村の満徳寺の寺域にも天神があった。また菅原姓の者がまつっていることあり、小野田氏などその例である。

双葉郡竜田の天神は、今は北田にあるが昔は脇ケ浜にあった。当時海岸に一人の子供が現れて村の子供と遊び、砂に文字を書いて教えたりしていた。漁師の姿を見ると姿を消す。ある時も光りかがやくものを岩の上に見たので近よると石であった。それをまつったものだという。

○伊勢大神宮・神明宮（五一祠）

（名称）　いせだいじんぐう。皇大神宮。天照大神宮。しんめい宮も同じ系統のものである。一般に農家の信仰があついが、次の磯部大神宮になると一層農業的である。

（分布）

伊勢

（宇 多 郷）　中村（三）　小泉（四）　立谷　日下石　成田　尾浜　柏崎

（北　　郷）　小山　上栃窪　浮田　南柚木（四）　袋

（中　　郷）　下江井　堤谷　北新田　北長野

（小 高 郷）　蝦沢　南小高（二）

（北標葉郷）　伊手

神明

（宇多郷）黒木　石上　長老内　新沼　百槻　新田　柏崎　磯辺　日下石　入山上
（北　郷）南柚木（二）　江垂　横手　上栃窪　上海老
（中　郷）深野　大甕　小木迫
（小高郷）川房　女場
（北標葉郷）藤橋　棚塩
（異同）

新農戸を建てる時、まずまつる神は多くはお伊勢様であった。

相馬市反町の伊勢両宮祠に、元文三年朝廷で大嘗会があった時、吉田家が朝命で勤行したが、この時田代尚信（妙見祠官）が、国家安穏五穀成就ならびに吉田家の勤行安全を祈願した。吉田卿その志に感じて、大神宮の神符を加持して授けたが、これを勧請して邸内にまつったのがこの社である。時候不順の時には人々参籠して祈願するを常としたし、毎月十六日には伊勢講があった。すなわち農家の護神として崇敬された。北長野の大神宮など今は天照神社となっているようだが、天保六年そうした人々の立てたものであった。柚木平後迫の辺は昔は人家が無かったが近年田が拓かれて新戸が立ち、それで大神宮をまつるようになったのだという。したがって祠や社までには至らぬ大神宮の石碑も路傍に立てられたようであるが、奥相志などによれば、もと領内に大神宮の碑は無かったのに、文政中中村の商人等の寄進によって、神職武沢山城が中村町小泉の街路傍に立てた。これが最初でこれより石に刻んだ大神宮碑が路傍や仏地にまで見るようになったが、神威をけがすものではないか、と同誌の編者は歎じている。

南柚木の宮前にある天照大神宮の内宮は昔岩松義政が相州鎌倉に住んで伊勢大神宮を信仰し、荒木田朝臣に内宮を勧請させた。伊勢四日市より四日市大夫をうつして祠官とした。応永十三年義政千倉荘（今の北郷）に封じ船で奥州に下り屋形にすみ大神宮をこの地に立て祠官ももと通りであった。のち義政横手にうつる。天正中になって大神宮を南柚木にうつし鈴木大夫が相変らず奉仕していたが、四日市大夫の裔である。藩の崇敬も厚かった。同じ南柚木水神下の外宮は吉田卜部兼連の勧請というが、これも崇敬が厚かった。南小高荒町の両宮は新農戸の護神として信心されたとある。

小山の神明は伊勢神明宮と称していた。大甕東迫の神明は神体は石像というがみたらし池は旱にも涸れず、また子供の百日咳によいという。長老内の神明は大日孁貴を祭神とし、「奉造立神明宮為現二世安楽也　宝暦七丁丑九月十九日　導師秀蔵院法印祐知大工目黒八之丞　施主原茂右衛門　門馬与市右衛門　浜名清治右衛門」なる棟札を見る。現在は天照御霊神社と称し、撞賢木厳之御魂天疎向津姫としている。百槻の神明も石上の神明もこの姫をまつっていたが、長老内のやその他の如く大日孁貴とする方が多かろう。豊受姫とするのもむろんある。神明には個人の祭るものも多かったが、百槻のは元亨中相馬重胤下向の際、その家人佐々木雅楽之助の守護し来ったものであるという。また上真野のは享保中大旦氏の建立になるものと伝え、日下石のは古くからあって寛永頃この地に居た岡氏の神であったといい、磯辺のは佐藤六郎兵衛の、上海老のは田代氏の、黒木のは定右衛門なる者の、それぞれの護神であり、あるいは管理に属していた。祭日は九月が多かったが一定していない。

正保年中百槻逢田に宇多の陣屋を建てたというが、ここの神明宮は陣屋の守護神でもあった。毎年四月一日祭をしたという。寛政七年祥胤の時の修覆の棟札がある。

○磯部大神宮（九祠）

（名称）記録には豊年尊、豊年神、豊歳神などとも書き、磯部大神と同じだとしている。

（分布）

（宇多郷）柚木　赤木

（北　郷）南柚木　北屋形

（中　郷）江井　大谷　北原　石神　大甕

（異同）

南柚木の磯辺大神宮は豊年宮とも称したが、天照大神が五十鈴川上に鎮座した時、鶴が二見郷の萱原に飛んできて稲穂を側に置いて七日七夜啼いた。倭姫命はこれを見て喜び稲種としたが、秋の実のりは常のに倍したそうで、この鶴をまつったのが大年神である。志州の磯部大神の内宮はこれで、外宮は豊年宮と称した。すなわち磯部両宮の由来である。もとの行方郡日祭神社の末社にも磯辺大神宮が見えるし、石神の北明内にも天王社の末社としてある。石神のは明和五年再建の棟札あり、これも本祠は志州答志の磯部宮と断っている。

○稲荷明神・飯縄明神（九六祠）

（名称）いなり。近内明神、飯盛明神、後藤稲荷（二）、朝日稲荷、川口稲荷、白旗稲荷、椿原稲荷、天水稲荷、千石稲荷（二）、竹駒稲荷（二）、御宿稲荷、北稲荷、松崎稲荷、白狐稲荷等を含む。

(分布)

稲荷

(宇多郷)　坪田(四)　尾浜　成田　富沢　赤木　立谷　磯辺　蒲庭(二)　新田　岩子　新沼　小泉(二)　大坪　石上
中村(二〇)　馬場野　日下石　南飯淵

(北　郷)　北海老(二)　北屋形　南屋形　烏崎　大内　寺内　鹿島(二)　小池　小山田　岡和田　浮田(二)　下栃窪
牛河内　横手　下海老

(中　郷)　小浜(二)　萱浜　上北高平　北新田(二)　南新田　中太田　大木戸　深野　堤谷　江井(二)　大甕(二)　高

(小高郷)　大井(四)　上根沢　大田和　飯崎　耳谷　蛯沢　小高

(北標葉郷)　大堀　小野田　刈宿　伊手(二)　高瀬　受戸　南幾世橋　谷田　小丸　室原

(南標葉郷)　北幾世橋(五)　新山　前田　長塚　受戸

(山中郷)　津島　小宮　比曽　落合　野川　飯樋

飯縄

(宇多郷)　坪田　百槻

(異同)

五穀の神としてまた食物の神として稲荷ほど広い分布をもつ神もなく、農村にも漁村にも市街地にもゆき渡っている。農村では主に五穀成就の神として、漁村では豊漁の神として、町では商売繁昌の神として、それぞれ信仰している。そして普通の神と異るところは狐の信仰が附帯していることであって、恐らく民間信仰としての稲荷は、かっては狐そのものであったと考えた方がよいと思う。ことに今でさえ巫女たちの云う稲荷様とは狐を指しているのであって、私共も子供の頃まで狐に化された話をきいたが、話者である彼等は、人を化すことの出来る狐はやはり霊的な動物だと少くとも見ていたことは事実のようであった。

これ位だから昔からある稲荷の外に新しい稲荷がふえ、または消え去るものもあって、種々の名もつけられ易かった。名称の所には出ていなかったのもあるが、小山田の笠沼という沼の近くにあるので笠沼稲荷、上高平経塚にある経塚稲荷、中村の天水山の天水稲荷、寺内の鷺打にある鷺打稲荷、横手飯盛松の飯盛稲荷、小泉椿山の椿山稲荷など地名を冠したものが多い。この椿山には昔おさんという老狐が住み、隣村蛇山の老狐十次郎と共に人を化す名人であったそうだ。中村宇多川町の後藤稲荷は鍛冶の名匠後藤氏の護神であったと伝え、成田の伝内明神は伝内なる者、中村笹川の近内明神は近内なる者の護神であった。

昭和十何年頃であったろうか、相馬市中野の田圃中に明神の森があって、社の裏手に形ばかりのいわゆる御室（おむろ）があり、そこに白狐が現れるという噂で一時参詣人が相ついだが、やがてその噂も消えて参詣する人も忽ち無くなったことがあった。

それから少し後のこと、相馬市小泉の岡に、ここは稲荷社も何もともと無い所だが、白狐が現れる噂が立った、中野の明神の狐がここに来たのだろうという者もあったりして、土地の所有者某は新しく祠をつくり参道をつくった、忽ちにして草茫々の岡に奉納の赤い旗が幾つも並び、町の芸者連がつれだって参る姿が大層珍らしく目に映った。供えた食物が無くなったとか歯のあとがついたとか、大変騒いだものだったが、暫くすると噂も次第に薄らぎ参詣者は絶え、祠はこわれ一年位のちには何もないもとの草山になってしまった。

昔萱浜原畑に相学坊という山伏があって、飯縄に仕えて不思議なことをしたが、彼が死んで葬られた塚を相学壇といった。その辺は当時萱原であったが、塚のほとりにすんでいた白狐をまつったのが相学稲荷だという、天保頃農夫の某が地引網の船頭となったが、近来不漁なので新しく小祠を建てて、海上安全と豊漁を祈ったことがあった。のち嘉永五年には稀な大漁のために大漁稲荷と称したというから、早くから漁の信仰のあったことが明らかである。別当の成就院が上京して愛染寺より正一位の神階を受けてきたこともあった。大内の稲荷も文化十四年正一位をおくったとある。

稲荷は海岸地方にも多いが、この方のは漁師の信仰が多いようで、北海老の稲荷もそうであった。原釜の辺でも稲荷の信仰があつく、岩沼の竹駒稲荷や近くは蛯沢の稲荷によく参詣にゆく話をきく。

前述の中野の稲荷は祭神を宇賀魂とし、神体は稲を負うた立像という。昔中野氏がこの地に居て当祠を鎮守としたが、後年佐藤氏が当邑を領して同氏の鎮守とし、社頭の田を寄せて神供料とした。ところが後年佐藤氏は罪あって領地を没収せられ、神田もしたがって無くなり、社は里社となったが、嘉永に至り田代氏が別当職を真福寺から譲られてこの祠官となり、その時中野氏(市左エ門)が先祖が鎮守であったからとの縁故で氏子となったという。ある時盗賊が入って神像を盗もうとしたが、社殿から出られなくなって一晩中社殿内をうろついたとか、ある夜祠辺に大きな円光現れたが、見れば佐藤氏の紋なる水車紋であったとか、高張提燈の行列を見たとかの話は多い。

蛯沢の稲荷も知られた社であったが、やはり狐の俗信と結びついて奇妙な話を残している。かって藩侯が鷹狩の折、野狐がその鷹を捕って食ってしまったので、狐は稲荷のつきものと聞いているのにこの有様は不都合と怒って稲荷の祠をこわした。数年後のある日侯は近衛公を饗応したが、その折公のいうに、蛯沢の明神が祠を失って住みかなく困ってここに来ている、ゆるしてやって貰いたいという。公に呼ばれて出て来たのは大蓑であった。形を変えて来いというと今度は礼服を着けた若者となって現れた。侯も感心して再び蛯沢の祠を興したという話である。棟の九曜紋は文政四年藩侯より附せられたものであった。

栃窪の稲荷は宝暦四年蛯沢よりの勧請といい、富沢のは天文十三年磐城舟尾よりうつしたといい、中村三の丸の稲荷は元禄中麻布藩邸の稲荷を亀姫(忠胤の女)が勧請せるもの、新山の前田のは昔大旱の時前田某が山城の稲荷をうつしたものという。下海老や日下石のは仙台領竹駒稲荷の勧請と伝え、深野の稲荷は深野大学が大永五年に立てたもので正徳二年の棟札があるというも詳かでない。

五穀の信仰は普道の事ゆえ省略するとして、ただ苗見竹のことであるが、石城辺で苗代に立てる苗見竹は、昔稲荷様が天竺から稲穂をくわえてきて蒔いたが、よその者に見つけられて荒されぬよう、心覚えにしるしの竹を立てた上、無い無いといっていた。それで苗をないといい、竹を苗見竹という。田植の時これを二つに折ってみて両方の長さが同じなれば思うことが叶うそうだ。

稲荷に安産の信仰のあることも知られているが、相馬には適例がない。平市禰宜町の稲荷などはそれで祈れば産が軽くてすむ。御礼に米を上げるのだが、それをまた十粒ほども借りてきて、出産の時炊いて食うとよい。安達郡、信夫郡伊達郡辺にもこの信仰は多いと見えて、多くの例が集っている。白川風土記にも子安稲荷社というのが見られた。ことに伊達郡篠葉沢の稲荷は祈願すれば難産せぬとて有名である。中には安産の小枕を上げるところもあった。

この外福島市御山の猫稲荷に祈れば鼠の害が避けられるとて、猫の絵馬多く上げられてあり、平市北目の稲荷は御厩いなりと称しているが、それは旧藩時代藩の厩がここにあったからで、それで御馬屋様などと呼ばれて自然馬の神様とも思われてきたので、祭礼の大旗を馬産地の岩手から来て上げた人もあったそうだ。お宮に小石が上っているのは、吹出物ができた時かりてきてさすれば治るといい、石を二つにして返す風がある。また子供の夜泣きにも利益がある。七月二十五、六日が祭の由であるが初午にも賑う。

湯本傾城山の傾城稲荷は、昔湯本が温泉場として栄えた頃、遊女の参詣の頗る多かった社であったが、今はさびれてしまった。しかし今でも白狐が居るといい、町に変事のある時姿を見せるそうだ。昭和の初頃であったろうか、入山炭鉱で百何十人の人が死んだ時、白狐が一週間も出て鳴きつづけたそうであった。

○白山権現　(三四祠)

(名称)　はくさん。白山妙理権現。

(分布)

(宇多郷)　岩子　立谷　日下石　山上　小泉(二)　黒木　中村(五)　百槻　磯辺

(北　郷)　北海老　鹿島　小池　小山

(中　郷)　萱浜　泉　南新田　牛越　押釜　高倉　信田沢　江井　大甕
(小高郷)　上浦(二)　吉奈
(北標葉郷)　棚塩　北幾世橋
(山中郷)　草野　葛尾
(異同)

白山は相馬にどういう経路で入って来たかわからないが、この辺で目につくのは寺院、ことに曹洞宗の寺の護神となっているのが多く、近くの七、八個所の場合などほとんどすべてがそうである。かって聖武の世国分寺が国々におかれた時、白山をまつったといい、最澄が白山を鎮守としたといい、寺にこの神をまつった源は古いものと思われる。

横手の山伏だった普明院竜宝寺が別当であった今の屠戸(えた)小屋の白山権現は、領主岩松義政が癩を病み、屋形北迫に隠居し、応永二十六年死去した時、この寺の道性という法印が義政の霊を白山権現とまつったと伝えるのであるが、奥相志の編者はこれについて、世に団頭者皆白山権現を立ててこれをまつる、ひとり当邑の乞頭のみに非ず、岩松の霊に非ず、彼の白山をまつる所以のもの未だ詳ならずといっている。

信田沢の白竜山岩松院の鎮守白山は、昔天台宗で泉長者の帰依していた寺であった。山上の萱谷の総鎮守になっていた白山権現は、別当を万蔵院と称し、祭は九月十八日であった(この日を祭日とする所がかなりある)。古く白山妙理大菩薩と称し、本地は十一面観音のよしで、加賀の白山と一体分身と伝え、嘉暦二年十二月十八日再建となっている。伝説によれば昔某皇子の住んだという王舘が城の形をして残っているというが、白山はこの皇子の護神だったというのである。ある時附近の子供達が田蛭に食われて血のついたまま社内に入って遊んでいたが、その夜別当と子供の親達が同じような夢を見た。その託宣に、子供に罪はない田蛭の罪であるとあり、爾来村の蛭は人に食いつかぬことになった。またある時藩主が社田を社に寄附しようとして、別当に命じて、神慮によって田をきめようとした。別当は承って祈念したが、その夜神殿震い翌朝見るに宮の扉も龕の戸も開いて神体が見えず、探したら社の西南塚の上に神が光り輝いて在ったという。この地を開墾して宮田とし、今に名のみは残っている

祭神は大抵菊理姫やいざなぎ、いざなみが多い。萩の箸を上げて歯痛の治癒をいのる白山がある。

○富士権現(一二祠)

(名称)　ふじ権現。
(字多郷)　富沢　柏崎　石上
(北　郷)　下栃窪　山下　北屋形　南右田
(中　郷)　大甕　小浜　堤谷
(小高郷)　飯崎　川房
(異同)
右田の富士権現は正徳中新九郎という農夫が富士山に登って祈願し、まさに下ろうとして気がつくと行衣の袂に藤の実が入っていた。祈願成就のしるしと喜んで持ち帰り植えたというが、権現もその時勧請したらしいと伝えている。昔は富士講が盛んであったから、この神を勧請することも多かったであろう。天明の年は凶作で社寺の荒廃も甚しく、富士権現などことにこの時ほろびて再建されぬままになってしまったのが多かったらしい。川房のも栃窪のも同様であった。富沢のは佐藤伊勢好信が天文中より当邑を領して建てた祠といい、山下のは文明二年の創建と伝えている。石上のは祭日は八月十八日、天保九年の棟札が残っている。

○遠々権現(二祠)
(名称)　とうど、とうどう権現。遠々、唐土の外、藤堂等の字を当てたらしい。藤の権現と同じか。

(分布)

(字多郷)　今田(二)

(異同)

祭神不明の小祠に遠々権現あり、奥相志今田の条に「遠々権現石祠、権現下にあり。古昔遠々林より出現せる御鏡台なりという。今無し。此地に祠を立ててまつる。三月二十三日例祭、邑人参詣す。別当真言宗如法寺」、「唐土権現小祠、久保にあり。別当如法寺。或は藤の権現と称す。祭神未詳」とある。上の遠々権現出現の所という辺は今は田と林で遠々林という小字名になっているし、同じく今田に北遠々林なる小字名も存する。これは今は田になっている。また山上に遠々塚なる地名が存し、一に藤堂塚につくるといい。今は田であるが、これもこの神に縁由あるものと考えられる。成田にも藤堂塚という小字名あり、今は田になっているが、もとは塚があったといい、これは八十才位の老人は覚えている。昭和二十何年であったか、この地からほとんど完全なままの縄文弥生中間土器が十個近く接触して並んだまま発見せられ、祭祀遺跡らしい疑を私共は抱いたことがあった。しかし右の権現に関係あるか無いかはまだわからない。とにかく僅かな地域に出てくる名称が塚であるところを見れば 何かの霊をまつる祭場であるらしいことはわかる。 なおこの権現については柳田国男氏も石神問答で多少触れている。

○弁財天(二四祠)

(名称) べんざいてんよりべんてんの方が広い。今は厳島や金華山をも含む。己巳碑もこの系統らしい。

(分布)

(宇多郷) 中村(五) 新沼 新田 磯辺 立谷 日下石 入山上 小泉(三)

(北　郷) 大内 塩崎 上栃窪

(中　郷) 江井

(小高郷) 塚原 小高

(北標葉郷) 小野田 北幾世橋(二) 高瀬

(異同)

弘法大師が相州江の島弁才天において秘法護摩一万座を修して、その灰をもって形像をつくり、それが諸所にまつられたということが伝説化して、相馬にもある。 相馬市の小泉の道空庵にあった弁才天堂のもそれであった。 これは元禄中立谷氏の建てたものだったが、像はもと斎藤家より伝ったものという。 同じ元禄頃のものとしてやはり小泉の医王院境内の弁天祠がそうで、 中村の弁天講中の富人某の建立と伝う。その外栃窪のは文化四年、日下石のは文政五年、 磯辺のも文化九年であった。 中野のは祭神は富主姫大神になっていて、金華山の弁才天に模して祠をつくったといい、例祭は他の多くと同様四月初巳の日で、 十三日というのも多かった。 新沼の文化六年の棟札には、福寿増長、子孫康昌、福力弁備、二世安楽、求願円満などと書いてあるが、 昔小泉の高池よりうつしたものと称し、 九月十三日を縁日としていた。 平市八幡神社の境内の池畔にある弁天は厳島の神様といい、 女神で海の神様とし、 祈れば漁が多いとする。また夫婦で参詣してはならぬともいっていた。 池にお使の白蛇が居ると。

○青麻権現(四祠)

（名称）あおそ、三光宮ともいう。

（分布）

（宇多郷）中村

（北　郷）上栃窪

（小高郷）女場

（南標葉郷）熊町

（異同）

相馬市鞘師町に法善院慈眼という山伏が居て青麻権現を信仰し、月々仙台領の本社青麻社に詣でて居たが、また月巣院殿（藩主恕胤側室）の心願にもより寛政十年勧請したという。この神を信仰すれば中風を病まずと聞いて居たのに慈眼は遂にこの病にかかったので彼は怒って社を廃し信仰もしなくなった。ためにすたれたのを安政六年信心者が集って再建したと伝える。法善院の屋敷にあり、青麻三光宮の額を掲げ、縁日は十五日、祭礼は四月十五日であった。

宮城県岩切青麻沢の青麻は祭神を天の御中主、天照大神、月読命として居り、他の社もこれにならっているかと思うが、双葉郡熊町のなどは現在天日鷲命を祭神としている。しかし一般に大きな社などは無く石碑の類が相馬には多い。三光は日月星だというが義経と弁慶と常陸坊海尊をまつるのだなどともいっている。

とにかく中風にかからぬとの心願で、信達一統志には祈人鰯を食わずとある。十年程前会津野沢に行った時、青麻を信仰してやはり鰯を断っている老婆に会ったことがあるが、弁慶が青麻に詣でて中気が治ったからだといっていた。

○多賀明神（五祠）

（名称）たか。多珂その他の字も当てる。

（分布）

（宇多郷）坪田

（北　郷）南柚木

（中　郷）高

（小高郷）南小高　耳谷

（異同）

太田の高字城ノ内の多珂神社の祭神は多珂荒魂命などとしているが、江州犬上郡に多賀神社があっていざなぎ、いざなみをまつってあるが、その分霊であろうかともいわれる。しかし延喜式には相馬の多珂は名神大社であったし、犬上のも小社とはいえ式内社であったから、そう簡単に本社を云々することも出来ない。しかしいづれにしても相馬の他の多珂は犬上からでなく、相馬の古社より分れたと思われる。そしてそれは室町以降らしい。恐らく江州の多賀の信仰がその頃盛んであって、各地に分霊もまつられるようになったことに刺戟されたかも知れない。なお太田の光明寺には鷹明神があるが同じものか別のものか。また小高に多珂神社があっていざなぎとたかみむすびをまつり、耳谷のも坪田のもいざなぎを祭神としたが、坪田のは寿命を守るという信仰があった。八幡寺専海の建立にかかるという。宮城郡多賀城の多賀神社はいざなぎをまつり、七月十日を祭日としているが、一年中の神事をみるに初耕、種蒔、稲種おろしその他農業神事が主となっている。

○足尾神（二祠）

（名称）あしお。足王、足尾。

（分布）

（中　郷）馬場　大甕

（異同）

奥相志には右二個所だけであるが、実際にはもっと沢山の小祠や碑があって、足形の石やわらじが上げられているのを見かける。足の弱い人、足を患う人が祈るだけでなく旅に出る人が祈願をこめ、また坂道などにもあるから、通行に難渋を感じた人が道の安全を祈ったものである。相馬中村神社境内の足尾小祠にも、一寸足の形に似た楕円形の自然石や普通わらじ、かねの草鞋など今でも見かける。大甕の日祭神社境内の足王祠は昭和十年の新しいもので、棟札の表に「奉再興足王神社宇豆之御舎云々」、裏に日本武尊、坂上田村麿と記してあったのはどういう意味か。馬場の滝にある足王は山神だということであったがどういうものか。坂になっている。福島信夫山の足尾などでは戦時中武運長久を祈り、足形の石をかりて行き、二つにして返す習であった。

○古文王神(二祠)
(名称)　こしおう。相馬のは一は古文王、一は古四王と書く。
(分布)
(宇多郷)　中村
(中　郷)　村上
(異同)
村上の舘ノ内にある古文王は小祠で北面し、由緒不明であるが、伝説として義良親王をまつり、古親王を訛ってそう呼ぶという。しかしこれは全く史実が無い。中村神社境内のものも北面であったようだが(現在は無い)、祠官田代千信氏に聞いても只の末社で由緒不詳といい、多分秋田県南秋田郡国幣小社の古四王神社の分霊を祀るものらしいとの事であった。会津野沢に行った時あの辺の人の説として古志は越で、四道将軍と関係ありといい(秋田のはたけみかづちや四道将軍の一人大彦命などをまつる)、腰から下の病を祈り、そして団子を上げるという。腰云々は単に腰王と音が通う、それだけのことから来ているのではないか。この神について喜田貞吉氏その他の論考がある。
なお西白河下羽太の子塩権現があるが、あるいは同じものであろう。

○春日明神(二祠)
(宇多郷)　北飯淵(八手明神)
(北標葉郷)　北幾世橋
○香取明神(二祠)
(宇多郷)　坪田
(北標葉郷)　末森
○松尾明神(二祠)
(宇多郷)　小泉
(中　郷)　南新田

相馬市小泉熊野神社境内の松尾祠は、昔は高平にあり、大山咋、市杵島姫二神をまつり、本社は城州葛野郡にある。酒造の神として酒屋から信仰され、松尾神社勧化帳を見ても宮の修繕等の寄附者は多くは町の酒屋であった。

○石上明神（二祠）

（中　郷）石神

（山中郷）臼石

奈良県山辺郡の石上神宮の分霊であろうという。

○淡島明神（四祠）

（宇多郷）中村　坪田

（中　郷）大甕

（北標葉郷）刈宿

多くは祭神を少彦名としているが、疾病平癒、ことに婦人病から、良縁安産にまで及んだ。大甕の明神は鎮座の来歴は不明であるが、宝暦十年再営され、また寛政頃より信心するものが多くなったという。毎年六、七、八月の十八日は徹夜参籠して祈願する者も多く、四間に二間半の参籠屋もつくられてあったそうである。もと日祭社地にあったのを弘化中に現在の場所にうつしたものという。坪田の粟島はやはり少彦名をまつり疾病平癒の護神とされ、正徳三年再建の棟札があるという。元禄中相馬昌胤の勧請であった。平市北目の粟島は附近で有名なものだが、婦人の裾の病を治すといい、奉賽物は針、穴をあけたかしぼんに糸を通したもの、端布、髪の毛、頭髪のピン、繭などで現在も沢山上っている。淡島は和歌山県加田町の加田神社の俗称という。江戸時代（元禄頃という）淡島明神を背負い家々をめぐり歩いた一種の乞食があったが、あわしまさまと称し、大正の頃までは来たものであった。諸所の村には淡島講があった。

○箱根権現（二祠）

（北標葉郷）田尻　小丸

次の伊豆と共に昔小丸氏の勧請であったという。

○伊豆権現（三祠）

（宇 多 郷）　入山上

（北　　郷）　岡和田

（北標葉郷）　小丸

○三峯権現（三祠）

（宇 多 郷）　中村　槻木

埼玉県秩父の三峯山にあり火盗難よけの信仰があり、村で参詣する人が多かった。相馬市鞘師町の青麻祠の社地にあるものは安政六年の勧請にかかる。法善院が毎年秩父の三峯に詣でて神札を受け人々に配る習であった。祭は五月十九日。石城湯本の天王崎の三峯は失せ物のあった時などにもよく利き、参詣して油揚などを上げるそうである。七月八日を縁日とする。山犬の信仰がついている。

○古峯神（二祠）

（山 中 郷）　野川　飯樋

栃木県上都賀郡の古峯神社を本社とし、こぶがはら講中をつくって出かけたが、これも火盗難よけの信仰である。戦時中は生活が不如意になり、畑作物が盗まれるので、古峯神社の神札を竹にはさんで立ててあるのをよく見かけたものだ。古峯の石碑も路傍によく見られる。

○日・月神（四祠）

（名称）　日月宮、日天月天、天日神。日祭（大甕）も関係があるか。

（分布）

（宇 多 郷）　柏崎

（北　　郷）　横手

（中　　郷）　日祭

（北標葉郷）　棚塩

○雨神（五祠）

（中　郷）　南新田　大甕
（小 高 郷）　南小高
（北標葉郷）　棚塩　権現堂
○風神（六祠）
（宇 多 郷）　尾浜
（中　郷）　大甕　南新田
（小 高 郷）　南小高
（北標葉郷）　棚塩　権現堂
○大黒天（八祠）
（名称）だいこく、きのえね。
（分布）
（宇 多 郷）　小泉　柚木　日下石
（北　郷）　上栃窪　浮田
（中　郷）　大甕
（小 高 郷）　大井　蛯沢

多くは祠でなくて石碑であったが、大井の益田嶺神社などは例外で大社をなし延喜式内社に擬せられている。奥相志より抄出すれば、古来甲子祖大宮大明神と称し祭神大己貴命、四月八日祭。武道医術の祖神、かつ五穀能成蚕質豊饒を祈る。祠官田代氏曰く、大宮神は益田嶺神社にして延喜以前より中郷北原邑に鎮座し、四月八日これをまつる。応永二年大井邑に遷る。「爾来四月八日神輿を海浜に下し、足谷落の神事あり。すなわちこの日神輿を塚原の海浜に下し、遷幸の時祈願ある者三日潔斎、馬に跨り、足谷山頂より駈下す。割竹を鳴して人馬を逐ひ深谷に転ず。然れども人馬共に傷つく者なし。近来他邦蚕養をなす者当祠を信じて来詣し守札を受くる者多し」。三郡神社志（記者伝なし、正徳の頃のものか）に曰く、「大井邑多理谷明神は関東より遷す。祠官内蔵頭随従し来る。原氏代々の鎮守にして田代三河祠官たり。四月八日祭礼、市を立つ。多理谷下の祭といふ。裸脊の馬に上り弓矢を携へ山より駈下る云々。」一書に曰く、「大宮以東二町許に真言宗東蔵寺あり。境内に本社明神あり。之を大宮の母神と称す。祭礼の前日大宮を遷座し、而して大宮神幸の後を留守す云々」。また曰く、「中郷北原木戸辺に古昔大宮祠あり、故に古来此地を名づけて大宮堂といふ、今にその社址を存すといふ。田代氏、伝を按ずるに神社志と大いに齟齬す。北原に大宮社蹟あり。之を応永中大井にうつせりという支証あるか疑うべし。古書を考ふるに大宮の祠旧来の大宮と称し或は多理谷明神と称し、未だ益田嶺神社と称するものを見ず。文政以来その社号を称するもの何によるか疑ふべし。当郷金谷村の奥に益田峯あり。旧来山神祠ありといふ。苟もこの名あれば則ち何ぞその本社ならざるを知らんや」。

○蛭子（四祠）

（宇　多　郷）　中村

（北標葉郷）　南幾世橋　権現堂　藤橋

えびすは社をなしているものが少いが大黒と共に家々にまっられている。えびす講は今なお盛んで十月と一月の二十日に行われる。十月に神々が出雲に出かけるがえびすは骨無しで留守をなさるのでそれをなぐさめる為に講をするのだなどという。この夜はお高盛りとて飯を椀に高く盛り上げて供える。

○朝日権現（四祠）・夕日権現（一祠）

（宇　多　郷）　黒木（二）　程田

（北標葉郷）　権現堂

（北標葉郷）　権現堂（夕日）

権現堂の羽黒社合殿に朝日夕日権現があるが、黒木のは朝日権現、程田のは朝日明神で、更に小泉にも朝日権現が出来たが、これは黒木よりの分れという。昔黒木の里に朝日長者なる豪族があって、彼の四男が僧となり土地の建徳寺に住んでいたが、ゆえあって長者の家滅び、彼は祖先の冥福を祈るために長者の宅址近くに朝日山建昌寺という寺をたてた。朝日権現は長者の霊をまつるといい、護寺神となっているが、あるいは羽根田氏が夢の告により朝日祠を再営し、中興の願主となったともいう。とにかく朝日長者の伝説は非常に広い。程田の朝日明神は小字朝日前にあり、九月八日を祭日とする。天和三年四月朝日祠再修覆の棟札の願主は太田惣右衛門であった。元和三年太田六郎なる者、一夜夢に東方に旭日の様な輝あるものを見、覚めて見れば白昼のように明るかった。毎晩のことなのでその光を追うて柏崎まで行ってみると、日輪の如き円形の中に神像のあるのを発見、これを奉じ来って朝日明神とあがめたといい、里俗この地を朝日前、太田氏を朝日六郎と称したと宝暦九年に書いたという由緒略記に見える。

○降居明神（二祠）

（宇多郷）山下

（北　郷）岡和田

岡和田の降居明神はにに𛂞命を祀るという。しかし伝によれば延喜二年五月六日の早暁、神が竜にのって浮田の下原に天降りた。それでその地を今に羽竜とよび、神を降居大明神と称え、毎年浮田の者はこの日農を休むを常とした。岡田にうつったのは後世であるという。四月八日を例祭とする。山下村中ノ林にも同じ神がまつられているがここでは降居権現とよばれている。瓦の宮で、安倍清明の祭るところの神だという。毎年四月八日烏浜へ神幸がある。もと右二祠のどちらの方かわからないが、天降りたのは降居姫という女神で、姫の降り立った所は人手をふれず耕さずに近年まであったという人がいる。

○千倉明神（二祠）

（北　郷）鹿島　山下

鹿島南千倉の千倉明神はすさのお命をまつり、国家守護、運命長遠の神としているといい、昔は桑折の護神であった。延宝七年相馬貞胤再営の棟札がある。山下の中ノ林にあるのは千倉権現と称し、石の小祠であるが九月九日を祭とし、安倍清明の祭るところの神と伝えている。

○天ノ明神（三祠）

（宇多郷）山上

（北　郷）浮田

（中　郷）金沢

山上のは奥相志によれば茄子小田にあるというが、現在この地の古老に聞いても知らぬという。しかし今も明神坂という所あり、ここに大木の切株が残っているからここだろうと。

○十二天（一二祠）

（北　郷）上栃窪　南屋形　北屋形　北海老　江垂　烏崎　北右田　寺内　塩崎　川子　小島田　大内

一般に寺域にあるものが多い。北郷にだけ見られる。

○十二神（二祠）

（宇多郷）入山上

（北　郷）上栃窪

○十二所権現（三祠）

（宇多郷）尾浜　北小泉　新田

尾浜のも新田のも地名十二所という所にある。

○剣明神（二祠）

（北　郷）北右田

（中　郷）信田沢

北右田のは字剣ノ宮にあり、現在御刀神社となっている。延喜式行方八社の一と伝え、祭神をすさのお命としているが、昔は剣を崇めてまつったものかといわれる。剣の宮とも剣大明神ともいわれたという。例祭九月十五日。信田沢のは八剣明神という。

○鷲明神（六祠）

（宇多郷）成田

（中　郷）泉

（小高郷）女場

（北標葉郷）　小丸（三）

赤鷲明神（一）を含む。女場の鷲宮は天日鷲命、金鳶命、天長白羽命の三神をまつるという。奥相志によれば天日鷲命は天孫降臨の時供奉三十二人の一人云々。後に下総沼田村に鎮座。後に平将門鷲宮を軍神として崇敬し神田を寄せ酉の市を行った。ゆえに同族各その領邑において、勧請し武運を祈る。下総八社、武蔵四社、上総四社、常陽三社、下野三社という。「下総鷲社に酉ノ市小さきのこまざらひを拝受す。これ意の如く貨財を掻集する誓願なり。その古例今商家に流る。又霜月初酉日神事にはたいもを市にひさぐ。戦世敵の首を捕るになぞらふと云ふ。相馬師常頼朝にしたがひ軍功あり、鷲宮を崇敬す。重胤下向の時鷲宮を妙見と共に相馬にうつす。昔より野馬追の翌酉日野馬懸に祠官西山家加持を勤む、又柄杓二を神前に捧げ、之を加持する妙見に鷲宮手洗水を汲みて野馬懸に用ふ云々」、亀田綾瀬曰く、「鷲神社多く東国にあり、祭るところ野見宿弥、土師（はし）の宮と称す。後世訛りて鷲につくると。音近きを以てなり。然れども未だ本拠あるや否やを知らず云々」。

○姥明神（二祠）

（小高郷）　福岡

（山中郷）　葛尾

山神の種類だともいうがよくわからない。田村郡下大越の蛯神はいざなみをまつり流行病よけの神としている。白川郡上羽太村の姥神社は天のうづめをまつり、宮城県刈田郡円田村の姥神社は刈田嶺神社の姥神といい、子を抱いた三尺余の石像という。巫女の関係もわからない。

○通り神（二祠）

（中　郷）　雫（二）

奥相志には小祠で九月二日まつる。安政四年京塚沢天王の社地にうつすと見える。現在村の古老にきいても無く、ただ昔とおりのかみというのがあったと僅かにいっている位のものである。

○手長明神（二祠）

（宇多郷）　山上

（中　郷）牛越

牛越の舘下にある手長は手長雄明神ともいい、手力雄命をまつる。慶長二年相馬利胤再建という。山上塩手山の手長明神については昔この山に手長さまがすみ貝を好み、常に山頂から手をのばして東の海より貝を採って食い、すてた貝殻は今も附近にあるという。また魚をとって食い、骨をすてた所が今のとげの森だという。相馬郡と宮城県伊具郡の境の鹿狼山にも全く同じような伝説をもつ手長明神がまつられてある。その相馬側の小川に貝塚があり、ここにも手長明神がもとあって天明玉命をまつるという。古代の遺蹟にまつられているらしい所よりすれば、玉造りのような手の技術と関係のある神ではなかったと思われる。むろんはじめは貝の伝説もあって、それと一緒になったかも知れない。鹿狼山の手長は今は蚕の信仰で鼠よけの神になっている。それで神のお使も蛇になっている。

○狼神（二祠）

（北標葉郷）室原　大堀

室原の石森山のは、昔狼の害が甚しく防ぐことができないので祠を立てて山神をまつる。ゆえに猟者も狼をとらぬという。

○蛇神（二祠）

（北　郷）上栃窪

（北標葉郷）小丸

二　補　遺

以上は同一神にして二祠以上あるものを挙げたのであるが、一祠で相馬における来歴不詳でも注意したいもの二、三を挙げる。

湯尾明神　相馬市体興神社地にあり、本社は越前湯尾山という。疱瘡守護。

主夜神　相馬市田町五大院境内にあった。

深田権現　磯辺の権現森にあり、別当深田大行院。

矢太神　和田の柴崎にあり、昔原釜の阿部氏の護神。
八手明神　北飯淵の沼田にあり、あるいは春日ともいう。
貝殻神　昔釣師浜の海中から得た内側に文様ある貝で大きさ六寸ほどの貝であったという。
天華神　入山上修験大福院境内にあった。
茶木明神　小泉高池前にあり一名茶木婆、ともいい、眼の悪い人が祈れば治る。賽願に茶を上げた。
葛宮　刈宿の白旗牛頭の末社。
木守神　刈宿にあり。
勝手神　刈宿にあり。元禄の頃相馬昌胤泉田に隠居し、庭をつくり桜を植え、「桜花吉野の種にあらずとも植えて千本の林とや見む」と詠んで、庭上に木守、勝手の二神をまつり、花を守る神としたとある。しかしもともとこの二神は水の神らしい。奥相志には前者の祭神を大宮三座住吉同体、後者を愛鬘命としている。
一ノ宮明神　小丸にあり。川添の二ノ宮、幾世橋の三ノ宮と共に泉田氏の祖、標葉代々の鎮守であった。
地神　伊手の久利沢にあり。
宮王神　蓬田の一本杉にあり。
社地森神　金谷の南釘野にあり、幸神か。
小松神　小高貴船社の末社。
高市神　小高貴船社の末社。
子玉明神　大井益田嶺社末社。
小鶴明神　鶴谷にあり。奥相志より抄すれば、「孝元帝の二年行徳といふ者年七十才あり。一日鶴一番下りて池の傍の古松に巣をつくり卵を生む。隣家の悪徒真門なる者巣中の二卵をとりて煮る。行徳鶴のさわぐ故に知れども真門実を云はず。然るにその夜五老星下りて真門の家を回る。彼はおそれて実を答ふ。行徳その卵を巣に入れて悲しみ過すこと数日、ひなづるの声をきき見るに鶴生れてあり。傍に異木あり、これ反魂香なりき。邑人祠を松樹下に立ててこの霊鳥をまつり、池を名づけて小鶴池といひ、里を小鶴庄といふ。行徳老齢死期近きを知り、猿沢嶺に上りて穴をほり、食物と彼の香木とをもちて入り数日を経て死す。里人塚を築き行徳塚といふ云々」。

化粧光神　石神の坂下にあり。

和気明神　原町の三島社地にあり。

滝尾神　桜井の原畑にあり田心姫をまつる。もと大きな社であったという。そのあとにできたらしい御滝権現は乳の心願で、乳不足の女が米をいただいてきて食べれば乳が出る。あとで米を倍にしてお返しする。

勝子明神　栃窪の今宮にあり、猿田彦をまつる。応保中の勧請と伝える。勝子橋とか勝子沢などの地名が近くに残っている。

七社明神　室原の七社にあり、享保二年造立という。栃本家の護神であった。

二宮権現　赤木二宮にあり。

蘇々焼明神　立谷五斗蒔にあり、別当専光院、元禄三年の棟札がある。ささやきと関係がないか。

四本木明神　和田の明神前にあり、俗に阿加々利堂といったという。天明八年の棟札があるという。

白鬚明神　石上の南白鬚にある小祠で猿田彦をまつるといい、二月初午日を例祭とした。麻疹によいという。旧記には本朝皇統記の子供をさらった大鷲の話を引き、比良明神が老翁に姿をかえ良弁に会い給う、姿白髪白髭の体なりという。しらはひらから転じたのではあるまいか。すなわち江州の比良明神を本社であろうとしている。石神問答には新羅神との関係をいっている。それはとにかく当祠の旧記によれば文久二年麻疹大流行、領内はもとより隣国よりも参詣夥しく地元の人々は却って驚いたとある。そこで別当正明院や村人相はかって文久三年社殿をつくりかえたという、しかし麻疹の流行はすでに享和三年にもあってこの時も大いに参詣人があったと記録に見られる。新地の杉目にも白鬚がある。ここでは子供の守り神で、百日咳とはしかによいと。安達郡太田の白鬚は昔太田兵衛が近江国より移り白鬚館を築き、その時白鬚明神を勧請したというから近江との関係が知られるようである。

真野神　真野にあり、大同元年坂上田村麿奥賊討伐の際建立し、所持する笛を納む。のち真野長者の鎮守となる。また曰く、真野長者の霊をまつり真野神となす。また曰く、貞観十一年藤原興世奥羽二州の刺史となり霊山を居城とす。のち当国に隠栖、方八町の邸をつくりて余生を楽しみ仏道に帰依衆をめぐむ。ある年真野明神を勧請して鎮守とす。元慶元年八月七十八才にして歿す云々。奥相志註に曰く、輿世の事蹟史実と合わず疑はし。

土神　　北屋形にあり、別当宝蔵寺。

金砂(かなさ)権現　下海老にあり、九月九日祭、この日湯花を撃ぐ。沙土煮泥土煮命を祭神とするが鎮座の由来は明かでない。志州伊沢宮は陰神にて、勢州月読命は陽神という。

切部明神　川子にあり。

浮津明神　袋の明神前にあり、慶長中の建立といい、鮭の豊漁を祈るゆえ、鮭川明神という。

以上の外民間信仰では第六天は疫病よけ、聖徳太子は乳が出る信仰で重んぜられた。その外なお多い。

小祠を中心とする民間信仰の例

あんばさま(石城)　この祠を飾ると港は船止めとなる。(山口弥一郎氏撮影)

みわたり権現(相馬)　御神体は将軍地蔵であることが多い。(内藤丈夫氏撮影)

疫病よけの人形と厄落しの神符(石城)
(山口弥一郎氏撮影)

あしおさまに上げられてあるわらじ(石城)
(内藤丈夫氏撮影)

みなくち祭(石城)　種まきの時に行う。

田の神まつり(石城)　田植の前ににわとこや榁の木を立てこの下から植えはじめる。

道　祖　神(田村)

しんめいさま　平市平窪安養寺にあるもの。(昭和25年11月　内藤丈夫氏撮影)

大塚権現(石城)　湯殿信仰で塚をつくりさくを結うことが特色である。　　　(内藤丈夫氏撮影)

子安明神の枕(相馬)　枕をかりてきて安産後に二つしてお返しする

十九夜観音　　子安信仰は仏の方で十九夜さまともなっている。相馬では二十三夜さまになっている　写真は石城四倉の正徳年間のもの。

第四章　小祠の発生と成立

一

必要によって一つの信仰が芽生え、維持されてゆく。その過程に発達があり、変遷があり、また消滅もあり得る。中には神や仏の形をとって進んだものもあろうし、分化せずに発生当時の姿なる呪術的要素を多分にもったまゝ取残されたものもあろうし、少くとも部分的にでも宗教に近い程度にまで発展したものもあると思われる。しかし実際には、中途半端な形で人々の生活に左右されているものが民間信仰と呼ばれているものの中には多いと思う。古代に発生して案外発達しなかったかと思われる原初の形態の名残をとめている信仰も、数千百年の歴史をくゞりぬけて試錬にたえた結果残ったような信仰も、現代に同居していることさえ考えてみれば不思議なのに、そうした信仰が今更新しく発生することのあるのを見て奇異の念に打たれざるを得ない。恐らく個々の信仰そのものは、古代も現代も変りなく、同じ根から必要という一つの刺戟によって芽生えるのであって、不要ならば消えて無くなるだけなのであろう。そして残った信仰は神となり仏となり、また社となり寺となりして維持され、変遷を繰返してゆくのであろう。

それでは相馬においてすなわち我々の身近において、神はどのようにして生れ、祠はどのようにして成立したか、その発生成立の理由はどこにあったか。僅かの例であっても実例という意味で重んじたい。恐らく太古において神が発生したのと似たような事情、似たような人々の考えが、時あって昭和の現代にも再現し得るものだ。すなわち神の発生、発達のはじめの段階が、今も偶発的にしてもこの目で見られることは面白いと思う。

祠の成立という点から見れば、自然的な発生と他よりの勧請とを区別することはあまり意味はない。また厳密に分けられもしない。もと〳〵祠以前ともいうべき、また神の発生を約束させるような太古の環境を、今知ることは不可能であるが、しかし名残は冥々の中に今の世に残っているに相違ない。たゞどういうものが、どういう考えが前代よりの遺物であるかは、にわかに決めることが出来ぬだけである。

たゞ単に形の上から言えば、祠というものが新しい時代に出来たことだけは想像出来る。例えば、はやまなどは山そのものを神聖視して祠をつくらぬ時代が近世まで続いていたが、それでは物足らなくなったと見えて祠をつくるようになった。多くの山神の如く、霊木を神の在す所と見立てて祀っていても、木ではどうかと思うようになって樹下に祠を置くようにした。足尾の如く石碑などに草鞋をむすびつけておいても、雨ざらしでは相済まぬと考えるようになって屋根をふいた。毎年つくりかえる氏神をまつる藁の祠も、藁ではお粗末だというわけで、木や石で永久祠をこしらえた。天和の頃熊野の社を外にうつしたそのあとを生垣で囲い、中を芝生にしておいたらしいのが、やはり後世になって小祠を作っておくようにした。大塚権現の如く塚だけでよかったものを、これも格好をつけるためらしく祠をおくようになった。そしてかえって大塚の単なる祭場であったことが忘れられてしまったことは、はやまなどと同じ結果になったのである。明治初年神仏分離の際、仏より神に横すべりした神、例えば馬頭観音が馬力神に、薬師如来が薬医神社にという風に多いが、こゝには省く。たゞ二十三夜神と刻んだ文化十三年の碑は珍しいので附記しておく。原町市泉に現在存する。

以上の実例は、小祠発達のほんの一段階にすぎぬようであるが、そこにはこうした形をとらせざるを得ないような村人の根強い信仰が雲の如く広がっているのである。否信仰というには余りに漠然とした、かつ時代ばなれのした幼稚で原始的なものの考え方が村人の間にあって、案外今でも小祠発生の一翼をになっていたりするのである。

例えば霊魂のことにしても、上太田の深山に江井地獄という所あり、かってある人がこゝで江井某が通っている姿を見た。はて彼は重病の筈なのにと訝り、帰ってその家に行って見たら、死んだところであったというような事、私の知人中村の服部氏の話に、ある時道を歩いていると、突然知りあいの某とすれ違った気がした。つぎの瞬間錯覚だったと知ったが、後で聞いてみると某が息を引取ったのはその時刻であった。そういうことが二度あったそうである。山中郷関沢大内老女の話に、息子の出征中嫁は毎日畑に出て働いて居たが、ある日まだ夕方早いのに、淋しそうな風で帰って来たから、わけを聞くと、聟が煙のような姿で出てきて、畑の豆を引く手にまつわりつくので仕事をやめて帰ってきたというのであった。これも後で戦死の公報が入ったという。この時来合せていた別な家の老婆は、おらにもこんな経験があるといってつぎのような話をしてくれた。老婆のまだ子供だった頃、親戚の伯母に当る人が危篤になったので、両親が泊りながらの看病に行った。それで妹と同じ布団に寝ていたが、夜中と思われる頃、枕もとの箪笥の取手がかた〳〵と鳴り出した。淋しさに二人で抱合って布団にもぐって朝まで居たという。私の従妹の一人は嫁に行って北海道で若くて病死したが、病気が重くなった時、お祖父さんも居るお祖母さんも居ると、うわ言に死んだ人の名をあげて、みんな私を呼んでいるのに、疲れて行けないと涙をこぼした。その女がいよ〳〵死んだ時刻らしかったが、内地の両親の家では丁度夕食がすんで皆で雑談をしていた。玄関がからりと開いて御免下さいと若い女の声がした。その声はみんなが聞いたが、娘の一人が立って行ってみると、玄関は開けられた風はなかった。こういう類の話は今も際限ないぐらい村では聞くことが出来る。

やはり関沢で聞いた話であったが、その家の老婆が、ものの焦げる匂がするといい張ってきかず、自分の家の隅々はもとより、果ては不安になって近くの分家や親類の家にまで知らせて見て貰ったが異常なかった。ところがその翌日かに近くから出た思わぬ貰い火のために全焼した。

私の知っている娘が東京の某の許に嫁した新婚間もない夏のこと、某は九州の方まで旅行に出たので、その間娘は実家に来て泊っていた。ある晩聟がどこかしらぬ真暗な海で溺れている夢を見てしきりにうなされた。母親に起こされてはじめ夢なので安心したが、聟が旅行を終えて帰ってきた時、貴方はいつ何日の夜何時頃溺れて死にかけたでしょうと言当てて、大いに訝を狼狽させた。彼はその夜浜辺の旅館に泊ったが、余り暑いものだから海に入ったまではよかったが、潮流に巻込まれて流され一時は駄目かと思ったのだそうである。

明治の何年か頃まで、子供達が輪になり、中に一人の子供を蹲ませて皆ではやして地蔵をつかせ、いろ〳〵しゃべらせる地蔵遊びというもののあったことも、はやまの託宣などと通ずるものがあり、前代の思想の名残と思われる。坪田の八幡や中野の稲荷の森の杉の古木に、今も往々見出される呪詛の釘は、恐らくは江戸時代の情ない記念物であろうが、そうした暗い気持が現代にまで農村などには流れていないことはない。坪田の修験山王院の話であったが、ある部落から田圃の稲が盗まれるので、藁人形をつくって呪詛の祈祷をしてくれと頼まれた。今時そんな事をしたとて効果がないと断ったが、昔からやったことだからと強って依頼されたという。人を呪詛する時、法印に頼んで人形を油で煮る風も近頃まで行われていたようである。

病気は尚更のことで、これに関する民間信仰は最も顕著に現われている。重病危篤の人のための千度詣りは今も稀に見られる。流行病がはやればその神をまつり、治れば忘れる。チフスがはやれば小泉の天王が栄え、痳疹がはやれば石上の白鬚が繁昌するといった具合で、むろん昔と比べものにならぬにしても、そういう気持になる人がまだ〳〵居る証拠である。私の子供がひきつけを起した時、はじめてのことなので驚いたが、丁度来合せていた村の人が、おとぐら様を信仰すると治るものだと教えてくれた。村の人達はよく宮城県の同神社に行くのだそうで、そういう事は今まで一向に知らなかった。私などの子供の時から知っていたのは、近くの八幡社の境内にある八幡太郎の足跡と称する石の凹みのたまり水位のもので、つければ疣がとれるというので子供の時ひそかに実験してみたことがあった。乳の出を祈る祠も多い。

私の部落で荒地を開墾したら小さな洞穴が出た。ある時穴の前に獣の足跡らしいものがあって、それが狐だろうということになると、豆腐油揚を供える人ができ、稲荷の旗を上げる人、鳥居を寄進する人ができ、町からは芸者などが商売繁昌を祈るべく参拝に出かけ、時ならぬ賑いを呈した。それが何ケ月か多分一年位はつゞいたと思うが次第に忘れられて、やがて祠も赤い鳥居もなくなってしまった。

元禄の頃藩主昌胤が、天王祠をうつして小泉に建て中村城の鬼門除けにしたというが、この思想は民間にも広がったと思うし、草野の八竜神の如く里芋をうえず胡麻を蒔かぬといった植物禁忌は一層ひろく行われていた。神木の思想も広がった。

中村や小野の道祖神はいうまでもなく、石剣石棒の類をまつる祠も昔はずっと数多かったに相違ないが、奉賽物の陽物類を片付けたりこわしたりして名残をとゞめるだけとなり、一つも無くなってしまう時も近いことであろう。ただ真野川の上流道陸神山の麓に屹立する俗に立石と称する天然の大道祖神などはあまりに偉大で、何時の世にも沫殺されることは無い石器時代よりの記念碑らしい。石碑に文字を刻った道祖神も石城地方に見られるがむろん新しく、相馬では多く木製石製の陽物である。なお石碑では山神、古峰、湯殿、弁財天、足尾、秋葉、青麻、若木、小牛田、大黒等、いいかえれば火盗難、流行病、作柄、安産の如く最も人々の恐れ真心をこめて祈願せざるを得なかった神々が対象物となっていたことは、庚申、十九夜、二十三夜、馬頭尊等の碑の多いことと同じ傾向を示している。すなわち生活に最も必要なもの、弱い人間性を暴露したもののみである。この悲しい人間性の空隙をうずめてくれ、かつ生活の精神的支えとなってくれるものを神と呼び仏と呼ぶ。

次に小祠はいかなる場合、いかにして出来るものか、実例を整理して類型を考えてみるに下記のようになるかと思う。むろん殊更に相馬という制限された地域の資料によって考えられる範囲を出ないわけであるが、とにかく古代の神発生の条件が今も相通ずる点の多いかと思われるのが頼みである。

1不思議な出現

光を発して出現するという例が多いが、奥相志に出てくる例はほとんど仏の方である。成田の不動は、夜々田間に光を発するものがあつたが後で見たら石であつた。左綯の縄で右の石を結び、願がかなえば解く。瘧によいとされている。江井の馬頭観音は、夜々野中で光を発したり光の玉となつたりして転つた。人々はその地を掘って金壺を得、祝つて観音としたと。北原石仏山の古碑は泉長者のものというが、やはり下に黄金を埋めてあつたためか夜々光を発したそうで、瘧を患う者、左もじりの縄で石碑をしばれば治る。治れば解いて上げること前者と同じである。南柚木の子安観音は、正長中岩松義政の子義時が殺され、その母悲しんで矢目川に投じて死んだ。その時守本尊の観音が一旦沈んだが、飛んで夜々光を発した。その観音であるという。

江井の愛宕は昔土中より出現したものを、茂次兵衛なる者が護神として祀つたといい、南屋形の熊野は領主田中郷胤の氏神であつたが、後年荒廃して宮も無くなつた。更に後になつて土中より神体を得て再興した。棚塩の貴船および津明神、請戸の地蔵は海中より出現し、北原の出来神薬師は一夜にして出現した。また尾浜の牛石権現は、昔牛をこの地につないでおいたところ石に化していた云々。

2 漂着神

磯辺の寄木明神の如く、神が海辺に寄りついた例が多いのであるが、これも寺島三郎なる者が牡鹿郡の寺島から来て領主佐藤伊勢に仕えたのち漁師となる。ある日網に奇木がかゝり、神託によつて神と祀り大いに幸福を得た。時に天正中という。何度海中に捨てゝも同人の網にかゝつたともいつている。角部内の薬師は、正徳中大風の際波に浮んで渚に寄ってきた。村の太郎左衛門が家においてみると光を放つ。巫女によつてお告を知り堂に祀った。堤谷の虚空蔵は文禄中瞽者の建立にかゝるという。緑起によれば弘仁中怪風が起り、光明を発して像が汀に寄つた時、漁師達がお告によつて祀つたものである。大内の愛宕は、文治中漁師が港口で漁をしている際に網に入つた神体だといい、棚塩の薬師は応永中地震のため、堂のあつた岩山が共に海中に崩れ、仏体は漂流して檜葉の田網浜に漂着したことになつている。新地釣師浜の水神社は、本地は大日如来だというが、慶長中漁夫の網に入つたという。この類の話はなお多い。

3 神の思召によってまつる

山下の葉山権視は、天長中瞽者元都が、出羽村山郡寒川江庄よりうつしたが、この山は栃窪街道の南にあるので、朝日がのぼれば人々が葉山の影をふむことになる。ために牛馬に至るまで怪我が多い。永正元年四月烈風甚雨あり、山から光を発して北嶽に飛んだものがあつたが、今の御山の葉山はこれだという。江垂の山王も神託によつて高地を社地とした。立野烏帽子形山の葉山は、慶応元年のことと伝えるが嘉倉の今神山にうつした。それは今神山に時々神の姿を見かけるので、ここにうつられたいのだろうと村の人々が考えての結果であつたと。請戸の受戸明神の出現は他の項目とも関連するが、人皇のはじめ標葉の若野の浜に岩樟船が流れついた。中に九人の神女居り、村の新汐渡媛なる夫婦が家をつくつて住ませたところ、神は「海上の逆浪を静め舟の難を救ひて人を救ふべし」といつた。標葉記は古老の言を引いて、この明神は新羅国より請戸小島に出現した女神であり、その時阿部、荒両氏これをはじめて拝す。阿部氏為す所なく、荒氏社を小島に立てて経営す云々。

上栃窪の冠嶺八竜の縁起にいう。日本武尊東征の時道陸神山に陣し、地主神猿田彦命の霊示により皇御孫命を勧請し、冠嶺神社と称す。道引の神は道陸神なりしため山を道陸神山と称す。真野川立石は道陸神向降鎮座の地なり。のち寛喜二年四月八日道陸神山より今の地にうつせり云々。この縁起などは特に作為の跡が歴然として信憑し難く、むしろ古老の口碑のありのままなのに劣る。烏崎の阿弥陀堂は応永中岩松義政が鎌倉から乗船、奥州へ下る時、烏崎の沖に来た。時に一羽の烏が帆柱にとまり、鳴いたのを見て神仏の御告と信じ、上陸して館をつくり堂を建てたといい、南柚木の伊勢神宮も、彼の信仰したものでこの時建てたのだともいっている。

4 雷の威力を恐れて

柏崎の雷神は、天正中落雷があつて消えず、村人驚いてその地に雷神を勧請したと伝え、小浜の雷神は、宝暦四年三月十七日雷大いに震い、ために小祠を建てゝまつり、中村城の雷神は、寛文十年五月天守閣が雷火のために焼失した後の勧請であり、棚塩のは昔六月十八日雷が田に落ちた時、村の孫惣なる者、その土を隙地に封じ祠を建てて祀つたとある。北幾世橋のは享保四年六月十六日、雷落ちてのぼれず、院主が竿を立ててやったら伝わって上った、その日を以て祭とするという。磯辺の雷神壇も、昔落雷の際にその所の土をとって浄地におさめ壇を築いて祀ったと伝える。

5 神の威力を恐れて

これは一般的なことなのであるいは特に項目を立てる要がないかもしれぬ。しかも最初の成立に関しての適当な例は生憎管見に入っていない。南柚木の牛頭天王は、正長元年六月千倉の領主岩松義時が殺され、その母柚木の川に投じて死んだ時、母親の残した牛頭天王の画像を見つけて祠を建てて祀った。のち元禄に至り祀らなかつた時、疫病が流行したので、村人が神威を恐れて再興した。北原の愛宕は天保元年十一月十七日山火事が延焼してここに及んだ時、忽ち風の方位が変り大雨となり、村では一宇をも焼かずにすんだ。それから参籠者がいよいよ多くなつたという。

6 水の湧出する所にまつる

山上志津の清水権現は清水のわく所に、室原の水神も鍋毀沢にまつる如く、一般に水神、井戸神は湧水、流水の所に祀られる。南小高の出水神は、文政十年九月二日渡部仁太郎なる者が貴船社に参籠し、神託により社の近くに湧水あるを知つて御手洗水にしたという。

7神の邪魔をして祟られる

これも社の創建というわけではないが、小丸の金房滝に部落の人が網をはって鱒をとり、滝壺の邪魔をするものだから、水神が怒って、連日雨をふらせ、稲作が悪くなった。官ではそのために漁を制したという。

8山の道を拓いて安全を祈る

八木沢路傍の山神は、享保卯年八木沢道をつくり建立したものという。

9狩猟安全のため

下栃窪の山神は、明和二年一月十七日藩主相馬恕胤が田猟のため祠を建ててまつるという。

10狼害をさけるため

室原の狼神は、狼の害がひどいために祠を建てて祀ったというが、奥相志などは山神を祀ったものだろうと見ている。また猟師は狼を捕らないというのも山神の使とみているためであろう。

11霊力あるものをまつる

寺内の真野明神は、真野長者の霊をまつるといっているが、あるいは大同元年坂上田村麿が奥賊征伐の折建立、所持の笛をまつるともいう。上栃窪大貝の水神祠は、昔大蝶がこの田間より現われたので祠を建ててまつったという。泉沢大悲山薬師の大蛇の死骸をまつったのが釘野明神で、建武頃の話になって居り、また小祠ではないが飯崎に古墳があり、一切経を勧請して塚を築きまつった。この地を勧請地と呼び地名として残っている。

12霊　剣

北右田の御刀神社は、剣宮とも剣大明神とも称し、霊剣をまつる。一般に鏡を神体とする風はひろいが、鏡そのものを神と崇びまつる実例はこの辺には別に見ないようである。

13霊　鳥　霊　魚

鶴谷に昔行徳という者あり、池の傍の松樹に鶴が巣をつくり、卵をうんだのを、親鳥の歎きをよそに悪者が盗って煮た。その夜五老星が悪者の家をめぐったので遂に恐れて白状した。行徳は悲しんで卵を巣へ入れてのぞき見ると孵化して鳥となって居り、また反魂香というものを鳥から貰った。村人祠を建ててこの鳥をまつり子鶴明神というと。

柏崎に鶴巣野なる地名があるが、昔は鶴ノ子谷地といったそうである。村の悪童が親鳥の不在の時に子鶴を鍋に入れて煮殺した。親鶴が知って何か草をくわえて来て子の死骸を巻くにやがて蘇生した。それは韮に似た薬草だったという。こゝでは鳥を神にまつったとはいっていないようだが前の話とよく似ている。

小島田の樵夫兵九郎が山に行った。延宝五年閏十二月一日のことだったというが、椙原で一羽の死鳥を拾い、これをふところにして薪をとっていると、死鳥とよく似た鳥が山林をとび廻った。彼が帰ってからも鳥は家までついてきて人を恐れぬので、捕えて死鳥と共に籠中に入れておいたら觜を合せて死んでしまった。この雌雄らしい鳥を憐れんで人々に告げ、西光寺で供養を行い、卒塔婆を北山の万日堂に立てた。その文に曰く「南無阿弥陀仏、修多羅曰、凡有心者皆当作仏矣、為双飛禽離苦得楽也、若有畜生類一得聞仏名、□永離矣三悪道、定成菩提矣、于時延宝五丁巳年閏極月七日、西光寺雙誉現住」。

小谷の円応寺の伝説もこれと似ている。相馬重胤まだ総州より当郡にうつらぬ以前というが、寺の前の田間の沼で猟師が鴛鴦を射、鴛の首を打落したので鴦は飛去った。翌年再びかの猟師が来てみると鴦が居るのでまた射たら、先の鴛の首をつばさにわきばさんで持っていた。憐んで二首を池辺に埋め庵を立てて鴛鴦庵と称したのを、のち文明年間高胤の時一寺を建てて鴛鴦寺と称した。

垂仁帝の天照大神伊勢の五十鈴川上に鎮座、時に一羽の鶴が伊勢二見郷の萱浜に飛来って、一の稲穂を傍に置き七日七夜鳴いた。倭姫命がその地に行ってみたら稲穂があったので、喜んで稲種にしたところ尋常の収穫の倍あった。その鶴をまつって大年神と称したが、南柚木にある磯部大神宮というのももとはこれであると。

新田の大森山に大きな鷲が住んでいて害をなした。八幡の神力によって射殺されたが羽には人形符があつた。人形符のあるのは霊鳥だとて埋めて塚を築き鷲塚と称した。白鳥の神ともいう。この鷲を射た人の名を二又金七郎義勝といい、元禄中の人だともいっている。

烏崎の烏林山専法寺は、上古は天台宗で泉長者の建立と伝える。長者はもと紀州熊野麓の人で、父母が子の無いのを憂え、三所権現に祈誓して出来た子であつた。長じて木工となり、宮殿を修造して神恩を謝したというが、後年他国に住もうと考え、住所を神に祈願するに、一夜神が枕上に現れ、烏一番を以て汝に副ふべし、烏のとどまる所を以て汝の居所とせよとの神託あり、那智の海より乗船してゆくに、烏は専法寺の山に数日止った。そこでこの村を居所と定め、烏林山と号したが、のち泉村にうつって泉長者となつた。

この外、磯部大浜の鰹壇は、昔鰹が多く砂浜に跳上ったが、食ってはならぬ意であろうとて埋めて壇を築いた。泉大磯の大磯明神は、昔大鯨が当浜に寄った時勧請したといい、磯部の貝殻神は長さ六寸、内より銀光を発しかつ文様ある貝殻が海中より出たのを、小祠をたてて祀ったものだという。

14木　石　の　霊

新沼南行の大杉は、文久元年伐採しようとする時大風起り、人々恐れて伐ることが出来ず、造工官馬場氏の指教によって倒すを得たが、もとより先まで二つに裂け、同時に馬場氏宅の重ねておいた米俵が一時に崩れたと伝える。これは樹木そのものを神に祀った例でないが、こうした話はよく聞く。また西山にあった奇木は一幹になっているが上は分れて三本になって居り、祈れば瘧を治すに効があると。

石にも似た信仰あり、中村木挽町の後川岸にある石は、四角で方一尺五六寸、中に一条の白線あり、俗にしばり石と称されていたがよく祟った石であった。のち橋板に使ったが、通行人がつまずいて怪我するのはきまってこの石であったという。また小野田観音堂の辺から出土した矢根石は神鏃石と称され、大事に斎かれているそうである。真野川の奥の立石は巨大な自然石であるが、往古は道祖神としてまつられていたものらしい。

15霊　　泉

奥相志中神泉記によれば、初野羽黒の湯について、羽黒の山伏日光院海順が毎月山へ登り祈願をつづけていたが、この山に温泉あれば万人の病苦を救うことが出来るものと探しまわっている中、温泉ではないが霊泉らしいものを発見した。時に万延元年十月という。たまたまその頃坪田の村民で山仕事で怪我したものあり、夢で羽黒山の霊泉を知り浴したら忽ちに癒えた。文久二年湯神の小祠と不動とを建てた。

16氏　　神

氏神が無いためによくないことが続くので、法印などにみてもらって祀ったというような例を聞くに過ぎない。もっとも分家してはじめて氏神を設ける例に至ってはほとんど無数であろう。

17先祖の冥福を祈るため

寺院を創建する例はよくあるが、小祠に関して適当な例をまだ見ない。もっとも氏神はこれに当ると一部の人などは考えている。

18人　の　霊

伝説的なものも多いが例をあげる。谷田の人谷田権之亟は、寛文の末か延宝頃のことというが、一鎌を以て山谷の高低を測量し、谷田、酒井、高瀬、伊手、渋川、鴻巣、中田、両竹以上八ケ村に及ぶ溝渠を開き、天和中には室原の岩山をうがって立野へ水を通した。安政四年人々謀って石碑を室原川のほとりに立てて至誠霊神と銘したという。新しいが似た例としては明治になって荒至重がある。二宮尊徳の門人であったが、やはり灌漑用水路を完成して神として右田にまつられた。
もと小泉に朝晩院という寺あり、宝暦中住僧の某読経怠らず、毎年六月十五日になると弟子に、寺の後に二池を堀らせ三年で成就してからは、朝夕の加持水をここに納めた。また遺言して自分が死んだら手足を縮めずに葬れ、三年後発いて屍を見よと。その通りにして葬ったが、弟子共は憚って遂に墓を発くことをしなかった。詣れば子供の病疳、百日咳等によく、また池水をつければ瘡疹に利くと。
大将軍神は相馬昌胤の霊を、剱社は昌胤恕胤の霊を、亀齢社は恕胤の霊を、都玉は都胤の霊を因玉は因胤の霊を、まつっているが、藩主とかその子供達である。和田の玄蕃堂は、元和の頃はじめてこの地に塩場を開き製塩をすすめた玄蕃なる人の霊をまつるといい、坪田の若玉は安永二年門馬式部信経の霊をまつるという。八郎明神は明和中為朝の霊を相馬恕胤がまつったことになつている。日下石の老婆塚とか姥壇と称されているのは、天正中相馬と伊達と合戦した時のこと、杉目三河は新地で戦死したが、その婢は捕えられた時、自分の子を殺して主人の子を救った。のち老いて死んだが、姥壇は彼女をまつるという。蒲庭にある奥の法師熊野権現というのも全くの伝説であろうが、昔一人の法師が来て奥へ行く道を村の人に聞いた時、漁をしていた人々は忙しいからとて教えず、もし法師この魚を負わば教えようとからかって鮭魚を負わせた。やがて法師が背よりおろしたこも包を水中に投入れると逆流し、忽ち暴風雨となった。人々恐れて弘法大師ならるべしと爾後この海で鮭をとることを禁じ、大師を奥の法師熊野権現とまつったという。

19祟　　霊

前項のものと区別しかねるものもあるようであるが、とくに祟るものという意味で一、二の例をあげる。中村の体興霊神は門馬八郎兵衛の霊をまつるものであるが、彼は相馬恕胤の時の重臣で、無実の罪で死刑に処せられたのは安永二年であった。その後祟絶えず、京の吉田家に託してその霊をまつり、体興霊神と称して祀った。大亀の聖権現は、昔佐藤好信居舘の頃、高野聖が門前に来て一宿を乞うた。門番はこれを断ったので僧は門前に紙帳を張って寝た。佐藤氏怒つて斬殺すと僧は化して石となり祟をなしたので祠をたててまつったという。廻国の巡礼を殺した話は小野辺にもあって、供養碑なるものが建てられてある。

20旱魃祈雨のため

泉の雷神は、貞享二年旱魃により祠を建ててまつり、南屋形の雷神は、領主田中郷胤が旱天の際に降雨を祈り大いに雨降る。故に雷神を勧請してまつったものという。

21開墾成就のため

南柚木の伊勢太神宮の如く、荒地を拓き田を作って新戸を建てた際、太神宮をつくることが多かった。南小高の内宮外宮も新農家の護神であった。中村町清水の天神は、久米泰翁が荒地を拓くに当って開墾成就を祈って旧社地に再興したもの、南柚木の田神は原野を拓いた時、うがのみたまを祀ったものといっている。

22堰堤を築いて

寛文中横手唐神の堤を築いて、水神の祠を建ててまつる、土工官郡勘右衛門云々。南屋形の水神は、元禄中石ノ宮の堤を築き守護となし祠を建てた。郡吏富沢李兵衛土工官佐藤庄之助云々。上真野水神後の水神祠は、享保十九年大谷宗五郎、先人の指揮によって大貝関大関の両堰成る。故に水神をまつって里社とした。

23火難盗難よけ

中村の三峰山権現は安政六年の勧請で、除火難盗難を祈り、新沼の秋葉は棟札に、奉再建秋葉山閣、右為殊者当村施主消除火災攸、天下泰平国土安穏云々、文化十有一年甲戌立秋。

24疱　瘡　よ　け

南柚木の疱瘡祠は、貞享中はじめて疱瘡祠をまつるといい、また延享二年三月出羽国若木より勧請して祠を立て村鎮守となすという。

25流行病よけ

天徳元年疫癘流行し、祠を建ててまつるに頓に下火になつた。故に祠を建ててまつるという。柚木梅光山境内の牛頭天王がそれであると。

26安　産　の　た　め

管見に入つた例は小牛田山神の碑であるが、共に磯部大浜にあり、一は文政三年十一月大浜の女人講中建つ、一は文政六年上之台古磯部の女人講中建立とある。

27武　運　長　久

延喜五年平良文征夷の時、羽黒権現に祈って平定することが出来たというので、神恩を謝するために、越前村上、奥州村上、同じく宇多伊具両境の三ケ所に創建したと伝え、本社は羽州田川郡だという。ここの羽黒はその一つである。坪田の八幡は、昔白川道忠等が弓箭冥加のために勧請したことになっている。

28鍛　冶　守　護

信田沢村の荒神は石像だというが、昔志賀奥右衛門という土地の富人が、内城沢に鍛冶所をつくって荒神を建てたという。

29穀　船　安　全

大井の荷渡権現は創建年代未詳であるが、昔二十四邑の運糧船がこの浜より出たのでこの神を祀る、蓋し水神かと記録には見える。

30養　蚕　成　就

大田和の蚕養童子は、文化十年はじめて建立。

31田圃丈勘守護

磯部大浜の熊野は、元禄十年田圃丈勘の折、村長十左衛門の心願により、修験威徳院光円が紀州熊野に詣で、神幣をもって帰り祠を建てた。

32行路安全、馬匹守護

助(たすけ)の観音は八木沢の路傍にあって、雪道に難儀する旅人を助けたといい、昔八木沢道を拓いた時建てたと伝える。本尊は馬頭観音という。こうした意味をもつ助の地名は領内この外に一、二ケ所ある。また信田沢の志賀氏は、最上笹谷嶺十二所の間、一町毎に石地蔵を立て、雪中往来者の目当てにしたそうである。

33誓　約　の　た　め

南屋形の石ノ宮(地名)にある石ノ宮八幡について縁起にいう。応永中岩松義政千倉庄を領し、新里、中里、島、蒔田が四天王であった。応永二十六年七月義政病重く、四臣をよんで嫡男専千代丸を助けて家を守ってくれと依頼した。四臣等答えて何で二心を抱こうと。義政喜び然らば誓文を書いて赤心をあらわせ、紙は朽ちるから石に刻せよと、その通りにしたが十年の後、彼等は約にそむいて幼君を殺し、のち皆相馬に属した。のちこの石を崇めて石ノ宮と称し八幡宮を、勧請した云々。また別に説あり、相馬顕胤岩城重隆の女を伊達稙宗の子晴宗に媒酌したが重隆は一旦承諾しながら約にそむいた。顕胤怒ってこれを討ち女を嫁せしめた。稙宗信義に感じ伊達の地を割いて顕胤に与えようとするや、晴宗父を幽居せしめた。顕胤再度攻めて稙宗を相馬に迎えた。稙宗いよいよその恩義に感じ、伊達七世相馬に弓ひくべからずと石に刻して去ったが、のち伊達方聞いて恥とし盗まんとしたので埋めて八幡宮をその上に勧請したのだという。

34護寺神として

奥相志にいう、昌胤公都玉権現を以て興仁寺(昌胤開基)の鎮守の神となす。のち宮を宇多郡高松にうつす。また寺を高松にうつさんと欲す。公逝きて果さず云々。

35吉田神道の関係から

元禄時の藩主相馬昌胤は深く吉田神道に帰依したので、この神道の副産物ともいうべき神祠がいくつか生れた。養真殿もその一つで、昌胤が吉田家の指導の下に中村城内に設けたものであった。

36総　州　よ　り

総州より勧請といってもここにいうのは、元亨中領主相馬氏が新に頼朝より賜つた相馬に総州より移住した。それに伴って相馬氏にゆかりのある人々、あるいは社寺が同じく移ったものの多いことで、中には移住者の氏神等も含まれるわけである。重胤年譜、奥相志等によつて例を挙げれば鎮守鳳輦妙見塩釜鷲宮三社に供奉し来れるは、星宮社家田代左衛門大夫信盛、塩釜社社家木幡源内、鷲宮社家西山源太。寺院は省略するとして外に総州より供奉し来ると伝えるものを記録のある限り挙げれば、歩卒十左衛門なる者、地蔵尊を負い重胤に扈従、行方に来て堂を建てて安置した。遠藤丹波は妙見神輿に従い下向し、自分の守仏阿弥陀を持ってきて南右田高畑に安置した。南右田の後坪にある阿弥陀は百姓弥兵衛の守仏であった。百姓伊兵次の祖先は観音を負うて来り太田村道内に安置、岡村掃部左衛門は、出穂の早稲藁で妙見の神体を包みこれを負うて大甕に来り戸屋下の梅の古木に掛けおいて宮を造つて遷座したので苞掛の妙見という。山先の九郎兵衛も山神を神輿につけて重胤について来て、馬場野の深山内山に安置した。百姓二人岡村から地蔵を負うて大甕の森合岩窟に安置、窟の地蔵と称した。

37領　主　の　建　立

元亨中相馬氏が下総より移住の際、妙見、塩釜、鷲宮の三社をうつしたことは別にもいったが、その他記録によれば、正中年中重胤中郷太田より小高にうつった時妙見を建ててまつるといい、金谷の社地ケ森山神は胤頼が願の筋があつて建立、同じく金谷の若林の妙見も胤頼の勧請といい、南新田の妙見は外天義胤慶長十一年の建立、牛越妙見舘の妙見はやはり慶長中時の藩主の建立にかかり、高倉の妙見は元禄十年昌胤の建立、北幾世橋の妙見および住吉玉津島なる末社も元禄中昌胤の建立、中村城三の丸の稲荷は元禄十一年忠胤の女亀姫の建立と伝う。なおいい落したが小高入迫の国王祠は本祠は下総猿島郡岩井郷にあり将門をまつるというが、重胤の行方移住の時に祠を建ててまつるといい、相馬氏の祖神としたという。中村西山の愛宕は前の義胤の時総州より小高に勧請したように伝えている。

岩松氏に関するものも多い。氏は足利の族で鎌倉に住んでいたが、応永十三年蔵人頭義政の時、当千倉庄にうつり住み、この時いくつかの社寺をうつした。今南柚木にある太神宮もそれで武運長久祈願のため荒木田朝臣をして伊勢内宮の分霊を勧請、伊勢四日市より四日市日光太夫をうつして祠官となす云々。北右田の天神宮は、岩松氏横手に居った時、祠を居舘の西に建ててまつる。のちこの地にうつり祠もまたうつす。これについては四方固めの思想か、居舘の西に右の天神、南に八幡、東に神明、北に妙見をまつる、そして護神としたとあり、外に聖権現を居舘の東南に建てた。また横手の日天月天の祠も牛河内の稲荷および牛頭天王の祠も応永中義政の建立にかかると伝う。

中村中野の熊野は、文治中紀州藤代の鈴木四郎穂積重原が奥州に下り、宇多に住み熊野を建てたといい、相馬では最も古い熊野である。中村西山の葉山も鈴木氏の創建かと伝えるが年代はわからない。

成田の牛頭天王は、南北朝頃、白川道忠が建てて笹木雅楽吉久を祠官にしたと伝え、寺内の八幡と諏訪は、やはり建武中顕家の族桑折より来つて真野郷に住し、三男真野三郎横手に居って嗣の無いため、鎌倉将軍に請うて岩松義政を嗣とした。のち三郎寺内に隠栖し両社をまつり守護神となし、神田を寄せその地を諏訪田という云々。上浦中村迫の熊野は、明応頃の中村大和胤孝が上浦に居舘の時に勧請、傍に稲荷を修営し社田二町を寄せた。横手の薬師は昔細谷の舘主佐藤氏が、信夫佐場野の医王寺よりこの地にうつして堂を建てて安置し代々守仏としたというが年代不明

東照権現については不明であるが、成田の東照権現壇については昔欽命ありて壇を村々に築き権現壇と称し家康の霊をまつる。天明中叢祠あり、その後廃亡古木のみ存す云々。

38 篤志家の建立

中村大工町の妙見は、元禄七年鍛工木工等が新たに祠を建立したもので、その神体というのは、鍛冶の長伏見氏の祖先が総州から負うて来て数世の間自家に置いたが、後年京仏工に修繕させたのを機に、俗家におくのは恐れ多いとてうつしまつったもので、木匠等の護神となっている。小泉北山の弁天祠は、元禄十四年四月中村の富人弁天講中のもの祠を立ててまつる。

最近の話であるが、原釜の高橋氏は年に一回舟の人々七人と妙見の画像をかけて妙見講のようなことをしているが、かって暴風にあい妙見を信心して助ったからだという。こういう所に信仰は生ずるので、一般的には海岸に津明神、こんぴら、妙見の信仰などもあるようだという。

39 普通の勧請

普通の勧請という言い方は変であろうが、別に特殊のいい伝えもないというだけの意である。またはあっても、忘れられたりして今は

不明になったというのも多いのであろう。十五、六例を見るが、勧請年月を伝えているのも多くは信憑性が無いゆえ省略する。

つぎにこうした部落の空気の中で小祠が成立したとして、年代の明瞭となっている実例を拾いあげることは頗る困難である。以下奥相志より抄出しても、大宝中とか日本武尊東征の時とか垂仁帝の時とか、単なる伝説を記したらしく歴史的には全く信憑するに足らぬ無稽なものも多いのであるが、時代が下るにつれて流石に正確さが増している。そういう点に注意さえすれば傾向を見るにはやや足りるかと信ずる。ただし中に観音、虚空蔵、薬師、阿弥陀等の不純物が極めて少数ながら混入している。

小祠成立年代表

	奈良以前	平安	鎌倉	室町	安土桃山	江戸	年不明
1不思議な出現				一(正長元)			八
2漂着神	一(大宝)	二(弘仁・文治)		一(応永一七)	一(天正一三)	一(正徳二)	○
3神の思召によつてまつる	一(日本武)	一(天長三)		一(応永)		一(慶応元)	四
4雷の威力を恐れて				一(天文)		三(寛文一三・享保四・宝暦四)	二
5神の威力を恐れて				一(正長元)			一
6水の湧出する所に						一(文政一〇)	二
7神の邪魔して祟られる							一
8山の道を拓いて安全を祈る						一(享保八)	○
9狩猟安全のため							○
10狼害をさけるため						一(明和二)	二
11霊力あるものを祀る		一(大同元)					三
12霊剣							一
13霊鳥霊魚	一(垂仁)				一(文禄)	一(延宝五)	九
14石木の霊						一(文久元)	五

15 霊泉						一(万延元)	○
16 氏神							一
17 先祖の冥福を祈るため						六(元禄・宝暦・明和・安永二・天明二・寛政三・安政四)	一
18 人の霊				一(天文)	一(天正一七)		三
19 祟霊				一(天文)			一
20 旱魃祈雨のため				一(応永)		一(貞享二)	○
21 開墾成就のため						三(寛文・元禄・享保一九)	五
22 堰堤を築いて							○
23 火難盗難よけ						二(文化一二・安政六)	○
24 疱瘡よけ						一(延享二)	○
25 流行病よけ		一(天徳元)					○
26 安産のため						二(文政六・安政三)	○
27 武運長久		二(延喜五・義家の時)		一(白川道忠の時)			一
28 鍛冶							一
29 穀船安全							一
30 養蚕成就						一(文化一〇)	○
31 田圃丈勘守護						一(元禄一〇)	○
32 行路安全馬安全							一
33 誓約のため				一(応永二〇)			○
34 護寺神として						一(元禄の頃)	○
35 吉田神道との関係						一(宝永六)	○
36 総州より			一(元亨三)			三(慶長一一・慶長中・元禄一二)	二
37 領主の建立		一(文治)	一(元亨頃)	一五(正平・延文・貞治頃・応永のもの一二)		二(元禄七・一四)	一
38 篤志家の建立							○
39 普通の勧請		二(天長七・天慶元)	一(元亨三)	一(正長元)		七(寛文中のもの三・元禄中のもの三・宝暦四)	四
40 その他							一

二

以上は大小は別としてとにかく祠という形をとるに至った程度のものを挙げたのであるが、形のはっきりせぬ、しかも信仰の顕著なものもなお多い。やはり生活に心要な原因があって成立し、生活の変化に伴って変遷し、常に人と共に消長を繰返しているのである。主な例をあげる。

1水　の　神

大ていは陰暦九月の氏神まつりの時に一緒に祭をする習で、日常使用する水辺に幣を立て新穀を供える。たとい氏神の無い家でも井戸の無い家はないから皆まつる。共用の井や泉には、使用する限りの家で幣を同じ処に立てる。磐城の方では、新藁を下を開いて円錐形に立ててその中に幣を入れるが、相馬では一般に藁の祠は無くて、水辺の地上に幣のみをあらわに立てる。中には木や石の簡単な形の祠に入れて雨ざらしにするのをふせいでいるのがあるが、小祠にうつって行く過程がわかる。

2竈　の　神

かまの神は屋内にまつるが、大神宮の棚の端の方や、かま屋の竈のある所に棚を作って幣をまつる。幣でなくしめ縄を掛ける所も多い。この場合は別段かまの神と呼ぶ幣は置かずに、そのしめ縄をおかまさまというようである。普通の年は十二本の藁を下げ、閏年は十三本下げるという。おかま様も、水神と同じくまつらぬ家は殆んどないが、祠をつくっておく家となると極めて少い。

3火　の　神

民間信仰としては愛宕よりも秋葉古峰が多い。秋葉講、こぶが原講はよくあって今も参詣にゆく話をきく。諸所に碑が建てられ、また受けてきたお札を町の札場などに貼ってあるのを見ることがよくあり、町内に火事でもあると一そう信仰が盛んになつて、碑をたてたり祠を造ったりもするのである。家の梁に縄を一巻きずつ輪に結んで火伏のまじないとする風のあるのも、全く似た信仰の現れと見られる。

4盗難よけの神

古峰は盗難よけの神としても信仰が強いが、山の神などにも同様の信仰のあるものがあって、相馬なら佐須の山神、磐城なら桐丘の山神という風に、大体信仰の中心となるべきものがあり、そこから更に分化して行った向もある。稲束の盗まれるのをふせぐために、藁人形を造って呪詛した風の大正頃まで残っていたというのも、祠の無い盗難よけの対象物だったのである。

5田　の　神

田の神を神棚にまつる家も多い。大神宮などの棚と別棚にする家は丁寧なわけだが、一緒の場合は下座の方におくのが普通で、大てい田植しまいの時の苗の一束を供えて置く。泉辺では秋の氏神祭の時に、一本の幣を田圃や畑に立てて田の神としてまつって居る。正月拝ん松を田畑に立てて田の神をまつると称する風と似ている。苗代の種蒔の時、水口祭をするのも田の神をまつるのだというが、今はすたれて山間地方に名残をとゞめているに過ぎぬようだが石城にはなお多い。

6蛇　　霊

屋敷内で氏神祭をする時、氏神祠の傍に、これも藁を円錐形に立てて幣をまつるものに、蛇霊とか蛇類とか呼ぶものが多いのに気付く。蛇をまつるといい、また水の神だといい、田の神だともいう。恐らくは何れも本当であって、とにかく水神系統のものと思われる。蛇だから立派な祠は造らぬのだなどともいっているが、また恒久的な氏神祠に合祀の形をとっている場合などもむろんある。

7山の神とえびす大黒

ここでいう山の神は、主に家々でまつる場合をいうので、山御講は一月と十月の十七日で主に山仕事をする人や農家が、えびす講は一月と十月の二十日で、主に商家がこれをまつる。大黒の碑もあるが、山神の碑のとくに多いのが目立ち、祠の形をなしているものも多い。石城の山間地方などでは、山の神は三つ股の木に居るといい、そういう木を伐ることを忌むと聞いた。それから思わぬ所の大木の根元などにしめを結い、竹筒の徳利の下っていることなどがあり、そういうのは大てい山神であった。田の神との関係はこの地方でもいうが別に述べた。

えびす大黒の方は、部屋の神棚にまつる家が多く、たま別棚にする家もある。

なおついでながら、神無月の出雲の神の会議に都合があって出席しないのは、山の神、えびす、おかま様の三柱であるから、この月にそれぞれの講を催して慰めて上げるのだという。

8疫病よけの神

身につけたもの例えば櫛とか手拭とかを、道の辻にすてて厄を落したとする風は強かった。昭和三十年頃、自分の家近くの国道の橋のてすりに、「やんめ安売り一銭五厘」と書いた紙片の貼られてあるのを見たことがある。また石城の山間部では、天王さまの日に藁人形を造って村の境に置き、厄病神の入らぬまじないをしているのを見た。疱瘡神を送るには、さん俵に小豆飯をむすびにしたものをのせ、五色の幣を立てて道の辻においてくるのであって、自分の幼時よく見たものだが、大なる草鞋を造って五色の幣と共に家近くの木などに下げておくのは、今でも稀に見ることがある。ほうそう神様とかもがみ様とかいって恐れ、かつ気味悪がった印象が今でもある。二月八日と十二月八日に、戸外に下駄など出しておくと、やく神に判をおされるとて恐れるが、やく神はどういうものかを別にいって居ない。若木の信仰もかなり多く、稀に祠や碑になって居るのもある。にわとり権現信仰も稀に見られる。

9目の神、耳の神、足の神

目の場合は、薬師など本来のものの外に弁天が多く、また巳待と刻んだ碑が諸所に見られる。耳の神様は、大てい木の椀に穴をあけたものなどを奉賽物にしている。道祖神の信仰と一緒になり、それがまた本地の地蔵とも結び、同様の奉賽物を供える碑や祠堂も多く、原釜の貝殻地蔵や石城長友さやどの地蔵などその例かと推量される。この道祖神の場合は、耳が通ることから変って(あるいは逆か)男女相通ずる縁結び信仰にもなっているし、通るといえば道が通るで行旅安全になっているわけであるが、当地ではこの信仰は稀薄である。

足尾の碑も見られる。祠になっているものもあるが、皆足形の石や草鞋を奉賽物とする。足の悪い人のみでなく、旅人は足に怪我なきように、馬車ひきなどは足の強健を祈願したから、道路の傍にまつられることが多かった。

10性　の　神

僅かに残存するものを見ると、縁むすびや性病治癒を祈る道祖神の信仰で、神体は殆んど石の陽物であるが、それが戸外にある場合もあり、小さな木製のものとなって祠の中にあることもある。明治になって多くは廃棄されたが、今も稀には新しい木製のものが上っているのを見るから、信仰は跡を絶ったわけでもない。縁結びには、よく女の方で男のを造って上げるのだという。

11安　産　の　神

安産子安の信仰は、神より仏に多く、代表的なものは二十三夜であった。これに反して石城方面は十九夜の如意輪観音である。二十三夜は勢至をまつるといい、相馬には頗る多くて至る所に碑が見られ、殆んどすべて二十三夜とか二十三夜塔とあるのに、泉にある文化十二年の碑には二十三夜神とあったのは珍しい。

12馬　の　神

放牧の盛んな山間地方では、家内に神棚を別に下座の方などにつくって、馬の神をまつっておくことが多かったが、傍に馬頭観音を立てることは一般の風で山間部に限らず、それに現在も信仰が続いている。馬の斃死した時供養のため立てることも多い。石城で東堂山の札を受けてきてまつるように、相馬では駒ケ嶺の総前社の神札をまつることが多く、小池の馬頭観音の札を貰ってくる場合も多い。また碑中に馬力神と書いたのが稀にあったが、これは古いものではなかった。

13出　歩　く　神

出歩くことを好む神にしんめい様がある。夫婦一対の神像で明治以後は村の祠堂に置かれたり修験の家にあずけられたりして、家々を持歩かれることも稀になったが、時にはお堂から借出されて頭痛を治したり肩のこりを治してもらったりする。また遊ばせて上げたりもする。碑は無い。

14大　漁　の　神

あんば様には大漁を祈る。はっきりした宮をなしているのも稀にはあるが、碑もあり、形をなしていない向もある。漁師たちが忙しくて浜を休にしたい時など、一夜の中に浜にしめ縄を張る。これをあんば様が飾られたと称し、船止めとなる。

第三編　小祠の成立に影響を及ぼせる諸信仰の考察

神祠は神道に属し仏堂は仏教に属するといっても、民間の信仰よりすれば、その間にやかましい差を認めようとしてもあまり意味は無い。例えば安産子育てを祈る場合は、子安明神にでも子育て観音にでも十九夜様にでもよく、百日咳は若木に祈り、中風は青麻に祈り、虫よけにはおとぐら様を拝む。神でも仏でもそんな事はかまわない、強いて区別もしようとしないのである。したがって小祠の成立を考えるにしても、小祠そのものだけを対象にしても完全でなく、仏教や修験道や神道やその他の民間信仰を通して、ひろく考察されなければならない。すなわちこれらの信仰は、小祠の成立発達等に、直接でないにしても間接に種々の影響を与えている。むしろ小祠を成立させたと同じ、あるいは似た条件を提供しているらしいからである。しかし取扱うとすれば範囲が広すぎて到底力が及ばない。ここでは相馬にとくにあらわれた面をあげてみる外はない。

なお過去の相馬において、既成宗教と考えられ、あるいはこれに近いものは、やはり仏教、修験道、神道であるが、内面的には非常な影響を庶民の生活に及ぼしている修験道も、神社や寺ほどには、はっきりした形を外に出していない。その神社と寺だけでも、何時の時代にどれだけの数のものが出来たか、縁起その他によってともかくも創建を伝えているものに限り表にした。一応の傾向だけはそう誤りなく伝えているものと思われる。

右の表中、元亨以前は確たる資料が無いから省略した。元亨年間に社寺の建立の多いらしかったのは、この三年四月に、相馬氏がはじめて下総より奥州相馬なる現地に移り住んだので、妙見をはじめ社寺のうつされたものも数多かったわけである。つぎに応永年間に多いのは、岩松氏が鎌倉より相馬の千倉荘に移り住んだためで、この時も多くの

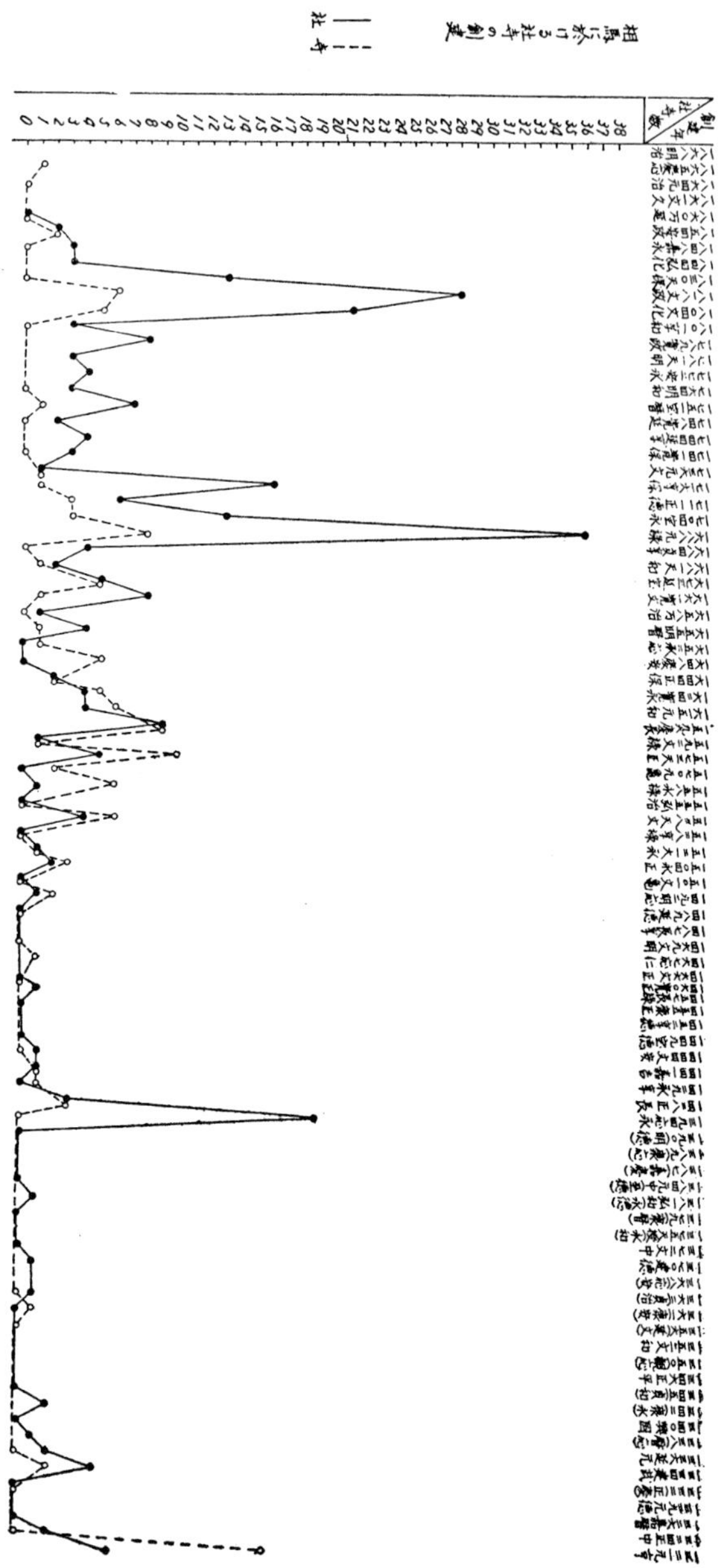

社寺を移したことが歴史に明かである。しかし岩松は忽ちほろびて相馬氏の領に帰した。慶長に多いのも、小高在城の相馬氏が、中村（今の相馬市）に新城を築き、はじめて城下町をつくって社寺なども整理したためであろう。つぎに元禄時とくに多いのは、時の藩主相馬昌胤が特に神仏を崇敬して、至る所に建立したことによるもので、だいたい現在の社寺の基はこの時に出来たと認められる。元禄についだ宝永享保頃、ずっと下って文化文政頃、共に相馬としては、一応社会情勢も落着いて余裕があったことが、社寺の建立を多くしたものであろう。

第一章　仏教、とくに真宗移民の影響

第一節　相馬における寺堂の分布と成立様式

一

徳川中期、恐らく寛保中かと思われる「総郷諸寺院社家修験帳」(相馬家蔵)によれば、

本寺真言歓喜寺(百十五石六斗九升)、その門徒二十個寺(一石より十四石まで)、末寺一個寺(宝蔵寺十四石九斗七升)、同寺門中十個寺(一石より十石まで)、末寺大聖寺(二十石二斗三升)、同寺門末四個寺(三石より四石八斗)、末寺遍照寺(十六石七斗九升)、以上計三十八個寺、寺社奉行支配であり、外に歓喜寺門中無禄寺三十五個寺、宝蔵寺門中無禄寺三個寺、、大聖寺門中無禄寺二十三個寺、遍照寺門中無禄寺五個寺、すなわち歓喜寺系統は総数百四個寺となる。本寺真言八幡寺(六十六石七斗)の方は、門徒十一個寺(二石より十二石七斗八升まで)、計十二個寺寺社奉行支配、門中の無禄寺三十個寺、すなわち八幡寺系は総数四十二個寺、真言宗本寺安養寺(四十六石一斗九升)は、門徒三個寺(七斗九升より十石六斗一升まで)、末寺一個寺(医徳寺九石九斗六升)、以上五個寺は寺社奉行支配であり、外に門中無禄寺十個寺、医徳寺門中無禄寺四個寺、すなわち安養寺系総数十九個寺。

律院一個寺聖憧寺(湯島霊雲寺末、無禄、元文元年より)。本寺曹洞同慶寺百八石五斗一升、門徒十二個寺(六斗六升より三十七石九斗二升まで)、以上十三個寺寺社奉行支配、門中無禄寺十三個寺、末寺会津領五個寺、岩屋寺末寺無禄寺二個寺、すなわち同慶寺系総数三十三個寺。本寺曹洞新祥寺五十石七斗二升、門徒九個寺(六斗九升より三十八石四斗六升)、以上十個寺寺社奉行支配、門中無禄寺六個寺、すなわち新祥寺系総数十六個寺。本寺曹洞円応寺五十石八斗、門徒五個寺(一斗八升より十一石一斗三升まで)、以上六個寺寺社奉行支配、門中無禄寺五個寺、花光院末寺無禄一個寺。すなわち円応寺系総数十二個寺。本寺浄土興仁寺百石六合、七個寺(三石より二十石一升四合八勺)、以上八個寺寺社奉行支配、すなわち興仁寺系総数八個寺。本寺浄土阿弥陀寺四十六石四斗五升一合五勺、末寺三個寺(一石八合五勺より五石六斗八升八合まで)、以上四個寺寺社奉行支配、阿弥陀寺末寺無禄二個寺、すなわち阿弥陀寺系総数六個寺。浄土西光寺五十一石、末寺三個寺(一石三合より五石九斗五合八勺まで)、以上四個寺寺社奉行支配、末寺無禄二個寺(うち一寺は仙台領)、すなわち西光寺系総数六個寺。臨済長松寺三十六石六升、末寺二個寺(一石七斗五升と三石)、以上三個寺は寺社奉行支配、すなわち長松寺系総数三個寺。日蓮仏立寺十石八斗八升、浄土真光善寺十五石四斗六升、正西寺(大堀村三石)。

本山修験本寺上之坊（四十一石五斗六升）、同行四十二人（院代三院を含む、一石より十二石五斗まで）、同行無禄寺、これは三十一名の名が見えるだけで後は紙が切れていて無い。この次に羽黒派修験本寺日光院とその配下の寺院があつた筈なのに知るを得ぬのは残念である。

相馬における各派寺院数（寛保頃と推定）

派別	本寺または代表寺院	寺院数
真言系	歓喜寺、八幡寺、安養寺	一六五
律系	聖憧寺	一
曹洞系	同慶寺、新祥寺、円応寺	六一
浄土系	興仁寺、阿弥陀寺、西光寺	二〇
臨済系	長松寺	三
日蓮系	仏立寺	一
浄土真宗系	光善寺、正西寺	二
小計		二五三

これに、奥相志中より修験を拾って補えば、

本山派	上之坊（天台系）	一三九
羽黒派	日光院	七七
小計		二一六

となるから、相馬領内の寺院総数は四六九となる。すなわち奥相志の寺院数も、浄土真宗の寺が文化文政以後の移民

」に伴なって増加した位で、他はあまり増減が見られないようであるから、結局「前記寛保頃と奥相志の出来た頃との百年以上のへだたりは、さして問題にならぬと見える。これで見れば徳川期にもなお真言の勢力が最も強く、天台も名残りを止めてこれに次いでいたかと思われる。もっとも天台の寺院は、この頃はすでに衰えたものが多く、ただあるのは修験本寺上之坊と、これに属する百余の寺院を数えるだけである。相馬の天台が何時から衰えたか不明であるが、もと天台であったが今は別なものになっているということが、寺院の縁起によく見られるところよりしても、やはり相馬においても往古は、天台真言の二宗が栄えていたことがわかるのである。

中古およびそれ以前と伝える寺院の例を寺伝のままに羅列すれば、

天王山正福院増福寺(泉沢)	永正元年、永谷常陸開建。
亀池山光西寺(中村迫)	大永二年、中村秀隆建立、真言。
八景山観音院安楽寺(八景)	保元中、標葉隆義、もと醍醐三宝院末。
藤橋山無量寺宝珠院(藤橋)	保元中、標葉隆義、もと醍醐三宝院末。
香積山華光院(川添)	嘉吉二年以来、大檀那標葉郡主標葉清隆寺田を寄附云々。
熊野山安楽坊蓮花院清水寺(小野田)	坂上田村麻呂創建、もと天台。
烏林山専法寺(烏崎)	泉長者建立。
竜光山滝之坊滝沢寺(大内)	元暦元年開建。
大内山妙雲院万福寺(大内)	大同年中開建。
平出山摩尼院宝蔵寺(海老)	坂上田村麻呂東征の時創建、もと和州長谷小池坊直末。
白竜山岩松院(信田沢)	泉長者建立、もと天台、今曹洞。
太田山岩屋寺(上太田)	元亨中相馬重胤下向の時すでにあり、この辺三浦正清の居塁、もと天台、今曹洞。
平田山円通院新祥寺(原町新田)	康平中開基、天台の霊蹟という。
平田山新善寺(原町北新田)	昔泉長者の本願により、信濃善光寺よりうつすという。旧号新善光寺。
海月山清光院(泉)	開山同慶三世中庵(天文十五年寂)。

小高山同慶寺（小高）　開山不詳、遠古天台宗、中古より能州諸嶽山総持寺末、北畠顕家霊山居城の時当山を祈願所とせりという、寺主世代第一世遠山祖久は明応五年開山入院。

岩松山長谷寺（中村）　遠古は天台宗霊山寺末、北畠顕家霊山在城の時、その麾下中村広重の祈願所であったという。本尊の十一面観音は和州長谷の観音を模したという。

岩迫山阿弥陀院観喜寺（中村）　真言新義、城州宇治郡醍醐松橋無量寿院末、もと小高郷大井村岩迫に創建、小高前郡主古小高氏の祈願院、古小高は本姓行方、元亨中相馬重胤総州より相馬にうつってより相馬に属し、のち天文中亡ぶ。

豊池山円応寺（中村）　もと小谷にあり、曹洞、羽州米沢瑞竜寺末、開山瑞竜院三世月窓、開基相馬高胤（高胤は永享頃の人）。

竜華山弥勒院実相寺（黒木）　真言新義、応仁二年三月の高野山無量光院（今巴陵院）願文帳に実相寺海叶と載すという。また文安六年大檀那高胤大願主聖主の銘ありという。

姫路山如法寺（今田）　北畠顕家の女松尾姫の建立という。

庭中山阿弥陀院海蔵寺（磯辺）　天文中佐藤伊勢の創建、同家の祈願所。

岩浦山金竜寺（磯辺）　開山円応三世大準慶的、天文中佐藤妙信の香花院。

白鼠山大法寺（川房）　天文中。

浦嶽山善光寺（上浦）　天正中、王翁開山、中村氏香花院。

竜燈山与謝院大聖寺（幾世橋）　昔は洛東醍醐三宝院末、標葉氏累代の祈願所、明応中前の盛胤、標葉清隆隆成父子と戦い兵火伽藍を焼く云々。

朝日山建昌寺（黒木）　天文以前という。

以上の寺伝は、正確性を考えると心もとない点があるにしても、当時かなり古い寺院も相当あったことは想像することが出来、中には山岳宗教といわれるものの名残りも幾つか認められるのである。

つぎに入ってきたのは、元亨三年領主相馬重胤が、総州より当地に移住した際、これにしたがい、あるいはその後間もない期間にやって来たと伝える数多い寺院である。

岩台山弥勒寺五台院（真野）、岡田山法幢寺（泉）、久保山地蔵院安養寺（中村真言、智積院末）、山上山万蔵院（山上）、放生山長命院八幡寺（坪田、旧号赤木山長命寺、真言、醍醐三宝院末）、吉奈山光明寺証覚院（立谷）、相馬山長徳寺摂取院（程田）、華輪山立石寺日光院（中村、もと栃窪華輪山にあり）、大聖山般若寺大蓮院（中村）、滝場山弥陀院滝泉寺（耳谷）、高平山阿弥陀院寛徳寺（小泉）、御舘山護国院（中村、真言、八幡寺系）、清水山福善院真福寺（中村、真言、八幡寺系）、宝月山東泉院（中村、浄土、同慶寺系）、薬王山本明院（刈宿、上之坊派）

地方に割拠していた相馬氏以外の豪族も、多分それぞれの寺をもっていたらしく、また実際にわかっているものもあるが、相馬氏の転入以来、皆その勢威におされてしまったわけで、標葉氏にしても、岩松氏にしてもその例にもれなかった。とにかく徳川以来の旧寺院、ことに相馬氏転封と関係のあるものは大事にされたもので、藩の年譜にも、藩侯入部以来何百年に相当するので、関東以来の古い社寺が招待され、また賜物のあったことが、記録としてよく見られる。普段でも、代々藩主家の祈禱所となっていて、何事があっても加持し守札を上げるなどのことが多かった。

つぎに、村々において、寺にまつり堂にまつるものは何かというに、奥相志によって郷別に統計を出してみれば別表の如くになる。これは独立した堂にまつる仏と、寺にまつる諸仏中、本尊のみを取り上げて出した数字である。数よりすれば相馬北部なる宇多郷が多いが、これは慶長以後藩の中心が宇多にうつり、祠堂もしたがっていわゆるおひざもとに栄えたもので、特別の理由は無いと思われる。とにかくまつられる仏として群を抜いているのは観音であって、阿弥陀と不動もついで多く、つぎに地蔵、薬師という順である。もっとも村人にとっては、祠に神をまつるのも、堂に仏をまつるのも、気持の上では大差無いのであって、心のより所になるのであれば、神でも仏でもあまり拘泥しなかった。まして知識の貧しさから、神であるか仏であるか区別がつかぬにおいては尚更のことである。

最後に、寺院仏堂等は何時代に何系統のものが出来たかも興味ある問題であるが、これは資料が乏しすぎる。ここには創建年代を伝えているもののみを挙げて一応の統計を出して、大凡の見当をつけてみれば、相馬氏入部の年という元亨年間と伝えるもの、建武頃、応永頃、天文、天正より慶長、元和、寛永にかけて、元禄より正徳前にかけて、文化、文政頃、というように数の多いのが目につき、神社の場合などとほぼ一致する。元亨が特に多いのは、相馬侯の入部の

村の寺堂にまつられる仏の種類と数

	宇多郷	北郷	中郷	小高郷	北葉標郷	合計
観音	64	26	32	32	19	173
阿弥陀	33	27	18	20	13	111
不動	43	7	21	18	12	101
地蔵	28	21	14	15	16	94
薬師	20	12	17	14	12	75
釈迦	14	3	5	1	2	25
十王	10	2	6	4	3	25
大日	11	3	2	2	6	24
虚空蔵	3	3	2	5	4	17
文珠	2	2	3	3	2	12
毘沙門天	6	1	1	1	2	11
善逝堂	6	2	1	1	0	10
聖徳太子	3	0	2	1	3	9
勢至	5	1	0	0	0	6
摩利支天	2	0	2	1	0	5
阿遮羅神	4	0	0	0	0	4
弘法大師	2	0	0	1	1	4
聖天	2	0	1	0	0	3
弥勒	2	0	1	0	0	3
普賢	1	0	1	0	1	3
日光月光	3	0	0	0	0	3
鬼子母神	2	0	0	0	1	3
役行者	1	2	0	0	0	3
千体仏	1	1	0	0	0	2
愛染	1	0	0	1	0	2
天華神	1	1	0	0	0	2
妙見	0	2	0	0	0	2
歓喜天	1	0	0	1	0	2
十六羅漢	1	0	0	0	0	1
（以下略）						

備考　独立した堂をなしているもの，および寺の本尊を主とした。
十六羅漢外14種の仏がこの外にあつたが，数が少なく各々1ゆえ省いた。ここには2以上の数のものをあげた。

時に、つきしたがってきた寺院というわけで、一応皆この年に結びつけられているからである。

寺院仏堂の創建年代表

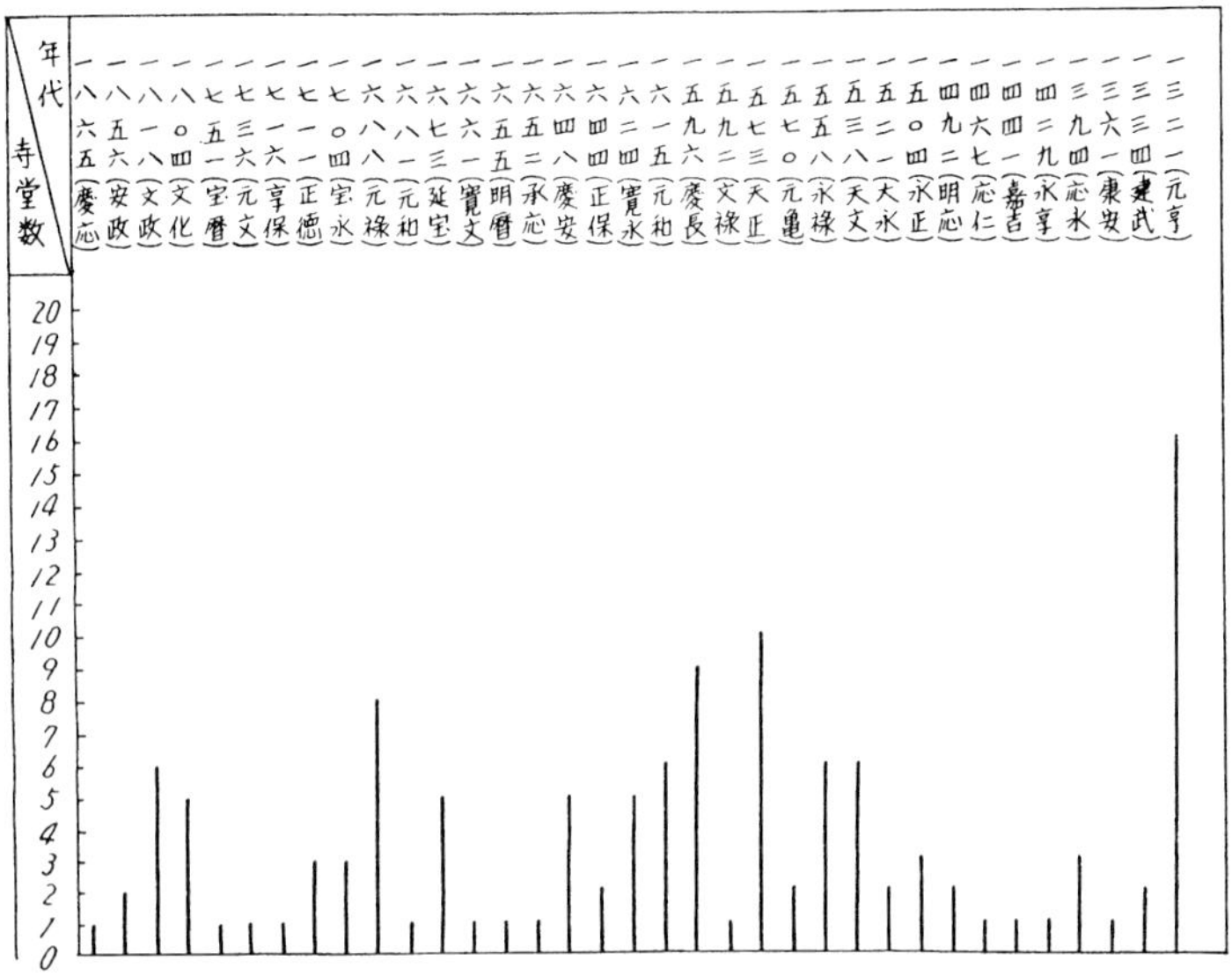

二

相馬において寺院は、いかなる時いかにして出来たものか、実例によって考察して見るに、

1 死者の冥福を祈るため

この例は非常に多い。恐らく寺院創設は、大なり小なりこの意味から行われているかと思われる。しかしさすがに個人では僧を聘して臨時に供養をする程度であって、寺塔を建てるのはやはり領主とか富豪に限られる傾きのあったのは止むを得ない。堂も多いがここには寺の例をあげる。

○田中山陽山寺(鹿島)は開基を田中忠次郎郷胤(後の盛胤三男)とする。彼は天正中より田中城(桑折氏舘跡)に居り、ゆえに田中と称した。慶長六年歿し、陽山青公大居士といい、屋形村求聞院に葬ったが、のち院を鹿島にうつして青公の功徳院とし、仏宇を建て、法諱をもって陽山寺と号した。

○黒木山十王寺(黒木)は、相馬顕胤の弟胤乗歿してのち、その菩提を弔うために建立。

○八幡山正西寺(大堀)は、はじめ小丸能登の末流小丸美濃の三男猪股金四郎なるものあり、その父兄故あって刑死したため、長四郎は父兄の冥福を弔うべく慶長中上京し、宝蓮寺にゆき、更に東本願寺を訪ねて仔細を述べた。剃髪して帰り、小庵を小野田に結び仏道を修めて怠らず、元和六年再び上京して寺号を請うたが、新寺建立は当時公禁の故をもつて延引を重ねていた。のち元禄十六年八月に至つて、中村より泉内蔵助、福島三郎左エ門以下数人上京、正西寺の寺号を許された(原註曰、元和中禁制といふは誤れり)。

○朝日山建昌寺(黒木)。昔黒木に朝日長者なる豪族あり、その四男僧となり、建徳寺(建昌寺前身)に住んだが、乱世に当り長者の家が亡びた。ここに建徳の主僧(長者の男)は、祖先の冥福のために寺を先考の宅址に建てたという。のち黒木氏の香花院となる。

○金室山金性寺(小高)は、永禄十二年後の盛胤の夫人掛田氏死去、金室妙仲と号した。その冥福を祈るため。

○秋月山千相院(深野)。元和四年八月、前の義胤の夫人死去、当院主僧正覚菩提のために、法華経五千部を読誦し終って、卒塔婆木を差紙無しで大谷山において伐り、人夫に運搬させた。村の目付とがめて公に訴えたが、公は正覚の奇特を感じて寺田を賜い、諱の二字をとって秋月山と号し、千部および相馬の字をとつて千相院と号した。

○牛越山飛養寺(石神)は、相馬利胤の室江戸崎御前(葦名盛重の女)が年十七で死去したが、その功徳院として造立された。

○天陽山洞雲寺(小高)は、前の義胤が弟隆胤の戦死した冥福のため。

2人々の発願により

人々の帰依によって協力の上一寺を建立することもよくあった。人々といっても村の一般庶民の場合、富人の場合、領主の場合などいろいろであった。開基となった者も、庵をかまえて住む僧や他から来た僧やその他様々である。

○相馬盛胤が致仕して一通斎明節と称し、中村城西舘に居住した時、帰依の僧があり、そのために一寺を建てたと伝えるが、盛胤は慶長初年の人であった。

○大遷寺(小泉)は、相馬昌胤が元禄頃、中村の富人に建てさせたもの、同じく小泉の浄閑庵は中村の富人平野屋の建てたもの、同じく日月山普明院は、これも中村の富商の建立という。

○真野山春光寺(寺内)は、寺伝によれば、貞観中藤原興世が奥州刺史となり、のち真野郷に居住、時人真野長者とあがめ、祀って真野明神という。彼の所持の本尊阿弥陀薬師を当地に安置して一寺を建立春光寺と称したという。

○田中山慈伝院(塩崎)。昔修験の大学院があつたが絶えたので、村の歩卒協力寄進して、院跡に一寺を建て慈伝院と号し、一村の祈願院とした。

○正定山専念寺(柚木)は、昔阿弥陀寺の檀越柚木の人、村の墓地に庵室を建てて、一僧をして居らせ、月忌日牌供養をさせたが、寛永四年に至り、阿弥陀寺十五世良誉の嫡弟良精の時に寺とした。

○中目山阿弥陀寺(屋形)。応永十三年千倉荘の領主となった岩松義政と関係があったらしく、寺伝一説によれば、海路鎌倉より下る時、若宮八幡を舟に安んじ烏をのせて来た。烏が飛んでこの浜(今の烏浜)に上る。すなわち上陸して横手に居館(今の御所内)、のち致仕して屋形に居舘、三間の堂を営み弥陀三尊を安置したという(のちの阿弥陀寺のもとらしい)。

○新田山新善寺、旧号善光寺(原町北新田)。寺伝によれば泉長者の本願により、信濃善光寺の号をうつして新善光寺と名づけ、本田山に擬して新田山と号すという。

○天王山増福寺(泉沢)。永正元年水谷常陸胤保の開建と伝える。

○烏林山専法寺(烏崎)。往古天台宗にして泉長者の建立という。長者はもと紀州熊野麓の人であった。父母は子なきを憂え三所権現にいのって男子を生む。長じて木工となり、宮殿を修造し神恩を謝す。のち他国に住まんとし権現に祈願す。神、烏一番をもって彼に副わしむ。烏飛んでこの地にとどまる。ここに住み烏林山と号す。のち泉にうつり豪家となり、泉長者と号した。

仏道修行者が庵を結んで修行している際、帰依する人が出来、守り立てて寺とした例はかなり多い。

○法王山仏立寺(中村)。もと領内に法華宗が無かったが、寛永中、小湊誕生寺の日領上人故あって来る。池田次郎左エ門これを招待して草庵を結び安居させた。檀越となるもの次第に多く、正保元年彼を開山として仏立寺をつくった。

○石上山常円寺(石上)。永禄中伊具郡青葉(当時相馬領)に西念坊なる僧あり、阿弥陀の像を庵室に安んじ、俗に阿弥陀堂と呼ばれていた。彼はもと武士で武勇あり、故に藤橋胤康彼を招いて石上におき、庵料を与えた。のち旧主歿し庵号を常円寺と改めた。

○正西寺(中村)。浄土真宗、はじめ文化の頃、僧闡教が越中より来て、馬場野に東福庵を開いて仏道を修行していたのがもととなって寺となった。

○岩屋山円月寺(土器作)。相馬氏小高在城の時、土器作に庵あり、円月庵と号して君家の用をつとめていたが、慶長末利胤中村にうつってより一時廃庵となり、同慶十七世貴山和尚が再興して開基となる。

○古内山休屋院(角部内)も、この地に古く庵あり、ただ往時の僧を詳かにしないが、のち同慶八世玉翁によって開かれた。

○薬師山耕田院(女場)。昔一人の碩僧が草庵を結んで居った所であったが、慶長中同慶九世嘉山がここに隠栖しようとした時、女場、角部内の村民の要望によって開基となり、耕田院と号した。

○白鼠山大法寺(川房)は、天文中仏室を建てて隠居所となさんとし、石を引き土を運ぶ時、白鼠が二三匹現れた。開山同慶二世曰く、鼠千年を経て後全毛白しと、寺を此地に立てれば大法永く興隆せん、よって白鼠山大法寺と称す云々。

○田中山蓮花院(柚木)。天正中田中郷胤が鹿島田中塁に居った時、紺野豊前なる者修験となり、当地に居て熊野別当であった。これが当院の開祖というが、修験の寺の場合はこういう例が多い。上之坊派下。

○妙照山葉山院(上海老)も似たようなもので、昔桑折甚右エ門なるもの密教の僧となり、護摩を修したがのち還俗して武夫となる。その子四郎兵エは領主田中郷胤に仕えたが、父がもと僧であった故に、公命によって羽州葉山に代参し、権現を勧請して公の守神とした。神田三反を寄附して四郎兵衛を別当たらしめ三蔵院と号す、これ葉山院のはじめという。しかし彼は当地に葉山派無きため、寛文中羽黒派となり、葉山権現を安置することはもとの通りであったから、ここに院号を改めて葉山院と称したという。

○松福山西方寺(山下)。天正中渡部大学山下に住み、庵室を釆地に立てて光林庵と称し、阿弥陀寺の門徒となる。慶長中十三世良善の時、中村西光寺と長命寺との間に争いが起った。時に良善は老年であった故に、門徒に当る光林庵主を本部に赴かしめたが、彼の活躍効あり、ここに公許により光林庵を西方寺と改名し、一寺を建てることが出来た。

○梅光山地蔵院(小泉)は、元禄十年八幡寺専海退隠後、小庵を小泉に結んだが、同十四年行方郡馬場村地蔵院廃絶の号をとり再興した。

○赤木山長健寺(日下石)。昔関東上州生縁の僧来り庵をこの地に作り、故郷の赤木明神を勧請してまつる。彼道徳あり、人々の帰依するものがあった。この時村に寺が無かったので、この僧を開基としたという。

3知名の高僧を聘して、あるいは巡錫中に（ひろくは仏教宣布の意味から）

2と重複するものもあるが、特に高僧を招いて寺を開くことも稀にあった。

○崇徳山興仁寺（幾世橋満海）は、浄土宗では相馬の本山格であるが、初祖信知寅載上人は、慶安三年一月二十五日（寅年寅月寅刻）鹿島に生れた名僧知識であった。宝永四年不乱院造立の時、たまたま師命によって勢州に居たが、昌胤の招きに応じて来り、一七日の間浄土の法話をなした。昌胤感歎、翌年八月、久しく廃されていた知明寺を中興して興仁寺と号したという。

○小野山慶徳寺（小泉）の開基無底は、総持第二世峩山の高弟であったが、彼は師より一個の石を授けられ、もし山があってこのような石を見つけたなら、そこが汝の有縁の地であるといわれた。また、寺をその山に開けば宗風大いにおこるべきを夢に見た。喜んで関東に下り、まず一寺を上総に開き、また、錫を宇多にすすめて小野村にとどめ、小野山慶徳寺を開山した。のち岩手県黒石の正法寺を開いた。

○更に古い時代に徳一の如き僧が諸国をめぐり、相馬にも来て、寺を建立したことが伝えられているが、はっきりした資料が無い。

4村人の生活上菩提寺が心要となって

時代的にはっきりしているのは、いわゆる加賀移民による必然的な菩提寺の必要であった。相馬藩は天明以来凶作のために人口が激減したので、北陸地方より移民を募集した。彼等は文化、文政頃より続々来って荒地を美田に化したが、ほとんどみな浄土真宗であった。当地領内には同宗は極めて少かったから、次々に増加する移民達は自分の菩提寺を欲し、次々と生れたものである。これとて最初は庵程度の小さなものからの発達で、移民の力ののびるにつれて寺も大きくなって行った。時代が新しいだけに、発達過程がよくわかる。

○小竹山常福寺（原町）。文化中開建し、新農戸の香花院とした。はじめは山号のように小竹の茂る荒地で、そこを開いて庵を開いたのであったと伝える。

○越路山勝縁寺（鹿島）も、文化七年僧廓然が越中より来て柚木に居り、加越の来民百余戸を檀越とした。而して永年貸地三石の田を受けて寺料とした云々。

5他国より、ことに総州などより寺院をうつせるもの

○修験日光院は、元亨中相馬重胤に随って総州より来たという。正中元年栃窪の渡部美濃ゆえあって日光院をつぎ正海と号した。はじめ

て羽黒山に入り修験道を修したので、日光院住職免許あり、爾来代々相続した。同二年、羽黒山執行泉慶より、南部大聖寺の快山と共に峰中先達職に補され、密教を伝受、爾来代々君家の安全を祈禱するようになった。

○相馬山摂取院(程田)も総州より、元亨中重胤にしたがって来たと伝える。

6学問所として、

万年山長松寺は、明暦元年相馬忠胤が、祖母長松院殿の後世功徳のために創建した寺であるが、創立の動機を見ると、むしろ一藩の学問所とする意向が多分に見られた。果して創建以来、いわゆる寺小屋の域を脱し、永く子弟教育の中心となった。ことに幸にも歴代智識相つぎ、明治維新に至るまで名実共に藩第一の学問所となったのである。

○寛永中、僧千江一徹なるもの巡錫して中村に至る。芥久太夫なる者呼んで話をきくに尋常ならず、吏人堀内覚左エ門その他に告げて、高滝寺の隠室に滞在せしめて講書を請う。四書より禅録に及ぶ。寛永十七年千江去り、三春福衆寺の住持となる。慶安四年三月相馬忠胤嗣ぐに及び、老臣熊川左エ門等に、国家を治めるには修学に勤むべきであることをすすめた。熊川等は議して、修学は良師を得るにしかずと考え、儒仏兼学の千江のことを思い出し、今、長松院殿後世のために功徳院を建てることになったについては、彼を招待して主僧とすれば藩の学問は必ず興るであろうと。これを忠胤および長松尼公に申上げた。千江、命もだし難く、明暦元年中村に来り、仏宇営造の間、原左馬之允の隙宅に居た。忠胤は、衆士の習学に便利の地を選んで寺を立てよといって、真光寺の東河原を寺域とし、岡田安右エ門、阿部伝右エ門等を監工官として造営のことを議した。しかるに千江病にかかり臨終となるや、村田与左エ門、佐々木五郎兵エをまねいて「吾が病起たず、然るに太守開学の志廃するは、これ予が大いに憂ふる所なり。故に今後の住持を決すべし。常州宍戸高乾院一空和尚の嗣法たる薩州の理首座は、性至孝、母を養はん為、終身寺を持たざる志を抱き、彼地に隠遁せり。これをして後住たらしむべし。予が遺言を伝ふれば必ず辞すべからず」と。絶命の偈をつくり東首座に書かせ和尚自ら朱印を居う。終つて遷化した。時に明暦元年十二月一日という。よつて藩公および老臣の書簡をおくる。理、千江の遺言を辞する能はず、三年間の約束を以て明暦二年当山に入り極円と号した。この年梵宇落成した。極円住持となった翌年、衆寮三十余人、衆士来会して学に勤めた。学僧蛮山四書を講じ、他僧亦諸書を講じ終歳息まずという。これが相馬において、正式に寺で学問を教えたはじめかと思われる。

7その他

武運長久祈願のため

○平出山宝蔵寺(海老)。延暦二十年坂上田村麿東征の際創建したと伝う。
○熊野山清水寺も、延暦中田村麿、標葉郡に来り、千手観音に祈つて、その加護により賊を平定し得た。よつて奏して諸所に寺を立て観音を安置したといい、これもその一つと伝える。

鴛鴦の伝説によるもの

○豊池山円応寺(中村)。もと小谷にあり。相馬氏のまだ当領にうつらぬ以前のことという。寺の辺に池あり。冬日鴛鴦が二匹で游んでいた。猟師がその一羽を射て首を落したが、首のありかが見つからぬ。翌冬残りの一羽を射たがこれは雌であった。しかるに昨年の雄の首を片翼に挟んで死ぬまで放さなかった。猟師これをあわれみ、首を池辺に埋め柏を植えて誌とした。また菩提のために草庵を結んで鴛鴦庵といった(猟者猟を廃し薙髪して庵主となりしものかと原注にあり)。讃州高胤のちにこの因縁を聞いて感歎し、文明年中庵地に仏宇を建て豊池山鴛鴦寺と号した。のちしばしば火災にあうので、名を円応と改めたという。

第二節　観音、薬師その他類似信仰の概略

一　観　音

相馬家所蔵の明治初年の「神仏取払に関する届」によれば、地域はむろん相馬全域にわたっているが、観音一二、薬師七、不動五、阿弥陀四、文珠三、地蔵、勢至、虚空蔵、摩利支天、大日各一となっている。外に妙見も数に入れてこれは一一となっている。泉沢の薬師や観音、寺沢の観音、小池の馬頭など主なるものは入っているが、全体の数は決してこればかりではなかった。もっとも終に「右神仏之外不残取払申候」とあるからこれでよいのであろうが、さて実際には現在もほとんど皆昔のまま健在らしいから、取払令はここでは実施されずにしまったわけである。

相馬における観音信仰は薬師と共に古く、残存する仏像より推せば平安初期にさかのぼるが、そういう事は別として近世のものを見るに、一般の堂宇と比して観音の多くかつ分布の広いことが特色をなしている。村の生活と結びつ

いて深く民間に根をおろしていたものであって、多くの寺院の本尊となったことはもちろん、独立した堂宇を形作って領内に散在した。相馬三十三所があり、せまくは宇多三十三所もあって、今だに春と秋とに多くの講中の人々が、あるいは部落単位の有志の団体で、一日もしくは数日がかりでいわゆる札場を巡礼して歩く。順礼者は男もあるが中年以上の女が多い。「奉巡礼三十三所観世音菩薩第何番札所」などと書いた紙札を堂の格子戸などに貼ってゆくがこれをお観音まいりといい、俗に札ぶちなどともいっている。観音経や和讃を唱えてゆく組もあるが大抵黙って拝んでゆく。江戸時代の相馬の歌人打宅雲泉のつくった御詠歌もあり、例えば相馬市愛宕の観音は相馬三十三所観音の第十番順礼所でその歌は、「ねがひなき御法の花の種うゑて幾春毎に飽かず愛づらん」といった類のものである。一方宇多の第二十二番にもなっていて、「たのめ人み法の雨とそそぐよりもゆる思ひを消ゆるとも聞く」。観音は正、十一面、如意輪、千手、馬頭、淮胝の六種であるが、淮胝と断っているのは二、三に過ぎぬようである。どの観音でも民間では別にやかましく考えていないが、江戸時代の当地方の観音信仰の中心は子安にあったことは間違いない。

現在は一般的信仰に変ってしまったが、難産の多かった昔は観音信仰は子安、子育が主であって、その名残りは今に残っている。塩崎の岩屋観音縁起にも、九横死の中で臨産の死を第一とするが、一心に観音を念ずれば安産出来るとある。子安観音としては如意輪がよく充てられるが、しかしこれのみに限らずまちまちらしい。松川の水茎山の子安観音は、他の多くの子安観音と同様、社前に供えられている白麻を借りて来て、出産近い時孕婦の頭髪を結ぶと安産するといい、二十一日過ぎると結髪の麻を解いて再び詣で新麻を捧げて御礼とする。夫が妻に代って参詣することもある。小丸の如意輪観音は小丸家代々の守仏だったというが安産の信仰で、そのため村に難産無く、他村に嫁した女もそうだという。柚木にある岩松義時の母の守本尊であったのも子安であるし、前記塩崎の岩窟中にも子安観音と呼ばれて居るのがある。中村文珠寺にも小泉聖幢寺にも子安観音があった。

子安思想は子安明神となり子安地蔵ともなって、領内すみずみにまで行き渡っているが、間引に関連した子育てにも及んでいることは別にも述べた。石城の方では如意輪と覚しきものを十九夜観音とまつり、十九夜和讃や釘念仏を唱えて女達が安産を祈る風がある。

奥相志などの紹介している縁起より見れば、大堀村小野田にあった熊野山安楽坊蓮華院清水寺については、延暦中坂上田村麻呂が千手観音に祈り、その加護によって賊を平定することが出来たので、奏して諸所に寺を建て観音を安置したとする。泉沢の正観音は大同元年萩の一本造りと称せられ、天文十三年水谷遠江胤保、同定右衛門兄弟堂を寄進した云々。小丸の如意輪も大同中田村麻呂の、小池のも大同二年田村麻呂の創建にかかるという。この小池のは現在千手、馬頭、十一面の三尊になっている。また現在寺沢の仲禅寺は延暦中前記の小野田に建てたのを、大同二年今の寺沢にうつしたと伝え、本尊が十一面観音になっている。京の清水、近江の石山、相模の大山、標葉の中禅寺は同時の創建という。朝廷が筑波の徳一に命じて寺を有縁の地に建てさせた時、彼は奥羽両州をめぐって歩いたという伝説はこの頃のもので、仲禅寺もその一つだと伝える。塩崎の岩窟の観音もまたそれだというが確証は無い。この塩崎の磨崖仏は風化甚しく形容はよくわからぬが、奥相志には本尊千手観音長七尺五寸の外に、多聞天二尺二寸、子安観音五尺、正観音三尺五寸、十一面観音三尺五寸、地蔵菩薩三尺五寸、上品上生阿弥陀如来五尺、毘沙門天二尺八寸、計九体と推定している。元文五年、寛政九年の両年には何の理由か参詣者が非常に多かったと伝える。またいつの時代からか疣に利くとして、人に見られずに行って石像をけずり、その屑を飲めばよいというので、手の届くかぎりは削りとられている。疣に利くというのも果して観音の信仰か、あるいは阿弥陀などなのか疑問である。

泉沢の後窟観音は、千手千眼観世音と称され長三丈余、二十八部童子長三尺余（一云、三十三身菩薩長五尺余）大同二年徳溢の彫刻、岩室高三丈余幅三丈余、前堂五間、など奥相志に見え、吉奈の窟堂については、弥陀、薬師、観音、長光趺共八尺余、大同二年徳一云々と同じ書に見える。

松川の水茎山の夕顔観音は宇多第一番札所で、縁起によれば下総香取郡東之庄稲荷山樹林寺の夕顔観音を勧請したものという。右の観音は平良文の母が、日輪の口中に入るを夢みて良文を生んだといい、その時七曜星が庭の古木に下って妙見菩薩と現じたので、この時より千葉家においては妙見を鎮守とし、月星紋を用いるようにもなったのだといっている。良文年老いてからある時子の忠頼に告げて、わが姿を見たいと思うなら庭先の夕顔を剖いて見よと。のち遺言の通り夕顔の中に千手観音の像を発見したから、これをまつって樹林寺としたそうである。松川には古く夕顔観音があったという伝なので、後世になって前記樹林寺に訴えて勧請することになったので、時は正徳三年三月十八日だったという。

右の外下総その他他所よりうつって来た観音あり、例えば程田朝日前の観音はもと下総の相馬郡相馬山にあったのを、木幡四郎兼清が崇信し、元亨三年藩主相馬重胤が当相馬へ下向の際、甲櫃に入れて持って来たものといい、同様の伝をもつ観音が外に一、二見られる。

馬頭観音は至るところの路傍にあり、そのほどんどが馬頭観音と刻られた石碑である。稀に馬力神などいうのも見かけるが、とにかくに供養碑の中では最も数多くかつ現代につづいている信仰である。八木沢峠より入った所に助の観音がある。旧道沿いで助(たすけ)とは地名であるが、雪などで難渋した人がこの堂に難をさけ助かることが多かったわけで、助の地名は外にもあるという。なおここの観音は馬頭観音だと聞いている。

小池安養寺境内にある馬頭観音は地方では有名なもので八朔一日が祭である。夜籠りをして祈願すればよい馬の子がとれるとて、馬産地なる山中郷辺から馬をつれて来て泊るのであるが、観音堂は一杯になって寺の本堂にもとまった。北郷中郷辺からも来る人が多かった。多い時は馬の数千頭にも及んだというからおして知るべきで、寺からは馬屋安全のお守を出した。観音堂には今も長い稲の穂が下げて供えてあるが、昔は初穂としてまつりの日には沢山持ってきて上げた。昔は早稲をつくったのでこの日にまにあったので、それを馬につけて来たのである。馬の子が出来た時もおまいりに来る講中がある。白山様が寺の護神である。

二　薬　師

泉沢の薬師前の地にある前窟薬師は、相馬に残っているものの中では最も古い伝承を持っている。奥相志にも岩室六間に三間、尊像を岩に彫り、長丈余、夾侍十二善神長八尺余、徳一作、縁日二月八日云々と見え、吉奈の岩屋堂のは弥陀、薬師、観音を岩に彫る、光趺共八尺余、大同二年徳一作と伝うとある。この外磨崖仏としては小池、畑中、両竹等にも名残があるが、小池と畑中のはほとんど影をとゞめず、両竹のは日光月光も揃って残っているが時代が新しい。

徳一の手になると伝える薬師は、会津新鶴の田子薬師の外なお多いから、平安初期の相馬の薬師信仰を強ち沫殺することが出来ず、むしろ観音に一歩先行する信仰として肯定してよいと思う。実際に相馬において古いと思われるのは薬師か観音の信仰なのであるが、後世江戸時代などは観音の方がずっと広くかつ盛んになってしまった。薬師の縁日は現在四月八日としている。

入迫の薬師はもと渋谷作にあり、村の人は鱈と田螺を食わぬ心願であった。小高田の薬師は細谷の館主佐藤氏が、信夫郡佐場野の医王寺からうつしたものという。北原の出来神薬師は岩屋にあるが、昔一夜にして出現したのでこの名があるという。小高の薬師は正徳二年八月暴風のさい海より上ったものといい、刈宿のは院祖蓮光院が重胤にしたがって関東より持って来たものと伝える。なお前記小池の薬師については、石洞四間に二間、恵心作と奥相志に見える。刈屋沢の薬師像も見る機会を得たが木彫で台共二尺二寸許、享保十二年八月吉祥日と記してある。耳の悪い人などがよく来るという。高松のしばり薬師は石像で、縄でしばり、願のかなった時解いてあげる。

三　阿　弥　陀

阿弥陀の信仰もかなり古いと思われるが、相馬における上限はわからない。もっとも吉奈の岩屋堂の磨崖仏は徳一作の弥陀薬師観音といい、泉沢の薬師前にある前窟のは崩れ去って残らぬが三尊で弥陀と伝えている。前者とても磨滅甚しく果して伝説の通りかどうかはわからない。

奥相志泉沢の条に、前窟阿弥陀は薬師前にあり、弥陀像長丈余、夾侍十二善神長六尺余、仏像を岩に彫る、共に徳一のつくるところなり云々。

屋形阿弥陀寺の阿弥陀堂にあった如来も古いかと思う。これは善光寺試見如来と伝えるもので、尾張熱田の定尊沙門が如来の霊夢を被り、善光寺に参籠すること三月、尊容を拝し得て結願のため四方に勧進し、建久六年五月十五日寅の刻より如来を鋳、六月二十八日に至って成り、初鋳のものを当山に安置したと伝える。すなわち岩松義政の奥州下向の時の守護仏という。大井浄光院境内の阿弥陀も善光寺の如来と同じだといっている。昔小高郷の高蓮という僧が岩迫の葦原に夜々光るものを見、怪しんで掘ったらこの像があったという。または岩窟から掘出したともいっている。小山田の阿弥陀堂も鳥崎のそれも、共に応永中岩松氏の創建に成るという。これを見れば岩松氏は阿弥陀信仰を普及するに力あった人になるわけで、彼は千倉荘の領主として鎌倉より海路やって来たことになっている。これは応永年間であったが、その子の代に岩松は滅び相馬に併呑せられた。

相馬市西山安養寺址の西に窟あり、阿弥陀をまつる。この辺を阿弥陀迫という。窟の深さ一間ばかり、岩に弥陀の像を刻み、弘法あるいは徳一の作などと伝えるが、窟も崩れて今は無い。奥相志によれば、痘瘡を病む者餅を供えて祈れば験ありとある。また東に窟あり、人々これに臨めば瘡疥を生ずる。これは阿弥陀様が人の疥を治してその疥をこの穴に入れておくからだろうと。江垂天神沼の阿弥陀も瘡疥によいといい、治れば赤豆餅を上げたそうである。伝説に多田満仲の息女美姫の守仏であったともいうそうである。

四　地　蔵

地蔵の信仰は村人の生活に深く広く結びついている。元亨中領主相馬重胤が下総より新領地なる当地に移住の際、これについて移った人々の中に、各自の守仏らしい地蔵を負うてきた百姓の何人かが居たのを見ても、当時庶民階級に地蔵が信仰されていたことがわかるのである。どこの共同墓地にも入口に六地蔵などの立てられているのを見るが、石城などで、受取地蔵などと呼んでいるのは、葬式の時死人をここで受取ってあの世に案内する、なくてならぬ役目が地蔵だと信ぜられていた。子供が死んだ時も昔はよく地蔵の石像を墓に立てたものだ。石城薄磯の海岸の洞窟にある塞河原にも、沢山の地蔵が立っていて、子供の供養のために小石を積んで上げる風があった。夕方など波が来て小石の供養塔をがらがらと崩してゆくのを見ると淋しい気がしたものであった。しかしここでは相馬各地に親しみまつられている地蔵の主なるものだけを大雑把に分けて挙げてみる。なお地蔵が広く当地方に及んで来たのは鎌倉期からと思われ、石城四倉長友にある長隆寺の地蔵は優秀な作であるが、多分鎌倉期の年号があったと思う。

地蔵は千体地蔵、延命地蔵、勝軍地蔵などに種類別するのが本当であろうが、今は民間の信仰によって見る。

鼻取地蔵は諸所にあるが型は皆似ている。小山田のは奥相志に昔重右衛門なるものあり、妻が死んで一人の幼児を育てながら農業をしていた。常に地蔵を信心していたが、ある年の田植の時、未明にひとり田に出て右手に馬の鼻竿を、左手に馬鍬をとって仕事をしていたが、一人の童子が現れて竿をとり助け、暁になれば去ってゆく。このことが続くのである朝、童子の去る方向を見るに、姿が消えた辺の地中から光がさしているので、掘ってみたら朽木の仏像であった。洗い浄めて持ち帰り家に安置して供養した。巫女をして仏託を請うに、我は空海つくる所の地蔵なり、と出たという。天文中やはり仏託により新堂を建てた。世々重右衛門の子孫、生土子の長として崇信した云々。他も大同小異であるが、浮田の鼻取地蔵は元亨中歩卒十左衛門この像を負うて扈従し来り、堂を建てて安置したといい、女場のは農夫長兵衛の祖先の時の話になっている。今田にも熊町にもある。

大原にある延命地蔵は、宝永中相馬昌胤が仏像を作ろうと考え、この延命地蔵の大きさが適当だということで使の者が来て寸法をはかると、像は忽ち長大となってはかる役に立たなかった。後に住僧が不思議に思いながら見るともと同じであったたと。相馬市川原町寿量院寺域の地蔵は北畠顕家の守仏だったと伝え、もと伊達の石田にあったのを寛永の頃別当が山中郷草野にうつしたものと伝えている。福岡のは土地の半杭氏の祖羽咋右京の守本尊だったらしく、上浦のは標葉家の祈願仏だったが、同家滅亡後室原伊勢鹿島に居り寺田を寄せたりしたが、慶長中室原氏去って無縁地となった。栃窪のは山下玄正開眼の石地蔵と伝え祈れば咳によいという。以上は皆延命地蔵であった。

勝軍地蔵も諸所にあるが、小山田のは建武中北畠顕家の族桑折元家が、伊達の桑折から真野の江垂にうつり、地蔵を霊山から居館の辺にうつした。寛文中今の地にうつったが代々桑折氏の守仏であった。相馬市滅多町の勝蔵寺にもあるが、祖先の高道法師が関東の粟飯原からうつした像といい、右手に剣を左手に宝珠を持つ軍陣開運の地蔵であると。元禄中宥秀がこの像を修理するためにこれを持って上京した。仏工はこれを見、剣を持っているのを間違いと考えて錫杖に直した。しかるにその夜仏工の夢に、我は勝軍地蔵で剣を持つのは悪魔怨敵を払うためであるとのお告げあり、再びもとの持剣の像に直したという。

右の地蔵を一時改めて功戦地蔵としたために、人々誤って香煎地蔵と考え、香煎を上げて祈れば心願成就するとした。しかし寛延中秀道の時になってもと通り勝軍地蔵の額を掲げたとのことであった。江垂にもとあった勝軍地蔵の堂跡に後に立てたのが功戦地蔵で、やはり香煎をあげる。江井の地蔵は小供の百日咳によく、治れば香煎を上げるそうだからこれも功戦地蔵の類らしい。

愛宕地蔵というも勝軍地蔵を指す場合が多いようで、北原のもそうである。伝説によれば天応元年僧慶俊なる者愛宕において勝軍地蔵の法を修し、地蔵を安置し本地と称すという。この故に愛宕地蔵となるものかと註にある。小屋木のものは相馬重胤下向の時、いわゆる岡(ごかともいう)の百姓といわれる人々が勝軍地蔵七体を負うて来た。その一人百姓伊賀という者がその一体を奉じて扈従し来り、小屋木に住んで堂をたててまつった。伊賀の後は里正となり、更に後世郷士となった。米々沢の森合の地蔵も岡村の百姓二人が総州から地蔵を負うて来て岩窟に安置してから村の守仏となった。延享の頃堂を建てて岩窟よりうつしまつったという。ところがそれから村に癲を患う者が多いので、天保に至り東山に地を相してまつり、その後病人が出なくなった。

枕回し地蔵は平田山新祥寺衆寮の本尊といい、奥相志に、若し人この仏を後にして臥せしむれば忽然として枕を回す、故に枕回し地蔵という、とあるが、小高同慶寺衆寮の地蔵にも似た話がついている。

樽負い地蔵、新祥寺衆寮の枕回し地蔵を樽負い地蔵ともいうのは、昔衆寮の僧に酒好きが居て、日暮れて酒を買いたく思っていたが頼む人も居なかった。たまたま一人の子供が来たので、聞いてみると寺の門前に住む者だと答えたから、幸いと頼むことにした。しかし寺には樽が無いから子供が酒屋からかりてきた。僧喜び子供にも酒を与えようとしたが彼は飲まずに、酒樽を返さねばならぬからとて持ち去った。寺の僧達は不思議がって門前には子供が居ないのにといった。翌日地蔵が樽を背負ってうろうろしているのを僧達が見つけたが樽が大きすぎて龕に入らず困っている風であった。彼僧驚き三拝して酒戒を破る罪を謝す、とある。

水浴び地蔵は上浦館ノ内にあり。もと大和の宇治にあったのを北条貞時が鎌倉に移し、高時が特に信仰してこの像に彩色したら、忽然色彩が消えてもとの木軀となった。それで水浴地蔵という名がついたと伝える。別当安楽院の元祖の大楽院は大和高市郡の人で、高時の知遇を得て鎌倉に居たが、元亨三年高時自刃、大楽院この地蔵を負い、彼の冥福を祈るべく諸州を行脚、遂にこの地に止まるという。

子育て地蔵は寺内の八幡社境内にあり、この八幡に安産を祈る風のあるのと合せ考えれば、この信仰がどちらから起ったのか急にも決めかねる問題である。子育て地蔵は外にも多い。

塩嘗地蔵は相馬市小泉の路傍にあって時々塩が上げられてあるのを見かける。本体は自然石で、海で網にかかったのをまつったのだと土地の鈴木久治氏に聞いたことがあるがまだ見ていない。縁起には塩竃に非ずして塩波だとあるが、塩竃地蔵は外にもあるから必ずしも塩波にしなくてもよさそうである。

しばり地蔵は相馬市大野の萱倉にあって、例えば風邪などひいた時、左よじりの縄で地蔵をしばり、治ればといてあげる。そして牡丹餅をお礼に上げる、といって祈るとよい。

以上は似た信仰を持つ地蔵のみの例であるが、その他大同小異で頗る多い。例えば上真野のいぼがみ様というは小祠で鳥居があるが、神体は地蔵で疣を治すによいといい、治ればぼたもちなど疣の数だけ上げる。噓をつけばその倍の疣が出来るという。江井辻内の地蔵は子供の百日咳によく、治れば香煎を上げる、といって祈ればよいと。これはそうした民間信仰は無いのかも知れないが、柚木の首切地蔵は六尺位もある大きな石地蔵で、台石に享保十二丁未五月二十四日、石師信州本八願主亮海とある。藩時代はこの相馬清水と俗称される地に仕置場があって、罪人に近くに湧き出る末期の清水を飲ませたという、その頃の供養の地蔵だといわれている。なお相馬でも石城でも石造物で少し大きなよいものは、信州の石工であって、土地の石屋では駄目だったらしい。

子供と遊ぶ地蔵の多いことも地蔵信仰の一つの特色のようになっているが、例えば子供達が地蔵を泥だらけにして遊んでいる。人々が見かねて取り戻しお堂に安置したら大人の方が病気になった。折角子供と遊んでいたのにお前はおせっかいしていかん、といった話で石城などには幾つもあった。この外歯痛治し、田虫治し、夜泣き治し、咳止め、眼病治しと実に数多い。

五　その他

○不　　動

不動も多く、寺院にもまつられ、ことに修験で本尊としてまつる事が多かった。しかし民間に影響を及ぼした点では観音や地蔵よりはずっと少かった。成田の不動は夜光を発して田から現れたものというが、左もじりの縄で不動をしばり、もし願望を達してくれなければ解いて上げぬと祈る。瘧(おこり)を病む者によいというが文政四年の棟札が古いらしい。成田不動に模して作ったというがはっきりしない。

古い不動といえばこの外鹿島善逝堂のものは元亨中総州より持ち来るものと伝える。すなわち修験弥勒寺が持ち来り中郷牛越に安置、天正中は田中郷胤の尊信があった。幾世橋大聖寺のは昔相馬顕胤が岩城重隆と戦って凱旋の時、岩城恵日寺より持ち来るという。火事にあって尊像が遁れて樹上にあったという伝説は、不動だけあってさすがに多く、鹿島や藤橋のもその例に当る。

○文　珠

これもいい伝えだけは古いもので、高倉の文珠嶽の頂上にあったという文珠寺の文珠は大同元年の創建と伝えられ、上浦中村迫の文珠堂の文珠と、幾世橋の大聖寺の文珠と合せて三文珠と称し崇信したのは藩主昌胤であって、彼は丹後与謝郡九世戸の文珠の香花を求めて常香を三文珠堂に焚き、かつ常香料として二石の田を上浦の文珠に寄せた。時に正徳三年正月という。奥相志中「常香火之記」なる一文あり、抄すれば、「正徳二壬辰極月、昌胤和歌を詠じ至誠を尽して願状を書し」、それを二人の僧が丹後に持参して別当智音禅師に見せて君意を伝えた。先方も感じて堂を開いて文珠の尊体を拝させ縁起の一巻を贈り、「殊に香火を分ちて賜ふ。之を手炉にうつし懐炉に納め」て持ち帰った。そして前述の三ケ所に「常香炉を安置した云々」とあって、最後に正徳三歳次癸巳正月二十五日弾正少弼とある。同じく奥相志に伝えるところの上棟文に、「大永元年辛巳三月二十五日文珠堂建立、大檀那中村右兵衛祐平胤高、小檀那伊予守隆重、室原伊勢守清隆諸衆等、大工太郎右衛門、小工丹後、願主秀斎」とあるのを見れば中村氏代々の守本尊だったようである。正徳元年昌胤の子都胤生れるや大いに彼を愛し、幾世橋の文珠を子供の守本尊とし、親筆の願書を納め、かつ広前に百日紅を植えて、

富松一代の守本尊たるによりて、初生の砌より丹州切渡の文珠へ代僧をして成長を祈る信心の余当寺内へ御堂建立
奉寄進文珠菩薩宝前　　　　少弼
百日紅一本

○虚　空　蔵

和田の坂下にある虚空蔵は、昔義経の臣鈴木三郎重家の守本尊であったものを、文治中衣川の館で重家生害、重家の子重宗は高館をのがれて建久のはじめ当地にうつり住んだが、その時父の尊信していた像を持ってきて信仰した、それがこれだという。鰻を食べぬ心願であることはどこも同じで、興仁寺の寺境の虚空蔵堂にも鰻の絵馬が今に見られる。

○鬼　子　母　神

幾世橋大聖寺の鬼子母神は河内の観心寺よりうつされたものと伝え、享保十一年安置とあり、相馬市仏立寺の寺境の鬼子母神は小さな木像であるが、地方としては優れた作である。相馬市辺の取子の多くはこの鬼子母神関係である。右の像は丈十三糎許、同寺開山の日領が寛永頃小湊誕生寺より持ち来ったものと伝える。

第三節　相馬の磨崖仏と磐城の古供養碑

一　磨　崖　仏

相馬における磨崖仏は、従来あまり知られず、また磨滅破損甚しいために顧られず、中には乞食のすみかとなっているものもある。

泉沢　　前窟薬師　　前窟阿弥陀　　後窟観音
吉奈　　薬師

塩崎　観音
両竹　薬師
小池　薬師
畑中　薬師

今取り上げてこれを見るに、何れも凝灰岩の地帯で、南向きに浅い洞窟を穿ち、その奥壁を利用して肉彫にあるいは浮彫にしたもので、中に線彫のも多少含まれている。この岩質の地帯は相馬全域にわたり、かつ海中にまで及んでいるといわれている。

磨崖の地形は何れも里近い山地である。すなわち右の岩脈が里近く突出して露出している個所を利用しているもので、したがっていわゆるさくの奥などのやや高めの岡となる。場所柄よりすれば、山岳仏教の名残りをとどめている地形といえる。

磨崖の形式は大抵似ていて、南面の高所に横に広く四角に掘って壁に仏体を並刻し、洞窟の上の岩壁には屋根をつけたらしく枢の跡の岩に掘り残されたままになっているのもある。恐らくこれを奥殿の如くにして相当壮大な堂宇をつくったものと推察する。法燈ゆらぎ香煙ただよう中に目を細めて金色丹朱の尊像を仄かに仰ぎ見るようにしたものであろう。参道は窟の正面に直角につけることを避け、窟近くなるや急に折れて岩壁に沿って遂に正面に出るようになっているのも特色であるが、現在は正面に道をつけかえて昔の風を止めない所もある。両竹の磨崖仏は後世の新しいものと思われるが、窟の形は古代のを踏襲しているかに見える。

仏体そのものの彫刻は、泉沢、吉奈ともに古拙幽遠、高邁雄大であり、気品高く重厚な点は奈良期の面影をさえ感ずる位である。しかし塩崎のは浮彫のせいもあって一体に優秀さが劣るが、古拙重厚の点は右の両者にせまり、時代もあまりへだたらぬことを思わせる。両竹のは時代のせいもあろうが弱い。

もろい岩質でありながらかくも残ったのは、窟の奥深くに安置された上、全面あつく塗料を塗り、遠くより拝するにとどめて手を触れる者も無く、加うるに香煙立ちこめて居たろうから一層剥落の度が少かったのであろう。泉沢、吉奈等のは少しでも損傷することを恐れて調査しなかったが、何も無く壁の一部だけ残る荒廃した畑中の丹朱の色の僅かに残る少部分を調査して見るに、岩に塗られてあるものは、一見コンクリートの如く固く、従来想像されていた漆喰そのものではないらしい。分析してみるにアルミニューム、鉄、軽石粉沫が多分に含有され、カルシュームや繊維の類は殆んど無い。推量するに赤粘土をやわらかにとかして二回も三回も丹念に塗ったらしく、表面が非常に固いのは中の鉄分が酸化したものらしい。なお下の岩そのものにも鉄分が多いと認められる。出来上ってかたまったものに種々の色彩が施されたものであろう。

泉沢の仏像は翻波式で個所により毛彫の方法を採り入れ、まる顔で首は二重の三道をもったものあり、像種に至っての詳細は不明であるが、奥相志や寺伝等には一応これを明かにしている。

口碑によれば大同年間僧徳一が仏教宣布のために東国に来り、この地にも錫を止めて霊場を開いたという。外にも相馬の古社寺で大同と伝えるものが特に多い。そういう伝説もあながち荒唐とのみ排撃し去る要はない。徳一であっても無くても恐らく優秀な仏教指導者が優秀な彫刻師を引きつれて都より来たものであろう。他の優秀ならざる彫像は土地の者も加わっての作業かも知れない。

仏像は日本的であるが中国風がどことなく感ぜられるのは、彫刻の様式を外に学んだその影響が、ここにも残っているということになろう。以上要するに種々の方面より推して、泉沢や吉奈のものは平安朝初期と推定される。

相馬においては、薬師と観音の信仰が古く両者平行したと見てよいが、仔細に見れば薬師の方が一歩先行しているかと思われるふしがある。つまり薬師の遺跡の方が観音のそれよりも時代的に古いのが多い。

前掲の磨崖仏の中、古の面影を残しているのは泉沢と塩崎以外はどれ程も無いのであるが、ことに小池と畑中とは窟の一部が残っているだけで仏体の破片すら今は見られなくなって居り、窟そのものにも手を入れてあるから古代の部分はほとんど無くなっている。なお藤橋の観音沢にも似た地形あり伝説もあって、昔は磨崖仏があったかと想像せられ、富岡の岩井戸も同様で、岩屋堂でないかと疑われる。

以上の調査は大内重春、荒清一、鈴木琢磨氏等の協力によつて成り、測量等は相馬高校、相馬女子高校の生徒の援助があつた。地元関係者の厚意にあわせて謝意を表する（昭和三四年一月）。

諸仏共破損甚しく測定困難であるが、出来る範囲で大体をあげれば、

泉沢前窟

第一号仏　立像、顔の長さ七六糎、幅五三糎、衣紋の下幅一四五糎、全長二七五糎。
第二号仏　座像、顔の長さ七二、幅八七、首の長さ一一、全長三四〇。
第三号仏　座像、顔の長さ八二、幅八四、首の長さ一四、全長二七七。
第四号仏　座像、顔の長さ八一、幅八二、上体幅一三四、全長二六七。
第五号仏　立像、顔の長さ五三、幅五五、上体幅九七、全長三五〇。
第六号仏　座像顔の長さ八八、幅六六、上体幅一八一、全長二一五。

塩崎のは途中より下が削りとられているために測定不可能であるが、推定出来る所だけをあげれば、

第一号仏　顔の長さ二八、顔下一三〇位まで推定出来る。
第二号仏　顔の長さ三七、耳と思われるものの長さ一六、肩巾六一。
第三号仏　顔の長さ六〇、上半身僅かにわかるのみ。
第四号仏　顔の長さ四五、額の幅四〇。
第五号仏　本尊と思われる。顔の長さ四五、首の長さ八、首下より手迄六二、両手のひらを重ね玉の如きをもつ。その玉の高さ一〇幅二〇。千手観音と覚しく右片側に数本の手が出ている。腕の長さ三〇～三五、幅三～五
第六号仏　頭の幅三五、頭の頂より胸に置いた手まで六〇、右手のひら長さ一七、指幅三～五
第七号仏　顔の長さ四七、首の長さ七、耳らしきものの長さ二一、左手を胸におき玉の如きものを持つ風、手のひらの幅一六、人指ゆびの長さ一二。

第八号仏　立像らしく上半身と下肢と少し残る。顔の長さ二八、幅三〇、全長一六五。
第九号仏　立像らしく上半身と下肢と少し残る。剣を右手に持つ。剣の残部三六、握りこぶし一三、全長一七〇。

泉沢後窟

第一号仏　本尊千手千眼観音と呼ばれるもの。見上げる大像であるが磨滅甚しく、僅かに上端に顔部と手部を残すのみ。手の右端より左端まで凡そ七一五。

吉　奈

第一、二、三、号仏共頭部は無くなつている。首下より第二号仏三〇〇、裾幅第一号仏一五〇。

小高町泉沢前窟磨崖仏

向って左より第一号仏

第三号仏

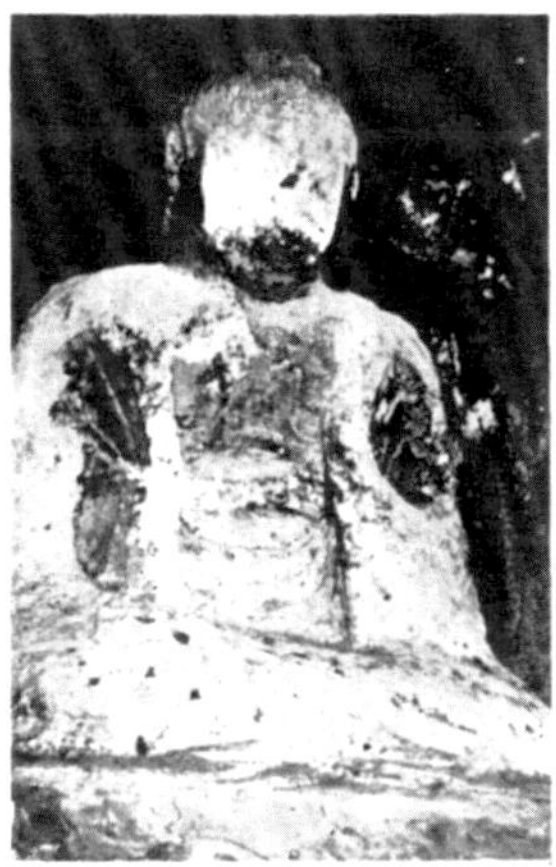

第二号仏

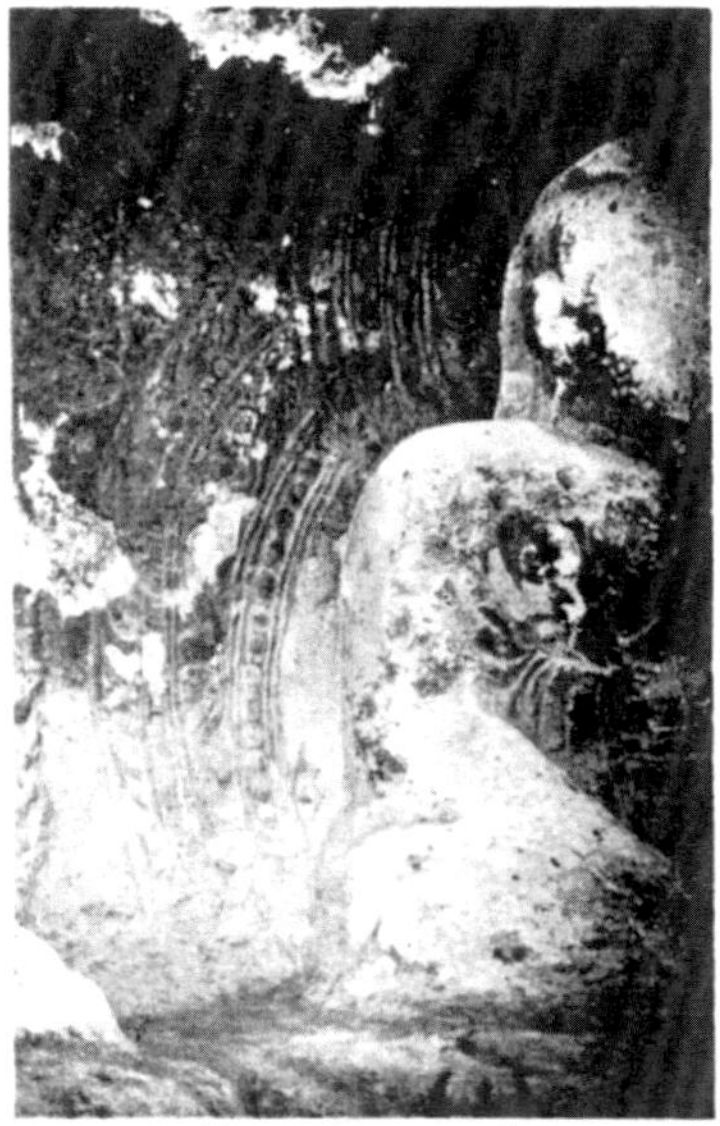

第三号仏光背

第四号仏

第五号仏

第五号仏部分

第六号仏

浮刻仏像

鹿島町塩崎磨崖仏

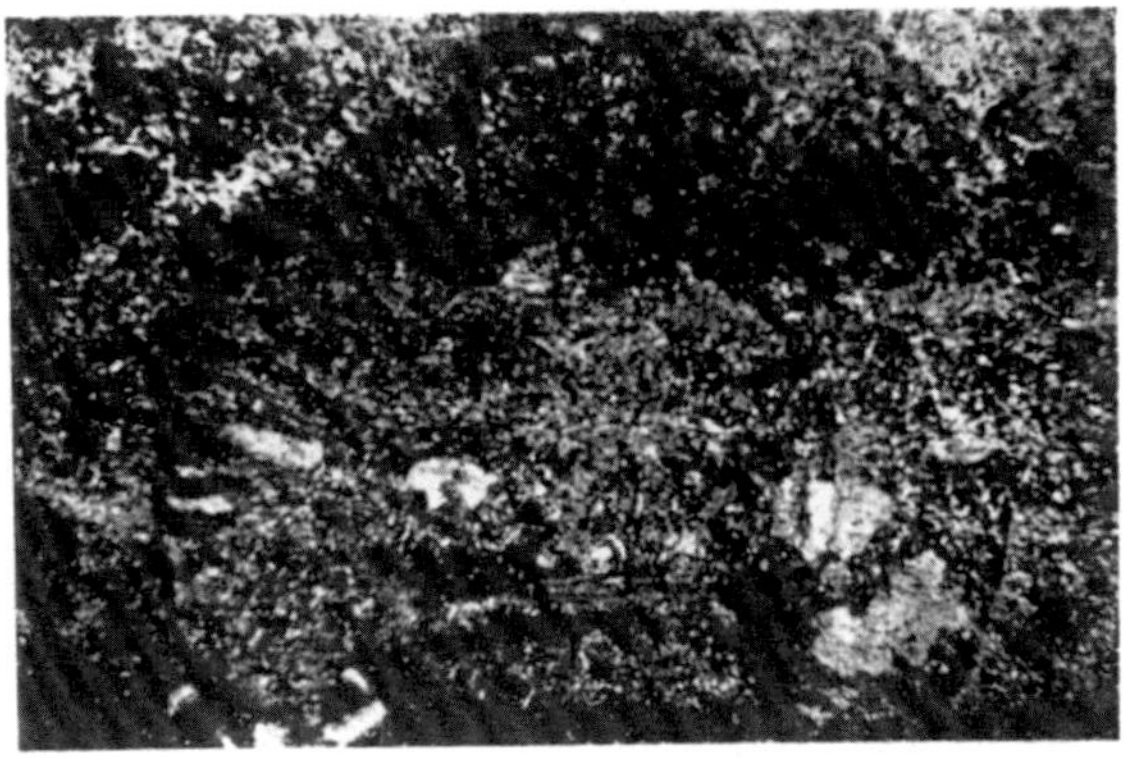

第五号仏　本尊千手観音

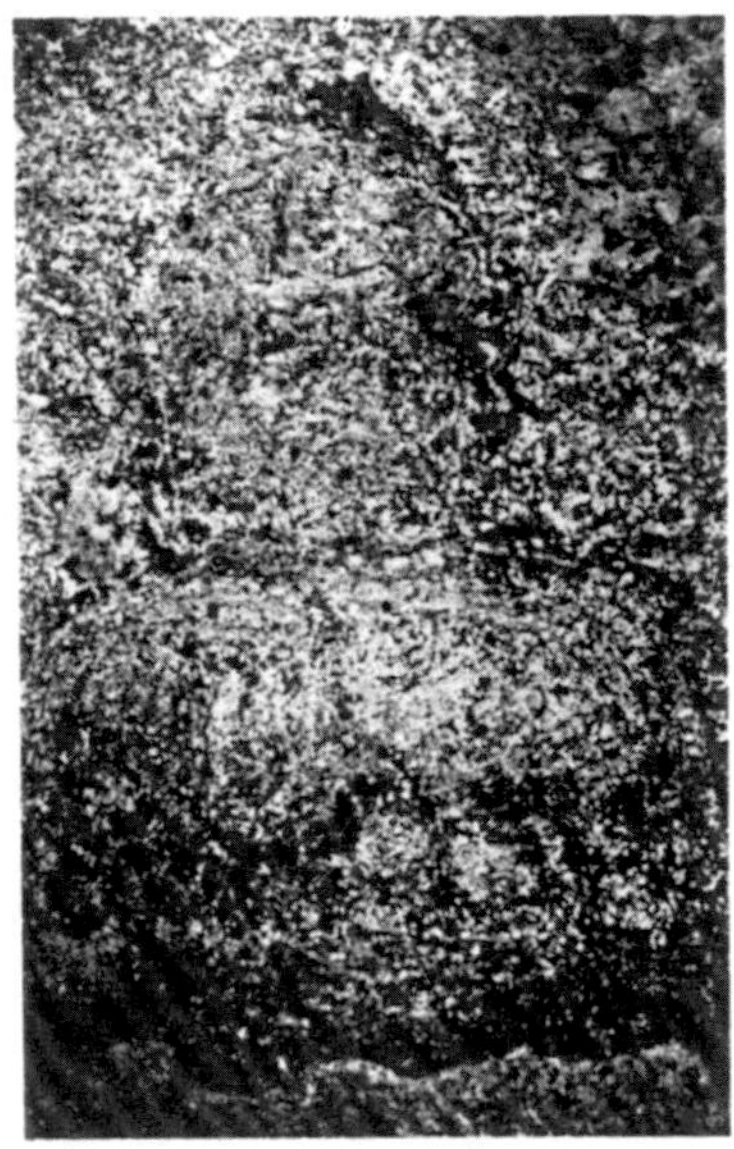

第七号仏

第九号仏

小高町泉沢後窟磨崖仏

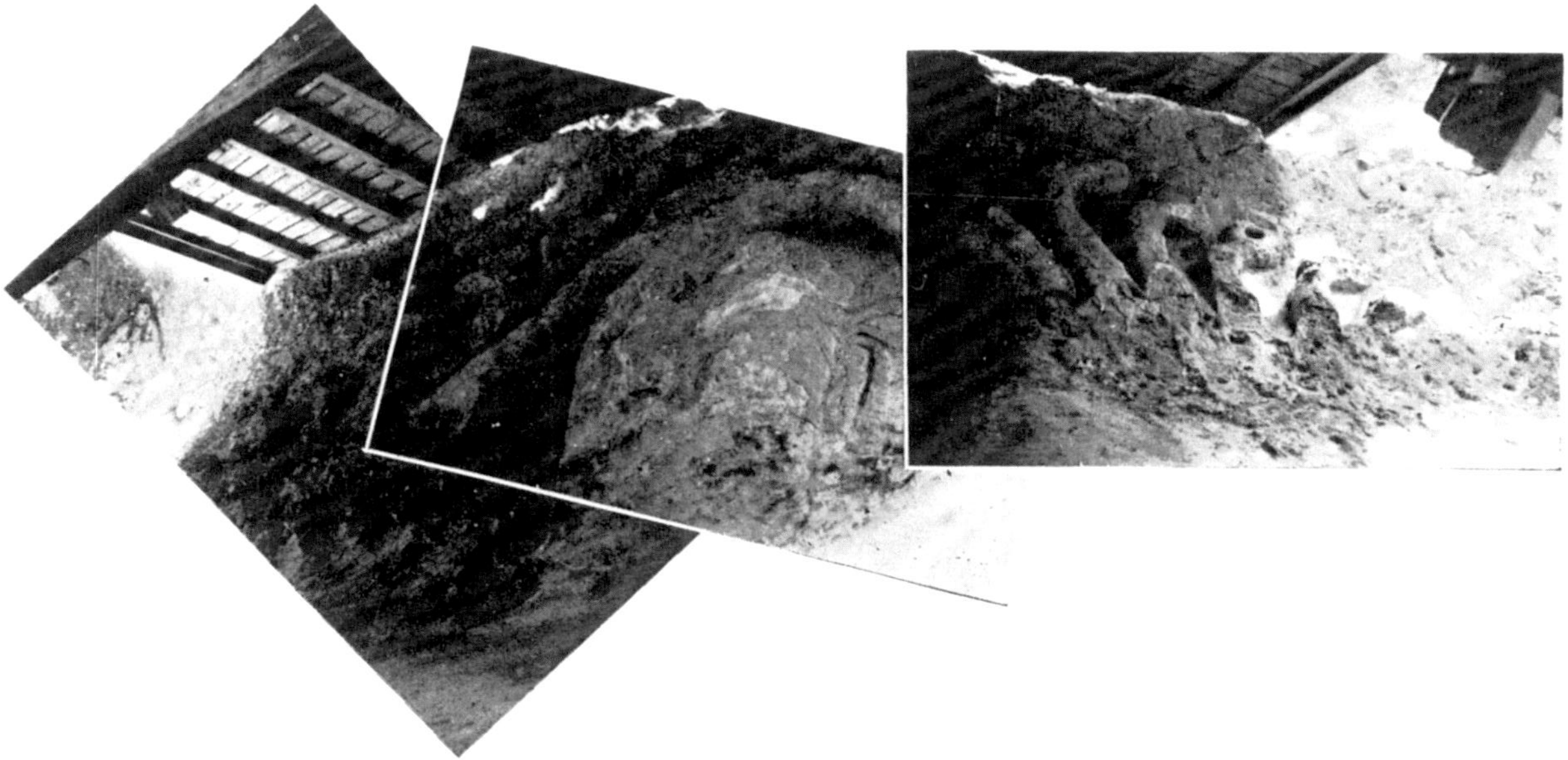

千手千眼観音（岩本由輝氏撮影）

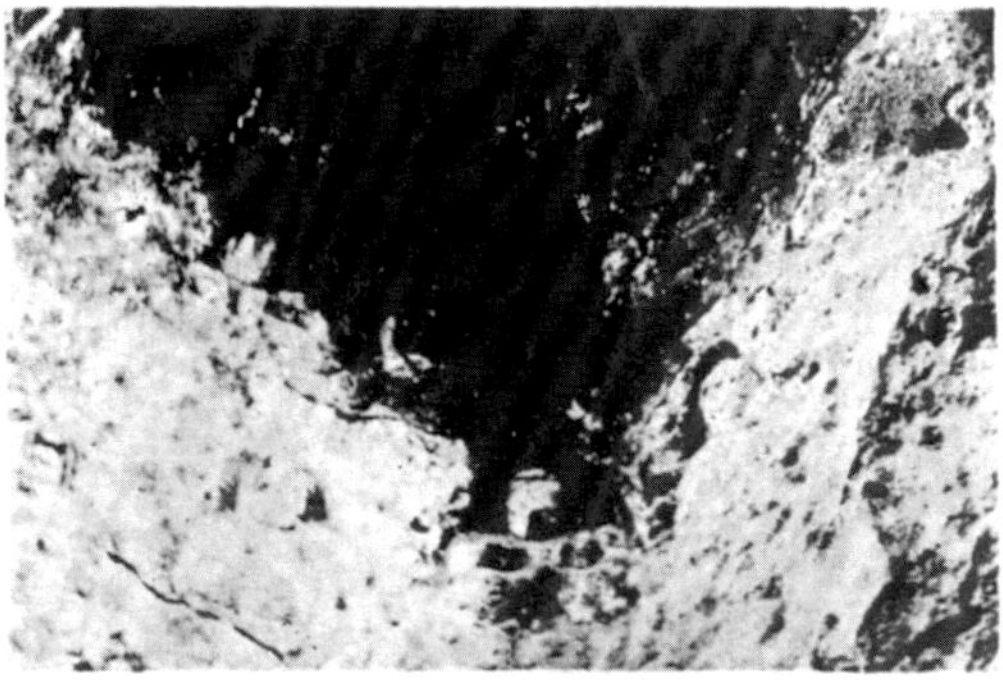

残存の小仏(泉沢後窟)

小高町吉奈磨崖仏

薬師と伝えられている(第二号仏)

第一号仏

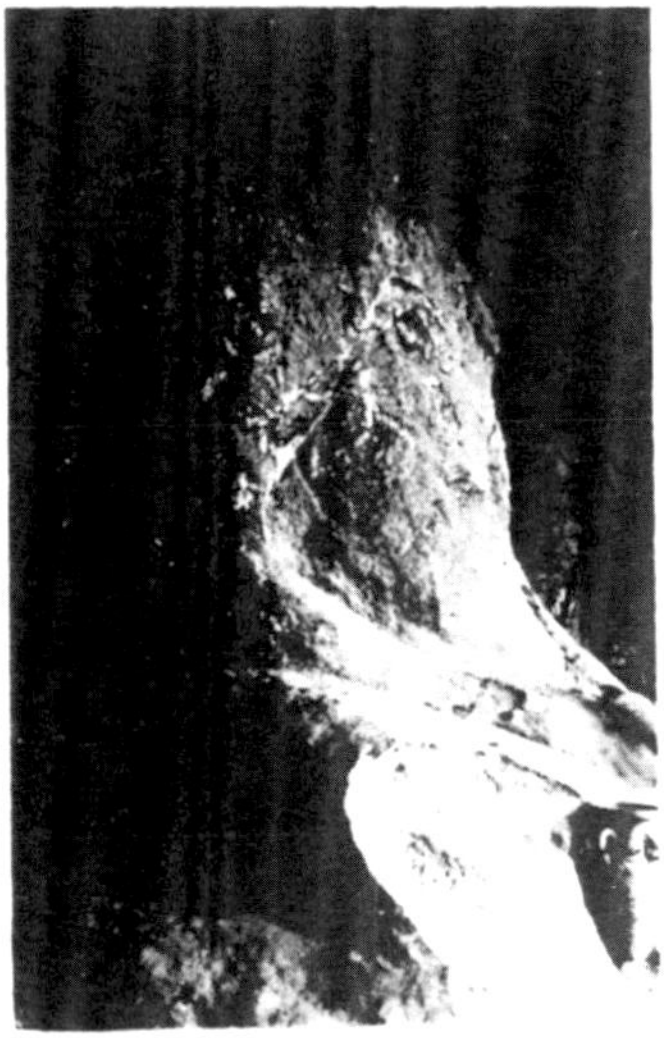

第二号仏側面

第二号仏台座

第三号仏

二　磐城における古供養碑

磐城における鎌倉、室町時代の古供養塔の類は、その大部分が石城郡に存し、その他はいうに足りない。いま新たに発見せられたものすべてを加えて、現在までのところ、石城の古碑は確実なもの七十二基を数え、そのうち年号の明記しあるもの四十一基、記名なきもの三十一基である。すなわち建長四年六月の碑を最初として、弘安、正応、正安、嘉元、徳治、延慶、正和、元応、元亨、嘉暦、元弘、建武、暦応、観応、文和、延文、康安、貞治、応安、永和と続いて居り、いわゆる吉野朝時代は、みな北朝の年を使用しているところを見れば、当時の社会情勢もほぼ想察せられる。この間建長四年より最も新しい永和三年まで百二十五年である。年号の無いものは、梵字と共に単に三七日、六七日、第三年等々の文字が刻まれているのみで、氏名は書いてないのが普通である。なお宝治二歳と記した碑が四倉町戸田にあるが、建立年代に疑問の余地があるので省略する。

以上の古供養碑は、ほとんどすべてが、旧大野、大浦の村々を貫流する仁井田川の辺にある寺々に遺存しているのを見ても、今は古びたこれらの村々にも、華かであった嘗ての面影を認めることが出来るのである。仁井田川は旧名を玉造川といい、和名抄の玉造郷を流れているもので、現存する玉山などの地名も、由来するところが深いらしい。古墳時代よりこの土地はすでに開けて居ったのである。上流にある八茎銅山の開発は、いつの世から始ったか知る由もないが、明治時代に山を拓いて銅をふいた際に、伐採した推定年齢二百年ばかりの縦の大木は、昔すてられた鉱滓の上に生えていたものだったという。大体この川に沿って、上流より八茎寺、妙音寺、柳生院、薬王寺、恵日寺、金光寺、福寿院、円福寺(以上旧大野村)、長隆寺(旧大浦村)等があるが、何れも由緒の古きを伝え、古碑の最も多い薬王寺の如きは、恵日寺と共に大同年中の徳一の開山と伝える。八茎寺、柳生院、円福寺は薬王寺の末、妙音寺、金光寺、福寿院は恵日寺の末と称し、長隆寺は恵哲の開山、岩城朝義の創建と伝え、天文中恵日寺の僧の中興にかかるものという。これ等の寺院は、古は皆真言を宗旨としたのであるが、この宗義は、狭いしかし古いこの玉造のさくに、相当高度の文化をもたらしたに違いない。高久、夏井などと共に、更にもっと古い時代からの文化を受け伝え持った部落であったかと思われるのである。

現在碑は八茎紫竹に一基、八茎片倉不動堂傍に一基、妙音寺に一基、柳生院に八基、薬王寺に四十八基、長隆寺に二基、絹谷の旧観音堂地に三基、以上は大体旧玉造川流域に属すると見られるものであり、夏井川流域に属するものは下小川の安養寺二基、下平窪常勝院四基、赤井の観音寺一基、神谷石那坂の阿弥弥堂一基等である。これらの中、大須賀筠軒によって明治十一年薬王寺村誌に記載されて世に紹介されたものは僅か八基に過ぎず、中には土中に埋もれ、川に沈み、石階になったりしていたものも多くあった。最近に至って草野の高木誠一氏等が主となって最初の調査に着手し、本堂の礎石を起し川より引上げるなど幾多の発見をなし、さらに磐城民俗研究会の共同事業として調査を続行し、新発見の幾つかを加え得た。ここに一先ず整備を完了、今後の研究の資料だけは取揃えることが出来た。しかし薬王寺山門前の小川の中や本堂裏等にも、確かにそれと思われるものもあるから、これよりすれば土中に深く埋もれている碑もまだ幾つかあることと思う。最近では内藤丈夫氏等によって、新しい数を加え得たことは喜ばしい。夏井川流域の幾つかがそれであり、これは全く今まで知られぬものであった。文字の読み方はその後も何度か通い、出来るだけ注意したつもりではあるが、なお誤読なきを保し難い。何分にもひどく磨滅して居り、また拓本によって判読出来たのも数多くあった。この調査は前記の二氏の外、山口弥一郎、和田文夫、赤木軍喜その他会員諸氏の協力によって出来たものである。ことに和田氏には後々まで世話になった。

磐城の石碑で目につくのは、まず自然石をそのまま用いているということであって、このままでは板碑と呼ぶのはふさわしくない。供養碑と呼ぶ外はない。僅かに表面を平にしたものも稀にあるが、上端を三角にしたものなどは無い。自然石である故に多くは部厚で不格好で、関東の板碑の如くスマートでなく、素朴古拙な感じである。石はいずれも土地にあり合せのものらしく雑多である。無いのもあるが多くは上部に横に二本の深い線を入れている。恐らく玉造川流域一帯は、薬王寺や恵日寺の如き大寺があり、地方の一大霊場であった故に、ここに供養碑をもって行って立てる風が生じたものであろう。相馬郡小池の薬師堂も地方の霊地で、年号も何も刻んではないが、無数の自然石の供養碑が立ち並んでいるのと同じである。むろん最初は連繋はあったろうが、土地によって供養碑の形状も異るのであって、関東の板碑が東北にうつつてきてこのような形に変化したとも、奥州の古拙な供養碑が関東に行って薄くはいからになったとも、そう簡単にいえぬのである。便宜上仮に薬王寺式と呼んでおく。

(一)建長四年六月

石城に現存する供養碑の中では、恐らくは最古のもので、四倉町八茎字紫竹の佐藤松平氏宅の井戸端にある。高さ地上一七五糎、幅四二糎許。上部に横に二線を刻み、すぐ下に大日かと思われる梵字あり、そこより下は一段低目に磨ってある。向って右側四字と思われるうちの下二字は、結界か法界か。

□□□界
建長四年壬子六月日
大日坊鑁阿

(二)弘安八年二月九日

四倉町字薬王寺の薬王寺本堂前の庭にあり、高さ地上六〇糎、幅二〇糎許で、長く土中にあったためか文字は鮮明である。弘の字の篇と作の間に安の字を入れ、二月と九日とはそれぞれ横書である。

為悲母尼
弘安八年乙酉二九月日
第三年

(三)弘安八年六月十日

下小川の字上平真言宗安養寺の墓地にあり、高さ一〇六糎、厚さ二五糎許。昭和二六年一〇月、内藤丈夫氏らによつて発見。二線の下に大日の梵字を刻み、その下には、この地の碑としては珍しく蓮座をつけている。文字もまた立派である。

右当先師聖霊四十九日之忌
造立如件伏冀憑茲善
功早帰寂□□海息四生
弘安八年六月十日沙門快圓
敬白
漩復之波速開我性心蓮
圓三身究竟之果上窮銀
漢下開金輪均施利益矣

(四)弘安十年七月三日

薬王寺の境内参道の右側にあり、高さ地上八〇糎、幅四七糎許。

弘安十年
七月三日
一百ケ日

(五)弘安十一年六月二十一日

薬王寺境内参道石段の上右側にあり、高さ地上一六〇糎、幅四九糎許。

弘安十一年　一周忌
六月廿一日
為願蓮也

(六)正応三年七月十五日

薬王寺境内参道右側にあり、高さ地上九八糎、幅五二糎許。

為源資守
广
正応三年七月十五日
刀
三十五日

(七)正応四年十月
四倉町八茎字片倉、八茎寺へ至る石段の下、不動堂の側にあり、大日と思われる梵字の下に正応四年とあるが、十月は確かといい難い。

三十　為明雲
正応四年十月[ ]
五日　房也

(八)正応四年十一月十五日
平市下平窪真言宗常勝院墓地にあり、昭和二五年一〇月、内藤丈夫氏等の発見にかかる。もと古館の田の畔にあったのを、昭和のはじめ頃ここに移したものという。高さ七〇糎。

十一月十五日
正応四年辛卯
為僧勝因百カ日

(九)正応四年十二月十八日
薬王寺本堂西側一段高い林中にあり、高さ七二糎、幅三二糎許。長く地中に埋れていたためか、文字は昨日の如く鮮明である。

為母尼

正応四年辛卯十二月十八日

一百ヶ日

(一〇)正安四年九月

薬王寺参道西側にあり、横の二線は無く、高さ地上八〇糎、幅四三糎許。年や月の字を省略しているが、この例は外にもある。

為現当二世所願

正安四九□

成就也

(一一)嘉元三年十月四日

薬王寺境内坂の西側杉林の中に転っている碑で、横線無く、梵字を円で囲んである。

僧都大和尚位（カカ）

嘉元三年乙巳十月四日

一百个日敬白

(一二)嘉元三年十月十八日

薬王寺参道東側にあり、高さ地上六六糎、幅六三糎許。左上端が欠けている。

右為過去正空

相当千一百ヶ日　仏子

嘉元三年乙巳十月十八日
成□正覚乃至　敬白
法界平等利益

(一三)徳治二年四月二十日

四倉町字柳生院本堂前に、二つに折れたままで残つているが、最近まで本堂の礎石代りになっていたという。高さは上半五〇糎、下半三四糎、幅四七糎許。

為真戒　　　敬
徳治二年四月廿日孝子等(カ)
百个日　　　白

(一四)徳治三年一月十日

薬王寺本堂裏の池畔にあり、高さ地上七三糎、幅三〇糎許。二線と弥陀の梵字とを見る。

為真戒
徳治三年戊申正十日
一周忌

(一五)延慶三年三月十八日

平市下平窪常勝院の墓地にあり、もと上平窪酢釜の観音寺(恵日寺末)旧墓地にあつたという。昭和二五年内藤丈夫氏等の発見による。高さ七五糎、幅三三糎。

右志者為祈妙（カ）
延慶三年（庚戌）三月十八日
比丘尼聖霊也

(一六)正和二年一月三十日
四倉町字長友長隆寺境内にあり、高さ地上八〇糎、幅三二糎許。上端少しく欠損している。

為妙一□百（カ）
正和二年正月卅日
ケ（カ）日一周忌也

(一七)正和二年三月五日
長隆寺境内にあり、台石上に立ち、高さ七〇糎、幅三五糎許。

為慈父第
正和二年三月五日
三年敬白

(一八)正和二年十二月九日
赤井諸荷の浄土宗観音寺墓地にあり、高さ八五糎、幅五〇糎許。昭和二六年一〇月内藤丈夫氏等によって発見。

右志者為聖霊
正和二年（癸丑）十二月九日
往生極楽也

(一九)正和三年十月四日

柳生院境内石磴下にあり、高さ地上八三糎、幅四〇糎許。

右能化逆修也

正和三年十月四日

□一

百日頼舜阿闍梨

(二〇)正和三年十月八日

柳生院境内同じ石段下にあり、高さ地上七九糎、幅二六糎許。

右悲母逆修

正和三年十月八日

孝子等百日

(二一)正和六年五月四日

薬王寺山門の外、街路の傍にあり、高さ地上九六糎、幅五七糎許。二線無く、円内に大日と思われる梵字を刻む。

右為覚妙

正和六年五月四日

成仏第三週

(二二)元応元年六月十九日

下小川上平の安養寺墓地にあり、線香の台石に利用されていたのを、昭和二六年秋、内藤丈夫氏等が発見。高さ五〇糎、幅四三糎許。

二線無く、月の字が省かれている。右側の字は施か徒か。

巳

□子

元応元六十九日
未
敬白

(三三)元応二年五月二十五日

神谷鎌田字石那坂の阿弥陀堂にあって、俗に幽霊塚と称しているのは、碑中の文字によるものらしい。高さ地上九八糎、幅五八糎許。

右志趣者過去
悲母幽霊之相
孝子
元応二年五月廿五日
敬白
当一百ケ日忌
景所造立如件

(三四)元亨二年十一月十八日

薬王寺本堂前にあり、高さ地上一二五糎、幅四五糎許。下に台石のようになっているものも、欠損しているが供養碑らしい。

右為願西成仏
元亨二年十一月八日
相当三十五日

(三四)元亨三年十二月三日

薬王寺参道西側にあり、高さ地上七八糎、幅四七糎許。

右奉為法印
癸　百
元亨三年十二月三日
亥　日
寛忠成仏也

(三六)嘉暦三年十月五日

草野絹屋の青滝観音の旧堂地にあり、高さ七八糎、幅四〇糎許

(三七)元弘三年十月二十二日

大野駒込の妙音寺境内本堂の前にあり、竿石の高さ一一八糎、幅五七糎許。

右志者為過去慈父聖霊出離生死(カカ)

元弘三年(癸酉)十月廿二日　三十三年　孝子敬白

往生極楽乃至法界平等利益□

(三八)建武元年八月

薬王寺参道東側坂の登り口にあり、高さ地上九〇糎、幅六〇糎許。十日か九日か疑問あり、干支らしい文字もあるようだが判然としない。

右比丘尼

建武元年八月十(カ)日

逆修四十九日

(三九)建武三年八月十日

薬王寺参道東側にあり、高さ地上七三糎、幅四四糎許。

右比丘尼妙阿

建武三年(丙子)八月十日

相当百日

（三〇）暦応四年十一月三十日

薬王寺参道坂の上り口にある大碑で、台上の上に立ち高さ一二五糎、幅五一糎許。何時の頃からか裏面に下乗と刻まれ、今はその方が正面を向いている。

右奉為備前守政隆
平隆氏
暦応四年十一月卅日
一百ケ□
法名願西成仏

（三一）観応三年二月二十二日

柳生院石段の下西側にあり。

右相□□三□
観応三二廿二日
慈父良□成仏

（三二）文和三年二月十八日

この碑の薬王寺にあることが、大須賀鈞軒の調査に見えるが、現在石は見当らない。「文和三年甲午二月十八日右之造立者□追一週忌辰如件」。

（三三）延文五年五月二十日

薬王寺にあり。大日かの梵字が円でかこまれ、その下に、

右為願法一百
庚　施主
延文五々月廿日
子　敬白
□忌辰成仏

(三四)康安元年十一月二十日

薬王寺裏参道坂の中途にあり、高さ地上八〇糎、幅六〇糎許。左上端が欠損している。

右為□阿□
康安元年十一月廿日
乃至法界衆生

(三五)康安二年二月七日

薬王寺参道坂の上西側にあり、高さ地上一〇〇糎、幅六七糎許。これも年の字が省略されている。

右為文阿弥
康安二壬寅二月七日
第三ケ年忌

(三六)貞治四年十一月十三日

薬王寺参道にあり、地上六四糎、幅四八糎許。書式が他とやや異っている。

貞治二二年乙巳十一月十三日敬白

(三七)応安三年七月二十九日

薬王寺本堂裏の池畔に倒れてあり、二度使用されたものらしく、もとの文字が消しきれずに残っている。月や日の字を省いた例である。

右丁了縁禅定
尼七々辰立之
応安三庚戌七廿九

(三八)応安四年六月二十七日

薬王寺の本堂前にあり。高さ地上八〇糎、幅五五糎許。

右当□仁庵
栄公禅定門
七々辰造立塔
婆荘厳報地者
応安二辛二亥六月廿七(カカ)

(三九)応安七年八月十日

薬王寺本堂裏池畔にある碑で磨滅の度がひどい。高さ九〇糎、幅三四糎許。

応安七念(カ)八月十甲寅［　］

(四〇)応安八年四月二十一日

薬王寺の墓地に現代の新しい多くの石碑と交って立っている。高さ地上八〇糎、幅四三糎許。

右為常津
応安八四月廿一日
一周忌辰

(四一)永和三年

薬王寺裏参道坂の中途にあり、高さ地上一〇二糎、幅六五糎許。

右当浄光月岩
居士七々之辰所修

報之塔婆也□願
幽霊永離冥道蓮
坐仏界矣
永和三□□□□廿一日

(1) 三　七　日
薬王寺山門東側小川の傍に倒れたままになっている。高さ五三糎、幅四〇糎ほどで、三七日の下にも数字があるようであるがよく判らない。石の上下が欠損している。

(2) 文　字　不　明
薬王寺山門の下に転っている碑で、欠けて僅かに上半横二線と、弥陀らしい梵字を残すのみ。高さ五〇糎、幅三五糎。

(3) 文　字　不　明
薬王寺山門西側に立っているが、磨滅して判読出来ない。高さ地上六〇糎、幅四五糎許。

(4) 五　七　日
薬王寺山門西大樹の下にあり、上端及右側欠損。

(5) 七　　　日
薬王寺山門西大樹の下にあって、高さ八〇糎、幅三五糎、上端欠損している。梵字の下に「七日」とある。

(6) 梵　字　の　み
薬王寺参道東側、高さ地上四五糎、幅二五糎許。円の内に大日らしい梵字一字。

(7) 六　十　日
薬王寺参道西側、下部欠損、二線の下に大日らしい梵字、その下に「六十日」、高さ四〇糎、幅二二糎。

(8) 六　七　日

薬王寺参道東側にあり、高さ地上四七糎、幅二一糎許。二線の下大日らしい梵字、その下に「六七日」。

(9)初　七　日
薬王寺参道西側にあり、上端欠損、二線の下梵字、その下「初七」とあって欠けているのは初七日か。高さ五八糎、幅三〇糎許。

(10)第　三　年
薬王寺参道西側にあり、高さ地上八〇糎、幅三〇糎許。「第三年」。

(11)文　字　不　明
薬王寺参道東側にあり、下部欠損して文字の有無不明、梵字は大日か、高さ三二糎、幅二五糎。

(12)二　七　日
薬王寺参道東側にあり、高さ地上五〇糎、幅三五糎許。横二線、梵字は大日か。「二七日」。

(13)梵　字　の　み
薬王寺参道西側にあり、高さ地上七〇糎、幅三二糎許。二線と梵字とのみ。

(14)十　　三
薬王寺参道坂の上り口右側にあり、高さ地上七一糎、幅二五糎許。横二線、梵字は大日か、「十三」の字あり、その下不明。

(15)四　七　日
薬王寺参道の上り口右側にあり、高さ七〇糎、幅七三糎。横二線、「四七日」。

(16)文　字　不　明
薬王寺参道坂の上り口左側にあり、高さ地上五八糎幅四八糎許。円内の梵字は弥陀か。その下の文字は不明。

(17)十　　三
薬王寺本堂前にあり、高さ地上五七糎、幅三〇糎。横二線、梵字は大日か。「十三」の字のすぐ下より欠損。

(18)十　三　年

(19)二　七　日
薬王寺本堂裏、池の側にあり、高さ九〇糎、幅四七糎許。二線、梵字は大日か。「十三年」の文字。

(20)三　十　五　日
薬王寺の庫裡の前にあり、高さ地上五〇糎、幅二二糎許。二線、梵字。「二七日」の文字。

(21)文　字　不　明
薬王寺庫裡前にあり、上部欠損、梵字は観音か。高さ地上五七糎、幅三〇糎許。「三十五日」の文字。

(22)梵　字　の　み
薬王寺庫裡前にあり。高さ地上四〇糎、幅二五糎許。文字は判読し難い。

(23)七　　　年
薬王寺西方、同寺所属の共同墓地にあって、高さ地上八二糎、幅三二糎許。横二線の下に金剛界大日の梵字一字を刻んだだけの碑であるが、現在字の無い方を正面にして、某家の墓碑として二度目の用をつとめている。

(24)梵　字　の　み
柳生院石段の上り口右側にあり、高さ地上八三糎、幅三七糎許。梵字の下に「七年」と刻み、その下二行に、右に「源法」左に「能阿」とある。

(25)文　字　不　明
柳生院石段上り口左側にあり、高さ地上五〇糎、幅二九糎許。

(26)五　七　日
薬王寺本堂前、元亨二年の碑の下に横たわっているもので、欠損甚しく文字も判読出来ぬが、伊舎那天の梵字が、上部にやや明瞭に看取される。

柳生院にあり、参道改修の際、昭和十六年十一月発見。二線、梵字の下、右は「専阿」、左は不詳。

(27)梵字のみ

草野絹屋青滝観音旧堂地にあり、昭和十六年十一月発見。

(28)梵字のみ

(27)と同じ所にあり、同時発見。

(29)三十五日

柳生院参道にあり、「右為完阿成仏　三十五日」。

(30)三十五日

常勝院にあり二線、勢至の梵字、「為三十五日」。

(31)四十九日

常勝院にあり、二線、観音の梵字、「為四十九日」。

以上で見ると、忌日は七日、二七日、三七日、四七日、五七日、六七日、七七日、年では三年、七年、十三年とあり、ただ一つ六十日とあつたのは、今から思えば六七日の誤でなかつたか再調査をしたいと思つている。なお、薬王寺式とまるで異なつた、明かに関東系と思われる板碑が二基、平市下平窪字諸荷の福一満虚空蔵堂にあつたことを、内藤丈夫氏が教示された。大小二基あり、大は高さ七九糎、幅二三糎、厚さ二糎。小は高さ五二糎、幅一六糎、厚さ一・五糎。

また、愛谷の慈眼院墓地にも、高さ八五糎、幅五〇糎で、古い供養碑を磨つて、新しい墓石として使用している例があり、これも昭和二一年一一月内藤氏の発見による。

磐城の古供養碑（薬王寺式）

（一）（内藤丈夫氏撮影）

（二）（山口弥一郎氏撮影）

（四）

（五）

（五）

（九）

（九）

(一〇)

(一六)

(一七)

(一九)

(三七)

(二七)

(二九)

(三〇)

(三五)

(三六)

(三九)

(四〇)

（4）

（四一）

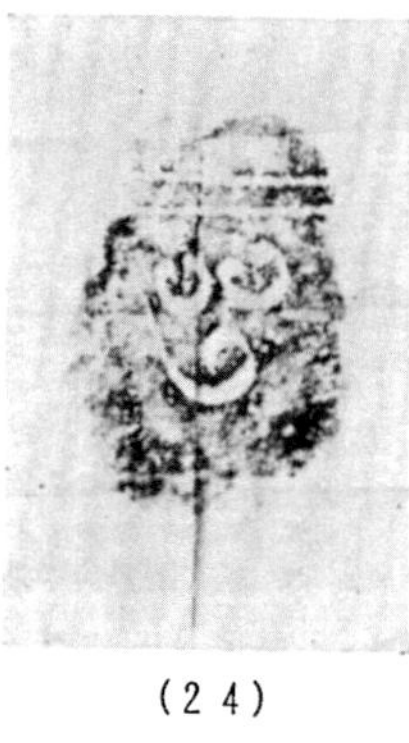

（2 4）

（1 5）向って右

第四節　真宗移民の相馬に及ぼせる影響

一　宗教移住の概要

㈠ 移民招致の必要性

かって北陸地方より多数の移民を受入れた相馬藩の領地は、現在の相馬郡と双葉郡の北半で、七個郷に分れ、村数は時代により多少の変動はあったが、大体二百二十邑位であった。右七郷の田畑総反別は一万五千百三十五町歩ばかり、収納米の最も多かったのは、正徳五年の十七万五千九百十俵、人口の最も多かったのは、元禄十五年の八万九千五百五人であった。

さてこの相馬において、何故に移民を必要としたかというに相馬衰頽の原因より考察せねばならない。

遠　因

1・天正十八年、秀吉より与えられた朱印は四万八千七百三十四石。文禄には六万余石。元禄の検地は、六万石の上にさらに三万八千石で、計九万八千石と幕府に届けた。藩はそのつもりで領民より租税を取り立て、幕府もその積りで公役を課した。

2・藩士の数の比較的多かったこと。

3・太平になれて奢侈に流れたこと。

近　因

1・天明の凶作により戸口減じ、土地荒廃し、収納米が減じたこと(共に約三分の一に減る)。年々借財で暮すようになったこと。

いま試みに、天明凶作による人口を一瞥すれば、天明七年は人口三万二千二百四十七人で、人口の最も減少した時であり、これを前述の最も多かった元禄十五年に比較すれば、五万七千二百五十八人の減少で、割合にすれば六割三分九厘の減少に当る。もっともこれより以降は年々増加し、文久元年には、戸数八千四百九十四戸、人口五万二千六百余人を算するに至った。当時の悲惨な例として、奥相志より押釜村の例を見るに、離散九十四人（内死亡六十二人、逃亡三十二人）、以上は二十九戸、百六十二人中より過半離散を生じたるなりと見える。

この復興計画として、まず消極政策としてはいわゆる文化の御厳法を定めた。これは文化十三年より向う十個年間を期し、藩の経済を一万石に引き下げて生活する案を幕府に願って施行し、着々借財を償却の上、復古永安の基礎確立を計ったことこれである。積極政策としては、人軒増加の方法を立て、努めて新戸を取りたてることを奨励した。かつ二宮仕法の施行に努めた。この新戸取立の方法は、二、三男を新家に取り立てることもしたが、他領より移民を招致して荒地を開拓させる方法が大いに行われた。これが主として北陸よりの真宗移民となって現われたのである。

㈡方法と条件

何故にはるばる北陸という遠隔の地から移民を求めねばならなかったか。恐らく最初は来てさえくれれば、あえて土地を選ばなかったのであろうが、偶々北陸地方に縁故が出来て、将来の大規模な移住の契機を作ったのである。

藩の記録によれば、移住について先ず功績のあったのは久米泰翁であった。久米泰翁伝によれば、彼は藩主樹胤に仕えて家老であったが、財政の回復は歳入の増加をはかる外に途は無い。いま、領内に荒蕪地が多く、人口は稀薄である。他国より農民を入れるのが最良であると考え、藩主に献策したが、財政窮乏の折柄で藩論は節約の一方に傾き、人々は彼の新しい政策に反対した。彼は独力で事に当るより途はないと考え、文化十年八月職を辞し、専ら移民誘導、荒蕪開墾の任に当らんと請うて藩主の許諾を得た。もっとも正西寺、勝縁寺、常福寺等は、すでにこれより数年前の文化七、八年には当地に移っていたから、移民もぽつぽつながら当時はじまっていたのである。しかしとにかく泰翁は、かねがね宗教の利用ということを考えていた。すなわち当時藩内には、真言、禅宗が多く行われて居り、真宗はほとんど無いも同様であった。しかるに他国の様子を聞くに、真宗は頗る人意に投じた宗教らしく思われる上、ことに北越地方は盛んであるという。その上同地方は、土地の割合には人口が少いという。ここに目をつけて勧誘を考えたのであるが、なおもう一つの理由があった。当時たまたま飯豊村馬場野(現在相馬市)に草庵(東福庵)を結び、布教に従事していた僧に発教がいた(彼より先に文化七年僧闡教が越中より来て東福庵を開いた。発教は初名を林能と云い、越中礪波郡野尻庄二日町普願寺十九世の三男、故あって東福庵の帰依人荒川六郎兵衛に伴われて当邑に来たが－文化十年頃か－時に年十三才で、藩の師範所万年山長松寺に学ぶという)。彼は一旦帰郷してみたい旨を家老の久米に話すと久米は、かねて考えていたように、北越地方から試みに移民を募集して貰いたい。そして宗派の拡張もこの際はかることを勧めた。ここで二人は肝胆相照らすこととなり、若い発教は欣然意を決して帰国するや、東奔西走して勧誘に努力した。しかるに加賀では移民を禁じ国境に番所をおいて、越境する者を取りしまったが、宗教拡張の熱意に燃えた発教は、遂に第一回の移民四家族を誘導して来た。

これを待ちもうけていた久米は、予め土地を選定しておき、とくに北郷山下村、中郷押釜村、同信田沢村、宇多郷柏崎村に、水田に適し将来有望と見られる土地のあるのを見つけ、まずこの四個所を模範として移住の基礎にしようと、山下に吉田熊蔵、柏崎に五十嵐源吾、押釜に林甚右衛門、信田沢に中野市右衛門と各一戸ずつ落着かせ、居宅、農具その他糧食等までの一切を与えて開墾に従事させたので、成績が大いにあがり、彼等は彼等でそれぞれ郷里の親戚朋友等に私かに通知し、または自身帰国の上、移住後の状況を報告したので、慕い来る者が追々多くなった。ために久米の邸内に移民の収容所を設け、一方では移住地を選定し、順次に移住開墾に着手させた。

以上は奥相志等藩の記録によるものであるが、これと呼応するかの如く、領内には前後して移民誘致の運動が盛んとなり、真宗の寺院が次々と建てられ、しかもそれら寺院相互に深いつながりが最初からあったことは興味深い。

文化七年闡教が越中より来て開いた東福庵は、次代の発教の開いた正西寺の前身となるわけであるが(正西寺と改称したのは天保七年）、常福寺その他とも関係をもっている。原町の常福寺を開いた恵敬は、同寺の伝によれば、越後蒲原郡堤村大谷派光円寺の二男であったが、文化八年五月、当地の南新田村原町に来て草庵を立てたことにはじまると伝え、時の郡代村津大兄が移民誘致に努むるや、これに協力して郡代の助役を兼ね、百三十戸の檀家をもつに至ったという。二代の恵順は越中礪波郡二日町普願寺の二男というから、正西寺発教の兄に当るわけであり、また標葉正福寺の開基とも兄弟という。正福寺や正西寺の伝によってみても、常福寺は相馬に来た兄弟のうちの長兄、正西寺は次兄、正福寺は末弟であったと思われる。正西寺の八幡義教氏の話によれば、東福庵聞教に子無く、幸に普願寺の四人の男の子の中の三男であった発教をあとつぎにしたいと希望した。上げてもよいが子供に一応聞いてみようと聞いたところ、行ってもよいというので、向うの檀家であった荒川六郎兵衛が一緒について来たというのである。発教ははじめ北陸に行った時、兄をつれてきて常福寺の二代になって貰ったが、二度目に行った時、弟をつれてきて長塚の正福寺に入って貰った。そして正西寺の正と常福寺の福をとって正福寺としたと伝える（弟が開基か）。

とにかく初期における領内真宗寺院は、兄弟とか親戚とか非常に近い関係になっている。この辺でいうひっぱりになっていることの多かったのは事実で、東西両派に分れても、両者の間に摩擦といったものは見られない。これは相馬の真宗の一つの特色にもなっている。

ちなみに領内に、現在真宗の寺院は十余個寺あるが、中村の光善寺は古いが、他はほとんど文化、文政以後、移民と共に出来たものである。光善寺の開山は浄玄といい、岩沼妙観寺の人であったが、相馬飯豊の柏崎に浄法寺を建てて住持たること二十九年に及び、慶安五年本山の許を得て光善寺と号し、中村に移った。柏崎にあった時分、同寺に光明寺、常福寺、光慶寺の三末寺があったというが本寺が中村に移るや廃絶していた。のち移民が入って寺が必要となった時、新寺創立は当時の制度として困難であったから、再興ということで右の三寺が、それぞれ刈野、原町、小高に、多少の年代をおいて出来たのであった（奥相志）。浪江の正西寺は、はじめ何宗であったか知らぬが、名称だけは少くと古いものと見え、中村の正西寺創立の際は、公命によって右の正西寺(もと大堀にあったという)の名をついだのであるという。寺伝によれば寛永十九年の創建にかかり、もと大堀小丸の館であったのがのち寺となり、明治八年今の地なる華光院の所にうつった。移民以前の古い檀家は大堀と棚塩にあるという。また、現住の小丸善雄氏は十代目になるそうである(小丸善雄氏)。広橋莞爾氏の調査によれば、大堀村光善が寛永十九年宝蓮寺内の正西寺をゆずり受けて、新寺建立を出願したが、公許容易に下らず、六十余年の後、元禄十六年に至って宿願を達した、これ大谷派の嚆矢という。鹿島の勝縁寺は、もと南柚木にあったが、文化七年僧廓然がもと越中蠣波郡麻生村西園寺の次男であったが、加越の民百余戸を以て檀家となしたことが寺記に見え、小高の光慶寺は、文政九年教西の開山といい(奥相志)、飯豊村の光源寺は、嘉永五年、杉村某夫婦がその一子と共に、島根県八束郡より全国行脚に出て、たまたまこの地に落着いて開墾に従い、大阪府石川郡山田の光現寺を移したことになっている。標葉の光善寺は、越中蠣波郡麻生村西光寺の知教が嘉永五年に新山に来り草庵を結んだが、のち寺となり中村光善寺末となったと伝える。また再建当時の浪江の正西寺は、中村正西寺の隠居所であったといい、浪江の常福寺は原町常福寺の隠居所であったという。また山中郷の善仁寺、浄観寺共に勝縁寺から出たといっている。なお真野の大岩忠雄氏の話によれば、先祖の八右衛門というのが、文政十年に越中蠣波郡より来たが、八右衛門の甥が勝縁寺であった。原町の常福寺が建ったのは勝縁寺より少し早かった。しかし原町へ寺を建てようとしたのははじめ勝縁寺であった。それが一旦郷里へ帰ってまたやって来てみると、常福寺が建っていたので、柚木の廃寺を興して勝縁寺を建てた。そして自分の子二人を百姓にした。当時寺を建てるには百姓を二人以上立てなければならなかったからで、一人は寺岡、一人は酒井となって開墾に従事した。したがって勝縁寺と最も深い関係を持つていたのは、この大岩と柚木の酒井と寺岡だったが、寺岡は今は居ないので、現在住職の葬式の時、その坊守の位牌もちは、大岩と酒井の家で交替にすることになっていると。

現在における相馬の真宗寺院は左の通りである。寺伝や口碑を参考としたので、事実と齟齬し、不確実な点もまたあるかも知れない。

光善寺（中村）　相馬に真宗の入った最初の寺院。開山浄玄は岩沼妙観寺の人、相馬郡柏崎村梅川に浄法寺を建てて住持たること二十九年、慶安五年本山の許あり光善寺と号し中村にうつる。もと柏崎にあった時分、境内に常福寺、光慶寺、光明寺の三末寺あり、本寺の中村移転後廃絶、のち本山に乞うて再興したのは、新農戸を本郡に立てるためであった(奥相志)。移民の入った関係で立野の光明寺が最も早く復興し、次に原町の常福寺、ずっとおくれて小高光慶寺。

仏教会館（中村）　近年光善寺より分離。

正西寺（中村）　奥相志に、「文化七年僧闡教と云える者、越中の国より来りて馬場野村に居り、東福庵と号す。文政元年梵宇を向町に草創し、円満寺と号す。闡教をして開山たらしむ。其後長願寺と改号す。当寺草建の由縁は、天明凶年以還民家許多泯絶し荒田夥し。故に加賀越中越後の来民新戸を立て荒田を墾す。彼の二州の民大凡一向宗の者なり。この故に新農戸の菩提寺のために造立す。然りと雖も新寺建立は公禁なり。故に会談通所と称し、本願寺知事僧巡行の旅舘と称するなり」。二世発教（初名林能）も越中の人、移民に尽力、天保七年正西寺と改称。これは彼が新戸三百戸取立の功によって公命により大堀正西寺の名を継いだものである。闡教—発教。

光源寺（飯豊）　嘉永五年十一月、杉村左左エ門(三十四才)、妻(二十八才)。その子石蔵(九才)の三人が、全国の神社仏閣に詣でつつ、島根県八東郡福井村より来り、一旦磯辺に来て本家に休み、更にここにおちつき開墾に従事した。父親は安政三年死去、子は長じて慶応三年村の役人となり、杉村六郎左エ門と改名、その後明治二十二年本堂を建立、名を法恵と改め、大正六年死去した。この寺は大阪府石川郡山田光現寺を移したものという。法恵—法善—法林。

勝縁寺(鹿島)　寺記によれば文化七年僧廓然(越中礪波郡麻生村西圓寺円諦の次男、母は同郡中田村八右エ門女)柚木に来て開墾に従い(四町歩余)、藩主賞して課役を免ず、その利潤米を資として、年々十戸位ずつ北越より移民を誘ってふやした。天保五年五月本山もその功を賞し、勝縁寺の号を許した。当時の檀家六十余戸、天保十一年鹿島にうつる。この頃檀家約八十。

常福寺(原町)文化八年五月、越後蒲原郡堤村大谷派光円寺次男恵敬当地原町に来り、小竹籔を開き草庵を立てた。文政六年一月寺を立てて常福寺という(寺の草創を文化八年八月としている)。同寺創建の時、郡代村津大兄が尽力した。恵敬は郡代の助役を兼ね、移民の誘引につとめ百三十戸の檀家をつくる。二代恵順越中礪波郡二日町村大谷派普願寺二男にして、文政九年四月恵敬の養子となり、また郡代の助役となり移民に力をつくし、安政三年死去、文政十一年の檀家百八十七戸。三代恵秀は前記普願寺知慶次男で、安政二年四月恵順の養子となり、明治三十四年四月歿、檀家四百八十七戸。四代連城は西蒲原郡白根村善了寺慧観三男、明治三十一年恵秀の養子となる。その子は当主。恵敬―恵順―恵秀―連城―莞爾。

本願寺別院（原町）明治十一年四月大谷派説教場として太田村益田に創立、十二月原町にうつる。三十五年一月原町別院認可。

光慶寺（小高）文政九年開山、教西（奥相志）。

光明寺（刈野）開祖知道は加賀より来たという。現住で六代。天明凶年後、加越両州の民を入れて新戸を立てたが、当時新寺の建立は認められなかったので、光善寺が柏崎にあった時の三個寺（常福、光慶、光明）の一つとして京都の本山に乞うて再興したという。

正西寺（浪江）はじめ慶長中標葉の士小丸美濃の三男猪股長四郎というもの、事によって刑死した父兄の菩提のため僧となり上京、仏道修業、元和中帰つて小庵を小野田に開いた。寛永十九年正西寺の号を継がんことを（正西寺という名の寺は以前からあったらしい）邦君に乞うても公禁の故を以て許されず、元禄十六年昌胤の時本寺に乞うて許された。そこで大堀に正西寺を建てたという。中村正西寺の話によれば、天保七年正西寺の名を今の中村正西寺に与え、浪江の正西寺をその隠居所にしたという。

常福寺（浪江）文政十年三月原町常福寺初代恵敬、標葉郡権現堂村に移り隠居、嘉永六年四月寂、同六月本山の命を受け常福寺と号す。

正福寺（標葉）越中より来たという。すなわち長兄が常福寺、二男が正西寺、三男がこの寺を開くともいい、また、先祖は嘉永三年四月加賀より来たとも伝える。

光善寺（標葉）天保十四年安芸国より僧深妙来り、草庵を新山に結ぶ。越中礪波郡麻生村西光寺知教、相馬に一寺建立の意があったが、偶々嘉永元年の凶作で計画意の如くならず、嘉永五年十月新山に来て草庵をむすぶ。これは深妙の草庵を復興襲用したものと思われる。翌嘉永六年三月寂。中村光善寺末。明治元年本派本願寺の末寺として大徳山光善寺の寺号を許された。

善仁寺（草野）明治十年勝縁寺の縁故を以て杉岡了海善仁寺を創建（勝縁寺記録）。

浄観寺（飯樋）文政の頃より説教所の如きものあり、その後嘉永五年三月藩の政策に応じて、杉岡了海その他の骨折により北陸某地の浄観寺（真宗）の名跡をもってきて立てたもので、最初飯樋に北陸の移民十戸を立てたのがはじめという（同寺記）。勝縁寺記録によれば浄観寺の創建は嘉永六年二月となっている。

附――相馬領外であるが南に隣りするもの。

西願寺（富岡）安政四年創建。その前に富山県よりこの海岸に来り、移民の世話をなし、また塩をとり、やがて寺を建てた。現在五代目。この地の移民もはじめ相馬に行ったが、時期がおそくてよい土地が得られず引返してここに落着いたのだという。

広済寺（双葉）弘化三年、越後国三島郡大川津村報身寺次男利寛が楢葉郡本町村に荒地の多いのを聞いて来り（最初兄と一緒に相馬に来たという）、新百姓を取り立てたが、同宗門の寺が無いため、本山の諒解を得て領主に願い本願寺の出張所をつくりのち寺とした。文久三年利寛の筆になる記録が残っている。現在四代目。なお磐城藩領にも北陸移民がぽつぽつ入っていることは「加賀者と蟻んどの居ない所は無い」ということわざによってもわかる（高木誠一氏）。

右の記録などに、寛永頃新寺の創建がむずかしかったようにあるが、諸国に新寺建立禁止の令が出たのは寛文五年のようだから、恐らくは記憶の混乱であろう。

次に、移民の入るに従って、その菩提所の必要を生じた。この要求はほとんど絶対的なものであったらしい。寺院はこの機に乗じて、布教しつつ移民を誘い、藩は保護政策をとってその増加をはかったから、はじめ草庵から出発した寺も逐次立派なものになって行き、かくして文化、文政中に、早くも領内において、現在の約半数の真宗寺院の創立を見るに至った。

移民誘致の必要は、藩としては上述の通りであったが、たとい個人々々はゆるがぬ信仰を持っていたにしても、来てみて生活し得ぬような状態では成功する筈がない。経済的にも彼此の条件が満たされなくてはならぬ筈で、この点では相当の受入態勢はまず良好であったと見てよい。生活安定の見通しを、少くとも彼等に与えたものと思われる。空いた土地もはじめの中は幾らもあって、相当希望がかなえられたようだし、税金その他において、藩はこれまた相当程度の援助を与え、寺は寺でめんどうをみてくれた。領内各地には世話人が居て世話をしてくれた。

彼等とて先方で富裕に暮しの立つ人は来る筈もなく、ほとんどみな生活に苦しんでいる人のみであった。稀には神主もあったし、武士もあったが、みな零落した人達であったのだろう。先方で運送業をしていたが失敗した人もあった。しかし大部分は農民で庶民階級だった。塩崎の大岩氏などは、向うで麴をつくることを業として居り、かなり盛んにやっていたが、やはり越中地方も饑饉で、秋の支払期にも金が入らず店が立ち行かなくなった。それがここに来た直接の原因だつたという。池上の伊作氏は北陸でなく薩摩から来たのだが、伝える所によれば、薩摩で念仏禁制、真宗法度となったので、家をすてて六部の姿になり、如来様の御供をして、親鸞の霊場を巡拝して歩くことになった。郷里がおだやかになれば再び戻るつもりで出て来たが、途中京都で様子を聞くに、まだ時期が到来せず、一方相馬が移民を募集していることを聞いて、帰国をあきらめて相馬に来たといっている。宿千木の佐藤氏も、日向国松永村から、薩摩の念仏禁制のために逃げ出し、全国参詣に巡ったが、ここに来た時相馬が新入を入れると聞いて来たという。同家に伝わる旅宿覚帳に、嘉永三年八月吉祥日、九州日向国松永村住喜助とある（長左エ門―喜助―喜太郎―喜一（現在））。北陸以外からの移住者はずっと少いが、それでも探せば幾らもある。深谷の原田氏などは、兵庫県から来たというが、当時向うでは米一升土一升という位に困っていたのに、相馬は一年に米が二度とれる、子供は何人あっても殿様に新宅を建てて貰える、よい所だというのを聞いてきたそうである。

相馬から人買が来るという噂も立ったりした。当時関所では厳重にとりしまっていたから逃げ出す外はなかったのだという。しかし相馬にゆけば米の飯が食われるとか、好きな所を開墾しただけ自分のものになるとか、入るままになっている空屋敷が沢山あるとか、冬の最中でも菜の花が咲いているとか、そうした噂は確かに魅力であったに相違ない。相馬には民謡が多いが、この時盛んにつくられて宣伝用にしたのだというが、宣伝下手な相馬人などよりは、却って布教僧侶や移民自身の方が関心を持っていたかも知れない。

彼等を受け入れる側の相馬はどうかというに、人情のこまやかな点が喜ばれたようである。そういう気風は明治まで続いていた。例えば相馬では居候や小作人を大事にした。農事の手伝など受けても朝昼晩と食事を出した。遊芸人例えば瞽女などよく越後から来たが、きまった宿があって泊めてやる。夜は家族から奉公人、近所の連中まで集めて聞かせたもので、集まる鳥目が少い時には、主家で足してでもくれたものだ。越中の薬売にしても同じでみな大事にしたから、そういうことがやはり一つの宣伝になったものだ。居候なども全く家族と同じ待遇で、後で一家を持たせてやることもよくあったが、そういう人は後々まで親しく交際する。米が無くなると家族中主家にころがり込んでくるのを、主家では幾日、何十日でも食わせてやる。主家に仕事があればいつでも手伝う。相馬はそういう環境であった。その上魚がとれる、米がとれる、塩がとれる。移住者は、よりよい生活へのあこがれから少し位の苦労を苦労と思わず、非常な意気込でやってきたのであろう。それに信仰へひたむきな心をよせてやってきたものであろう。そして彼等は確かによく働き、かつ農業が上手であったようだ。米つくりも上手だという評判であった。

㈢ 移 住 の 経 過

理想に燃えた移住者は、加賀、越中、越後、能登、因幡などからやって来た。一口に加賀者とか加賀の移民といっているのは、前田侯の加賀を以て代表させたものであろう。例えば南小野の加賀移民などといわれているのも、同地の吉田作次郎氏（当時八十五才）の話によると越中とのことであった。このほか伯耆からも少し来ているが、その他はほんのぽつぽつに過ぎないという。しかしとにかく当時聞き伝えて、北陸の移民にならってやって来たものであろう。そして真宗になっている人が多いようである。

移民の名称については、藩などでは多くは新軒(しんけん)と称した。それが今でも残っていて、池上の伊作氏など、今でも附近からはしんけんと呼ばれているそうである。似た名称に新立(しんたち)があり、これも広く、あるいは今はこの呼び方の方が多く残っているかも知れぬ。新しく立った百姓の意で新百姓ともいう。また、たて百姓の名称もあるが、この場合は誰々の立百姓というように、立ててくれた人の名を冠するのが普通のようである。また具体的に加賀百姓とか越中百姓とかいういい方もした。一部ではあるがよそ者でこの地に落着いた意味できつつあしなどというのは、感じのいい呼び方でない。

時代は文化、文政からで、一般に加賀は古く、因幡は新しいとされているが、現在古いところで七、八代、普通五、六代というところである。しかし因幡の新しいのは三、四代にすぎない。最も新しいのは九十年足らずだから、十年位前までは、直接やってきた人がまだ生き残っていたものである。小野の吉田作次郎氏は、昭和二十七年かに八十五才で亡くなった人だが、それでも本人は四代になっていた。塩崎の中田氏は、文政十年十月、越中礪波郡中田村より当地に来て、慶応三年八月八十五才で死んだというから、逆算すると四十才の時来たことになる。それで昭和三十年まで文政十年から数えて百二十八年で、それでも代数から言うと五代目に当主は当っている。下太田の高江氏も五代で大体百三十年といっていたから、やはり文政半ばに相違ない。大部分はこの頃相前後して来たものであったろう。高江氏によると、同家の二代目は八十二才で、氏の十四才の時に亡くなったという。前述の中田氏と大岩氏と一緒に来たというのに大岩が六代というのは、最初の大岩氏が八十才でやって来て、五、六年後に死んだからである。寺の住職の世代とて大体同じで、原町常福寺の現住は五代目、光明寺六代、広済寺四代、西願寺五代といったところである。

常福寺関係は越中が多く、遅れてきたのに幾分因幡があり、この方は主に渋佐辺に居る。極く新しい渋佐の因幡は明治初年まで入った。中村光善寺にも、新しい檀家に因幡がある。新山辺も因幡系であるが、渋佐の方が古いらしいという。西願寺も主として因幡であるが、加賀、伊予、紀伊、越中も少し居るという。大甕にも因幡が多い。双葉の広済寺は多く越後と聞いている。中村正西寺はほとんど加賀系であり、勝縁寺関係の塩崎辺には加賀越中が多いといわれる。このような、どの部落にどこからの移住者が多いかということは、後にも触れるがまだ充分な調査は出来ていない。小野の吉田氏の先祖などは(市助)十二才と七才の子をつれて来たのは文化十三年であったというから古い方であった。池上の伊作氏は、薩摩から来た初代の死んだのは明治三十年だといい、昭和二十五年頃の話では、移住後九十年になるとのことで、安政の末か、文久の初頃になる勘定で割合新しい例といえる。塩崎などで、大正八、九年頃移住百年祭を行ったところもあったらしいが、これも文政の初頃になるわけであろう。

次にそうしたもとの故郷との連絡はどうかというに、今はほとんど絶えてしまっているようである。連絡がついて交際している者も稀にはあるが、五、六代ともなればほとんど駄目らしい。一家をあげて引き払って来た人に何も残っていないのは無理からぬことであるばかりでなく、国禁をおかして逃げて来たものが多いから、追手のかかることを恐れて故意に交際を絶ったからなお更といえる。塩崎の中田末雄氏(昭和二九年　七〇才)は、昭和二年に夫婦で礪波郡の中田に行ってみて来たそうだが、これは越中より来て鹿島で薬売をしている人から、だんだんにわかったものだったという。ところは中田の町だったが、詳しいことはやはり何もわからなかったそうである。氏の父親も二十五才の時に行って来たという。下太田の高江氏も加賀へ行ってみたことがあったといい、塩崎の大岩氏は、一家がみな来てしまったので何も残らないが、もとの寺だけはわかっているそうだ。西願寺も富山より来たというので、現住の父親なる人が布教に行った時訪ねたが、これは手がかりが得られなかったらしい。

どの道を通って相馬に来たか、その経路についてははっきりしないが、多くは会津を通って来たことを伝えている。新潟方面より会津に入る外に、山を伝って中通りにかかる道も多少は利用されたのだろうが、この方は資料がほとんど出ていない。原町常福寺は会津を通って居り、中田、大岩も親不知を通って、さらに会津に出たことを伝え、中村正西寺発教は、会津を通って北陸に布教に行ったことを伝えている。高江氏の先祖などは、途中百姓姿は駄目なので僧侶姿で来たというが、やはり会津を通っている。途中に落着いてしまって、相馬まで来ないでしまった移住者達も居たらしく、例えば会津より郡山にかけて、落着いた者もかなりあったようだという。また、現在の土地に落着くまでにも、領内の幾つかの場所を見て歩いたもので、多いのは二回も三回も移動している。八幡池上の今野氏などは、先祖は会津を通り、二本松を経て、川俣に出、八木沢峠を下りて正西寺(林能)のもとに着いたそうだ。同じ池上の某は、先祖は船で越後まで来た。越中はやかましかったから、越後まで来れば一安心とほっとしたものだったそうである。小野の吉田も、直江津から新潟まで船で来たと伝えている。

次に移住は集団で行われたか個人だったかという問題であるが、多くは数人一かたまりで来たようである。多勢では目につくし、一人ではあまりに心細かったのであろう。多くは最初噂を聞いて様子を見に来、これならということで自身迎えに行ったり、呼び寄せたりして逐次増加していったのである。ゆえに身内の者とか極く親しい間柄のものに最初は限られていた。しかし新しい時代の移住になると、相当の集団をなして来たこともあるようである。小島田の星氏の例をいえば、越中中田町に久治郎なる者あり、文政十年五十七才で歿したが、その妻そよ女は、当時相馬藩が移民を求めていることを聞いて、同族八右衛門が募集に応じて走ったのを聞いて、彼女自身も大いに心動き、文政十二年家族にはかり、共に決然相馬へ向ったとある（同家の碑文）。中田（家族七人）は大岩（家族四人）の外に松蔵という者と一緒に途中まで来たが、松川から川俣まで来る途中松蔵にはぐれた。松蔵は双葉郡立野に来て住んでいたことが後でわかったという。高江は十八才で一人で正西寺について来て、人の家の居候に入り、身を立てた人で、近所に同郷者が七軒あるが、一緒に来た人かどうかは伝えていない風であった。池上の伊作は三夫婦揃って来、一夫婦は富沢に落着いたが、四本（よつもと）という姓の一夫婦は（島津家の家臣だったらしいという）子供が無かったので、伊作家の墓地に葬ってある（四本伊之太明治三年二月二日とあった石碑がそれらしかった）。

こうして落着いた人の中に、よりよい条件を見つけて北海道辺に再移住した人はあるが、再び生れ故郷の加賀なり越中なりへ帰り去った人の例は聞かぬようである。恐らく無理をして出て来た大部分の人にとっては、もはや故郷も遠い他国に過ぎなかったのであろう。

故郷を脱出して相馬に落着くまでの苦心は、これまた伝えられてよく聞くところであり、これを以て子孫に対する誡ともしていた。先祖の苦労を忘れるなということは、ほとんどの移民の合言葉のようなものだ。例えば日中は山にかくれて夜歩き、船は船で見つからぬように用心せねばならなかった。赤児のおむつは笠にのせて干しながら歩いてきた。関所のような所を通る時に、赤児に泣かれると困るので、乳房をもって口をおさえるようにして来たという者も居れば（八幡義教正西寺住職）もの売る籠（ぼて）の中に赤児をかくして来た人も居た（新田持舘氏）。船の場合などは、昼の間は親船の中にかくれて縮んでいたそうだ（吉田作次郎氏）。池上の今野忠雄氏は先祖の話として次のように伝えているという。越中に居った時分、田畑で仕事をして居たら、笠を被った大きな僧が通りかかった。すると両親はそっちへ行ってひそひそ話をしている。やがて両親から、あの坊さんがお前達を迎えに来た人だと言われた。相馬に来てわかったのだが、彼の僧侶は発教和尚だった。また、成田の小野という家の母親の三十三回忌を、何年か前にとり行ったが、この人が七つの時、両親と畑で働いていた。やはり笠を被った大きな人がまわって来て、両親を呼んでひそかに話をしていたが、間もなく両親は家財道具の整理をしてやがて相馬に来るようになったのだと、よく自身話したそうだ。発教は健脚で、太田村に布教に行き日帰りした。晩年老体になって、おそい時は原町に泊ったが、それが今の別院だという。朝二時三時に起きて飯を炊き本尊に供え、まだ暗い中に出かけた。胸に笠を当てても落ちないほど歩き方も速かったなどと伝えている。彼は移民勧誘のために三度出かけたが、その三度目に笠を目深に被ったまま会津の辺を歩いていると、たまたま向うから帰ってくる家老熊川に会った。熊川のいうに、貴下の人相書が諸所に配られて身辺危険故、北陸に行くのは思い止まるようにとのことで、遂にここから引返したという（八幡義教氏）。小島田の星氏などは、途中苦心しつつ相馬の山中郷まで来て母子別れ別れになり、長男夫婦は浪江に向い、母親と二女夫婦は柚木の勝縁寺をたよって、のちに小島田に落着いた。この母親は安政三年に八十八才で死去した（星氏碑文）。常福寺の檀家牛来氏は、越中礪波郡より来たことが、向うからの薬売によってはじめてわかった。先方の戸籍簿も調べてもらったが、それによると岩佐勘兵衛という者が居て、八人の兄弟があり、下から三番目の三郎が三十才の時に天保四年やってきた。そして鶴谷から妻をもらい、五十五才で死んだが、男女二人ずつの子があった。現在五代目という。

中には苦心して仏壇を持ってきた人もあるというが、商売道具にでも見せかけてきたものだったろうという（田中氏）。たまたま塩崎の大岩氏の如く、子供三人もつれた上、茶釜を持ってきたなどというのはむしろ珍しい。ただ如来様だけは大事にして持ってきた人が何人か居た。

実際子供だけでも容易でなかったのであろう。一家の人数を例示すれば左の通りであるが、長い道中の苦労は恐らく筆舌に尽せぬものもあったらしい。

例一　文化十三丙子正月　越中戸浪郡中吉江村
一　家内七人
三十四才　本人　小三郎
三十二才　妻　たよ
十四才　子　善二郎
十一才　二男　子二郎
八才　三男　沢　六
五才　四女　るの
一才　五女　丑年出生
以上二日町普願寺
馬場野東福寺へ
名主喜兵衛
与頭仁兵衛
親類□□
右者大内覚左衛門世話ニ而鶴谷ニ立ル

例二　文化十三丙子十一月七日着　越中戸浪郡野島村
一　家内三人
六十才　平左衛　本人
五十五才　妻
二十三才　左兵衛　子
同郡野尻村真宗本格寺
馬場野村東福寺
仮旦那中村光善寺
権四郎世話ニ而益田村ニ建ル

例三　文政元年十月
越中戸浪郡石田村　市助二男七助
一　家内七人
同一人　五十二才　本人
同一人　三十六才　妻　のへ
同一人　十一才　娘　りせ
同一人　八才　二女とら
同一人　六才　三女そよ
同一人　四才　四女そめ
同一人　一才　正男

移住民は移ってくると何をおいても草鞋ぬぎとか藩の相談所とか、菩提寺となるべき寺とか部落の旧家くさわけとかを訪ねて、身のふり方を相談した。中には自分の知人ですでにやって来て居る者も居た。久米泰翁などは、自分の屋敷に移民収容所を設け、落着先のきまるまで世話をしたから、いつも三、四家族の滞留が絶えなかった。草分けと称する旧い家が各地にあったものだが、例えば小野の吉田作次郎氏（八十五才）の記憶によると、正西寺の加賀門徒の草分けは十一軒あり、皆一緒に来たものだと伝えて居り、新来の移民はみな一目おいて居た。

中野蔵治（飯淵）　門馬林蔵（岩子）　後藤与兵衛（小野）
伊藤重吉（新田）　福迫正蔵（成田）　小幡六右衛門（粟津）
岡田重太郎（日立木）　清水壮吉（百槻）　牛来磯右衛門（馬場野）
五十嵐源吉（柏崎）　今野円助（池上）　米倉源左衛門（高松）

池上の今野であったか高松の米倉であったか忘れたという。とにかく彼等は、俺は草分けだといって威張っていた。ただ草鞋ぬぎというのは自から別で、吉田の草鞋ぬぎは萱倉の正蔵の家であった。ご先祖は正蔵の家にやって来ると、かかあや子供はお寺さ預けておいて、まず正蔵の家さはねて行つたものだという（吉田氏談）。

原町常福寺恵敬が越後から来た時は、すでに益田には十六戸の移民が落着いていて、彼等が世話をしてくれたが、中でも同地の村田権四郎の家に草鞋をぬいだという。庄屋の世話にもなった。町内なら、天野屋、松本、星などという家が世話をしてくれた。これらは地の人で、いわゆる旦那衆と呼ばれていた。土地の旧家に草鞋をぬいだ人も居る。なお向うから来てだんだん勢力を得て、草鞋ぬぎになった例は前述の村田の外に遠藤などもそうだった。下太田の高江氏によると、はじめ益田に大きな酒屋があって、加賀より来た人をとめて、草鞋ぬぎになっていた。ここで世話を受けた人々は、明治の頃まで田植の時には行って手伝っていた。農具などはむろん持って来なかったから、すべて草鞋ぬぎの家で世話したものだった。

塩崎の大岩氏の先祖が来た時には、すでに鎌田という家(土地の人か他より来た人だったか判らない)があり、この人の世話で立ったのだが、それからは人々はだんだん大岩の家を頼ってくるようになり、彼の世話によって立った家も何軒か出来た。しかし大岩を案内した鎌田氏は他に出てしまって今は無いので、大岩氏などが今は部落の草分けとなったのである。辺鄙な山の中などに落着いて開墾に従ったりしたために、今から見るととんでもない家が草鞋ぬぎになっていたりする。概して、草分けとは、その土地の開墾に手をそめて村をきり開いた家をいい、草鞋ぬぎは、新入の移民のために世話を引受けてしてくれる家をいう。したがって草分けの様な有力な家が、どうしても草鞋ぬきになり易いのである。

この外に財力を以て計画的に移民を世話し新百姓をとり立てた奇特な資産家があり、そういう家は大てい藩の仕事に協力して金を出した。寺を建てるなどにも尽力した。小高の綿屋なども有力なこうした世話人で、当地の移民は多くはこの家を頼ってきたが、ことに光慶寺の檀家の人々は世話になった筈である。こういう事は、藩の保護策の一環として後述する。

正福寺の話によると、先方から移民が来ると、寺では陣屋につれて行って話し、何事があっても引受けるからと、いわば身元保証人となり、新農戸に立つ援助をしたといっていたが、常福寺でも同じようなことを聞いた。先方から移って来た時、寺送りと称して、今の戸籍簿に当るものを寺から貰ってきてこちらの寺に渡す。それを寺では名主すなわち旦那に出したものだったという。しかしこれは移民が禁止されていた所では不可能だったかもしれない。原町の木幡清氏の家には、とにかくそうした記録が五十戸分程残っていると聞いたことがある。その他正西寺の荒川六郎兵衛ごとき奇特な帰依人もあって、はたから移民の世話をしたものらしい。草野の下枝直樹氏(当時七一才)の先祖は、北陸でなく秋田から移住したというが、氏の話によると、相馬藩の役人や僧達が、移民の趣旨を話して各地を巡って歩いたが、これをことふれといった。移民が来ると検断で世話して旦那寺に引き渡し、寺では身元証明を行って中村の藩に報告したそうである。

理想にもえた移住者達は、その郷里でかなえられなかった夢を、この新しい土地で実現しようと考えたのは当然である。この事は、いかなる場所に家が建てられ、村が出来るかということを知る便りともなる。しかし未開墾地は多いとはいっても、よい所は土地の人に占められていたし、残っていても凶作後は荒れ放題になっていたから、再び開くことはそう容易なこととも思われず、まして一般に残っていた所は、山よりのやせ地とか、あるいは湿地のような所が多かったが、それでも早く入って来た人々ほどよい場所が手に入ったのであった。馬場野の渡辺孫次郎氏の田圃などは見事な美田だが、これは先祖が越中より来た時、丁度空屋敷があったのをゆずり受けることが出来たからであった。下太田高江氏の屋敷は、前に美しい小川が流れているが、先祖が町の中に住んでいて水が不自由であったため、相馬に行ったら水の便利な所に住みたいとて、ここを選んだという。塩崎の大岩氏の家は離れた山の中にあったが、これも町の中に住んでいて、薪に不自由したからだという。反対に山の中で苦労した人は新田のような所へ出た。しかし概して大昔の住民のように、後に山をひかえ、前は開けて日当りがよく、風通しのよい水のある場所を選んだようだ。だが希望はしても、思うような所はなかなか無かったらしい。今はいかにも好さそうに見える所でも、美田にしたのは移民達自身であって、当時はいわゆるやちが多かった。また一般に山さくが多い。例えば八幡でも、高松、池上みなそうであり(遠藤繹氏)、その他富沢、柚木、金草、宿千木などもその例にもれぬ。篠竹のはびこった田も移民のものに間違いないとされていた。ということは、そういう所は土地の人がすてて顧みず残っていたということになる。また同じ荒地でも、最初からの荒地と饑饉の後荒れたところとあったわけである。

集団をなして入っている所は、ことに沢ややちが多く、新田、渋佐、萱浜、夫沢などその例である。現在見てさえ、よい田圃の所にある家は古い家だとすぐわかる。そういう所はいがこいもあるし、水の便利もきっとよい。もっとも移民は、人情として出来るだけよい条件のところを選びたかったから、随分探し廻ったようである。予め様子を見に来る者もあった。例えば大岩達三組の来る前に大岩の先祖(当時八〇才)が来て見て、開発する場所を確めている。家があって空家になっているのに何ということもなく入り込んだ者もあり、つぶれ屋敷を買って入った者もあり、入聟のような恰好で入り込んだ者も居た。つぶれ屋敷は、主に天明饑饉の時からであったが、天明三年から文政の初までとしても、その間四十年近かったから、家などは無くなっていたのが多かったろう。もっともつぶれ屋敷でも給人や足軽の株は、勝手に無くされなかったという。

そんな状態だから山分けなどもいい加減なものだったらしい。池上辺の話であるが、土地を分ける際、役人が山の上から見て居て、好きなだけ分けてやる。高い竿の先に赤い布切れをつけたのを持って茂みの中を分けて行くのを役人は見ていて、その辺でよかろう、止めろ、などと言ったものだそうだ。それだけ土地も多かったのである。

耕地には税金がつきもので、ろくな収穫もない土地などは有難迷惑であった。土地に酒までつけて、再び返してもらっては困るという約束で、土地をくれた話をよく聞くが、まるで無根の笑い話とも思えない。土地をもっていると人足にも余計に出なくてはならなかった。しかし新しく拓いた田は当分の間は無税だったから、古い田は人にくれて新しい田をおこすことが、労力は要っても税金のかからぬ方法であった。池上の伊作氏が来た時、今野という家に世話になった。今野では田が多かったので人足税金の割当が多く、容易でないとて、貰ってくれと言われて田を貰った。貰われて喜んだ上、手伝にまで来てくれたものだという。下手に多くの土地でも持っていると、夜逃げでもするほかなかったらしい。伊作氏ではこの貰った土地を基に開墾したが、丁度相馬では御仕法施行中であったので、開墾しただけ自分の所有にすることが出来た。遅く来たので石の多い悪い土地しかなかったが、なれるかなれぬかやってみろとお上からいわれる程度のひどい所であった(伊作氏当時八〇才)。馬場野の渡辺氏の話でも、当時は毎日のように藩から人足を割当てられ、祖父も始終かり出されるので、嬶が一人で十五日間田植をしたと、石上の婆様がよく話していたものだったと。とにかく働いたもので、脛をぶよに食わせ乍ら朝草刈をした。股引のようなものはあっても、祖父はやかましくて穿かせなかったそうだ。なお向うから来た人は香煎の食べ方が上手だと言うのは、貧乏で米がとれても香煎の方をよく食べることが多かったからだという。

南小野の正太郎は、父親と共に七才の時来住したが、その話によれば、親達は宿千木にはじめ立ってみたが、競争のはげしい所で、田の起しくらなどで争うので、こんないさかいの激しい所はいやだとて、近くの南小野に来て小屋をかけて住み、手間とりをしていた。その後現在の土地にそれまで住んで居た吉田熊蔵が、新軒目付となって山下に移ることになったその株を貰って、ここに立ったのである。判然としないが山下の記録によると文政六年だという。この年とすれば市助最初の宿千木移住より七年程後に当る。市助は天保十三年に六十幾つで死んだが、その婆さんはどこの人か聞かずにしまった。昭和二十六年が、死んでから百年目になる計算だという。はじめ一町八反貰った田を、その後四町歩にしたが、今度の農地改革で開放した(吉田作次郎氏)。

標葉正福寺の先祖は、越中から子供をつれ、荷物を背負って歩いて来た。来て見れば荒地で、開墾しても肥料が無く、はじめは稲を手でこいて笊にとった。

部落の開け方は、宿場のある辺から入ってゆくのが普通だったと思われる。中田氏の祖は、最初来た時に、奥の方に天明の凶作で荒れたまま四十年もたっている所があるから行ってみろと、街道ばたの老婆に教えられて入って探したものだったという。

真宗の僧自身も働いた。昼は僧侶としての仕事をなし、夜は畑で働き、遂に寺を建てた例もあった(光現寺)。

しかし、新しく起った一つの困難は、新来の移民の成績が大いにあがり、その結果旧来の農家をしのぐ勢となったから、従来の土地の者は大いに彼等を嫌い、ことさらに軽蔑する振舞をする者が出るようになった、そのためにまだ数の多くない移民は恐怖心を起し、せっかくの希望に暗影を投ずるに至るような結果となった。そこで藩では久米等の意見を用い、法的にも彼等を保護する方途を考え、最初の移住者であった吉田外三名の者に、新軒目付の役を与え、苗字帯刀を許して、移民の保護に積極的にのり出した。そこで彼等起発百姓は言うまでもなく移民は大いに安堵して藩の善政をたたえ、いよいよ移住の有望なことを認識して、互いに郷里と連絡をとり、僧侶は度々北陸に遊説して相馬のよい点を説いたので、移住者は月々に多きを加えるに至ったという(久米泰翁伝)。

また藩では、城下士族をはじめ資産家にはかって元資供給の約を結んだ。その方法は、開墾鍬下(無税のこと)十五個年の中、五個年は移民の所得とし、六個年目より向う十個年は金主の所得とする約束で出資させて見ると、これに応ずる者が次第に多くなった。

小高の綿屋こと松本氏は、加賀移民を援助して多くの農家を取り立てた―川原田一部落をつくったといわれる―家であり、光慶寺の門徒をつくった家であるが、同家に伝わる文書中「金主付新百姓調帳」(小高郷弘化二年写)をみると、

覚

この金主百姓と申すは、南小高村松本七郎左衛門出金いたし、田畑開墾、家屋を設け、新百姓を建上げたるものなり

とあって、村毎の軒数は、

大井村　三軒　　耳谷村　二軒　　南小高村　二軒　　上根沢村　二軒
岡田村　二五軒　　小屋木村　一軒　　女場村　四軒　　飯崎村　三軒
泉沢村　五軒　　片草村　五軒　　〆　五二軒

これを年次によって見れば別表の通りとなる。

建百姓表（松本七郎左衛門）

村＼年	文政七	文政八	文政九	文政一〇	文政一一	文政一二	天保元	天保三	天保八	天保九	天保一四	弘化二	計
大井				1	1							1	3
南小高		1						1					2
岡田			11	9	2						2	1	25
女場							2		2				4
泉沢	1			2	1						1		5
耳谷						1		1					2
上根沢				1					1				2
小屋木										1			1
飯崎					1			2					3
片草	1				3						1		5
計	2	1	11	13	8	1	2	4	3	1	4	2	52

外に追々百姓もこれあり候へども調相成らず候とあり、また外に建て百姓二十五軒あり、しめて百四軒、その外にも追々移住者があると断っている。文政九、十、十一年あたりが、ここでは目立って多いようである。次に家族数や耕作田畑反別は別表の通りであるが、今風に六十才以上と十八才未満を扶養家族に入れたら、徳川時代の農村には適しないものとなったようである。当時は早婚で夫十四才、妻十二才などというのもあるから、男の一人前は十五才、女十三才位とした方がよかったかと思う。新百姓に立ってどれほども経過しない頃であろうから、家族数も安定しない感があるので、平均人員を出さなかったが、一応この人数で、どれ位の耕作をしたか大凡の見当はつくのである。

この外に御頼立百姓というのがあり、大ていは一人で一軒を取り持って世話をしているが、中には二軒三軒と受持っているのもある。天野又右衛門御頼立耳谷村善五郎天保十年家内二人、渡辺甚右衛門御頼立上浦村伝助天保六年家内五人とかいった類で、これが総計百人ほどの名が見える。全部は年号が揃っていなかったが、あるのはみな天保であった。藩の地方行政の表を見ると、新軒掛一人とあり、この職は文政以後新百姓取立のために新設、手代の次に準じ陣屋詰であった。

新百姓の家族構成その他

村	番号(氏名代り)	労働人員 18才～60才	扶養人員	田 町	田 反	田 畝	田 歩	畑 町	畑 反	畑 畝	畑 歩
大井	1	2	2		6	・	・			3	・
	2	2	0		8	5	・			7	・
	3	2	3		7	・	・		1	5	・
南小高	1	3	2		5	・	26			8	29
	2	3	5		4	5	・			6	28
岡田	1	2	4		6	8	28		4	1	6
	2	2	5		9	7	16		2	3	20
	3	2	3		5	4	10			3	9
	4	2	1		9	3	9			6	27
	5	4	4		7	8	9		1	2	3
	6	2	5		6	2	9			5	19
	7	1	3		8	・	13			2	20
	8	2	4		8	8	・			7	7
	9	2	5		5	5	29			3	26
	10	4	4		8	3	4		4	9	11
	11	1	3		5	8	5			4	8
	12	1	2		4	・	・		・	・	・
	13	4	2	1	・	3	16			9	12
	14	4	4		7	・	24			9	14
	15	2	5		9	4	9		1	5	29
	16	3	1		4	9	24			7	23
	17	2	1		6	8	11			5	23
	18	2	3		8	・	・			9	13
	19	3	3		5	6	15			3	14
	20	3	4		8	2	9			3	18
	21	3	3		4	9	13			2	15
	22	4	1		9	・	・				22
	23	3	2		6	・	・				
	24	3	1		7	・	・				
	25	2	4		2	・	25		1	8	2
女場	1	2	3		6	・	・		1	5	・
	2	5	2		8	・	・		2	・	・
	3	4	0		8	5	・		1	3	・
	4	2	4		7	1	・		1	6	・
泉沢	1	2	7	1	2	・	14		1	5	2
	2	2	2		5	4	・			2	・
	3	2	2		5	・	・		1	・	・
	4	3	2		7	・	・		1	2	・
	5	5	2		7	1	・			9	・
耳谷	1	4	4		8	5	・		1	4	・
	2	3	4	1	4	・	・		1	5	・
上根沢	1	3	2		6	・	・		2	・	・
	2	2	1		6	・	・		1	5	・
小屋木	1	3	3		6	2	・		1	5	・
飯崎	1	3	4	1	・	・	・		2	・	・
	2	3	2		7	・	・		2	・	・
	3	3	2		3	8	・			7	・
片草	1	2	5		7	2	・		2	5	・
	2	3	1		6	3	・		1	5	・
	3	2	3		6	・	・		2	5	・
	4	3	2		3	5	・		3	2	・
	5	3	7		6	8	・		2	2	・

最初の間は、労働力が不足して分家する余裕が無かったが、追々土地も開拓されて人数も増し、生活が安定してくると、二三男をどう立てるかが問題になった。開墾が成功して次第に土地もふえて裕福になった場合は、土地を分けて分家させることも考えられ、その例も最近になって多くなってきたが、入植後間もなくの頃はそんな事も考えられず、二三男は人の小作や居候をしながら、ほとんど独力で分家する外はなかった。新しい移民なら明治以降のこと

で、それ以前は何れにしても分家する能力は無かったのである。中村とか原町のような町場に出て小僧番頭をつとめて独立したが、そういう者は例外なく商売で身を立てた。中村の例でいえば、正西寺の檀家は中村に四十八戸あるが、ほとんどみな文化、文政以後、加賀から中村の近村に移住し来って農業を営み、多少落着いた頃、すなわち明治の初年頃から本家より分れて町に入りのちに独立したもので、米屋と下駄屋が目立って多い。米屋は六、七軒あり、これは本家で米をつくっているので自然その方の取引に縁があり、また便宜もあったものと思われ、また下駄屋の七、八軒もあるのは、大した資本も要らず、土地柄としても盆正月の農家の贈り物によく使用されたことに目をつけたものと思う。魚屋が見当らぬのは、精進がやかましく魚に縁の少いためであろう。その外の商売はまちまちであるが農業は一戸も無い。正西寺門徒の分家は、二代、古くて三代である。要するに町場に二、三男が出たのは、在では余地が無かったからで、出た上は百姓は出来ないから商売をはじめたに過ぎなかったわけであろう。

また、株を分けるとか、株を譲るとかいうことをいうが、土地家屋財産等を譲ることであって、分家させる時にも使う。前記の如く吉田熊蔵が山下に移る時、小野にあった彼の株は吉田市助が譲り受けた。所が後々まで熊蔵は時々やって来ては、おれの屋敷だった、おれはお前の株親だといって威張ったものだ。彼がやってくると皆たっぴらになって熊蔵を家に招じ、分家に出ている兄弟をもよび集めて彼を大事にもてなしたものだったという(吉田作次郎氏)。

移民の多くは農民でもとは姓が無かったが、後でつけた時に何を基準にしたか、実際の例をあげて見る。

1. 故郷の土地の名をつけたもの　戸浪、中田、大岩、山見など。木幡などもそうらしいという。
2. こちらの地名をとったもの　高松。
3. 故郷で世話になった人の姓をとったもの
4. こちらに来て世話になった人の姓をつけたもの　鎌田は土地の給人鎌田氏を頼ってここに草鞋をぬいだから。
5. つぶれ屋敷に入ってその家の姓を受け継いだもの

6．その他、高（地名）に行く江の近くだから高江、田の中だから田中、山の中の田で山田、村の上の方ゆえ村上、向うの前田侯の姓をかりて前田。

兄弟が分家しても、同じ本家の姓をつけるとは限らなかった。例えば小野の吉田は、ほとんど同時に一族が数軒に分れたがみな姓が違っている。すなわち、

吉田（本家）　株親の名を貰った。

上田（分家）　本家より上の方に分家したから。

広瀬（分家）　越中の地名。

馬場（分家）　越中の地名。

この吉田の分家の状態を吉田作次郎氏（昭和二七年、八五才）は左のように話している。

市助―市次郎―女―作次郎（本人）

市助　文化十三年来住、時に市次郎十三才。はじめ宿千木に居り、のち吉田の株を貰って南小野に立っ。

市次郎（長男）二代市助、一番娘を立てて後をつがせ、自分は隣に分家に出て（安政中らしい）広瀬家を立てた（五十才の時か）。広瀬の株ははっきりせぬが吉田熊蔵よりゆずり受けた株のよい所を分けたらしい。本家ではあるが吉田は聟であり、聟へは少しやるのが当時の風だったらしい。

正太郎（二男）馬場を立てた。すなわち天保四年に空家が出来、ほまち三両を出してその株をゆずって貰って出たという。いつの年に出たかわからぬ。これは正太郎自身より聞いた。

文治郎（三男）かみ手に上田氏（植田とも）を立てた。久米右エ門の養子となった。すなわち久米右エ門のつぶれ株があったので、二代市助は文治郎を株に入れてくれと頼んだものとみえる。久米右エ門の養子になったように戸籍簿にのっているという。当時どの位の株があったかわからぬが、広瀬に分ける位だから相当あったことと思う。大字の現在の所有反別は一戸平均一町足らずかと思う（田八反、畑二反位）。土着の時一町以上の百姓は買い上げられたが、移民からはそのことがなかつた。同時に一町以上のものも実際には無かつたらしい。

塩崎の中田氏は中田（地名）の親方で、宿場の馬を引き受けてとりしまる仕事をしていた。三代目までは太平と呼ん

で居た。同じ所の大岩は、最初の名は八右衛門であったが、相馬の家老に八右衛門という人が居たために憚かつて、二代目より名を替えたそうである。

こうして信仰の基礎のうえに立てられた日々の生活そのものも信仰であつて、他の宗派とよほど違つた感じを与える。信仰即生活といつた感じは真宗より受ける。日々は激しい労働であつたが、これあるがために堪えることが出来、生活の基礎を確立し、今では次第に富と地位とを得、立派な家屋に住み、土蔵を建て、村の有力者となつて活躍している人が多い。

四　展開分布

土地の開拓は、信仰の処女地開拓でもあつたから、苦労もさることながら張合のある仕事でもあつたに相違ない。常福寺、正西寺、勝縁寺などの開基がやつて来たり、一般移民の来はじめたのは、その以前もあつたろうが大体は文化七、八年頃からである。二宮尊徳の仕法が相馬にはじめられたのは弘化二年であつて、藩の調査によれば、この仕法開始の年までに相馬に入つた移民の数は千八百戸となつている。恐らくこの約三十五年間、年号でいえば文化、文政、天保（次が弘化）の間に、来るべきものは大てい来たものに相違ない。寺院もこの期間に、十五個寺中大部分の十二個寺程は、その基礎を確立した観がある。あとは明治の初年までぽつぽつ増えたものと思う。とくに移民の場合は、分家が多くなつての自然増が主になつているようである。各寺院の所在地と創建年は既述したからここに省く。

さて千八百戸の後はどのように増加したかは資料が無くてわからないが、一つの目安となり得るものは移民の現在数である。それには寺院の方が正確であるから、各寺院全部にわたつて移民の現在檀家数を調査してみると、二千五百五十五戸という一応の数字を得た。この数字は大体において正確と思われるが、本当はむしろこれを上廻つているかも知れない。どうも寺院によつては、私に数を少くして教えてくれたらしいからである。ただ移民の大部分は北陸であることはわかるが、北陸のどこからどれだけ来たかわからないし、北陸以外はなお更わからない。ただ仕法開始

（弘化二）以後現在までの百余年間にふえた戸数は七百五十五戸で、仮に一戸五人の家族とすれば三千七百七十五人という数字となり、割合にじて少いようだが、この数字を信ずるとすれば、新来の移民はもはやあまり無かったことになろう。

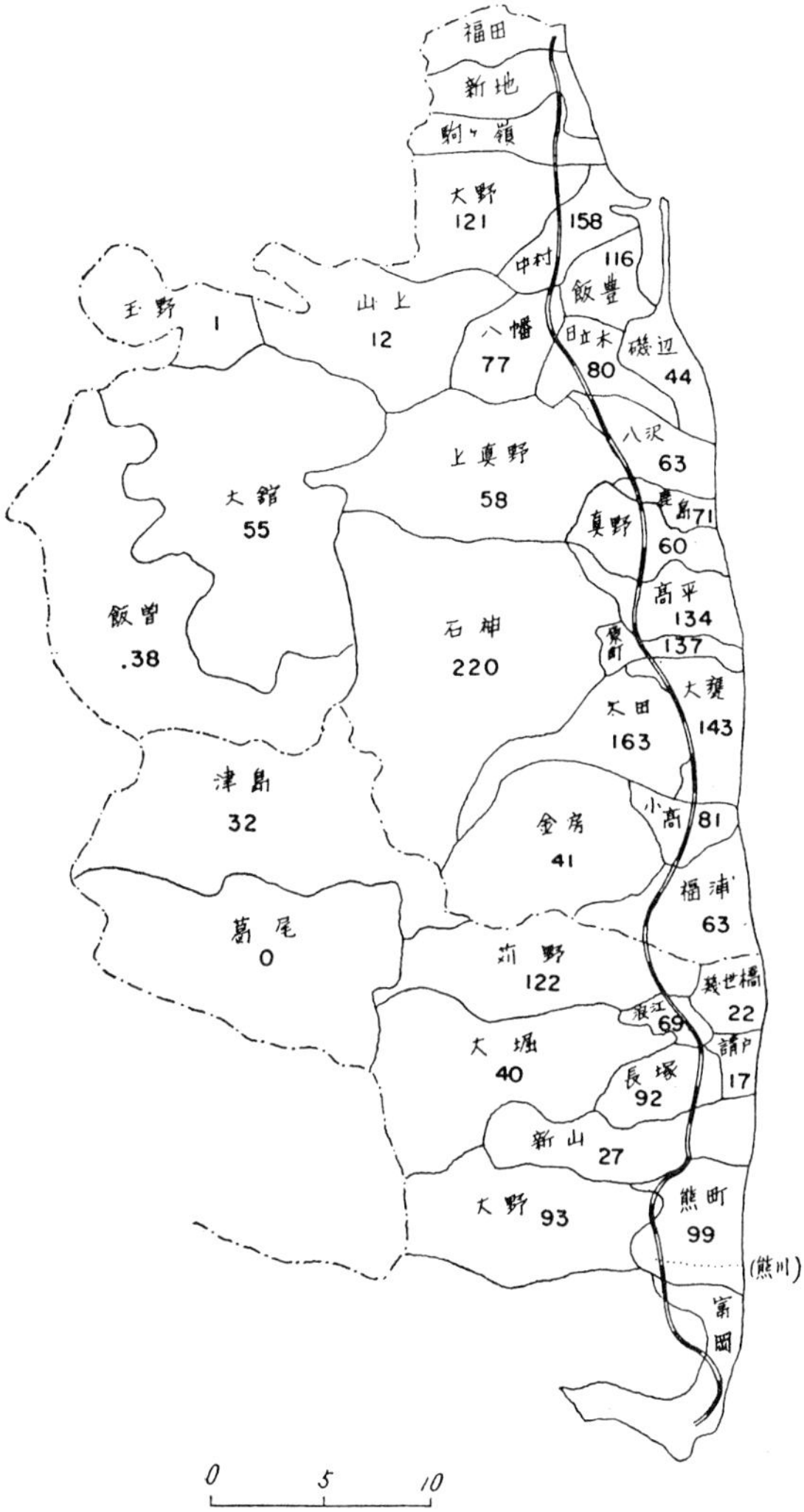

真宗移民分布図

福浦村　六三	福岡	3	光慶寺、原町常福寺、浪江常福寺、光明寺
	村上	2	
	女場	6	
	角部内		
	蛯沢	1	
	上浦	3	
	下浦	4	
	浦尻	3	
	耳谷	5	
	行津	3	
	水谷		
	神山	24	
	泉沢	5	
	不詳	4	
浪江町　六九	権現堂	11	浪江正西寺、浪江常福寺、仏教会館
	高瀬	5	
	樋渡	5	
	牛渡	9	
	川添	38	
	不詳	1	
幾世橋村二二	幾世橋	20	浪江常福寺
	南幾世橋	2	
	棚塩		
大堀村　四〇	大堀	8	浪江正西寺、浪江常福寺
	井手		
	田尻	6	
	末森		
	小野田		
	小丸		
	谷津田	18	
	酒井	8	
苅野村　一一二	立野	84	光明寺、浪江常福寺、浪江正西寺
	室原	5	
	嘉倉	2	
	藤橋	15	
	西台	10	
	酒田	6	
	刈宿		
請戸村一七	請戸	15	長塚正福寺、浪江常福寺
	両竹	2	
	中野		
	中浜		
長塚町　九二	長塚	70	長塚正福寺、浪江正西寺、浪江常福寺
	鴻巣	8	
	寺沢	6	
	渋川		
	中田		
	上羽鳥	8	
	下羽鳥		
	松倉		
新山町　二七	新山		新山光善寺、浪江常福寺
	郡山		
	前田		
	山田		
	目迫	2	
	水沢		
	細谷		
	松迫		
	石熊		
	不詳	25	
大野村　九三	野上		新山光善寺、長塚正福寺、広済寺
	大川原		
	下野上	40	
	不詳	70	
玉野村一	玉野	1	中村光善寺
	東玉野		
大舘村　五五	大倉	1	中村光善寺、善仁寺、勝縁寺、仏教会館
	佐須		
	深谷	12	
	草野	12	
	八木沢		
	関沢	10	
	伊丹沢	12	
	沼平		
	芦股	2	
	小宮		
	不詳	6	
飯曽村　三八	臼石		浄観寺
	二枚橋		
	前田		
	須萱		
	松塚		
	関根		
	飯樋	35	
	比曽	3	
熊町村　九九	熊	66	浪江正西寺、正福寺、新山光善寺
	熊川	3	
	夫沢		
	小良浜		
	小入野		
	未詳（大和久）	30	
津島村　三二	津島		浄観寺、善仁寺
	下津島		
	羽附	32	
	川房		
	赤宇木		
	昼曽根		
	南津島		
葛尾村	落合		
	野川		
	上野川		
	葛尾		
合計 2555			

真宗移民分布（旧町村別による。昭和二九年調査）

町村別移住戸数	大字別移住戸数（檀家現在数）		菩提寺
中村町 一五八	中村	92	仏数会館 中村光善寺、中村正西寺、
	西山		
	中野	11	
	北飯淵		
	和田	1	
	本笑	6	
	小泉	10	
	新沼		
	尾浜		
	原釜	18	
	北小泉		
	不詳	20	
大野村 一二一	石上	31	正西寺、仏教会館 中村光善寺、中村
	塚部	8	
	長老内	6	
	大坪	24	
	初野	2	
	黒木	28	
	小野	17	
	不詳	5	
山上村 一二	山上		仏教会館 中村正西寺、
	粟津	9	
	不詳	3	
八幡村 七七	今田	8	仏教会館、 中村正西寺 鹿島勝縁寺、
	坪田	35	
	成田	7	
	富沢	20	
	不詳	7	
日立木村 八〇	日下石	10	仏教会館 勝縁寺、 中村正西寺、
	立谷	10	
	赤木	29	
	柚木	24	
	不詳	7	
磯部村 四四	磯部	20	寺、仏教会館 寺、中村正西 光源寺、勝縁
	蒲庭	21	
	不詳	3	
飯豊村 一一六	百槻	15	光善寺、光源 中村正西寺、
	馬場野	23	
	程田	8	
	柏崎	23	
	大曲	8	
	新田	23	
	南飯淵	6	会館 寺、仏教
	岩子	3	
	不詳	7	
上真野村 五八	上栃窪・下栃窪	3	仏教会館 勝縁寺、中村正西寺、
	橲原		
	角川原		
	小池	6	
	小山田	12	
	御山		
	山下	5	
	岡和田		
	浮田	1	
	横手	19	
	牛河内		
	不詳	11	
鹿島町 七一	鹿島	36	館、原町常福寺 西寺、仏教会 勝縁寺、中村正
	南右田	16	
	北右田	14	
	不詳	5	
真野村 六〇	江垂	8	村正西寺、中村光善寺 勝縁寺、仏教会館、中
	小島田	9	
	川子	9	
	烏崎	2	
	三斗蒔		
	松下		
	大内	3	
	塩崎	9	
	寺内	14	
	不詳	6	
八沢村 六三	南海老		寺、仏教会館 勝縁寺、中村正西
	北海老	25	
	南屋形	7	
	北屋形	1	
	南柚木	7	
	永渡	13	
	永田	9	
	不詳	1	
石神村 二二六	大原	25	勝縁寺 本願寺別院、原町常福寺、
	深野	40	
	石神	15	
	馬場	21	
	高倉	3	
	押釜	14	
	大谷	18	
	信田沢	37	
	牛越	11	
	大木戸	12	
	北長野	15	
	長野	15	
	北新田		
太田村 一六三	上太田	36	常福寺 寺、中村正西寺、浪江 本願寺別院、原町常福
	中太田	6	
	下太田	23	
	片倉	1	
	矢川原	7	
	益田	21	
	鶴谷	24	
	小木迫	12	
	高	27	
	牛来	6	
原町 一三七	原町	93	縁寺 常福寺、原町勝 別院、
	桜井	7	
	上渋佐	30	
	下渋佐	7	
高平村 一三四	上高平	10	院、勝縁寺 原町常福寺、別
	上北高平	32	
	下高平	15	
	下北高平	24	
	泉	18	
	北泉	6	
	金沢	13	
	不詳	16	
大甕村 一四三	大甕	12	仏教会館 原町常福寺、別院、
	江井	17	
	下江井	11	
	萱浜	40	
	雫	25	
	小浜		
	米々沢	2	
	堤谷	10	
	北原	24	
	不詳	2	
小高町 八一	小高	6	館 江常福寺、仏教会 別院、光慶寺、浪
	南小高	11	
	大井	7	
	塚原	10	
	岡田	45	
	片草		
	吉奈		
	不詳	2	
金房村 四一	小谷	9	光慶寺、別院、光明寺
	飯崎	7	
	南鳩原	4	
	北鳩原	7	
	金谷		
	川房		
	小屋木	8	
	羽倉	2	
	上根沢	2	
	大田和	2	
	大富		

どこから移って来て、どこに落着いたかの例を、原町別院の資料によって見れば、

例一（原町附近）

移住先		移住戸数	前住地
原町	南新田	19	加賀
	〃	3	三河
	〃	2	名古屋
	〃	2	山形
	〃	2	越後
	〃	2	越中
	桜井	1	加賀
	上渋佐	0	
	下渋佐	0	
高平村	下高平	5	加賀
	其他	0	
石神村	大原	5	加賀
	大谷	3	加賀
	信田沢	7	加賀
	深野	10	加賀
	北長野	4	加賀
	〃	1	岐阜
	大木戸	7	加賀
	牛越	3	加賀
	石神	10	加賀
	押釜	11	加賀
	高倉	0	
	上馬場	11	加賀
	下馬場	8	加賀
	長野	0	
	北新田	0	
大甕村	江井	5	加賀
	下江井	9	加賀
	堤谷	9	加賀
	小浜	0	
	米々沢	0	
	大甕	4	加賀
	雫	5	加賀
	萱浜	0	
	北原	3	加賀
太田村	矢川原	8	加賀
	上太田	9	加賀
	下太田	8	加賀
	牛来	2	加賀
	中太田	2	加賀
	益田	4	加賀
	高	7	加賀
	小木迫	2	加賀
小高町	小高	1	尾張
	〃	1	伯耆
	〃	4	加賀
金房村	鳩原	2	加賀

例二（上真野村）

移住先	加賀	越中	計
上栃窪			
栃窪		3	3
御山			
白坂			
角川原	5(2)	1	8
横手		13(1)	14
山下		8(1)	9
浮田		1	1
岡和田			
牛河内			
小山田		7(3)	10
小池		9(2)	11
椙原			
計	7	49	56

備考
（　）は当地に来てから分家した数を示す。
（渡部晴雄氏の調査による）

例三（大舘村）

移住先	移住戸数	前住地
伊丹沢	11	｝内越後7丹波1但馬3京都1
草野	8	
佐須	2	
芦股	1	
八木沢		
沼平		
関沢	9	内越後1
小宮	3	｛内羽前1石見1紀伊1
深谷	5	
計	49	

備考
役場の資料によつたが他の資料とやや相違がある。

次に移住の年代について、小高の光慶寺の分を同寺の記録によって挙げれば、

移住先	移住年	移住戸数	戸数増減 最初→現在
南小高	文政 8 天保 3	1 1	2→11
岡田	文政 9 〃 10 〃 11 天保 2 〃 14 弘化 2	11 8 3 1 3 1	27→39
大井	文政10 〃 11 弘化 2	1 1 1	3→7
飯崎	文政11 天保 3 〃 6 弘化 2	1 2 1 1	5→7
塚原	天保 5 〃 12	1 1	2→7
耳谷	文政12 天保 3 〃 6 〃 10 〃 12 〃 13	1 1 1 1 1 1	6→5
上根沢	文政10 天保 8	1 1	2→0
小谷	天保 6	1	1→7
村上	天保14 弘化 2	1 1	2→0
小屋木	天保 3 〃 9	1 1	2→5
女場	天保 2 〃 6 〃 8	2 1 2	5→3
神山	天保 6 〃 11	1 1	2→7
行津	天保 6 〃 8	1 1	2→0
泉沢	文政 7 〃 10 〃 11 天保14	1 2 1 1	5→3
蛯沢	天保12	1	1→1
上浦	天保 6 〃 14	2 1	3→0
下浦	天保 2 〃 9 〃 11 〃 12	1 1 1 1	4→0
南鳩原	天保 6	1	1→2
北鳩原	天保 5 〃 6	1 3	4→7
大谷	天保 6	2	2→2
大田和	天保 6 〃 14	2 1	3→3
羽倉	天保 9	1	1→2
浦尻	天保 6	2	2→2
福岡	天保 6 〃 11	2 1	3→0
行原	文政10 〃 11	1 3	4→0
計		94	

備考「金主新百姓調帳」には104軒とあるが，移住先不明が10軒程ある。
上表中増減の所には再転住も含まれている。
（光慶寺資料により小丸しげ氏調査）

右の戸数増減、ことに増加は、分家による場合が多いのであるが、その増減だけを中村正西寺の資料によって挙げれば（八幡義晃氏）、

地名	移住戸数増減 本家	本家→分家 分家
粟津	5	9
宿千木		15
中村		48
中野		11
黒木	3	4
本笑		3
初野		3
小泉		3
鎗町	5	9
和田		1
塚部	1	2
小野		17
大坪	2	4
石上	18	31
本町	2	4
今田	3	7
成田	5	7
高松	12	17
坪田	4	6
台	2	5
川崎	4	7
富沢	7	13
馬場野	13	20
百槻	8	15
大曲	6	8
柏崎	5	8
新田	5	5
飯淵	4	4
岩子	2	3
日下石	7	10
赤木	16	26
立谷	3	9
柚木	7	16
金草	6	11
蒲庭	2	3
小池	4	6
小山田	4	6
山下	3	4
横手	5	6
長渡	4	7
右田	3	3
川子		1
高	1	3
益田	2	5
牛来		1
牛河内		1

次に、年代のみを中心として、勝縁寺関係の分を見れば別表の通りで、これによると、ところによっては明治近くまで新立が多く優勢であることがわかる。しかしこれは必ずしも外来の移民のみによる数字でないことはいうまでもない。なおこの事は独りこの地方のみでなく、弘化二年二宮仕法開始後明治に至るまでは、二三男の分家ということは仕法関係でも大きな問題であったから、そういう点もこの表から汲み取られねばならない。

年々の死亡者はどれ位あるかは、寺の過去帳によって明瞭であるが、大体は門徒数の一割位という（広橋亮爾氏）。例として原町常福寺を挙げよう。この寺の門徒は、文政六年頃の調査では檀家数一三〇、同十一年頃は一八七といい、江戸末期から明治にかけては五〇〇に近かった。過去帳にのせられたものだけをあげると次の通りであり、幼児などはどこでもあまり記載しておかなかったようである。

最後にいわゆる移民以前からといわれる中村光善寺の過去帳を見るに、過去帳そのものは後に書き直されたものであっても、記載されてある内容はなかなか古い。すなわち最も古いのは文治で、次に文禄、慶長、慶安、貞享、元禄、宝永、正徳などの年号が見える。最初の中は大てい一年号一人位で、檀家はかたまっていたものかみな原釜の人々であった。人数は宝暦、明和の頃になって少し多くなり、天明に至ってはじめて原釜以外馬場野の名が出てくる。その

新立(移民を含む)の年代別調査(勝縁寺関係)

地名＼年号	寛政五	文化四	七	九	一五	文政三	七	九	一〇	一一	一三	天保二	三	五	六	七	八	九	一〇	一一	一二	一三	一四	一五	弘化二	三	四	五	嘉永二	三	四	五	六	七	安政二	三	四	五	六	七	万延元	文久二	元治二	慶応二	三	計
鹿島	1		1								1					1	3	2		2	1	1	2					1		1	1	3	2	5	3	1	1		4	3	4	1	2	7	3	57
塩崎		1					1		2		3	1		2		2	2	1	2		3	2	1				2		1		1			1	1	1	1				2	1			1	35
川子				1	1								1	3		1	1	1		2	1					2		1	3	1	1				2							1	1	1	1	26
横手						1		1						1								1		1		1	2			1	1	2			4			1	1	2		1		2	1	24
右田					1	1					1				1	2	6	2	1	1	1		1		1		3	1	2	1	1	1	1	1	2				1		1	2	2	3	1	42
小島田									1		1						2						1									1		1		2								1		10
海老										1			1	1		3		2		1			2		2	2	1		2	2	1	2	2	1	2	2	4		1	2	1	1	3	1	4	47
柚木											1					1						1								1		2								1						7
江垂											1		1			1							2		1								3	1	1	2	1	2				1	3	2	2	24
筒樋												1		1						1	1							1	1	1						1			1		1					10
永田														1															1	1	1	1	3	1					1	1		1				12
寺内																		2			1		1	1	2					3		4			1	3	1		1	2	1		1			24
上松																						1				1				1			1		1					1	3			3	1	13
大和田																									2																					2
鳥崎																													1								1									2
小山田																													1														1			2
小池																																1					1									2
長塚																																	1							1	1					3
水路																																1														1
糖理沢																																1														1
小猿沢																																1				1					1			2		5
大内																																					1						1			2
門ノ口																																						5	1							6
栃窪																																						1	1					1		3
広屋																																								1						1
牛小路																																									1					1
今田																																									1					1
中山																																												2		2
早間																																											1			1
蒲庭																																													1	1
不詳																														8																8
計	1	1	1	1	2	2	1	1	3	1	8	2	3	9	1	11	14	10	3	7	8	6	10	2	8	6	8	4	12	21	7	20	13	11	17	13	11	9	12	14	17	9	15	25	15	375

原町常福寺過去帳による死亡者

年号	死亡者
文化15	2
文政2	4
3	3
4	6
5	7
6	7
7	9
8	9
9	20
10	16
11	14
12	10
13(寅)	45
天保2(卯)	53
3(辰)	45
4	21
5	27
6	25
7	22
8(酉)	73
9	38
10	11
11	28
12	18
13	9
14	24
15	24
弘化元	8
嘉永2	32
安政2	28
3	59

(備考) 弘化以後の死亡者の記録がはっきりしていない。

他各部落の名の中、初見のものだけを年代順に記そう。

中村(享和)　小島田(文化)　塚部(文化)　柏崎(文化)　日下石(文政)　山下(文政)　鹿島(文政)　八津田(文政)
立谷(文政)　富沢(文政)　山中笹町(文政)　八木沢(文政)　小泉(文政)　程田(文政)　椎木(天保)　長老内(天保)
柚木(天保)　川子(天保)　横手(天保)　南飯淵(天保)　石上(天保)　向山(天保)　坪田(天保)　江井(天保)　塚町(天保)
中野(天保)　北飯淵(天保)　浮田(天保)　深野(天保)　小山田(天保)　太田(天保)　岡和田(天保)　立谷(天保)
高(天保)　初野(天保)　長野(天保)　角川原(天保)　信田沢(天保)　成田(天保)　黒木(天保)　岩子(弘化)　和田(弘化)
小池(弘化)　新田(弘化)　赤木(弘化)　大原(嘉永)　浪井(嘉永)　草野(安政)　大坪(安政)　日下石堀内(安政)
大原(安政)　深谷(安政)　今田(安政)　永野(安政)　小谷(文久)

すなわち光善寺檀家としてのこれらの村の人が、(　)の年にその村としてはじめて死んだということなのである。

二　同化への過程

(一)圧迫と抵抗

藩では勧誘して入れた移民であったが、在来の土着民との間には最初から摩擦が起った。それはいろんな形になって現われた。まず新来の他国人であるというただそれだけの理由による頭からの毛嫌いである。または無理解や誤解から生ずる諸々のトラブルであり、故意の憎しみである。かくて両者間に溝が出来、封建的な土着民は新来の数少い移民を圧迫し軽蔑して、同等に交際することをいさぎよしとしなかった。そういう差別待遇は日常の生活に現われ、例えば村共有の山分けに入れぬとか結婚しないとか生活の基盤までおびやかした。

加賀者、新立、新百姓という言葉にも、軽しめる意味が含まれていた。現在六十才位の老人でさえ、差別待遇を悲憤する位であるから、藩時代には随分ひどかったものであろう。人の家を訪ねても土地の人なら縁側に腰かけさせられるのに移民となると、「加賀、貴様そこに腰かけて居ろ」などと座席さえも与えられなかった。「加賀といえばどん百姓、しめし被って墓まいり」と地の人から悪口をいわれたものだ(八幡義晃氏)。彼等は土地の人に相手にされず、ざんねんくどきをしたので、それが加賀泣きなのだなどといっている。最初は家らしい家をもっている者はなく、雨露をしのぐにも足らぬ者が多かった。家の入口のむしろを上げて、頬かぶりのまま出入りしている彼等移民をみて、一層地の人は軽蔑したという。

移民は移民で、のっぴきならぬ理由で、生国をすてて知らぬ他国に来た以上、背水の陣をしいて相馬の生活に食下り、ふまれても叩かれても信仰一途に生きてきた。そういう気慨が一層抵抗を強くし、彼等自身の団結を固くし、信じつつ働き、次第に富み、かつ地歩を確立して行った。両者間に摩擦を起した原因として左のようなことが考えられる。

1・民情相違の問題

これは人種的性格相違であり血の相違でもある。元来相馬人は質朴正直で義理堅かったから、他人を容れるに吝かではなかった筈である。いわゆる人がよかったから他国の人も喜んで来たのであるが、来た人を面倒を見て同化させようとする積極的な気持をもつほど寛容ではなかった。もっとも土地の人にいわせれば、当時の封建社会に生きて排他的気分の相当濃厚な相馬人にして、とにかくこれ程まで彼等を入れた態度は上出来であって、移民の成功は移民にのみ帰せらるべきでないというのである。しかしこれは今いうことであって、当時にあっては藩の命令指導だからいやいやながら受入態勢をとったと見た方がよさそうである。しかし何れにしても、両者はある程度まで妥協したものの、根本的な民情の相違は、半ば救うことの出来ぬ隔りを、長い間両方の人々に感じさせて来たのである。

もっとも同じ北陸人であっても、仔細に見れば彼等同志の間でもかなりの差があろうと思われる。それを例えば加賀は加賀、越中は越中、越後は越後、その外能登にしても因幡にしても、それぞれの特質を相馬に持ち込んで来たから、当地においても集団をなしている部落などは、部落毎に以前は気風を異にした。しかし北陸人としてはある共通の民情をもち、一方相馬人より影響を受けたりして、複雑な性格を形づくって行ったものと思われる。彼等のことを社会性がないという人がある。冷いという人がある。経済観念が発達しているという人がある。団結心が強いという人がある。勤労精神に富んでいるという人がある。こういうことはしかし彼等固有のものであったか否か。相馬人に対抗するために培れた第二の天性であったかも知れない。しかし現在では、ある程度の過程しかわからぬかも知れぬほどに、すでに同化してしまっている。

2．風習の相違の問題

日常の生活においては、昨日まで使用していた言葉を移住したからとて急に改めるわけにも行かない。土地の人からは一口に加賀弁と非難された。相馬弁などはより以上に笑われる資格があったろうのに、大勢を頼みに彼等の訛りを冷笑の材料とした。ことに割合新しく移住した因幡の人などは、今から十年と少し前あたりまでは、直接先方から来た人がまだ生き残っていたので、向うの訛りが残っていた。よく聞けば別に分らぬ言葉でもないのに聞きとれなかったというから、アクセントなどが違っていたものであろう。

年中行事も違っていた。相馬では妙見の信仰が厚く、正月三個日は厳重な潔斎が行われ生ぐさに触れぬのに、新来の彼等はむろんお構いなしであった。これなどはとくに相馬人の気にさわって彼等を嫌う一つの原因を作った。彼等は正月に門松を立てず、相馬風の赤々餅など作る筈もなく、その他相馬如き煩雑な行事は不要であった。田植を忌む日もないから田畑で常のように働き、葬式に友引の日を忌まず、葬式後塩水で身を潔める事もせず、したがって穢れるという感じを強く相馬の人に与えたのである。その外普請するに金神を構わず、方角を嫌わず、正月歳徳神を迷信として信ぜず、一般に迷信、俗信少く、相馬人の目からは、一向宗は一向構わぬ人々だと蔭口をいわれたのである。

移民と在来の土着民との間に婚姻の行われることは、はじめはむしろ珍しい位で、移民は移民同志の婚姻を欲した。一方土地の人を貰おうとしても来てが無いことは事実であった。相馬人は彼等を嫌い、彼等は他宗の人と婚を結ぶことを悲しんだ。家督だけでもせめて門徒より貰いたいという願望は強いものであった。結婚の話の時は、しんしようはどうあろうと一番はじめに宗旨を聞いてからにしたものだ。真宗以外でこういうことを云々することは先ず無い。あえて意識して血の純潔を欲したのでもなく、圧迫に堪えかねてのあきらめでもなかったが、何も嫌われ者同志で縁を結ぶことを喜ばなかっただけでなく、同じ信仰に生きる者同志という観念がやはり先に立ってのことであったと思われる。それに同じ境遇で苦労した同郷人であったこと、いわば血が同じであったこと、これがあずかっていたことと考えられる。

現在でも一向宗にあっては、よく寺に婚姻の相談に来る。そして相手の家の信仰のことを聞く。婚姻はお寺にまかせるから、適当な相手を探してくれと頼まれることもよくあり、寺まいりを見合に利用されることもある。真宗門徒はおよそ八分通りは姻戚関係になっているかと思う（八幡義晃氏）。

3．信仰の相違の問題

宗教的影響は向うのをそのまま受けているかと思われる。移民にとって信仰はほとんど絶対的なもので、尊崇すべきものはただ如来様だけであった。加賀の移民のかたまっているといわれる相馬市の在の宿千木あたりでは、夕方通るとあちこちの家から御経の声や鉦の音が聞えてくる。誰でも読経し、知らぬのを恥としている。門徒が門徒の家を訪ねると、先ず上座を向いて如来を拝し、次に主人に挨拶をする。辞去する時も同様である。真宗的宗教生活が常になされているのである。

しかし一方においては大神宮を拝まず、まして氏神もなく、部落の神祭にも参加しなかった。相馬人は彼等の強烈な信仰を思わずに、自分達の信じたい神仏を拝んでくれないことの方が目に立った。彼等は彼等で、他の事は譲っても信仰の問題は譲歩せず、働くことと寺参りの外はあたかも知らぬものの如く熱心であった。

いかに貧しい家でも仏間の立派なことは驚くばかりで、土地の家なら一間（けん）の床のあるべき処を床をつくらずに、一間または二間通しの仏壇につくり、阿弥陀如来を安置する。そして一切の行事は仏を中心としてなされる。例えば飯前には仏を拝む、精進日にはよく戒律を守るといった具合で、彼等にとっては信仰即生活であり、他の宗旨の如く遊離していない。何があっても寺に集る。寺参りの日にはそれだけ朝早く起きて働いてから出掛ける。自分は調査のため移民の家を訪ねると不在のことがあり、そういう時はよく寺に行っているのであった。毎日の労働の苦労も寺参りによって慰められ、心のなやみも解決する所は寺であるらしく、すべて信仰の基礎を寺においた。一方相馬においては、氏神まつりだの、寺の縁日だの、鎮守まつりだの、何の講だの、恐らく神日のない月は無いほどに多いのだが、信仰からは次第に遊離して形式に流れ、楽しみに過ぎなくなって、寺への信仰的な協力などは真宗の場合などとは雲泥の相違になっている。

両者のしっくりしないもう一つの大きな原因は火葬である。相馬はもともと土葬であって火葬は無かった。そこへ移民はこうした風習を持ち込んだ。土葬の霊魂観と火葬のそれとは違うであろうし、第一、人体を焼いたりすることは甚だ残酷な仕打として目にうつり、一方火葬を不浄視する気風があって、火葬を行う真宗の人までをけがれた人種であるかの如く感じたのである。現在でも彼等の多く居住する部落には、山の蔭や野の隅に焼場があってここで火葬を行う。焼場といっても木を交叉して立てた上に棺を横たえ、藁や薪を積んで火をかけるに過ぎぬが、藁の積み方一つにも特殊な技倆をよく伝えているために、今に他宗ですら火葬の際には真宗の門徒に世話を依頼する風も見られる。事実多くは火葬場は真宗門徒が管理しているものだ。火葬場が無く火葬の方法を知っている人の居ない部落にあっては、たとい門徒でも土葬のこともあるが、これは稀で、火葬場のある所まで運ぶのが普通である。

一忌組と火葬組

真宗に限らず、不幸のことを一切世話する一忌組というのが大ていの部落に結ばれていて、穴掘り棺かつぎから、葬式の役割をきめること、料理の果てまですべて責任を以てこれに当る。組では極く大事なことは喪家と相談することは勿論だが、他の細かなことはすべて一存できめる。親戚といえども彼等にまかせきりで干渉しない習である。ところが一忌組だけでは経験者が無く、また火葬場の関係で火葬の出来ぬ場合がある。その時は別に組織されてある火葬組に知らせておいて頼む。火葬組は真宗の人だけで広い範囲に組織されていることがある。例えば一忌組は十五戸であってもその中に門徒が二戸しかない場合、火葬は出来ぬから、その二戸が他の門徒と一緒になって組織している火葬組に頼むというわけである。するとその人達が集って火葬場をつくり、火葬のことだけを手伝う仕組である。おこう組ともいう。

以上の如く大小の原因がからみ合って有形無形の圧力が発生するや、強い宗教的な紐帯で結ばれている移民の間には当然抵抗が起り、抵抗のある所に圧力は倍加した。かくて長年月にわたる悪循環はこうしてはじまったのである。移民は真宗の同じ地方に育ち、親兄弟の血がつよくつながっている上に、生活の困窮から脱すべく縁もゆかりもない遠い他国に来たのであるから、互いに頼るより頼るものは外になかったのである。団結心は前住地の土地柄や民情にも根ざして居ようが、以上の環境も影響していることは否めない。彼等をして激しい闘争心をわき立たせたのも確かに土地の人の圧迫の結果でもあった。今に見ておれという気持は、すべての心ある移民の胸に常に去来する合言葉であったかと思う。彼等には信仰が劣等感を抱かせなかったために、形では両者一緒になっても、心に融合しきれぬ強さを残してもいたのであろう。

ただ最初の移民は富裕な階級でなかったために、一心に働いて経済力の蓄積のみをはかった感がある。そのためにはなりふりかまわず働いた。元々地味のよい所は残っておらず、人家を離れた山間や谷地に入り込んだことと、土地の人と交際をあまりしなかったから自然働くばかりであった。村の連中が神日だ、祭だと騒いで遊び暮している時もただ働くばかり、楽しみといえば寺に行くこと位であった。かくて着物も要らず贈答もなく、義理人情に多少欠ける位は意に介する必要もそう無かったから金はたまった。土地の人が彼等を見て幾分嫉妬も交って、義理も知らずに金にきたないとののしったのも由なしとしない。そのくせ知らぬ間に彼此の富の懸隔は相当なものになってしまい、地位の交替も追々行われざるを得なくなってきたのである。

かくて次第に経済的に余裕が出来てくると、名誉心が頭をもたげてきた。一つには生活の根拠となるべきものを認識し出して、相馬に生活するときまった以上、一歩でも土地の生活に近づき、あるいはこれをしのごうという気持が出てきたものに相違ない。士族の株を買い受けたり、士族の零落によって手離したよろいかぶとを買い取るなどはその例であったが、これまた従来の農民階級から武士階級をあこがれた、一つの悲しい理想であり、古い伝統をつくりたいはかない願望であった。古い家筋となることを一つの誇りとしたのも同じ考えからであった。

㈡同化するものとしないもの

しかし相馬人と移民との間は白眼視しながら明け暮れていたわけではない。前述のように少くとも表立っては移民に対し積極的な排他思想はもたなかったし、移民自身また好きこのんで嫌われようとする筈もなく、出来れば早く対等の交際をすることを望んだ。勿論藩は彼等に便宜を与え、両者の溝を取り除くことに努力した。移民の中でもとくに理由があって素姓をかくしたいと願う者などは、一層早く同化しようとつとめている。

真野辺の例を仔細に見ると、おのづから二つの流れが見られる。一つは越後あたりより来ているもので古い土着民の帰依している光善寺について、なるべく古くからこの土地の人らしくしているもの、したがって真宗の人との結婚は必ずしも喜ばない。一つは移民たることを誇りとして、新しい真宗の寺についているもので、加賀越中などより来ている。この二つの流れは大正初年まであったが、さすがに今はなくなったようである（大内重春氏）。

同化の過程には自から段階があって、だまっていてもすぐ同化するもの、同化させようと努力すれば割合早く同化するもの、また同化し難いものにも程度があって、現在に及んでもなお手がつけられずに残っているものもある。また同じく同化といっても、相馬に吸収されてまるで消えて無くなったものと、融合して形の変ってしまったものもあった。広く例をいえば、北陸以外の南部とか伊達とか関東などは案外早く同化するのに、加賀などは同化し難いところがある。一体に相馬においては、移民は多くの影響を相馬に与えたが、さすがに相馬を変形させることをなし得ずに自己自ら変形した。それは何といっても移住の人数の少い点に帰せられよう。移民が集団をなしている地方は、どうしても同化がおくれるのはそのせいである。

最後に、では何が最も早く同化するかというに、それは風俗習慣であった。先ず衣服であるが、これは全く名残りを止めない。しかし労働着などは明治までは残っていた。在来の土民は着物の上に帯をしめ、裾を端折ってむじりというものを着ていたが、加賀の移民はもも引をはき、いわゆる尻切ばんてんを着た上に帯をしめていた。食物も明治までは少しは違っていた所もあった。加賀の人は屑米の団子のつくり方が上手で、どんな屑米でも細かに粉にして、もち草、ごぼう葉、粟、もろこしなどを入れて団子にしたものだ。向うでは香煎なども常食にしていたので、香煎の食べ方も上手だといわれたものである。

住居も全く相違が無くなった。来たばかりの時は小屋がけであったらしいが、本当の住居をつくる時には相馬風に立てることが大部分だったらしい。もっとも中には先方の形式のもかなりあったことは考えられる。例えば馬場野の渡辺孫次郎氏の家は越中から来たのであったが、最初の家屋は越後の大工であったそうだ。恐らくそんな風で、明治の末あたりまでに取りこわした家は初代ころのであったろうから、先の影響もまだ受けることが多かったらしい。下太田の辺でも、最初の頃はことに越後から来た大工によって越後風の家がつくられたように聞いたことがあった。

ついでながら、藁にょうの積み方は相馬とよほど違うという。下細く上は大きく雨雪にも大丈夫なようにつくる。相馬人がまねてつくればひっくり返ってしまうらしい。加賀柿ももとは当地に無かったもので、子供のために生大根に生の小枝を指してもってきて台木についだものだ。蓮如柿ともいうと。古い大木の加賀柿が、真宗門徒の屋敷によくあるのも面白い。

次に言語であるが、一般風習よりは同化が一歩おそいが、やはり割合早く同化して、大体二、三代目あたりが境になっている。本当に先方の言葉を残しているのは、直接移住してきた初代か二代の人、それも年輩の人に限られ、現在の学齢期位までの子供では完全に同化してしまって何も残らない。もっとも子供とても親の言葉を聞いて家庭で使用を継続している場合などは別で、そういう際やや後まで名残りを止めることはむろんあった。また、集団をなしている移民間に残ることも当然であった。高平のまがた部落は越中の人ばかりなので越中弁がずっと後まで残っていたといい、数年前八十五才で亡くなった小野の吉田老人などは、加賀弁でしゃべっていた人のことをまだよく知って居た。因幡は新しくて百年足らずだから、これはつい最近まではっきり残っていた。それをこちらの子供が聞いて可笑しがったものである(正福寺住職)。普通相馬弁をつかっていても、喧嘩などの時には思わず因幡の言葉が出たものらしかったという。だがどういう言葉だったか聞いてみても、ハアオトロシャー(因幡)、ダラナヤツ(越中)、ヤクセン(越中)、ゴザッシャタ(加賀)など二、三例しか自分は得られなかったが、宗旨なり信仰なりに直接関係のある言葉は、真宗共通と見えてかなりあろうかと思われる。その例、

ノバ　　　焼場のこと。北陸でもいうが、ノーバと延べていうのが普通らしい

ノヅトメ　　ノバにおける勤行。

ハイヨセ　　向うでもいう。特に親しい間柄の時は骨を手で拾うという。当地で真宗以外ではコツヒロイというが竹の箸でする。

オゲンソク　供えもの。この語は加賀だけでないかもしれず、餅を供える意から餅のことをいう。代って団子のこともいう。
オナカサマ　御本尊のことで、親みを以ていう言葉。向うではどうか気がつかぬ（岩井隆盛氏）。
ドウギョウ　門徒のこと。
オシューシ　普通門徒以外の人が門徒のことをいう。
オタシュー　門徒の人が他宗のことをいうのが本当だろうが、他宗の人が自分たちのことをいうこともある。
オザ　向うでもいう。
ノミマイ　酒一升ににしめ位をもってゆくこと。
オアサジ　朝詣のこと。
オユウジ　夕方詣ること。

村における交際の面もほとんど変りなくなった。ということは最初本戸つきあいに入れなかった向きも、年月の経過するにしたがってその事もうすれてわからなくなってきたということである。もっとも所によっては感じとしては残っているという。相馬なら誰彼の見さかいない位に家に上げて茶を出してもてなす場合も、彼等は今もそんな無駄はしない風がある。

結婚はまだ同化への問題の過程にあると見るべきである。いくらも相手はあるのに何も一向宗よりもらわなくもという言葉は、まだ古い人の間からはこそこそと伝わって耳に入ってくる。戦後幸いに封建的な気風が薄れ、若い者同志の自由な交際に戸の立てられよう道理はなく、自由な恋愛なり、婚姻なりが考えられるようになったのは、一向宗に関する限りは大層よい傾向と思われる。ことに学校などでは、生徒間にそういった宗教的関心は皆無といってよく、まして真宗に対する分けへだてなどは、これまた皆無だから、近い将来には婚姻の問題も完全に解決するものと思われる。

以上多くのものが完全に相馬のものに同化し、また同化が進んでいるのに、しかもはっきりした形で残ったのが信仰の問題である。家にしみついた信仰は、そう安々と消え去り、または変貌するものではないと見える。ことに真宗のように生活にしみ入ってその一部となってしまった場合はなお更そうなのである。とくに拓殖に宗教はつきもので、相馬の開拓事業も最初から真宗という基盤にのせられて進行したものであった。移民が十戸、二十戸と出来れば布教所が必要になる。人が死ねばそこに頼むのが自然であって、寺と共にはじめから出発した、庶民達が中心となった生活と直結した宗教だったのである。

村まつりなど村一般の行事に歩調を合わせるようになったのは、まだ形だけのことで、そうせねば円滑な共同生活が出来ないと覚ったからに過ぎぬ。土地の風をまねて近頃氏神祭をすることはある、戦時中強いられた大神宮のお札を引続き受けている家もある、つぶれ屋敷に入った者で、前住者の残して行った屋敷神を受けついで祭っている家もあるが、形だけの場合が多かろう。どこまで行っても真宗の本義に徹する阿弥陀如来が信仰の対象である。したがって未だに神棚も無く信仰的な村の諸講中に入っていないのが多いが、かえってそれが本当なのであろう。

火葬も昔のままである。地の人が火葬になろうとも移民は土葬になろうとしない。それどころか火葬を下層視する思想は近年頃になくなってきた。友引の思想は寺ではかまわぬというが、村の人が参会してくれぬので、これは真宗の方でゆずった形で自然土地の風に改まった。信仰でもこうした形の上の事ならまだ譲歩も考えられる。しかし根本的な如来の信仰のみは、本質的には少しも変貌せずに永く残ることであろう。

これを要するに、真宗移民は、自由に広大な土地を開いて自己の所得とし、つぶれ屋敷などを利用して資本も不要であったこと、繋累少い上に隣つき合いもなく、また、金のかかることには加わらず、神事も何もないから雑用に追われず働くより外に仕事がなかった。山さくなどに入り込んで住んでいたから山に自由に入って濫伐しようが咎める者も無く、道が悪いから訪ねる人もなかった。その上よく働いた。これに反して相馬の人は、繋累にしばられ、狭い土地にしばられ、よい土地はもっていても人家稠密の所にひしめき合った。神仏に藉口しては飲み食いしてかかり、喧嘩しながら酒を飲み、ばくちをし、そして貧乏になった。さりとて移民を軽蔑して荒蕪地を拓こうともせず、山など眼中になく借金のため手離し、果ては土地を売って山の方などに入って行った。一方、いつまでたってもうだつの上らぬ土着民を尻目に、移民は山を買い占めて部落の山の半分以上も彼等の手に渡っている所もある。そして裕福になり土蔵を建て山ざくから出てきた。金が出来ると区長などにあこがれて出しやばった。すなわち相馬では天明以来貧乏になり、立直りの努力が積極的でなかったために、新興の移民にとって代られた形である。今までは惰性で威張っていたが、夢破れた時は生活の根拠を奪われていた。反対に移民は着々とのし上って来たのである。

以上の調査の一部は「真宗移民との同化について」と題して、昭和二十九年五月、九学会連会大会で発表した。なお調査に協力してくれた人々は一々挙げきれないが、とくに便宜をはかって頂いたのは、中村正西寺住職八幡義晃氏、鹿島勝縁寺住職湯沢義勝氏、原町常福寺住職広橋尭爾氏、その他領内全部の真宗寺院の住職諸氏、真野村大内重春氏、福浦村渡部晴雄氏、主なる話者は大野村吉田、飯豊村渡辺、真野村大岩、中田、高野、八幡村遠藤、太田村高江、大舘村原田、石城草野村高木の諸氏である。厚く謝意を表する。

第二章　神道、とくに相馬における吉田神道

相馬における吉田神道を特に取上げたものは今までほとんど無かったが、昭和二十九年福島県神社庁で出した「三元十八神道次第神道護摩行事次第」は余程これを明かにしたものである。しかしその大部分は、相馬各神社に伝わる吉田神道の中、護摩行法の記述に費されている。というのも偶然ではなく、同書中岡田米夫氏の「福島県下の吉田神道」なる論考にもある通り、吉田神道の理念は主に会津に伝わり、行法は主に相馬に伝わった。しかも同神道の正系は会津にゆき最後に相馬にうつって、ここで一応終った形である。すなわち吉田神道の第六十三代は会津の桜井政重であり、次に吉田氏宗家良重に一旦うつり、歿するや遺命によって、道統および伝授書の一切はあげて桜井政重より相馬蛯沢の神主なる、神学の志厚い佐藤政武に附与された。時は明治二十四年五月で、彼は吉田神道の第六十五代という。政重は明治四十三年歿し、その子政馨は病弱で継ぐを得なかったので、正統はここに亡びたと見られる。以上は主に岡田氏の記述によったのであるが、こうした理由で、幸いにも相馬においては吉田神道の名残りを随所に見ることが出来る。吉田神道の最も重んじたのは十八神道行事、宗源行事、神道護摩行事であるが、それに用いた三種の壇を揃えて伝えている蛯沢稲荷神社の道場の如きは、誠に珍しいとせねばならない。後に述べるが吉田神道に帰依した昌胤を藩主にいただいていたために、各神社は競って吉田神道となったこと、彼の歿してからは彼自身の道場であった養真殿の什器等は各神社に分与されたことなどから、また佐藤如き熱心者が居たことなどが理由となって、当地にあっては最近までその命脈を保ち得たのであろうと思う。

神道護摩について非常に熱心であったのは宮地直一氏であったが、そうした人々の調査の結果が、前記の報告書と

なって世に出たことは相馬のために喜ばしい。自分はこれら先人の資料となるべく重複をしないように気をつけ、その後相馬家の文庫より発見した新しい資料によって多少の考察を試みたいと思う。

第一節　相馬家と吉田神道

吉田神道が相馬へ入ったのは何時の年かわからないが、相馬家の氏神妙見の神主田代正秋が、慶長四年に上京して官途を乞うたことが田代家年譜(奥相志所収)に見えているから、江戸初期にはすでに入っていたことが明かである。すなわち田代家にして上京の上官途を乞い、裁許を得た者は左の通りである。

田代左衛門尉正秋　慶安四年三月二日、左衛門尉正重　寛永六年七月二十八日、左近正重　寛文六年七月十日、左京進賢信　貞享二年九月十八日、右京進尚信　享保二年七月一日、左京進重信　延享二年四月二十四日、右京進重信　寛政元年七月二十六日、左京進邦信　寛政九年二月二十四日、右京進最信　天保四年月日、左京進盛信　文久元年三月と見え、特に尚信については奥相志に、元文三年禁裡に於て大嘗会あり、吉田家勅を奉じて勤行した時、尚信は吉田家の勤行安全並に五穀成就を祈り、十八神道数万座中臣祓数万度を修し、吉田家より大神宮及び八百万神の神符を授けられた。且つ寛保中両宮を勧請してまつると述べ、邦信については寛政六年(七年とも)亀齢社を造建、文化十三年一月上京、吉田家の許を得て体輿霊神を建てた。且つ藩主益胤吉田家に入門、五月十四日神道伝授、天保四年嫡子最信と共に上京吉田殿に謁を賜う云々。

熊野社の神主家鈴木氏も古いが、やはり上京して吉田家より裁許を得たものが多い。ただし記録に残っているのでは元和二年を最初とする。すなわち奥相志によれば、

鈴木権守宗久　元和二年六月三日、雅楽頭行久　慶安五年八月九日、土佐守清久　寛文八年、雅楽守忠久　貞享五年、土佐守良久　宝永元年三月、雅楽守富久　延享二年、上総守副久　宝暦九年、出雲正義久　明和二年、若狭守(後号雅楽副)親久　寛政元年、若狭正(後号主水)尊久　文化十三年一月、出雲正紀久　天保四年二月、雅楽副禎久　文久二年九月と見え、宗久については元和二年六月三日上京、吉田家に官途を乞うに、当時奥州辺鄙の社人で上京する者などほとんど無かったので、吉田卿は喜んで裁許状を与えたとある。出雲正義久は寛政元年田代右京進継嗣の時これを助けて上京、二年恕胤神道に帰依し吉田家より唯一の行事を受けた時使となつて上京した。四年

六月田代右京進重治早世、嗣若年のため義久これを補け田代家同格となる。後年恕胤死去するやその神霊を神とまつり、義久上京亀齢社の号を得た。彼は神祇道官領長上に謁すること凡そ七回なりなどと記録に見える。

吉田家と相馬とのつながりを先ず仮に慶長四年を最初とすると、昌胤の襲封の延宝七年まで八十年であって、この間の事情はよくはわからないが、とにかく史上に特記されるようなことは吉田神道に何も無かった。それが第二十代の藩主昌胤の代に至って急に盛んになつたのである。その昌胤が神道に熱心になり出したのは何時かこれまたはっきりしないのであるが、記録に残っている裁許状の類は元禄六年よりのものである。この当時の裁許状は、神祇官の長官であった白川神祇伯より受けていた。当時白川家は雅光王の代であったから、元禄六、七、八年頃の文書の往復はすべて雅光王が相手であったようである。それが後に神祇次官に当る吉田家が相手になって、それがずっと続いたわけであった。

昌胤はみずから養真殿を建てて、行法はすべて吉田神道によった上、相馬において最も神主の上位にあった妙見の神主田代氏や、相馬で最も古い熊野を擁し地方の一豪族でもあった神主鈴木氏も吉田によったから、したがって領内の神社がこれに歩調を合せたのも当然であった。昌胤が十九才で藩主となった延宝七年から幾世橋に隠居した元禄十四年、更に六十八才で死去した享保十三年まで、その生活の非常に多くの部分が神仏信仰のために費されている。年譜(相馬家蔵)より抄出すれば、

延宝八年七月、昌胤西光寺へ寺領新田二十石を寄附。

延宝八年八月二十五日、中村妙見社の社宅へ天神宮を造立して遷宮を行う。社はもと円蔵にあり。今回妙光院の庭に移す。

天和元年四月、上野へ石燈籠献備。

天和二年二月二十四日、尾浜船越にあつた観音を小泉高池に堂宇を建立、慶徳寺を別当と定め、新祥寺をして入仏開眼を執行させた。元禄十六年幾世橋の殿内にうつし、宝永八年大聖寺にうつす。

天和二年十一月、遊行上人日本廻国の途次はじめて中村に来り、随行百余人西光寺を宿坊とし、十四日間滞在すべき旨その筋より達しあり。

天和三年九月、高平村居住の修験上ノ坊の願により小泉に邸地を附与。

天和三年十月、諏訪八幡へ杉五十本ずつ植え、又妙見社並に田中観音へ石燈籠献備。

貞享三年、中野の熊野社へ鳥居を建てた。

貞享五年五月、京都より仏師四郎兵衛を中村に招致、妙見の尊体を再興、六日着手、十五日再興、十六、七日妙見堂に於て歓喜寺の祈禱あり。

元禄元年三月二十五日、妙見社前の天神宮へ神体の画像を納める為外遷宮をなし、二十七日内遷宮を行う。

元禄二年七月十七日以後、毎日妙見社へ供飯を命ずる。

元禄二年六月一日、伊勢大廟へ代参を遣し神楽奉納。

元禄二年六月十九日、常陸の鹿島宮へ石燈籠寄進。

元禄二年七月十八日、熊野へ代参として上之坊を遣す。

元禄二年七月二十六日、護摩執行の上、妙見社へ詠歌を奉納。江戸の山王へ石燈籠寄進、大浦庄右エ門代参。

元禄二年八月、京都の北野社へ石燈籠献備。

同年、高野山へ上之坊代参。

元禄三年一月十八日伊勢、浅熊虚空蔵へ佐藤伴右エ門を代参。

元禄四年一月七日、富田又左エ門伊勢浅熊へ代参。

元禄四年七月四日、妙見社へ再び千首和歌奉納。

元禄四年八月十六日、妙見社へ願書を納め刀剣を寄進。

元禄四年九月十一日、牛頭天王を今田妙宝寺より小泉にうつす。城の鬼門に当れる故なり。上之坊を別当に定む。十月十八日和歌千首奉納。

元禄四年十月十八日、妙見社へ常夜燈献備、二十五首の和歌奉納。

同年同月、天神社改造成り十一月遷宮祭礼。江州多賀、遠州秋葉へ日光院代参。

元禄五年一月、伊勢、北野、愛宕、祇園、鹿島へ代参志賀長太夫。

元禄五年四月一日、浅草観音へ絵馬奉納。

元禄五年五月二十五日、湯島天神へ和歌奉納。

同年、仏立寺取立。

元禄五年十一月三日、志賀長太夫を丹州九世戸の文殊、遠州秋葉、伊勢両宮、浅熊虚空蔵、京都北野祇園へ代参させる。

元禄六年三月、常州鹿島へ佐藤伴右エ門を代参に立てる。

元禄六年三月二十二日、相州大山不動へ願書を納め、四月二十一日石燈籠を寄進、使者志賀長太夫。

元禄六年八月、坪田村殺生禁止令を出す。

元禄六年十一月二日、広徳院の法会を蒼竜寺に執行。従来同寺を巴陵院を称したが、大膳義胤の道号である為今回蒼龍寺と改号させた。

元禄八年一月十二日、志賀長太夫を代参として伊勢浅間京都北野清水祇園遠州秋葉に遣した。

元禄八年五月六日、坪田八幡の造営落成遷宮式執行。拝殿の扁額八正宮は梶井常修院宮の揮毫、一の鳥居八幡の扁額は佐々木玄竜揮毫。

元禄十年一月十五日、小石川護国寺内観音堂造営の手伝を命ぜらる。

元禄十年、長松寺を川原町より鷹巣にうつす。

元禄十一年二月十一日、遊行上人再び中村に来る。一行七十人。相馬家より白米二十俵その外薪炭諸品を贈る。

元禄十二年三月二十二日、従来妙見社の祭日に妊娠の婦人は城内及び射的場へ出入を禁じられてあつたが今回禁を解く。

元禄十五年十一月、小泉高池観音堂を幾世橋にうつし、宝永八年更に大聖寺にうつす。

宝永二年十一月二十日、常念仏堂を幾世橋に建立し不乱院と号し、勢州梅光寺信智寅載和尚を招いて七日間説教聴聞。

宝永五年八月、興仁寺を幾世橋に建立、寺領百石を寄附。

宝永五年九月、小泉不乱院へ新領二十石寄附。

宝永七年、虚空蔵と文殊へ代参を立てる。

正徳元年八月二十一日、興仁寺、阿弥陀寺、西光寺を浄土三ケ寺と称すべき旨の令達があつた。

正徳三年七月十五日、中村金蔵院に寺領三石寄附。

正徳五年六月二十五日、大聖寺文殊堂建立。常香料寄附。

正徳五年八月二十七日、昌胤の男富松早世、五才。興仁寺に葬る。享保三年十一月十七日坪田の高松に祠を建て都玉社と称した。此時興仁寺より高松の都玉社裏の山腹に改葬、塚前に昌胤及び尊胤建立の石燈籠がある。

享保六年五月二十三日、幾世橋不乱院を小泉の供養院念仏堂にうつす。

享保六年九月二十三日、昌胤求聞持法を五十日間執行。


昌胤の後は二十四代の恕胤（明和二年襲封）また神道に帰依（後にまつられて亀齢社という）、二十七代益胤（文化十年襲封）も吉田の門に入り神道の伝授を受け（文化十三年五月）、門馬八郎兵衛をまつる体興霊神を建てたというから、適度の間隔を置いて三人の藩主が吉田神道に関心を持ったことになり、領内の神道熱の高かつたことの偶然でなかつたことがわかる。要するに相馬における吉田神道の隆盛は、藩主の率先が大きな原因であつたのである。

昌胤が致仕して隠栖したのは四十才の頃であるから死去するまでの三十年近くの間自適の生活を送る事が出来た。京都の中院通茂について和歌をつくり、神道に帰依して吉田家より種々の伝授を受けることが出来た。和歌は日本人の系譜にのる上達を見せ、神道は吉田神道の正統を伝えたといわれている位だから、その熱心であつた程も想像される。僅かながら相馬に宗教文化の見るべきものがあるとすれば、その大部分の功は昌胤に帰せられねばならない。坪田八幡宮、同村高松の国玉社の建築の如きその例であり、詠歌も花鳥風月にとどまらず、神仏崇敬に関するものが随分多い。

吉田文庫蔵本と称する「相馬殿へ書状書付控」は、享保三年十二月より享保八年二月までの都合二十二通の差出控を収めてあるが、昌胤宛以外は打宅雲泉のもの二通を見る。とくに享保三、四年頃は昌胤にとつても神道の伝授を受けた大事な年であつて、彼の最も神道に熱中した期間であつたことは年譜により明かである。すなわち享保三年のもの二通、四年のもの十通、五年のもの五通、六年のもの四通、八年のもの一通である。最初の書簡を例としてあげる。

両度の尊書拝見仕候、未寒気強御座候得共、益御安康御座被遊候旨、承悦奉存候、然者今度大護摩法御相伝被遊候ニ付、御懇意御紙面之趣忝存候、且又御尋之儀、以別紙有増書付奉入御覧候、恐惶謹言

十二月二十三日　　　　鈴鹿豊前守

相馬弾正少弼様御近習衆中

追啓毎事御厚情之御意共忝次第奉存事御座候以上

相馬家において当時どのような神道書に関心をもつていたか知ることは、当時の事情を理解する上に必要なことであるが、幸いにその例として相馬家所蔵の「神書入日記」というのがある。天保十三年壬寅夏六月改之とあつて、斎藤庄八郎、大槻太左衛門、田代右京進、鈴木出雲守の連名で作成したと思われる神道目録である。何れも藩の学者であ

り神道家神主である。

神書

一、神道肝要集
一、類聚神祇本源
一、六根風葉抄
一、中臣祓直説
一、陽復記
一、殿舎図
一、神祇正宗秘要
一、中臣諺解
一、神道名法（唯一神道名法要集）
一、元々集
一、中臣祓直解抄
一、神道名目類聚抄
一、両部神道口決抄
一、古今神道編
一、神代講述
一、神道大道（外題昌胤筆）
一、神社啓蒙
一、神国決疑編
一、伊勢大神宮参詣記
一、葬祭之次第
一、古語拾遺
一、神事随筆（昌胤筆）
一、中臣訓解
一、神代巻
一、六根清浄大祓集説
一、六根清浄大祓
一、神学類聚抄
一、神道簡要
一、中臣瑞穂
一、天地麗気記
一、大和姫命世記
一、神祇令集解
一、神道雑通（昌胤筆）
一、東家秘伝
一、唯一神道名法要集（昌胤筆）
一、兼延神宝図
一、宝鏡開始
一、神宮続秘伝問答（昌胤筆）
一、宗源妙行次第
一、綸旨御教書抜書
一、祓八ケ大事
一、清祓次第
一、神代抄
一、宇賀神祭大式次第本
一、祓本
一、天文北斗七元星神祭次第　（昌胤筆）

一、神祇頭書(外題昌胤筆)
一、神祇道服記令
一、群書摘花
一、群書摘花(外題昌胤筆)
一、日本書紀
一、旧事古事記
一、神明三元五代伝神妙経
一、神号抄
一、三種神道行事次第
一、中臣祓
一、三種神道行事
一、巻物(神明三元五大伝神妙経、大祓料物　上中下)
一、神拝作法
一、中臣祓
一、祝詞
一、六算外典通用術法
一、御伝授書付
一、神祇道服忌令
一、神令
一、三元十八神道次第
一、文徳実録

一、天文元星神祭之次第
一、六根清浄大祓抄
一、三種大祓抄
一、阿波羅波記
一、大田命訓伝
一、御鎮座本記
一、宝基本記
一、神代巻(昌胤筆)
一、神文伝
一、神道要訳
一、豊受皇大神御鎮座本記
一、開眛抄
一、神道加持次第(卜家御判有)
一、廿八宿星ノ図
一、中臣本末
一、勧請祭文
一、中臣祓抄
一、三元神道三妙加持経
一、日本紀神代巻
一、霊符ノ書

右書の全部は当時相馬家に蔵されてあったものだが、現在残っているのも相当ある。

なお相馬家蔵神道書中、「招金銀入宅富貴不逢災禍」、「鎮防火燭常安」というような七十二項目の神道秘法ならびにその他の諸行法を記した無題箋の一書には、最後に「元禄十五壬午秋月十八日」とあり、次に「此一冊者洛東吉田新長谷寺蔵本也、令懇望馳短筆者也、享保四己亥三月二十七日、片岡周俊」とある。昌胤はどれ程の本を読んで研究したかわからないが、相当の影響を後世にまで及ぼしている所を見れば決して殿様の慰み芸ではなかったのである。享保四年三月相馬に宛てた吉田家の書簡中に「延佳神書之義御覧被成候旨、出処進退之義元由宜御座候はゞ、何人の作文にても御用い可被遊候」などとも見える。

蛯沢の稲荷神社には、会津の神道家桜井政重より伝受された吉田神道の記録数十種を蔵しているが、神社本庁の岡田氏等がすでに発表された故ここには省く。また、打宅雲泉が恐らく昌胤に代って吉田家内の鈴鹿豊前守の所蔵神書をたずねたものと見え、なるべく早く写して出来次第進呈するからとの返事がある。

第二節　神道行法とその伝授

相馬昌胤年譜享保三年の条に「此年吉田二位兼敬卿より十八神道御伝受相済」とあるのが年譜に見える伝授に関する最初のものであり、翌享保四年の条には「吉田二位兼敬卿より神道極秘御相伝、宗源神事、火祭神事、神道極秘三壇の行事」享保六年九月二十三日の条には「昌胤永聞持法を五十日間執行す」と見え、奥相志にも、「昌胤卜部兼敬につきて宗源三壇秘璽を受く、また信知寅載上人に謁して蓮宗の奥旨を受く、或は瑜伽秘法を台嶺金剛院円如僧正に受く」とか、「嘗て虚空蔵永聞持の法を修すること五旬、散日に至りて赦を行ふ、或は神祠を修造し仏寺を建立す云々」と見える。

しかし昌胤が神道に身を入れ出したのは、もっと古いことであった。彼と京都の神祇官との交渉は、今度発見した相馬家所蔵の文書によれば元禄六年が最も古いかと思う。すなわち大常伯雅光王より昌胤に宛てた二十通ほどの裁許状等をもって、相馬氏に関する吉田神道を知る手はじめとしなければならない。大体年代順にすれば、

祝詞	元禄六年二月二十一日
六月祓大亰	元禄六年六月二十一日
遷宮、神楽、神具(祝詞)	元禄六年六月二十一日
放生会参社修祇	元禄六年七月二十一日
放生会祝詞及祈願文	元禄六年七月二十一日
奉幣作法	元禄六年九月二十一日
動座之秘文及鎮座之秘文	元禄六年九月二十一日
宗源祓行事	元禄六年十一月二十一日
神拝作法	元禄七年五月二十一日
祓三ヶ之大事(別紙)	元禄六年六月二十一日
秘伝条々	元禄七年六月二十一日
勧請祝戸文(別紙)	元禄八年六月二十一日
中臣祓秘決	元禄八年六月二十一日
神代八ヶ之口決	元禄八年六月二十一日
地鎮祓次第	元禄八年八月十一日
鳥居大事要文	元禄八年十二月二十一日
十品鏡	不明
守及祓式	不明
祝詞	不明

右の日附は揃って二十一日なのに、元禄八年八月の一通は十一日である。とにかく元禄八年のが最後で、それに続くのは享保三年だからこの間二十二年あり、その文書の見えぬのは遺憾である。高松の都玉宮の建設のこともあり、途絶えたわけでない事は確かだから散佚したものであろう。

○祝詞

掛毛畏幾、八満宮乃広前尓、姓名恐美恐美毛白久、一天泰平海内静謐、公武安全、武運長久、親族無恙、家内富貴、子孫繁昌、諸願円満尓、守給江登申須叓乃由於、安良気久聞看止、恐美毛申弖白佐久

元禄六年二月廿一日　　大常伯雅光王

花押も宛名も無い右の如きものも幾通かあるが控であろう。

○六月祓大叓（名越祓一名、酉刻勤仕）

中臣祓　八座、八反之儀也、拍手二

以榊葉取数

次以祓麻払清

呪文云、祓清ム々々

払終之後、清浄之流水ニ祓麻榊葉流棄ツ、五色幣ハ不流棄、御酒、洗米、干魚等備之、燭二、土器ニ火ヲトモス、左右也、八足机置物、左ノ方五色幣並祓麻、中ハ祓之本、右之方榊葉八枚置之

元禄六年六月廿一日　　大常伯雅光王

○祝詞

遷宮（仮御舎仮殿ニテ唱、又新御舎新殿ニ唱也、神号トハ其社々之神号替故也）

掛毛畏幾、（神号）乃（例文）、今月今日吉時於恵良美弖、御舎尓奉遷御躰、安良介久鎮坐弖、天下常石堅石尓公武安全（以下例文）

神楽

掛毛畏幾、（例文）、依其神代能遺風、今尓無絶叓、誰毛瑞垣乃広前尓、奉奏神楽、安久聞看弖、所願一々円満尓、守給江登申弖白佐久

神供

掛毛畏幾、（例文）長田乃稲於御飯尓炊志、狭田乃稲於御酒尓賀志、生皐品物乃美膳於備陪奉留、御心安良気久聞看止、恐美恐美毛白寿

元禄六年六月廿一日　　大常伯雅光王

○放生会参社修祓作法

先三日以前神叓入、　申刻俗髪

是於二夜三日之潔斎止云、魚鳥三ケ日忌之、不浄之人来入参会等賢忌之

当日行水

次参向社頭

次向神前
次著座　二拝之後着座
次令献神供神酒　社家之役
　此時修神供祝詞　一反
次中臣祓　一座
次三種太祓　八座以指取数
次拍手二　小大
次六根清浄祓　一座
次放生会祝詞　一反
次祈願之文　一反
次撤神供
次三種太祓　如初
次拍手二　大小
　今日於近辺之水辺、魚鳥少々可令放矣
次退去
　元禄六年七月廿一日　　　　　　　　　　　　大常伯雅光王

○放生会祝詞
　掛毛畏幾、八正宮乃広前尓、姓名恐美恐美毛申佐久、今月今日瑞乃御殿尓参向比弖、祓申志清女申志弖、近辺乃山河尓、諸乃鳥諸乃魚於放津、此状於平良気久安介久、神意濃満尓々聞看弖、天下常石堅石尓、公武安全、武運長久、万民安楽、家内富貴、子孫繁昌、心中乃願一々円満、各々成就尓、夜乃守昼乃尓守守幸給江登申須叓乃由乎、平介久聞看止恐美恐美毛申弖申佐久

祈願文
祈願円満
感応成就
延命息災
安鎮加護

元禄六年七月廿一日　　大常伯雅光王

○奉幣作法
先向神前　乍立一揖号沓揖
次著座　一揖是於座之揖ト云
次幣於持来　社司役
次取幣二拝　左右左ト布留、身於不動平之所作巳
次幣於左之加多尓持志、比地左尓弖於佐由
次祓　三種太祓三反也　拍手二
次幣於横尓持而祝詞　左手上右手下
次如初持幣二拝
次献幣於神前、社司取之奉神前ヱ拍手二打之、此拍手於聞弖修祓如初、拍手二
次一揖　座於立
次立弖一揖　着沓之後也
次退出
元禄六年九月廿一日　　大常伯雅光王

○動座之秘文
掛毛畏幾、神霊於恐美恐美毛奉乞請、神意安良気久、渡御給江登白須
鎖座之秘文
掛毛畏幾、神霊於恐美恐美毛奉移、神意安良気久、鎖座玉江登白須
二ケ之大事秘中之秘也、依深志令授与之也
元禄六年九月廿一日　　大常伯　花押

○宗源祓行事
先着座　乍座一揖シテ安座、一揖ハ一拝之義也
次二拝　笏ヲ祓机ニヲク　拍手二　小大
次取中臣祓修之　廿八反修シヲハツテ祓ヲ机ニヲキテ拍手四　小大大小也、以榊葉取数

次祝詞　唱終テ拍手二　大小
　掛毛畏幾、天神地祇八百万神、別而波神号乃、以下例文尋常ノ祝詞也
次二拝　机之上之笏ヲトリ、座ヲタッテ二拝也
次又着座　此時揖ナシ
次一揖　乍座一拝也
次退去
　於神前勤仕之時、在前後沓揖
　元禄六年十一月廿一日　　　　　　　　　　　　大常伯雅光王
○神拝作法
先向神前　沓揖座揖如奉幣
次二拝　笏
次中臣祓　一反
次三種太祓　三反　拍手二　小大
次祝詞　如奉幣
次拍手二　大小
次退場　座揖沓揖如初
　元禄七年五月廿一日　　　　　　　　　　　　大常伯雅光王
○祓三ヶ之大事
中臣祓秘伝
高天原　指虚空称高天原、在人者無一念胸中也
瀬織津姫止云神、伊弉諾尊美祖岐給時生九神也、八十枉津日神、神直日神、大直日神、底津少童命、底筒男命、中津少童命、中筒男命、
表津少童命、表筒男命
根国底国　草木之根皆生自地不動、故名為根国、底訓曾古、其所止云義也
右神秘口決令授与、堅外不可洩給者也
　元禄七年六月廿一日　　　　　　　　　　　　大常伯　花押

弾正少弼殿

○秘伝条々

一、三種行事

一、二種行事

一、千座祓

一、百座祓

一、天神地祇行事

一、日陽行事

一、月陰行事

一、祓清秘文　遷宮之時

一、勧請秘法　付神座、御戸帳、幣、簾等之事

一、祓三ヶ大亊

一、遷宮次第　仮殿本殿

一、行亊所儲

右神秘口決令授与、堅不可洩給者也

元禄七年六月廿一日　　大常伯　花押

弾正少弼殿

○勧請祝戸文

掛毛畏幾、霊神於鎮メ祭、安良介久平良介久鎖座弖、心中濃諸願円満仁守給江登、恐美恐美毛申寿

元禄八年六月廿一日　　神祇伯雅光王

○中臣祓秘決

高天原　高天原者大極之天於高天止云、原者高平之形、又云上天指虚空而高阿麻濃原止云、義訓也

瀬織津姫　神代曰、伊弉諾尊至筑紫日向小戸橘檍原、祓除濯之於中瀬時生九柱之神、八十枉津日神直日大直日之三神者、霊跡之地於不顕、底津中津表津之三神者、筑前国糟屋郡尓垂跡、志加明神是也、斯香止毛書之、底筒中筒表筒之三神者、摂津国住吉郡又筑前国那香郡又長門国豊浦郡、此三所之垂跡也

筑前長門両国者、住吉神社三座也、摂津国住吉神社者、底筒中筒表筒三神神尓功皇后於勧請合ヱ四座也、凡神功皇后異国御退治之神徳
不浅之故、奉合祭也
　右秘決令授与、可令秘給者也
　元禄八年六月廿一日　　大常伯　花押
弾正少弼殿
○神代八ヶ之口決
日本紀八ヶ之口決
日本　ヤマト　日本者天地開闢之声也、也阿止飛々久於以ヱ云、神武天皇大倭国尓都於建給之後、日本国之惣名与奈留、日本者日出之
　義、今世為幾内一国之名、又云、作大和国之字矣
書紀　普留幾於見与云心尓而、普美止云也
古　古者過志代於指ヱ云、伊仁之方与云心之和訓也
天浮橋　天浮橋者指虚空、陰陽之気通所、取夫婦婚合之義、今水上之橋起陰陽両神之事矣
国中之柱　国中之柱者、以矛植干嶋中為柱、柱者表不壊不動之義、神道取中守一、而為万物之元、天地之心、是中之柱、在人々此柱、心
　無形、無形之柱、天地之心人人倫之心也
八尋之殿　八尋者、八々六十四、六丈四尺之殿也、其八者陰之数尓志ヱ、而毛具陽、尊神道表于天地開闢形矣
天柱　天柱者、正直神霊、以木帰元、以主表帝、木則掌空、元気化用五行之始万物之起也、当知一心者此柱也
八雲　歌（原文に細字で解釈あれど略す）夜句茂多莵　伊弩毛夜覇我岐　莵磨語昧尓　夜覇我枳莵倶留　贈廼夜覇俄岐廻
右秘中之口決、令授与、堅可秘給者也
　元禄八年六月廿一日　　大常伯雅光王
弾正少弼殿
○地鎮祓次第
先於座下　立揖
次着座　座揖
次二拝
次復座

次六根清浄太祓　一反　拍手二　小大
　此時笏於机上尓置而修之
次中臣祓　一反　拍手二　大小
　此時同前
次三種太祓　百八反以榊葉取数　拍手二　小大
次祝詞
掛毛畏幾、日本国中大小乃神祇式内式外案上案下三千一百三十二神、太山五岳四海江河天神地祇八百万神、群会鎮座弖、此地祓清女申須
㚑於、平介久安介久聞看弖、幸給江登、恐美恐美毛申須、拍手二　小大
次散米　八度、文云、祓申志清女申須
次取太麻乍座左右左ト払、払終而机尓置之
次二拝
次退座　座揖沓揖　如初
　祝詞之前勧請文、拍手終、二拝之前奉送文如例、拍手同
　元禄八年八月十一日　　　　　　　　　　　大常伯　花押
弾正少弼殿
○鳥居之大事要文
神坐鳥居入此身従日月宮殿安楽而住
　鳥居於入時、乍立此文一反修、秘事也
　元禄八年二月廿一日　　　　　　　　　　　大常伯　花押
弾正少弼殿
○十品鏡
於幾津鏡　辺津鏡　八咫鏡　白銅鏡（ますみ）真経津鏡（まふつ）　天鏡（あめ）　円輪霊鏡（まろわたま）方笏御霊鏡（はうしやくのみたま）
二輪御霊鏡（ふたわのみたま）　金鏡（みをや）
右授与、可令秘（以下欠）
○守及祓式

守
鏡（丸、柄ナシ、小）　白紙尓津々美、以朱三種太祓一返書之、上於錦カ金ランニテ津々美封、尤二夜三日神㝢也
祓式　地鎮
先庭上中央向東敷薦二枚、其上尓敷八角帳一枚（半帳也）、前尓立祓机（八足中太麻左祓、右榊葉百八枚、其前尓散米之土器置之）、祓机之前去一間立高机（八足其上尓神酒肴散米備之）、左右尓篝火於多久㝢、終而供物清浄川尓可流矣
右二ヶ条之大事堅（以下欠）
○祝詞
勧請
掛毛畏幾、神名於恐美恐美毛乞請奉留此状於、安介久聞看止申寿
火鎮
掛毛畏幾、神名尓恐美恐美毛申佐久、修祓意趣波、為鎮火災也、此願於安良介久、平良介久守幸給江登申寿
病災
掛毛畏幾、神名尓恐美恐美毛申佐久、修祓願波為治（其病也、其病登波申病之品也）、平良介久安介久聞看弖、寿命延長尓、守給江登申寿
祈雨晴雨
掛毛畏幾、例文奉祈降雨例文申寿（晴尓波修晴雨）
右祝詞之秘文、令授与、努々外見他言、堅不可令沙（以下欠）
なお当時のものと思われるもの一、二を追記して見れば、
○大護摩法加持次第
先兼日搆案机縁座于庭上
次一揖
次着座一揖
次二揖
次護身神法
次三種加持
次拍手　小大

次六根清浄太祓　十六反
次中臣祓　二十一反
次太祝詞
　掛毛畏幾太元尊神太日靈貴天神地祇八百万神等乃広前仁、恐美恐美毛申佐久、一身乃心源乎清浄仁之天、神代乃古風於崇敬女、正直乃根元仁帰弖、今宗源神道於願者奈利、此状乎平介久安介久聞食弖、頓速仁納受於垂礼、則令成就円満賜陪止、恐美恐美毛申須辞別仁申佐久、若不慮乃汚穢不浄乃事在止毛、善言美詞乃祓乎以弖、祓清女奉留故仁、無咎無祟之天、神直日大直日神止護幸賜陪止、恐美恐美毛申寿
次三種太祓　百二十一反
次祈念
次拍手
次二拝
次座揖
次一揖
次退下
右百日之間毎日三座可勤修之者也

右は控と覚しく署名がないが、次の一書は年号無く、ただ雅光王の花押のみがある。

○稲荷神号大事
下社　宇賀御魂尊
中社　瓊々杵尊
上社　伊弉諾尊
田中社　猿田彦太神
四太神社　住吉大明神
　　　　花押

裁許状の終には、人にもらすなとか慎んで怠るなとかの文句が記されているが、受ける側でも大事なものには誓約

書を出したらしい。相馬家に昌胤の神文の下書が残って居て、

今度十八神道御相伝忝存候、此御伝授者〔名乗〕相限于一身者也、他人者不及沙汰、縦雖為親子曾以相伝申間敷候、若於令違背者、天神地祇可蒙御罰者也、仍神文如件

とあり、この包紙の表書「神文下書」の文字は昌胤の自筆と認められる。

〇日取作次第
先一揖
次二拝
次中臣祓　十宝印
次三種太祓　三十六反或十二反
次拍手　小大
次奉拝日神　口伝
次勧請
謹請天照皇太神　降臨此座　无上霊宝　神道加持
謹請斎場所日輪太神宮　降臨此座　无上霊宝　神道加持
謹請某神号(口伝)　降臨此座　无上霊宝　神道加持
次祈念
次拍手　小大
次二拝
次一揖
次退下
右令授与平昌胤訖　慎而莫怠矣
享保戊戌晩春吉曜日　　神道管領卜部朝臣兼敬　朱印

これは三年のことであるが、同年秋には、昌胤は同じ日取作次第と神道加持の次第の伝授とを受けている。前者は前と同じゆえ省略し、後者は左の通り。

○神道加持之次第
先一揖
次着座一揖
次二拝
三種加持
六根清浄太祓
次中臣祓　一反或七反或十二反或三十六反可任意
次三種太祓　三十六反百二十反三百六十反可任意
次祈念
次拍手
次二拝
次座揖
次立一揖
次退下
右二ケ条令授与平昌胤、慎而莫怠矣
享保戊戌季秋吉曜日
神道管領卜部朝臣兼敬　朱印
○奉幣次第
先一揖
次着座一揖
次二拝
次神人持参幣
次取幣二拝
呪文曰　一天太平　社頭康栄　常磐堅磐　守幸賜陪
次二拝
次渡幣於神人

次神人奉幣於相殿
　向役人一揖拍手
次役人拍手
次三種太祓　十二反
　吐普加身依身多女　寒言神尊利根陀見　波羅伊玉意　喜余目出玉
次二拝
次座揖
次立座一揖
次退下
右令授与平昌胤訖、慎而莫怠矣
　享保戊戌孟秋吉曜日　　神道管領卜部朝臣兼敬　朱印
○斯宗源妙行者、面授口決切紙重位也、因兹於次第者加判形不及奥書、是所以非筆舌之所覃也、凡宗源神道者、自天地元気之始至陰陽化現之終、祭森羅万象一切元霊之作法也、故修神宣者、神祇鬼顕前降臨賜比振真澄者、万物霊哀愍納受賜布、旡願而不成就、旡念而不円満矣、譬如神明霊鏡如竜王宝珠云々、爰相馬弾正少弼平昌胤、孜々露其赤心顧此狄心忘制禁法令、授与之訖、任誓約及没期即投火中者也能久思陪深久想陪、慎而莫怠矣
　享保三戊戌年季秋吉曜日　天児屋根尊五十五代神祇道管領勾頭長上従二位卜部朝臣兼敬
○奉開御戸大事
先一揖
次二拝
次進于神前一揖
次奉開御戸御帳等
　唱曰某神号　口伝　安鎮志賜陪
次印　三光印　明　口伝　旡上霊宝神道加持
次三種太祓　七反
次一揖

次退下于階下二拝
次一揖
次退下
○地鎮次第
　作法向王気方　口伝　春ハ東夏ハ南秋ハ西冬ハ北中央ハ王気ノ末ニモ納ム
先一揖
次着座一揖
次立二拝
　兼而立机五色御幣(五串)、洗米(五盃)、神酒(五盃)、各土器盛之
次五本乃御幣串於取天、中臣祓五座修之
次拍手二　小大
次取五本幣串誦曰
　東方　青帝青竜王阿那鬼神止申奉留
　南方　赤帝赤竜王阿那御食津神止申奉留
　西方　白帝白竜王阿那太田神止申奉留
　北方　黒帝黒竜王阿那底立神止申奉留
　中央　黄帝黄竜王阿那奥玉神止申奉留
掛毛畏幾、此五方五竜王乃広前仁恐美恐美毛申佐久、今日吉日吉時於択定天、五色乃幣帛於捧持天、散米神酒於備奉留、此状乎平介久安介久聞食天、家中上下老若男女、牛馬乃蹄仁至満天、安穏息災、福徳寿命長遠乎授賜陪止、恐美恐美毛申須
次拍手二　大小
次御幣五色御祓串是也
　供米御酒等各其方仁奉仕納之　口伝　王気ノ向出時ニアリ
次立二拝
次一揖
次立座一揖

次退下
○日拝太事
先兼而立机、洗米灑水等竝置之
次自前夕待日出天、向日光天二拝
次六根清浄太祓　十宝印
次中臣祓
次三種太祓　三十六反或十二反
次三神尊号於誦
　太日霎貴　天照太神　天照大日霎尊
次日輪印乎結天、左乃眼仁相当天、洗眼加持　口伝　日ノミヒカリト我左ノ眼ノヒカリト相対シテノ心願
次祈念
次拍手二
次二拝
次退下
○月拝太事（祭法同前）
　月輪印乎結天、右乃眼仁相当天誦曰
掛毛畏幾月弓尊者、上絃乃大虚乎主賜布、月夜見尊波、円満乃中天乎照賜布、月読尊波、下絃乃虚空乎知食須、三神三天乎知食止申須事
乃由乎聞食天、祈願円満感応成就
○動座加持
　根本印
得一不二　専一　非一　一而旡形　虚而有霊　是則奉名　大空一虚　大元尊神
○鎮座加持
　八握印
明聞諸神等　従本旡像処　旡実非旡実　皆従因業生　今奉崇一霊　広大福聚海　是天地真神　天下人民守
○神道身体加持

先其人乃左乃方陪寄、五色之祓串於持
次護身神法
次祓於誦夏　三反　根本太諄辞
次祓串於以弖額上仁文字於書
　口伝　旡上霊宝神道加持
次十種乃名於唱、於口伝十種神宝ヲ唱コト
次気於吹払　口伝
次呪文
　身体平安元神鎮座
次誦神号
　科長戸辺命　科戸津彦命　八百万神
次祓串於以弖胸仁神楽乃秘文於書　口伝　阿波礼阿南面白、阿南多乃志、阿南佐屋気、於気
次右乃方倍寄
　布瑠言本於誦夏　十反
次送神　口伝　波留布由良由良、流留辺由良由良、布留辺
次拍手　大小
次退場
○勧請祭文
日本最上神祇斎場、毎日毎夜十二時中降臨鎮座乃諸神達乃御名於申佐久、掛毛畏幾三界六欲三十三天大小神霊、別之天波大日本国天神七代地神五代、天神降臨三十二神、式内式外案上安下三千一百三十二神、惣天波宮中洛中洛外六十余州仁跡於垂礼坐須程乃大小乃神祇、冥道各部類眷属並春秋火戴祭祀内外竈神妙見諸神難陀竜王抜難陀竜王八大竜王 百大竜王 善女竜王 竜神部類眷属歓喜天善歓喜天宇賀八神十五王子大弁才天多門 天善二童子大吉祥天女迦羅大黒天神眷属 七母女天玉女指神立産見産内津社外津社本命元辰当年星行年禍害殺命 生気養者鬼吏五墓一徳二儀三生四 殺五鬼六害七陽八難九厄大歳八神大将軍天一大白日月五星 二十八宿三十六禽北斗七星六合将軍 十二月将天一鬼神十二神峯窂地神五方五竜王六 神武峇天神牛頭天王娑迦陀女 八王子蛇毒気神王流行疫神魔界魔道乃神女専神道祖神 含怨結恨貴賤霊等道俗亡霊悪邪気十二冥道太山府君五道乃大神一切乃冥道太山五岳四海江河天神地祇八百万神群会鎮座愛愍納受志賜陪止恐美恐美毛申須

○六月祓之次第
兼弖庭上中央西面仁座於設、座右仁脇机於立
先向座弖一揖
次着座一揖
次気息運数三四ヶ
次二拝
次身曾貴太祓　三光印
次六根清浄太祓　十宝印
次三種加持
次中臣祓　十宝印
次三種太祓　三十六反　印同上
次役人祓串於持参
次笏於脇机仁置弖祓串於取
次役人茅乃輪以弖後仁候須
次修行乃人立
次役人茅乃輪於覆、修行乃人其輪乃中江入弖、前乃方仁出留事三反、毎一度歌於誦、以上三反
次事終弖祓串於脇机仁置
次拍手二
次護身神法
次笏於取弖二拝
次座揖
次座於立弖一揖
次退下
○六月祓歌
ミナツキノ　名ゴシノハラヘスル人ハ　チトセノイノチ　ノブト云ナリ

オモフ叓　ミナツキ子トテ　麻ノハヲ　キリニキリテモ　祓ツルカナ

○祈雨祭次第

兼弖庭上仁座於敷南面(座右仁脇机於立、兼弖祓串於机仁置)

先於座前一揖

次着座一揖

次二拝

次三種加持

次中臣祓　十宝印

次三種太祓　三十六反　印同上

次祓串於取弖祝詞於読

掛毛畏幾、級長津彦命罔象女命乃広前仁、恐美恐美毛申佐久、事乃由波、炎旱連日、天下乃公民乃作作物五穀物乎始天、草乃片葉仁至万氏不成傷弖、人民甚苦事波定天太神乃所知食奈良牟、爰仁今殊更仁生物幸物乃善膳乎備陪、捧幣帛介称辞畢奉留上波、縦不思議乃罪過阿利天、太神乃御心仁不叶止毛、広久厚幾慈悲乎垂礼賜天、速仁作雲甘雨於降之賜天、百姓乃饑渇乎済比、滋之賜陪止、恐美恐美毛申須

辞別仁申佐久、今日参集留祠官等乃中仁、穢気不浄乃祟在止毛、太神乃清幾御心仁宥女寛之賜弖、無過久無祟久、神直日大直日神止受幸賜陪止申寿

次祈念

次拍手二

次護身神法

次二拝

次座於立弖一揖

次退下

○止雨祭次第

兼弖庭上仁座於敷東面(座右仁脇机於立、兼弖祓串於机仁置)

先於座前一揖

次着座一揖
次二拝
次三種加持
次中臣祓　十宝印
次三種太祓　三十六反　印同上
次祓串於取弖祝詞於読
掛毛畏幾級長津彦命罔象女命乃広前仁、恐美恐美毛申佐久事乃由波、濛雨亘月、天下乃公民乃作作物五穀物乎始天、草乃片葉仁至万氏不成傷弖、人民甚苦事者、定弖太神乃所知食奈良牟、爰仁今殊更仁生物辛物乃美膳乎備陪、捧幣帛介、称辞畢奉留上波、縦不思議乃罪過阿利天、大神乃御心仁不叶止毛、広久厚幾籟乎垂加陪賜天、忽仁八重雲乎吹払比、明幾日乃御蔭乎照之賜天、百姓乃愁苦乎払比除幾賜陪止、恐美恐美毛申須
辞別仁申佐久、今日参集留祠官等乃中仁、穢気不浄乃祟在止毛、太神乃清幾御心仁、宥女寛之賜天、無過久無祟久、神直日大直日神止受幸陪賜陪止申寿
次祈念
次拍手二
次護身神法
次二拝
次座於立弖一揖
次退下
右十ヶ条令授与平昌胤訖、慎而莫怠矣
　享保戊戌孟秋吉曜日　　神道管領卜部朝臣兼敬　朱印
夫唯一神道大護摩法者、面授口決非筆舌之所覃也、譬如霊鏡宝珠、故無機之実者不敢許容焉、粤相馬弾正少弼平昌胤、多年励志孜々呈無二之信心、因不忍空其志、令授与之訖
能久思陪深久想倍、慎而莫怠矣
　享保三戊戌年十月吉曜日　　天児屋根尊五十五代神祇道管領勾頭長上従二位卜部朝臣兼敬　朱印

吉田文庫所蔵の、吉田家より相馬昌胤宛の書簡中、時期的に最も早いのは享保三年十二月二十三日のものであるが、

その中に、「今度清祓次第、千座祓之次第等相伝被申候、万座祓同前に候、此義は一人にても又は五人十人其外にても、分て勤行申候、清祓之義、有増書付仮名等付進上仕候」とあり、その授与状が残っている。

○千座祓次第
先座於設、前仁机於置、机之上仁榊葉於百二十枚置、榊葉於以約而取数
先一揖
次着座一揖
次二拜
次三種加持
次六根清浄太祓
次中臣祓
次千座祓　三種之祓於用
次祈念
次拍手二
次護身神法
次二拜
次立座一揖
次退下
右令授与平昌胤訖、慎而莫怠矣
享保戌戌晩冬吉曜日　　神祇管領卜部朝臣兼敬　朱印

清祓次第は控らしくて吉田家の署名は無いが、同質の紙で当時のものと認められる。

○清祓次第
先兼而立机敷座
次一揖
次着座一揖

次二拝
次中臣祓
次六根清浄太祓
次読式目
次仰神人置嚢物於案上
次天津太祓　二十五反　口伝
次拍手二
次読勧請祭文
次国津太祓　三十反　口伝
次拍手二
次読祝戸
次蒼生太祓　六十四反　口伝
次拍手二
次二拝
次座揖
次立揖
次以御祓宮中以下祓浄也
次退下

なお前記書簡中に、

○一、十二座祓串此度指上候、先比取落申候と奉存候、別上書に御祈禱御祓ト調申候、三十六座百二十座又ハ三百六十座モ同前、祓串之形進上候

（中略）

一、人霊ヲ人ニ祭ル作法ハ、有徳人又ハ位禄人又ハ信厚之人ハ願望次第霊神ニ勧請被申候義ニ御座候、作法ト被仰下候ハ、天神ヲ祭ルヲ祠ト申、地神ヲ祭ヲ祭ト申、人霊ヲ祭ヲ鬼ト申候、祭之次第ハ神社モ霊神モ同前ニテ御座候事

一、勧請霊符ト申時ハ、管領一人ノ外他ノ相伝ハ無之義ニ御座候、大護摩之府印霊符之事ハ子細有之義ニ御座候得共、御厚心御懇望被遊

候条、跡より書付進入可被申由被申候

また、牛王については、同じく享保三年十二月二十三日昌胤宛書簡に、

○牛王之事、後世種々節御座候へ共、吉田家ニハ用不申候、故相伝無之候

とあり、火炉については、

○火炉之義、何ヲ表候哉之義、天地ヲチチメテ火台ニ致シ、天地人三才之火ヲ以テ、不正ヲ払処ノロタンニテ御座候、八角ハ八方八神也

風輪印については、

○風輪印ハ火徳ヲ吹起大義也

享保三年十二月二十三日、吉田家鈴鹿豊前守より打宅雲泉宛書簡中、

○一、斎場所、宗源殿両所へ三壇行法をも御相伝ニ付、御奉幣被遊度依思召、為御名代連重勤行可申旨畏承候、則於両所相勤御祈願申上候、御初尾目録之通本所江納申候

（中略）

一、宗源行事之内、八字之観念と承候儀[illegible]定而天地水火雷風山沢之八ニテ可有之と存候

一、絶気ト申候ハ一心ヲハリ申候故、腹ヲハリ候へバ、自ラ一心円満申候、柔気其気ヲ和ゲ申候

一、真榊ヲミルハ、心ヲチラスマイタメノ観念ニ候

一、行事ノ具ニヒモロギハ榊ヲ以テ、八本ヅツクリ合セテ八把アリ

一、庚申待之行事

　右神祇道ニ無沙汰

一、五行運数祓

　右五色ノ幣串ヲ調、五行運数ノ祓ト申候

一、千座置戸祓

　行事ニ用ル時ハ清祓同前ノ事

一、天度祓

天度運数ニテ年中三百六十ト定メ、或ハ読誦或祓串ヲ調、祈祷申候、又ハ百二十又三十六又十二皆以同前ニ候
一、正義直授祓
中臣祓之義ニ候
一、一切成就祓
同前ニ候
一、根元直指祓
同前ニ候
一、請雨祓
右祈雨祝戸之義同前ニ候
一、十種神法図法
神祇道ニハ其図無御座候
一、拍手深秘伝
陰陽両手ヲ以テ打テ声ヲ発スルハ天地感応ニ候、陰陽ノ中ヨリ一声発スル処、元神ノ神徳ニ候、如此観念申候
また、享保四年二月十九日、吉田方より相馬昌胤宛書簡中、
○一、中臣祓抄二通、六根清浄、三種祓鈔等、家本ニ而御座候条、書写させ進上被申候、書写之儀も外之人ニハ不被申付、其人ならでハ難写御座候故延引申候、於其元宜様ニ可被仰付候、且又霊印之儀も先達而進上申候、板之符宜御座候、今度ハ此訳相伝之書付ニ而、形為写申候計ニ而御座候故、少々相違御座候、右之訳申上候
一、延喜式一冊、則仮名出来申候間入御覧候
一、三部神妙経今度相伝被申候
一、神代抄者、紙数多御座候故、調次第進上可被申候、左様御心得被遊可被下候、神代伝授記御尤千万奉存候、則神号抄と申者家本之内ニ而御座候、版ニハ無之儀に御座候条、近日書付可被申付様ニ可申聞候、随分調申候様ニ日々催促申候事ニ御座候間、左様ニ思召可被下候、祓等抄去年より漸々出来、今度一処ニ指上申候
一、神楽岡縁起、是又今度書写申候而進上申候
一、鎮火加持最要、中臣祓、勝軍治要祓、宇賀略次第、三科祓、幣閫次第等、相伝被申候、則有増仮名付、其外勤行之訳別巻ニ而指上候
一、斎場所、日輪太神宮伝記之儀、神武天皇御宇和州生駒山ニ勧請、嵯峨天皇弘仁八年城州如意嶽ニ遷□、後土御門御宇文明十六年被遷

神楽岡、今斎場所是也
一、行法御伝受相済申候へハ、堂上武家方ニも布斎服着用、又ハ白八組掛緒懸用被成候儀専用ニ候、此儀も御懇望被遊候ハバ二位へ可申聞候
一、御息女様、御守之事御懇望、御年齢御書付可被下候、其上調進上可被申候、其外之儀者、二位殿より可被得御意候、此等之趣宜御披露可被下候

次に裏面に次の事が記されている。

初重　宗源　大護摩　清祓　招魂祭(神通加持也)　霊符　神道加持(祈禱)　布斎服　八組木綿手繦　中臣祓抄二通　六根抄　三種祓抄
白色千早　御戸開　動座鎮座加持　日月待　勧請祭文　六月祓　祈雨止雨　奉幣　神道身体加持　千座祓　神妙経　三科祓　宇賀祭略
次第　勝軍治要祓　最要祓　神道幣閫次第　鎮火加持

右の書簡に出てくるものの中で、現在まで残っているものが相当ある。神楽岡縁起などもそうであった。また、享保四年仲春とある吉田家よりの授与状は左の通り。

○勝軍治要祓(持祓串口伝)
高天原仁神留坐須、皇親神漏岐神漏美乃命乎以弖、八百万神達於神集仁集賜比神議仁議賜比天、吾皇御孫尊乎波、豊葦原乃水穂乃国乎、安国止平介久知食止事依之奉幾、如此依之奉之背仁千箭乃靫止五百箭乃靫乎負伊、臂仁稜威乃高鞆乎着、弓弭振立天、劔柄急握利、堅庭於踏弖、陑仁股志、沫雪乃如久蹴散志、稜威乃雄誥美奮志、稜威乃嘖譲乎発天、彼方屋繁木加本乎、焼鎌乃敏鎌於以打掃事乃如久、祓賜比清賜布事於、祓戸乃八百万神達、左男鹿乃八乃耳乎振立天聞食止申寿
○最要中臣祓　(註、中臣祓の要約の如きものゆえ、省略する)
○鎮火加持
先一揖
次着座一揖
次二拝
次三種加持
次中臣祓　十宝印
次三種太祓　十六反　印同上
次呪文

掛毛畏幾青竜朱雀黄竜白虎玄武元神豊斟渟軻遇突知、称辞竟奉留、无上霊宝、神道加持
次祈念
次拍手　大小
次護身神法
○唯一神道宇賀神祭略次第
兼弖机於設介、供米造酒等於五器仁盛弖備、大八供小十五供、左右供灯、
先一揖
次着座一揖
次二拝
次三種加持
次六根清浄大祓
次中臣祓
次三種太祓　三十六反
次祭文　持太麻
維当年号月日支干吉日良辰乎択定弖、恐美恐美毛申須、夫天地和合志星宿相応志天、智福如雨降如雲集留、今三国最上之美言於誦志、日本国中三千余座、天神地祇八百万神悉召請志奉留、此状乎平介久安介久所聞食弖、広大乃神徳乎加賜陪、无上霊宝、三神加持
次三光印
以我行神力　神道加持力　神変神通力　普供養而住
次神祝
神宣曰、飢時生児号倉稲魂命、然後悉生万物宝種矣、是神霊仁天座須、此状乎平介久安介久所聞食天、頓垂哀愍納受、天地乃万物乎生須留加如久、四方与利降利充弖、如意円満感応成就志賜倍止申須
次拍手二
次譲身神法
次二拝
次座揖

次沓揖
次退下

○上科津祓

高天原仁神留坐須皇親神漏岐神漏美乃命乎以天、死穢産穢病穢婬犯穢月水穢並雑食穢諸乃不浄於波、科戸風乃吹払事乃如久、焼鎌乃敏鎌於以天打払事乃如久、水於以天火於消我如久、湯於以天雪於消我如久、火於以天毛於焼我如久、毛頭毛根仁至満天、一切乃穢気不浄於波、日向乃小戸之檍原乃上瀬乃太急潮仁天滌去天、祓賜比清賜布事乃由於、左男鹿乃八乃耳於振立天、聞食止申寿

○下科津祓

高天原仁神留坐須皇親神漏岐神漏美乃命乎以天、魂魄波日月乃光於和気賜布如久、身心波天地乃元気仁通志女賜加如久、身波安久言波美志久意波和幾天、諸乃悪業煩悩邪念猛慮於波、日向乃小戸之檍原乃下瀬乃弱久和柔多留潮乃如久、罪止云罪咎止云咎波不在登、祓賜伊清賜布事乃由於波、左男鹿乃八乃耳乎振立天聞召止申寿

○中科津祓

高天原仁神留坐須、皇親神漏岐神漏美乃命乎以天、八百万神達於神集仁集賜比神議仁議賜天、吾皇御孫命於波、豊葦原乃水穂乃国於、安国止平介久知食止事依志奉幾、如此依志奉志国中仁、成出牟天益人等加、過於犯気牟雑々乃罪事咎祟利天波、天津祝戸乃太祝詞乃事於以天、日向乃橘乃檍原乃、中瀬乃中濃潮於潛滌気波、福徳波如意仁生成賜止、諄辞竟奉留、中瀬乃表乃潮於浮滌気波、禄位波如意仁生賜止、諄辞竟奉留、中瀬乃底乃潮於沈滌気波、寿命波長久久志久、如意仁生賜止、諄辞意奉留、父母長久安楽、夫妻愛敬不改、子孫栄昌無極、六親和合不変、眷属広多陪多、家内常住安穏、上下昼夜旡急、老少男女無病、財宝積天高山乃如久、智恵深天大海乃如久、願止志天旡不成就、念止志天旡不遂叶、毎事円満天留波、神明之霊鏡乃如久、毎物如意奈留波、竜王之宝珠乃如久、諄辞竟奉留、如此聞食弖波、罪止云罪咎止云咎波不在止、祓賜比清賜布事乃由於、乾坤利生清浄妙神、天仁現坐須神光一万一千五百二十神、地仁鎮坐須神霊一万一千五百二十神、如影随形、荒御前毛頭毛根九億四万三千七百九十二神、諸共仁左男鹿乃八濃耳於振立夫聞食止申寿

○神道幣䦨次第

兼弖座於設、前机於立、机乃中央仁䦨二於置、机乃上右乃方仁祓串於置

先一揖
次着坐一揖
次二拝　乍居
次三種加持

次中臣祓　十宝印
次三種太祓　十二反
次内縛印　招請
　天太詔戸命天地海神降臨此座
次拍手　小大
　旡上霊宝　神道加持　十宝印
次取祓串誦云
　掛毛畏幾諸神達仁申天申佐久、全某我為業仁非須、善悪神乃御叶止、恐美恐美毛申寿
次拍手二
次祓串於取弖二ツ鬮乃上於左右仁廻須、無定数鬮乃掛於以弖為限
次鬮於頂戴
次鬮於開幾拝見懐中
　旡上神道　三元加持
次発遣　内縛印　天地海神
　一切諸神　奉送本宮
次拍手　大小
次護身神法
次二拝
次一揖
次立座一揖
次退下
右六ケ条令授与平昌胤訖、慎而莫怠矣
　享保己亥仲春吉曜日
　　　　　　　　　　　　神道管領卜部朝臣兼敬　花押

○神道加持次第

先拝揖如恒

次三種加持

次六根清浄太祓　十宝印

次中臣祓　印同前

次取太麻壇場於祓清

陰陽逆順以上三度

吐普　加身　依身　多女

寒言神尊利根陀見　陽行

利尊神言寒見陀魂　陰行

波羅伊玉意　喜余目出玉

次招請

天地海神　降臨此座

次拍手　小大

次鎮魂加持　三天両地印

神力神通神変妙壇　病者乃年数

次魂魄加持　十宝印

招魂続魄三神加持　十反

次啓祝

掛毛畏幾国常立尊、国狭槌尊、豊斟渟尊、泥土煮尊、沙土煮尊、大戸道尊、大苫辺尊、面足之尊、惶根之尊、句々智命、軻遇槌命、埴安之命、金山彦命、罔象女命、天八下魂、天三下魂命、天合魂命、天八百日魂命、天八十万日魂命、伊弉諾尊、伊弉冊尊、天照太神、正哉吾勝々速日天忍穂耳尊、天津彦火々瓊々杵尊、彦火々出見尊、彦波瀲武鸕鷀草葺不合尊、素盞嗚尊、大己貴命、彦竜命、姫竜命、胎光爽霊玉幽精干苟伏天非毒笑肺天賦雀陰除穢、天神地祇八百万神招魂続魄堅固安寧於急仁守護幸賜陪、旡上神道三元加持

次神宣神祝　十宝印

神宝日出寅卯辰

一　仁波瀛都鏡　二　仁波辺都鏡　三　仁波八握劔　四　仁波生玉　五　仁波死玉
六　仁波足玉　七　仁波道反玉　八　仁波蛇比礼　九　仁波蜂比礼　十　仁波品物比礼
旡上霊宝十界十善十心十住一一円満各々成就如意感応
旡上霊宝　神道加持
次布瑠言本　十反　持太麻
波留布由良由良布瑠部由良由良布留部
次祈願
次呪文　十宝印
称辞竟奉留勧請乃諸神等仁白久、復連横死乃咎於祓賜比清女賜比天、病者急仁平愈乃冥助於加賜倍
病気平愈安鎮
次発遣神文　十宝内縛印
天地海童一切諸神、奉送本宮、拍手大小
次護身神法
次拝揖　如初
右秘中之秘也、令授与平昌胤訖、慎而莫怠矣
享保己亥晩春吉曜日　　神道管領卜部朝臣兼敬　朱印
○荒神之祓　持祓串口伝
高天原仁神留坐須、皇親神漏岐神漏美乃命乎以天、荒御前九万八千五百七十二神、眷属部類神達九億四万三千七百九十二神、左男鹿乃八乃耳乎振立天聞食止申寿
右令授与平昌胤訖、慎而莫怠矣
享保己亥仲夏吉曜日　　神道管領卜部朝臣兼敬　朱印
○北斗明星二星神号
北斗波天乃中極、天御中主尊、明星波東方乃生気、天雅彦命
右秘中之深秘也、平昌胤依不浅懇望、令相伝訖、慎而莫怠矣
享保己亥歳八月吉日　　神道管領卜部朝臣兼敬　朱印

享保四年三月十五日、相馬家よりの問合せに対する吉田家よりの返書の中にも、吉田神道の片鱗がうかがわれる。

○一、鎮魂祭次第行式。右神道加持之次第ニ而、沓揖、座揖、二拝常之通、壇上ニ而相勤申候
一、子祭　巳祭。右三壇行事之内執行可被任御意候歟、神祇道ニハ無之候
一、椛之義。右清祓ノツツミモノノ内ヘ入ルル計ニ而御座候
一、三部神妙経。右於宝前任意読誦申候事外ニ、伝授儀式ハ無之候
一、三科祓。右同前ニ候、前後之拝揖常之通ニ御座候
一、勝軍治要祓。右拝揖同前ニ御座候
一、祓八ケ之義。右今度大事書写申付進入被申候、御一見可被遊候
一、宇賀祭次第。右式之通、御相伝被成度旨承知被申候、急ニハ難調候間、従跡相認進上伝授可被申候
一、天詔戸命。右天児屋命ノ御別名ニ御座候、可秘義御座候
一、三天印。右宗源行法ニ御座候、三天両地印ニ而三天印ニ而勤申候
一、社務、大宮司、神主、禰宜、祝。右某社勧請ヨリ社例ニテ、於社中頭之社家之名目ニ候
一、社司、祠官。右社家通号ニ御座候
一、社人、神人、下社人等。右末之者ニ御座候、数多名目ハ御座候、社勧請より或神主社家ト其外名目相定、於只今茂其名目無相違唱来申候、又ハ其時之立様ニ御座候事
一、発炉　陽
一、覆炉　陰
一、尊帝二星　人君之守
一、上中下台真君　天ニアル上中下大星
一、天罡星君　アラユルノ星
一、左輔星
一、右弼星。七星ノ内ニアル側星、又間ニアル星、左ト云右ト云、人臣ノ守
一、二使者。鹿島、香取ノ神ノ所作使等ノ守
一、本命降真。性命成就

一、安寧宅舎。居宅万事守
一、保父母長生。孝行ノ守
一、化厭為塵。心中ニ厭フコトヲ忘ルル守、惣ジテケイノトキ用
一、万邪帰正。邪曲ノコト正路ニ行フ生霊死霊等
一、営業称晴。平生ノ所作心ノママナル守
一、闔門康健。家門繁昌ノ守
一、保子孫栄盛。文字ノ通
一、五路通達。旅客ノ時
一、消滅衆悪。文字ノ通イロイロ悪事ヲ治
一、興生六畜。牛馬等生長ノタメ
一、疾疾得痊。文字ノ通人ノイロイロ病
一、財物不耗。田畑財宝ノ守
一、横事不起。喧嘩口論其外不慮之事ヲ治ヨコシマノ事
一、保亨利。物ノ成就ノ守
一、解三災。水火風ノ守、悪神其外ニモ
一、解四殺厄。金神刀杖ノ守
一、解五行厄。文字ノ通
一、解六害厄。水難或ハ六根ノ内一ニテモ害アルトキ
一、解七傷厄。火難或ハ七情ニヤブラルル時、惣ジテ霊符ノ義、別テ星ニ象リ候符ニテ御座候、此上心上御工夫ニテ執行調申候義候
一、荒神之祓。祓串白幣帛ヲ持、壇上又ハ里亭ニテモ勤、前後ノ拝揖常之通、祓串三本則進申候
一、十二所加持。右十宝印ヲ結デ十二所心願シテ一所ヅツ無上霊宝神道加持ト心ニ唱フベキ也

○然者被仰候御紙面、則二位殿へ申達、今度御答以別紙御答申上候、白八組掛緒則許容被申組掛調進上候、御懸用可被遊候、十二所加持荒神之祓、是又相伝被申候、御勤行別紙ニ書付指上候、旧事記古事記漸出来申候間、此度指下申候、題目ハ私親石見守書付上候、祓八ケ之大事も進上候、神代抄ハ調次第追付進上可申候、日本紀三十巻日数も可有御座候条、左様ニ御心得被遊可被下候、……追而荒神之祓串も調進上候（五月十五日昌胤宛）

○三月中御状共相違申候処、相調申候程者一所ニ仕進上可申と奉存延遅仕候、此段ハ雲泉老迄申入候き、去月十五日相伝之義、其上御尋之事々申上候き、定而相達可申と奉存候

一、宇賀祭本式跡ハ伝授可被申候、此義者次第本等入用ニ付、書写等少し日数入申候

一、神代抄、右随分急申候条、近日出来可申候間進上候

一、日本紀、右急ニハ調不申候、併随分急相調申候様ニ可仕候

一、人主致様事、右ハ如何様之義御座候哉、神主等カ又霊札等之義御座候哉、重而可被仰聞候、其外落申候義者、何返も可被仰下候、公用繁多御座候へ共、御用之義故、全御如在ハ不仕候（六月七日昌胤宛）

○祓八ケ之義、取落申候而進上不申候、用事ニ取込不念之至御座候、則今度進上候、将亦宇賀祭次第相伝被申候、外ニ有増書付進上候、尤十八神道之壇、御用可被遊候、神代抄神号抄共出来ニ付、暫御答延引仕、一所ニ進上申候、尤神代抄神号抄共ニ御秘蔵可被遊候、此外日本紀三十巻計ニ御座候、若落申候義も御座候者、幾度も被仰下候（七月朔日昌胤宛）

○北斗明星二星御信心被遊候ニ付、神祇道之御相伝御懇意被遊候旨、委細御紙面之趣、則二位殿へ令申聞候処、承知被申候、近日相調進上可被申候、御信仰之義共ニ奉存候

一、宇賀祭、祓八ケ之義等者、先達而指下申候、定近日之内相達可申と奉存候

一、春中御頼被遊候和歌法楽之義、早々中院殿へ御相談可被申候処、二位殿より公義へ御願之義有之、中院殿ニハ当時ハ役人御座候故、願之筋ニ相交候へ者、如何と首尾見合居被申候而及延引候義御座候、漸此間被申談候条、相対済申候者、従是可被得御意候条、左様御心得被遊可被下候（七月七日昌胤宛）

○中院様へ法楽之和歌之義、直ニ御答申上候間、左様御心得可被下候

月　日

一、六根抄一通　中臣抄二通　三種祓抄一通　祓八ケ神代抄一通　神号抄一通　旧事記　古事記

一、宇賀祭次第本式八組掛緒

追而星祭之次第等ハ、今程其元様迄相達可申と奉存候（打宅雲泉宛）

○然者宇賀祭御相伝被遊候ニ付、稲荷勧請之義御懇望被遊候故、則御紙面ニ仰下候通、為申聞候処、勧請者神代伝本式ニ御願望被遊候哉、今一応御尋申上候幣帛、神符ハ朽申候故、御体之御望御尤奉存候、キザミ申候御躰ハ両部之沙汰ニ御座候、依之本式御勧請之義御尋申上候事御座候

一、大成経之義ハ吉田家ニハ其沙汰不申候故、点之儀も無御座候、兎角御無用被遊可然様ニ二位殿被申候

一、土御門家之義斎服手繦抔被免候義、曾以□無之事ニ御座候、天刑神之御発明御尤ニ奉存候、此間彼家之門弟之者ニ相尋申候処、屋敷ニ鎮守有之、当土御門殿被参候、其外壇場御座候、三壇共餝御座候由、併此義ハ先代土御門家、吉田之門弟ニ入、伝授被致候跡ニ而、当土御門家ニハ終ニ執行ハ不申候、已前者台御座候由申候、当時ハ無御座候、簠簋書、御覧被遊候義、御丁寧之義共ニ奉存候（下略）

一、宗源殿之供物ハ人々頂戴仕義ニ御座候、神事ニ用申候品々又ハ灰抔納申候義者、清浄之処見立申候而納申候事ニ御座候（九月七日鈴鹿豊前守より昌胤宛）

○一、稲荷神霊勧請之儀、近日沙汰可被申候、此間不快ニ罷居候故、及延引申候

一、星祭次第相伝被申候、依之宗源壇上ニ而御執行被遊候様申上候処、其通御勤行被遊候、然処、王勃紙銭焼申候而、霊検御座候儀、左候ハバ大護摩ニ而御執行如何之旨被仰聞候、則二位殿ヘ為申聞候処、兎角宗源壇ニ而御勤務可然候

一、祓八ケ之儀、天津罪国津罪二段ニ而御座候、神代抄御一覧未迄ハ及不申候由、近日御一見可被遊候、其折御不審之儀も御座候ハバ可被仰下候、十六字之伝式三ケ伝等ハいか様之処ニ御座候哉、高天原、太祝詞、気吹戸三ケハ他ヘ相伝ハ無之儀ニ御座候、大概祓之抄物ニ出申候、其上御執行之徳ヲ以、御工夫可然候、北斗元霊経ハ相伝無之儀ニ候、荒神祭ハ相伝、竈神祭之様ニ思召候、神祇道ニ九万八千不数之荒神も、荒神祭ニ而相治申候事

一、大護摩ニ飯縄権現ハ勧請有之儀ハ、惣而天部之内、飯縄ニ不限障有之神ハ、勧請ニ而安平ニ静リ申候事、行事之儀者、往昔天子之御行事ニ而、当家ヘ御預ケ被遊候子細御座候、中古以来信仰之依器相伝之社家者同前ニ御座候

一、軍神ハ天照大神、鹿島、香取御祈願可然候、若神躰勧請御願望ニ御座候ハバ、勧請被申進可申由被申候、先右之神ニ而御座候（十月十九日鈴鹿豊前守より昌胤宛）

○然者先比、星宮之儀御相伝被遊候ニ付、二星之義ニ付而者……別紙ニ可得御意候ハ、星之義之訳ニ御座候事

一、太山府君之義ハ、神祇道ニ者、条式之義者無御座候、神祇抄も御一覧被遊候、御秘蔵之義御尤ニ奉存候

一、住吉三神之義、神体之訳ハ底筒男、中筒男、表筒男命ニ而御候ヘ共、ケ様ニ被仰下候義、定而八雲之口訣之義と奉存候、行法等も御相伝之上、尤信仰之依器相伝被申候義も有之候条、御願望ニ御座候者、可被仰下候、併急々ニハ難調重儀切紙ニ御座候事

一、七曜九曜二十八宿之儀者、追而従是可被得御意旨被申候、先御答書如此御座候（十二月十九日鈴鹿豊前守より昌胤宛）

神道に対しての昌胤の熱心さは驚く程で、矢つぎばやに吉田家に質問を発した様が、これ等吉田家よりの返書によつて知ることが出来る。享保五年の返簡中より抄出すれば、

○兼而御懇望ニ思召候義共、至当春、新准后様薨御女院崩御、依之禁裏触穢之内ニ御座候故、二位殿ニハ内待所ヘ参勤之義被仰出、宮中穢中ニ御座候故、ヶ様之相伝之沙汰も憚申候条、来月六日ニハ触穢之清祓も可被仰出候、左候はゞ、穢も明申候間、其以後相調□□可進入由被申候（三月二十八日鈴鹿豊前守より昌胤宛）

○然者内々御懇望被成候日本紀書写申付相調申候条、致進入候、且亦二十八宿之神号之事、見当申候条、調進入申候、八雲之義者、近日致沙汰進入可申候、余及延引申候間、先如此ニ御座候

追而旧冬者、稲荷之神霊勧請申候而、指下申候ニ付、為御祝義目録之通送給、毎々入御念候義、欣然之至ニ存候（五月十一日吉田二位より昌胤宛）

○芳札致披見候、八雲之義御相伝、神文之事迄被仰遣候（八月二十七日昌胤宛）

○日本紀星之神号等相違、大慶申候、招魂行祭進入候、且又八雲之義伝授之義祓机初重宗源脇机之寸法、可然旨申遣候（月日なし昌胤宛）

同じく享保六年の吉田家よりの返簡中、

○然者神楽之事被仰下条、此義者神楽之巫女神楽男等、勤行申候事、併自分ニ相勤申候義者、大事等用来申候事ニ御座候故、今度神楽大事相伝被申候、且又湯立之義被仰聞候、此義ハ御紙面之趣之通、出所無之義ニ御座候、併某社ニ而流例ニ而湯立等致来申候義、当時も用候義ニ御座候、尤於京都湯巫女用来候ヘ共、神楽之巫女ヘ附、相勤させ候事御座候条、左様ニ御心得可被遊候（二月二十六日昌胤宛）

この神事の大事の授与状は左の通り。

○神楽大事

先向神前二拝

次拍手

次八握印相

　三元三行　三妙加持

次八府印相

　天神地祇　八百万神　祈願円満　感応成就

次十宝印

　天児屋根尊　天太玉命　天鈿女命　天手力雄命

次根本印

阿波礼　阿奈於毛志呂　阿南多乃志　阿奈佐屋気　於気々々　十二反
次三光印
　以我行神力　神道加持力　神変神通力　普供養而住
次祈念
次拍手　口伝
次二拝
次退下
右令授与源昌胤訖、慎而莫怠矣
　享保辛丑仲春吉曜日
　　　　　　神道管領卜部朝臣兼敬朱印

○然者御社之神職受許状申者、代々数多御座候、二位殿代ニ茂裁許状祓等相伝之社家方何万人歟御座候、三壇行法ハ三十五、六人、二壇相伝者五十人余十八神道ハ何千人程当時御座候事

一、神女之鈴御尋被成候、当家之鈴絵図致、奉入御覧候（五月十三日昌胤宛）

○然者訓閲集之義被仰聞、此間承合セ申候ヘ共、全篇一見不仕候、書中ニ神祇道之義有之候者バ御申越可被遊候、相知申候義於有之者、御答可申上候

一、兼而被仰聞候明星出現之事、略書付被申進入申候、能々御一覧可被成、此義御工夫第一之義ニ奉存候、天稚彦之神霊ハ、言外難見事ニ御座候ヘ共、度々被仰下候故ニ書付進上被申候（八月十五日昌胤宛）

享保七年の残存文書も八年のそれも、急に数が極めて少くなっている。昌胤の六十二、三才頃に当る。

○九曜

日神月神五星五行ノ精霊、天ノ五行ノ神、地ノ五行ノ神、人ノ五行ノ分化也、羅睺計都ハ凶星ノ神祭凶星時ハ平安也、又経津主命ハ天ノ鎮星ノ神、武甕槌命ハ天ノ進星ノ神トシテ、善悪邪正幽顕昼夜出入ヲ守護、君徳ヲ治ムル星神也

三十六禽

魚、蛟、竜、狐、狢、兎、虎、豹、狸、鼈、蠏、牛、馬、蝠、鷰、鼠、猪、㺄、豕、犲、狼、狗、雉、鶏、烏、猴、猿、玃、鴈、鷹、羊、麞、鹿、蛇、蛆、鱓

右神書云、斬軻遇突智、血成霧達天漢、化為三百六十五変七百八十三磐、是謂星変之精、其精気分化シテ一禽々々ノ精神トナル、則是星ノ化顕也

亀竜

霊質ノ二ツ也、竜ハ無形シテ、天ノ為徳、亀ハ有形テ地ノ為徳、竜ノ形ハ不顕シテ隠レテ天元地元人元ノ三徳ノ全体ノ理ヲ成ス、亀ノ形ハ顕レテ円満感応成就ノ其功用ヲ成ス、又亀ハ北方北極トシテ君徳ヲ治ム、竜ハ東方木徳ニシテ又中央ノ土徳也、則君ノ徳トス、初終ノ理本基也、一ニシテ二、二ニシテ一ノ徳也、顕ヌ時ハ竜也、顕ルル処ハ亀也、元由ハ水徳也

右三ケ条以口伝之旨引勘相伝申候

享保壬寅六月十三日

神道管領卜部兼敬

享和八年の吉田家返書中、

○然者御軍学ニ軍配と申事御用ニ御座候ニ付、両密之法を御存知被遊度旨、真言宗ハ御領内ニ御座候へ共、天台宗無之ニ付、私心安対談仕候、台宗之僧侶有之候ハバ、相尋密法伝授等之事分明ニ相知レ申候ハバ、可申旨奉畏候、併御意ニ入申候程之僧者、私存知不申候故、台密之行法等、書付も少々所持仕候得共、先年類焼仕候、当時右之僧も古昔ニ成申候、修験道之方も有之候ハバ、心遣可仕旨奉畏候、近村則本山之宮様御座候へ共、只今ハ無住ニ而御座候故、是以難致候、先少ニ而も御聞被遊度儀有之候ハバ、書写被仰付、私方迄可被遣候、其上ニ而随分相働可申上候（二月六日昌胤宛）

流石に吉田家においても、昌胤の熱心さに感歎し、「寔御深厚之儀致感心候」などとほめて居るだけでなく、数々の質問によく答え、頼まれれば出来得る限り本なども写して送ってくれた。まことに丁寧なものだったようである。

吉田神道は、本来の神道に、儒教、仏教、道教より修験道まで混入して、非常な特色をもっている。それがよいか悪いかは別として、少くとも純粋の古来の神道に反くものがあったから、後世に至って反省の加えられたことは知られているが、当時はかえって右の混在性があったために、広く民間の信仰として人々の生活にかなり親しまれたものの如くである。ことにその行法においてしかりであった。いわば頗る俗っぽい神道だったのである。しかも昌胤は仏教にも修験道にも興味を抱いていた人だからなお更のことであった。護摩にしても、吉田のそれを主とした事はむろんであるが、真言にも修験道にもありといった具合で、相互の影響は恐くはまぬがれず、ここでも純粋性を保つことは最初から無理だったに相違ない。僅かに、「秘すべし」の文言を守り、自分がこの道を伝えるのだという矜を持った神道家のところにのみ、古い形を変えること少く伝わって来たのである。

以下昌胤に関する資料の中、仏教関係のものは、ここには直接必要でないと認められるので、二、三名称と後段の識語等をあげるにとどめる。

○青面金剛法　享保九年十月　日　前大僧正円恕　花押　授与相馬弾正少弼殿
○孔雀明王印明
○六算外典通用術法　右刀八毘沙門天之大法者、雖非当流正伝、霊験無比故兼而令相承者也、今度任懇望令伝授候畢　享保六辛丑歳八月五日　法曼嫡流前大僧正　花押示之　授与相馬弾正少弼殿
○千手印明　享保六年五月七日　前大僧正　相馬弾正少弼殿
○毘沙門の紙札二枚　一枚に「奉修刀八毘沙門秘法諸願成就如意祈所」、一枚に「刀八毘沙門臨皆前六算消除」とある。
○北斗法　享保五年二月吉日　三部大阿闍梨前大僧正　花押(円恕)示之　授与相馬弾正少弼殿

降って昌胤(二十一代)の歿後約三、四十年の間、活潑でなくなったかに見えた吉田神道は、第二十四代恕胤に至って再びやや盛んになった。彼の神道に入った年代は詳かでないが、襲封は明和二年であり、兼敬の孫に当る兼雄よりの裁許状を得たのは明和九年である。もっともその前にもあったのかも知れない。彼の資料は昌胤に比すれば、残存するものは非常に少く左の数通に過ぎぬが、彼の代に有名な門馬八郎兵衛事件が起り、八郎兵衛の怨霊を鎮めるために、吉田家に乞うて体興霊神をつくった。

○浄衣之事、令許容平恕胤訖、向後可有着用之状如件
　明和九年三月六日　　　神祇管領長上卜部朝臣兼雄　朱印
○六根清浄太祓　中臣祓、三種太祓（昌胤の時のものと大同小異故省略）
未解除者、天児屋根尊之太諄辞正義直受是也、令授与平恕胤訖
　明和九年三月六日　　　神道管領長上卜部朝臣兼雄　朱印

なおこれは吉田家よりのものでないが、当時の祭礼覚がある。包紙に「御祭礼之覚　田代重信」とある。

覚
一、大将軍神之御祭礼、九月七日十八神道恕胤勤行、同左京社家之輩諸祓、当郷之社家一遍宛音楽五曲、中臣祓五六遍、三種祓十二遍、

音楽近習之輩、社家之輩、在府之時者相応音楽、原ニ而侍之輩射的望次第、安永四年未九月七日御祭礼始被取行、平朝臣昌胤公七月七日御誕生移九月七日御祭礼、田代重信家代々社家之輩祓音楽勤行、謹勤之、永々御祭礼少モ無減略可取行者也

安永四年乙未九月　　　　平朝臣恕胤　花押

以下吉田神道の名はあまり史上に出て来なくなるが、僅かに益胤(第二十七代)の年譜文化十三年五月十五日の条に、

田代左京当二月中上京致候節、吉田家より、殿様神道御伝授之儀、万端骨折御増伝迄被為済候ニ付、以思召御羽織被成下候段申達

などあるのを見ても、全く無関心ではなかったので、やはり相馬の神道は、長く吉田神道が中心をなしていたのである。

年号の無い神道関係記録を附記して補遺とする。

○十八神道加行次第
先一揖
次座揖
次二拝
次六根清浄太祓　十六反
次中臣祓　十二反
次三種太祓　百八反
次祈念
次拍手二
次二拝
次座揖
次一揖
次退下
右三七ヶ日之間、毎日三座可勤行之者也

現在各神社に残っている護摩壇は、各形式が多少異るが、相馬家の文書に残っているものは図の通りである。これ

を中村神社の護摩壇等と比べて見ると面白い。 また吉田神道の形式を忠実に残したものは蛇沢稲荷の護摩壇であるが、物は当時のものではない。

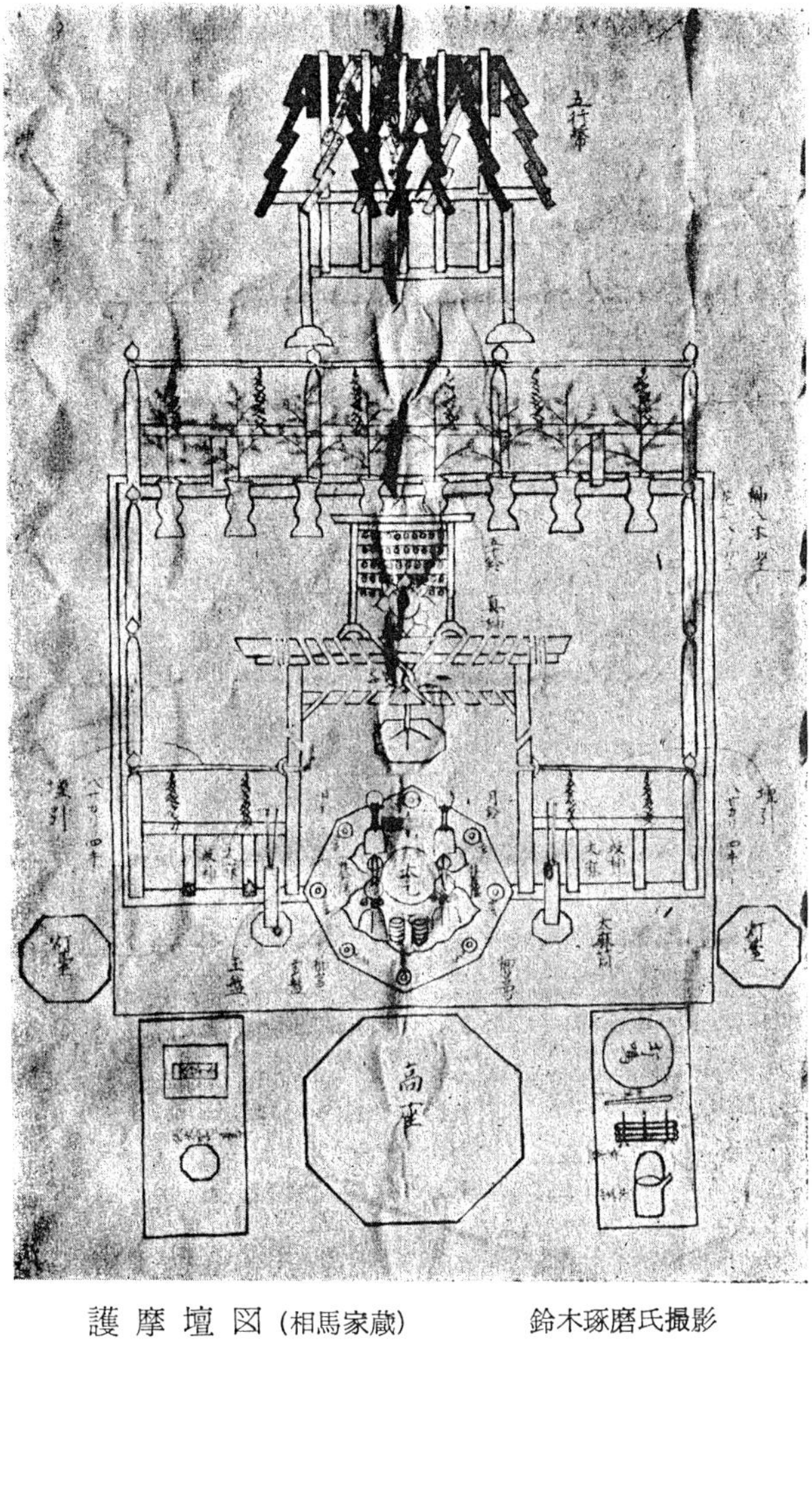

護摩壇図（相馬家蔵）　　鈴木琢磨氏撮影

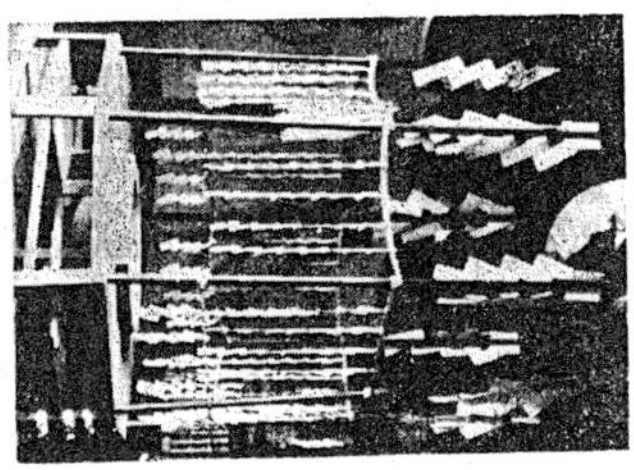

昌胤使用と伝える護摩壇（中村神社）

護摩の三壇（蛯沢稲荷神社）

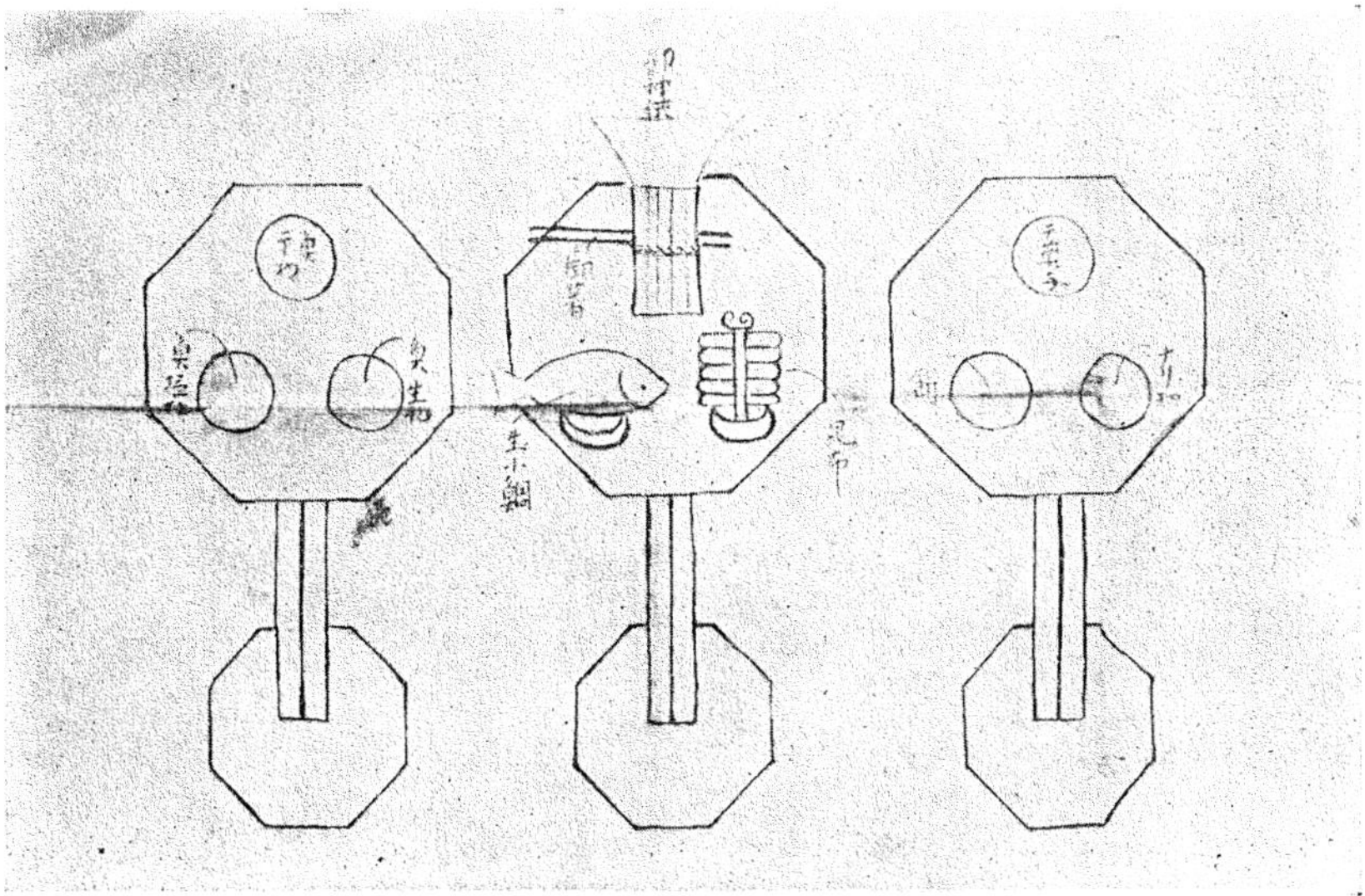

大護摩切膳高杯

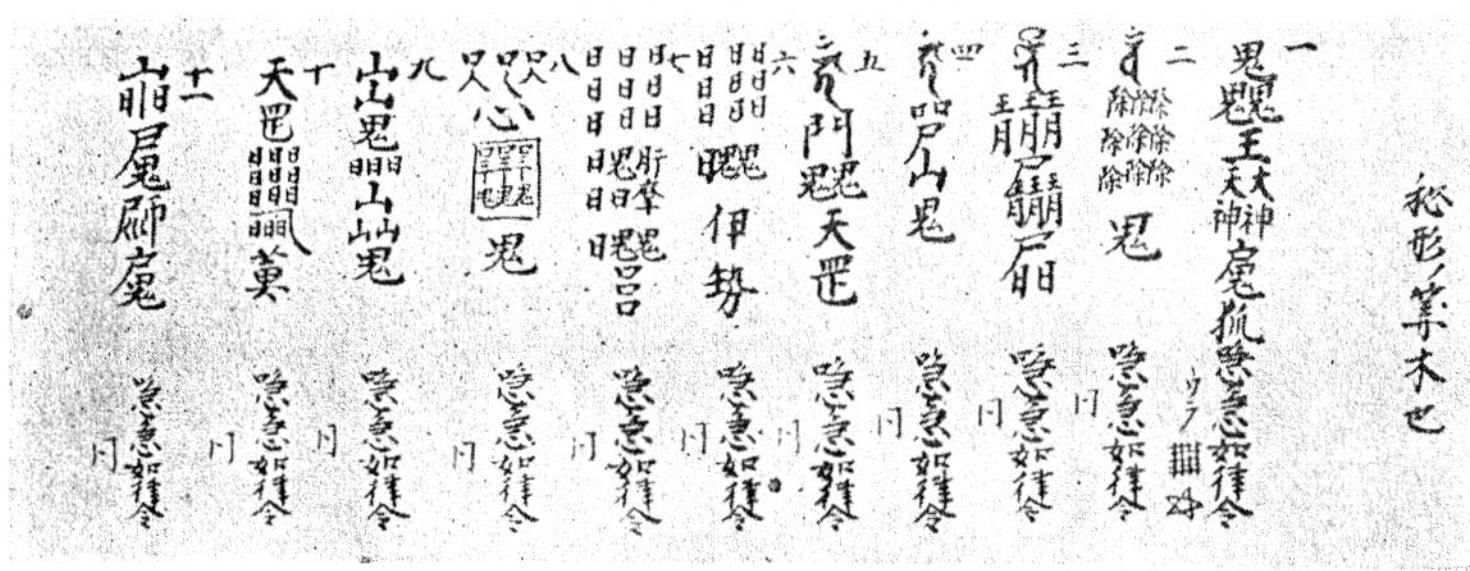

算　　　木

算木には種々あるらしいが、前頁下段の写真のようなのもその一つで秘密なものであった。

その他当時のもので「刀八大法之覚」あり、終にこの大法は「東照神君御秘蔵之法と申伝候」とあり、また「神供呪文」、「神酒呪文」というのがあるが、何れも控と覚しく年号も名も無い。

神供呪文　印ロ伝子手拍印

五穀最上　一粒万倍　炊釜神膳　万祟安鎮　左男鹿耳　振立聞食

神酒呪文　印ロ伝三光印

此酒香味　百種最上　左男鹿耳　振立聞食

最後に相馬家に伝わる写本類で、行法にも関係あるもの。

兼延神宝図　一冊完

吉田神道で用いる什物を図示したもので、動植物にまで及んでいる。丁寧に書かれた図で、若干の説明もある。終りに「神代尓来森羅万品為神道行法之神財始制之、雖為一言不可洩他家云尓、卜部兼定」とあり、かつ「于時寛文甲辰夏閏絓賓二十四自省軒宗因」の識語がある。

宗源妙法次第

吉田神道の正式のものと覚しく、宗源妙行初段第一より第三、中段第一より第三、後段第一より第三、唯一神道大護摩次第初段第一より第四、中段第一より第四、後段第一より第四までとなっている。筆者も年月日も何も見当らない

神祇道服忌令

父母一年から養父母継父母夫妻等計二十二項、次に雑穢物忌として月水穢、産穢、流産穢、死穢等都合二十四項にわたる。これも筆写の年月その他何もない

神通雑通

神道伝授、三種神器、一神即八百神の事、勧請事、本跡三儀その他計八十九項まであり、その各々の説明であるがもちろん当時の一つの解釈で仲々面白い。最初に「正保中、民部卿法印林道春一校畢」とあり、更に「私云、祓を見ては林氏文は不然、往々に浅智の姿の見たり」との批評らしい語が添えられている。この文字は全文を筆写した人のものらしい。

祓八ケ大事

中臣八箇ロ決として、高天原、天津罪国津罪之大事、気吹戸主大事、中臣大事、天津祝戸、太祝詞立大事、天津菅曾大事、左男鹿乃八

御耳大事であるが文が途中で切れて最後まで無い。
三元十八道次第
　これは吉田家より藤原尚信に授与したものの写である。
その他神文伝、二十八宿三種太祓鈔（卜部家とあり）など若干ある。

第三節　神社の勧請

吉田家と交渉を持った結果として、幾つかの神社が新しく誕生した。

○養真殿

奥相志の記事によれば、養真殿は吉田家の宗源殿に準じ、宗源殿は禁裡紫宸殿に準ずるものという。国司に非ざれば養真殿の勅許なし、奥州においては会津侯にありというとあり、かつ同書によれば、養真殿はもとは御浄所と称し、また御清具所とも称したが、藩主昌胤が在城（延宝七年より元禄十四年迄）の頃、中村城本丸にまつる。祭神は妙見、日輪太神、八幡、稲荷、天神、熊野、八百万神の七座を祀るといい、昌胤自ら勤行した。のち新祠を江戸の邸に建て、上京滞在の際はここにうつし、在国の際はまた中村に移してまつって居たが、元禄十四年幾世橋隠居後はここにうつして神道行事を勤めた。年譜その他の記録によれば、「享保三年幾世橋の殿内に養真殿御造営、日輪太神宮を御勧請」、享保五年四月には、同じく殿内に瑞雲台という祠殿を建てて天形星を祀っている。宝永六年より両標葉、小高三郷の総鎮守とし、田代左京進を代々の祠官と定め、毎月朔日宮扉を開いて楽を奏し、祭日を月の十一日、二十一日、年の大祭を正月元日より五日迄、二月二十二日より二十三日、五月朔日、九月二十八日より七日までとした。

享保三年九月、勅額なりと伝える養真殿の額を卜部兼敬より与えられたが、表は養真殿の三字、裏は勅、享保三戊戌九月日、神祇管領光禄大夫卜部兼敬、額師佐竹重政とある。たて四尺余、幅二尺程のものである。兼敬は養真殿の解を自書して添えたというが、その文に曰く、「養ハ能ク物ヲ育ツ、人ハ万物ノ長ニシテ而シテ養育性長ヲ以テ子孫ヲ保ツノ理、真ハ信ナリ、五常ノ本ニシテ一心ノ実理ナリ、殿ハ宮殿ノ義ナリ云々」。

養真殿は当時からよほど神聖視されたと見え、昌胤が神前で楽を奏している時、一群の白鶴が現れて乱舞したとか、昌胤死去後、門馬某等養真殿をこわそうとした時、伶人等憂えて楽を奏したが、忽然として門馬氏の首が白木の台にのった姿が現れ、某はその後間もなく死んだとか、伝説のように伝わっている。

昌胤歿後一時養真殿は衰えたが、恕胤また卜部家より神道行法を受けて復活し、中村城内に再建、神符、日輪、稲荷、妙見、八幡等をまつり、田代氏と共に勤行した。爾後の君侯も代々崇信して幕末まで続いたが、のち田代氏の外に鈴木出雲（中野の熊野の神官）も加わっている。祭日は後に三月二十一日、九月二十一日の二度となったが、外に一月十五日には、鈴木氏は小豆粥をつくってまつる習があった。

○都(くに)玉(たま)宮

都玉宮（相馬市坪田高松，享保三年造営）

正徳元年九月、昌胤の男子富松出生、同四年一月名を都胤（くにたね）と改めたが、同五年八月二十七日五才で早世した。昌胤年譜正徳五年八月の条に「都胤君御病脳(ママ)、江戸より今井昌仙被指下」、八月二十七日の条に「都胤君御遠去、二十八日夜亥刻御出棺、御取直神道、社号都玉宮、興仁寺鎮守神に御祝、田代左京進、御法号照臨院殿玄邦修真神位、於崇徳山二十九日より二夜三日御法事御執行」と見え、最初は興仁寺に埋葬して法要を執行したのであった。

のち三年ほど経て享保三年十一月十七日、坪田村高松の神祠が出来上ったので、この日霊をうつして神とし都玉社と称した。この時興仁寺より都玉社の後山腹に改葬して塚を築いた。年譜十一月十七日の条に「高松都玉宮御造立出来遷宮、御宮御普請奉行堀内玄蕃胤近、十六日夜昌胤君坪田村真徳院江被為入、十七日八幡社内より高松御宮江神幸、御宮ニ而神楽有之、十九日御戸開キ、二十七日火焼ノ神事、都玉ノ御遺骸興仁寺より改葬高松山江奉納称御廟」とあって、当時の神事の記録は勿論、現在に残る都玉社の建築様式、さながら奥の院の如く神社に附属している墓所等共に注意さるべきものである。塚前には、昌胤および尊胤の建立にかかる石燈籠が一基ずつ立っている。記録には享保丙申元年九月九日と五輪に刻んであるというから、そうとすれば一周忌にでも建てたものかも知れぬが、今その五輪は高松にも興仁寺にも見当らない。改葬の時取除いたものか不明である。都胤の実母は正徳五年九月八日死去とあるから、都胤の死後二七日にもならぬ中に死んだと見える。この方の五輪は今も興仁寺にある。

昌胤はとくに都胤を愛したものと思われる。文珠を都胤一代の守本尊となし、彼の成長を祈って親筆の願書を納め、かつ広前に百日紅を植えた。

富松一代の守本尊たるにより、初生砌より丹州切渡の文珠へ代僧をして成長を祈る信心の余、当寺の寺内へ御堂建立云々

奉寄進文珠菩薩宝前　　百日紅一本　　少弼

なお都玉宮は都玉権現ともいう。

○剣　社

昌胤が第十六代の義胤をまつりしもの。義胤は寛永十二年歿した。法名蒼霄院殿外天雲公大居士。

○大将軍神

昌胤の霊を祀る。彼の在世中これを祀るという。安永四年九月より恕胤命じて祭礼を執行。すなわち自ら十八神道を勤行した。彼の親書に曰く、「永世祭礼減略あるべからず」。

○若　玉　祠

安永二年十一月二十七日、恕胤命じて、坪田に祠を立て、門馬式部信経の霊を祀る。

○因　玉　祠

天明二年六月、恕胤の命により、坪田に祠を立てて、恕胤の子因胤の神霊をまつる。因胤は天明元年五月十四日、七歳で早世。五月十四日例祭。荊林院殿一山紅玉大童子。

○亀　齢　社

恕胤の歿後その神霊を祀る。恕胤は昌胤について深く神道に帰依したが、寛政三年八月十四日歿し、法名を高峻院殿徳翁雲巌大居士という。祥胤年譜に「寛政七年七月二十二日、熊野神社社地(中野)に新に神社を勧請して祭典を行ふ。之を亀齢霊神と称す、恕胤公を祀りたるなり。蓋しその在世の間最も神道に帰依せるを以てなり。田代斎宮邦信鈴木出雲義久を以てその神職とす云々」。のち坪田村八幡にうつして剣社と相殿にしたことが奥相志に見える。

○筒宮・体興霊神

恕胤年譜によれば、明和八年三月門馬八郎兵衛隆経を家老に任じ、五月無調法の儀ありと称して岡田監物、佐藤宗左衛門、池田八右衛門、幾世橋作左衛門の家老職を免じて禁足を命じ、ことに池田の知行を没収、また郡代岡田、門馬、原、佐々木、勘定奉行今村等の知行を半減した上禁足を命じ、この日門馬八郎兵衛を郡代頭とした。退けられた十数人は何れも藩の主要の地位にあるもので、よほど重大な過失でもない限りみだりに処罰すべきでないと考えられるのに、単に無調法の儀と称し罪科を明記しないのは何の理由であったか。この事に関して只野清氏曰く、「明和九年恕胤妾腹の男伊織を以て嫡子となすことを幕府に願ひて許可を受けたるに、半歳の後に至り痞癖あり家督にたへずと称して、更に廃嫡を願出でて許可を受く。この件の処理につきては、八郎兵衛斡旋最も努む。故に安永二年五月一日禄百石を増加してその功労を賞したり。然るにその月末(五月二十九日)に至り、不調法の儀ありと称し、家老職を罷め知行を奪ひ、熊川兵庫にあづけ籠居せしめ、遂にその二児をあはせて死刑に処したるは何ぞそれ悲惨なる。また八郎兵衛の斬死と同日、相馬主膳の病死を伝へらるるも、これ亦非常の死たるは疑を容れざる所なり。明和八年五月より安永二年九月に至る一年有半の内に、かくの如き政変を生じ、人事の浮沈盛衰かくの如く速なるは果して何によりて然るか。蓋し恕胤の家督廃止に職由するものと雖も、要するに上権臣の忠奸を洞察するの明無く、下忠良侃諤の諫臣無かりしに淵源するものと云はざるを得ず」とあり、伝える所によれば彼の刑死は安永二年十月一日（十日とも）で三十六才、辞世の歌は「思ひ知れ犯せる罪のある無しを末に糺の神のある世に」。奥相志によれば爾後往々怪異あり、寛政五年（祥胤代）彼の霊を熊野社に祀って筒宮と称し、再びその絶家を継がしめ（のち亡ぶ）、厚くこれを弔ったが奇異なお止まず、ゆえに文化十三年（益胤代）一月またその家を興し旧禄を賜うて厚く法会を行い、祥胤、益胤両公の特旨を受けて一月二十六日田代左京進邦信上京、吉田家に託し彼の霊を祀り、体興霊神と号し、田代隣邸を社地に充てて祠を立て遷座した。以後祟が無いという。これを世に門馬八郎兵衛事件と呼んでいる。

第三章　修験道、とくに本寺上之坊の消長

第一節　相馬における修験道の展開

一

修験道は、普通役小角を祖とする仏教の一派で、護摩をたき呪文を唱し、難行苦行を嘗め神験を修得するを業とするということになっているが、仏教以前には無かったものか、いな修験の名称は無くとも古くから実際には存在したもので、古来の巫女行者の呪術につながり、古墳の祭祀等にもひろく結びついた原始神道の流れに入れるのがむしろ自然であろうと思う。すなわち当世風にいうなら、従来のいわゆる神道は国家的神道により近く、修験道の方は民間的神道により近いといえる。何も仏教後の発生とする要は無いが、仏教、道教等の思想を最も多く受けたものであることはいうまでもない。

相馬における修験道の歴史は至って新しく元亨三年（一三二三）のことで、奥州相馬氏の祖となった相馬重胤が、下総の相馬から当地に移住した時、多くの扈従者の中に修験上之坊と同じく日光院とがあり、前者は本山派として聖護院に属し、後者は羽黒派に属し、共に領内における本司となった。

上之坊は、高平山阿弥陀院上之坊寛徳寺と号し、はじめ高平に住み、のち天和中小泉にうつる。配下の寺院数は、奥相志によれば享保中百八十二個寺、寛政中百二十一、文久中九十三、明治戊辰八十五とある。

一　高池山毘沙門寺医王院　小泉高池にあり、本寺上之坊の院代家。もと立谷に居り薬師の別当にして、その仏供田十二石二斗五升を受く。立谷の薬師、大神宮、小泉の葉山、田神、新田の大塚、稲荷、新沼の十二所権現の別当。当院の開祖長清は生国岩城、岩崎氏である。すなわち岩崎弾正忠隆安の次子隆勝（舟尾六郎）の男隆重（式部安房）の後孫岩崎菊千代若年にして小高に来り住し修験者となり、三

宝院と号す、けだし外天義胤小高在城の時かという。その子真清本覚院と号す、延宝四年歿。本覚院の子宥性光台院と号し、延宝九年五月上之坊常栄に殺さる。宥性の弟三宝院長清上之坊をつぎ湛清と号す。光台院の後宥恵（正徳中の人）医王院と号し、小泉に移る。

二　妙応山延命寺大徳院　小泉高池にあり、上之坊の院代家、延享二年新田一石三升七合、開祖不詳、もと標葉郡野上村に居る。正英は寛文以来正徳中の人。

三　大聖山般若寺大蓮院　中村中野にあり、寺田一石六升二合二勺、開祖尊照は相馬重胤下向の折、妙見の神輿に従って来り、羽倉に住す。慶長中歓喜寺岩迫山より熊野山にうつるや院もこれについて鷹巣山にうつり、妙見の祭事に従う。のち愛宕の別当となる。本尊阿遮羅尊。

四　巽葉山本願寺専光院　中村宇多川町にあり。上之坊派下院代、寺田一石二升余、北屋形若宮八幡、馬場野葉山、熊野、稲荷、山神、三宝荒神、田神の別当。もと界蔵院と号し西山に居りしばしば利胤に謁す。その嫡子万蔵院と号し山上にうつり、次子威徳院中村南町に居る、これ当院の祖である。本尊五大尊、霊符尊は文化十二年樹胤の納めしもの。

五　常在山北嶺寺寿量院　中村下河原町にあり、寺田一石余。本尊不動。開祖不詳。後の義胤、忠胤の世しばしば命あり君家の安全を祈禱した。延命地蔵堂、勢至堂あり。

六　中村山護身寺五大院　中村田町にあり、上之坊院代、無禄。塚町道祖神、貴舟、毘沙門、山神、庚申、舟玉、疱瘡神の別当。道場本尊不動。当院祖先は中村六郎の庶族にして修験者なり、中村家の祈願寺道祖神の別当となる。中村氏亡後も子孫修験道をつぎ、世々西山に居り、慶長中鞘師町にうつり、のち更に田町にうつる。

七　三光山仏徳寺法善院　中村柳馬場北にあり、無禄。青麻、三峰山、馬頭観音別当。道場本尊不動。開祖不詳。明和中院跡絶え、天明中再興。

八　中央山大聖院　中村清水にあり、無禄、本尊で不動。開祖世代不評。塚町諏訪岩子観音の別当。文化十四年伊トなる者修験となり法泉院と号してここに住んだことあり。

九　明鏡山清水院　中和清水にあり、無禄。開祖不詳。歓喜寺境内薬師、観音、不動の別当。文政中院主罪あり、他邦に放たれ、信田沢の大学院その院跡をつぐ。

一〇　円蔵院　もと中村銃工町にあり、絶院。

一一　神明山喜楽院　塚部にあり、開祖未詳、葉山、若宮別当。

一二　心成院　石上にあり、天保中廃院、小泉大徳院に合した。

一三　小野山善法院　小野にあり、天保凶作時絶院、薬師、葉山、東照宮、雷神別当。

一四　宿千山浄光院　黒木にあり、無禄、開祖不詳。熊野別当。
一五　般若院　今田にあり、由緒不詳。
一六　山上山白山寺万蔵院　山上の菅谷にあり、上之坊院代家。白山別当。社田五石四斗五升。道場本尊不動。先祖は関東より重胤に扈従してきた旧院で、はじめ小高に居り、利胤中村にうつるや当院も西山にうつり界蔵院と号した。屋津姫初姫を取子に賜う。長子万蔵院は、山上山白山寺万蔵院と号し、中野、中妻、大竹、玉野に至るまでの五個村の祈願葉山の先達となる。
一七　船尾山霊山寺山王院　坪田にあり、山王の別当。開祖長寛という。延享中の名簿にもこの院のことあり。
一八　鬼越山中台寺専行院　立谷にあり、いま慈福院、開祖不詳。本尊不動。
一九　稲荷山東光寺常台院　立谷にあり、開祖不詳。天保中頽廃。
二〇　日下石山照光寺常法院　日下石にあり。
二一　宮田山春光寺普門院　旧号威徳院、磯部大浜にあり、開祖を亮融という。
二二　磯部山東方院　磯部大浜にあり、由緒不詳。
二三　亀甲山竜法寺法楽院　程田にあり。
二四　岩井山長寿寺妙学院　柏崎にあり、今は無い。
二五　梅紅山正善寺善光院　飯豊の新田にあり、上之坊の院代家、道場の本尊正観音。当院の先祖俗姓真野氏、大沢に住む。寛永の初上之坊末派に属し小高に住む。これが当院の開祖となる。万治二年新田にうつる。元禄中昌胤より梅紅山善光院の院号を賜う。
二六　堰場山正伝院　旧号三台院、南飯淵にあり。
二七　百槻山法蓮寺八正院　馬場野にあり、八幡の社田一石を受く。古来馬場野に修験勘宗院あり、正徳四年浮田の八幡宮の別当八正院の遺跡をつぎ、八幡、熊野、稲荷の別当。
二八　門竜坊　栃窪にあり、絶院。
二九　医王山玉東院　御山にあり、葉山の社田十石五斗を受く。道場本尊不動。葉山ならびに末社、水神、山神、富士権現別当、開祖を天行院という。
三〇　安倉山観音寺妙宝院　山下にあり、観音の仏田五石二斗を受く。
三一　海詠山地蔵寺正学院　山下にあり、もと横手にあり、唐神の水神別当。延享中の名簿にも見える。
三二　常福院　もと横手にあり、右田にうつる。
三三　子生山星王寺金剛院　小池にあり、妙見、子安、熊野、葉山、八竜、阿弥陀、薬師の別当。

三四　岩台山弥勒寺五台院　元亨中重胤に従い、関東より下向、はじめ牛越にのち烏崎に住む。

三五　東海山宝塔院　また常性院という。南右田にあり、延享の名簿に阿弥陀堂の別当云々。

三六　天宝山常福院　右田にあり、開祖未詳。もと横手にあり。普明院の天神の別当をゆずらる。元文中当邑に移る。天神と地蔵の別当。

三七　坤林山大善院　右田にあり、専明院ともいう。由緒未詳、富士権現の別当。

三八　男子山正宮寺伝法院　寺内にあり、本尊不動。延享の名簿にあり。八幡、諏訪、十二天、稲荷、雷神、山神、田神、東照宮、正観音、十一面観音、薬師、地蔵等の別当。

三九　補陀楽山円明院　また吉祥院という。小島田にあり、もと柚木にあり、天明中小島田円明院の養子となり院跡をつぐ。熊野の社田一石を受く。

四〇　自性院　小島田にあり。

四一　宮下山大光坊光福院　小島田にあり、本尊不動。開祖不詳。延享の名簿に羽黒、葉山等十四祠の別当云々。羽黒の社料新田一石、税田十三石二斗七升を受く。

四二　円明院　また法玄坊という。南柚木に居る。天明中絶院、小島田の某その院跡をつぎ、小島に住む。

四三　海豊山享学院　下海老にあり、開祖を極楽院という。勝軍地蔵の別当。

四四　田中山蓮華院　屋形にあり。天正中郷胤田中城に居る時、紺野出雲の五男豊前修験者となり、田中山蓮華院と号した。熊野の別当にして郷胤の祈願所でもあつた。これが当院の開祖である。寛保、延享中証誠院と号し云々。

四五　明知山自性寺東昭院　深野にあり、稲荷、葉山の別当、寛保、延享中の名簿にあり。稲荷の社田一石余を受く。天保二年新田の善光院その院跡をつぐ。

四六　大学院　信田沢にあり、開祖不詳、八剣社不動の別当。嘉永五年中村清水院跡をつぐ。

四七　伝正院　延享の名簿にあり、今なし。

四八　天雨山滝沢寺一明院　馬場にあり、不動別当。

四九　修行院　滝にあり。延享の名簿にあり。阿弥陀、山神別当。

五〇　宝菊院　上太田虚空蔵別当。往年中太田宝光院と合した。延享中の名簿に見える。

五一　宝塔院　太田にあり。

五二　天行院　太田にあり、共に延享の名簿にあり。

五三　三島山薬師寺大寿院　原町にあり、由緒不詳、古来三島祠の別当。延享三年の名簿にいう。原町三島の別当三島山薬師寺行法院の子覚宗坊云々。

五四　野中清光院　北新田にあり。

五五　植松山利正院　高平にあり、旧号元明院。

五六　道法院　弟子に覚仙坊あり。高平にあり。

五七　来蔵院　高平。

五八　来光院　高平。

五九　善学院　その子覚善坊。高平。

六〇　甚明坊　高平。

六一　峰本坊　高平。

六二　見秀坊　文政中記すところ。天保中絶院、高平にあり。

六三　縁覚院　文政中記す所、天保中絶院、高平にあり。

六四　三楽坊　泉に居る。

六五　東泉院　泉にあり、延享四年の名簿にあり。

六六　八竜山実徳寺成就院　萱浜にあり、延享中法伝坊と号した。別当の神祠仏堂が多い。

六七　証覚院　萱浜にあり、天明中明学院に合院。

六八　重台院

六九　南光坊

七〇　円性坊

七一　円学坊　重台院以下共に延享中の名簿に見える。今はない。

七二　久保山宝光院　牛来にあり、本尊不動、延享の名簿にあり。

七三　法橋山金剛院　小浜にあり、延享中の名簿に八太院とあり。

七四　知善坊　延享中の名簿に見え、今はない。

七五　常光院

七六　大法院

七七　教順坊　以上延享中の名簿にあり、今はない。

七八　天王山天王寺大乗院　また高山院と号する。高にあり。庭渡別当。当院の初祖大楽院は庭渡地蔵に奉祠、鎌倉葛西谷に住む。北条高時歿落の時に下向し、行方郡高に住む。延享中記すところ宝寿院の子光林坊地蔵料一石、宝暦頃光林坊牛頭天王、薬師、地蔵別当云々。
七九　教智坊天王院　文政中妙光院と号した。出奔故小泉の大徳院これを兼持。妙見社別当、社田一石を受く。
八〇　威光院　馬頭観音の別当、今はない。
八一　東海山泉照寺蓮華院　大甕にあり、熊野、馬頭観音別当。
八二　知善坊
八三　覚心坊
八四　極楽坊　以上三坊延享中の名簿に見え、今はない。
八五　井玉山竜宝寺明善院　迎畑にあり。
八六　文珠院
八七　大宝院
八八　正見坊
八九　宝善坊　以上四院延享の名簿に見え、今はない。
九〇　宝永山常照院　文政中見明院。小高にあり、本尊不動、境内に雷神、疱瘡神あり。
九一　城田山地蔵院　小高八景にあり、本尊阿弥陀、不動、八幡、八竜、勝軍地蔵の別当。
九二　間宮山大寿院　小高金谷前にあり、本尊不動。境内に薬師堂あり。熊野、天神、山神の別当。
九三　牛頭院　本尊不動、その他熊野勝軍地蔵を安置する。片草の東照宮堀内の牛頭天王の別当。
九四　聖宝院　延享中の簿にあり、絶院。大井にあり。
九五　北斗山妙光院　岡田にあり、古来妙見の別当、往年金十両を官に献じ、寺社官司の支配となる。
九六　本性院　福岡にあり、延享中の簿に見える。絶院。
九七　善学院　女場にあり。
九八　大泉坊　女場にあり、共に延享中の簿に見え。絶院。
九九　滝場山滝場院　耳谷にあり、千石稲荷別当。
一〇〇　星王山東性院　飯崎にあり、富士権現、妙見、疱瘡の別当。
一〇一　星王山天行院　右の東性院の支流。天明四年絶院。

一〇二　秀覚院　飯崎にあり。
一〇三　大光院　飯崎にあり。
一〇四　長宝院　飯崎にあり。
一〇五　医教坊　飯崎にあり、四院共に延享の簿に見え、いま絶院。
一〇六　安楽院　小谷にあり。観音勢至の別当、延享中の簿にあり。
一〇七　善明院本覚坊　延享中の簿にあり、絶院。
一〇八　宝蔵坊
一〇九　法蓮坊　二坊共に南鳩原にあり、延享中の簿に見え、今はない。
一一〇　長善坊　延享中の簿にあり、絶院。
一一一・一一二　法教院 円学院　共に金谷にあり、延享中の簿に見え、今はない。
一一三　大仙院　大田和にあり、本尊不動、地蔵、蚕養の別当。文政八年地蔵の上棟文に大仙院の名が見える。
一一四　極楽院　上浦にあり、開祖大楽院以来舘ノ内地蔵の別当。延享中七蔵坊と号した。
一一五　運性院　上浦にあり、延享中の簿に見える。本尊不動。
一一六　和光山信福寺千学院　下浦にあり、延享中の簿に専覚院に作る。開基宥昌、年歴不詳。
一一七　泉田山来祥院　延享中広沢院という。南幾世橋にあり、稲荷、金毘羅の別当。
一一八　富永山蓮光院　もと南幾世橋辻にあり、のち横町にうつる。雷神別当。文政頃教智院という。
一一九　標葉山大広院　南幾世橋辻にあり、古小高にあり、外天義胤泉田にうつる時辻にうつり、爾来標葉郡の年行事を勤めた。
一二〇　東光山伝正院　延享の頃南覚院文政中大輪院と号す。
一二一　成田山多聞院　受戸にあり、天保中絶院、嘉永中より伝正院当院を兼持。
一二二　帰命院　延享中の簿に見える、絶院。
一二三　万蔵院　樋渡にあり、延享中千相院という。
一二四　光学院　川添にあり、享和中絶院。
一二五　一学坊　延享中の簿に見える。絶院。
一二六　松王山宝蔵院　酒井にあり。
一二七　久保山大乗院　酒井にあり、延享中の簿に見え、今はない。

一二八　大智院
一二九　清学坊
一三〇　南光坊　三坊共に延享中の簿にあり、いま絶院。
一三一　稲葉山常照院　谷田にあり、谷田越後の二男大門坊と号す云々。
一三二　薬王山本明院　苅宿にあり、関東従来の旧院にして薬師の別当。
一三三　竜雲山本宮寺大善院　立野にあり。
一三四　三蔵院
一三五　大蔵院　二院共に延享中の簿に見え、今は絶院。
一三六　本滝山妙覚院　立野にあり。
一三七～一四〇　東徳院、南岳院、普賢坊、法智坊　以上二院二坊共に室原にあり、延享中の名簿に見えるが今はない。
一四一　大光院　田尻にあり、延享中の簿に歓善坊とあり、享和中絶院。いま、小野村宝正院その跡を受く。
一四二　稲荷山大法院　大堀村にあり、当邑の小野田内匠の族修験となり、三台院と号す云々。
一四三　宝性院　中島にあり、開祖大門坊は谷田越後の二男で常照院と号した。

以上は上之坊派下の修験を奥相志より拾ったものであるが、同様に羽黒派、日光院派下の修験は左の通りである。

本寺日光院は初代聖海より元治中良海まで十九代である。配下の寺院は奥相志によれば延享頃九十三寺、天明凶作後次第に廃絶して天保中三十七ケ寺という。

一　東光山医王寺安楽院　小泉にあり、いま和正院という。日光院院代家、独礼。道場の本尊大日は湯殿山権現の本地仏という。開祖満開は正保中の人。古より代々毎年七月湯殿行を行う。延享四年の寺院簿に旦那祈願十家、湯殿行二百四十九家とあり。東照宮別当。
二　多宝山高岳寺積善院　小泉にあり、院代家、独礼。本尊阿遮羅尊、開祖不詳。延享中旦那祈願三十五家、田神別当。
三　清水山医王寺和光院　小泉にあり、本尊不動、開祖不詳。
四　岩川山無量寺光行院　中村西山にあり、日光院院代、無禄、開祖不詳。延享中祈願旦那五家、湯殿行七十家。
五　威光山円覚寺吉祥院　中村大工町の西にあり、院代独礼、本尊阿遮羅尊。寛保中吉祥院普門坊父子あり。寺域に疱瘡神あり、明和三年造立の棟札がある。藩主恕胤の和歌あり、疱瘡の守護とした。「みとり子をもらさでつつめこけ衣岩尾の帯でしめは長命」。
六　河北山光山寺多門院　中村下川原町、院代、独礼。無禄、開祖未詳。寛保中の記に多聞院の子良善坊とあり、山神別当。
七　医王山勝蔵寺常泉院　中村滅多町にあって独礼、寺田一石、成田東照宮、水神、馬場野田神の別当。祖先の高道法師は関東より従来の旧院で代々秘事を伝え、妙見の諸式を勤めた。道場仏大日。
八　百槻山寛聖寺慈恩院　中村白丁町の後にあり。謁見、無禄。百槻飯縄、馬場野熊野の別当。
九　八正山両宮寺正明院　大野の鹿島前にあり、開祖不詳。本尊不動。神明、八幡、東照、白鬚、想善、羽山、富士、山神の別当。
一〇　正光院　中平にあり、勝善、水神二神の別当。延享中湯殿行旦那四十家。
一一　大行院　大坪にあり。
一二　真葉山般若寺運昌院　黒木にあり、開祖不詳。延享中旦那湯殿行八十戸。
一三　飯淵山観音寺宝蔵院　黒木にあり、無禄、開祖不詳。山神、子安観音(当邑)、葉山、牛頭、春日(飯淵)、東照、稲荷(和田)の別当。延享中祈願旦那三十戸、湯殿行九十戸。
一四　閑明院　中樋にあり。
一五　南岳坊　今田にあり、今は無い。
一六　天明山大福院　山上並木にあり、無禄、道場本尊不動。寺域に羽黒、白滝明神、天華神あり。
一七　大行院　磯部大浜にあり、寺料五斗、謁見、今、独礼、中興宥清、本尊不動、開祖未詳。文化三年教厳の時献金の賞として独見地を命ぜられた。
一八　東海山上人寺大聖院　上ノ台にあり、無禄、謁見地、行屋がある。開基を竜海という。本尊不動、元禄中より院跡相続、完了代文化二年謁見地を命ぜられ、寺社官司の支配となる。
一九　専蔵坊　栃窪にあり、延享中の寺院簿にあり、今はない。
二〇　門竜坊　右と同様。
二一　文殊院　浮田にあり、開祖未詳、延享の簿に曰く、東照宮、十一面観音別当、祈願旦那湯殿行二十五戸。
二二　門正坊　東照宮別当、旦那湯殿行二十一家と延享の簿に見える。
二三　玄学坊　延享の寺院簿にあり、今無い。
二四　岩松山竜宮寺普明院　旧号正徳院、社田一石二合一勺。道場仏阿弥陀、不動、釈迦。応永中岩松氏の祈願所にして同氏の鎮守聖宮の別当。伝によれば応永二十六年、岩松義政癩を病んで卒し、道性法印義政の霊をまつり、白山権現とあがめたが、今の屠戸(えた)小屋の鎮守がこれだという。原注に曰く、世に円頭者皆白山権現を立ててまつる、独り当邑の乞頭のみにあらず、岩松の霊に非ず、彼の白山をまつる所以のもの未だ詳ならずと。延享中壇那祈願七十二家、湯殿行九十三家。
二五　覚正坊　延享中旦那湯殿行二十一家、のち絶院。

二六　照光山善竜寺快学院　また善行院という。開基未詳。大日、山神、東照別当。応永中岩松氏阿弥陀堂を立て仏田を寄附した。延享中旦那祈願六十七家、湯殿行三十七家。文化中絶院。
二七　知伝坊　鹿島にあり、延享中の寺院簿にあり、今はない。
二八　安楽院　右同。
二九　柚田山竜本寺覚法院　柚木にあり、岩松義政の頃より聖宮、東照宮、子安観音の別当という。聖宮の社田一石を受く。延享中檀那一家、湯殿行十六家。
三〇　藤迫山真徳寺正覚院　北屋形にあり、由来不詳。富士、疱瘡、十二天宮、牛頭、稲荷、山神、田神、磯部大神宮、東照宮別当。
三一　愛宕山勝軍寺喜法院　上海老にあり、愛宕(社田一石)、東照宮別当。道場仏勝軍地蔵(愛宕権現本地仏)、延享中祈願旦那一家、湯殿行八十家。
三二　専蔵坊　延享中の寺院簿にあり、今なし。
三三　蓮重院　延享四年の寺院簿に見え、今なし。
三四　妙照山東臨寺葉山院　上海老にあり。昔桑折伊勢の子甚右ヱ門というもの、若年の時僧となり、のち還俗して武夫となる。その子四郎平は郷胤に仕う。郷胤葉山を信仰した。四郎平の父はもと僧であったので郷胤の命を受けて羽州葉山に代参し、権現を勧請して彼の守神とした。神田三反歩を寄附し、かつ四郎平を別当とし、三蔵院と号した。葉山修験は両海老の先達である。郷胤卒去の後、社田を納め税田とした。しかし葉山一派として子孫に至った。三蔵院は当国に葉山派が無いので寛文中羽黒派となり、葉山権現を安置した。ここに三蔵院を改めて葉山院と号した云々。
三五　蛇塚山三宝院　信田沢にあり、開祖不詳、延享中の簿に檀那湯殿行五十家とある。
三六　鏡善院　押釜にあり、正徳中。
三七　立光院　延享中、押釜明神及東照宮別当、旦那湯殿行三十一家延享四年。
三八　法雲坊　在学坊ともいう、旦那湯殿行三十三家(延享四年)。
三九　智伝坊　牛越にあり、延享四年の簿に見える。
四〇　長学坊　上太田にあり、延享中の簿に檀那湯殿行三十五家とあり、今なし。
四一　東善院　原町にあり、由緒不詳、押釜社東照宮別当。延享の簿に檀那湯殿行三十五家。
四二　法泉坊　泉にあり、延享四年湯殿行四十一家、塩釜明神別当。
四三　円学坊　泉にあり、延享中の簿にあり、今はない。

四四　善行院　萱浜にあり。

四五　芳順坊　萱浜にあり、旦那湯殿行十八家、延享中。

四六　潮音山妙真寺円妙院　小浜にあり、道場の本尊不動、境内に疱瘡神祠あり、開祖明覚は元亨中の僧という。熊野、鹿島、聖天、東照、田神別当。

四七　正福坊　小浜にあり、幸ノ神別当。

四八　本覚院　持明院ともいう。鶴谷にあり、無禄、東照宮別当。旦那湯殿行二十五家、延享中の簿に見える。元祖中津善松は天正以来の人、長子は修験者となり、本覚院と号した。次子中津吉兵衛幸政は書を以てあらわる。

四九　妙真寺　鶴谷にあり、謁見。鹿島の別当、社料一石、延享中の簿に見える。

五〇　大徳院芳仙坊　鶴谷にあり、謁見、東照宮別当、弥勒堂あり、旦那湯殿行四十家、延享中の簿に見える。文政中出奔して家が絶えた。

五一〜五三　東雲院、泰音坊、覚善坊　三坊共延享中の簿に見えて今はない。

五四　玉宝院　大甕にあり、湯殿行十五家。

五五　大蔵坊　大甕にあり、旦那湯殿行七家。

五六　長円坊　大甕にあり、延享中の名簿にあり、今はない。

五七　田中山感応寺大仙院　江井にあり、由緒不明、文政中円住院と号す。

五八　仙覚院　江井にあり、天保七年絶えた。

五九　覚仙坊　片草にあり、延享四年の簿に見える。

六〇　大行坊　片草にあり、延享四年の簿に見える、旦那湯殿行十家。

六一　行方山観音院　片草にあり、本尊馬頭観音、無縁地、旦那湯殿行十三家、邑人常夜燈の油料を寄進。

六二　宝性院教賀坊　岡田にあり、無縁地、延享四年旦那湯殿行四十二家。

六三　門光坊　岡田にあり、絶院。

六四　正学坊　水谷にあり、延享中の簿に見える、絶院。

六五　実相院唯教坊　福岡にあり、湯殿行二十五家。

六六　円智坊　福岡にあり、以上二坊延享の簿にあり、今ない。

六七　水光山長円寺金剛院　女場にあり、開祖未詳。延享四年の簿に見える。東照宮、山神の別当。旦那湯殿行六十五家。

六八　正学坊　女場にあり、延享中の簿に見え、絶院。

六九　根本山阿弥陀寺宝積院　また養幢院とも号した。耳谷にあり、謁見、延享中の寺院簿に東照宮、阿弥陀院の別当、旦那湯殿行三十五家。

七〇　宝生山行元寺和光院　北鳩原にあり、開祖不詳、延享四年の簿に壇那湯殿行五十一家、祈願二家。

七一・七二　教学坊、来順坊　延享中の簿に見え、今はない。

七三　瑠璃光山光明寺浄蓮院　幾世橋にあり、疱瘡神別当、延享四年の記に東照宮、葉山、諏訪別当、旦那湯殿行五十家とあり、絶院。

七四　法幢院　幾世橋にあり、東照宮、山神別当、延享中旦那湯殿行二十五家。

七五　金竜山明徳寺金剛院　棚塩にあり、無縁地。先祖無量院は一世の行人にして貞享中修験となる。道場の本尊金剛界大日。延享中寺院簿に曰く、無量院、知教坊、東照宮別当。湯殿行百家。

七六　江古山船玉寺南岳院　旧号輪性院、請戸にあり、開祖未詳、無禄、延享中簿に舟玉(吉祥天)の別当、旦那湯殿行七十一家。本尊不動。

七七　受戸山胎蔵寺寿命院　請戸にあり、開祖不詳。道場仏不動他。延享中法教院と号す、旦那湯殿行七十家。

七八　覚善坊　延享中の簿に見える。今なし。樋渡。

七九　梅光山地蔵寺光善院　酒井にあり、延享中の記に東照宮別当、旦那湯殿行三十家、享和中絶院。

八〇　来学坊　延享中の名簿にあり、今はない。

八一　幽沢山東光寺大聖院　井戸にあり。

八二　山城坊　刈宿にあり開祖未詳、延享中の名簿に、檀那湯殿行三十家、文化中絶院。

八三　三室山千手寺正光院　室原にあり、観音、東照宮別当、延享四年の簿に見える。絶院。

八四　正智坊　室原にあり、延享中の名簿に見え、今はない。

なお明治戊辰の役には、配下の修験を糾合し、上之坊は無敵隊を、日光院は金剛隊を、それぞれ組織して城下の警備に当ったが、この時の上之坊の配下修験寺院は八十五個寺であった。

二

修験道が民間に及ぼした影響は、ほとんど計り知れぬほど広く大きなものがあった。修験者が医者の発達しない時代にあって、医者の役目を果して人命を左右することが出来たばかりでなく、諸国を遍歴する機会が多く他の事情に通じていたから、新知識を村人に与えることが出来、寺小屋を開いては子弟の教育に一役買い、時によっては道路を開き橋をかけ並木をづくるなどの、土木のことにも手を出して村人に重宝がられた。

相馬の街道の松並木は、寛永の頃よりつくられたらしいが、奥相志によれば、相馬封内の松並木のはじまりは、天正三年乙亥年、修験上之坊の始祖が、中郷高平の西の路傍に植えたことが古書に見えているという。寛永七年を去る五十六年の昔である。熊野や大峰に行った時見習ったことによるのであろう。

石城塩屋崎の灯台は、はじめ難船を救うために、修験者が海岸の山にのぼって時々火をたいたことによると伝えている。

そのほか村祈祷はむろんのこと火伏、虫送り、疫神送り等ほとんどすべての村の生活に関与し、全く無くてはならぬ存在であったのである。しかも彼等は自由に妻帯し、半ば俗人に近かったから、それだけ庶民の生活に近いものがあった。かつ修験者の妻は巫女である場合があった。しかし重宝がられる一方畏怖されたのは、山伏という名の通り、山野に伏して難行苦行をなして神通力でもあるやに思われ、神と自由に交り得る人間と考えられ、怨霊を招来させ、または退散させる如きいわば気味の悪い祈祷も出来たことをはじめ、種々の予言をなし、それがまた必ずしも善いことばかりではなかったこと、または頼まれれば人を呪咀することも日常茶飯事の如く行うことが出来ると信ぜられたからである。家に不祥事があれば山伏に拝んで貰い、その結果新たに作られた小祠の数もまた相当の数に上っているらしいのを見ても、山伏の勢力というものが、善くも悪くも民間に食い入って、維新前にはほとんどぬくべからざるものになっていたのであった。

仏者は村にあっては、葬式法要のみに限られて居り、神官は祭事祈祷のみを事として居た時、山伏だけはひろくその両面を兼ね、祈祷も神官と異りほとんどあらゆる方面に及んだ。このほか神仏両者に属さないいわゆる俗信と呼びたいものは大抵彼等の手に帰していたから、したがってその仕事も多く、山伏の数も頗る多かったのである。確かに、仏教のまだ無かったいわゆる神道の確立しない以前の、いわば原始的神道こそは、後世の修験道の基礎をなしたものと見て差しつかえないと思われる。

修験者、すなわちこの辺でいう法印は、実際にどういう祈祷をするか、幸い現在も法印の職にある相馬市坪田の山王院の桑折氏が現に行なっていること、および近くまで一般にも行われていたと伝えることを中心に挙げて見る。なお山王院は代々の修験の家で、現在は寺門派である。

祈祷の内容（順序不同）

○まつり一般
○地まつり　地鎮祭のことで、幣束を四方に立てる。
○建てまえ　本屋の時は幣束を四方と中央とで計五本立てる。納屋や馬屋などの時は角々に四本立てる。
○古い家を清める
○家の修繕
○金神まつり
○鬼門よけ・方角一般
○雨　乞
○天気まつり
○舟玉まつり　舟の出来た時。
○葬式・法事
○病気平癒一般
○子供が急に加減が悪くなって困った時
○うえ疱瘡を送る時　色紙の幣束と草鞋とぼた餅とを供えて送る。この草鞋をはいてどこへなり行けという意味だという。
○疫病送り　さん俵などに赤い幣束を立ておにぎりを供えて道の辻に送る。自分も子供の頃道の十文字によく見た。道が幾らでもあるから、行きたい方に行けという意だと。戻られてはならぬとて夜中のうちにおいてくる。また、ふりかえらずに急いでおいてくるのだ。

○はやり目
○虫歯よけ　昔は拝んでもらって駄目な時は医者にかかつたもので、法印の方が先だつた。
○子供の夜泣
○石碑を新しく立てた時
○新しく橋をかけた時
○虫祈祷・虫送り
○火事よけ
○盗人よけ　高松で物を盗まれて人々が困つた時、何とか方法があるまいかといわれ、故智にならって藁人形をつくって祈つたところ、そのためかどうかわからないがそれより無くなった。大正年間であった。
○祈り釘　古い神社などの大木には祈り釘が入っているので、木挽は鋸の刃を傷めるのでいやがる。
○動物のたたり一般
○長虫のたたり　蛇のたたりのことでよくある。子供が蛇を殺して身体の具合が悪くなつたりすることがある。
○四足のたたり　猫も犬も死ぬとY字形の木のまたがりを立てる。これに書く文字は決って居ないが観音経の一句だつたりもする。三辻四辻や墓の入口などに立てるが、祟られないように供養のためという。馬の場合は馬頭観音の信仰で石碑を立てる。木のまたがりは用いない。
○瘧除け
○馬加持

法印の虎の巻ともいうべき祈祷の方法を説いた記録も、稀に発見されるが、どういう内容を持つ祈祷であったか、今では意味のよくわからなくなったものも中にはあるようである。気違を治す法もある。

○方　違
○懐　胎
○子　安
○取　子「取子の法」に、七月午、八月未、九月申、十月酉、十一月戌、十二月亥、正月子、二月丑、三月寅、四月卯、五月辰、六月巳、此日を能々見分て可取也云々。生るるもそだつも知らぬ人の子を神ながらかけて神の子にせん云々。
○求　子
○隠　形
○渡　海
○邪気加持

不浄を除く法などは今もよく行われる。また、長生法、招魂法、その他、伝えている加持祈祷の法はなお多くあり、細かにすればほとんど無数といってもよい位であって、護符などにも種々雑多なものがあった。例えば、

鼠が荒れるときに立てるもの
鼠が衣装を食い破る時
鴉が家に入り込んだ時
鴉の糞が人身にかかつた時
悪人の入り込まぬよう
いたちが騒ぐ時
いたちが家に上つた時
悪夢を返すとき
井戸に蛇が入つた時
家内に怪異のある時
釜の鳴るとき

酒造りが悪くなりそれをよくする場合
狐が荒れ鳴き渡る時

こういう祈祷が文字に表わされてもっともらしくなると、

七難即滅　七福即生　五穀成就　家内安全　息災延命　衆病悉除　身心安楽
安産守護　母子安全　解穢　当病平癒　怨敵退散　消除諸災

などとなるのである。

加持祈祷の実際は、根拠の無い俗信に過ぎぬもの多く、ここにはすべてを省略するが、一班を知るために一例だけ挙げれば、

○狐つきを落す法

狐つきをおとすためには、のでっぽうの木を三尺に切り八角に削ったものの先に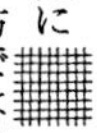の様に書き、熊野の牛王で巻いたもので打て、

といった類である。こういうものでも神官のやり方はやはり違っていた。神官の方ではひき目の法を行ったが、この時の歌の例は「ひき目射る神の前なる古狐、はや立ちかへれもとの住みかに」、「年を経て身をさまたぐる荒御前今は離れてもとの社へ」。御前はみさきで狐のことであろう。「狐発之大事」中の消災の呪文は「ノウマク　サンマン　ドボトナンヲハラチ　コトシヤソノナン　トウシトウエン　キヤ〳〵キヤキ　キヤキ〳〵　ウンシクラ　シクラハラチ　ハラシクラケシユサチ〳〵　シシユリ〳〵　ソハシヤ〳〵　センチユヤシリエイ　娑婆訶」。

なお山伏の仕事はほとんど止る所なく、文字による占的なことにも及んでいる。例えば

勝　軍陣その他万事勝負に出るによろし。
鬼　病人に向う時この字を加ふれば病を受けず。
竜　海川を渡る時この字を加ふれば障りなし。

この外、一、角、行、命、水、天、虎、太、合等の文字のもつ意味を説明している。

○道きり祈祷

長い病気で治らぬ時は、生霊(いきりょう)とて人の思いで怨を受けていることが多い。それを払う意味でこの祈祷を

する。法印としては、これ以上の祈祷は無いとされているほど重いものであった。

この法を行うためには法印五人を要した。図のような人形を紙で作って油で煮、竹の筒に封じ込め、祈祷をして流すのであるが、主に観音経秘鍵などを唱えたようであった。

この道きりは、山上の法印万蔵院のお爺さんの時、毎年正月によくやったものだ。これは生霊死霊のたたりを除くためばかりでなく、例えば家内安全にも行なったし、また家を建てる時きよめて貰うためにも行なったりした。人形を封ずる竹は長さ一尺ばかり、五色の天盤と地盤をつけて封をする。間を縄ですき間なく巻く。

護摩をたくが、木はのでっぽうを用いる。八方けんとて東西南北四方八隅に使う。札も道きり専用のものあり、これも子丑より数えて東西南北四方八隅に及ぶ。

道きり祈禱で油で煮た人形を封じた竹筒

第二節　本寺上之坊を通して見たる領内修験道の消長

一

領内修験の本司は上之坊と日光院であったことは既述の通りであるが、概して日光院の勢威は上之坊の如くには挙らなかった。それには種々の理由があったろうが上之坊が中央勢力と結び、いわば修験の正統を以て自任し、日光院の方が地方の本山ともいうべき羽黒についていたことに対して、自負心をもっていたことにもよるのであろう。かつ歴史も古い上に、湛清、雨潤の如きすぐれた人材が輩出して経済的に貧困であったに拘らずよく修行に励み入峰を重ね部下を統卒したこと、随って本山よりの信頼あつく、また藩主よりも信任があったことなども原因していようかと思う。しかしとにかく領内では二大勢力で、時には力も伯仲していたから稀には争いもあったらしい。例えば奥相志によれば、慶長中上之坊は、聖護院宮の支証ありと称して日光院を属下にしようとして日光院源盛と争い、遂に公訴となったが裁許は下されなかった。そこで慶長十九年一月というが、源盛は訴状をもって直接家康に訴えた時、「宗々格別の裁許」があったという。

日光院の文書は今では見当らないが、奥相志には多少残つているので、主なところはそれで知ることが出来る。それによれば同院は、代々本山より大先達大阿闍梨法印に任ぜられ、俗姓を渡辺といった。もと真野郷栃窪花輪山にあり、聖海を祖としている。慶長中小山田に移り延宝中中村に移る。聖海の事蹟は明かでないが、とにかく元亨三年相馬重胤総州より当行方に移住以来の旧院という。移住の直後に当る正中元年、栃窪の渡辺美濃なる者が日光院をついで聖海と号したので、彼ははじめ羽黒山に入峰して修験道を修めたので日光院の住職になれたのだという。ついで正中二年、羽黒の執行泉慶より南部大聖寺の快山と共に聖海は峰中先達職に補せられて、密教の伝授を受けたと伝える。相馬胤頼は彼に命じて君家の安全を祈願させ以来代々そのことを続けて来た。

慶安年中、宥盛が羽黒山別当天宥から峰中灌頂巻その他を伝うとあり、また、同じく本山より代々大先達大阿闍梨法印に任ぜられ、また羽黒岩根沢霞において、相馬領より参詣の中五分一を以て先達職領として賜うとある。こういう関係で毎年本山(羽黒)に出仕していた。また文禄中羽黒山の執行宥源と同山の学頭尊星と威儀を争い、宥源が離山して三年程日光院に居たとも伝え、この時彼が峯中灌頂秘密伝法を当院に伝えたという。それで当院では能除灌頂の講式、柴燈護摩の法を修するとある。羽黒山では毎年七月十八日から八月五日まで峰中灌頂の式が行われるが、この時法親王の代僧執行に附く役が四人あり、これを四先達と呼んだが、この中三人は山内の寺院で一人は日光院だったという。

　徳川初期までの日光院関係文書の主なもの

天文二十一年林鐘一日　宇多二十八箇村、右任先例所相渡于日光坊証状、月山執行法印永慶在判

天正十四年六月吉日　奥州行方郡並椎葉霞事、右任先例、今度為修験中諸行人先達職之旨、執達状、羽黒山大先達法印宝善坊慶俊在判、
　奥州相馬日光坊あて

正保四年文月吉日　定山号受与小倉山右令免許之状、羽黒山別当宝善院天宥在判、相馬日光院あて

寛文九年八月二日　定寺号受与長安寺之状同前授与、相馬日光院、奥州行方郡並椎葉霞修験行人之先達、如先規可執行之状、羽黒山大先
　達宝善院執行圭海在判

延宝七年八月十五日　奥州相馬領悉如寛文九年先判、令補浄火七五三並修験道行人之先達畢、称修験道勤行無解怠可抽天下安康之懇者支
　配之輩可相守諸法度之旨、可加下知者也、寛永寺学頭凌雲院兼羽黒山執行別当僧正胤海判、相馬日光院

元禄十年二月日　湯殿山月山羽黒山就従相馬領参詣之道者十五人金一歩引前、於岩根沢羽黒両所為知行分、如先規宛行之者也、東叡山
　大仏頂院兼羽黒山執行別当大僧都義天判、相馬日光院

とにかく上之坊と日光院とは、相馬家の移住と彼等自身の移住以来、その庇護に頼みをかけて次第に組織化されて行ったのであるが、今は上之坊の消長を問題にしようとしているのでこの方面に焦点をしぼってここから村における修験道の横顔を眺めて見る。

上之坊が現在まで伝えている「上之坊岩崎文書」中、最も古くそして確実なものは文明九年のもので、

奥州東海道行方郡、相馬治部丞一家被官之輩、熊野参詣先達職之事、任当知行之旨、不可有引導相違之由、乗々院法印御房被仰出候処
　也、仍執達如件
　　文明九年七月十八日　　法眼慶乗、法橋快継
　　　治部公御房

とある。相馬治部丞は治部少輔高胤のことで、乗々院法印は聖護院宮の重職と思われる。治部公は上之坊を指す。上之坊遠祖は代々治部卿と称した。この書は上之坊の本職を明示した辞令である。当時の辞令にも仲々やかましい面もあって、天文二十年十二月五日付で、聖護院宮が某地(場所不明)に滞在中、上之坊配下の衆が賄役を仰付かったからよろしく勉強せよとの意味の指令が出たかと思えば、数日後の十一日には、職務怠慢につき余人を以て年行事職に補せんとする程の譴責の文が残っている。

就当地御逗留御賄等事、上之坊随相触各可有其働、若於難渋者、堅可被仰付之由、聖護院御門跡所被仰出也、仍執達如件

天文廿十二月五日　　　藤之(元カ)　塙梁(増カ)

相馬領分修験中

奥州相馬一家被官等領中年行事職之事、去文明九年七月十八日、任乗々院法印奉行之旨、無相違可令全領知、然者如近年対京都令無音者、可被補別人之条、宜令存知其趣之由、聖護院御門跡所被仰出也、仍執達如件

天文廿十二月十一日　　　藤之　塙梁

上之坊

標葉郡はもともと岩城宮林房の檀家であったが、相馬領となってからももとのままであったので、明応八年相馬盛胤は聖護院に請うて上之坊檀家に直した、その証文は磐城小川の来泉寺にあるという。また、盛胤の親書に、「宇多庄引導之事、不可有余儀候、明応八年七月七日、平盛胤判、治部卿へ」とあり、爾来名実共に三郡は熊野霞に属するようになった。

天文中、後盛胤が紀州熊野及び高野山に参詣の時、上之坊が先達をつとめている。盛胤は元来熊野を崇敬していたから、帰郷の後はなお更これを重んじて自ら熊野行法を修した。上之坊また藩主家永代の祈祷所を以て任じていた。いいかえれば藩主の後援もあって勢力を拡張したのであろう。

令精誠当家、家運弥以令増進様、御祈禱任入候、因茲従前代之転馬之公役、末代所令免許也、仍為後日之証状如件

永禄八暦乙丑霜月廿日　　盛胤
寛徳寺　寄進

後義胤の熊野神田寄進状には

奉寄進熊野山田一町　熊野ロノ内
永禄十三卯月二十七日
義胤判
寛徳寺　参

と見える。また、文意がはっきりせぬが、利胤の時だから慶長元和の交と思われるが、三宝院が藩侯の代参に関して非分の申懸を起したことが本山に聞えたので、大僧正佑進より藩侯に対し、若し三宝院が申しつのらば上京して申訳をするようにと注意し、かつ僧正自身江戸に下った時、藩侯江戸に在府なら親しく話し申そうとの佑進自筆らしい書簡が残っている。

一筆令啓達候、仍上之坊儀以御芳情、毎年熊野大峯無懈怠罷登候儀、別而於我等欣悦之至候、然者上之坊同行三宝院、御代官参之儀付而恣之申分仕旨申聞候、上之坊儀代々相馬之年行事申付候上者、為御下是非之儀不及言語候、併上之坊非分於申懸者、三宝院罷上可申分由被仰付可被下候、山伏家法之儀者可為御不案内之間、扨申入事候、何様御在江戸之時分罷下候者、以来可得御意候、恐々謹言

八月廿三日　　若王子大僧正佑進
相馬大膳助殿　人々御中

明暦二年には、上之坊よりの問合せに対して本山より懇切な指示があるが、他の関係が記して無いために内容を知り得ないが、死罪とか追放とかの言葉が見えて厳しいものがあり、また、上之坊が若年で他の修験よりあなどられているそうだが、いうことをきかぬ者があらば知らせよと、厚意を示してくれている。要するに修験の道は厳に格守すべきことを示したものと見られる。

以代僧被申上之旨、具令披露候処被聞召分訖

一、椎葉郡三世院、申分有之付て、双方罷登遂対決候処、三世院非分相究、其上金襴地結袈裟、無御補任着、前代未聞候、則袈裟停止候事

一、三世院大聖院父子、雖為死罪、訴之訴人忠節之者候故、死罪御免被成、相馬御領分追放被仰付候条急度可申付事
一、三世院一味同行二人、任筋目貴殿同行被仰付候、尤椎葉罷在候三世院一味同行共、可為同前候、若違乱輩於有之ハ早々注進可申候、急度可申付事
一、意明院、公儀掠謀判仕由被届聞召、言語道断儀思召候、則死罪被仰付、急度成敗可申付事
一、行蓮院儀ハ意明院ト八覚別候、其上於当地遂穿儀候処、科軽ク候故、相馬御領分追放被仰付候条、急度可申付事
一、当秋入峰可然候、其刻相馬修験中補任狩被致、京都へ持参尤候、御改可被成旨候事
一、右之趣家老中迄具申達候、其心得尤ニ候、貴殿若年故、修験譲有之候条、守御法度之旨、急度可被申付候、若違乱ノ輩於有之ハ早々注進可有事
右之条々急度可申付之旨、若王子御房被仰出候、仍執達如件
明暦二九月九日　伊藤大蔵卿快延、三上民部法橋秀安、同秀山、法橋快給
相馬上之坊

延宝六年九月には、宇多、行方、標葉三郡の年行事職のこと先規の通り、大峯修行等怠りなく勤めよとの指令が出ている。

陸奥国相馬領之内、宇多、行方、椎葉三郡年行事職之事、任先規之例、被仰付訖、然者大峰修行無懈怠、可抽奉公忠勤之旨、依三山検校宮御気色、執達如件
延宝六年九月十日　法印源慶、法印晃隆
上之坊

奥州相馬領宇多、行方、椎葉年行事職之事、任先規之例、熊野道者並社参仏詣、可令引道者也
延宝六年九月十一日　源慶(カ)
上之坊法印

修験の二派すなわち聖護院派(本山派)と醍醐派(当山派)との対立は、中世末期より甚しくなって、それが地方にも及んだ。本山派は熊野三山より大峯に向って入峯し、当山派は大峯より熊野三山にかけて入峯するのが定まりであったのに、本山派の修験にして、当山派の先達にしたがって入峯する者のあるのを厳に停止した通牒が天文二十二年に出

されている。

本山の面々属当山之先達遂入峰之族在之者、八箇国奥州両州殊令停止訖、若背御下知者可被処厳科、於相抱之領内、雖一人在之者、可被改年行事職条、宜令存知之由、聖護院御門跡御気色候也、仍執達如件

天文廿二八月十九日　　塙信　塙梁

奥州諸年行事　御中

八箇国は関八州で、奥州二州とは陸奥、出羽で今の東北地方をいうのであろう。

延宝九年五月、上之坊常栄が怨恨関係で院代光台院宥性を殺害する事件が起った。上之坊高平在住当時のことである。

一、先キニ上之坊、出羽守様御入部之砌、由緒有之者共、御目見へ為致度よし五人申立候内、四人ハ相叶不申、蓮性院儀御目見へ仕筈ニ御座候処ニ自分ニ忌中故不仕候、中間之存入ニも残る四人ハ由緒も有之者共、蓮性院儀ハ先キノ覚明院も致たるよしは及聞不申候処、相済ミ申たる事、不思議ニ存罷有候処ニ、弾正少弼様御入部之砌御取次福島三郎右エ門殿、上之坊へ被仰候ハ、蓮性院儀ハ御目見へ仕筋目ニも無之由世上風聞ニ御座候、しかと中間へ相談被致候様ニと被仰付処ニ、斎藤八左エ門証人ニ御座候由ニ申候得共、俗之証人ハ不被申上候、中間を聞合候様ニと被仰候、酉ノ五月九日之昼、三郎右エ門殿へ中間之年寄申たるもの共、其上御目見へ仕候者共御呼色々御聞被成候得共、中間ニ一人も覚無御座、上之坊無面目相見へ申候、免角明日治定被成様子可被申由、被仰御返被成候、本より八左エ門、円成院、蓮性院、上之坊四人之相談ニ而申立たる事ニ候得者、中間ニ一人も覚無御座候、それ故此儀三郎右エ門殿へ知れ申候儀ハ、光台院御内証をも申たる儀と邪推仕、光台院を延宝九辛酉年五月十日朝ニ用所御座候とて呼寄、たくみに仕切殺申候、大乗院も切可申たくみと相見へ呼寄申候得共、是光台院を切候を見申候と其まま欠はつし申候、おもて迄押懸申候を、円成院甚くい候ふぜい仕候、右之四人色々御僉議被成、三人は手かねをかけ籠舎被仰付候、八左エ門は身類へ御渡し、昼夜右之四人を色々御僉儀被遊候得共白状不仕、上ノ坊申分ニハ光台院拙者ニしたがい不申候故切殺申候由申候まま先被指置候而、御野馬追前ニ而相延申候

一、同廿九日ニ御意ニて御目付衆ニ、初ニ富田彦太夫殿、後ニハ半野吉兵エ殿、御郡代ニ遠藤清右エ門殿、富沢杢兵エ殿、門馬八郎兵エ殿、寺社奉行ヘ福島三郎右エ門殿、町御奉行ニ木幡二郎右エ門殿、勘定御奉行ニ木幡権右エ門殿、氏家新右エ門殿、右八人の衆へ、御前より成程僉議仕候様ニと被仰付、色々御僉儀被成、光台院存念をば三宝院初終ニ両度、善性院昼夜五度御呼、三学院も両度御呼御聞届、其上蓮性院円成院と善性院対決を仕、光台院怪なき事共申ひらき、両人のもの共押付申候、六月四日の朝食過ニ円成院蓮性院八左エ門白状仕候は、蓮性院儀筋目もなきものを、親分の法楽院覚明院御目見へ致候と偽を申立候由落着申候、同五日ニ上之坊被召出、三

人の者共落着申候間、白状可被申候由被仰候まま、則白状被致候、同六日ニ御一家御老中、いずれも惣御寄合ニて御披露ニ被成、江戸寺社御奉行まで、殿様より被仰達、死罪ニ可被仰付由、江戸御奉行よりも被仰遣、七月六日の戌の刻ニ死罪ニ被行候、両人ハ俗ニ被成、山伏之諸道具袈裟衣御取、子供ともニ俗ニ被成、他領へ御払妻子共ニ同七日ニ御払被成候、八左エ門ハ六月之内、山之内へ御払被成、其上身類ニ御渡被成候、上ノ坊子共十二ニ成候をバ、海道のきはに居不申候様ニと被仰付、妻子共ニ佐山惣兵衛ニ御渡し被成候、其以後京都本師へも、殿様より被仰遣候

一、年行事職之儀、中間十一人程、旦方へ罷出、入札仕指上申候、八月朔日ニ三宝院を御城へ被召出、年行事職只今より被仰付、名をも改申候而上之坊と付申様ニと被仰付、旦方より東善院子供、大乗院善性院小高八景三学院三人共ニ会所へ御呼、三宝院を上ノ坊ニ被仰付候段被仰渡候、此上光台院跡式の儀、三人の者共其外之者共も引加へ相談仕、明朝上ノ坊申上候ニと当上之坊へ被仰付候、同二日ニ上之坊御目見へ被致候、光台院跡式の儀も、中間の存寄、御自分之思召寄被仰上候

一、同三日ニ善性院を旦方へ御呼、光台院跡式の儀、御吟味の上、善性院ニ被仰付候と、福島三郎右エ門殿御取次ニ而、薬師別当職知行立谷の家屋敷共ニ拝領仕、其上先キノ上ノ坊宿屋敷明キ候を、望ニ候はば御相談被成可被下よし被仰候、居なれ申たる所と申、先祖よりの屋敷ニも御座候間、勝手次第ニ罷成儀ニ御座候ハバ、高池ニ居申度よし申上候得バ、中村ニ成共高池ニ戌共、両ニ一方屋敷被下候、立谷の屋敷と二屋敷被下候筈ニ候間、勝手次第ニ仕候様ニ被仰候まま、弥々高池ニ居申筈ニ次日も申上候、いづ方に居候とも、光台院致来候通ニ万事仕候様ニ中村なみに被仰付候、御老中へ御目見へ之時分、腋本喜兵衛殿被仰候も、屋敷の儀ハ如何様ニきはめ申候やと被仰候得バ、三郎右エ門殿被仰候ハ、勝手も能御座候間、高池ニ居申度よし申上候事ニ御座候と御申候得バ、喜兵衛殿被仰候ハ、屋敷もひろし一段の分別ニ候半と被仰候、扨亦前日、御旦方被仰候ハ、高池の屋敷も年具を上げ申候而、抱地杯ニハ可成よし被仰候、かかい地ニいたし中村へ移候而ハと迄被仰候、乍去拙者申上候ハ、勝手も能御座候、弥々又御本尊をも立置申候ニ、人をも置不申候而ハ如何ニ御座候間、先づ高池ニ極可申由申上候、重ねて折を以テ望ニ御座候ハバ、申上候様ニも仕度よし申上候得ハ、重ねてとてはむつかしくも候間、能々分別致候様ニと被仰候得共、とかく先づ高池ニきはめ申候而申上度よし申候得バ、それはともかくも勝手次第と被仰候、弥高池ニ居候様ニ申上候、難有事共筆にも難尽儀ニ存候、目出度千秋万才、子孫長久攸

延宝九辛酉年八月吉祥日

文中の出羽守様は藩主貞胤、弾正少弼様は同じく昌胤を指す。結局僉議の結果は、常栄は死罪になり、連座の者達は俗にされ、山伏の諸道具袈裟など取り上げられて妻子共他領へ追放された。上之坊の子供十二才のがあったが、これも海道に居ることを許されず、妻子共佐山某にあずけられた。藩主昌胤は若王寺大僧正まで委細を報告したその返

書があるが、これで見ると昌胤の書面は天和元年七月五日発信したのが、京都に着いたのは八月九日で一個月を要したようである。

去月五日之貴翰、当九日ニ相達令拝見候、随而御領分ニ罷在候拙僧手下上之坊儀、同行光台院と申山伏ヲ理不尽ニ切殺申ニ付、寺社奉行衆へ被仰達、死罪ニ御申附候旨御断之趣、御尤ニ存候、上之坊代茂追付可被仰付候由、得其意存候、弥可然様ニ奉頼候、御紙面之通委細聖護院殿に申上候、誠被入御念候事ニ御座候、恐惶謹言

八月十三日　　若王子大僧正晃海

相馬弾正少弼様　御報

しかし同年八月、昌胤の命により三宝院長清（本覚院真清の三男にして殺された光台院宥性の弟）をして上之坊常栄の跡を継がせ、名を湛清と改めさせ、高平山阿弥陀院寛徳寺の院家采地を賜り、中興の祖となった。かつ善性院をして光台院の跡をつがせた。けだし右の延宝事件の全貌を述べた文章は筆者不明であるが、当時の感激を詳細に述べている点よりも、新任光台院の執筆せるものにして、上之坊へ寄せたものであろうと推察せられる。

ここにおいて湛清は寺域を小泉（現在相馬市）にトして移り住んだので、彼を中興開山と称している。湛清は俗姓岩崎氏であったから、彼以来俗名を岩崎治部卿といった。院家再興の時、本山宮より相馬領三郡熊野霞相違なき旨の書付と若王子大僧正の証印とをもらっている。湛清が上之坊をついだのは二十二才の時であったというから、はじめて本山へ挨拶するため、同行善性院および三学院を伴なって上京する時、湛清いかに才識あるもなお世事になれぬのを危ぶみ、時の家老富田甚右衛門がいろいろ心配して、上京についての心得を申し送っているのは入念なものである。その添書とも思われるものは、

道中御堅固御上京首尾好御下向待入存候、内々之書付、大形此通かと覚申候、不及申候へ共、此書付御出候事ニハ無御座候、御自分之覚ニ計可被成候、大蔵卿へ相渡申候書付ニ相違之無之様ニと計存候、寺社御奉行衆への御口上様子ハ貴僧御存知無之筈候間、書付候て進候ニ及不申候、大蔵卿への書状一通遣申候、御届可被成候、諸事善性院三学院へ御相談御尤候、恐惶謹言

九月二十三日　　富田甚右衛門

上之坊様

尚々書付ハ御心ノ覚ニ計被成候て御他見被成間敷候

随行した善性院は老功の実直者らしく、上之坊事件の顚末を記したのも、この随行中の記事を残したのも彼であり、湛清のよき顧問役であったかと思われる。

覚　書

延宝九年酉ノ九月、御門跡様へ次目之御礼申上ニ上之坊御上候ニ付キ申候而罷上候様ニ、御内証御座候而、九月十二日ニ罷立、京都ニて若王子大僧正御門跡様迄、上之坊次目之御礼首尾能申上、若王子ニて御料理被下、御門跡様御盞迄被致頂戴候、拙者も不相替御目見へ仕、三学院も同道仕候ニ三学院ともニ御目見へ仕、両人共ニ御盞頂戴仕候、京都に十八日逗留仕、万事掟之御相談迄坊官衆へ仕、十月廿一日ニ京都発足仕候而十一月朔日ニ江戸着仕、江戸ニて二日ニ奥様へ罷出、御姫様迄御目見へ仕、御守札指上、御吸物御酒被下、其上其夜おなわ様、おらん様、おかめ様迄御守札指上御礼申上候得バ、御前様より福島三郎右エ門殿御取次ニて、奥様より金子一分拝領仕候、おなわ様より銭五百文、おらん様おかめ様より金子一分、阿部清右エ門殿御使ニ而、堀越金右エ門殿御取次ニ而被下、大浦庄右エ門殿を以テ御礼申上、同三日ニ江戸御下屋敷罷立、同九日ニ下着仕、殿様へ御守札指上ニ御台所ニ罷出、御一家御老中迄罷出、首尾能相勤申候、次ノ年正月五日ニ当殿様昌胤公御代ニ親子共ニ御目見へ仕候子共鏡学十五ノ年ニ而御座候、同三月廿七日御上ニも立谷へ罷出可申候哉と旦方富田甚右エ門殿迄、上之坊を以テ申上候得バ、光台院致来候通ニ仕候ニと被仰付、親子共ニ立谷薬師堂前ニ而御身送之御目見へ仕候、其以後年々仕来候通ニ親子共ニ御目見へ仕候、誠千鶴万亀と難有奉存候　以上

天和元年酉年今月吉祥日

善性院宥憲

湛清上京の際、本山の晃海より昌胤にあてた書簡は、

一筆令啓上候、先以御堅固之由珍重存候、然者上之坊儀、継目之礼罷上候様ニ被仰付、此度上京申、御家来富田甚右ェ門方より、家来迄紙上之趣令承知、被為入御念候事存候、上之坊儀、弥可然様奉頼候、猶得後音時候、恐惶謹言

十月廿一日

若王子大僧正

相馬弾正少弼様人々御中

同じく湛清上京中その宿房へあてた本山の執事よりの書面は、

一昨日は継目之御礼首尾能相済、一段之儀存候、就夫御門跡江御礼之事、今日御序有之候間、四ツ時分私宅迄御出尤ニ存候、善性院三学

院茂弥御礼願候ハヾ、可被召連候、為其如此ニ候　以上

十月十日　　　　三上民部卿

上之坊御房

追啓、諸同行御祝儀指上ル次第別紙ニ書付進之候、已上

湛清が上之坊を継いでから、引きつゞき善性院が光台院を継いで入峯し、本山に出頭して認許を得た。その時の本山より小泉への文書の一部が残っている。

七月五日之芳札、令披見候、弥御無事之由珍重存候、此表無相替儀、大僧正乗々院様御機嫌能被成御座候間、可御心易候、然者此度善性院三学院始同行御登せ、峰中無恙令執行下向一段之儀ニ存候

一、右善性院、三学院事、今度光台院、清学院と名ヲ相改申度、此儀ハ於其元理申入候由ニ而願申候、貴院より不申来如何ニ存候へ共、無相違旨手形致候故、則名為相改申候

一、右之両人、裳衣書付之儀願候故、是又被遣候、其外此度罷登候同行へも願之通御補任相渡申候間、左様ニ御心得尤ニ候

一、貴院、当秋入峰無之理之趣(以下欠)

近頃発見した文書入の箱の蓋の裏に、「本寺江勤続目之時」という題の湛清自筆の文がある。「湛清親書曰、貞享甲子之春建立成就移当山」とあり、なお、

延宝第九辛酉之夏之頃、寛徳寺上之坊先寺、為背於国法依罪過而亡失於我身、当君平朝臣昌胤公、修験之道衰憂可為門弟混乱而、可継後跡尋人体、爰而岩崎氏三宝院在末孫、年数余三七而愚闇雖不敏、祖父以威光年行事職被成下、本智禄共拝領、依是同秋之末而熊野三山之検校聖護院御門跡洛陽東山若王子僧正両所江勤継目之礼法、家伝法式既而邪法而不正故、従本寺受証文、改私法顕用正理、天運環来、如願望首尾成就自他共歓喜、冀修験道盛世、宗門寄睦転自葉報、子孫栄久而報祖師於恩徳、高平山寛徳寺上之房湛清謹謙而書之

と見える。

ついで貞享元年一月十五日、高平村より熊野権現を小泉境内の山に遷座して領内修験の一霊地とした。奥相志の伝うる所によれば、熊野宮はもと総州にあって千葉相馬の鎮守であったが、元亨中行方郡高平にうつり、重胤が三祠ならびに本地堂を建立したが、造営の間仮殿に安置した。その旧跡は今の上高平村の圃中に熊野の小祠として名残りを

止めて居り、地名を若王子といっている。残っている棟札で古いのは慶安時のもので、「大檀那平義胤、願主上之坊源秀、慶安四年辛卯五月吉祥日云々」とあるという。

湛清が非常な感激をこめて、自筆の礼拝文を認めて社前に献じたのは貞享二年九月のことであった。これを以て見れば最初の社殿は、仮宮程度のものだったかと思われる。もっとも小泉遷座に、前記の貞享元年説と天和二年説があって判然としない。

行方之郡高平所熊野大権現鎮坐御坐給処、氏君府城依遠遷、改旧地、於宮社宇多荘奉安置小泉岩崎山、雖然破風雨自然、得時節雖欲再興加、不任自力志望、今度十方檀越群民之以助力悉修覆成就、円満悃願、栄末代歓喜者也、故祖師役老曰、如我昔所願今者以満足、抑熊野之尋御本地、本宮者証誠殿、垂跡阿弥陀如来、渡度苦界教守、三身円満覚王、在娑婆契縁起六人御願、設九品蓮台止修羅闘諍、化度濁世衆生、新宮等覚殿、薬師如来、東方医王教主衆多羅、云我名号一経其耳、衆病悉除身心、安楽之悲力無量也、那智之御宮□飛千手観音、迷盲闇者於照明、加之十二□□末社部類眷属悉悪業消滅、於極苦退治諸障礙、利益安楽衆生、励志神冥者、感応通力自在也、此三尊唱満呪陀羅尼、弥順国連道之修行者於耶、成仏不可有疑惑、殊而捧供具致祭詞、垂納受授有路之貧宅福祐給、願一天四海安穏泰平、風雨順時五穀成就万民豊楽、殊而当地譜代大檀那平昌胤公、御武運長久御子孫繁昌、上和下睦、別当役末派寛徳寺五十余代覚源湛清謹奉捧礼文敬白再拝

干時貞享二乙丑年九月廿八日

元禄四年藩主昌胤は、今田の如法寺境内にあったという牛頭天王社を中村城の艮方に当る小泉にうつし、城の鬼門を護り、国家安全を祈念せしめたと伝える(奥相志等による)。昌胤自筆の願文も残っていて珍しい。

願　書

御神力故、先月者無恙送難有奉存候、今月弥以大切之月奉存候間、幾重茂御神力以御奇鑑奉願候、し歌指上申候如件

元禄四十一月日御宝前　　少弼

奉納の千首和歌も残っているが、それには昌胤はじめ当時の相馬の歌人の名が幾人か見える。当時上之坊は天王の別当として活躍したが、昌胤の牛頭天王を勧請したことを讃嘆した湛清の一文が残っている。

敬　白

蓋聞蜀江錦依洗増色、荊山璧随研添光、故顕信心丹誠以修造浄閣、祈除災安全在敬崇尊像、依之従往古以来、未営構梵宇安置本尊丹祈息災利民者不可勝言也、爰当国太守朝散大夫御史中丞平朝臣昌胤公、謹以元禄四年九月十一日、草創牛頭天王神殿、而勧請正体矣、抑尋天王之本源、薬師如来之権化也、無病悉除誓約転禍為福要盟豈唐捐哉、伏願

国家安全而　　人嘯千秋月

郡郷豊稔而　　世含万歳咲

特

累葉栄昌兮　　開光花苗裔之露

社頭長久兮　　殆繁茂門葉之緑

元禄四歳宿辛未秋九月中一　　謹書

上之坊の寺料は奥相志によれば、

文禄中五貫七百七十文

元和中二十五貫二斗二升

寛永中三十石四斗八升五合

明暦中三十石五斗七升三合八勺

貞享中三十石五斗七升四合

寛保中三十九石一斗六升三合二勺

延享中四十一石五斗六升

と見えるが、以前は高平、貞享後は小泉移住後に属する。ちなみに日光院の知行に関しては奥相志に、

元和中十四石四斗四升、寛永中十石五斗、明暦貞享中十四石二斗七升二勺、延享中二十三石三斗四升

とある。上之坊関係のもので古い順に示せば

高三十石五斗七升三合八勺　行方郡中郷高平村　百姓十軒

右之通為寺領被宛行候、年々免相次第、可被致所務由也

明暦二年七月日　　村田与左ヱ門、池田八右ヱ門、熊川左ヱ門、岡田監物

上之坊

と見え、中に百姓十軒とあるが、近年高平に行って見るに、すでに三百年を経た現在もなお、この辺の土地を上之坊と俗称して居り、農家の某氏は、昔は上之坊さんに米をつくって上げていたと先祖から聞いていると話してくれた。右の書付の内訳も別紙になって居て、これも同時に渡されたものらしく、年月日も同様であるが重役の署名は村田、池田の二人になっている。

しかるに明暦四年正月の知行書は相馬において藩侯直印の形式となった最初のもので、勝胤は十九代の藩主忠胤のはじめの諱である。

知行三十石六斗、於行方郡高平村之内、令寄附之畢、宜所納者也

明暦四年正月十七日　　勝胤

上之坊へ

高平より小泉へ移住後は、高も当分高平、小泉に分れて、合せてやはり三十石六斗であった。

宇多郡於小泉村行方郡高平村之内、三十石六斗任先判扶助之訖、宜所納者也

貞享四年九月廿八日　　昌胤

上之坊

小泉移住の際の「小泉屋敷亥十月十八日ニ致拝領請取申候云々」の湛清の覚書には、当時の屋敷替の模様がよく述べられ、時の立合役人の所氏名まで記してあるのは周到であった。中に高二石五斗八升三合とあるのは、小泉村の内にある知行と合致する。この数年後と思われる文書によれば、最初の時より収穫が増していることがわかる。

二

民間神道を基盤として古く発生したと思われる修験道は、仏教道教等の外来信仰にも影響されつつ発展したが、その中心となったものは山林修行であり、禁厭祈祷の如き呪術的要素であった。それが後世に至ってもなお年行事職な

どは度々入峯して修行を重ね、正しい行法を修して正しい教え方を同行に伝えなければならなかった。

明暦二年若王子院主より直書を以て達せられた文書によれば、

修験道法度作法之事

一、年行事職之事、諸国本山之山伏相極申候事

一、伊勢、熊野、富士、日光、引導之儀、聖護院御門跡御代、従先規被仰付、任筋目可令執行事

一、七五三祓幣諸祈念等、従往古修験道如有来可仕事

一、験者寄附守子、従先規如在来可仕事

一、諸経諸真言並梵字之札、守、巻数等、山伏方如在来可有之事

一、結袈裟、珠数、錫杖等、尤可用事

一、従先規山伏持来別当職、今以可為其分事

右、守此旨、禰宜作法混乱仕間敷候、併吉田神道之下、禰宜方此ヶ条之通、曾以不可有之間、可存其旨者已

明暦二年丙申九月十二日　　晃海

上之坊

先に天正二十年正月、家康より年行事中あて、「右任聖護院門跡被定置先例、領掌不可有相違、然上者天下泰平採燈之修祷可抽丹誠者也」との修験中年行事職之事が令達され、慶長十八年五月には、同じく家康より聖護院殿として、「門竹立門七五三引、御祓立、神前備魚類候事、伊勢熊野社参仏詣、是引導者修験中之作法也」との年行事職之次第が示された。

上之坊等は上述の指令を忠実に実行したものと思われ、修行に余念なく、修験道の作法も追々領内に浸透して行った。しかし何といっても村人の山伏に対して抱いていた魅力—時には畏怖となったが—は諸々の呪術であったと思われる。度々の峯入りによって修行を積んだ山伏が霊験あらたかに考えられたのは当然のことで、彼等は大いなる自信と自負とを持って山野を跋渉していたのである。徳川の紋章としての葵は使用厳禁であったその当時すら、なおこれ

を堂々と使用して道中し得たことを誇示した文書の下書も残っているが、家康の公許を以てする由緒をあげてその筋へ提出したものと思われるもので、時代は寛永頃であろう。

一、葵御紋奉用仕候

右者文明年中、聖護院宮様より、相馬領分宇多、行方、標葉三郡之年行事職被仰付置候処、慶長年中権現様より、天下之御祈願所ニ被仰付候、以来大峰入峰参勤之道中、葵御紋付御ヱゲを以御祈禱仕候、向後右往来之通御紋奉用仕候、以上

近頃寛文八年の裁許状を見るを得た。

条々

一、慶長十八年先御代駿府御訊判之節、非法之儀斗御停止之処、本山年行事之事職かすめと申置霞奇破之由、従当山方奥州白川予州松山等江以書状触遣候事、不届之至也、熊野之儀者、聖護院御門跡代々三山検校職たるのゆへ、本山之与配紛無之、並年行事霞之事も、至于今無相違証文有之上者、熊野道者如前々本山之山伏可引導事

一、従聖護院御門跡、於諸国従古来被定置之年行事職者、今以不可有相違、自今以後、新規年行事を被定置儀ハ御停止之事

附、同霞より先之宿本銭同者心次第たるべし、おもく申懸べからざる事

一、同行者本山当山之袈裟筋、並以所持之補任状相改之、近年本山江雖附随之当山之袈裟筋、於無紛は、其師匠江可返之当山亦可為同前、然上者以才学同行を楽に不可奪取事

附、祈念之儀者、願主おもひ付次第たるべし、本山当山相互不可諍論、且又破衣綴順礼札之事者、望次第従双方可書出之事

右条々、今般度々御穿鑿之上、被定置処也、自今以後違背之於有之者、糺科軽重、速可及御沙汰、為後鑑本山当山双方江書出之訖、不可違者也

寛文八戊申年十二月廿六日　　　甲斐守　山城守　但馬守　大和守　美濃守

御裁許状之趣如斯被仰出処也　　　大覚院

相馬上之坊

修験の秘法の中でも護摩は大事に考えられ、この法を以て国土を清浄にすべく、ひろく領内にもよびかけんとし、内々藩の寺社奉行に伺い立てた文案があるが、時代を明かにしない。

奇首

採燈大護摩之儀者、本山修験の大法深々秘密之作法に候得共、其大意を略解するに、採燈は東方薬師の木を西方弥陀の劔を以て切り取、中央大日の大地江積て、南方宝性の火を放て是を焼、北方釈迦の水をそそいで是を消す作法に御座候、是は中央の土を剋する東方の木を西方の金にて剋し、金を火にて剋し、火を水にて剋し、水を土に而剋する事也、如此五行の悪穢を次第に剋し尽して、清浄霊妙の土となすなり、此清浄霊妙之土中に清浄霊妙の水を残して清浄霊妙の木を生じ、木は火を生じ、次第に相生じて、清浄霊妙之国土となし候作法に御座候、一年三百有余日の不祥を、一坐の壇上にて焼尽すること深秘の相伝に御座候、如是人間一切の不祥を焼尽して、吉祥清浄ならしむるの功徳を、有縁の帰依之檀中に被らしめ度、御城下並御領分中を広く御助成を祈願仕、右採燈護摩講中に為相受、当三月七日前条之採燈大護摩修行仕候、御内々奉伺上候

二月　　上之坊

熊野入峯の際、諸社を巡拝する作法もきまって居り、読経の順序などもやかましかったと思われる。

洛東熊野那智遶堂次第

本宮　錫杖　般若心経　諸真言両界呪　本地阿弥陀一字　本覚讃
新宮　錫杖　心経　両界呪　薬師呪　一字　本覚讃
那智　錫杖　心経　両界呪　千手　一字　本覚讃
若宮　錫杖　心経　両界呪　十一面　一字　本覚讃
夷子社　錫杖　心経　両界呪　阿弥陀　一字　本覚讃
稲荷社金毘羅合社　錫杖　心経　両界呪　諸神呪　一字　本覚讃
妙見宮　錫杖　心経　両界呪　北斗星　一字　本覚讃
愛宕社(遙拝)　錫杖　心経　両界呪　地蔵　一字　本覚讃
二ノ滝不動尊　錫杖　心経　両界呪　慈救呪　金童　一字　本覚讃
千手堂　錫杖　心経　両界呪　千手　一字　本覚讃
大岩弁財天社　錫杖　心経　両界呪　弁天　諸天　一字　本覚讃
滝宮弁財天社　錫杖　心経　両界呪　弁天　諸天　一字　本覚讃
金峰山社山神合社　錫杖　心経　両界呪　蔵王　一字　本覚讃
三解社　錫杖　心経　両界呪　光明真言　一字　本覚讃

三ノ滝不動尊　　錫杖　心経　両界呪　慈救呪　金童　一字　本覚讃
本地堂　　錫杖　心経　両界呪　千手　十一面　如意輪　一字　本覚讃
高祖堂　　錫杖　心経(百二十遍)　両界呪　慈救呪　孔雀明王　金童　宝号　一字　本覚讃
右三時修行　　以上

文政五年には修験道者の守るべき心得が示された。

夫戒ハ仏法の第一なる故に、末代には戒を師とせよと演給ひ、又は浮嚢を惜むの譬ありて、大事なれども、宗派の末々に至りてハ心得違ありて、妻子を蓄ふるものの勤にはあらずとおもい誤るもの少からずなりぬ、高祖の遺風を続ぐといへども、法の規矩準縄を忘却するに至る、皆是我が誤りて人を導き、火坑に入らしむるなり、依勧善懲悪を心に含み、担中教導専一とすべきなり、しかせざれば却て担中より制せらるるに至りぬ、誠に仏子の慎むべきの要是に過ぐべからず、又言語を天文卜筮に託し、或は奇談をとりつくろひ、庸俗を惑し、財宝を貪る事、重禁を忘却するのみならず、倫盗に斉し、また法衣を着する身なれば、魚網釣竿を携ひ、生を殺さずといへども、他の得ものあるを見て歓ぶの心ある、是自ら物を害するになりぬ、飲食男女の愛欲に長ずることを絶ち、重禁を忘るる事なく、利済を専として、高祖の遺風を挙揚し、宝祚延長、大樹陛下御武運長久、御領主武運長久、万民豊楽五穀成就之御祈禱、無怠慢可令勧修旨、僧正御房被仰出所候也

文政五年五月　　伊藤大弐法眼快順

異国船の出入頻繁となっては、修験道においても本山の指令によって祈祷が行われた。

夷狄退攘御祈禱次第
御導師御修法
護摩供　　一座
衆僧勤行
九条錫杖　　但聞初鈴出之
慈救呪　　増遍
本覚讃　　聞後鈴出之
次三条錫杖　(御導師頭)
次普門品　　一巻

次般若心経　　三巻
次諸真言
次本覚讃
　　　　終衆僧退出但下﨟立

嘉永七年海辺騒然たる当時の祈祷に用いた「降伏法深秘印明」も残っている。同じ頃と思われるが、威徳院、延命院より相馬大膳亮内大越八太輔、石川助左衛門あての書信中にも、

「…然者、近海江異国船度々渡来、不穏且諸国変災等有之候付、当宗之専務ニ候間、弥以入峰修業尽精誠、異国退攘天下泰平御祈禱、一派挙而可抽丹誠之旨、御法頭聖護院御門主被仰出候付、厳命之趣、当春正月中、重役より触書を以其領内年行事職上之坊江相達候付、当秋同坊御差登ニ可相成之処…」

などと見えている。

本寺としては、万事配下の取りしまりにも気を配らねばならなかった。もし不都合なことがあれば非常な非難を受けねばすまなかったのである。寛文の頃、田代、木幡の両人がかねがね不正を行ってきたのが、僉議によって一々露顕に及び、上之坊に対して差出した詫証文があるが、峻烈を極めたものである。

一、諸社参詣並宮祭遷宮新地新宮のまつり、私方ニ相極候と申かけ仕候が、此度之御せんぎニ付、私あやまりニ申候間、重而ハ相互ニ旦那之所意次第ニ可仕候

一、堀内十兵衛殿御氏神牛頭天王社御建立ニ付、私別当之由申かけ、其上散供初尾迄、取申候儀、不届ニ罷成候、則長寿院ニ右之散供初尾相返し、其上別当職之儀、如前々長寿院ニ相極、重違乱申間敷候

一、熊野道者、伊勢参宮、私がとくと申かけ、初尾取申候、是以あやまり申候間、去年鹿島之道者共より取申候初尾、則相かえし申候、向後ハかまへ申間敷候、為後日一札如斯候、以上

寛文十年庚戌四月廿七日　　田代左衛門　　木幡兵庫守

上之坊

元禄十年七月、菊坊法橋、岩坊法印の名で本山より出された十三個条の修験の定は、有名なものゆえ省略する(註)。

かえって、村の小さな問題であるが、神位云々のことが、天明三年の雨潤日記に出ているので採録する。

八月七日太田清八郎殿へ致内談候趣

一、拙寺配下標葉郷前田村清境と申山伏、稲荷の宮親規に取立、殊に去々年中、正一位の神位を申下し候と有之候て、当四月中、郡代衆より代官へ御達有之候由にて、代官より村役人方へ御尋有之候次第、右清境方より申聞置候所、御役所に於て御承知被成候事にも可有之哉、清八郎殿被申候は、同勤四郎兵衛月番の節、左様成儀取合有之候様に覚候へ共、余程間も有之儀、殊に四郎兵衛取扱候儀に有之候へば、しかと覚不申と被仰候事、右に付代官より村方へ尋候次第、村役人より御挨拶書並清境口上書、正一位の証状掛御目、扨申上候は、右拙寺方よりも清境方に委く相尋候所、決て新宮に無之、自往古の神社に紛れ無之候、扨又神社の儀、左京不存難相成儀と有之候所、難心得奉存候、尤左京支配の神社の儀は格別、諸宗の神社迄も左京相構可申、道理相聞へ不申候、尤神位の儀、敕任と伏見より相出し候は格別の沙汰に有之候由に御座候へ共、何れに致候ても左京支配の外は左京相構可申事に無之奉存候、且又此度の儀、法中の儀、拙寺導師の神社に御座候へば、代官よりも拙寺方へ一往達しも可有之儀に奉存候、尤村役人へ被相尋候事に候へば、別当の清境に御尋有之とは格別の儀に御座候へ共、元来神社の儀に御座候へば、願等取候時は、拙寺不存不相叶奉存候、乍去元来新宮と相聞へ、其上正一位の儀も難相成、決して郡代より被相達候儀、殊に村役人へ御尋被成候て、役人共心得にて窮取候事ニ有之候へ共、別て拙寺方へは不被仰聞儀と相見へ申候、右代官へ不審に申候儀には無之、存寄を御内談致候分也、元来新宮と聞へ其上郡代より神位等の儀難相成事に決て被仰付候故、拙寺方へ代官より付届無之と相見候と申事も一往の儀也、再往論之候へば、何れにも拙寺導師の場所と申、法中へ相掛り候事に候へば、付届無之不相叶事也、此儀強く申立候も諍論に候へば大方に致置可然事、右、法中の儀に御座候へば、代官衆へも挨拶仕不苦候間、願相掛候様に別当方へ申付候筋も可有之哉、且左京へ掛合可申筋も可有之哉、是等之趣御内談申上候、清八郎殿被申候は、一往郡代より難相成筋にて村役人へ申付願取候事に候へば、御上へ不被仰上候て、願等の儀は被仰付候も相成兼可申哉、此一件別紙に了簡書有、又、左京へ御掛合可然哉、又此方共より郡代へ申達筋も可有之哉、何にも同勤へ相談の上、自是御左右可致候

一、清八郎殿被申候は、元来神位取の書付に其元へ相伺申候哉、拙僧申候は、神位の儀、別当本願と申にも無之、専施主の首尾に有之候故、施主出立の後、別当方より拙寺へ届申聞置候、其後神位下り候節、愈々奉納仕可然哉、願等も相掛可申哉之趣伺申聞候間、吟味も仕候所、脇の例も有之候儀、不苦事に指図仕候、此儀別当寺社支配に有之候はば、寺社方迄も申上可然事に候へ共、代官支配故、御上の儀は此方にて相構不申事也、拙寺導師の場所に候へ共申聞候、当所代官支配に候故也、先年原ノ町三島宮へ御紋相付度願申出候節、寺社奉行衆へ願書被相返候例も有之事候事

一、清八郎殿被申候は、此書付に、左京不存難相成儀と有之候所は、郡代より左京方御聞被成候に付、伏見より相出し候と申事、贋事にも可有之と胡乱に存候趣を申に付、左京不存不相叶儀と可有之候哉、拙寺御答、尤左様成儀にも可有之哉、右証状を胡乱に存穿鑿致所

存にて郡代へ御挨拶致候儀、是又格別の事と奉存候、此案文の表にては左様には相見へ不申候、其上此証状急度紛無之慥成証状に有之とは拙寺も取切難申上候へ共、脇々承候所、此方にては仏立寺の稲荷只今退転致候へ共、熊清兵衛殿氏神、又江戸御屋敷麻布の稲荷等、正一位に御座候事、是等文面の通りに了簡仕候様にて、左京承知の上、神位相納候儀とも不存候、尤背戸氏神迄も伏見よりも神位取候例、所々相聞候、殊岩城御料浪倉村真言宗別当の神社へも近年伏見より神位取候様に相聞候へば、大概紛有之間敷被存候、又文面の通左京不存不相叶事に候はば、伏見よりもむざと相出し申す間敷儀に奉存候事

一、清八郎殿被申候は、配下に神位取候例有之候哉、拙寺申候は、拙寺配下には是迄覚不申候

一、拙寺申候は、神位の儀、前方拙寺方より指図も致置候儀に御座候へば、預りの宮の願等、取候時はたとへ村役人の指図に候へ共、一往拙寺方へ申聞候上にて、指図相受可申所、先願を取候上にて申聞候儀、別当も首尾落に相見申候

一、拙寺申候は、ヶ様の儀、取扱により出入等にも相成申事に御座候由、何分にも左様に相成不申様に仕度内存故、院代と申も表立候故、御内談申上候事

一、拙寺申上候は、右の一件疾にも、御内談仕度存居候へども清境方再往承り届候内延引仕、左候内、殿様御下り等にて御上にも御取込に御座候故、指扣罷在候事

一、清八郎殿被申候は、当月四郎兵衛月番に候へ共、今月御供にて相出候に付、跡御用承り候、委細四郎兵衛方へ伝可申旨也

右文中、太田清八郎は当時の寺社奉行であろう。左京は妙見社の社家田代氏である。

入峯については、「年行事入峯之儀は、於大峯葛城両峯年々春秋両度、為天下泰平国家安全、天子将軍之御祈祷相勤候儀に御座候、依而国郡を分ち年行事被仰付置候儀に御座候云々」と嘉永四年かと思われる上之坊永潤代寺社奉行に呈出した記録に見える通り、修験者にとって最も重要な仕事は入峯であった。入峯の目的については、安政六年永潤が相馬三郡年行事の職責を以て、その配下の全同行に対してその本分を明示し、その職分を完全に遂行するよう激励した文の中に、

「一派入峰の儀は、公武御祈禱御用参勤にて自己の修行に無之、則三御所御撫物並に将軍家御撫物致守護、於峰中、朝廷御安穏幕府御武運長久、一天泰平之御祈、諸国参集之輩、不論職掌之差等、挙て令抽丹誠修行候事、一宗第一の公務に付、於御祈之道場は衣鉢等の御定に至迄、厳重の御法式有、厳密に可令執行旨、且国主領主其外、祈願相兼候分、是亦弥無麁略可致勤行候、従古来其国主領主より被扶助候向も数多有之候儀、是全御用参勤故の事に候、為法中不弁職分之本源、公務相怠候儀不心得之至候条、平常応其根気、令修学練行、専

祈其国所之武運長久家門繁栄、至入峰之時節候はゞ、右御用参勤相励可尽職分之精忠旨、去る文政十亥七月従森御殿被仰出候云々」とあり、納入すべき諸経費等についても詳細に記している。しかしながら天保凶歉の立直りまだ不充分で国内の疲弊している際、上之坊自身また困窮の極にありながら、配下を励まさねばならなかった苦衷は察してあまりがある。

「此度我等自己の困窮を申立、職分之御用御祈禱の年番入峰御綏奉願上候儀、重々恐入、実無余儀時節に相至り候、附て是迄為職禄、従御本山表当寺へ被下置候御霞役銭は、為御修燈料丸に御本山表へ指上候筈に候へ共、猶又左之通格外の思召を奉願上候、扨同行中よりも右之御役銭は年々春秋両度可相納筈に候処、相止居候儀は、右前条御触之通り永世に職分の本源を忘却し、毎度私の趣意を以相緩指置、当節に相成候ては、一派第一の公務本来共に自然濫に至候儀、恐入候次第に候、今般改て往古の通り右御霞役銭同行中より上納申付候、向後は一ヶ院に付、青銅四百文宛、春秋両度可相納候、右の内一ヶ院に付、百文宛御本山表へ春秋両度相納、其余は年行事被下に相願候、且又毎度被仰付候御年頭の儀、御本山表御両御殿へ、一ヶ院に付五十文宛年々献上の儀是又今般改て申達候、依て一ヶ院に付御年頭百文、外に百文相添へ候て、一ヶ院二百文宛相納可申候、一ヶ院納方調左の通り

一、一貫文宛　　同行中

内百文　御両御殿御年頭、内五十文づつ御両御殿御年頭

同百文　春峰御修燈料

同百文　秋峰御修燈料

〆三百文宛

右御本山表へ上納分

残り七百文

内五十文　諸雑費

同百三十文　役僧合力分引る

一ヶ院分残り

五百二十文宛　右は年行事之職禄に成

右之通

御本山表朝廷御安穏幕府御武運長久天下泰平御祈之御道場へ指上げ、其余は年行事御祈禱、入峰御用勤仕の用度に相成候間、同行一同奉拝謝、御当宗の冥加、前条申達候通りの御役銭、致上納候儀、各々職分の勤仕に候条、抽丹誠致上納可奉公之精忠候、右之段今般改て申

達候事
安政六己未年五月日

両御殿は乗々院と若王子を指すものと思われる。募集のために要する経費の予算は、

諸雑費料　四貫五百文
内
一、北郷百文　一、中郷百五十文、　一、小高二百文　一、北標葉郷二百五十文、　南標葉郷三百文　山中郷二百文
〆　一貫二百文　雑費
一、勘定寄会酒食料
一、五百文酒代　一、百文　す　しやうゆ　一、百文野菜代　一、百文人足代　一、二百文筆墨代
〆　一貫文
右春秋両度　〆二貫文に成

もともと山嶽崇拝に源を発しているかと思われる入峯は、修験道が組織化されるにつれて、社会的意義が錬成にかれるようにもなり、また、不思議な術に達していたと伝える伝説的人物役小角に対する尊崇の念が下地ともなって、入峯を重ねた修行者ほどあらたかな霊験を有するものとみなされて民間の尊敬をかち得たのである。恐らく仏教が貴族化されて民衆から遊離し去らんとする時も、これこそ本来の道なりと野に臥し、山に寝て素朴な修錬に誇を感じて修行をつゞけたことも、結果において民間から離れなかった、成功の原因をなしたものであろう。

コースは、吉野にはじまり金峰山より十津川にそうて熊野に至る道は古くから知られて居り、遠くは小角をはじめ聖宝、円珍等はこれによったと伝える。熊野より大峰に出るコースは増誉、行尊等がよった道といい、また、本宮から十津川にそうて大峰に入ることは非常な難関とされ、この道で修行した者は特に尊信を受けたと伝える。

次の書簡は年代不明であるが、筆法や重役の署名より察して徳川初期のものかと思われる。門跡の入峯は稀な行事であって、新任の時以外は十年に一度位らしかった。ゆえにその儀式は甚だ大がかりで、全国の同行を召集して一山の威容を示したものの如く、時に質素にするよう寺社奉行より注意のあったこともあった。そして京発は七月二十五日

を恒例とした。乗々院と若王子とは本山の両院と称し房主を院主と呼んだ。

一筆令啓達候、来年聖護院御門跡様御入峰被成候、各々例年ニ替役目之儀候間、諸同行不残被相催、入峰可有之候、七月二十五日京都御発足定日ニ候条、十五日以前京着可有之旨、若王子御房被仰出者也

辰九月十五日　　　伊藤大蔵卿快延　　三上民部法橋秀安

相馬上之坊

貞享三年と思われる文書にも、聖護院門跡入峯に関することが見えていて、やはり諸同行残らず引きつれて七月初に京都に参着せよ、不参の者は帳面にかきつけて持参せよとある。時の上之坊は湛清であった。

一筆令啓達候、来卯之年、聖護院御門跡被成御入峰候之間、諸同行中江可被相触候、随而京都御発足之日限者七月廿五日之儀定ニ候之間、諸同行不残被召連、七月初ニ京都着可有之候、就夫不罷上衆中者、其子細ヲ帳面ニ書付持参可然候、右之趣可申達旨、若王子御房被仰出之間、左様ニ御心得尤ニ候、為其仍如件

寅九月十七日　　　三上民部卿秀元　三上治部卿秀　全伊藤大蔵卿快弁

相馬　上之坊

以下入峯に触れている文書を挙げれば、

差上一札之事

一、今度上之坊為名代、私入峯相勤、先月七日於峯中護摩致拝出峯仕候、其砌御断茂不申上候儀、不念ニ被思召候旨御尤奉存候、然所吉野ニ至、上之坊同行成就院常学院並新客一人同道着仕候、右三人之者共、峯中へ参度由申候故、同八日洞籠川より小篠へ指上セ、同日ニ又洞籠川へ罷帰、其以後断申ニ付、直ニ国元へ指下、拙者儀者熊野江代参罷通、先月廿九日京着、則今朔日罷出右之段々申上候、右之中度衆二人之義者、上之坊より先達書中ニ御断申上候得共、峯中ニ而右三人之儀、御役人中迄御断も不申上、剰直ニ在所へ指下候段不届ニ被思候旨、御尤至極奉存候、然上ハ国本寺社役人衆迄被仰達、急度可被仰付候得共、岡田宗和ヲ以種々御詫申上候趣被聞召分、御赦免被成、難有仕合奉存候、右之次第罷下、上之坊へ委細ニ可申聞旨畏奉存候、若重ケ様成無調法之儀出来仕候ハヾ、急度曲事ニ可被仰付候、為後日手形如件

元禄五壬申九月六日　　　上之坊同行善行院

伊藤大蔵卿殿　三上治部卿殿　三上民部卿殿

翌九月七日付のものに

七月二十日之芳簡令披見候、今度熊野江為代参江府迄上着之処、病気故延引之由、無心元存候、不及申折角保養尤ニ存候、此表無相替儀、両院主御機嫌能被成御座候、貴院右之仕合故、此度善行院為御代参上京、並同行両人罷上り候善行院願ニ付、於熊野御宿房へ民部方より書状相添、彼地首尾能勤申候

一、成就院常学院並新客一人、以上三人遅参着申候由ニ而、此方へ断茂無之、峯中執行、拙者共へ不能面談帰国申候、善行院峯出之刻申聞セ、千万不念ニ存候、依之、其御地御役人中迄申達、善行院急度可申付存候処、岡田宗和ヲ以種々詫申故、指免申候、為以来之故、手形為致、則写入披見候、尤善行院指図与乍申、右両三人之者共不届ニ候間、此段急度御申付可被成候、此者共之儀、貴地書中ニ茂断申来候処、右之様子何共難心得存候、重而ヶ様之儀無之様ニ諸同行中へ堅御申付可然候

一、聖御門主様、御入寺相済、来年御入峯之儀御願被遊候処、首尾能被仰出相究候間、来年者諸同行被相催、入峯可有之候、追而廻状可指越候間、委細其節可申承候、書中ニ御申聞候通及披露候処、拙者共より右之趣宜申達之由被仰候、委曲善行院口上ニ申含候、恐々謹言

九月七日　　三上民部卿定応　三上治部卿秀全　伊藤大蔵卿快弁

上之坊御房

六月廿七日之芳翰令薫誦候、弥御無異之由珍重存候、如来意当春京都大火之所、御門主当院無別条、御勇健に被成御座、今年茂院主御入峯之御事ニ而首尾能御修行相済大慶仕候

一、今度修学院被相添同行五人罷上、峯中首尾能相勤帰国、一段之儀ニ存候、修学院事、老敷者ニ相見江申候、相残同行迄何茂神妙ニ相勤重畳之事ニ候、此度者伊勢熊野執行、直ニ吉野山江着、京都江者出峯以後罷出候様ニ御申付候断、令承知被入御念候儀ニ存候

一、御補任之事、一明院江金地桃地院号僧都四通、光蔵院江は桃地院号僧都三通相渡し申候

一、最前願有之候而被仰候役金、此度初而受納被成大慶之段尤ニ存候、御申聞候紙上、具及披露候、将又御門跡御入峯之事御窺候、未五六ヶ年も間有之候、貴院儀近年不参候、其上願之事も相調候得者、乍御礼来秋者同行相催入峯被成可然存候、近年入峯之衆中段々打続、来年者存寄之方も無之候、一宗之にきはひにても御座候故、来秋者必入峯有之様ニ可申達旨被仰付候、委細は修学院可演説候、恐々謹言

八月十四日　　三上民部卿定応

相馬　上之坊御房

入峯時準備すべきものを書いた覚書のある書簡が本山より出ている。

一翰令啓達候、然者入峯之諸同行、笈実料之事、様子有之相改候、則別紙目録通ニ候、支配霞之諸同行江可被申渡之旨、依仰如此ニ候、不宣、謹言

十一月十二日　　三上治部秀延　伊藤大蔵快慶　三上民部卿定応

上之坊　御房

覚

一、金一歩銀五銭目　右者度衆笈実

一、同二歩銀十銭目

右之通相定候之間、向後入峯之諸同行、用意仕候様ニ可被申渡候、以上

酉十一月十二日　　三上治部　伊藤大蔵　三上民部卿

上之坊御房

右の覚は別紙になっている。次に年頭礼銭について、

霞修験中より年行事江差出候年頭礼銭之事、従先列納来候処、此節不埒ニ候由及承候、向後者先年より之通、院号之分者鳥目廿疋、無官之者ハ同十疋、且又、役山伏三人江廿銭宛無相違指出候様、下知有之、可被致受納候、以上

巳八月廿一日　　三上民部法橋定応

上之坊　御房

元禄十一年には、役小角千年祭に参洛するようにとの案内があった。

来年六月役優婆塞千年忌之事、被達上聞、於摂州箕面山、報恩謝徳之法会御執行候間、各可有参勤之由、悉被仰下都鄙門徒畢、別而存無ニ懇志被参洛者可為神妙之旨、三山検校宮御気色所候也、仍執達如件

元禄十一年四月廿九日　　法眼有慶　法印祐勝

年行事中

次の覚書は年代不明であるが、右の時のものと考えられる。香奠の額まで示してある。

覚

高祖行者香奠之次第

一、白銀三枚　先達
一、白銀二枚　年行事　但御朱印寺領五十石以上拝領之輩
一、金子一両　同　但御朱印寺領三十石以上拝領之輩
一、白銀一枚　同　但無寺領之輩
一、金子二百疋　同行山伏　但御朱印寺領御除地之面々
一、金子百疋　同　但一寺一社之為別当面々
一、鳥目二十疋　平同行

来年六月、高祖行者千年忌就御執行、先達中、諸年行事中、可有参勤旨、此度被仰下候、依之諸同行ニ至迄不残御香奠献上之儀被仰出候、以書付申入候間、目録之通御奉納可有之候、且又諸同行之中、身上之善悪可相交候間、少分之御沙汰ニ而、先者面々志次第之旨被仰出候、併一世ニ一度之聖忌、稀有之事ニ候間、目録之通より微少之儀者奉納成間敷候間、此書付之以限量、其身之分際次第、多少之差別御申渡候而、人別ニ鳥目二十疋宛之劫合奉納候様御下知肝要候、此段別而可為先達之働之旨、御沙汰ニ候、右之趣無相違様ニ可申達候由御座候、以上

六月十五日　世継八郎右衛門　岩波兵部

門跡の入峯は、後年の文化元年と思われる時の通達を見ても、予め幕府の承認を得て行う重要行事であって、全国の年行事は勿論、配下の同行すべて上京するのが例であった。すなわち文中の子年は文化元年と推定される。

聖護院御門跡御入峯之御事、公方様江被達上聞候処、御尤之由被為仰出候ニ付、来丑年七月廿五日京都御発輿被為遊候、各者勿論諸同行、当病人之外不相洩様、七月五日迄ニ致上京、供奉勤仕候様ニ急度可相触之旨、従御門主被為仰出候、右之趣申達候様ニ御院主被仰出如此ニ候、以上

子十二月　松坊法橋　岸之坊　三上因幡

奥州相馬上之坊御房

追加、年行事並同行、若依故障不参之輩者、為頭襟役、年行事金子二百疋、同行金子百疋、人別ニ可差出之、尤其子細以誓言帳面ニ相記致印形、可秘差登候、御入峯大切之儀、殊御当家御外聞ニ候間、被励忠節、諸同行相催参勤可然存候、已上

右のような趣旨の書面（例えば天保九年）は外にもあるが、似たようなものゆえ省略する。しかし上之坊は困窮時代が

長くつづいていたので、年行事として始終上京するのは困難だから五年に一度位にしたいと願ったのに対して、それは難しい問題だというような意味の返事が来ている。

……将又其院、五ヶ年目上京延年被相願度次第ニ付被仰越候廉は、迚茂難相成筋与存候、乍併当峯修行前御用繁之折柄ニ付、巨細之儀、回答難行届候間、此儀は猶篤と申談之上、追而可申進候……

六月廿八日　　　　　　伊藤大弐法眼快常　三上大輔法眼秀賀　三上式部法眼秀孝

上之坊御房

しかしさすがに病気の場合は止むを得ないとされたと見え、例えば文化三年聖護院宮入峯の前触があったが、生憎先代慈潤が病気で、文化四年に至り病気がよくない理由により、藩の重役より本山重役へ、代僧派遣の挨拶をした。

一筆致啓上候、然者当秋、聖護院宮様、被御入峯候ニ付、上之坊儀上京供奉可仕旨被仰付候段、去年中委細御紙面ニ付、則申付置候処、去年中より持病之積気差発罷在、此節別而相勝不申、長途之旅行仕兼、上京難叶旨申出候、依之無拠為代僧、医王院為差登申候、右之趣宜御取成奉願候、且御殿向其外万端可然様御差図可被下候、此段為可得御意、如是御座候、恐惶謹言

六月廿日　　　　　　久米郷右衛門　堀内大蔵　岡田監物

伊藤小弐法橋様　　松坊様

慈潤病気のため上京ことわりに対する本山よりの書状、

一筆令啓達候、甚暑之節、弥々御無異御務珍重奉存候、然者当春御上京可有之処、旧冬より持病之積気ニ而早春ニ至候而茂御勝無之、遠路上京難及旨ニ付、以使僧御断之趣及披露候、猶快気之上、上京可有之旨候条、御保養専要候、委細大徳院へ申含候、恐惶謹言

六月七日　　　　　　伊藤刑部　三上式部法橋

相馬上之坊御房

年行事の入峯の度数などはどうかというに、幸に永潤の記録があってはっきりしている。

潮音堂永潤入峯度数

文政亥年　　初度　　但し附弟覚源坊ニ而入峯

天保二卯年　　二度

同　四巳年　　三度
同　十亥年　　四度　　宮様御入峯供奉、但し宇治まで
同　十四卯年　五度
弘化四未年　　六度
嘉永二酉年　　七度　　高祖御遠忌
同　四亥年　　八度　　但し江戸迄罷登、病気ニ付上洛無之候得共、格別之御沙汰ニ而峯数被加
同　七寅年　　十度　　臨時葛城嶺御祈禱、但し御祈禱参勤之賞ニ峯之度数被下之

すなわち永潤代三十年間に九回、平均すれば約三年毎に上京修行したことになる。年行事職遂行のため、各代の上之坊当住も、大体この程度に上京したものと見える。藩侯の代参としてまた多くの配下同行の先達として、本山の厳命の下に、不如意の経済の中に長途の旅行を繰返しつつ、天下太平の祈願のため嶮山高峻に苦行を重ねた、当時の山伏の豪壮な意気が想いやられる。

前記嘉永四年の入峯は、江戸で病んで旅行不能となったが、入峯度数に加えてもらうことが出来た。

当亥年、上洛入峯、天下泰平御領主御武運長久之御祈禱修行之年番ニ付、国許出立之処、道中より病気ニ而、於江戸表薬用罷在、上京難相成、依之無拠上京入峯之御礼録而已御定式之通被差登、上京為御断書面之趣、各申談及披露候処、国元既出立有之、於途中病気無拠次第被聞召分、上京御断願之通御聞済ニ相成、入峯修行之度数ニ可被召加旨、格別之御沙汰ニ相成候間、可被得其意候、此段申達度如斯ニ候、以上

十月五日　　伊藤大弐法橋快常　三上大輔法橋秀賀　三上式部法眼秀孝

相馬中村　上之坊御房

通常の入峯の時、帰国に際しては本山より藩の家老に宛てて証明書のようなものをよこすのが普通だったと見え、同じ形式のものが二通残っている。もっとも年代もあまり隔って居ないらしく、本山重役の署名も同一人である。一つを掲げる。慈潤の時のものである。

貴札拝見致候、弥御堅固可被御勤珍重奉存候、然者今度上之坊儀、為入峯修行上京ニ付、御状之趣被入御念御事ニ御座候、当表諸事無

滞、於大峯天下泰平之護摩修行相済致帰国候、右御答迄如斯御座候、恐惶謹言

三上式部法橋秀孝　三上大輔法橋秀堅

八月十八日

岡田帯刀様　堀内大蔵様　泉主殿様　池田八右衛門様　生駒七郎右衛門様

継目入峯の例は文政十年永潤の時のもので、彼としては最初の上京修行であった。

貴札致拝見候、秋冷相催候処、弥御堅固被成御勤仕、珍重奉存候、然者今度上之坊二代覚源坊永潤、為継目入峯致上京候ニ付、御書中之趣被入御念候御事ニ御座候、則永潤儀上之坊住職首尾能相済、於峯中天下泰平之御祈禱修行相勤致帰国候、尚万端御心添被成遣可被下候、右御答旁御頼得御意度如斯ニ御座候、恐惶謹言

八月廿一日　三上式部法橋秀孝　三上大輔法橋秀堅

泉田掃部様　相馬将監様　池田八右衛門様　生駒首令様　御報

また、永潤隠居し、宗山が継目のため初入峯したと思われる、多分文久三年のものに、

貴札致拝見候、秋冷相催候処弥御安全被成御勤、珍重奉存候、然者御領下ニ罷在候上之坊儀、上京仕候儀追々断申越候処、持病之積気未勝、近比別而不出来ニ付、寺職も難相勤、致穏居永保養仕度旨、依之二代覚源儀、今般致上京、継目相続仕度旨御紙表之趣申聞候処、被入御念大悦被存候、則覚源儀、継目相続被申付、御門主江御礼首尾能相済、入峯修行迄無滞相勤帰国仕候、猶又御心添奉頼入候、右等之趣宜及御報旨、大僧都被申付如斯ニ御座候、恐惶謹言

八月十八日　松坊秀　伊藤少弐法橋快栄

堀内覚左衛門様　小幡六右衛門様　熊川兵庫様

(註)

定

一、毎年入峯無懈怠、年行事諸同行江加催促、可修行天下安全之精誠肝要也、所労故障之輩者、以代僧可勤仕、重冥慮可専家業事、附、年行事諸同行之心懸茂為同前事

一、前々被仰出通、入峯及三ケ年修行疎略之先達者、其職掌被召放、年行事之内以器用清撰之輩可被仰付候事、附、年行事茂及三四年令不参者、被及於門之沙汰、同行之内以相応之器用、可被補其職候間不可後悔事

一、先年被仰出通、諸先達諸年行事、年始喜儀之御礼、遠境之面々者、自正月二月中旬迄、急度令勤仕不可乱本末之礼儀事

一、諸同行之内、御朱印地御除地、又者一寺之住侶一社之別当輩者、入峯之節御通ニ罷出事

一、　御公儀江御訴訟申上旨於有之者、以前方其旨趣無虚妄書認加印形、可致言上、被聞召之上、得本寺之御指図可能出事、附、於其所々

□成非常之儀者為制外事
一、御奉行所江出仕之節者、其所之先達又者年行事申合可致参上、若故障於有之者、相応之名代可然歟、非器庸才之輩者不叶時宜、当道之恥辱不可過之事、附、公解江出仕之節諸同行色々之懸衣著用停止之事
一、諸先達諸年行事他行之時、分限相応之供廻召具可然候、好奢体可相憚事、附諸同行勿論之事
一、年行事者親近之職其寄異他者也、雖然属先達上者守位次可専礼儀、不知差別輩、動乱礼法事不可然候、雖為先達於行非違者、其趣急度可致言上、可被加制詞事
一、篠掛之事、前々被仰出通、年行事諸同行著用之装束不可混先達之位色事
一、前々被仰出通、可憚先達之名号、雖然御朱印ニ有之候之称号者、雖為同字可其分事、附、諸門跡方之寺号院号、是又向後可致遠慮事
（以下略）

三

高平より小泉へ移ってからの上之坊は、配下も多く事務も多端であったが、よく彼等を統率し、本寺としての威信をおとさぬよう努力したようである。例えば安永五年のことであったが、日光院の格式は上之坊より下位であるのに、下浦源蔵は何のゆえか当日の席次を反対にした。院代二人が下浦に伺を立て、後日のためにと記述して上之坊に提出した記録がある。

覚

一、安永五申二月二十二日より二十八日まで、一七日御祈禱、上之坊日光院両所へ被仰付、二十九日に登城仕、御座之間御加持仕候、当日御能有之、何も拝見被仰付候、其節上ノ坊日光院と座被仰付、敷居ヲ越し、覚源坊、皆上院相居り被仰付、右下浦源蔵殿指図ニ有之候、扨又何儀有之御城へ被出候共、上之坊父子日光院父子と座敷之次第ニ兼而有之所ニ此度之御指図兼而之格合ニ違、気毒之段、院代中も相談之上ニ大蓮院下浦源蔵殿へ被出、右気毒之御指図以来之格ニも成候時ハ迷惑之趣、御内々相伺候へバ、源蔵殿被仰候ハ、左様之事ニ候ハバ、其節ニ其元方より可被仰聞儀ニ候、尤以来之儀者、此方共心得も有之候、猶以院代方より心を付候様ニと被仰事ニ候、右之趣大蓮院連明院相談之上、為以後相記置申所也

月　日　　　　大蓮院　連明院

天明三年には護摩堂を新築して、かねて信心所望の如来本尊を、医王院の助力によって普明院より譲り受けて奉安したが、二人連記したところは確実の誠意を表したものと見える。

譲申尊像之事
一、上品阿弥陀如来　一躰　但し恵心僧都御正作なり
右本尊之儀者、当院什宝ニ有之候所ニ、於貴房護摩堂建立候得共、本尊無之ニ付、平生信心之上所望、右ニ依而尊像相譲申処実正也、是ニ付脇より違乱申者無之候、為後日変改無是定如件
天明三年卯六月　　　普明院性誉真澄、永祥寺
上之坊
右本文ニ譲候本尊之儀者、普明院什物ニ付、替ニ新仏造立為金五両、本尊願主医王院より被納候而慥ニ受取申候、此金子を以内仏、曼荼羅、中品尊如来造立可申候
為後証奥印畢　　真澄
願主医王院

しかし上之坊は、所帯も大きかった上、移転新築のこともあって屋敷も整備してゆかねばならず、生活は容易でなかった。当時小泉に移ってまだ年月を経ず、高平にも住居があったらしかった頃の記録の断片が残っているが、湛清はすでに隠居して当住は貞清であった。貞清は病身で高平に静養中であり、小泉には湛清が留守をあずかり公私の用務を取りまかなっていたが、家庭経済のことにまで気を配らねばならなかった。

(前欠)障子も四十枚紙……張替致候時ハ物入有之候、当住ハ手入候哉隠居致候哉心得之事、畳も大破ニ候時ハ其儘不被指置、手入も加へ可申処、是等も同様心得可申事ニ候、善悪共ニ当住隠居江かかり候儀、前方の定ならし大切と存候
一、高平へ参り候ても五両七両の金は入り可申候、今日の通方も難渋の処何の工面ニ候哉、老人床敷候
一、御国中鎮守熊野大権現並御城内の守護天王宮、月々の勤行も出キ不申儀、且祭礼等の儀ハ、其節々此方より可申候得共、本前式ニ而高平へ参り候時ハ、ケ様之次第迄も響儀、隠居甚気毒千万同意も難致程の儀、御察し可被下候
一、月々配下寄合勤行、並に五穀成就御祈禱寄合、高平より月々参り勤候哉、配下帰服不帰服も無之、是迄の通丁寧勤行致候儀極大切之事ニ存候

一、御上江申上候御用、配下より申出候御用も……取次ニ而承り候処、高平へも院代相立、御用相弁候哉、自分扱候てい自然と配下心易立ニ相成、不宜儀ニ存候、末々のため心付候ヲ記ス
一、長キ七年の儀、万一隠居留守居不成様弱相成候時ハ、何と申儀心中極々秘密の心当了簡有之罷越宜候
一、御用並配下扱之儀ハ、本前並院代是迄只留守居江掛り候様の儀、心付候ヲ書立候
一、表門雨漏手入裏門の戸拵可申事
廊下並離座敷仏殿等、当住持候由
勝手ハ丸々畳手入障子手入、隠居ニ而可致旨、当住了簡申聞候
当住儀兼て弱き方ニ候得者、前文の趣心配いたし、病気以来高平江罷趣候のミニ而、おもひ含候通御用勤方、高平より此方へ参り無懈怠相勤候儀、……無心元隠居心配此事ニ候

しかしこうした中にも、配下の面倒は常に見てやらねばならなかった。例えば天和二年配下の山伏が不心得な事をして、公儀より処罰されたが、こういう際も本寺として相談をかけられ意見を述べている。この記録は湛清自筆のもので彼は二十五才であった。

（天和二年）戌ノ九月十二日、富沢村ニ住居致候南学院事、同村之真雲寺へ申掛ヲ致し候付、代官衆木幡権右エ門殿へ被召出候て、御僉議被成候処、白状仕候段、籠舎被仰付候て、其上同月之十七日御寄合ノ時分、私等善性院両人ヲ会所へ被召出候被仰付候ハ、今度南岳院重罪により籠者被仰付候、あら方白状ノ趣為聞候半と存候両人をバ呼申候と被仰候段、会所ニて南岳院申分承候へバ白状書ニ不相替申分事

白状書ノ覚

一、真雲寺西ノ御林山守ニ真雲寺を可被仰付処及承候間、真雲寺を何とぞわろく致し、私山守ニ罷成度と存候事、右ノ通ノ存入ニて罷有候故、松一本きり置申候て、其後山守弥之丞ニ申候ハ、先日真雲寺西御林ニてよき音致し候間、参見申候へども人をば見居り不申候、松ノ木一本切たをし置候間、猪之助ニも相談仕候様ニと申候、又此度ノ御僉議ニ詰り申て、右ノ松真雲寺切申候と偽り申候、真雲寺きり申たる事ニハ無之候、私きり申候、以上、天和二ノ九月十二日南学院口書
右之通白状申候付、郡代衆ニハ門馬八郎兵衛殿、富沢杢兵衛殿、遠藤清右衛門殿、岡田半右衛門殿も御加り被仰候ハ、御公儀ニて御僉議被成籠者被仰付候て被指置候ハ、此上ハ宗門ノ法度ニ可申付よし被仰候段、私等共御挨拶仕候ハ重罪人罰受、宗門ニ欠たる事仕候間、中間ニも致相談、其上如何様ニも追て申上候様ニ仕度候間、先籠ニ被差置可被下と申上候へば、尤と思召、おそからむ儀ニ候間成

ほど遂相談、追て可申上と被仰候段罷帰、其晩中間衆集、談合仕候、相極申上候趣

覚

一、南岳院事、沙門ニ不似合存入致し方ニて御座候間、袈裟衣をとり、其上宇多、北郷を追放仕り、中ノ郷より南ニハいつ方ニも居候様ニ申付度存候事

一、南岳院事、沙汰ノ限御座候へども、妻子ハ各別ノ儀ニ可有之と存候間、御慈非ニ本ノ屋敷ニ被指置被下様ニ仕度候、尤毎年作り来候田地自分以後も作候ニ仕度奉存候事

如此申上候ヘバ、被仰付ニハ、妻子をバ引放本ノ住居ニ置候て、南岳院計払申事致にくき事ニ候間、御慈非ニ本住居ニ可被指置と被候仰出候まま、私等処へ南岳院呼び候も袈裟衣取、弥補任を取申現俗申付候事

つぎに残っている書簡数通によって、私的交際のほんの一斑を見よう。

無能寺は知足軒雨潤と親交があったらしくて、六字名号の筆跡と共に保存されている。

為御礼遠路之処御光賀御見舞被下、御丁寧之御事千万忝奉感心候、且誠ニ先達中は受戒会賑々敷相済御同意大慶仕候、其節ハ万々御懇情被成下、無此上法慶仕候、先日御礼之書状保原舛屋迄差上候処相届候哉無覚速罷過、此節相尋差上申候、恵愽師今ニ御出無御座候、先日申上候通、来春中御尊来被下候様奉待入候、今般珍敷御品御恵投被下、御深志之旨忝拝受仕候、軽少之至ニ御座候得共、真綿一包進呈仕候間、御笑納可被下候、御序ニ御家内様御同行衆へ宜敷御伝声可被下候、御使僧急々ニ御立帰被成候様、御残多奉存候、右御礼旁々野札如斯ニ御座候、恐惶頓首

十一月九日　　　　　　　　　　　　無能寺

知足軒法印様　上之坊法印様法座下

物先は相馬に縁故の深い学僧で、中村長松寺の住職を勤め、藩学を指導した碩学であった。後年相州の東輝庵に隠栖した。五十才の頃失明したが気力毫も衰えず救世に力を致したという。上之坊雨潤と親交があった。左の書簡は前端を欠いているのは惜しいが、時代は寛政享和の交かと思われる。

又、当春御上京も可被成候処、君侯機前も相済兼、無拠御病気之趣被申立、大徳院御使僧ニ被遣候旨、是又無拠儀、御残念ニ可被思召候へ共、時節柄無是非次第ニ奉存候、何卒御閑暇ニ御成被成候ハバ、鎌倉御一見ながら此辺へも御来過被下候様奉相期候、毎度御厚意ニ御尋被下忝奉存候、右御挨拶旁不能用筆候へ共、借傍人手如斯御座候、余御賢察可被下候、時下酷暑之砌、折角御浚専要奉存候、猶期後

便之節候、恐惶敬白

六月十三日　　東輝庵物先

粛呈　如幻上人御牀下

心画院は聖護院宮御信任の内務であったと思われ、雨潤との親交が深かった。次の書簡は雨潤在京中、その居に遣わした寸書である。

口述　並に近江無進上仕候

昨日は御入来辱奉存候、然ハ此菓子昨日従御前拝領仕候、尤従禁裏御所御拝領之品之由ニ候間、乍軽少進上仕候

十二月十三日　心画院

上之坊様

定而御繁用奉察候、然ハ少々御談申度儀有之候間、乍御苦労御来臨被下度奉希候、失礼御海恕可被下候

廿二日　上之坊様　心画院

愚僧も愈明日発達之つもりニ決定仕候、内々之品も愈印刻と被仰候、一寸御目懸り申度候

二月廿八日　上之坊様　心画院

上之坊には代々、学問に深い情熱をもった人が出たが、雨潤も慈潤も宗山も皆そうであった。前二者には詩集があり、後者に歌集がある。寛政八年雨潤四十六才の時の日記に、

(四月十二日、脇本箇助殿より)

以手紙致啓上候、雨天御座候へ共、弥御平安珍重奉存候、然ハ左ノ通昨日御意御座候間、御達致置候、猶明日御直面ニ可申上候へ共、若御故障等ニテ御登城無之も難計申上置候

一、亀丸様豊之助様へ御読書、箇助登後貞兵衛も同勤ニ有之、上之坊も罷出為申上候様ニ被仰出候

一、右ノ趣、来十五日方、御二方様野方御出より直ニ御約束ノ御都合ニ御意ニ御座候、吃度致候事ニも無之候へ共御心得申上候

一、御二方様へ折々御相手ニ被相出候様被仰出候、右ノ通御座候、猶明日御直談可申上候、以上

十五日、八ツ半時御二方様御立寄、読書ヲ頼ムト御一同御意有之、岡田丹下殿へ対し、拙寺事儒生などの申上候と違、音訓共にあやまりも無心元御座候へ共、御意ノ儀ハ辞退難申上候事故、乍恐御請ケ申上候趣申ス、御茶くわし、まんぢう、枝柿、歌せんべい、右御銘々

ニ上ル、和紙二包、御二方様より頂戴、御杯被成下、返杯、覚源も同様、為御持御酒家内へも被下、七ツ半頃御上り、御帰りノ節、今日ハ大キニ世話ニ成ると御意有之

右は亀丸、豊之助両幼君の読師役を祥胤公の命によって引受けた時の記事である。覚源は嗣子慈潤のこと。その慈潤が後年殿中において学頭を勤めたが、その頃の彼の日記がある。彼の三十二才、文化十年一月の条に、

（一月）廿八日
一、文芸聴聞引受並聴聞ノ方へ孟子講釈仰付
一、八才已上十五才迄罷出候者共へ孝経一冊づつ被成下、十五才已上ニても前髪有之方へハ被成下、右御礼御目見相済候方ハ且方御用番へ廻勤御目見不相済方ハ拙子引受、御礼組頭衆伊右エ門殿へ申上相済
一、御目見前ニて罷出候者書出シ被仰付書上候事、右ハ引受帳ニ有之事
一、講師石川嘉兵衛殿、持病ニて不相出事
一、素読ノ面々病気、学頭ニて承置候事
一、御用人衆より御意ノ趣御達、罷出候面々、拙子、玄東引受三人、文芸御聴聞ニ付、太儀ノ段、且此上文学引立候様申合可申段、被仰付候事、右御礼早速申上ル
二月朔日
一、花井七郎太夫殿より文通写
以手紙致啓上候、弥御安康可被成御座奉賀候、然バ昼程途中ニて御拝語、尚々明日孝経講釈御定日ノ処、弓御覧ニて被相止候、御替日も無之事故、流ニ相成候段被仰付候、此段可得御意如此御座候、以上
一、脇本簡助殿より文通写
弥御安康奉賀候、然バ明日孝経講釈被相止候段、今日席達ニて承知仕候、左様御承知可被下候、尤御替日も無之、十二日ニ罷出可申処、十三日多分御祠堂御祭可有之、もし左様ニ御座候ハバ十二日ニハ御出被下様仕度、此段申上度候、以上、二月朔日、右二件留守ニて不及挨拶
六日
一、拙子学頭並に孝経講釈御免、医王院ヲ以兵庫殿へ申上ル、追テ御挨拶有之筈、医王院申聞ル

右文の最後は、学頭の辞職を家老熊川兵庫まで院代医王院を以て申し出た件である。

雨潤の父知足院俊清もまた、学識すぐれた人であったらしい。つぎの書信は雨潤が聖護院の暇を得て京都より帰国の途次、江戸桜田の相馬侯邸に滞在中、家なる嗣子慈潤に宛てたもので、聖護院より厚い信任を得たことを悦び、この感激を家人に早く知らせたく、道中の疲労もいとわず認めたものと見える。

一筆申進候、先以向暑之時節、弥御安全可被成御揃、一段之御儀ニ存候、然バ拙子事帰国之御暇無御滞被仰出、□月十五日ニ京都表発足致し、中仙道罷下り一昨五日ニ桜田御やしき迄到着逗留致居候、御小人善九郎方より其元書状相達無相替儀旨承知々々、院両代ハ十三、四日方爰元出立ニ而罷下り候間、左様ニ御心得可被成候、委細ハ院代両院より大徳院方へ申越候間、御承知可被成候

一、前書へも申越候通り、当年ハ在国之願相済罷下り候、知足院ニハ御学寮建立ニ付、当年も順国可被致処、拙子在国ニ付、当年ハ御学寮教授引受被仰付、在京被致候、尤下リニ付、態々御目見被仰付、厚キ御意之趣、委細於御前雑務法印ヲ以御達承知仕、誠ニ冥加至極難有事共ニ御座候、其上雑務法印之役宅へも罷出候処、御前ニも講談御聴聞被遊親敷御咄も申上候やふニ被遊度思召之処、御法会御混雑之砌故御残念ニ被思召候趣被仰聞候、是又一同難有可被存候、其中別而難有事も有之候へ共、筆下ニ難申遣候、若王子僧正へも罷出候処、御対面之上、厚キ御意共有之、御手づから拝領物仕罷下り候、其外之事共中々筆紙ニ難尽候間、下り之節委細可申聴候、謹言

五月七日　　上之坊雨潤

覚源坊雅丈

右の時代は明かでないが、天明中であろう。

代々の上之坊が旅行の折などに、家人に宛てた書簡が若干残っているが興深い。つぎの書簡は末端を欠いているが雨潤が妻に宛てたものらしく、一寸の留守中にも細心の注意を払っている。おもと、おみよ両人は多分彼の女児であろう。おみちはのちに姉等夭折の後をうけて後嗣となり、慈潤を迎えた人であったが、彼女も子供なく若くして亡くなつた。

不恔儀、昨晩鹿島まで罷越候、今朝も別而相かはる儀無之候間、御安心可被下候、おもと、おみよも弥快く候半と存候、但し此上用心第一之事ニ候間、両人へよくよく可被仰候、風に当り候儀甚不宜候間、随分相かこひ候様ニ可被仰候、おみち事夜中ながくなき候ては不宜候間、是又用心可被成候

一、此辺など甚物騒ニ相聞ヱ候間、夜中用心専要ニ候、尤火の用心大切ニ可被成候、三四日之間之事ニ候間、何分諸事大切ニ可被成候、

以上

十月廿四日　　　　　　雨潤

尚々蒼朮御取寄朝夕御たき可被成候、以上

つぎの日記の記事は、慈潤三十八才の文政二年六月のものである。彼が上京に際し、外に対しては種々旅行の準備に買物その他事細に記入し、「内ノ方」として留守中の家族に実行させるべき諸注意、ことにあたかも盆に当っていたので、盆中の行事を手落なくとり行うように書き記したものであって、上之坊の日常生活の模様がよく知られて面白い。

内ノ方

一、火ノ用心
一、道場〆、燈明夜中迄置申間敷事、火打箱暮ニハ勝手へ持参可致候、常香ハ留守中無用
一、日記帖拵置、日々ノ事客来又ハ其晩留守居泊候造り酒右エ門且ハ左助等迄、日々記し可申候、見舞ノ方も同様
一、熊野堂参詣日々ノ事
一、廿八日、五穀成就御祈禱打寄
一、七月六日、寄合、施餓鬼備物あらよね(米、おらんだ、なすび)蓮の葉へ盛、菓子廿五文、飯、花、有縁無縁ノ位牌、過去帳、五色ノ旗、五如来ノ名号（是旗ハ盆ノ棚へ入用ニなる故置候事也）
一、七日、七夕歌上ル、節句祝儀可致
一、十三日、縄三ケ所あげ灯籠立ル、其晩より上ル、十三日あらよねを石塔へ上ル、父ノ墓所へ松明ス
一、十四日、明ケニ上ゲ燈籠も上ゲ候、松を所々へあかす、盆棚へそふめん煮て上ル、夫より別ニ朝飯上ル、昼もち上ル
一、十五日、朝飯上ル、昼麵類上ル
一、十六日、朝飯上ル、昼飯上ゲ其後だんごヲひふの和物ニて上ル、煎茶上ル、其後送申也、備物あらよね（米、おらんだ、なすび）、くわし、はすいも、花、夕顔、なすび、長ささげ、もも、李、うり、枝まめ、送り候節ハ米、茶、香
一、盆棚へ先祖ノ懸物掛ル、其外位牌
一、廿八日、五穀成就御祈禱
一、三十日、晩、灯籠縁側へ上ル、松も明ス

つぎの書簡は年号は無いが、天保の中期、慈潤のものと思われるもので、東海道川止めの状況など当時の旅行が思いやられる。彼の実父門馬休山および嗣子永潤の二人に宛てたものである。

……随て我等道中無難ニて通行仕候、乍去リ富士川ヲ始メ奥津阿部川大井川、七月十四日ノ夜より十五日晩迄大嵐大雨ニ付、川支ニて漸々廿五日ニ大井川打渡り申候、右ニ付廿五日ノ御通ヘハ間ニ合不申候間、三州吉田より舟ニ乗リ、廿八日ニ伊勢ヘ着船仕候、廿九日ニ両宮参詣相済ミ、四日六軒茶屋へ泊リ、晦日ニ当所より御本寺恵明院長谷へ御別申候、拙僧儀ハ若シ智善院京都ニ相待候哉程不相知候間、京都へ罷出候処、智善院待兼候て一昨日吉野へ出立ノ由御ざ候、依之私儀二日ニ爰元出立ニて、三日に吉野へ着ノ積リニ御座候、右ノ次第達者ニて相廻リ候間、何事も御案じ被下間敷候、尤奥掛ノ思召ニ御座候ヘ共、川支旁諸入用掛増ニ候間、私方より御相談申上候て相止メ可仕内存ニ御在候、依之帰国ノ儀ハ九月廿日方と被存候……

八月朔日

京都餅屋惣左ヱ門方より　知足院

岩崎鶴之助様　門馬休山様

追啓申上候、相模甲州へ不廻候へば川支ニも不逢可罷通候処、一日二日之事ニて十日余リ之川支、去迚残念千万奉存候

慈潤の長子永潤の天保十年(三十二才)の旅日記を見ると、

十一日海野立　二リ

うる田、三里、松平伊賀守様五万八千石、御城、家並揃宜方

一、十六文酒一合　一、廿四文はい(鮠)の昆布巻　一、廿文草履一足　一、八文りんご二つ　一、八文あめ　一、十三文もち三つ

坂木、一里半、此脇ニ義清ノ墓アリ、廻リ不申候

一、二十文酒一合カワリ酒　一、十文にしめ(茄子、切昆布、人蔘)、此辺川にてかまつかと云ふ魚とれる、形ハゼの如く顔サガニ似テ大キサ小ハゼ位、味ハ軽キ由

下戸倉、一リ半、昼、此辺も田作よし、米一升一合、塩一升五合

一、二十四文めし二膳　一、八文にしめ(なす、ささげ)

萩蒔村、此所よりをば捨山十三景見ゆる、遠目がね見料八文

一、十二文絵図一枚　一、二十文縁起一冊

矢代、渡シ迄二十丁

一、三十二文そふめん二ぜん　ちくま川さい川川中島、ちくま川より追分十丁

原村ニて　一、八文うり一ツ　一、二十八文たんば島酒五勺、にしめ、うりもみ
たんば島より善光寺一リ十二丁　但シさい川渡迄四丁程
善光寺とまり二百二十八文　ふじや平五郎
十二日、善光寺より追分迄三リ戻る　一、十文酒五勺　一、六文なすのあげもの
追分一り、いなり山一り　一、十八文酒一合　一、十四文にしん二本　一、十二文にしめ（なす、ささげ）
一、五文たまり　一、四十八文めし三ぜん　一、十二文にしめ一ぜん
桑原十六丁　中原一リ廿丁　さる峠、さるがばん場のかしはもち名物　一、一文水一盃　一、二十四文もち六つ、此峠ニ近来出来候名月
屋ト云茶屋アリ、遠目がねあり、川中島善光寺まで見ゆる、一、二十四文もち六つ、峠ノ頂上ニ池有、此脇ニ名代の柏餅あり、餅売リハ
ばゞなり、少し下り清水あり、至て冷かなり、一、八文菓子二つ
おみ、一リ十丁　一、三文もゝ一ツ、此間ニ切通しあり、此辺岩山なり、岩と申者ハ海辺三里離れ候へバ無之と承居候処此処ハまさしく
岩ニ見へ申候、併し切通しの処ハ砂まじり石なり
青柳、百八十四文青木や太兵エ、此宿とまり早ク候故、たいくつニて酒取寄セたのしみ申候　一、三十二文酒二合　一、三十二文塩ぶり
一切、右ハ酒もよしやども静かにて面白く大酔致候

などと見えるが、信濃木曾路を廻って上京した時のものである。

なお勇清（雨潤）が養父（実は兄）の遺言として、死後も隠居所露地等もとのままに保存してくれよと頼まれたことに対し、吾等三代の間はそれも出来ようが数代の後はむずかしいことであろうと嘆息した安永五年の記録がある。

安永五丙申年七月十三日
俊清法印被申候ニ付、為後代相記シ指置候事
万年之後隠居所露地等、手を付不申末々迄此通ニて置候様ニ被申付候事、後代之住客此旨可被相守候事
　安永五丙申ノ七月廿九日
　　　　法印勇清
右三代之間者跡々残リ候事も有之者ニ候得共、数代之後者、必名も知レ不申様ニ相成ものニ候得共、為後日相記指置候、法印勇清謹記

上之坊の窮迫は天保以後著しくなった。寺社奉行より彼の困窮事情を具さに聖護院の院務威徳院、延命院等に申送り、先に本山より上之坊が年賦返済の条件で借金したのであったが、その一部を坊舎修理に寄附されたい旨などまで

依頼したらしいのに対しての返事がある。行文も巧みで少しも相手を卑しめた所がなく、礼をつくし、しかも理を押している。嘉永末年頃のものであろう。

……近年寺領等も荒地ニ相成、難渋之上、坊舎及破壊雨露も凌兼候故、当時本堂ニ住居罷在候程之折柄、其上天保度凶作極窮之砌、上洛有之、任歎願貸金遣、其後年賦割済等も于今皆納無之、万端行届兼候上、昨春上京、猶又当秋連年罷登候儀難出来、乍去御祈禱之廉無余儀次第ニ付、別段御心配も被成遣候折柄、上之坊中暑相煩上京難相成、無是非当秋之儀者不参ニ相成候儀、爰許程能取合可申段、為御頼御細書之趣、重役江申聞候処、無拠次第、御紙面之廉、猶各申談可及披露旨ニ御座候、仍御報如斯御座候、恐惶謹言

十月十三日　　　　　　　　　　　　威徳院　延命院

相馬大膳亮様御内　大越八太輔様　石川助左衛門様

追而上之坊儀、極々窮迫罷在候ニ付、先年之貸金年賦之分坊舎修覆科として、猶予之取斗も遣候ハヽ、同行中始諸檀越より勧化等も相集候基ニ相成、坊舎修理且院務相続仕方も出来可申旨御内談之趣意、無余儀御事ニ付、右貸金年賦割済、残り高当卯年より巳年まで三ケ年之分金十二両、坊金修覆為助成寄附遣候筈ニ致治定、此段各様迄宜得御意旨ニ御座候、右ニ付貸金年賦之一廉相済御同意ニ安心仕候…

しかし、それにつけても去る天保十年の門主の入峯ならびに嘉永二年の高祖役小角の遠忌に不参の同行よりは、必ず前に示した通りの金を取り立てよと要望されたのには、さぞ弱ったことであったろう。

安政二年には、上之坊永潤は若王子の執事に対して窮状を具陳し、かつ病気のゆえをもって、上京入峯のことを来年以降に延期したいと歎願した。

願書

拙寺上京入峯不可有懈怠之旨、従往古厳重ニ被仰付置、領主表よりも厚く世話有之、先代より五ケ年目上洛仕り、於大峯、葛嶺両峯、天下泰平之御祈禱御用相勤来候而、先代より当病之節は以使僧御断申上、或者以代僧御祈禱相勤来候処、当今之御時節実ニ不尋常、且昨年奥羽筋不作ニ付、知行所多分之毛引ニ罷成、院内相続ニも差支罷在候処、此節ニ相至、持病之積気差発、長途之旅行難相成、就而者以代僧御用相勤可申候処、同行中迚も右同様ニて、一ケ院も上京願無之、別段為使僧為差登候儀、是又莫大之入用ニ而難相及、従往古無怠慢入峯仕来候拙寺ニ仕、実ニ不本意之至ニ奉存候得共、無拠上京年延奉願上候、右願之通被仰付被下成候ハヾ難有仕合奉存候、以上

卯六月　　　　　　　　　　　　上之坊

東山若王子様御役所

天保凶年後は領内頗る不振の時で、藩としてもその善後策に腐心した。多くの配下をもった上之坊が年行事の職も果せぬ状態のもとに苦心惨胆した様が見える。牛車に蔵書を積んで金銭に替えたと伝えるのも、恐らくはこの頃でもあったろう。蔵書はかなりあったらしく、黄檗山宝蔵院一切経印房より、大蔵経を購入した慈潤の時の受取証文が残つて居り、大蔵経と達筆に墨書された空の本箱の幾つかも昭和の今に残っている。また窮状を寺社奉行に訴え、種々諒解を請うた書簡には、

……右之職録、若王子御室御役所より御渡無御座、拙寺職分難相立筋ニ御座候得共、押而申上候儀恐入奉存、且平日之上ハ御上より之被下物ニ而家内相続仕罷在候儀ニ御座候処、当度之儀者、同行取立金御上より被仰付も有之候へ共出来兼、拙寺よりも役僧三入並執事之者、軒別ニ相廻し拙寺儀も日数御暇申上、自身出張仕教諭仕取立候得共、迚も丸々出来候見居無之、右等之雑費中々自力之及所ニ無御座、殊従御上者厳重之被仰付、京都表よりも厳敷御催促ニ相成居候ニ付、無拠両度ニ上納可仕段御請申上、江戸表迄罷登候儀ニ候得共、迚も調金之見居無之候ニ付、同行中、上金御緩方、且年行事職録御下げ被成下度段歎願之書面、江戸表取次秀宝院江指出候処、同院儀右之願書持参ニ而寺社御掛役石川助左エ門殿へ御直談申候ニ付、御挨拶之御紙面拙者より秀宝院へ直達仕り候、其節拙寺之願書ハ御戻し置ニ相成候得共、御緩方之儀者、京都表より御挨拶有之候迄ニ相成居候処、今以御沙汰無之…… 江戸表ニ而申立候願書別紙之通リニ御座候間、森御殿表並若王子御室迄御願被仰入被成下、同行中御緩金相済、拙寺職録頂戴ニ相成候様被仰付被下候ハバ、本山表御大礼之上納物無滞相納り、拙寺職分も相立、難有仕合奉存候、右之段奉願候、以上

正月　　　　　　　　　　　　　　　上之坊

寺社御奉行所

元来上之坊は、先祖の功により祈祷上京の費用は藩において支弁して来たのを、文化元年雨潤代より藩費節約のためか自分持に改められ、慈潤代を経て永潤代に至るや、積る借金七十両および本山表への返金等のため、極度に窮迫して当年亥年の上京不可能となり、どうする術もなくその処置を寺社奉行に伺い立てた。この亥年は嘉永四年であろうか。

以書附奉伺上候事

年行事入峯之儀ハ於大峯、年々春秋両度為天下泰平国家安全、天子将軍之御祈禱相勤候儀ニ御座候、依而国郡を分チ年行事被仰付置候儀ニ御座候、拙院儀ハ文明年中治部丞様（高胤公）御代御取立被成下、相馬一家領中年行事職被仰付、文明、天正（天文カ）両度之御令旨頂戴仕

罷在候、御先君様（重胤公）当寺御取立、聖護院様御取成ニ而御住位被為有候御事、御家御拝住之最初と当寺之伝ニ御座候、右以来無退転御上之御物入ニ而御上御祈禱相続仕来候処、延宝年中先寺常栄儀無調法筋有之、天和年中湛清儀御上御物入ニ而続目相続被仰付候以来、捨リ拝借被仰付、年番上京並不時登リ、御上之御祈禱御用相勤来候、然ル処文化元子ノ年より自分登リニ被仰付、拝借金年賦ニ御取上ケ相成候、巳来拙寺代迄三代ニ相成候、祖父雨潤代ニハ年賦返上金出来兼候と相見へ、返上之調相見へ不申、父慈潤代ニ至リ、寺領物成御指引等被仰付、金五両也返上ニ相成候、拙寺代ニ相成、昨戌年迄ニ七十両余之年賦返上金仕、殊ニ本山表ニも自分拝借筋有之、是又年賦上致居候儀ニ御座候、家内大勢之拙院、七十両余之金子御上之御祈禱入用ニ仕、家内相続可仕様無御座、当年御祈禱之年番ニ御座候得共、上京可仕様無御座候、天子将軍之御祈禱退転仕候儀恐入奉存候、私ニ難決儀ニ奉存候、此度奉伺上候

亥五月　　　　　　　　　　　　上之坊

寺社御奉行所

これより先、慈潤代、すでに上京に困んで三十両の借金を願出ている。文政十年かと思われる。すなわち

願書

私儀当年六月……同姓覚源（永潤）連候て罷登リ、聖護院並若王子僧正へ続目相済候様仕度奉存候、私儀持病も御座候へバ、此後五年過候てハ上京も無心元御座候、尤私共上京仕候物入ハ御貸地被仰付置罷登申候、然ル所此度続目仕候入用迄ハ及兼申候、御時節柄恐入奉存候へ共、何卒思召ヲ以、金三十両拝借被仰付被下候様仕度奉願上候、左候時ハ父子罷登、遠国之儀ニ御座候へば、此段続目願上候段、本山表役人衆へ願申立首尾仕、相済候様仕度偏ニ奉願上候……

四月　　　　　　　　　　　　上之坊

寺社御奉行所

しかしながら代々の住職は、貧困の中にあってもなお綱紀の粛正に努力し、身を以て範を示したことは記録にも歴然としている。例えば左の如きは、安政六年永潤が相馬三郡年行事の責任において、配下の全同行にその職分を自覚させ、かつ激励したものである。その一部を示せば、

一派入峯ノ儀ハ公武御祈禱御用参勤ニテ、自巳ノ修行ニ無之、則三御所御撫物並ニ将軍家御撫物致守護於峯中、朝廷御安隠幕府御武運長久一天泰平之御祈、諸国参集之輩、不論職掌之差等、挙テ令抽丹誠修行候事、一宗第一ノ公務ニ付、於御祈之道場ハ衣鉢等ノ御定ニ至迄厳重ノ御法式有之、厳密ニ可令執行旨、且国主領主其外祈願相兼候分、是又弥無麁略可致勤行候、従古来其国主領主より被扶助候向も数多有之候儀、是全御用参勤故ノ事ニ候、為法中不弁職分之本源、公務相怠候儀不心得之至候条、平常応其根気令修学練行、専祈其

国所之武運長久家門繁栄、至入峯之時節候ハヽ、右御用参勤相励可尽職分之精忠旨、去ル文政十亥七月従森御殿（聖護院被仰出）候云々

四

上之坊雨潤は博識宏才の人であったが、寛政十年本山学寮の学頭に任じ大いに精励したことは、郷里相馬の修験道向上にも非常によい影響を与えたと思われる。先に聖護院宮の内意をうけた若王子権僧正が、伊藤三上の二人をして直接上之坊に執達せしめた寛政九年かと思われる書簡がある。

一筆令啓達候、大暑之節ニ候処、弥御無異珍重存候、然者其許、当道修学被相励候趣御門主被聞召候ニ付、学寮之学頭ニも可被召加哉之旨御内意候、依之上京有之候様、可申達旨権僧正依仰如斯候、恐々謹言

六月十日　　伊藤主殿快道　三上式部法橋淳応

相馬　上之坊御房

尚々委細ハ面合ニ可申入候、且否御請之趣、草々可被申上候、弥御内意之趣御請被申上候ハヾ、秋ニも上京哉、是等之趣も御申登せ可有之候、已上

翌寛政十年学頭となるや、若王子誉淳より藩主祥胤にあてた挨拶状が発せられ、藩主よりもそれに対する返書が送られた。時に雨潤は四十五才頃かと思われる。

一筆致啓上候、薄暑之節弥御堅固被成御座、珍重存候、然者御領下ニ罷在候上之坊、此度被召登、於学寮学頭相勤、拙院儀も大悦存候、尚又、御心添被遣可被下頼入存候、恐惶謹言

四月十五日　　若王子権僧正誉淳

相馬因幡守様人々御中

尚々上之坊儀、万端篤実之勤方神妙存候、乍此上呉々も可然御心添頼入存候、已上

右に対する藩主の返書、

貴札令拝見候、弥御堅固旨珍重存候、然者領内罷在候上之坊、被召登候処、於学寮学頭相勤無滞帰参致太慶候、猶此末之儀申含置候様被仰聞致承知候、依之御紙面之趣被入御念儀存候、恐惶謹言

十月九日　　　　　　　　　　　　　　　　相馬因幡守　祥胤
若王子権僧正　御報

彼の京都勤務中、一年在国を願い出たのに対して許可が下りた、その往復の書簡が数通あるが省略する。たゞこれらの文中あるいは学頭といい、講師といい、時には講談と記してある。なお雨潤自身の記録によっても、学頭就任ならびに辞任についての事情を明かにすることが出来る。

願書

私共儀、追々奉申上候通、去ル午ノ年上京被仰付、本山修験修学所学頭職蒙仰、翌年未ノ四月中旬迄在京仕相勤罷在候処、一ト先帰国仕御届ヲも申上度趣ヲ以、御暇之願指出候処、格別ノ訳合尤之筋ニ被為御聞済、態々御目見被仰付、明年四月上旬迄ニ無遅滞上着可仕旨御意之趣、於御前今大路雑務法印より御達之所、御前ノ儀ニ御座候得バ外ニ可申上様も無之奉畏候趣御受仕罷下り申候、然ル所先達而より段々奉申上候通り、近頃病身罷成、上京仕候儀難相成御座候ニ付、無拠隠居之願申上候所、格別之御取扱ヲ以隠居後住共ニ無相違被仰出、難有仕合奉存候、右ニ付当住上之坊儀、当夏遂上京、宮様へ続目御礼申上、且大峯修業伝法等為仕度、此段奉願上候、扨又此御時節不得止事拝借等ノ願奉申上儀、大ニ恐入候儀絶言語奉存候得共、実無拠仕合何分御憐察ヲ以被仰付被下度、偏ニ奉願上候、以上

四月　　　　　　　　　　　　　　　　知足軒

雨潤は真無実如、または如幻堂と言い、俊清の二子にして兄晃清の嗣となったが、相馬における修験道を確立し、湛清以来の上之坊の名跡をついで恥じなかった。彼が夢に詠じたという歌が残っている。

「心より外には法の道もなし直なればこそ神も守りき
寛政七乙卯十二月廿二日之夜、夢に何となく右の歌心にうかみ、前後の事覚えず、如幻堂実如四十四歳」

なお彼は学頭辞任後九年目の文化五年七月二十九日に五十六才で死去したが、各方面より痛惜せられ、門跡の思召により香儀を贈られた。

一筆令啓達候、然者唯心院兼而病気之処、養生不相叶、去年七月病死之由驚入候、嘸々愁傷之段令察候、将又為香儀金子百疋被遣候間、霊前へ可被相備候、右之段宜申達旨ニ付如此ニ候、恐々不備

九月廿一日　　　　　　　　岸坊法橋快順、伊藤大蔵法橋快栄
上之坊御房

彼の残した数多くの記録の中にとくに修験道を論じた幾つかの論文がある。主なるものの一つは本山の修験職の道者引導の事を論じて修験道の来由を明かにし、一つは古くより伝わる上之坊関係の証文文書を基として本寺上之坊の来歴を明かにし、も一つは相馬修験道の法式に関する件を述べて修験道の地方に与えた影響に及んでいる。

彼に道者の由緒を明かにする論文を書かせるに至った遠因のようなものは、俊清の代にさかのぼる。すなわち小野村の者五人が無断で伊勢参宮したのを、掟違反として受持山伏高山院より訴があり、これによって代官森二右衛門より上之坊俊清に宛てた書状がある。

宝暦十二年九月二日　　森二右エ門殿より

以手紙致啓上候、然バ小野村より暇不申出伊勢参宮仕候もの五人有之、笠初尾相出候様ニと申候得共、不相出候由、右之段小野村肝入山田文六方へ黒木村山伏高山申出候ニ付、承届候所ニ別紙ロ書之通リ御座候、致披露候間為御知申上候、且又伊勢参宮仕候者、宮様より御証文有之、笠初尾取上本寺へ上り候由高山申候、弥々右之御格合ニ御座候哉承度御座候、小野黒木二ヶ村ハ高山御隠居より被頼引受居候由申候、右二ケ村ニ限り候儀ニも無之、御領分ハ一同之儀ニ存候間承度御座候、尤伊勢参宮計ニ而熊野へハ不参候とも笠初尾上り候儀ニ御座候哉、委細承知致度候間、御報可被仰下候、高山儀も今日郡代衆へも申上候間、ロ書御披見被成候ハゞ御帰し可被下候、巳上　右切紙也

すなわち社参仏詣の道者は、出発に際してその筋へ暇乞をなし、引導者たる年行事より引導作法の札を配られ、これに対して笠初尾と称する礼銭を納めるのが定まりなのに、小野の道者はそれをしなかったというのである。しかも同じようなことが、多分寛政二年と思われるがこの年にも起ったので、雨潤は時の代官青田孫兵衛と本山の掟等について談合した、その手扣も残っているがその方は省略する。

雨潤の見解　一

一、御領内三郡ハ拙寺霞ニ御座候て、無相違御証文数通有之、従往古伊勢熊野社参仏詣之道者引導仕リ来候、然ル処今度当郷小野村より参宮ノ道者三人有之候ニ付、常例之通、同村居住修験善法院、右ノ段為申聞候て、先例拙寺より相出候引導作法之札配分仕候処、道者ノ面々彼是ト及異論、一円承知不仕候由、右善法院小先中迄申出候ニ付、先方ノ面々善法院迄申聞候ロ上之趣、委細承候処、三人之ロ上区々ノ儀も有之候へ共、大旨ハ一様ニ相聞申候、別紙善法院ロ書ノ通ニ御座候、就中此度道者中申募候肝要ノ意趣ハ、二十八年以前

ニ小野村より参宮道者有之候節、黒木村修験高山坊、如此度申聞候処、何も承知不仕候ニ付、高山坊村役人へ申出候て、御披露ニ罷成候処、其節御暇不申上参宮仕候儀ハ、御咎被仰付候へ共、笠初尾ハ不及其儀候段被仰付候て相納不申、尤高山坊事も無調法被仰付候て、双方相済申候、今度も同然ノ儀ニ候間、相納不及申候段申聞候、依之拙寺旧記穿鑿仕候処、閑居知足院寺務之節、宝暦十二年ノ扣ニ相見申候、九月二日当御代官衆森仁右エ門殿より紙面を以被仰越候趣、小野村より参宮道者五人有之候処、笠初尾ノ儀ニ付、黒木村山伏高山小野村肝入山田文六方へ申出候ニ付、承届候処、別紙口書之通ニ候間、及御披露候段、為御知之趣、且又笠初尾訳合承知被成度候段、殊ニ当日郡代衆へ被仰上候ニ付、口書ハ披見相済候ハバ早速相返候様ニと被仰越候、依之同日専光院を以、従往古道者引導仕来候次第口上ニて、仁右エ門殿へ答申進候由相見申候、右紙面ノ写今度指上掛御目申候、高山口書ハ拙寺ニ相見不申候、御上ニハ可有之と奉存候、右之通代官衆より文通ニて為御知、笠初尾之儀ハ一往為御取合被仰聞候迄ニテ其節拙寺へ従御上道者引導ニ付筋目御尋等ノ儀一切無御座候、元来道者引導ノ儀ハ拙寺職分ニ御座候間、末代用捨等被仰付程ノ御吟味ニ御座候ハバ、寺社御奉行所より、従往古仕来候道理証拠等拙寺へ逐一御尋も可有之儀奉存候、元来本山修験霞ノ儀ハ御当領ニ不限、日本国中一統ノ儀ニ御座候て、慶長年中権現様被仰出候御証文聖護院御門跡御令旨並若王子御殿墨附、且大盛院盛胤様御直書之御証文等、其外追々御公儀並本山表御領主様より被仰出候数通ノ御書附聊々として不易、其節霞職分用捨被仰付候儀ハ曾無御座候、左候へバ高山事手違之取扱ノ事共有之、元より無禄地修験ニ御座候へバ、代官衆御取扱ニて御披露ニ相成、御吟味ノ上無念等被仰付候て相済居候事ニ相見申候、若導者引導之儀無筋目ニて無調法被仰付候時ハ、専一ニ拙寺へ相掛リ可申事ニ御座候、高山事ハ拙寺配下ニ御座候間、此方より兼て申付置候法式相守申候て、道者中へ申通候て取扱候迄ニて全ク自分ノ儀ニ無御座候間、其身へ無調法相掛リ候道理相見不申候、併今度小野村之道者共、先年相納不申候段申候も是亦偽ニハ有之間敷奉存候、何レ其間ニ間違ノ儀可有之哉と奉存候、右ニ付先年代官衆よりの紙面ノ趣ト此度道者中ノ申分を以了簡仕候ニ、笠初尾三百銅づつと申候由、先以是等ノ儀仕来ノ常法を相背、不届之儀指見へ申候、且高山事、其節拙寺隠居より被頼候て、笠初尾取立候段申上候由、代官衆之紙面ニ相見申候、其節拙寺ニ隠居無之候、尤閑居之養母有之候へ共、婦人之儀ニ御座候へバ寺役ノ儀を自分ニ高山相頼候道理無之候、旁以不都合之事共相見申候、其上高山ト申者、性得強気成ル者ニ御座候間、余り申募リ対道者及口論、過言等之不届有之候哉ト奉存候、右申上候通、無禄地修験之儀ニ御座候へバ、拙寺方ニて相構不申、代官衆より被仰上候て御吟味之上出入之一件相済候事ト相見へ申候、前段ノ通拙寺ニ同人口書無之候間、委細相知不申候、全ク拙寺道者引導之職分無筋目ニて、高山坊越度被仰付候儀ニハ無御座候、乍去其節小野村之役人並道者ノ面々心得居候者、拙寺道者引導之次第、無筋目ニて、高山無調法被仰付候事ト一往ニ存居候哉ト奉存候、尤高山事ハ無調法被仰付候間、右之一件へは一切相構申間敷候、拙寺方ニテハ兼テ道者ニ直ニ掛合催促等不仕候間、自然ト相流不相納居事ト相見へ申候、右之次第ニて相済居候時ハ、今度小野村之道者共申処も一向ニ無訳申募リ候事ニも無之相聞へ申候、兼て霞中之道者不案内ニて彼是と異乱申候事も多分有之事ニ御座候へ共、其所之先達共、道理証

拠等為申聞候時ハ、全分得心仕候事ニ相聞候得共、今度ノ儀ハ各別ニ御座候て、二十八年已前従御上被仰付候趣意を以申募候事、拙寺方ニて幾往了簡仕候ても相分不申候、依之難捨置候間奉申上候、併対道者、彼是と及異論御苦労ニ罷成候段、誠以背本意奉存候、且又理非之儀ハ筋目次第ニ可被仰付候得共、今度之道者も御暇不申上参宮仕候て、御咎等被仰付候次第ニも有之候て法式之儀ニ仕、旁以気之毒千万奉存候得共、任其意捨置候時ハ、拙寺年行事職之筋目相立不申、往古より被成下置候処之数通之御証文相破申事ニ御座候間、無拠奉申上候、為御吟味本山修験霞職道者引導之由緒書、且往古より追々被成下候御証文等差上入御披見申候、御吟味之上従往古之法式無違乱、職分相立候様ニ被仰付被下度奉存候、

附

一、小野村道者口上ニ、於修験道、熊野道者引導之儀ハ各別ニも可有之候へ共、伊勢之儀ハ別段ニ而神道持之神社ニ候、修験道ニて引導作法仕候儀、道理相当リ不申候段申候右、故実等不存候者ハ、多分ヶ様ニ心得候事も尤之事ニ奉存候、元来修験道社参仏詣引導ノ儀ハ所縁之有之候神社仏閣へ計道者引導仕候事ニハ無之候、委細別紙ニ申上候通之事共ニ御座候、右ニ付数通之御証文等も有之候て、万代不易之法式ニ御座候間、新ニ道理を申開候ニ不及候得共、一往就道者之申分、会釈仕候時ハ、都て神道持之神社へ修験家ノ道者引導、不筋目ノ様ニ心得候ハヾ、熊野之儀ハ格別ト相分ヶ可申道理無御座候、熊野権現ハ祭神ハ伊弉冊尊ニテ、仁王第十代崇神天皇御宇鎮座ニて御座候、又伊勢太神宮ハ仁王第十一代垂仁天皇御宇鎮座ニ御座候て、何も神代より未ダ遠候て、於本朝修験道之儀ハ勿論仏法之名字も無之時代、唯一神道鎮座之神ニ御座候、修験道之元祖役行者之出世ハ、仁王三十五代舒明天皇之御宇ニ御座候、行者より二十代目聖護院開祖増誉大僧正、依白河院勅宣被補熊野三山検校職、並継寿元、黒珍ノ遺風、社参仏詣之大導師と被為成候、正シク修験道之引導ニ被成候事ハ、伊勢熊野鎮座より千有余年之已後ニ御座候、従是以来一切ノ神社仏閣へ参詣之道者、永ク修験道之引導ニ罷成候、仍て諸人社参仏詣引導之元祖ハ修験道之祖師ニ御座候、依之如前段、修験道一切之神社仏閣へ所縁有之候て、引導仕候儀ニハ無之、都て社参仏詣仕候諸人之行躰ハ、本山修験道之引導ニ相違無御座候、委細ハ別紙由緒書ニ申上候通ニ御座候

一、同道者口上ニ、仮令御証文等有之無相違事ニても、近年当村より参宮致候者共も有之候得共、別而笠初尾等相納候儀も無之候間、全体中絶致候事ニ可有之哉、左候時ハ尚又一往御上より御触出等も有之上ニて取扱候て可然儀ニ候、左も無之時ハ相納不申候ても不苦候由、何レ近年参宮之者共無其沙汰相済居候間、此度迚も可為同然由申候由ニ候

右一往尤之様ニ相聞候得共、元来万端ニ付、常式ト不時ハ各別ニ御座候て、拙寺道者引導之儀ハ常式ニて不時ニ無之候間、時々御上へ申上候事ニも無之、殊ニ御触等も無御座候、尤在家ニテ参宮仕候者ハ、多分ハ一代ニ一度ニ御座候間、其家々ニてハ二、三十年乃至四十年も間有之、或ハ一向ニ参宮不仕家も数多有之候間、道者之方ニてハ中絶ノ様ニ心得可申候得共、拙寺方ニてハ、毎年参宮道者打絶不申候間、於拙寺ニ致中絶候儀無之候、吉田大和守祓配分等ハ毎度御触等無御座候得共、諸人覚居候て異乱無之候、引導笠初尾之儀

ハ、諸人家々ニて毎年参宮不仕候間中絶と心得申候も、全ク拙寺方ニて致中絶候儀ハ無御座候、且又近年参宮之者共無其沙汰済居候間、此度も同然之由申候事

一、道者口上ニ、先年高山坊方より笠初尾三百銅と申聞、今度ハ百銅と申聞候段、前後相違ニ御座候ト申候右申分尤ニ相聞候、元来道者引導初尾之儀、御公儀並本山表御領主様表共に初尾員数無之候、寛文年中従御公儀被仰出候御証文ニハ、最花銭ハ道者之思寄たるべし、おもく申掛べからずと有之―御当地ニて笠初尾と唱来候儀右之最花銭ニ御座候―且貞享年中従御上被仰付候御条目ニも、引導之札銭道者之任意たるべし、雖然二十疋を過ぐべからざると有之候、諸国共ニ公儀本山より被仰出候常式員数ハ無之候得共、左様ニてハ取次等ニ付、間違も間々有之候ニ付、何方ニも仕来之常式有之候て受納仕候、左様ニ相定置候ても、先年高山事心得違ニて三百銅宛と申掛候躰之儀ニ御座候、御当地之儀ハ御条目之二百銅迄ハ不苦候へ共、古来より仕来ニて、道者一人ニ付百銅宛受納仕候、近国之引導初尾、仕来り之常式承り合、先年差上候御案有之候間、今度差上候て掛御目申候

右本山修験道霞職道者引導之由ハ、聖護院御門跡御開祖増誉大僧正、堀川院御宇寛治四年正月廿二日白河法皇依勅宣、日本六十余州之先達年行事ヘ霞之御令旨被成下置候て、社参、仏詣之引導職被定置候、且慶長十八年五月権現様於駿府、本山霞之儀被為聞召届、任聖護院御門跡被定置筋目、伊勢熊野社参仏詣之引導不可有相違之旨被仰出候、依之本山修験日本国中一統之法式ニ御座候、拙寺儀ハ御当家様累代之御願寺ニ御座候て、往古ハ下総国千葉相馬両郡之、年行事ニ御座候処、去元亨年中重胤様御当地へ御下向之節供奉仕、高平村ニ居住仕候て、文明九年従本山御門跡御令旨被成下、行方一郡之年行事職ニ御座候、其後大膳大夫盛胤様御代、宇多椎葉両郡御手ニ入候由、左候へ共拙寺方ニハ右両郡之本山之御令旨無之、尤其以前両郡之道者引導仕来不申候て、彼是異乱有之候ニ付、明応二年（八年）盛胤御直書之御証文被成下、宇多郡引導不可有余儀之旨被仰付候、尤椎葉之儀ハ古来より岩城宮林来泉寺霞ニ御座候て、御上之御自由ニも難被成候ニ付、天文廿年弾正大弼盛胤様、聖護院御門跡迄被仰立、御所望被遊候て霞之御令旨被成下候、尤其節御門跡御坊官中より御当家様御役人へ被遣候御文通于今有之候、文明九年より天文廿年迄七十余年之間ニ御当領拙寺霞ニ被成候、尚又延宝六年御領分三郡之御令旨被成下候て、道者引導仕来候条、相違無御座候、依之白河院勅宣、聖護院御門跡御令旨、権現様御証文、御先祖様御書附等を以、被為定置候筋目之通、霞職分相立候様ニ御吟味被成下被仰付被下度奉存候

雨潤の見解　二

（前欠）法務大僧正、天台座主、四天王寺別当、三代（後三条院白河院堀川院右三帝）護持僧、三井長吏、惣十三ケ寺ノ別当、寛治四年庚午正月廿二日、白河院始熊野御幸之御時、被補三山検校先達職也、五十九才云々、此職以増誉祖、大納言経輔卿ノ御息ト云々

従爾以来、聖護院御門跡御代々、被補此職候、従増誉大僧正十九世良瑜大僧正、被為永蒙宣旨候而已来ハ至御当代迄、此職不離本山之

御門跡候
同御血脈ニ曰、良瑜者三井長吏三山並新熊野検校永宣旨、四天王寺ノ別当乃至一天ノ護持、衆僧ノ棟梁、常住院如意寺法輪院聖護院准三后法務大僧正勅伝法大阿闍梨二条摂政関白兼基公ノ御息ト云々
依之日本六十余州熊野並社参仏詣之道者ハ、聖護院御門跡御霞ニ御座候、本山修験之惣司而ニ被為入候間、従往古国郡を相分チ、先達年行事へ霞之御令旨被成下置候て、熊野並社参仏詣之道者引導仕来候条、至于今相違無御座候
一、拙寺儀ハ、御当家様累代之御願寺ニ御座候、上古ハ下総国ニ居住仕、千葉相馬両郡之先達職ニ御座候由、去元亨年中、御先祖様孫五郎重胤公、御当地へ御下向之節、供奉仕罷下候て、行方郡高平村ニ居住仕候、何公御代(高胤公)先寺誰代、文明九年七月十八日、従本山御門跡行方郡霞之御令旨被成下候而、右一郡之道者引導仕候
御令旨之写
奥州東海道行方郡相馬治部丞一家被官之輩、熊野参詣先達職之事、任当知行之旨、不可有引導相違之由、乗々院法印御房被仰之儀也、仍執達如件
文明九年七月十八日　　法眼慶乗　法橋快継
治部公御房
其後大膳大夫盛胤公御代、椎葉宇田両郡、被為入御手ニ候由ニ御座候へ共、拙寺方ニハ行方一郡之御令旨ニ而両郡之御令旨無之、殊ニ其以前両郡之引導仕来不申候間、異乱有之候ニ付、宇田郡御領地ハ無相違引導可仕之旨、明応八年盛胤公御直書之御証文被成下候
大膳大夫盛胤公御直書御証文之写
宇田庄引導之事、不可有余儀候
明応八年七月二日　　平盛胤
治部卿へ
標葉郡之儀ハ従往古、岩城宮林来泉寺霞ニ御座候、御上之御自由ニも難被遊候由、併他領之年行事ニ引導為致候儀御残念ニ被為思召候て、天文年中、弾正大弼盛胤公、聖護院御門跡迄被仰立御所望被遊候処ニ被為聞召分、天文四年十二月十一日、椎葉郡霞之御令旨拙寺へ被成下候
御令旨之写　但シ此御令旨ハ折紙也
奥州相馬一家被官等、領中年行事職之事、去文明九年七月十八日、任乗々院法印奉行之旨、無相違可令領知、然者如近年対京都、令無音者、可被補別人之条、宜令存知其趣之由、聖護院御門跡所被仰出也、仍執達如件

天文廿十二月十一日　　　　藤元(之)　増梁(墑)
上之坊
其節本山御門跡御坊官中より御当家(相馬家)様御役人へ被仰入候御別紙、並右別紙、御本書拙寺方ニ無之、岩城来泉寺ニ持来候、写ハ拙寺ニも有之候
御別紙之写
椎葉郡年行事職之事、宮村坊以証文、此度御下知申請候条、其理雖被仰分候、御領分之地、他郡之先達可引導之段御迷惑之由、不混自余御申上候、不容易法度之条々雖有之、盛胤任賢意、閣是非御同心候、此旨宜御申肝要候、恐々謹言
十二月十一日　　　　藤元　増梁
長明寺御房　青田左衛門殿
青田左衛門殿ハ、御当家様其節之御家老衆ニて可有之ト奉存候、長命寺御房ハ何御人ニ御座候哉相知不申候、御先祖様、聖護院御門跡より椎葉郡霞職御所望被遊候節、被加候方と相見申候
右之通、文明中より天文年中迄七十余年之間ニ、御領分三郡ハ拙寺之霞ニ罷成候、且宇田郡之儀ハ別而脇方より御所望等之儀も無之、盛胤様御証文ニて引導仕来候、元来宇田郡ハ仙台領金津東光院霞ニ而可有之候、今以宇田郡仙台領分駒ケ嶺迄ハ東光院霞ニ御座候、依之追而延宝年中、三郡一紙之御令旨被成下候御案文ニも、陸奥国相馬領之内宇田郡等と有之候
一、天正年中、権現様、本山年行事職之筋目被為聞召届、被仰出候御証文之写
修験中年行事職之事
右任聖護院門跡被定置先例領掌不可有相違、然上者天下大平採燈之修禱、可抽丹誠者也
天正廿年正月廿三日　　　　家康
年行事中
一、同御代慶長年中、社参仏詣引導之筋目被為聞召届被仰出候御証文之写
年行事職之次第
門竹立　七五三引
御祓立　神前備魚類候事
伊勢熊野社参仏詣、是引導者修験中之作法也
慶長十八年五月

聖護院殿

右之御本書拙寺ニハ無之候、写所持仕候、若王子殿並武州幸手不動院、相州小田原玉滝坊、上州和田山極楽院等ニハ御本書有之候、其外ニも可有之候へ共、拙寺ニハ右之写所持仕候、是又権現様新規ニ被仰候事ニハ無御座候、任聖護院御門跡被定置先例、不可有相違之旨、被仰出候、依之白河院勅宣以来至于今迄、日本国中年行事職引導之事、相違無御座候

一、明暦年中若王子殿より社参仏詣引導之御証文被成下候、尤諸国之年行事中へも追々被成下候、写

修験道作法之事

一、年行事職之事、諸国本山之山伏ニ相極候事

一、伊勢、熊野、富士、日光引導之儀、聖護院御門跡御代々従先規被仰付、任筋目可令執行事

一、七五三祓、幣諸祈念等、従往古修験道如有来可仕事（此末ニ四ヶ条之御案文有之候へ共、今度ノ所用ニ無之候間写し不申候、御本紙ニ詳ニ相見申候）

右、守此旨、禰宜之作法混乱仕間敷候、併吉田神道之下、弥宜此ヶ条之通、曾以不可有之間、可存其旨者也

明暦二丙申九月十二日　　晃海

上之坊

奥州蒲倉大祥院大音院へ被成下候御証文之写

一、年行事職之事、諸国本山之山伏ニ相極候事

一、伊勢熊野引導之儀、聖護院御門跡御代々従先規被仰付任筋目可令執行事

一、七五三祓幣等、従往古修験道如有来可仕事

（御ケ条奥書前書写之通ニ御座候）

元和五年四月五日　　雑務坊源春　杉本坊周昌

奥州蒲倉　大祥院、同大音院

同会津奉行所へ被遣候御証文之写

一、年行事職之事、諸国本山之山伏ニ相極候事

一、伊勢、熊野、富士、白山、愛宕、三島引導之儀、聖護院御門跡御代々従先規被仰付、任筋目可令執行事

一、七五三祓幣等従往古修験道如有来可仕事

（御箇条奥書前書写之通ニ御座候）

亥極月四日　　　　若王子澄存

会津御奉行所

右之御証文ニ四社六社等之増減有之候ヘ共、御定法ハ熊野、伊勢、富士、白山、愛宕、三島、日光之七ヶ所ニ御座候、右之外ハ道者ノ勝手を以、他門ニて執行仕候て相構不申候、併社参仏詣引導之職分、本山修験道ニ相違ハ無之候、七ヶ所之外ハ道者之勝手ニ為致、相構不申迄ニ御座候

一、修験道之職分、別てハ伊勢熊野等之七ヶ所、惣てハ社参仏詣之引導ニ相極候処、去寛文年中、社家方ニて、吉田家御条目ニ諸社参詣ニ付、先駈啓行之作法有之候由、段々訳合申立候て、修験道引導之作法を相破り、社参之道者社家方之持切ニ可仕之旨申候ニ付、江戸表之御沙汰ニ罷成候所、双方被聞召届、先年従聖護院御門跡並吉田家数ヶ条之趣、双方可相守之旨被仰付候て、社家方持切之申分相立不申候、併旦那諸社参詣之節、於社家方、神通之作法有之候時ハ、山伏方相構申間敷候、山伏方引導之作法令執行ハ社家方不可構之旨被仰付、依之拙寺霞ノ内ニても社家之氏子等、御はけ勧請社家ヘ相頼候ても、寛文六年以来ハ、此方より相構不申候、拙寺霞職引導之儀ハ職分ニ御座候間、霞役最花銭之儀ハ、社家方ヘ御はけ相頼候ても拙寺方ヘ常式之通相納り申候、尤本式ハ参詣仕候家ニて其郷の霞頭を相頼、御はけおろし仕、其上霞役最花銭拙寺ヘ相納候筈ニ御座候所、社家相頼候もの有之候節ハ、在郷頭おはけ勧請ニハ相構不申、霞最花銭計取立、拙寺ヘ相納候儀、社家方勿論一切相構不申候、尤吉田家之御条目も、従古来可有之候ヘ共、寛文六年・以前ハ諸国共ニ修験道持切ニて、社家方一円執行不仕候、寛文六年より今年迄漸々百二十五年ニ罷成候、近来之事ニ御座候、修験道ニて仕来候事ハ、仁王七十三代堀河院御宇、寛治四年以来之事ニ御座候、今年迄ニ七百有余年ニ罷成候、且拙寺御当地ヘ罷下候て、始て霞之御令旨被成候文明九年より当年迄三百十五年ニ罷成候、依之社家方ニても執行可仕之旨被仰付候ハ、寛治年中より六百有余年之以後ニ御座候、拙寺御当地ニて御令旨頂戴仕候文明年中より百九十年以後之儀ニ御座候、拙寺儀ハ仕来候年代抜群久敷御座候故、御領分中従往古仕来候通ニて相済居候事、諸人見分之通りニ御座候

寛文六年社家、山伏ヘ被仰付御裁許状之写

覚

一、諸社ヘ旦那参詣之節、社家方以神道之法、於有先駈啓行者、山伏方一円不可構、山伏方以修験道之法、於令引導者、社家方一円不可構事

一、俗持来候背戸神幣祓之儀、可為旦那之心得次第、社家山伏互ニ不可相奪事

一、神子ハ為神道之条、修験道並守子之作法一切不可仕事、守子ハ為験者寄付之条、神子之作法一切不可仕、就中不可為自詫之儀事

一、先年従聖護院御門跡並吉田家数ヶ条之趣、社家山伏弥堅可相守、然者向後互無争論、以面々法式可修行事

右之条々於有違背之輩ハ可致訴訟、急度可及沙汰者也

寛文六年三月十八日　　　　　　　　　　　　井河内　加賀甲斐

一、寛文八年、本山当山公事有之候、寛文六年諸社引導之儀ニ付、社家ト山伏との出入とハ各別ニ御座候、修験道ノ内ニて本山当山及公事候次第

一、本山当山由緒之公事

一、本山当山熊野之公事

一、本山当山検校之公事

一、洛中当山之山伏聖護院御入峯之時供奉之公事

一、当山之山伏紫衣着用之公事

一、本山当山大峯之公事

右之通数ヶ条之公事ニ御座候て、筆紙ニも尽不申候、誠ニ修験道開闢以来之大公事ニ御座候、右公事之起リハ、予州松山松平隠岐守様御領分当山山伏、本山袈裟筋目之山伏を奪取候ニ付、及出入候て落着不仕候内、奥州白川本多下野守様御領分真言宗竜蔵寺より、棚倉内藤摂津守様領分本山年行事八槻別当大善院熊野道者之儀ニ付及出入候、両所共ニ御領主様へ申出、御評議ニ相成候へ共、相分不申候内、当山御本寺三宝院御門跡御内淳習法眼、田村壱岐、飯田備後三人之方より、予州松山奥州白川之御領主へ申越候ハ、本山霞之儀、慶長十七年迄有之候処、権現様於駿府、本山当山之筋目被為聞召届、本山掠之儀相立不申候、此御門跡へ権現様台徳院様御黒印被為遣候、就夫於諸国本山掠之儀、慶長十八年以来ハ相立不申候間、其領国も左様に御下知有之候様、三宝院御門跡頼思召候趣、書状ヲ以申遣候、左候へ共、宗法之出入候へバ、各於御領国、御決断難被成候ニ付、双御本山御門跡ニて、被為聞召届候上ニて、済口被仰越候時、何分御下知可被仰付之旨、御返答被仰進候ニ付、両御門跡之出入ニ罷成、江戸表之及御沙汰候所、右之通数ヶ条之公事ニ罷候処、双方被為聞召届、当山方山霞之儀をかすめと申掛候段不届ニ被思召、本山年行事職霞之事並、熊野之儀も無相違御証文有之候上ハ、本山之申分可為理運之旨被仰出候御裁許之写、条々

一、慶長十八年先御代、於駿府御批判之節、非法之儀計御停止之処、本山年行事職之事かすめと申懸、霞奇破之由、従当山方奥州白川予州松山等へ以書状触遣候事不届之至也、熊野之儀ハ、聖護院御門跡代々検校職たるの故、本山之支配紛無之、並年行事霞之事も、至于今無相違証文有之上ハ、熊野道者如前々本山之山伏可引導事

一、従聖護院御門跡、於諸国従古来被定置年行事職ハ、今以不可有相違、自今以後新規年行事を被定置儀ハ御停止之事

附、同者より出候最花銭、同者心次第たるべし、おもく申懸くべからざる事

一、同行者、本山当山之筋、並以袈裟前持之補任状相改之、近年本山へ雖附随、当山之袈裟筋、於無紛ハ、其師匠へ可返之、当山又可為同前、然上ハ以才覚同行を互ニ不可奪取事、附、祈念之儀ハ願主おもひ付次第たるべし、本山当山相互不可諍論、且又衣綴順礼札之事ハ、望次第従双方可書出之事

右条々、今般度々御穿鑿之上、被定置処也、自今以後違背之族於有之者、糺科軽重、速可及御沙汰、為後鑑、本山当山双方へ書出之訖、不可違失者也

寛文八年戊申年十二月廿六日　　甲斐守　山城守　但馬守　大和守　美濃守

右ハ修験道之内、本山当山之出入候へ共、本山一派年行事職霞之事、如前々無相違之旨御老中様御正判を以被仰出候

一、拙寺霞之御令旨ハ、前段之通、行方椎葉之両郡、文明天文両度ニ被成下候て、宇田郡ハ盛胤様御証文を以引導仕候処、弾正少弼昌胤公御代、去延宝年中先寺湛清代、御領分之内、三郡之御令旨被成下候(尤其節高田甚右ヱ門殿より、若王子殿御内役人中迄御状被仰進候所、若王子大僧正より御領主様へ御直ニ御答被仰進候御芳札、于今拙寺ニ所持仕候右之通文明九年高胤公、明応二年大膳大夫盛胤公直書、天文廿年弾正大弼盛胤公、延宝六年弾正少弼昌胤公―以下原文欠)

陸奥国相馬之内、宇田行方椎葉三郡年行事職之事、任先規之例被仰付訖、然上者大峯修行無懈怠可抽奉公忠勤之旨、依三山検校宮御気色、執達如件

延宝六年九月十日　　法印源慶　法印晃隆

上之坊

若王子殿御墨附之写

奥州相馬領宇田行方椎葉年行事職之事、任先規之例、熊野道者並社参仏詣可令引導者也

延宝九年九月十一日　　御判

上之坊法印

拙寺へ従往古追々被成下候御令旨並御墨附所持仕候へ共、御領分追々ニ被成下候御令旨ニ御座候、尤御相違ハ無之事ニ候へ共、三郡一紙之一案文ニハ無之候

御令旨ハ御領内三郡引導之御本書(趣カ)ニ御座候、依之当時引導之職分、右之御令旨並若王子殿御墨附を以専執行仕候、且又諸宗共ニ仏法ニハ自行化他と申事御座候、御令旨之御文言ニ大峯修行奉公忠勤と有之候ハ、修験道自分之勤行満足可仕之旨、被仰出御事御座候、若王子殿御墨附之御文言ニ、熊野道者並社参仏詣之引導と有之候ハ……以下欠

貞享中従御上被仰付候御条目之写

条々

一、順礼出者、山伏方修験道作法ノ如ク、令引導儀勿論也、然所任勝手ニ内証ニて社家相候儀堅可令停止事

一、諸社参詣之儀、社家ハ如神道之作法注連祓先駈啓行有之勿論也、但し山伏方修験道ハ各別之由、聖護院御門跡吉田家条目有之上ハ互ニ不可相論事

一、諸社参詣、右日限之内、於先々ニ諸仏閣見物ノ儀、山伏方不可相構、又順礼之者諸社見物之儀、社家方一円不可相構事

一、附、順礼在所出候刻より可着笈摺、若社家令相対参詣申儀、先々ニて着笈摺者於有之者、其者ハ不及申ニ社家共ニ越度たるべし、且又注連祓求引導之札銭、如前々檀那所意次第たるべし、雖然と二十疋を過ぐべからざる事

一、神子ハ神道如作法之、着千縏舞絹、鈴持篠幣祓湯立神楽神託宣儀勿論也、修験道之作法一切仕間敷事

一、守子ハ修験道如作法之、還者寄附之幣を持役勿論也、但し神道ノ幣とハ各別ノ由、聖護院御門跡並吉田家条目之通相守、自詫等ノ神子之作法、曾以テ不可相勤事

一、諸檀那ノ事、縦雖為社家之氏子、旦那ノ祈念等、山伏相頼ノ節可随所意、又山伏之雖為旦那、社家ニ祈念相頼ノ節、山伏違乱有間敷事

一、順礼罷出候ハヾ、笈摺之儀、山伏方ニて相認可申事

右之通双方共、法式於相弁、向後無違乱可相守者也

貞享二乙丑年六月十六日

右御条目ノ内、附順礼等ノ御文言ノ上ノ一ツ書ハ書写ノ誤ト相見申候、前段ノ御条目ニ附候御案文と相見申候、依之注連祓等ト有之候御文言ハ社家へ相掛り引導札銭ト有之候御文言ハ山伏へ相掛り候御文言と相見申候、右ニ付道者より受納致候初尾二百銅限り御案文ニ御座候へ共、取次等ニ付間違有之候間、古来より百銅と相定候段申伝候、百銅ノ定法被仰付候員数ニハ無之候、併其節申上候て、御差図ノ上相定候事ト相見候へ共、其節ノ旧記相見不申、古来より仕来候儀ハ相違無御座候

一、宝永年中同行中へ申渡候書付

覚

一、修験引導者、伊勢熊野富士白山日光愛宕三島七ケ所、聖護院宮御家督修験引導霞ニ相極リ、本寺若王子大僧正御証文有之候事

一、当地より熊野伊勢参詣ノ道者、上之坊方へ無沙汰参詣致候付て、先年公儀へ願申上、向後ハ思ヒ寄ノ初尾納申筈ニ被仰付候間、道者有之節ハ、村々ノ仲間聞届、初尾納、其上、其郷ノ霞頭を頼、御祓景おろし為上可申由、面々へ可被仰渡事

一、内々聞及候ハ、其村々ノ修験、忍ニ御はけおろし相為上候由、向後左様有之候ハヾ、急度可申付候間、堅可被仰渡事

一、道者へ右之段申聞候ても請合不申候ハヽ、其処ノ肝入へ可申断候、若受合無之候ハヽ、従此方其郷ノ代官へ可申上候間、子細慥ニ御聞届、此へ可被仰聞候事

右之通従本寺被仰出候間申越候、堅可被相触候、以上

宝永二年酉八月日　　善行院　大徳院　宝性院

先年も近来ノ如ク参宮道者、拙寺へ無沙汰仕候ニ付、御上へ申上候て、向後ハ思寄ノ初尾相納可申旨被仰付候ニ付、同行中へ申候段、相違無御座候、尤只今ニても拙寺より書付等ヲ以申渡候、御公儀並ニ御上より被仰付置候御条目ニ思寄と有之故ノ儀ニ御座候、併前段ノ通百銅づつ受納仕候儀、今以近来ノ仕来ニハ無御座候、右ノ渡候案文ニ、先年公儀へ申上候と有之候先年ノ年代相知不申、多分貞享二年御条目被仰候節候哉別ニ旧記相見不申候事

一、天明年中拙僧代同行中へ申渡候書付之写

聖護院宮御令旨写之表へ

年行事諸国本山ノ山伏相極候事、先規被仰出候御奉書之通可執行也、然上ハ伊勢熊野社参仏詣、任筋目可令引導者也

天明三癸卯年正月廿五日　　高平山寛徳寺上之坊法印勇清

右御奉書之写被相渡候間、領掌可有之候　　五大院　大徳院　玉宝院　医王院

若王子殿御墨附写之裏へ右同断

右之通、本山修験年行事職分道者引導之権輿御令旨等数通之御証文、且御領分三郡年行事職道者引導之旧記、粗相記指上候、被入賢覧候ハヾ本望ノ至ニ奉存候

寛政二庚戌三月日　　三郡年行事職　上之坊

寺社御奉行所

以上の長篇は、修験道における古来の例を引用してその根元を明かにし、かつ上之坊古来の経歴を詳述して余りがないが、惜しくも前文を欠き、後尾も所々脱漏があると思われ完全でない。なお雨潤が本文を執筆したのは寛政二年であった。

雨潤の見解　三

御当地諸宗仕来御国法之法式諸国と同異之弁

一、於諸国諸大名様御菩提所御祈願所、御鎮守付之社僧社家諸家ノ御例式ハ区々ニ可有之候ヘ共、何も御先代より被定置寺社万代不易ニ被仰付置候て、時々思召を以御勝手之寺社ヘ被仰付候事ハ無之候

一、御当家様御祈願所御菩提所御鎮守付之社僧社家ハ、御先代様より被為定置候通、万代不易ニ被仰付置候御次第ハ、他国諸家様御定式ト御同然ニ御座候

一、諸家様陪臣之儀、大家之衆ハ菩提所禅宗浄土等御座候ヘ者、別ニ真言天台宗等之祈願所を(欠字)鎮守之社僧社家も累代差定候て、時々思寄と申事無之候、菩提所真言天台日蓮宗ハ菩提所祈願共ニ相勤候間、別ニ差定候祈願所無之候、一向宗之旦家ハ菩提所一円ニて別に差定候祈願所無之候、息災祈願施主思寄ニ御座候、且小臣之儀、菩提所、禅宗浄土宗等ニ而も、多分別差定候祈願所無之候息災祈念之儀、施主思寄ニ御座候、右之次第ハ御当家様御家中仕来之法式とハ各別ニ御座候

一、御当家様御家中之儀、御一家衆ハ勿論、大家之衆ハ、菩提所、祈祷所、鎮守付之社僧社家先規より被定置候次第、大概御上同然ニ御座候、惣御家中小臣衆ニ至迄、菩提所之儀ハ勿論、祈願所並鎮守之社僧社家、先祖より差定候通無変改仕来候次第、軽重高下ハ有之候ヘ共、万事御上御法式之通ニ御座候、右之次第ハ諸家様陪臣仕来候次第とハ各別ニ御座候、且日蓮宗之儀、他国ニてハ彼ノ宗ノ旦家ハ、他門之僧徒並社家ヘ祈念等相頼候事無之、札守等も他門よりは受不申候ヘ共、御当地之仕来ハ、彼ノ宗之旦家ニても他門ヘ祈念相頼、札等も受申候、一向宗之旦家、他国ニてハ差定候祈願所等無之候ヘ共、御当地之儀ハ、彼ノ宗之旦家ニても別て祈願所有之候、彼ノ両宗之宗風ニハ相違仕候ヘ共、御当地仕来之御国法ニ御座候間、旦那寺より一円挨倒も無之候、右之次第ハ別而他国と各別ニ御座候

一、於諸国、百姓町人等之賤民、菩提所、真言天台宗等ニて菩提祈願相兼候族ハ各別、禅宗浄土宗等之旦家ニて別ニ菩提所之外ニ差定候祈願所無之候、息災諸祈念之儀、施主思寄ニ御座候、右ハ御当地ノ仕来と各別ニ御座候

一、御当地ノ儀、百姓町人等之賤民菩提所、真言宗等にて菩提祈願共ニ相兼候族ハ勿論、禅宗浄土宗等之旦家ハ別而其家代々定候祈願所有之候て、全ク御家中同然ニ御座候、不時祈念之儀ハ各別、地祭、仁王経等之祈願所勤行ニ差定候法用ハ、施主思寄ニハ相成不申候、寛文八年従御公儀被仰出候御条目ニハ、諸祈念、願主之思付次第と有之候ヘ共、御当地之儀ハ、御家中之儀ハ勿論、凡下迄毎家各々ニ祈願所差定居候て、往古より被定置御国法ニ御座候て、自他相守差定候諸祈念混乱無之候、御国法之次第と、他国ニて諸祈念混乱仕候次第トハ天地格別ニ御座候

一、於諸国、御大名様方御鎮守御勧請之儀、社例等ハ諸家各別之儀も可有之候ヘ共、社僧社家等、御先代より被定置候儀ハ、大既諸家様御同様ニ御座候

一、於諸国、諸家御家中之儀、家々之鎮守面々各々ニ勧請有之候、尤大家之方ハ先規より代々差定候社僧社家有之候て、多分御当家様御家中仕来と同然ニ御座候ヘ共、小臣之方ハ各々鎮守勧請ハ有之候ヘ共、多分ハ代々差定候社僧社家無之、時々施主思寄ニ法楽等相頼

候、是等ハ御当地御家中仕来とハ各別ニ御座候
一、御当地之儀、御上之儀ハ不及申、御一家衆始惣御家中諸家、各々ニ鎮守勧請有之、先規より代々差定候社僧社家有之、時々施主思寄と申事決而無之、自他混乱無之次第ハ、御上御鎮守之御法式ニ相順候次第、諸家様御家中之混雑仕候法式とハ各別ニ御座候
一、於諸国、町人百姓等筋目無之賤民ハ、自家代々之鎮守無之候、依之毎所一町一村へ地主神勧請仕、其所之惣鎮守ニ御座候て、毎家各々ニ自分之鎮守勧請仕候儀無之候、右之中ニ由緒有之候百姓等又ハ往古之神社衰廃之後、民家之屋敷と相成候類ニ、俗持来候分限不相応之神社所々ニ有之候、尤羽州最上領ニハ、御朱印御奇附有之候俗持来之後神数ケ所有之候、尤御朱印御黒印等有之候神社ハ、諸国共ニ稀ニ有之候へ共、俗持来候分限不相応之神社ハ、諸国ニ数多有之候、差定候社僧社家と申も無之、持来候施主思寄ニ幣祓等仕来候ニ付、寛文六年奥州御当地御隣領ニて、右等之神社ニ付社家山伏諍論有之、不得止及訴候節、双方被為聞召届、俗持来之後神幣祓之儀、施主思寄次第、社家山伏互ニ不可相奪之旨被仰出候、ケ様ニ他国ニ而ハ祈願並幣祓等之定法無之候故、諸家之諍論毎度有之、終ニハ及出訴、御苦労ニ相成リ候故、右之通被仰出候御事ニ御座候、如御当地諸宗之法式自他混乱無之様被仰付候時ハ於何国も諍論有之間敷候
一、御当地之百姓町人等、一町一村へ地主神勧請有之、其所之惣鎮守ニ尊崇仕候儀ハ、諸国之百姓町人と同然ニ御座候へ共、筋目無之百姓町人等、如御家中毎家面々ニ鎮守勧請仕、代々不相替差定候社僧社家有之候儀、他国之百姓町人等ニ一円無之事ニ御座候、畢竟御当地之儀ハ、由緒有之筋目正敷給人郷士町家並在々ニ百姓等へ雑居仕候へ共、面々各々ニ家々之鎮守勧請有之候て、右給人郷士より相分候末家百姓町人ニ相成候者共、本家之鎮守勧請仕候儀ニも可有之候ニ付、本来之百姓町人等何も自然と相学候て、毎家勧請仕候事ニも可有之哉、又格別之訳合有之、賤民共毎家鎮守勧請仕候儀ニも可有之哉、往古之儀相知不申候、且於御当地も、俗持来候後神と分限不相応之神社数多有之候、近所ニて其一、二を申候時ハ、柏崎村山王権現、程田村朝日明神、馬場野村聖徳太子等、右之類御領分中ニ数多有之候、右等之神社並毎家鎮守幣祓等之儀、他国之仕来と各別ニ御座候て、毎家先規より代々差定候社僧社家有之候て、如他所時々施主思寄と申事無之候、全ク御家中仕来之法式ニ相順候、依之於御当地ハ諸寺院之記録ニも本檀家（菩提所也）半檀家（祈願所也）幣末檀家（鎮守之幣帛師）相記置候て、差定候法用施主思寄ニハ相成不申候、依之菩提所之儀ハ勿論、就祈念候ても自他門混乱仕候儀曾て無之候、ケ様ニ百姓町人等迄、如武家万事厳重ニ被為定置候御国法於他国ハ未承及候、往古より万代不易之御国主様之御威光ニ可有之と難有奉存候
一、於諸国、諸宗之旦家ニ無常有之候節、菩提所、真言宗等ニ御座候へハ、時方選定ノ上、葬式相済申候、禅宗等ノ諸家ハ葬式菩提所持切ニ御座候て祈願所より一円相構不申候、百姓町人等ハ勿論、別ニ差定候祈願所無之候間、左様之沙汰一切無之候、尤無常葬式ノ儀ハ菩提所持切ニ御座候て、他宗ノ僧徒へ作法混乱仕間敷旨、御公儀より被仰出候御条目ニ御座候由、他国之仕来、尤一宗切ニて他門へ混乱不仕儀之由、御当地之仕来と各別ニ御座候

一、御当地仕来候葬式之儀、真言宗等之旦家ニて、菩提祈願相兼候族ハ勿論、禅宗等之余宗之旦家ニても無常有之候節ハ、最初祈願所へ相達、出棺之吉時吉方選定ノ上、菩提所へ相達し祈願所ニて選定仕候刻限ニ葬式相済申候、且火葬ニ御座候ヘバ、他宗ノ法則ニても祈願所出席仕候、ケ様成法式他国ニハ決而無之事ニ御座候、殊ニ従御公儀被仰出候御条目ニも相違仕候間、他国之僧徒御当地之寺院ニ住持仕候族ハ、内存ニ異儀を含候事も可有之候ヘ共、往古より仕来之御国法ニ御座候間、先規之通御国法を相守自他宗異乱無之候、右ハ諸国之作法ト格別之相違ニ御座候、日蓮宗一向宗ハ各別ニ御座候

附、禅宗之鎮守白山権現ハ、諸国一同毎寺勧請有之候ヘ共、他国ニ而ハ幣束法楽等他門へ相頼候儀、決而無之候而、一宗之作法ニて相済居候由、御当地ノ禅宗ハ毎年先規より差定候社家山伏相頼候て住持之思寄ニハ相頼不申候、殊如他国自分ニ法楽仕候儀無之候、他所之僧徒も追々入込候ヘ共、往古より仕来候禅宗之国法相破不申、先規之通相済居候、是等之儀ハ、住持之思寄次第、何ニも相成事ニ御座候ヘ共、往古より仕来之御国法相破不申候段一入殊勝ニ仕候

右之通、諸宗之法式、諸国之仕来と御当地之御国法相違ノ儀、往々有之候、御当地ノ儀ハ、往古より町人百姓等ノ賤民ニ至ル迄、菩提所ノ儀ハ勿論、祈願所並鎮守ノ祓等全ク如武家格式差定居候間、諸宗ノ諍論旦那ノ出入等無之候、尤諸国共ニ如御当地町人百姓等ノ賤民迄、法式差定居候ハバ、諸宗旦家ノ諍論有之間敷候ヘ共、諸国ノ儀ハ凡下ノ輩も菩提所ノ儀、上下一統格式も有之候ヘ共、祈願所並幣祓等ノ儀ニハ一切差定候格式無之、施主思寄ニて相済居候間、諸宗法式混乱仕、諍論出入打絶不申候、依之、去ル寛文六年ニ於他領ニ俗持来候後神幣祓ノ儀ニ付、及公訴候訳合ハ、幣祓ノ儀ハ惣テ神道ノ作法ニ御座候処、山伏之儀ハ仏門ノ輩ニ御座候間、神社幣祓ノ儀、令停止、神道持切ニ可仕旨申立諍論仕、不得止及公訴候ニ、双方被為聞召届候処、於修験道、聖護院御門跡より、幣祓ノ儀、先規如有来執行可仕旨、兼而被仰出候御条目有之候間、社家申分相立不申、施主心次第、双方ニて相勤互ニ不可相奪之旨被仰出候、全先規より差定候旦家之法式を相改、勝手次第混乱ニ相勤候様ニと被仰出候儀ニハ無御座候、社家持切ニ仕、修験道を停止可仕と申立候儀、聖護院御門跡並吉田家幣祓之御条目有之候間、社家方申分ノ通、唯被仰付候て、施主ノ心次第ニ、双方ニて可相勤と、被仰出候御事ニ御座候、依之寛文六午年何月何日、社寺御奉行加賀爪甲斐守様、井上河内守様御両判を以被仰出候御文言ニ、俗持来ノ後神、施主心次第、社家山伏互ニ不可相奪と有之次第ノ御結文ニ、聖護院御門跡並ニ吉田家数ケ条ノ趣、堅可相守と有之候、是則持切と、申儀御破り被遊候道理分明ニ御座候、所詮其節御下知被仰出候肝要と申ハ、社家互ニ不可相奪と有之候御文言ニ御座候、其以後於御当地も、右躰ノ諍論有之候、寛文十庚戌年、社家方より申立候ハ、新地新宮等ハ社家持切ニ御座候由、且堀内重兵衛殿御鎮守小高堀内牛頭天王幣祓、本山修験長寿院仕来候処、新宮建立ノ砌、社家方ニて遷宮作法相勤候ニ付、及出入候処、社家方不届ニ罷成、已来違乱申間敷旨、田代左衛門尉之兵庫頭印形を以、誤り証文上之坊へ被相納候書附、別紙指上候通御座候、已寛文六年御裁許被仰出候て五年同十戌年ニ御座候故、牛頭天王遷宮も、社家方押入ニハ相勤申間敷候、定て御施主より御頼被成候事と相見申候、後神ノ幣祓施主心次第ニて、先規よ

り差定候自門ノ法式を相奪候ても不苦候時ハ、社家方不届ニハ相成申間敷候、殊ニ末代之亀鑑ニ誤リ証文ハ相成申間敷候、御裁許以来漸五年目ノ事ニ候へ共、畢竟御下知肝心之五ニ不可相奪と有之候御文言ニ違背仕候故、不届ニ罷成事と相見申候、前文之通先規より相定候法式を相改、施主思寄次第、自他混雑ニ相勤候様ニと被仰出候儀ニハ無之現証ニ御座候、然ル処ニ愚昧ノ社家山伏等、右之御文言ニ、俗持来ノ後神施主心次第ト有之候ニ付、異乱相企、手寄ノ在家へ彼是と為申聞、先規より仕来候他門ノ法用を相奪候族間々有之候、畢竟寛文年中公事ノ始末をも不存、且御裁許状御下知ノ通理趣尽をも覚悟不仕故ノ事と相見申候、寛文六年御下知被仰出候て已ニ及百廿四年候へ共、自他門従先規仕来候法式、旦家取扱ノ儀、往古より如有来至于今相違無御座候、且又其例を申候時ハ、寛文八年奥州白川本多下野守様御領分真言宗竜蔵寺と、同棚倉内藤摂津守様御領分八槻別当本山年行事大善院霞旦家ノ諍論有之、及公事候処、双方被為聞召届、本山修験霞之儀ハ、至于今無相違御証文有之候上ハ、本山修験ニ不可有相違、祈念ノ儀ハ願主可為思付次第と有之候、是等も思付次第と有之候御文言ニ取付候時ハ、先規より差定候祈願、旦家施主思付次第ニ五ニ相奪候ても不苦候様相聞候へ共、左様ノ道理ニハ無之候、霞ノ儀ハ本山修験ニ相限り候旨被仰出候而、余ノ祈念ニ付異乱無之様、右之通被仰出候御事ニ御座候、全ク先規より自他門差定候法式を願主ノ思付次第ニ混雑ニ可仕と被仰出候事ニハ無御座候、依之他国ノ儀ハ、凡下等ニハ差定候祈願所と申事無之候て、各別ノ儀も可有之候へ共、御当地ノ儀ハ凡下迄、先規より差定候祈願所有之、旦家ノ法用ニも際限有之候て、施主思寄法者ノ勝手ニハ相成不申候、右寛文六年被仰出候幣祓ノ御文言と道理必然ニ御座候て、諸宗無異乱、家々ノ法式相守、五ニ不可相奪之旨、御下知ノ肝要ニ御座候、尤後神惣祓ノ儀ハ、事軽キ法用ニ御座候へ共、施主ノ思寄法者ノ勝手ニ罷成、先規より仕来候法式相破レ候時ハ、幣祓ニハ相限申間敷候、惣て諸宗ノ法式へ相響キ、祈願所等ノ法式も妄りニ罷成、諍論出入ノ端と可罷成候、前文ノ通不知不覚輩、御裁許ノ中、一文一句ノ御文言ニ取付、深重ノ道理を覚悟不仕、治国平天下ノ御政道を以被仰出候御文言を以、却て違乱ノ謀と仕候て、諍論出入を相求候儀、不奉恐御公儀、且先規より差定候御国法を蔑如仕候段、自他共ニ甚以恐多奉存候、依之幣祓等ノ法式従先規如有来無異乱相守、新規ノ法式相企五ニ相奪不申候様被仰付被下候ハバ、自他共ニ難有可奉存候、謹言

寛政三辛亥年二月　　謹上

別ニ諸旦家疱瘡神勧請ノ古例、手扣一紙、施主へ申達候処返答ノ口上自分手扣一紙

この長篇は幸に脱落の個所もなく、相馬伝統の先規を詳述して余す所なく、正道を邁進して自他修行に精進すべきを論述したものである。あるいは菩提所祈願所などを通して見た諸宗の相違を他国と比較し、百姓町人と武家の信仰を論じて相馬の他国と異なる所以を述べ、あるいは神道の作法と山伏の作法と異なるために社家と山伏との争いが絶えなかった事に対しても、雨潤は意見を持っていた。要するに以上の雨潤の文は寛政の初期、時弊を嘆じて啓蒙のた

あめ執筆したいわば警世の長篇である。この外彼には、「本山修験職道者引導之由緒書」なるこれもかなりの長篇があって、西国社参仏詣の祖寿元、東国社参仏詣の祖黒珍その他、道者引導の由来を詳述しているが、二個所ほど脱落があって連続が明かでないため、ここには省略する。

五

上之坊寛徳寺境内に鎮座の熊野宮関係の文書中、比較的古いものは別記藩主義胤の永禄の寄進状位であるが、雨潤はこれを引用して、熊野の社は以前は藩費を以て修理するのを例としたのに、何時の頃よりか領内の寄附によって支弁するようになったことを、遺憾に考えたらしい。

当山熊野宮ハ、千葉相馬之御鎮守ニ御座候て、古へ従関東供奉之砌、御当地江遷座仕候由申伝ニ御座候、元来中之郷高平村ニ鎮座有之候処、先寺退転之節、慥成縁起等者紛失仕候由ニ御座候、併従義胤公被下置候御証文左之通りニ御座候

奉寄進熊野宮　　田一町　熊野ロ内　義胤御判　永禄十三卯月廿七日

右之通従御先代御鎮守ニ御座候故歟、古来者御修覆ニ御座候由申伝候、何之訳ニ御座候哉中古ハ御領内奉賀修覆ニ仕来り申候、以上

領内より寄附を募るのを熊野勧化と称したが、後にはこの領内勧化さえも許可を得ねばならぬようになった。

願　書

当山熊野大権現ハ、往昔下総より御遷座ニ而、御当家千葉相馬之御鎮守ニ御座候、御本社並本地堂修覆之節々ハ、御領分中勧化被仰付来候、然ルニ去ル寅年御本社大破ニ付、勧化願之通被仰付、修覆仕、難有仕合奉存候、当度御本地堂大破ニ罷成候ニ付、修覆仕度、先年之通り御領分中勧化奉願上候、右願之通り勧化被仰付被成下候ハバ難有仕合奉存候、以上

未九月　　上之坊

寺社御奉行所

右に関し、寺社奉行所より許可の差紙があるが左の通りである。なおこれは安政六未年の修理願である。

御城下並御領分中、志次第勧化当年計一廻り被相済可然候

熊野勧化は、地方としては大がかりなもので広く領内全域より寄附を募った。嘉永七寅年の「熊野宮勧化帳」を例にとれば、最初に募集趣意書如きものを添え、岡田監物、泉田勘解由、堀内大蔵、脇本喜兵衛、熊川兵庫、泉内蔵助、相馬靱負、同将監等、藩の錚々たる重役を筆頭に、二百銅青銅二十疋程度以下、城下の家中全部に及んでいる。人数は三百五十人に近い。町人百姓の分は見当らないが、安政七申年の城下町人を対象としたらしい勧化帳には、冒頭から南町鈴木庄左衛門五十疋、上町立谷十左衛門五百銅、田町渡部平八五十疋、南町鈴木庄右衛門銀一朱、南町佐藤鉄蔵三百銅、大町野崎権兵衛三百銅、遠藤喜平次三百銅等で、都合二百余名に上り、金額は五十銅、百銅、三十銅程度が多い。百姓の分も揃っていないが、慶応三年の勧化帳中、程田、大曲二個村のものが残っていて、取次は法楽院とある。肝入、村長、百石頭その他一般百姓都合五十余名で、役付の者は米一升から二升程度、一般は五合が多く、金はどれ程もない。恐らく大修理の際は数年にわたって広く集め、普通の場合は重点的にないし部分的に集めたものかも知れない。

同じ嘉永七年永潤代に調査して上申した彼自筆の下書によれば、熊野宮の小泉に遷座せられて以来、修理の加えられた度数を天和より嘉永まで平均すれば、百七十二年間に十三度だから十三年に一度位となる。

……熊野社並本地堂当山へ御遷座以来、勧化被仰付普請仕候度数左之通りニ御座候
当御本社　　慶安四卯年再建
本 地 堂　　承応三午年再建
右両社天和二戌年当山へ御遷座
貞享二丑年修覆、元禄十六未年雨屋拝殿建立、宝永七寅年修覆、享保八卯年修覆、元文三午年修覆、延享四卯年修覆、宝暦九卯年修覆、明和七寅年修覆、安永中三ケ年勧化本地堂再建、天明七、八両年勧化修覆、寛政十一未年修覆、文政十三寅年修覆、天保十四卯年修覆、嘉永七当度
右之通りニ御座候

堂宇は古くなっての修覆が多かったのであろうが、野火のおそれなどもあったと見え、文政七年慈潤代に、隣接る慶徳寺の山を借地したい旨、藩の寺社奉行に願い出たこともあった。

願　書

拙寺屋敷続北慶徳寺分山御座候処、借地仕度相談致候、右山東南ノ角杉一本(是ハ拙寺屋敷境之木)西之方山之内杉一本(是ハ年々幣束上ゲ候もの有之由)右者手ヲ付不申候、小泉辺年々野火有之候ニ付、熊野堂焼失為無之借地仕候、依而間違為無之借地致候、証年貢定置、歳々相出可申候、地面入用之節者相戻シ申候、願之通被仰付被下候ハヾ、行々野火焼之心遣無之仕合奉存候、以上

文政七甲申四月　　上之坊

寺社御奉行所

六

上之坊は領内でも代々重んぜられ、領主よりも信任が厚かったのは、重胤以来の旧院で相馬家と深い関係があったばかりではない。幸にして人物が輩出し、殊に学問識見があって地方の指導者に充分なり得たからでもある。常に藩公の安泰を祈念し、藩の平和をはかり、貧困の中にもわが身を顧みずに一般のためにつくそうとしたようである。またよく修法を重んじて入峯を重ね、常に領内の本司として部下の統率をはかり、また民衆の生活より遊離することなく、常に彼等の指導者であり相談役であった。いわゆる寺小屋の如きは、常時開設してほとんど休むことも無かったらしい。特に雨潤の如きが出て本山の信頼をかち得、名声をおとすことがなかったのは幸であった。永禄八年前盛胤より公役免除の証状を賜ったのも、単なる形式的な辞令とばかりはいえぬようである。とにかく両盛胤をはじめ十六代義胤その他各藩主の筆蹟多数が上之坊のために残されていることは、今となっては洵に珍重に価する。

令精誠当家、家運弥以令増進様、御祈禱任入候、因玆前代之転馬之公役、末代所令免許也、仍為後日之証状如件

永禄八暦乙丑霜月廿日　　盛胤

寛徳寺　寄進

上之坊天和の事件の時も、藩主の厚意によって名跡は維持され、時の湛清をして非常な感激を催させたことも既述の通りである。

上之坊はこれら代々の藩主の信頼に応えるためにも忠勤をはげんだことと思われるが、正徳年間当時隠居中の昌胤がひそかに上之坊を召して、門馬八郎兵衛事件等について相談あり、かつ祈祷の依頼があったことが、当時の機密文書によって明かである。

秘密内証分　御領主様之外、対他人候て言外ニ難相出一件、此章ニ有り

一、盛胤様御代、諸方凶徒御退治被遊候而、御国家静謐ニ罷成候而、長月並御年季御年季御祈禱、永代無退転勤行仕候様ニ被仰付候、御頼之意趣左之通

一、諸方数多之賊徒御退治被遊候ニ付死亡残党之怨念無之候て不相叶事ニ御座候、不断降伏之法、勤行可仕事

一、御領分中、年末篤賊徒被掠候処、一統御静謐ニ被遊候儀ハ、御家中忠節之勲功、殊ニハ先祖上之坊毎度抽丹誠御祈申上候法力故ト被思候由、御当家末代ニ至リ、御家老衆より初メ末々ニ至迄、御政務之一方をも預り候方、表向之格式計ニ而、内存私を以相勤候有之候時ハ、御家之怨敵不過之候間、ケ様成悪徒無之様可致、精誠可仕旨、万一有之候時ハ、忽令露顕、可被所刑罰様ニ兼而調伏之法勤行仕候様ニ被仰付候、右永禄八年御自筆之御証状御判を以被仰付候、依末代於当寺、伝馬之御公役被免許之旨被仰付候

怨家事実分

一、深谷御前ノ御事　一、金津大門宗叶ノ事　一、大聖末寺死刑之事　近クハ　一、門馬式部ノ事

此外御代々御怨家有之候事

正徳年中健徳院様御尋ノ事

右の門馬式部は八郎兵衛事件を指すもので、怨霊が絶えなかったので、相馬家では大いに恐れ、吉田家より体興霊神の神号を得て彼を神に祀ったものである。すなわち上之坊もさぞかし祈祷を頼まれたことであったろう。

これを見ても霊験あらたかな修験者ほど信頼されたと同時に、畏敬されもしたらしく、それがまた民間に重宝がられ、重んぜられた一つの理由でもあろう。確かに各地を歩いて見聞の広い修験者の新知識は、村にばかり引きこもっ

ている人々より高く評価されたことも事実であった。しかし概していえば、上之坊の家風は学問であった。

上之坊最後の山伏は宗山であった。彼の代、すなわち明治初年修験道の廃止されるや、上之坊寛徳寺も廃寺と決り、熊野宮のみはこれを残してその神職となった。宗山は学神儒仏を兼ね、とくに国学に通じ、親に仕えて至孝、地方教化に頗るよい影響を与えたもので、世に恥しくない足跡を残した。旧藩主が相馬を引き揚げて東京に移る時の惜別の和歌の如きは深く人の心を打つものがあり、外出先で旧藩主の訃を聞くや、取るものも取りあえず、家に戻らずそのまま上京し、家人をひどく心配させたという話は自分もよく聞いた。門人一同の厚意によって城址に建てられた彼の碑の文字の筆者は、相馬家の当主恵胤氏である。

七

服制等に就いては、断片的な事しか残っていないが、本山から上之坊に宛てられた元禄頃と推定される書簡中、

一、四度入峯之同行、裳衣御免之事、並居官之事、願之通相済一段仕合ニ存候

とあり、同時代の別の書簡に

一、御補任之事、一明院江金地桃地院号僧都四通、光蔵院には桃地院号僧都三通相渡候

安永二年と思われる本山重役の執達があるが、近年諸宗の服飾が乱雑になったため、修験派の威厳にも関することとなり発せられたもので、一般に対するものと思われる。宛名の来泉寺は岩城の小川にあった。

本山修験諸同行之輩、色衣着用之事、従前々被制禁、先年被仰出候御条目ニ茂、烏色之外着用堅被停止置候処、近年諸宗一同来世之風儀ニ随ひ、種々之色衣着用之由、依之おのづから其所々領主地頭におゐても、一流官位高下差別も無く、修学積徳の浅深をも不論、色衣之色目を以、坐次之甲乙有之、無存掛失面目、難渋差支之筋共有之由相聞候、元来本山修験之儀ハ甚深之法道ニ而専修学、抖擻之苦行を積、不拘世間之名聞、如法第一ニ相守、就中其身権大僧都法印迄令叙任名誉、格別之一同に候処、法衣荘厳無之ニ付、都而諸宗ニ相劣リ候様ニ相見へ、無拠差支之儀共多端有之趣相聞候ニ付、此度格別之御沙汰を以、向後諸同行之輩、権大僧都法印令任叙、金襴地、結袈裟着用御免之上者、黄色衣着用之事願出候ハヽ、御吟味之上免許可被成下之旨、被仰出候間、此旨一同承知有之候様、本山一派諸同行江夫々之頭々

より不洩様可相触事

一、右色衣御免之上者、紛敷手染等いたし、異色着用堅御制禁ニ候条、此旨相守、御免之色目ニ少ニ而も致相違候ハヾ、見付次第、其頭々より取上、早速御届可申出候、萬一見遁致不吟味置、他所より及露顕候ハヾ、本人者不及申、其頭々急度曲事被仰付候事

一、本山修験道一派衣所之事、向後京都車屋町御池下ル町猪川伊兵衛、江戸出店湯島一丁目須野井嘉右衛門、右此度従本山染方等御吟味之上、被仰付置候故、夫々之手寄ニ而、右二ケ所之外、他ノ衣所ニ而為致調達買求之儀堅御制禁ニ候間、此旨無違背急度可相守候、若シ違背之輩於有之者、御吟味之上急度御咎可被仰付候条、其旨可相心得候事

一、諸同行、色衣相願候輩、其頭ニ而得と吟味之上、官料銀三百目取立之、別紙定之通上納可有之候、右員数之外、万一高金申付趣於相聞候、一々吟味之上越度被仰付候事、右之条々、本山一流諸同行江不洩様、其頭々より可相触者也、巳六月

右之通、被仰出候間、願之者ハ官料銀三百目礼銭二貫文相添可願出之由、同行中江可被申渡候、巳上

巳七月　　　　　　　　　　　　伊藤刑部　三上式部　岸坊　松坊

来泉寺御房

辞令に関するもの二、三を例示すれば、

被叙法橋之旨、依聖護院宮御気色、執達如件

文政十年七月二十七日　　　　法印源定　法眼祐文　法眼源乙

相馬上之坊　慈潤

本山より相馬家への報告文書で、やはり慈潤の時のもの、

一筆致啓上候、弥御堅固被成御勤、珍重奉存候、然者上之坊儀、入峯依勤功、此度権僧都迄、御令旨従聖護院宮致頂戴、当院茂被致大慶候、猶此上共入峯致出精候様、御心添被成遣被下度、此段各様迄御頼旁可得御意旨被申付如斯御座候、恐惶謹言

八月十九日　　　　三上式部法橋秀孝　三上大輔法橋秀堅

岡田帯刀様　堀内大蔵様　泉主殿様　池田八右工門様　生駒七郎右工門様

永潤のものは、

永潤

右被補奥州相馬年行事上之坊住持職訖、宜守旧例専修学者也

天保二年七月廿五日

雑務　岩切　民部卿

贈官の辞令書は、

奥州相馬　故上之坊永潤

右贈官、権少僧都被任之旨依聖護院宮御気色、執達如件

文久三年八月廿七日

法印源乙　法印誉恭　法印源良

八月二十七日は、すなわち永潤入寂の日付である。これより少し前、長子宗山が職を襲うた(文久三年七月二十五日付)。

宗山

右被補年行事奥州相馬上之坊住持職訖、云々

と、永潤の時と同じである。この時宗山は二十三才であったが上京し、森御殿(聖護院)で灌頂を受け、その時の投華も保存されて居り、日付は文久三年七月二十六日と書いてある。

八

上之坊文書として残っているものの中、まとまった修験資料が多少あるが、その一つ「講峯私記」は原文と思われるものが残っている。ただこれには年号も筆者名もないが筆蹟より見て永潤らしく、原文を訂正したものを浄書した「講峯私記」の方には、安政三丙辰年八月十七日、永潤記とある。

修験宗之儀者、神変大菩薩日本ニ御開被遊候宗旨、常恒之実行秘々極々之奥蔵ナリ、高祖大峯葛城之両峯江法花廿八品ヲ配シ、胎金両部之曼荼羅を分布し、十界修行速証大覚位之次第ハ当宗之奥儀ニ而、峯中之外、絶言句不能説、其外顕密之二教如常途学習開解専要也、四種五種之旦法西部之大法等者、智証大師之御相承聖門流有之如形相伝すべし、依経はハ般若心経なり、三世諸仏依般若波羅密多、故得阿耨多羅三藐三菩提云々、大悲化他の心に住して、鎮護国家修法専要なり

当宗ハ常恒之実行秘々極々の奥蔵成事

床堅の文ニハ、我即阿毘羅吽欠と云々、又理護摩の文ニハ、法界を為壇場、虚空為炉壇云々、或ハ一切色胎蔵一切心金剛色心即無二無住

而住処云々、本覚之讃ニハ、三十七尊住心乃至還我頂礼心諸仏云々、是等ハ常恒之実行秘密之奥儀ニ而浅智の及所にあらず、我々ごとき無智無学のものハ、只平常の俗人と心得べし、妻子を帯し殺生肉食して平俗に替ることなし、神国の法令王法を守り、神仏を敬ひ、今日の行業を勤るは常恒の実行なり、修験に先達引導之名儀あり、人に先達ち人を教導するは引導先達なり、他宗にハ正像末の三時あり、当宗にハ三時を不定、末世末法といふことなし、無尽の世に於て無尽の衆生を済度するなり

妻帯之事

修験の妻帯ハ浄蔵尊師より初るといふハ非なり、当宗ハ日本ニ開候宗旨にて、釈氏出家の宗にあらず、元より妻帯に子細なし、浄蔵尊師御上の御許しにて御妻帯と申時ハ御破戒なり、破戒ハ下愚のものも恥入事なり、本より妻帯の宗旨故、御上よりも女を進ぜられ、尊師も御受被遊候なり、浄蔵尊師より始まるにあらず

肉食之事

当宗ハ日本ニ開候宗旨ニ而、人間の養ふ食物鳥獣にかぎらず、常に食し、又神前に供するなり

殺生之事

神前江供候程のもの指支候時ハ、自身ニ調候こと常なり、衆生済度のためには何成殺生をもすべし、常住霊妙の法性を断滅すべからず

引導先達の事

引導先達とは、社参仏詣引導先達なり、凡人間には生死の引導あり、社参仏詣ハ現世息災の引導なり、菩提ハ未来仏果の引導、是皆人間専務の作法なり、菩提引導は旦下の帰依次第にて諸宗是を預り、息災引導ハ日本国中依勅諚、本山修験奉之一派持切之作法なり、日本国中国郡を相分ケ、聖護院宮様より国々の先達年行事中江被下置候持場之旦下を霞と相唱へ、熊野牛王配札ハ勿論、七五三祓息災の祈願社参仏詣引導先達相勤候最花銭を以、大峯葛城両峯におゐて、春秋両度天下泰平国家安全の採燈大護摩御祈禱修行いたし、坊跡を相続するなり

菩提祈願導師之事

菩提引導ハ目下の面々力を尽、導師料を納め回向を受ること諸国同様なり、微力のもの又ハ小児等は野文と号し、回向の書付を寺より受而ほふむることなり、現世息災引導も同事なり、高貴の御方ハ修験江先達を被仰付事なり、其余ハ社参仏詣諸願成就の祈願を相頼、守札を受而参詣することなり、在家の面々も仏神守護息災の守札は受べきなり、然るに武家方を始め、在家小前のものまでも祈願所有之、守札ハ勿論年中息災の祈願頼置候事何国も同事なり、是ハ旦家思寄の祈願なり、諸宗共天下泰平の御祈願相勤候故、在家の面々も祈願所にて年中息災の祈りハ無不足様ニ思候故、永年ニ自然当宗の作法相崩れ候事なり、此一条霞下旦下江の教化大切の所なり、熊野大権現御開国の土地に生れ、大切なる御神璽を頂戴せず、天下泰平御国家安全の御祈禱ハ、修験を導師に頼候て勤上候様、勅諚之御作法を相崩し候

義、不弁御国恩を事にて可恐入事なり、併旦下の面々此訳をしらず、祈願ハ何宗に而も同事と心得候義無拠事なり、何宗ニ而も治国の為御立被置候故、旦下を教化し、天下泰平御祈禱勤上候事ハ同也、旦下ニ而も祈願所を頼、御祈禱を勤可上事なり、右諸宗ハ天笠ニ於て、宗々相分レ候得バ、何宗ニ而も人々の思寄の帰依次第ニ祈願所菩提寺を定置なり、修験宗は高祖神変大菩薩神国独立之御宗旨故、御正嫡の聖護院宮様江日本国中息災引導の御先達を被為任、日本第一之牛王宝印を御預被遊、御末流一統江国郡を相分ケ被下置候也、聖護院宮様ハ御宗旨天台也、本山修験ハ天台之末寺也と心得候より間違も出来るなり、御本山宮様ハ神変大菩薩之御正嫡修験の御宗旨なり、三井寺を御持被遊候ハ神変大菩薩御三代目の御祖師智証大師将来の天台を御開被遊候故ニ、寺門の御支配被遊候也、三井寺ニ而も聖護院宮様の御流儀ハ別ニ聖門流と唱、高祖御相承の御口決等別段成事にて寺門流なり、中ニ而も賞翫することなり、右之通、日本ニ而御開被遊候御宗旨故ニ、日本国中不残聖護院宮様の御霞修験之旦下ニ被下置候事と心得べき事なり

牛王宝印配札之事

日本国中牛王の配札義ハ、本山修験の職分にて、万古不易の作法ニ候処、守札ハ其国々にて、先達年行事より認め相出候に付、自然信仰薄く成行、配札止候国々不少候、熊野三山検校の宮様より、国々の先達年行事江被仰付、配札致し候に付、遠国ニ住居致し候而も、御宮下の社僧別当同様の事を相弁候様に相成候ハヾ、教化も行届配札も出来、勅意も相立可申事ニ候

牛王宝印の事

牛王は本字生土と書なり、天神地神世界御建立の御神璽にて、熊野大権現の御宝所なり、国土草木の始天下最第一の御守札なり、三山検校宮天下御祈禱の統領と被為任、日本国中国郡を相分、御末流江被下置、社参仏詣引導の最花銭を以、於大峯葛城両峯、宝祚延長天下泰平国家安全五穀成就之御祈禱、採燈大護摩修行致し候義、本山修験の作法ニ而、是則熊野大権現牛王宝印所得益の霞を一切衆生ニ被らしめ、一乗の心蓮を開かしむるの因縁なり、依而当宗に而ハ旦下を霞と称し、布施を最花銭と称する

牛王は守札の最第一なる事

牛王とハ生土と書候ニ而心得べし、無牛王時ハ世界あるべからず、世界ハ牛王に而治まるなり、神国第一の御神璽なり、熊野大権現ハ日本第一の御鎮守牛王宝印ハ守札第一といふことを人々不心付なり、神国に生れ候ものは第一に此御神璽を頂戴いたし、其次ニ伊勢の御祓、国々其所の鎮守祈願所等の守札ハ受べきなり、是私の事にあらず、御国恩報謝の御奉公なり、山伏ハ妻帯肉食にして凡俗なり、大法秘法等も難勤守札等を相出すハ過分なりと心得候より、信仰も薄く成行なり、是ハ仏家の論なり、無位にして神社を守護し難し、無官のものは神江仕ふことならず、皆京都より御免しニ而神社を守護し居なり、本山修験先達年行事も京都より被仰付、現世息災の祈願をいたし、霞下江熊野牛王宝印を授与するなり

採燈之事

柴燈護摩と書候義間違なり、護摩に柴を焼候故、俗にハ柴燈と書候方字正之様に被思候得共非なり、採燈の燈は伝燈の燈なり、四大和合身皆共入仏地の意味ハ即燈を自身ニ採するなり、自身護摩なれば即身即仏なり、依而守札江ハ採の字を可書なり

本山当山得名之事

修験宗ニ元本山当山の名なし、大峯葛城之両峯に於て、天下泰平之御祈禱採燈大護摩御修行衆生済度之霊場江参詣之道者、願之上峯中ニ而得度いたし候ものを登山山伏と申事古今同事にて、右登山山伏共ハ、其面々の在所村先達の修験を敬て本山と唱、兼而下知を受居道者を引連、両峯参詣致し候節ハ、道者のもの迄も在所祈願の修験を本山と重んじ候より、自然本山の称号備候なり、大峯も夏の峯ハ吉野先達にて引受、参詣の道者願候ものへハ修験の免状を授与いたし来候処、吉野先達段々繁昌ニ随ひ、当方ハ我等の峯なり、依而当山の修験と云なり、登山山伏とハ間違なり、当山伏なりと申趣意を以、理源大師を祖師として別派と相成候、是本山当山と相分れ候元なり、理源大師ハ真言御宗旨ニ而、大峯御修行被遊、修験の御作法御相伝被遊候得者、即登山山伏の御祖師なり、当時ハ本山当山両派同様の様ニ相成候得共、本来ハ格別の違なり、依而当山修験ハ定り候旦下も無之、同行も袈裟筋を以支配いたし、末寺の面々ハ軒別ニ門々を修行いたし坊跡を相続するなり

「本山修験作法録」も同じものが数冊あるが、やはり最初の原本と認められるものがあり、筆者は永潤と思われる。これも普及された方を挙げる。

夫我国は、天地の御神霊国常立の尊と降化して国土を建立し給ひ、陰陽の御神霊いざなきいざなみの尊と降化して、若女一王子を降誕して国王となしたまふ、天地の間は国常立尊神の御神前なり、日月星辰風雨暑寒は、いざなぎいざなみの尊の御正躰なり、国土は若女国土一王子の御社檀なり、人王に至て熊野三所と示現して国土を守護したまふ、是神国の顕証なり、故に熊野は日本第一の御神号なり、草木悉く神の御正躰なり、其神の御正躰の母の胎内より熊野権現の御神衣を拝着して、神国に出生する我々は生れながらの御神子なり、我身即熊野権現の御化身なり、神令を守り可奉拝謝神恩天照大神を奉始、一切の諸神皆熊野権現の御化身なり、本山修験は難有も熊野権現の奉仕職を拝任し、宝祚延長の御祈願を勤、神君の御判物を以て、一天下の大導師として神国の法令を奉行し、天下を引導するの重職たり、右神君の御判物左の通り

門竹立七五三引御祓立、神前備魚類事、伊勢熊野神社参詣、此引導修験中之作法也、慶長十四年己酉五月朔日　御朱印、聖護院殿

右之御判物を以て神国の法令を奉行して天下を引導することは、熊野権現奉仕職の修験本山一派の作法たること明白に御座候

註

門竹立は家々の祈願なり、七五三引ハ神国の作法なり、御祓立ハ諸神を勧請するの作法なり、神前備魚類事ハ熊野権現の御祭礼にて、日

本第一の御神事なり、伊勢熊野ハ此二神をあげて一切の神社仏閣を指したまふなり、社参仏詣ハ御国恩報謝の拝礼なり、引導ハ導師なり教導なり

再註之事

門竹之事

是ハ一切の吉事を天地へ申すの作法なり、門に立るに限らず家々に立候作法故門と云なり、立様は家の前後何の処にても不苦、麻を少し結付て立べし、高さは軒より少し高くすべし、供物は神酒粢掛魚供すべし、但し米斗にてもよし、右は何々のよろこびを天地へ申上ると念じて竹を立供物を備るなり、竹を立天地へ告す吉事は小児の生れ候時、嫁とり、聟とり、改名、隠居家督、屋造、わたまし等なり、此外士は元服、御役義、御褒美頂戴、何にても格別の吉事は天へ告すべし、又日ごひ、雨乞、時候不順、流行病等有之、一郡一村申合祈願の時は、其願文を紙に書付、竹に結付て立るなり、但し私の願望病気快全等を祈るには竹を不立、其外不幸の事は一切天へ不告事なり

七五三引の事

しめは国土を清る作法なり、正月の年縄其式なり、何時にても家内又屋敷に不詳の事あればしめを引て清るなり、此一条に附て修験相伝の幣は神へ備ものなり、依て幣串斗りにてもよし、草木の葉をはさみ上るもよし、天照大神は串を二本にするなり、是は伊弉諾伊弉冊の御二柱の御神勅を御受被遊て、国土とならせたまふことを表するなり、熊野は本宮は国常立の尊那智新宮は伊弉諾伊弉冊の尊、若宮は天照大神なり、依て幣串を幾本にもすべきなれども、国常立の尊は天地なり、伊弉諾伊弉冊の尊は陰陽なり、天照大神は国王なり、依て幣串二本を一包にする習なり、幣の図左の通り

是は通用の幣なり
此幣を供する時は諸神ようごう
(擁護カ)したまふ、故にしめ
を引て神座を結界するなり

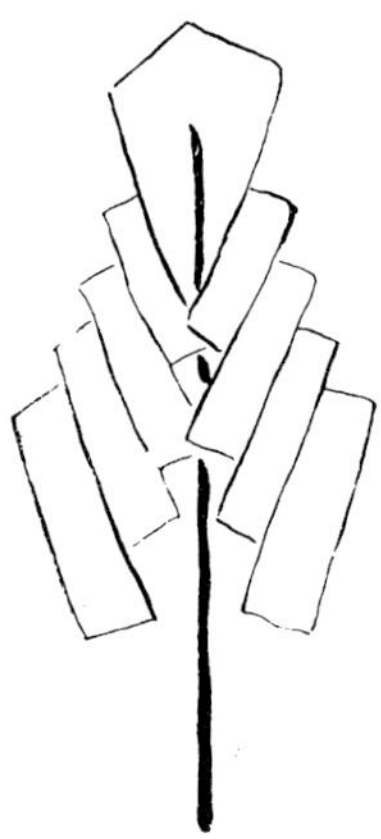

此幣は神の降臨し給ふ処の社壇を、しめを引て
結界し奉る所の表示の幣なり

修験伝来の幣左の通り

是は前に出る所の神座結界の表示なり

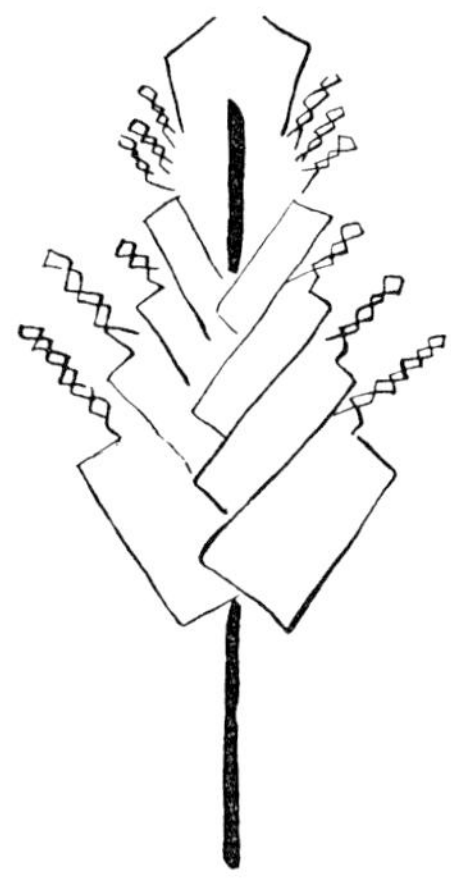

是は神座の社壇結界の外のしめなり

是を七五三付の幣といふ、是則ち神徳を法界におし及して天下を結界するの表示なり、修験作法の本則ここにあり、神職のしめは社壇へ引なり、修験のしめは俗家まで引なり、人心は濁り安きものなり、幾度もしめを引て改め祭て清浄にすることなり、天地は生育を守りたまふ、人命は限りあり、竹を立しめを引て天地を驚し奉るべからず、乍去横難横死有て天寿を保ち難き事あり、是は諸宗祈願寺の持前にて、除病延寿息災降伏増益等其家々の祈願寺にて修行し、又有徳の僧、且霊山霊社へも祈願を掛べし、是は願主の思寄次第なり、胞衣は熊野権現の御神衣なり、母の胎内より此神衣を拝着して、月満て出産す、是を収る作法によりて人間の命運定なり、依て亡者を葬するより重し、産婦臨月前より清浄の器を調置、悪穢を清て収むべし、又宮を立て七五三を引て其人一生の間、其生れ日を祭日として祭るべし、是を産生神の祭と云ふ、是則ち熊野大権現の御神恩を報謝し奉る御神事なり、但し、産生神の祭礼はその家々定日あるべし、

此外在家の面々屋敷々々へ立置候鎮守並産生神氏神等の宮有之、天台真言の諸宗或は神職等にて祭礼の式を勤る事は、其神仏へ付ての作法なり、本山修験勧請の産生神とは格別に候間、諸宗の作法に不相障様可致、尤本山修験の勧請の産生神へ、旦主の思寄にて諸宗を頼法楽祈願致候事も有べし、但し産生神祭礼の作法は本山修験に限るなり

亡者を葬するには幣を立て魂魄を収め、しめを引て国土を清むべし、此作法は中陰過て行ふべし、正月のしめを引にもはらひの入事なり、是は十二月下旬に木の枝竹の先へ紙を付て軒別に配る事なり、はらひ幣とて幣を配る所もあり、此はらひを以て家内を清めて年縄を掛候事なり、天台真言其外諸宗にても、陽春吉祥の守札月守り四節守り等の配り祈願々々の定式なり

御祓立（おはけたて）の事

是は神明を勧請するの作法なり、をはけたて、をはけをろし同事なり、土地を清浄にはらひ清めて神を降臨なさしめたまふ作法なり、是は大躰旅立の作法に用るなり、五日十日の留主は、竹を立て天地へ告すべし、永く他所に滞留する時は御祓をろしをする事なり、是は竹を二本立るなり、内一本は家内の留守を頼奉る竹なり、一本は旅へ出る人の行先を奉頼竹なり、依て神の降臨を為たまふことを表して梵天といふものを立るなり、是は七曜九曜二十八宿三十六禽等を表して竹を立るなり、其外祈願の事に付て神をおろし勧請し奉るに梵天を立る事多し

神前備魚類事

神前へ魚類を備候事ハ神国の作法として神職は勿論、神道を以て魚類を供し候儀、修験家在家共に不及論、但し此御条目ニ付而ハ、格別の訳の有事なり、聖護院宮様ハ熊野三山検校御職分なり、天子の御先達なり、若王子僧正ハ熊野三山御奉行職にて、日本国中本山修験の旦下に被下置、御末流一統熊野権現を勧請し奉置、御神徳を以霞下旦中の年中の息災の祈願を相勤候檀徳を以、大峯葛城両峯に於て、年々春秋両度宝祚延長天下太平の御祈禱を勤上院跡を相続するなり、依て本山修験は一天下の祈願寺熊野権現奉仕職の祈願所なり、在家の面々年中息災冥加の御報謝として、其郷村の先達修験家江勧請の熊野の御宝前江其所の郷村の面々神酒掛魚を供し、参詣拝礼して御神恩報謝の御祭礼を執行し奉ることなり、然るに天正の比より日本一統古来の作法を亡失し、其国其郷村の長たるものの意中より出で、其地の鎮守祭礼等の仕来りの式を乱し、諸宗檀家を奪の輩不少候、神君御吟味の上、非法を禁じ、諸宗の作法御糺の上被仰渡候御条目の御証文なり、檀主の思寄を以、自己の祈願のため諸神社へ魚類を備、祈願等を頼候義、其宮々の別当社家社僧是を承候事に御座候間、旦主思寄之祈願と申ものなり天下泰平御国恩報謝の祈願として神前江備魚類拝礼いたし候事ハ、日本一統本山修験持切りの作法たる由を被仰渡候御条目に御座候事

国々村々ニ熊野社を勧請し、天台真言或ハ神職の持大社小社ニよらず熊野三山検校之宮江御首尾ニ不相成、熊野社ハ雖為御朱印地勅任御祈禱之御神座ニ無之候間、右之社前に於て、公辺まで御届に相成候祭礼之式相済候とも、本山修験家へは別段に神酒掛肴を供して、御国恩報謝の祭礼の式可相勤候、右本山修験家には、熊野の堂社無之候とも兼て住坊の道場へ勧請いたし置、天下太平之勅願御祈禱勤上人面住居之地ハ何方までも旦下として祈願配札いたし、勅任の御祈禱を勤上候御本尊ニ候間、年々神酒掛肴を供し、旦中一統ニ御国恩報謝の御祭礼を勤上候御法式ニ御座候事

竹立之図

但し竹を立候地面無之町家等に而ハ、木の枝竹の篠等江幣を附て屋根の上又は神棚江祭るべし

新年之祓図

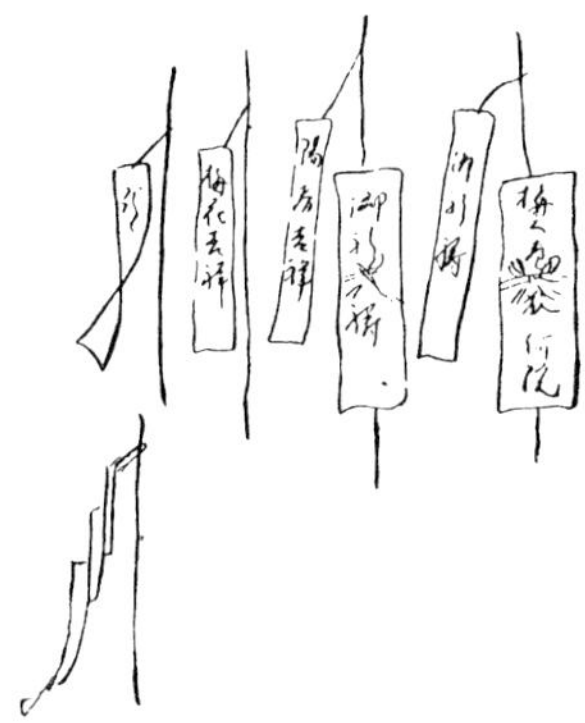

右等の祓を以て家を清めて年縄を掛ることなり、又祓幣を配ることもあり、又不時に家内を清るにはしめ斗り付たるにてよし

御祓立の図

是ハ旅立の式なり、留守中は幾日にても毎日水を供するなり

是も町家などにては、木の枝等へ幣を附て神棚江勧請して、供物を備ふべし

非常に重きをおかれていたらしい道切の祈祷に関しては、幸に「従往古御公儀被仰付怨霊道切御祈祷」なる記録が残って居る。ただし「寛徳寺住上之坊」とあるが筆者と年代の明示が無い。しかし表紙の裏に「文禄四乙未六月吉日、

祖父三宝院法印長清代より：御祈祷始る、別紙に委細伝書有り、依之代御祈祷：迄仕来り候」とあるのによって自ら推定することが出来るのであるが、本文の冒頭にも、御先祖様小高在城の時から、祖父三宝院長清に御怨霊道切の祈祷を仰付けられたのがはじめであるかの如く書いてある。そして子の本覚院を経て自分(貞清らしいが稍疑問)の代に至るや、自分は上之坊の跡をつぎ、新しく移った小泉の新宅においてこの祈祷をはじめ、爾後ずっと続けていることを述べている。もっとも書き継いだものらしく後の方はとにかく貞清の筆蹟になっているが、道切祈祷を執行した年号を挙げれば貞享三年三月、元禄三年六月、元禄四年八月、元禄七年五月、元禄十年二月、元禄十四年二月、元禄十五年三月、宝永五年一月、正徳二年二月、正徳五年二月、という風に続いている。この祈祷のために要する日数は七日間、人数は普通十八人であったようである。この十八人はむろん山伏のみであったが、それぞれ役向があったと見え、本壇(上之坊)、左壇、右壇、土公祭り、弓、剣舞、願文等その他一、二の名称が出ている。奉行その他立会の役人の名も見え賄等雑役の人も何人か揃っていた。もともと五年目毎位に行なって、邪気を払い武運長久を祈るべく藩より達しもあったらしいが、実際は上述の如く、かなり頻繁に行われた模様で疾病出産等にも行われたらしい。祈祷の方法は省略するが、これに要する用具供物だけでも大変なもので、残っている記録で最も古い上之坊常栄代延宝六年三月のもの数例をあげれば、怨霊道切祈祷入供としては壇布三端、水曳二端、壇鏡三面、麻一束、畳紙三枚、毛貫三つ、枠(?)三つ、針三疋、女帯三筋、小袖一重、扇子三本、帷子三枚、中折三十帖、土器三十六、しの竹百本、御座三枚、こも四十五枚、右についての供物が引香、五穀、餅、赤飯、あか桶、粢、腰掛俵、弓、矢、太刀、本尊初尾、麻糸、よし(葦?)つくへ(机?)、土公祭り用として鍬、散具、御座、赤飯、餅、初尾、陰陽祈祷入供としては、壇布二端、水曳三端、道場二壇、旦鏡二面、扇子六本、帯二筋、中折三十状、しの竹百本、両壇へ初尾三百文づつ、より□布切、麻注連、右附属の供物として餅、赤飯、燈明ろうそく、神勧請初尾、筒取次第として筒竹、筒巻布(八尺)、筒将軍木、わすれ草、おさご、すげの左縄(三十ひろ)、山鳥尾(五本)、弓、矢、はさみ、鑓、帷子、五穀、箱筒入、鍛冶屋箸、金椴(?)、最後に剣駈として駈手ということが書いてあり、これは結願の時の作法とある。

「熊野宮御神事産生神御祭礼作法」も利用したことが多かったと見え、数冊残っているが、下書が一冊あり訂正のあとが見える。内容は大したものでなく、幣の数や祭神のことで、例えば「第一御幣、三本、これは御本尊熊野三山なり」といった調子のものであるが、「第三御幣一本」という所に、「これは関白様を始め奉り……其身より上たる人の御祭の御幣なり、是をあら人神とも云なり、また家々の先祖を祭りあら人神と祝ふもあり、また他家の知行奉禄を相続しその家々の先祖をあら人神と祭るもあり、武家方には家来の忠節を感賞し神に祭るも多し」。「第四御幣一本」の所には「これは其家々の一家となり候昔の大先祖より当代まで相続の神霊を祭り候御幣なり、これを氏神の御幣というなり」等とあるは、一つの当時の考え方として注意したいことで、第五御幣は家内神の御幣で、本主より家内召仕に至るまで人数だけの御幣をあげてまつる。第六御幣は家の中の一切の道具諸品の霊をまつるものという。なお第二御幣一本は天照大神ならびに歴代天子の霊をまつるためのものであった。原稿の年号は不明であるが、浄書されたものは万延二年であり、原稿の方は筆跡よりみて永潤と認められる。なおこの外、湛清覚書、雨潤日記、慈潤日記等あり、皆上之坊文書にふくまれている。右の外の資料は一般的のものと思われ、珍しくないから名称のみに止める。

「修験道宗門十二箇条之内不解之条々」奥書に「于時嘉永七寅三月京都六角堂前旅窓下書写」とある。

「従公儀御尋ニ付本山修験宗門十二ケ条御答」これは天保十二年十月二日阿部伊勢守よりの達しによる答書らしい、「右若王寺殿御渡に相成候事、文久元辛酉五月書写」

「柱源神法」「慶応三丁卯年二月吉祥日、高平山宗山ニ授与ス、霊威山主良弼法印」

「修験本当偽邪弁論」五流長床宿老吉祥院玄仙録「于時寛政十戊午年初冬日写之」

土公祭作法」奥書に「延宝二甲寅三月吉祥日、高平山寛徳寺上之坊湛清」

九

明治維新宗教改革により、二年(巳年)本山より全国の修験者に達しがあった。武蔵野国北葛飾の幸手の不動院から出ている所を見れば、当時本山役所をここに置いて奥羽地方の事務をとったものと思われる。本山修験道が修験道管領の支配になったことから、服装より変職復飾のことに及んでいる。

触書　　若王子役所

一、今般王政御一新に付、本山修験道の儀、天朝御附属管領聖護院宮御支配旨御改相成、右ニ付朝命を以、東京府御役所へ被仰付候間、以来修験一派一同朝臣同様可相心得、就ては古来より有髪旨候間、衣服相改め、儀式之節は装束着用の上帯剣結袈裟、当用は羽織袴帯刀にて大務公用可相務旨申渡候巳上

王政御布告の通、朱印地除地の神社別当は復飾変職当然之儀に候処、即今時勢の動揺に泥み、前書神社別当に無之、其領主附属且其村々より帰依由緒を以、院跡普代附属の神社の分も一体に変職復職思ひ立候輩も有之趣に相聞候、右者御布告の御趣意に相振候条、其頭本先達職年行事職へ談判の上、急度取調可令復本候事

修験道の作法等は今までと違わないから古例の通りに心得てよいが、両部習合にならぬよう、すなわち神は神の祭式を以て行うように、仏は仏の作法によってつとめよ、とある。

七社引導の儀は、修験御廃止の儀更に無之間、古例の通可相心得候事

修験管領被仰出候事故、当道御廃止の儀は決而無之事

修験法道掟目、今般別段御改造も無之、従前の通り相勤候て子細無之、併両部習合に不相成様、神は神の祭式を以相勤、仏は仏の作法を以相勤め混淆には不可致事

有髪比丘形に不拘其院跡に属神社に候はば、修験道古例伝来の奉幣祭典当然に候事

優婆塞妻帯兼武の宗法に付、在来の通り子細無之候事

七社引導の儀は、修験道廃止に無之儀ニ付、古例の通可相心得、併是迄区々に候間、追て御願立に相成候御治定の事

本山修験道においては自己葬祭の法を徹底さすべきこと、また神仏混淆せぬようとの布令は仏を廃することではな

いから、僧がみだりに復飾することは感心しない、また仏門にあって髪をたくわえているのもよろしくないというような意味のことも述べている。

本山修験道、是迄宗法の通り、自身引導自己葬祭に相成、有之候向も有之、或は院主は自己葬祭にて家族は頼寺の向も有之、又は院内悉皆頼寺の向等にて、区々に相成候事故、右は神勤等にも致関係候宗体にて右様に相成、有之候へ共、両部御廃止の上は、向後本山修験道に於て、不残自己葬祭の段、府藩県より御布告に相成候様被仰出候事

神仏混淆不致様先達御布令有之候へ共、破仏の御趣意にては決して無之、僧分に於ては妄に復飾の儀願出候者有之、不謂事に候、若も他に伎芸有之、国家に益する儀にて、還俗致度事に候へば、其能御取調の上、御聞済に可相成候へ共、仏門に蓄髪致し候儀は不相成候間、心得違無之様御沙汰に候事

右之通り被仰出候事

今般若王子室霞返上被致候に付、御直にも相成候へ共、東京御役所指揮難被行場合も可有之候に付、奥羽両国並常州等御支配取調向被仰付候間、以来願向等当方へ願出可申、且遠路の儀に有之候間、当用の儀は蒲倉大祥院並に須賀川徳善院等へ可被遂談判候事

巳二月　　　　　　　　　　　　　　　　幸手不動院室役所

奥羽両国並常州本山修験中

この際において上之坊は伝来の修験職よりいわゆる変職するに至ったので、あたかも中興より九代宗山の時であった。

明治四年廃藩置県となり、中村藩は中村県となった。華族士族平民の階級が新たに設けられ、明治五年宗山は士族に編入された。

士族入籍申付候事　　　　　　壬申五月　　元中村県

岩崎治部

治部は時の宗山の事であるが、彼自身の記録によって明治四年十二月二十日を以て上之坊は廃名となり、五年五月二日士族岩崎と改まったことが知られる。

明治五壬申年五月二日朝五ツ半時登城、大参事衆より御達、平宗山三十二才

元中村県本高三十石六斗、無禄、宿所宇多郡小泉村、生国磐城国、祖父上之坊亡、中村藩修験、父上之坊亡、中村藩修験、第三大区三

小区、士族、岩崎宗山、申三十二才
中村藩之節、明治四年辛未十二月二十日復飾被申付、明治五年壬申五月二日、士族被仰付

宗山が修験より神職になった心機一転の心構を想察することが出来る。これより先、宗山は変職の要によって隠居となり長子武彦を当主としたが、恐らくこの頃その筋に差し出した先祖の由緒書があり、藩との関係がよくわかる。

私先祖之儀、元亨三年御先君重胤様関東より御下向の折、供奉仕罷下候家筋にて、是迄も無幾度由緒並旧記等書上候儀に御座候、尤も法務は勿論中古戦国の折は、諸方の戦場迄御供仕勲労不少、旧来社領の外釆地頂戴罷仕候儀に御座候、社領は神田一町熊野社へ永禄十三年義胤様御証判被成下、其外御証文等頂戴罷在候、私先祖功績の儀は、御先君様東照公へ御不都合の儀被為在候折、聖護院宮へ歎願の上、宮御取成を以、御浪人の所、御本国被為成候儀は、旧本寺聖護院宮の旧記に御座候、且御官位の儀は重胤様四品に御昇進被遊、是以私先祖態と上京の上、宮御方より朝廷へ御取成を以御昇進被遊、御当家御官位の始同様奉存候、紀州熊野へ御参詣の折も社寺数多御座候へ共、私先祖御供申上候儀に御座候、右荒増取調奉申上候、以上、岩崎治部

一方藩では、旧来の家中をしてすべて土着帰農させるために一時知行を回収するに至ったので、上之坊もその運命にあうおそれあり、従来の居住地の近くに田地を割当てられるよう、草野栄潤の取次によって中村県へ歎願した。

乍恐奉願候
今般大変革被仰出、社寺之儀は家禄稟米等不被成下旨蒙御達、奉畏候へ共、実に難渋至極、前後当惑仕候次第、依て中の郷高平村元知行二丁六反有之候内、手作仕活計相立度奉存候処、大概常作子付の田地故、今般上ゲ地に相成、其内常作子付に無之分三反二十九歩、又当郷大坪椎木両村に有之候、同元知行常作子付に無之分二反八畝二十三歩当小泉村に御座候田地一畝十五分、合て六反一畝七歩、別紙小帳の通りに御座候処、今般至急御割合御差支に相成候に付、悉皆上地仕候間、誠に当時御多端の御砌柄恐縮の至に御座候へ共、何卒以出格之御憐評、当小泉村最寄地にて、田地御被成下度奉歎願候、右願之通御済被成下候はゞ、一家相続の目途相立誠に難有仕合奉存候、此段謹で奉歎願候、以上
未の八月　　岩崎武　取次草野栄潤
中村県御役所

武は宗山の長子のちの武彦のことである。中村弁事の割印を以て願受理の符箋は左の通り。

別冊小帳の通、大坪村従前寺領二反六畝十八歩、中郷高平村分同三反一畝五歩、合五反七畝二十三歩、此度上ゲ地に相成、右代地小泉村

へ切替被相済、且上ゲ地に無之分、同村にて一畝十五歩、同椎木村にて一畝二十二歩、都合六反一畝歩、手作従前の通住居被相済候事

小帳は省略する。

一〇

藩主恕胤自筆願文（天明六年）

奉唱念　慈救呪　一千二百七十八遍

右為平祥胤武運長久也

天明六丙午年二月二十七吉祥日

平恕胤　謹言

恕胤は二十四代祥胤は二十五代の藩主である。

出生児保護に関する聖護院宮よりの伝達文（寛政十一年）

奥州辺、出生之男女不育之者有之候由、粗達御聞、法親王深御愁歎被為遊、右等之儀相止候様、霞下並諸方随力幾重ニ茂可被加教諭旨、申達候様蒙仰候、右之趣敬承可有之候、已上

寛政十一年未三月

聖護院宮御内　心画院謙牛

相馬上之坊御房

ことに天明飢饉後は誕生児の養育に事欠き、ために堕胎圧殺が流行したため、藩主、とくに祥胤は度々一般に教諭した。

吉田神道文書（相馬氏所蔵）（鈴木琢磨氏撮影）

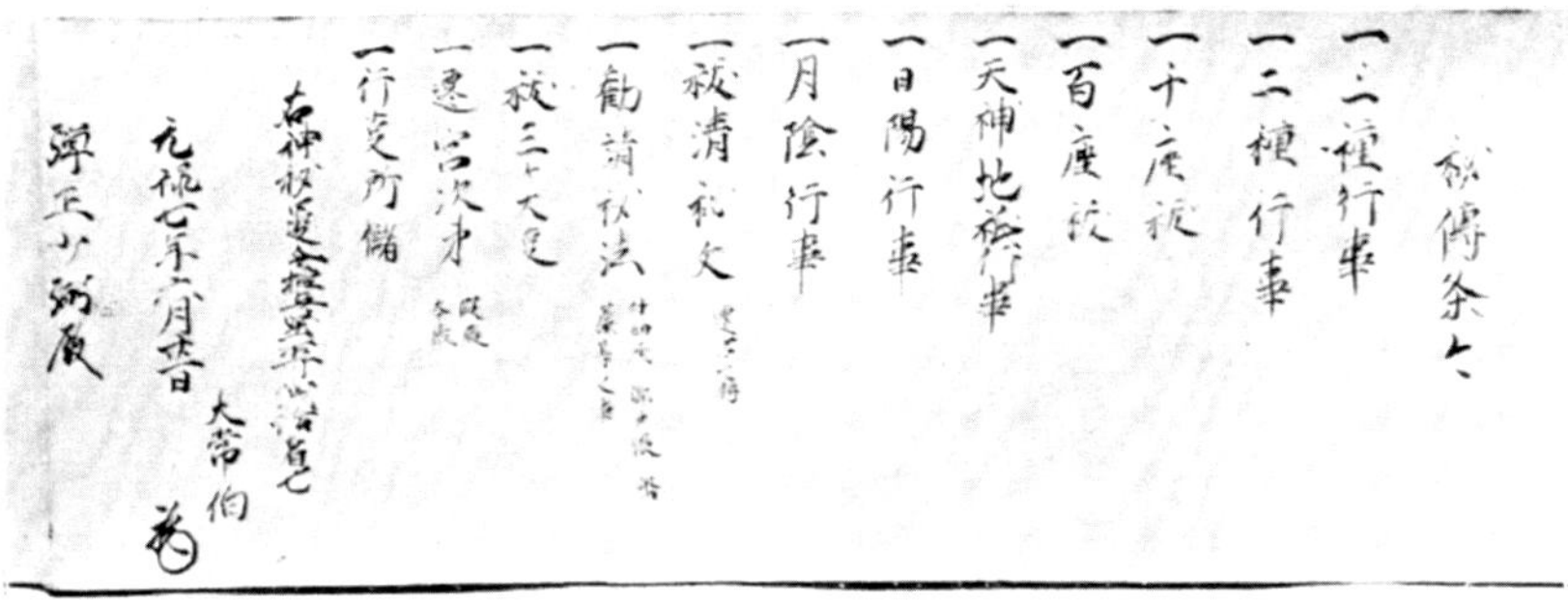
秘傳条々
一三種行事
一二種行事
一十座祓
一百度祓
一天神地祇行事
一日陽行事
一月陰行事
一祓清祝文
一勧請秘法
一遷宮次第
一祓二十大事
一行是所備
元禄七年六月晦　大宰帥
弾正少弼殿

(1)

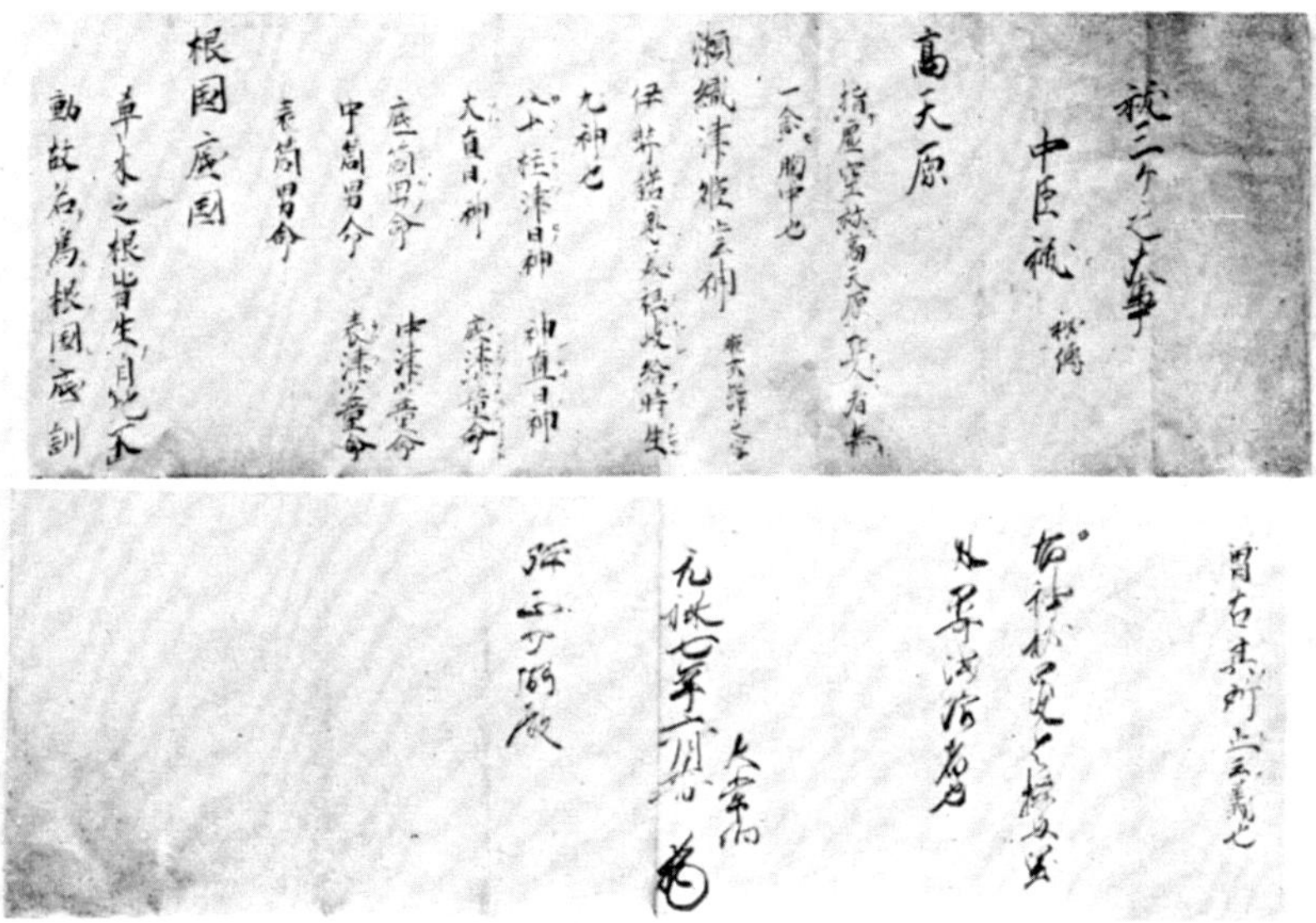
祓三ヶ之大事
中臣祓　秘傳
高天原
一念胸中也
瀬織津姫之神
伊弉諾尊祓禊之時生
九神也
八十枉津日神　神直日神
大直日神　底津少童命
底筒男命　中津少童命
中筒男命　表津少童命
表筒男命
根国底国
元禄七年六月晦　大宰帥
弾正少弼殿

(2)

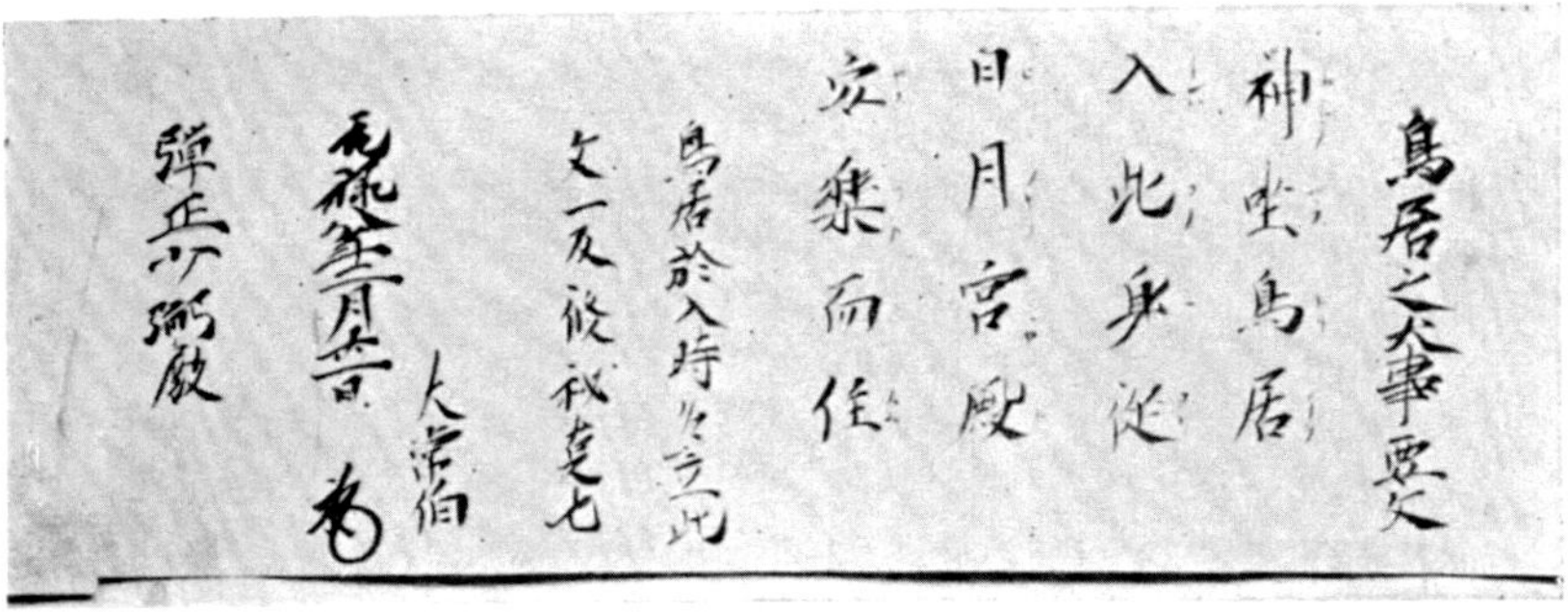

鳥居之大事要文
神祇鳥居
入此身従
日月宮殿
安楽而往
鳥居於入時目前立此
文一反読祓是也
元禄[illegible]年[illegible]月吉日　大常伯（花押）
弾正少弼殿

(3)

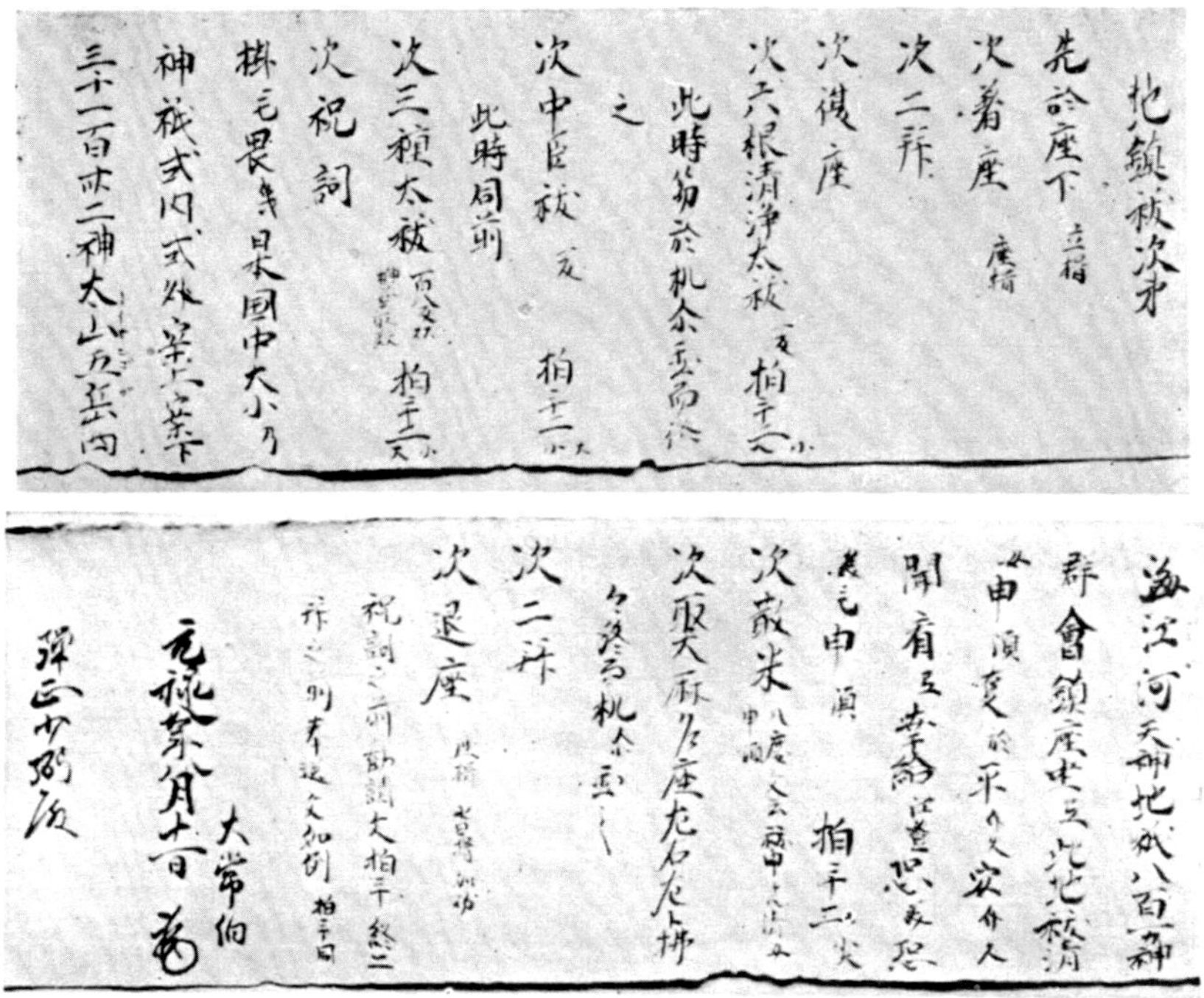

地鎮祓次第
先於座下 立揖
次著座 座揖
次二拝
次復座
次六根清浄太祓 一反 拍手八 小
此時幣於机上立而後之
次中臣祓 一反 拍手二 小 大
此時同前
次三種太祓 百八反 [illegible] 拍手二 小 大
次祝詞
掛毛畏支日本国中大小乃
神祇式内式外案上案下
三千一百卅二神太山府君
[illegible]江河天神地祇八百万神
等會[illegible]座出[illegible]此地祓清
申須事[illegible]平[illegible]安介久
聞食[illegible]恐美恐美毛
申須 拍手二 大
次散米 [illegible]
次取大麻[illegible]座左右左払
[illegible]机上立[illegible]
次二拝
次退座 [illegible]
祝詞之前勧請大拍手 [illegible]
拝之[illegible] 拍手四
元禄[illegible]年[illegible]月十一日　大常伯（花押）
弾正少弼殿

(4)

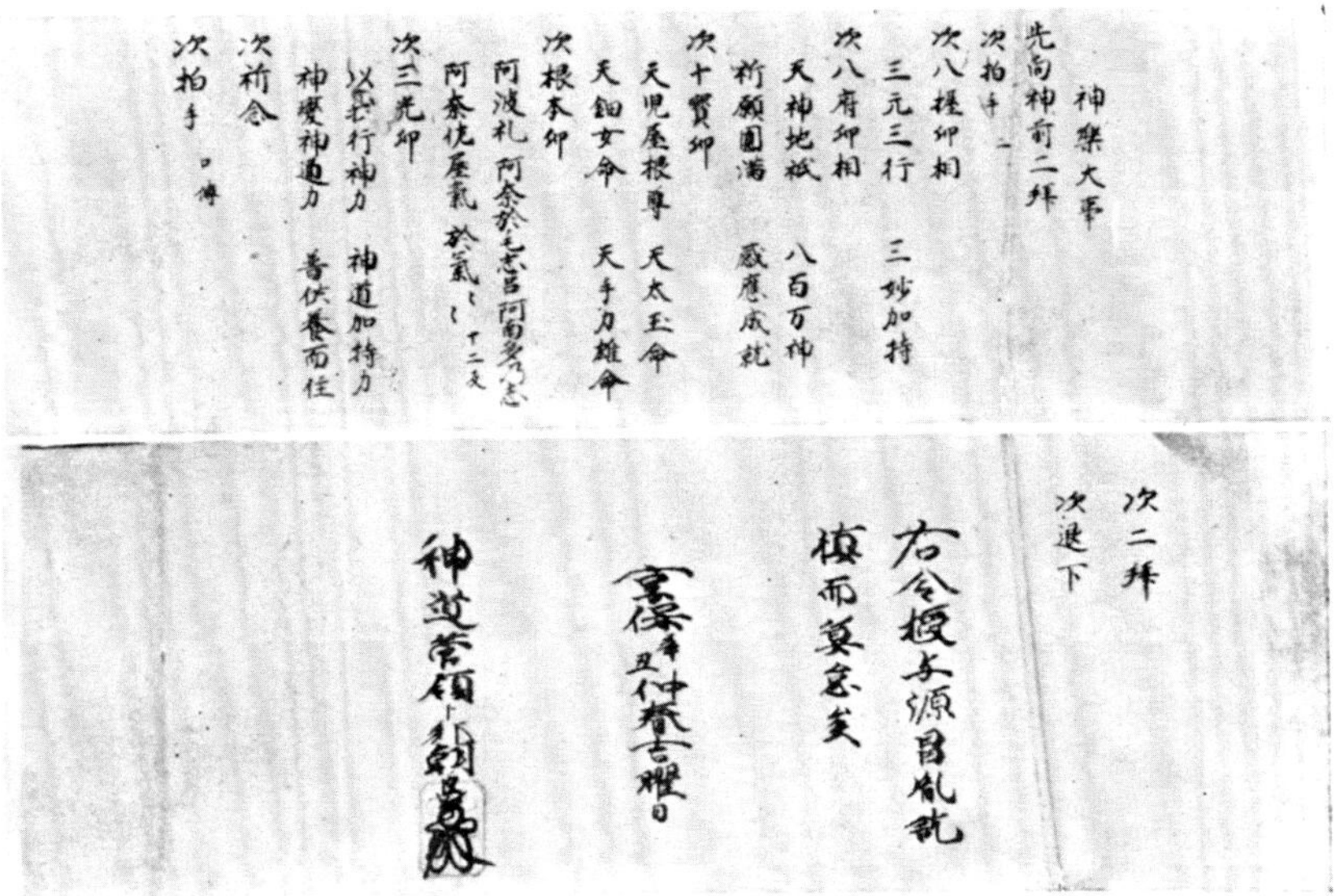

（5）

上之坊岩崎文書（岩崎氏所蔵）

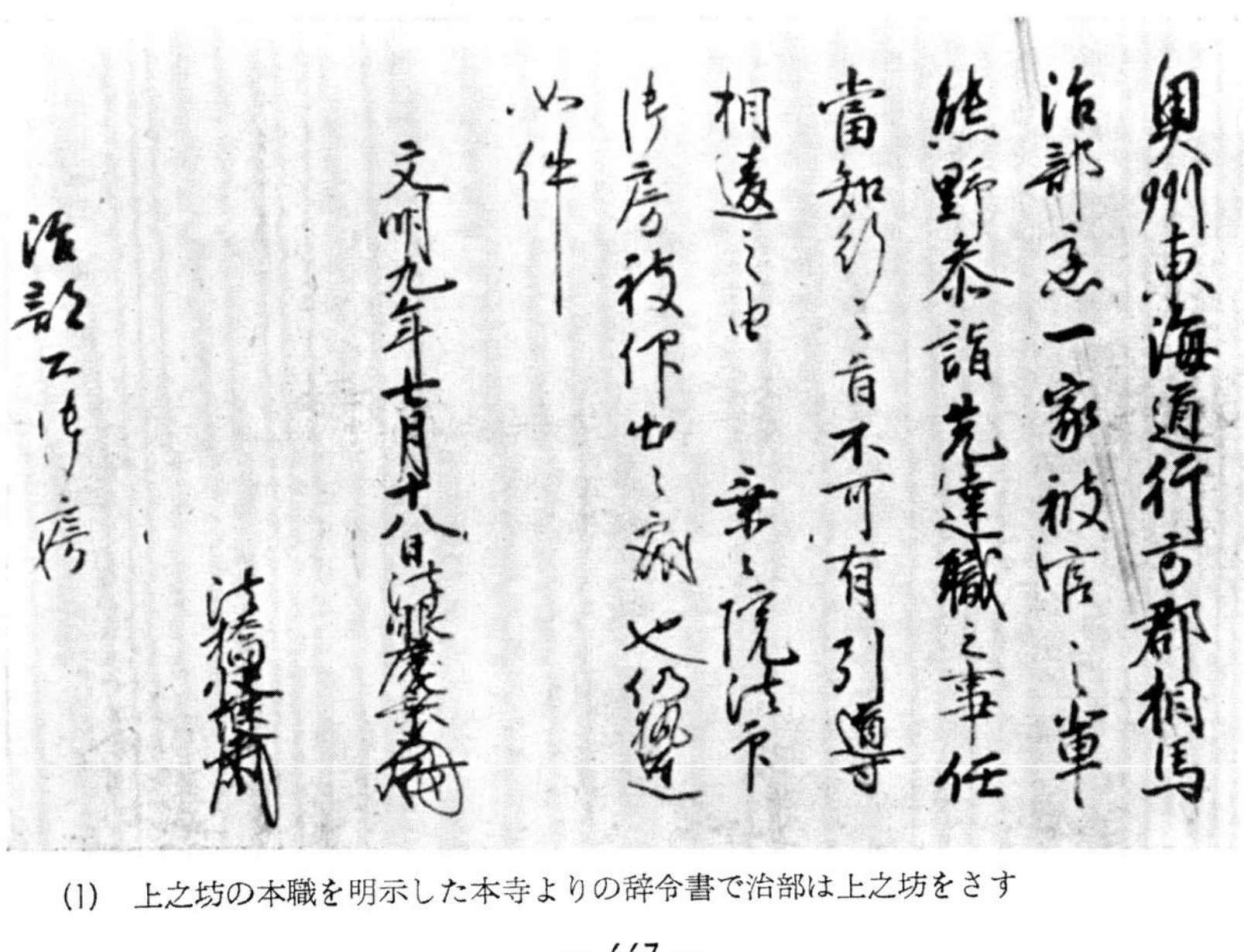

(1)　上之坊の本職を明示した本寺よりの辞令書で治部は上之坊をさす

(2)　相馬盛胤覩書

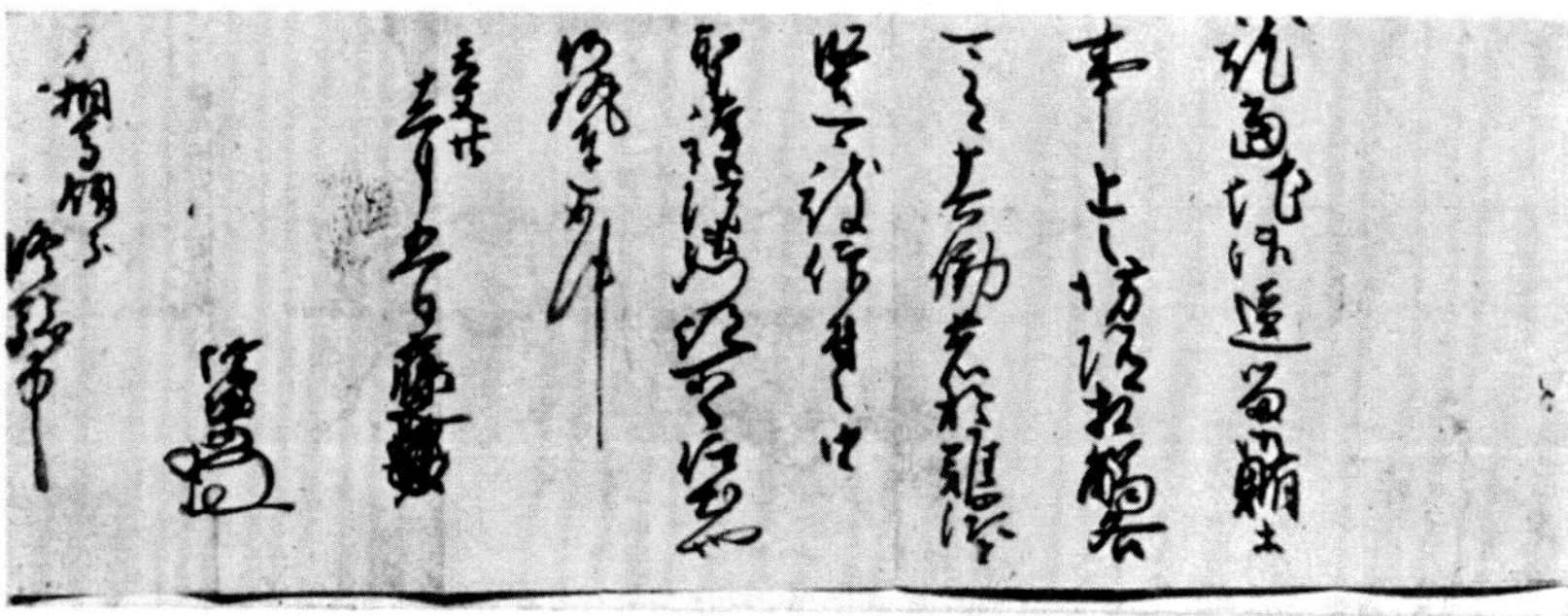

(3)　聖護院宮の賄役を仰せつけられた文

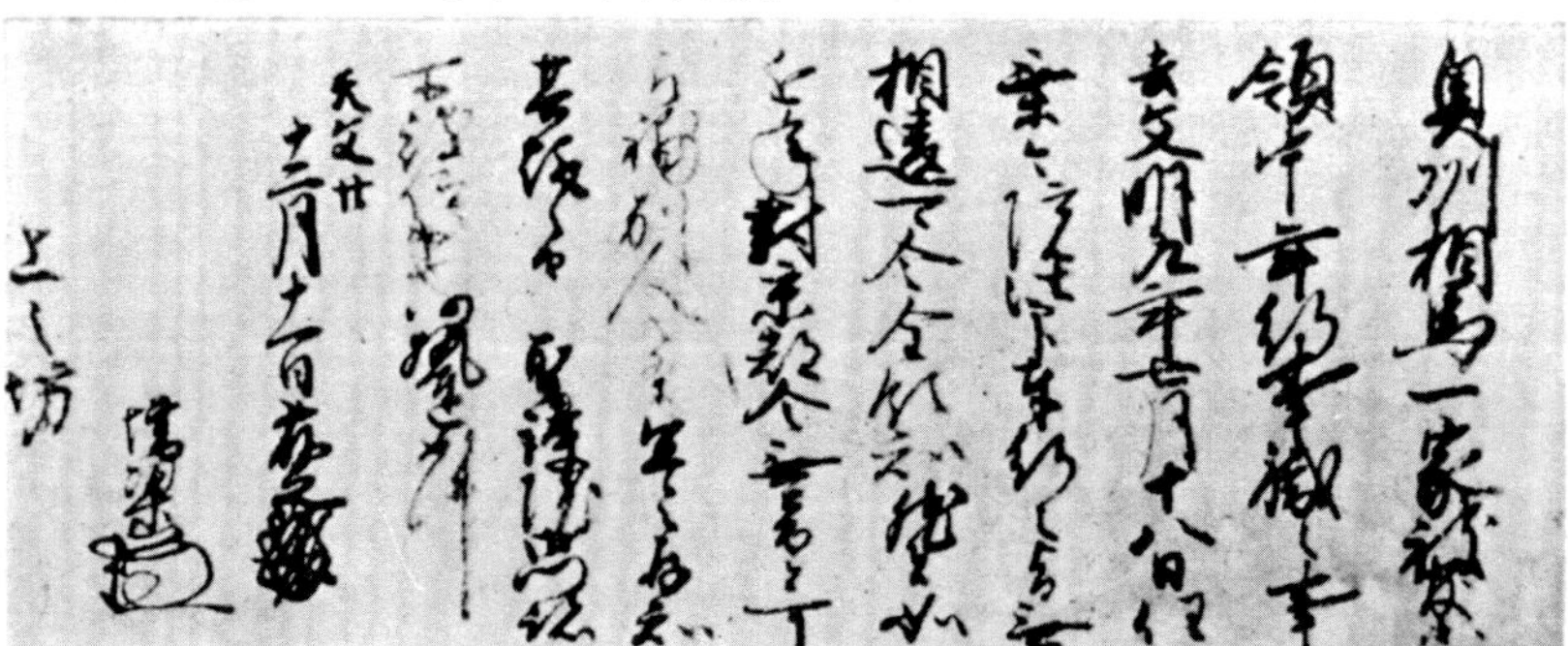

(4)　職務怠慢譴責の文

(5) 後盛胤親書公役を免ずる証状

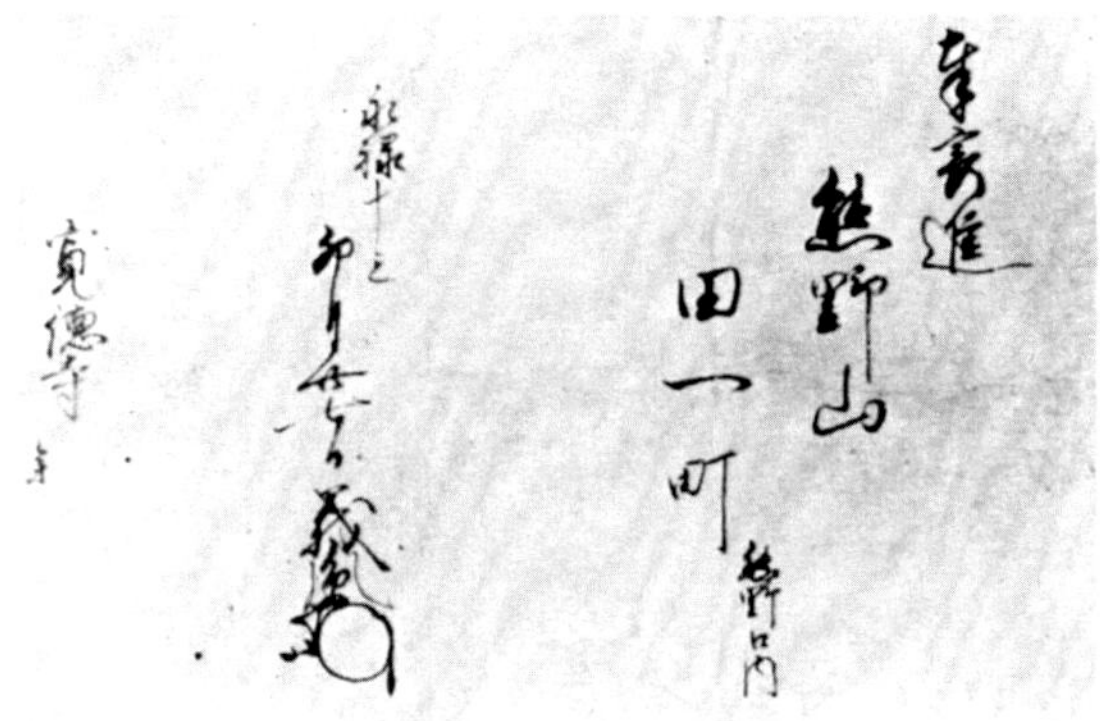

(6) 後義胤親書寄進状

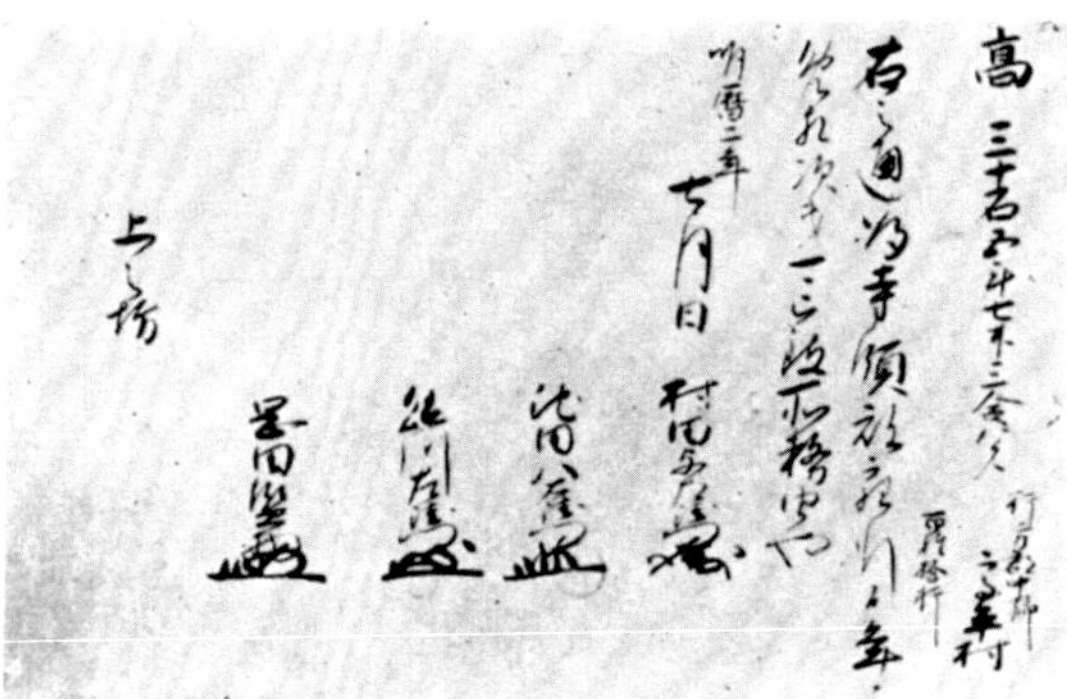

(7) 明暦知行書の中

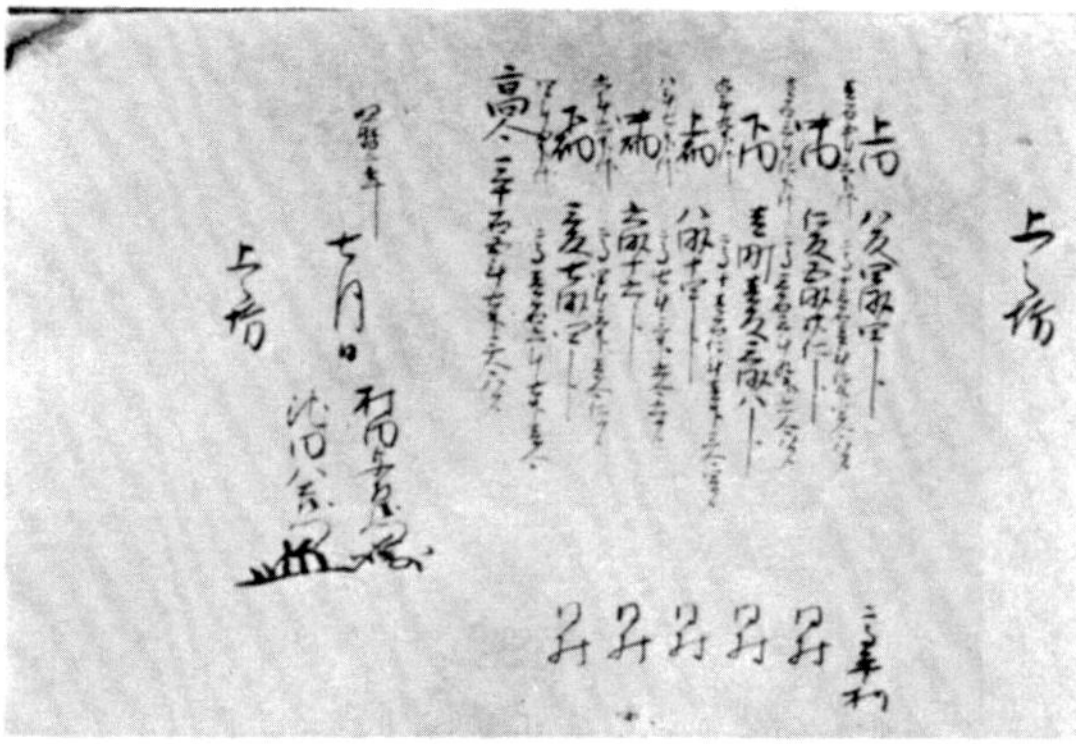

(8)　明暦知行書の中

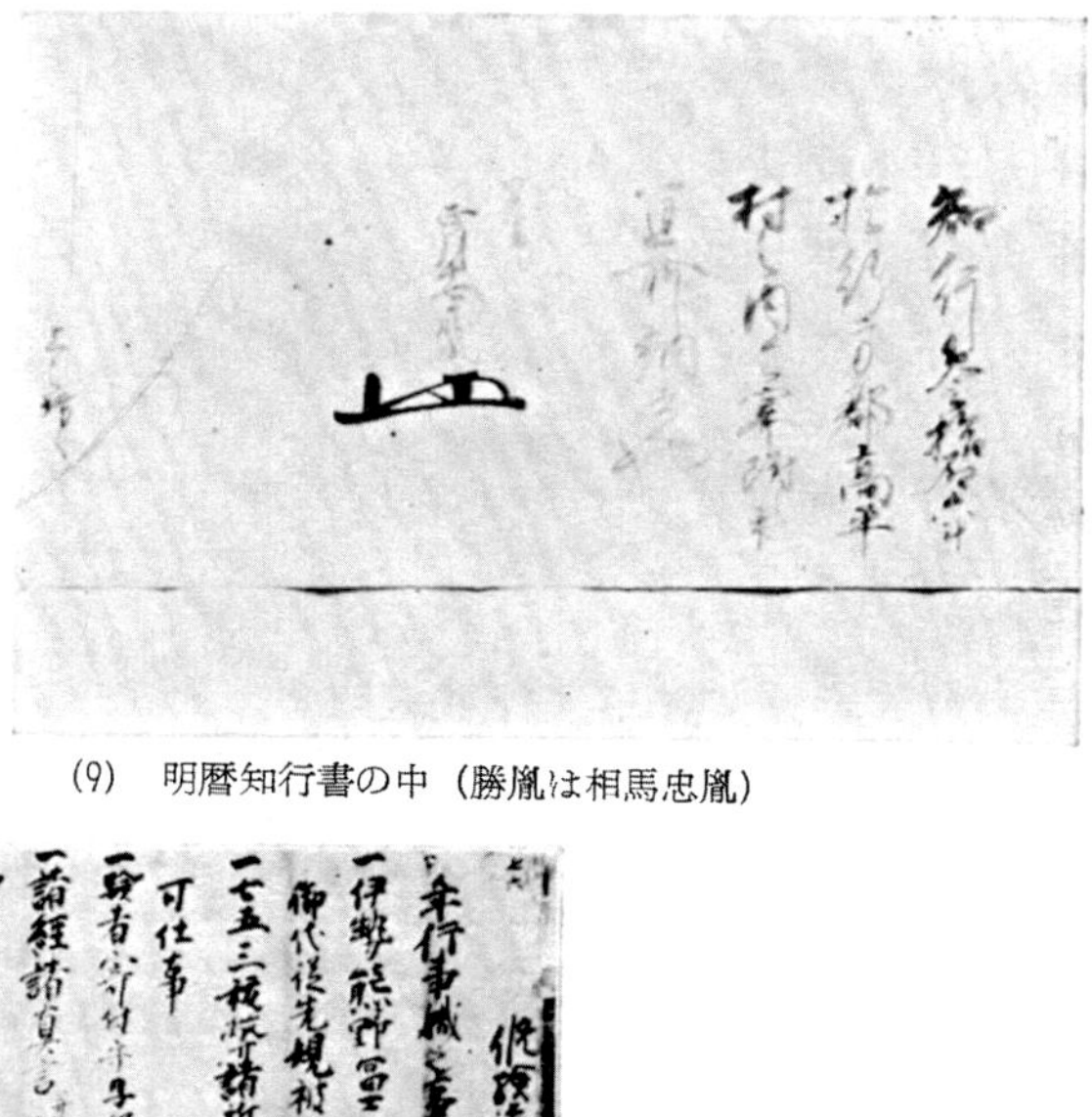

(9)　明暦知行書の中（勝胤は相馬忠胤）

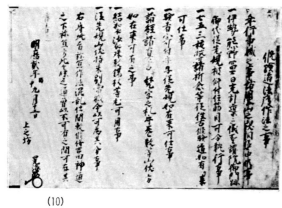

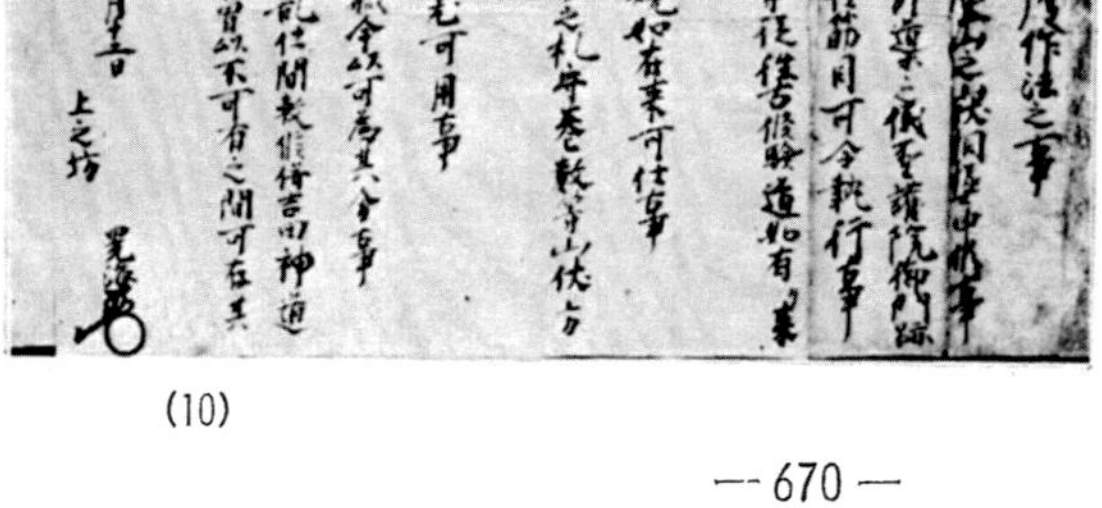

(10)

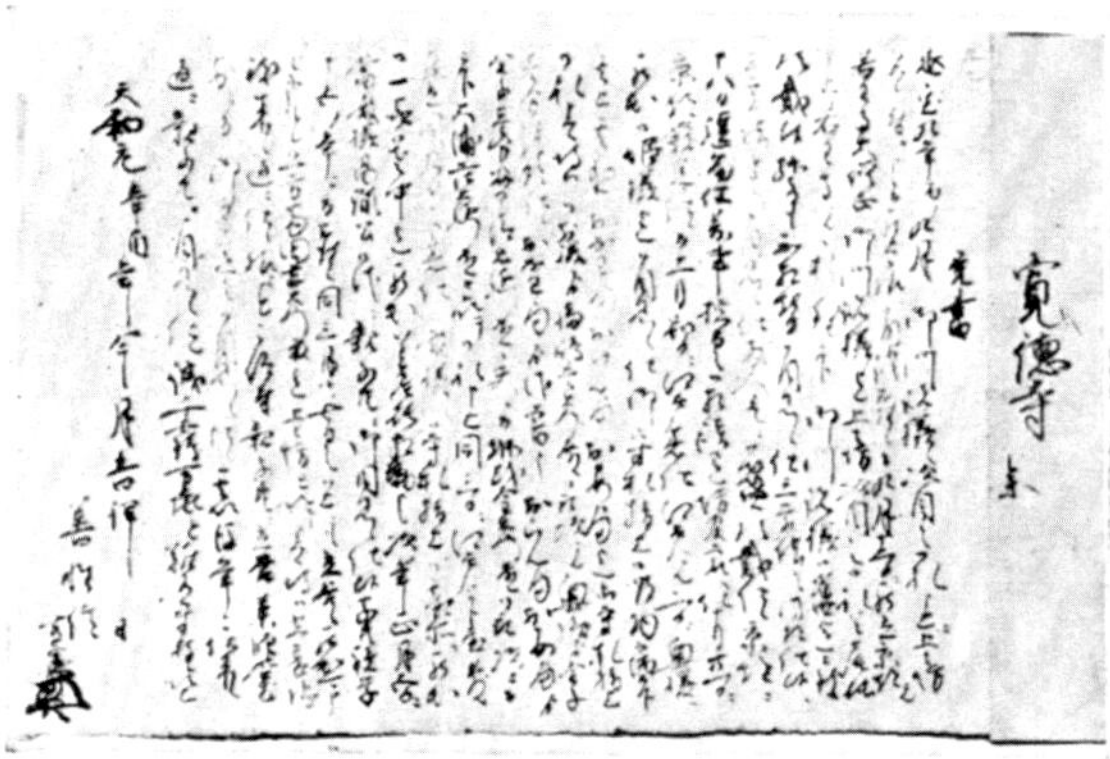

(11)　上之坊湛清はじめて本山へ挨拶に上京する時、付添った善性院の覚書

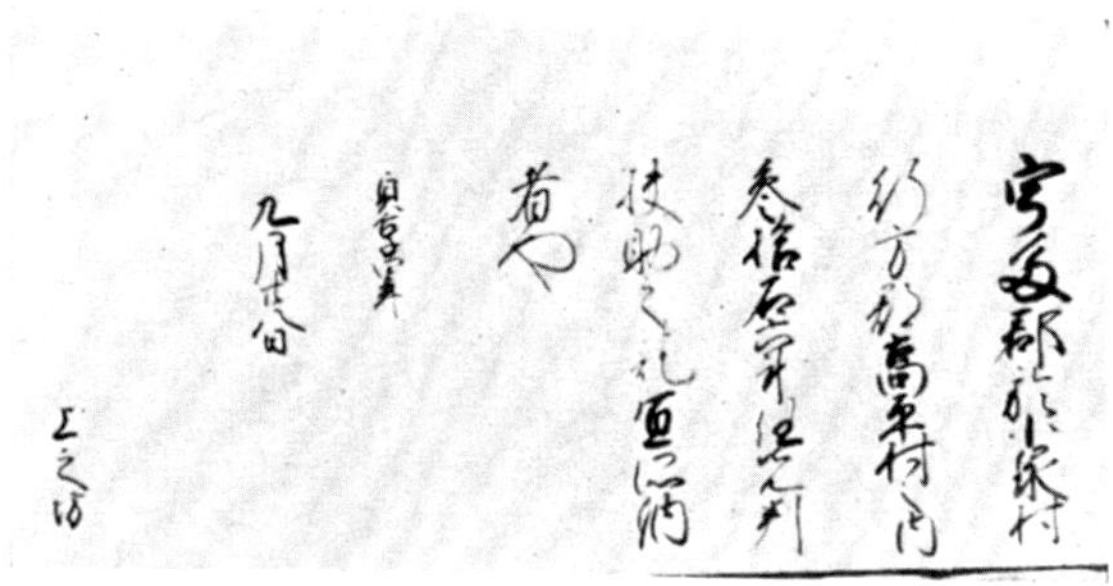

(12)　貞享の知行書（朱印は相馬昌胤）

(13)

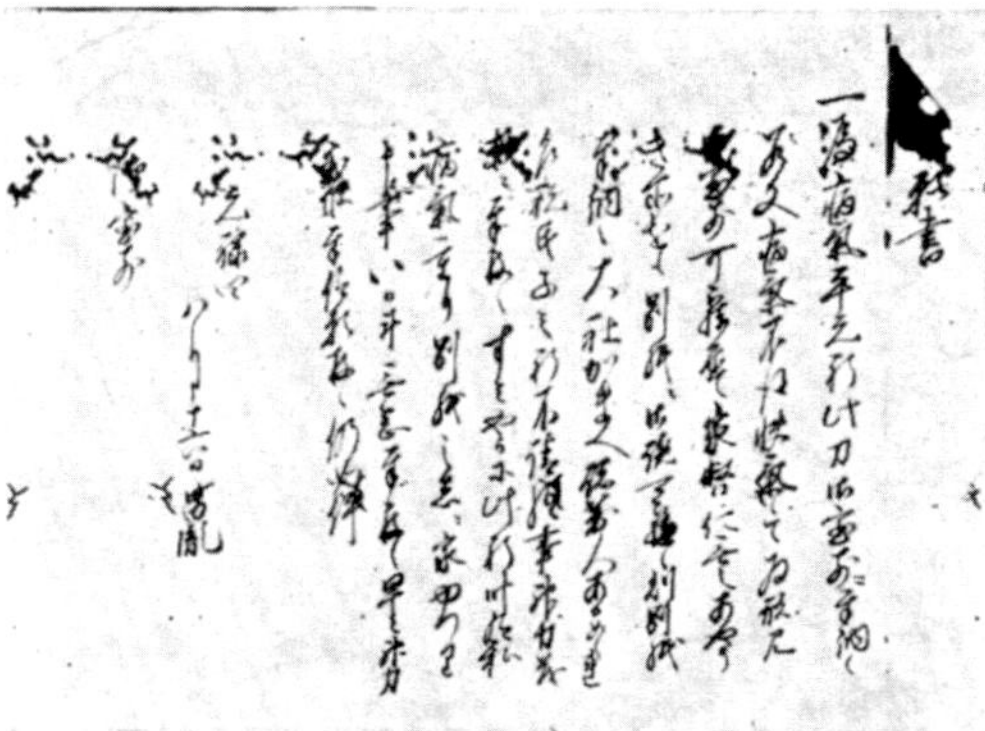

(14)　相馬昌胤直筆願書(その一)

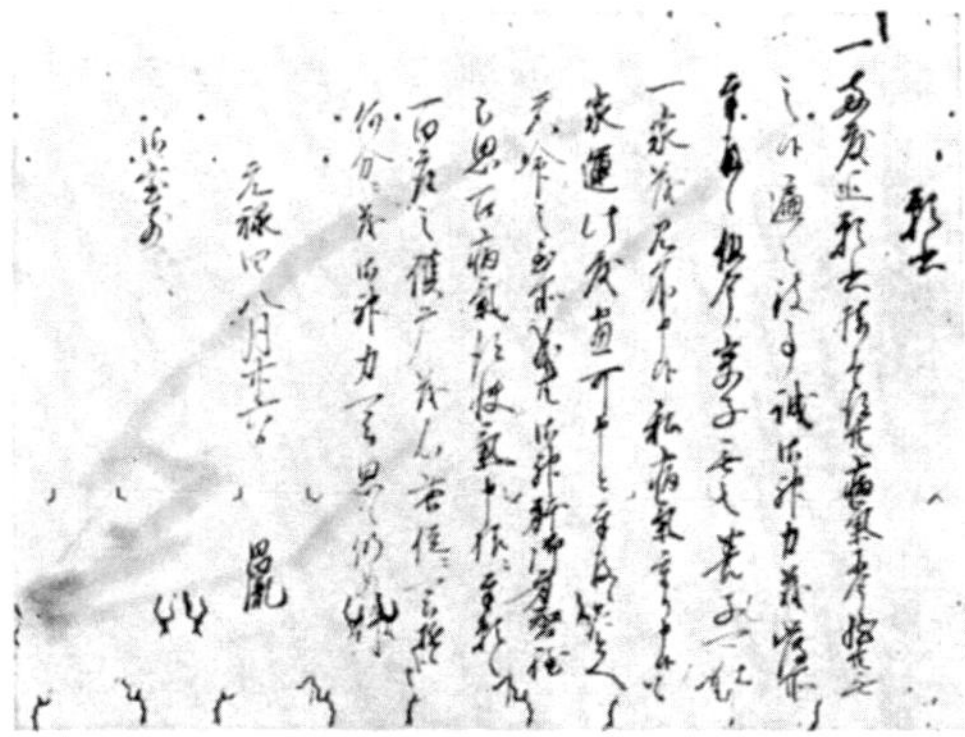

(15)　相馬昌胤願書(その二)

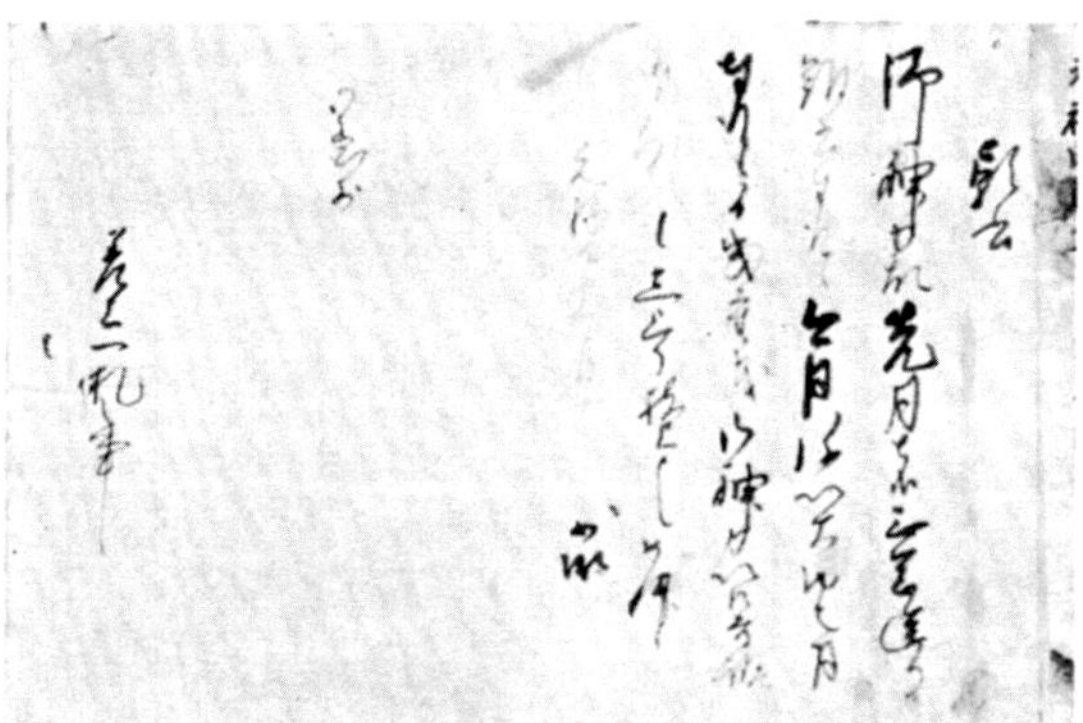

(16)　相馬昌胤願書(その三)

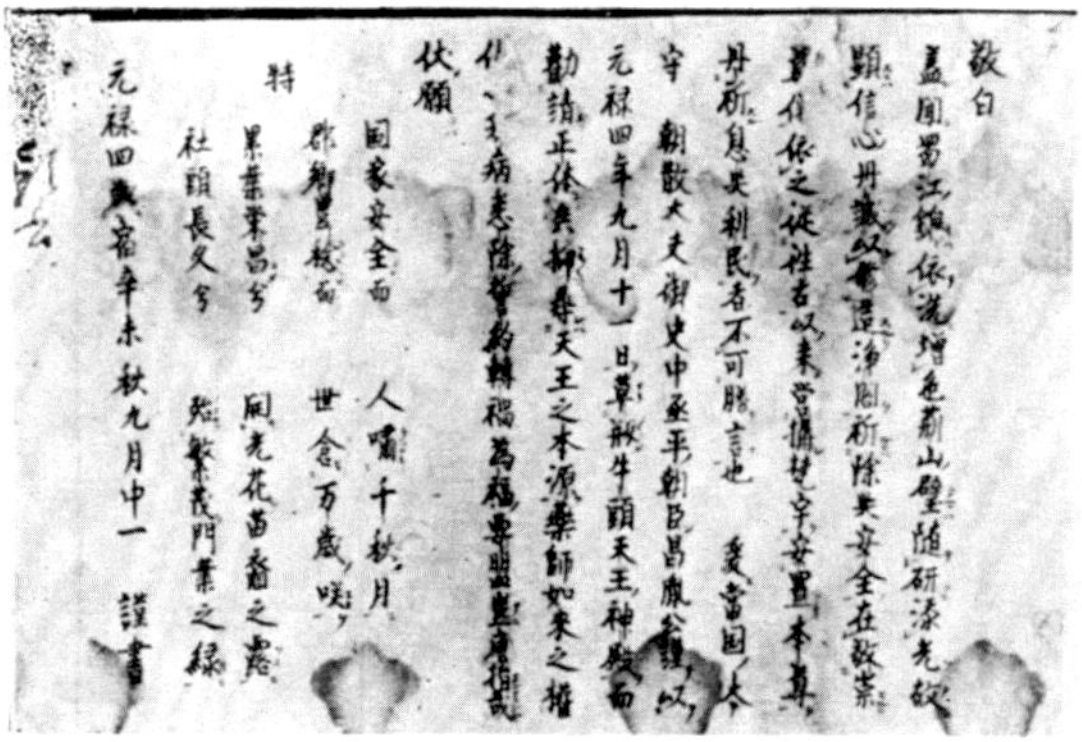

（17）　小泉天王社に奉れる湛清筆願文

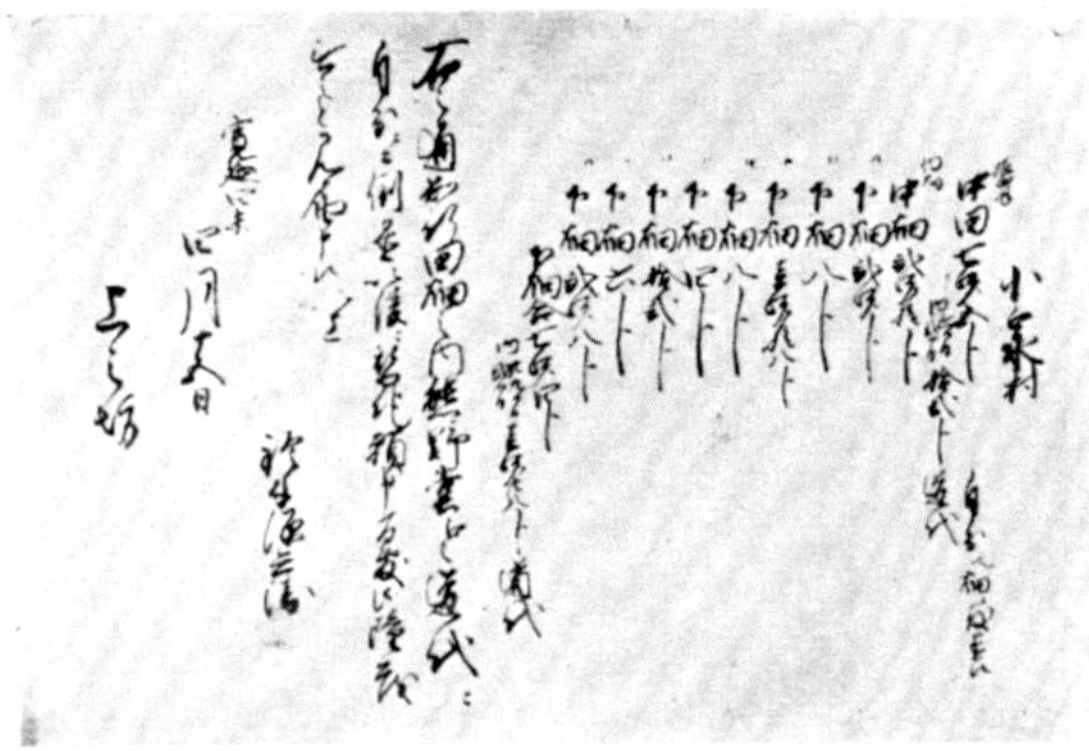

（18）

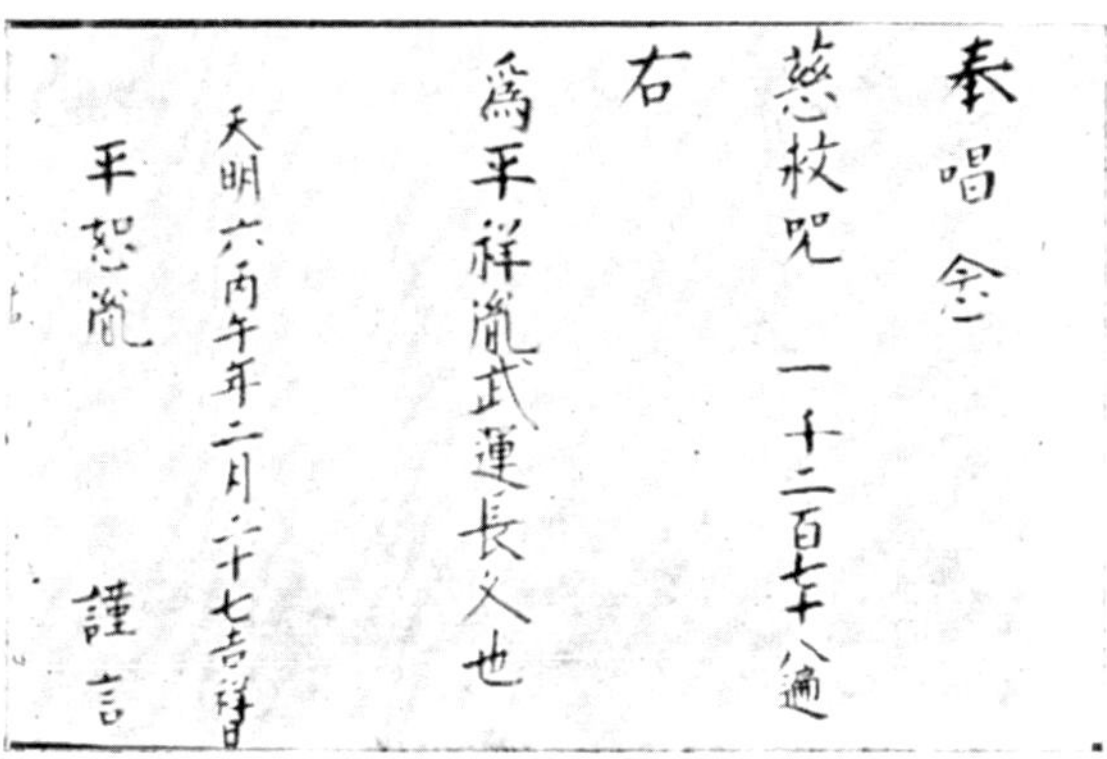

奉唱 念

慈救咒　一千二百七十八遍

右

爲平祥胤武運長久也

天明六丙午年二月二十七吉祥日

平恕胤　謹言

（19）　相馬恕胤直筆願書

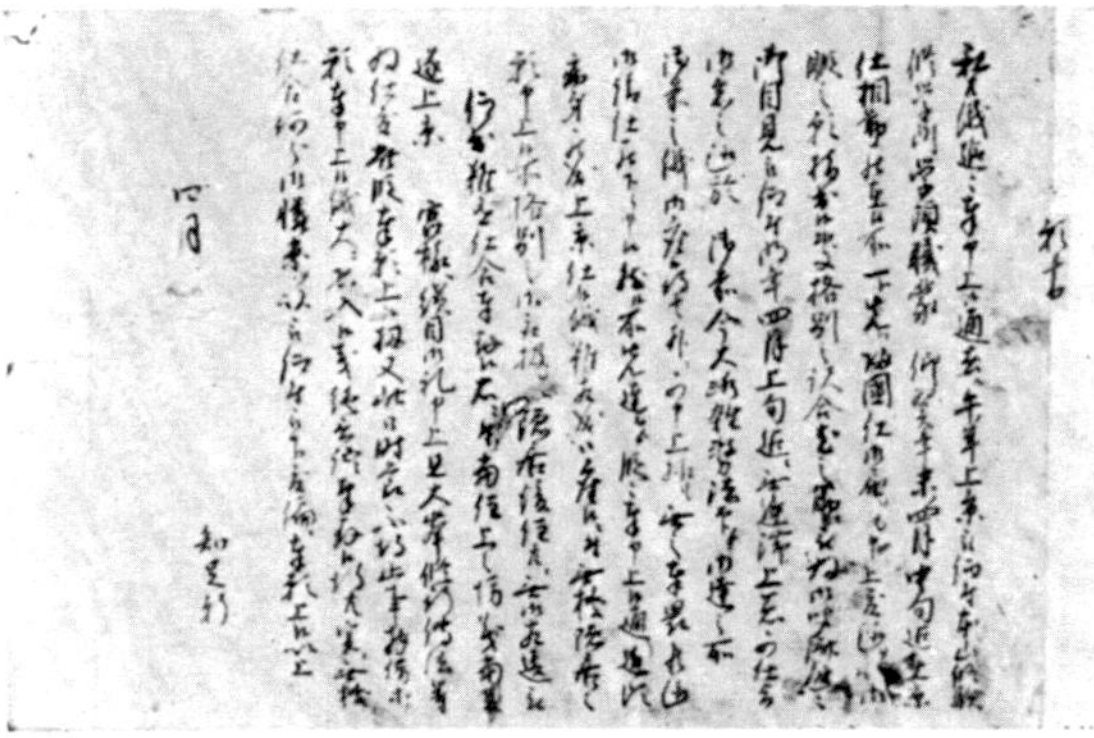

(20)　上之坊雨潤書

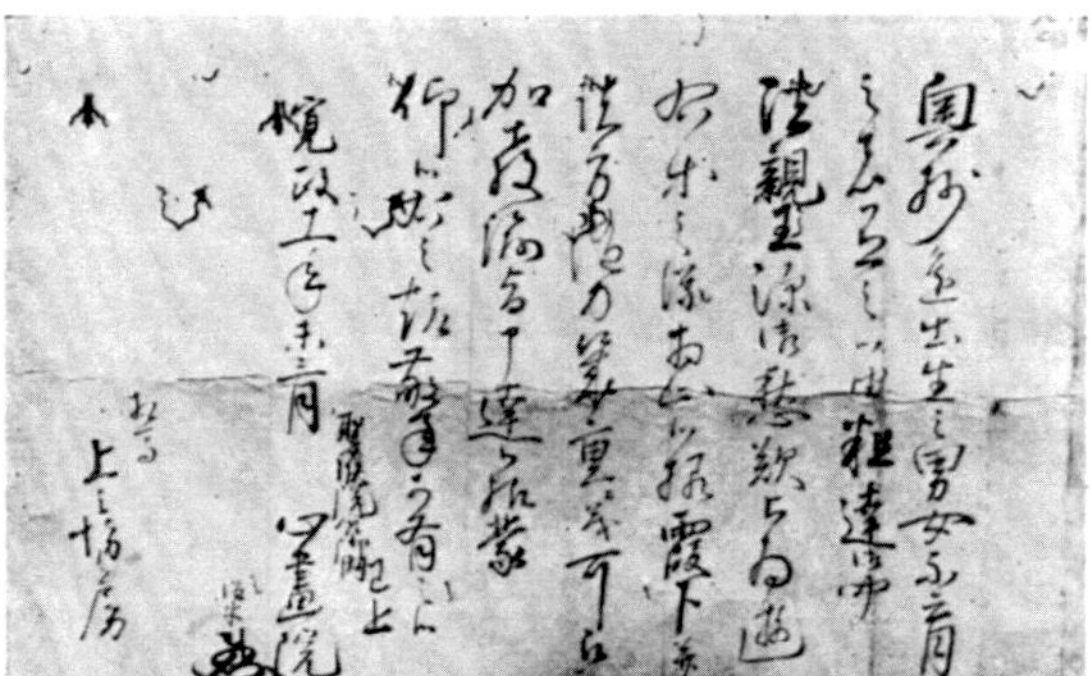

(21)　間引の悪風を教諭する文書（心画院より）

第四章　民間雑信仰、とくに巫女の生活について

第一節　巫女概説

一　名称

一口にみこといっても、地方においてのいい方は頗るまちまちで、その上少しずつその持つ意味もずれている。大きくはみことわかに分れ、みこは神の方、わかは仏の方だと漠然と考えている人も多いらしいが、そう簡単にもいい切れない。ことに神と仏とはそんなにはっきり分けられる筈もない。

平市北神谷の高木誠一氏の示教による、元禄九年の同村の書上帳に、「元禄九年子二月朔日、禰宜神子書上、北神谷村神子、市兵衛後家竹女、市兵衛娘とら女、大蔵後家北の宮、彦左衛門後家三の宮、彦十郎女房まん女、禰宜平八幡禰宜源左衛門」とある。ここにいう神子はみこらしいが、かみこともいっていたものか。現に四倉の鯨岡女などはかみこの語を使用している。思うにみこは神御子（かみみこ）の略であろう。すなわちかみみこ、かみこの語の外に、神を省いてみこだけになった語が出来たものと思う。しかし神子はみこにしても、普通かみやしろについているのをいい、ただの歩きみこでは無かったようだ。文中の後家はやはり未亡人の事らしい。

わかは、はじめは若で、巫女の娘のような年若い女のことからいいはじまったことではないか。今手許に控が無いので確め得ぬのは残念であるが、前記の書上帳に何某わか子とあったのを見ても、そう見当違いと思われないがどういうものであろう。

わかといちことは大体同じに使っている。会津などではいたこともいっていたが、むろん会津に限らずこの称呼は広い。いちは盲人の名によくつけられる何々市というのと関係があると思われる。小高の有名な大悲山薬師（磨崖）の伝説に出てくる盲人の名はたまいちであった。いたとかいちとかいう語は特別の意味をもつ語であったらしい。恐らくいちこもいたこも同系統の語で、こは添語であろう。もっともあるいはのりわらなどと似て、はじめは子供であったかも知れぬ。いち、いつは一種の霊力を表す語であったらしく、一のいちも、今考えられている以上に深い意味がもとはあったのではないか。

のりわらは告童であろう。多くは羽山の場合に残っているが、その他でも神ののりうつる人のことをとくにいっている。そのために普通には神がのるからだと説明されてもいるが、やはり神の言葉を告る意に相違ない。神のよるよりましもそうで、頼政の墓といわれている墓が石城のどことかにあるのは、多分よりましの墓らしいと高木氏に聞いたことがあった。

のりきとかごんけとかいうのはみこと違うと考えている人もあるがそれも確かでない。四倉の和田文夫氏などは、のりきは行者をいう時とみこをいう時とあるようだといい、また、ごんけは、普通は多く方位方角などを知る占師のことをいうようで、権化かともいっているが、これもわからない。書上帳に幾つも出てくる後家（ごけ）に関係はあるまいか。巫女は神の妻であり、現実には修験の妻であるか独身であることが多いとすれば、強ち附会とのみいえぬ気もする。それはとにかく「ごんけかつぐ」という語がしばしば用いられるが、縁起をかついで方角などやかましくいうことをいう。のりきののりも、神がかりという意味の強いことは確かで、人々もそのための名称としているようであるが、これもやはり告りから来たと自分は考えている。しんめいのりきというのがあるが、神めい像を持ち歩いているみこのことで、これはしんめいが専門に憑く。石城の辺では久之浜、赤井西小川、内郷三厩などに居た。半座頭が多かった。相馬辺で巫女をただおしんめさまということもあるのは、彼女等の多くはしんめい箱を持って歩くしんめいみこだったからである。

あがたみこは、あがたともいい、歩きみこのことで他から来た。県で地方を指すものであろう。事実石城などでは明治初年までは、妙義、戸隠辺から来たといい、黒塗のあがた箱を持ってとまりつけの宿を泊り歩いた。目の見える妙齢の女性だったそうである。

あづさはあづさみこで、梓弓を使っているからだという。

もりこは守子と書き文書にもよく出てくる。神のお守りの謂かという。やはりみこのことらしく、おしゃしゃごともいっているのは、神前で鈴を振るからであると。おしゃしゃは鈴の音か。なお、神おろしのことをみこおどりともいうとは四倉の巫女に聞いたことだが、神がかりの状態を舞踊化したのが守子の神舞であるとも私には思われて成程と感じたことである。鈴（すず）みこともいう。

口寄せの語もひろい。

二　巫女の家筋、性格など

巫女の世襲はあり得るわけなのに、実際にはほとんど見られない。会津若松の巫女阿部せん女の母親も巫女であったなどは寧ろ例外である。恐らく巫女という職業意識もさることながら、意識だけでは家の業は継げぬのであって、神がかりになれる素質という個人的な差違が問題になるのである。しかし精神的に見て、そういう素質は何等かの形で遺伝するものとすれば、一応巫女の血筋というものも考えられぬわけでも無い。恐らく昔はほとんど女性の大部分に、巫女となり得る素質が強く出ていた上に、生活環境や条件が揃っていたに違いないから、世襲は寧ろ普通容易のことであったかも知れぬ。感情の上からも女性の方がそういう状態になり易いし、暗示にもかかり易い。昔神に仕えたのは女性であるというのも、それが一つの原因をなして居たのであり、処女が神の嫁になれたのも同様であろう。

しかし現在実際には、偶発的というか散発的というかばらばらに出てくるのであって、その子供が神がかりになれぬ以上は、巫女の職は一代で絶えるか、他の神がかり出来る弟子に引継ぐより外はない。かつて耶麻郡中ノ沢で採集したことであったが、ほとんど時を同じくして同族から数人の巫女が出たことがあったというが、これなどは寧ろ非常に珍しい例で、何か目に見えない条件がうまく揃った結果だったのであろう。その中心のようになった某女は、附近の人の見た所では神信心などに縁の遠いような人だったが、子供のことで大層心配なことが起って、明け暮れそれを気にしていた結果、一寸した刺戟がもとになって心が妙に進んだのだろうという。そして家族の女達から、他に嫁した女までそうなったのは、心理的伝染と見てよいかと思う。この場合にも男には、同じ家に居りながらうつらなかったのは、やはり男女感情の相違によると思われる。

とにかく個人の場合はその家だけの問題に過ぎないが、部落全体につながるのりわらの場合などは非常な問題になる。相馬各部落に昔は葉山信仰のグループが多くあって、その祭に従事する中心的なものはのりわらであった。それが大倉の葉山をのぞいては全く滅び去ったのも、種々社会的原因はあったにしても、これにつゞくのりわらの遂に現れなかったことも原因の一つである。現に大倉ののりわらにしても、信夫郡松川の葉山ののりわらにしても、後継者を物色しているがまだ見つからない。これに反して普通の巫女の場合は、そうした部落の要求に応ずる要はないから、至極自由で気楽である。

家の職業はまちまちであるが、どうしても修験者、僧侶、神官などの妻に多いのは、そういう性格の女性に適した職業だという、冥々の約束が古くからあったのであろう。ことに修験者の妻に巫女が多いということは、この辺でもよく聞くことであった。四倉の鯨岡女はすぐれた巫女と見えたが、修験の家に生れ、夫も修験であったし、藤田の松浦女は、通称三吉さん(三吉神社)のみこさんと呼ばれている女神主だが、家は神職である。彼女の母親はこの家の娘で一時外に嫁したが主人に別れ、子供をつれて主家に帰り、父親が神主であった後をうけて女神主になったのであった。現在の女は嫁であるが、学校に勤めている主人が家に引込むまで神主になってくれといわれ、母亡きあとその職にあるということであった。

男女の別、年齢もまちまちであるが、調査した小範囲では、葉山ののりわらを除いては女性が大部分であった。

巫女を生む家庭的ないし社会的環境のあり得ることの考えられることは上述の通りであるが、決定的な原因はやはり巫女自身の中にひそんでいると思われる。大倉ののりわら大谷氏は性温和明朗で、酒を飲めば歌もうたう人であり、中村の笹川稲荷の佐久間氏は、小柄だが元気のよい健康な人らしい。こういう人は神がつくというだけで一見常人と異る所はないが、しかし自分の会ってみた巫女の多くは、どこかしら人と異る所を性格として持っているように見える。すなわち上は常人と変らぬ所から、下は一種の精神病者に至るまでひろい幅を持っているかのようである。いわゆる性格異常者が多い。あまりに利口な人にも馬鹿な人にも、意地悪い人にも理窟ぽい人にもつかない、寝ぼけたような少しぼんやりした人、邪気のない正直な人によくつくなどと俗にいうのは、性格に常人と異る所があることを示すものであり、神のつく境地に近いことをいったものなのであろう。山口弥一郎氏の調査に、会津一箕村の木村某女は、ある年父兄会で学校に来ていてストーブに当ったら、ふいに神がついたという。大倉の大谷氏は、社の前を通って拝んだりすると直ぐ神がつく。もとはひとりでに神がついて覚めぬのがこわいから、つとめて神様の前に出ぬようにしたものだという。土地柄からすれば素朴な田舎に住む人の方に、より可能性があるようでもあるが、他の強い条件さえあれば大都会の真中にもそうした人が出るのである。明治末年まで、村に地蔵あそびという子供の遊戯あり、中にいる子供に地蔵をつけて託宣させるのであったが、高木誠一氏などは一向神がつかなかったと、これは同氏の話である。俗に神のつくのは子供と気狂と野蛮人だなどという。それはとにかくとして、集団で祈って神をつけるのが、最初の祭の形だったのであろう。同時に中の者を多勢がとり囲み巡ること自体が、呪術行為の一つの型だったと思われる。

白河の巫女某の如きは、ほとんど狂人に近い性格を持っているかに思われた。一般の人よりは神仏を拝みたがる気持は、巫女の誰もが共通に持っているものだが、それが表面的には信仰心が強いとか宗教心があるように受け取られている。常人に感ぜられぬ異常感覚で感得することは、表面予言とか奇蹟とかになって受け取られる場合が多い。しかし白河の某女その他の如く、稲荷であるとして狐の姿を見る(実際に見えるにしても)などというのはまだしも、同じく白河の別な某女の如く、自分の身体の中に蛇が入っているとか、ただの白紙に蛇のうろこがついているとか信じているに至ってはどうかと思われる。しかし神や仏の姿を目のあたり見るのと、藤田の某女の如く雪の日に戸外に坐して祈祷しても周囲に雪が積らぬなどと信ずるのと、どれだけの差があるか。当る当らぬは信仰の厚薄による、ひどいことをいえば予言の当らぬのは、巫女自身の信仰の不足もそうであるが聞く人の信仰も足らぬことだとするのである。恐らく託宣者の常人と異る異常神経に触れて出て来たものが、聞く人も一種の催眠にかかった状態で多少異状を呈したところに入り込んで、その結果成り立つ状態かも知れない。こういう点から見れば、原始宗教もいわゆる新興宗教も、本質的にはそう違わないように思われる。

次に彼等が個人的に特に信仰している神は大ていきまっていて、稲荷を信仰している者の数が最も多かった。もっとも調査の対象は県内といっても極めて範囲が少いから、これをもってどうという事は出来ない。

稲荷	一四	地蔵	二
不動	四	その他	二
山神	二		

稲荷の内訳は竹駒、笠間、伏見などいろいろであり、不動も成田が二あった。右の表には出ないがしんめいなどもある。

三　動　機

巫女になった原因とか神のつくに至った動機とかは人によって異る。大てい神仏を熱心に拝んでいる中に神がつくようになったというが、巫女となるべき素質をもっている所に、何かの原因で起った異常な信仰心がプラスされていることが多い。ことに目について多いのは、目を治すために信仰に入った人の多いことで、それも急な失明による非常な衝撃の結果である。百姓であったが稲で両眼を突き三十二才で失明した例、一夜で風眼となり失明した例等を見ても、神仏にすがらざるを得なかった心情があわれである。身体が弱いので信仰の道に入った、親の病気を治すためにそうした、あるいは自分も弱い上に子供が小さくて苦労に堪えられず神にすがろうとした、家は百姓だったが病身の上に不作で苦が絶えず信心を起した、隣の病人を治してやろうとした、上の子が戦争にとられ下の子は弱いので思い余った、夫の気狂を治したい、夫が危険な仕事をしているので安全を祈りたい、これも百姓だったが火事で家も馬も焼失した、そうした呆然自失するような極度にたかぶった感情が平衡を失わしめて、一種の病的な状態とするのであろう。

以上は県内の僅かの実例をあげたに過ぎないのであるが、こうして入った信仰がこうじて来て、いよいよ夢中になって信仰していると、常人と異る感覚がますます目覚め助長されるのであろう、身体に霊動のおこるのは勿論、神や仏の姿も実際に見えてきても一向不思議でないのである。まして熱烈に信じている稲荷(狐)の姿や足跡を見たり、夢に神のお告げがあったり、願い事が白紙の上に現れたり、という風なことがあっても差しつかえは無いが、前述のように巫女の坐っている周囲にだけ雪が積らないなどという如き、人間感情を離れた天然現象に属することまでは信ずることは出来ない。

四　師承関係、修行

現在県下に大きな巫女の集団は見られないが、かっては会津冬木沢などに巫女が集った関係で、今もこの地方の師承関係は他の地方のよりははっきりしている。四倉金王不動の巫女鯨岡女も会津の系統で、明治十一年十一才の時、彼女の郷里磐梯山麓の山内某なる山伏に習ったという。四倉戸田の金子女は、神の方は高岡の宮古という人に、仏の方は矢吹の人に習ったという。巫女は茨城、新潟、宮城生れなど多少あるが、多くは土地の人で、近くに古くから居る巫女や神主から習い覚えたという場合が多いのは、身体の不自由な彼女達が遠い他国に修行に出るわけにもゆかなかったのである。会津などで調査しても、師承関係は大規模なものはないが、次々と手繰ることの出来るのは面白く、ほんの一例として私が実地に聞いた巫女からだけでも次のような小さな系統表が出来あがる。

高野村平塚の太夫(男)─┬─一箕村某(男、太夫)
　　　　　　　　　　　├─若松日藤町阿部せん（女、巫女）─若松吉井イソ（女、巫女)
　　　　　　　　　　　└─若松栄町永峰サキ（女、巫女)

平の子鍬倉神主の山部氏も天王太夫と称し、磐城の巫女の取締格で、山部氏の下に神谷の佐藤氏如き小さい取締がまたあったらしい。相馬の辺では、ほとんど取り立てていうべきほどの師承関係は見られない。巫女の多くは個人的にふとした調子で神がつくので、大した基礎もなく将来への抱負も少ないまま、師らしい師につくこともなく、弟子らしい弟子も出来ぬのである。師承関係のはっきりしている位の巫女なら修行もあり得たが、半ば乞食同然の巫女には、全くの自己流か、多少の見かじり聞きかじり程度のことしか出来ぬのも居る。そこにゆくと四倉の鯨岡女などは、ともかく正式に近いと思われる作法によって師の伝授を受けた(ミコの方法は須賀川在の小倉某女より、ワカの方法は山形の六角某女より、ト占は若松の渡辺某に習つたという。)

彼女達の修行は、ほとんど水垢離が中心になっていて、ことに最初の間は一日に何回もとり寒中もむろんとる。滝にも打たれる。白河の払井女如きは身体にロープを結び、水にとび込んで修行したといっている。この外穀断ち、茶断ち、湯水断ち等があった。普通断食は二十一日の場合が多かったようである。

内郷御厩の渡辺某は男であるがその話によると、一人前になる時に名ビラキということをする。神になる式だという。男なら神に聟に入り、女なら神に嫁入り、をするので神との結婚式だという。一般に「身体を神に上げる」とか、「稲荷様に身体を貸せといわれた」とか、「神の嫁になる」とかいうことをよくいう。金子女などはそういうことをしなかったが、鯨岡女の場合は白装束で丸まげの嫁仕度であった。俵も使用した。一方これが現実の面では夫婦の関係はどうなっているかというに、普通と変らぬと思われるものもあり、また白河の払井女の如く「私の命のある限りは夫を守るから以後私の身体に触れぬ約束をしてくれなくてはならぬ」といったり、二、三の例の如く夫婦別居の生活であったりする。要するにやはり神の嫁になることなのであって、人間としての嫁の座にはあまり興味も持たず、いさぎよく棄て去って悔いないらしく見える。処女が神の嫁になる古代思想の残存である。

五　口寄せ、祈願など

神つけ、神おろし、仏よせ、仏おろしなどいろいろにいっても、結局つくものによっての名で本質は同じと思われる。ただ神をつけた時の方が、身体が荒々しく動く割合疲れぬとか、仏をつける時の方が静かでも疲れるとかいう。苦しんで死んだ仏や、新しい仏などなおそうだともいう。そしてどちらかというと一体に仏の方を喜ばぬ傾向である。彼女等は、神をおろす方はみこ、仏の方はわかと一応別に考えていて、私は神様の方はみこの誰々に、仏の方はわかの誰々に習った、というような事をいう。ゆえにかえってはっきりしたみこ、わかというのが無いわけにもなり、同時に大ていの巫女はその両面を一人で兼ねているわけにもなる。また多くの巫女は特定の神も一般の神も自由におろせるともいっている。神は真直ぐ上の方から祭壇に降りてくるものだが、悪霊が途中で妨害するとも、最初神のつき方が悪くても、修行をつんで馴れさえすれば容易につくようになるとも考えられている。

神仏がついたらこちらから聞く問答式であるが、ある程度は向うでよく喋るのもあるが、聞かねば何時までも黙っているのもある。巫女には、神や仏が自分の身をかりて喋るものだという考えがあって、その間は彼女自身神なり仏なりになるというわけであり、神に身を借りられたということは、必ずしも自分の意志でなしに勝手に神にのりうつられるという考えも含んでいる。若松の吉田女の話であったが、自分はみこだからおわかさまと違って仏の口寄せはしない、しかしどうしても仏を出さねばならぬ時は、道場を神様（彼女の場合は稲荷）からお借りして出す外はない。でないと道場を荒されて迷惑する。ことに七つ八つの子供は無邪気なのでちょろぐして困る、ちゃんと姿が見えるものだ云々。

彼女達の見、また考えている霊の世界はあまりはっきりしないが、眼や心に夢の様にうつると見える。苦しんで死んだ人の霊を出す時などは身体がこわい（疲れる）、また出ても語らぬ、あるいは語れぬ霊もある。持った気性によるものかとも思われるが、常にまつられている仏は真直ぐ祭壇の所などに出て来て口を利くが、常にまつられていない仏は、畳の上などを煙のようにうろうろして、聞いても直ぐには口が利けぬものだともいう。自分が曾て出して貰った仏（祖父の霊）に聞いた所によると、いわゆるあの世は、寒さあつさの無い国、悲しみも苦しみも無い代りに、別段嬉しさ楽しさも無い国だとの答であった。現れた霊の顔かたちより着物の模様まで見てとって話してくれる巫女もある。巫女の所に客が来る、その後から仏がついてくることがよくある。その人には見えぬがこちらからはよく見えるもので、「幾月の子供が死んだろ、後からついて来てるよ」というとびっくりするものだ、こればかりはかくされないという。

忌は人によって違うかも知れぬが、金子女の場合などは、親の時は四十九日、兄弟三十日、伯叔母二十日、この期間は神おろしをしない。血忌は三ケ日位という。また石城飯野の吉田女のいうには、神は正月松の中でもおろすが、仏は十五日過ぎぬと拝まぬ。盆と彼岸はやはり仏をおろすに適当な時期だという。死んで直ぐの新口もおろすが一年位過ぎてからにする所も多い。古いのはいくら古くてもよい。出している中に全然見当のつかない古仏の出ることもあるものだ。

神おろし仏寄せをしている時の様子を観察してみると、普段とよほど違う所が出てくる。普通はゆっくり喋る女なのに、問口をかけられるとひどく早口で答えたり、常と違う口調（その亡者の生前の口調に近いという人あり）でいったり、抑揚をつけていったりする。中には意識して故意にいう者が絶無とはいえまいが、一見多くの巫女は、普段はいえそうもないような事を考えることなしに、あたかも口から出まかせの如くにさらさらと喋りまくることはやはり奇異である。そして自分の意志で止めようとすれば止めることも馴れれば出来るが、そうでなければすらすらと口をついて出てくる。当らないなど自分で考えてみる余裕は無い。自分の喋ることは夢のようにわかるらしいが、喋っているという事がわかる程度で、内容は一々彼女自身確め得る筈はない。当っているか否かはまるで解らない、神様がいうので俺がいうのではないから、と彼女達はいうのである。最初客からは仏の年齢と男女別位、あるいは姓名死亡年月日程度しか聞いていない筈なのだから、全く直観による異常神経のはたらきの結果としか思われない。ただここではそういった作用そのものを問題にする要はあまり無いので、民間信仰の発生をこうした点からも見たいだけである。なお横死したり産で亡くなった人などを呼ぶこともあったが、産の場合には十九日(如意輪観音の縁日)によくやったもので、なくらよせと称した。子供の亡くなった時は地蔵の縁日によく呼んだが、この方ははなあげと称した、

祈願の内容はほとんどすべてに及ぶかと思われるほど広範囲のようであるが、大きく身の上と仏寄せに分けて考えている巫女もあり、この時は身の上の方を先にするという。内容を順不同に並べれば、家相、地相、失せもの、尋ね人、ぬすびと、方角、火盗難よけ、虫よけ、蚕、夜泣直し、さわり、たゝりの類(ながむしとて蛇のたたりがよくあるという、猫もたたる)、死霊、生霊、長袖のたゝり、その他一般の病気、吉凶をみてくれ、祓いもやってくれる。病気なら何の薬草を煎じてのめなどという。

神仏寄せの時の巫女の持物は、人によって異るが、また神と仏とで違う場合も多いが、神の場合は幣束が多い。仏の場合は手を組むか合掌のことが多いが金子女の如く笹を持つこともある。弓を使うのは浜通りでは鯨岡女位なもので他は無くなったらしい。しんめいももとはとり物であったと思われる。この外榊、数珠、筮竹、棒の先に紙を結びつけたもの(やはりぼんでんの一種か)などあるようだが、筮竹は占の時なのであろう。

普段でも仏に水を供えるが、ことに仏寄せに水を用いるのは、浜降りの神などに潮水を供えるのに似て、水に精霊をよび返す力を認めたものであろう。なお湯立の神事に山から木を伐って来るその山をゆ山といい、その名が石城の水品に残っていると、これは高木誠一氏から聞いたことがある。

第二節　巫女に関する聞書

相馬郡飯館村大倉の葉山ののりわらに就いては、昭和二十六、七年頃、三年程連続して調査に赴いたが、福島県下の巫女に関しては、主に平方面は昭和二十七、八年、白河方面は二十八年、福島方面は二十七年、会津方面は二十八年に、それぞれの代表的な巫女に面接して話を聞くことが出来た。その後三十一年に信夫郡松川の羽山ののりわらを調査した。のりわらに就いては別に記すこととし、ここには生の資料として巫女達よりの聞書を挙げる。

金　子　シゲル女（石城郡四倉町戸田、四十八社わだつみ大神、五十八才、女、石津照璽、高木誠一氏等同行）

神おろしをする部屋と仏おろしをする部屋とは別にしてある。神の部屋には神壇をしつらえてあり、蛇の絵馬、馬の絵馬など多くあり、四十八社大神と書いた奉納の幕なども見える。仏の方は、薬師不動の像や多少の掛軸など飾ってある。彼女は神の方ではみこといい、仏の方ではわかといっていた。

十三才の年から富岡の宮古じんぞうという人について三年程習ったが、目が見えないので大層苦労した。この人は神主で神がかりは出来なかったので、私は神道のやり方ばかりを習った。仏の方は家に頼んで来て貰って習ったが、これは矢吹の人で女であった。この人にはお祖父さんもあって、時々二人で来て教えてくれた。私には弟子はない。なおこの神主には、その頃私のような弟子は外にも三人位いたが、全部が一緒に習ったわけではない。弟子はみな神がかりになれた。はじめはのりと、次はほうごと（法事）で、一通りすんでから神をつける。修行中は毎日水垢離をとってやった。伝授を受けてからも月の一日、十五日、二十八日には水を浴びたし、寒三十日も浴びた。一番弟子は戸田から四倉の八社様に行ったが亡くなり、二番弟子は私、三番は茨城の方でやっている。大てい身体不自由で目が見えなかったり。脊髄が悪かったりした。四倉の八社様に行った弟子は、大きくなってから目が見えなくなってきたので大きな仮名を書いて貰って習ったが、私は全く見えぬので言葉ばかりで習った。

伝授を受ける時、嫁の仕度をすることなどは別に無かった。仏の方でやる時は、そういう作法もあると聞いているが、私の場合は神主である男の先生と共に、村の神主をも頼んできてやった。すなわち覚えあげた時、仲間のあるだけを呼び、その前で神をつけるのである。習いあげぬ中に神をつけることはない。飾りものをする。神つきの式で道場開きである。俵を使うのはわか様の方で、自分は使わなかった。しろさご(白米)、くろさご(玄米)を備える。矢吹の人から習った時は、金だけを納めて式は別にしなかった。

五辛は食べない。にら、のびるも悪い。ねぶか、あさつきは神のふみくさといってよいけれどもこれも私は食べぬ。神と違って仏は流し言葉で出てくる。その上言葉がはっきりしない。神の時は幣束を持ってするが、仏おろしの時は笹を手にもつ、衣装も別にし神の時は紫の仏の場合は赤の上衣を用いている。仏は、例えば父親をよぶと弓とり、と出てくるから、その言葉を聞いたら言葉をかけてやるとよい。言葉をかけると仏は喜ぶものだ。神は、私の信心する四十八社わたつみの大神が出る。守本尊をおろすことも出来るし他の神も出せる。よもの神々を集めて拝むのだが八社様が多くの神の中心となっているらしく、一番先に出る。

実際の仏おろしは左の通り。某氏、四月八日に亡くなった父親を出して貰う。水を入れてあるコップに藁みごが一本渡してある。巫女は笹を持っている。みごで三回水の中をまわして引き上げ笹にかける。後は仏が欲しいという時にかける。線香を一本火をつけて立てる。かねをならし、数珠をすりつゝ次の如きものを口ずさみながら柄のついた鈴を振る。「そもそもずずのさいもんと云えば、熊野の山にすまいすると……はわが事なり……おん手には百八のずずをつまぐり……」、「そもそもかない三十三人六人のかまの神……とて住ませ給ふ、杵にはねぎの神、臼にしらぎ大明神の神とて住ませ給ふ……左の戸には悪魔を払ふ神とて……右りの戸には悪魔を払ふ神とてお立ちやる……桑の木のもとには十六善神……参らせさむらふ」。かね、拍手、数珠、口中経文、「仏説摩訶般若波羅密多心経……」。次に同じく口の中で、「そもそも白がね山ならず、黄金山ならず……死出の山……しやばに居る時……めんずごんずのあごうらせつのごんずは……三途の川のはたで……」、調子変り、「たらとかはんまん、おくのえんにはこまがじそろ、こまもはるなら花も咲きそろ、花もつみそろ、花もかりそう……音はりん〳〵ちょうからからとならせば、三世の諸仏も天降る、びよじゃもへいゆ、たらとかんまん、奥の院にはごまがありそろ、ごまもあるなら花も咲きそろ、花も咲きそろ、花もつきそろ、花もかりそろ……」。

その中、傍の笹をとり振り出す。なお文句には単純なふしをつけつつ続けられてゆく。「よりくるおれがかり座についてのみあげの弓とりと名のりおくぞよ。このたびはさとりやる……さとりやるならしみ〴〵と言葉のかけ声を貰いたい、おざのもとめは何よりだ……この座に呼ばれよとはよもや思わなかったよ。久しぶりでの対面だ。俺もあの世の最後となる時は……無常の風に誘われて、つい〳〵最後となりたるあのつらさ、情ないと云うか悲しいと云ってよいかわからなかった。我慢出来るものなら、今三年五年は石にかぶりついても生きんと思ったげんとも、つい〳〵かなわずなってしまったよ、お前も家に居るなら……烏のなかない日はあっても、お前のことや……のことは心配しない日は一日もないよ……遠く離れて居れば、郷里のことも心配ある筈だ、山のこと、へらとりの事……俺も考えていつけんとも、やっぱり病気の出来ぬようにも出来ぬから……盆に来ても弓とりが居なくて情ない時も何べんかあるよ、四、五年前まではひやっこい草鞋をはいたまゝ浮ばれなかったが、今では極楽に行って、古い仏たちにもあえて嬉しいから……呼んで貰ったのは七日七夜の遊山よりありがたい」。

某氏がお父さん何が好きですかと聞いたのに対して「果物のようなものから、甘いのは好きだ。お茶も好きだ。……

おれも……少し胸も安心したよ。会いたいと思ったことは何べんあったかわからない。みんなにもよろしく頼むから、みこの仮声仮姿、お名残惜しいけれども、もとの浄土に残るから、水を手向けて貰いたい（ここで某氏水を手向ける）。からだを大事にしてあの世さいってしまってから、おかしい事も面白いこともないから、この世に居るだけ居て、子供を大事にしてもらいたい。さらば〳〵立ちかえる」。笹をもって打伏す。二分足らずで起き上り手を叩く。片手で笹をゆるく振りながら、「たゞ今呼んだ事よりしろは帰り申す。……早く浄土へもどれ。……森か林かせんだん林の糸より細き道かき分けて早くもどーれ」。「生霊にてましませば……死霊にてましませば……敬って申す」。生霊なら五体に帰れといったのだと同行の和田文夫氏がいう。鉦をたゝきこれで終る。巫女曰く、「私はわかんねげんと（自分でいった言葉は、何をいったのか自分には意味はわからぬが）仏様よろこんだべ」。

仏おろしはあまりしない。彼岸になると近所の人がよく来る。仏を出すのは骨が折れる、死んだ人で威勢がないから。さわりある時は御祈祷する、御祈祷は大てい神の方でするがどっちでも出来る。拝むのは幾通りもある。一週間も祈祷をしないとさわりのどうしてもとれぬことがある。ことに仏のさわりはなかなかとれない。つきものをおろすのも面倒で、一寸ついたのはいいが長くついているのはなかなかとれない。法印にまわすこともあるが、法印はこの辺に居ないし、私も出来るだけとってやっている。信心して貰って、神道のやり方でするのだが、大ていその人の家にゆき水垢離をとってする。その時八社様も呼ぶが、稲荷、山の神をよぶことが普通である。つきものによって呼ぶ神が違うということはあまり無い。病人でも何でも神様でやる方が当るようだ。三べん繰り返す中に神が出てくることになっている。身の上をも見るならその方を先にする。

金子シゲルに関する聞書（和田文夫氏調査）

私の相弟子は四人で、一人は戸田（もと大野村）からであったが、目が不自由であり、次の弟子は脊髄が悪かった。この人は茨城の方へ行っている。今は互いに便りもしていない。もう一人も目が不自由であった。手先目先で何事も出来る人であれば、その方の仕事をした方がよかったろうが、私達の姉妹弟子は、そうした仕事の出来ない人ばかりであった。

忌は親は四十九日、兄弟三十日、伯叔母二十日、この位の間は神様を拝まない。血忌は三ケ日位である。月の忌の時も神をおろすことをしない。それでもどうでも降さねばならない時は、法事（ほうごと）をかけて降すこともあるが、なるべく拝まない。

神つけをしない前でも、一心に信心すると神がつくことがあったが、本当に神がついたのは神つけをしてもらってからであった。神つけの時はしめを張り、二重ねずつの餅を三個所に供え、白さご黒さご各一俵ずつ供え、お師匠さんへは夏物と冬物の着物を一組ずつ作って、供えた白さご黒さごと共に贈る。頭は下げ髪にして、それに鳥形を切り榊に付けたものを刺す。水ごりは桶ならば三百三十三桶、柄杓ならば三千三百三十三杯の水をかぶらなければならない。水ごりの時は頭を白木綿できりっと巻いて親類の人達が代る〴〵水をかけてくれるが、体が冷えて気が遠くなってくることがある。その時は布団を着せてあたたかにして一時間位休ませ、再び同じようなことを繰り返す。

神付をして貰ってからも、いくらかでも上達したいと思って石城郡の閼伽井嶽の不動様（薬師ではないか）へ行って二十一日間の断食をした。留守宅の人が断食では身体に毒だからといったが私は思い切って断食にした。それからいろ〳〵たちものの行をした。茶断ち、塩断ち、湯水を断ったり、穀断ちもしたことがある、日数は七日から三十七日のこともあった。

わかの方は、一年近く、矢吹の方から来た人について修行した。この方は御経だけ覚えればよかった。わかも最初は神様が付くものだが、降りてくるのは仏様である。仏様がついた時と神様がついた時とでは、仏様は死んだ人だから威勢が無い。それで自分の体も非常にこわく（だるく）なる。そしていうことも長く流していうのである。わかの師匠は、やはり目が不自由であった。そのおやぢさん（夫）は按摩はりなどもやり、八人芸坊様ともいわれる三味線などを持っていろんな芸をやって地方を歩いていた人であった。目はやはり不自由であった。わかは、白無垢に丸まげで、二度と嫁にはならないしるしだといっている。

経文ーそもく\かない三十六神のかまの神、四十八人のおがの神、せつなに水神、水屋にましますの神とてすませ給ふ。いるりのすみには、しげんぼさつの神とてすませ給ふ。かまふたには、ここぞうぼさつとてすませ給ふ。ひしやくのもとには、べざいてんの神とてすませたまふ。わらだには十二のぼさつの神とてすませ給ふ。杵にはまねぎの神とて住ませ給ふ。臼には臼のしらぎの大明神の神とてすませ給ふ。戸の口にやるかみ、さすかみ、とがじんの神とてお立ちやる。左の戸には、悪魔を払ふ神とてお立ちやる。右の戸には福をまねぐ神とてお立ちやる。うまやの中には馬頭観音の神とてお立ちやる。かんじょうには不動の神とて住ませ給ふ。れんだでのもとには、はなだの明神の神とてすませ給ふ。桑ぬきのもとには十六善のしらわの神とてすませ給ふ。馬のとぶしにみつばかり、からむし畑の内大臣、麻(お)畑におじらわんの神とてすませ給ふ。川に水神、堀にれいじんの神とて住ませ給ふ。山には山の神とてお立ちやる。ささのもとにはゆじん八幡の神とて住ませ給ふ。柳のもとには摩利支天のうの神とてすませ給ふ。よもぎのもとの薬師十二神の神とてすませ給ふ。すすきのもとにはゆりざの姫の神とてすませ給ふ。みちしばのもとには、いけにみちじのごぜんの神とてすませ給ふ。土には土神(どじん)荒神道ろく神の神とてお立ちやる。韮と野のしる(蒜)は、七十五日のけがれとは申せども、七日七夜はその間けがれなる。ねぶか、あさづきは神の前のふみ草なれば、神も御許しもうけたまはらざらに、こころしょうじょう、てんしょうじょう、じしょうじょうとて、けねんむりょう、池の水千石、堀の水千石、川の水千石、三千石の水を進んで肩にかぶれば、不動のけさとて、ましましさぶらふ。

仏が出てくる前に三遍繰返す経文は、いのりというが、これは教えることは出来ない。仏を出す時は、一番先には、おかま三十六人神の神を唱え、次にしんぎょう(般若)次がいのりとなる。時にはいのりの前に口寄せというのを唱える事もある。昔は仏寄せには弓を使った。またさわり(障)をのぞく時には、弓祈祷というのをやった。これには地獄廻りという長い経文があって、大弓を使った。仏が語る言葉の中、その前文(身の上話に入る前)と、お立ちになる時の言葉は師匠から教えられる。

この金子という家は、今のシゲルという人の親達からこの土地に来た。親は寅吉といった。どこの生れか知らないが、もと大野村玉山の代々の鍛治屋の弟子となった。

鯨　岡　タ　カ　女　(石城郡四倉町四倉、金王不動、七十七才、女、石津照璽、高木誠一氏等同行)

切下髪の美しい老婆で、盲目、祭壇には不動と二十三夜の掛軸、幣束、筮竹、珠数、鉦、算木その外こまごましもの並べあり。

同行の某氏四十九才山を売ることの可否を占って貰うこととなる。老女、鉦をならし、「三宝大荒神摩利支天……いみけがれをはらひのぞき……」、次に算木で占う。「四十九才の方は、うしとらの方が悪い、今売ってはいけない、じゃまする人がある、まった方がよい……」というようなことをいった。巫女は今までは装束をつけてやっていたが、年とってしまったので普段着に近い服装である。最初みこを習ったという。

次に某氏が亡くなった父親を寄せて貰うことになる。亡くなった時の年は四月八日で六十八才であったという。コップに水を入れてあり。巫女曰く、仏様には何でも聞いてよい、聞かねば仏のいう通りに過ぎるだけだ、弓とりと出れば男のこと、へらとりと出れば女のことだ。相のまくらとはつれあいのこと。某氏に、父親を出すならコップを左手に持ち心の中でお父さんと呼んで息をかけなさいと教え、その通りにしたコップを仏前に供えた。鉦をならし数珠を繰る。「もろ〳〵のたいしに告けたまはく、汝等……」、途中から般若心経となる。次に「あの世のほとけ寄り給へ、うきのしらすみまよちんど、いちりよりえびどのかたにかけのる玉手箱、あけや開いて物語り、そう姫のはな色衣ぬぎかへて、昨日のみとせの今日のむなせのうきよりたまへみやげしようがんかよう、みさげしようがんかよう……一にこんがら二にせいたか三にくりから不動明王、しょうれんげ〱……」。この時分より幣が動き伯父が出る。父親を呼んだのに先に伯父が出たので某氏はそれと気付かずしきりに首をかしげるのを伯父が情ながる風情。「月を重ね日を重ね思ひもよらぬ今日は、水を上げたるもとめの親神ではないぞ、おれは花の盛りに立ちいでた……最後をとげた俺だもの……おかみの仰せで果てた俺……」。某氏やがて、明治の戦争に出て戦死した伯父だとわかると仏は安心した様子、結局自分の後も弔ってくれというような事を頼み、更に子供の事に及んで、「子供は二人ある筈だ、俺なき後はよく頼むぞ」、「そなたの親神かき分けて出た俺だ……」。幣束ふるのを止め、数珠をもみつつ念仏如きを唱え、霊を送る様子。再び幣束動き父親の霊が出る。「月を重ね日を重ね、思ひもよらぬ今日は後生くどくで対面嬉しきぞ、去り行く五年三年功徳で俺はないぞよ、よく聞けおや神だぞよ……よく聞きやれよ、宝を人にとられてはならぬぞよ、悪難よけて草葉の蔭でも守りおく、来年四月六月は悪き月だぞよ、勤めも大事だべが人に宝をむさぼられっから……へらとりのからだは大丈夫だぞよ、長い病気だからよく気をつけよ……お産で果てたる仏のさわりに、金神さまのさわりぞよ、よくこんじんよけをしろよ、何処で頼んでもよけられる……災難の時は腹立つ顔で夢に立つぞよ、よく気をつけよ、喜ぶ顔で見た時は格別の災難はないぞ……、一旦家に帰って宝をとられぬように頼むぞよ、あとを頼むぞ」。某氏供養のことを聞く。「仏の供養も受けたいけれど旅のみそらのことなれば……名残がおしいがはや戻る」。幣を振るのをやめて下に置き、数珠をとってつまぐる。次に鉦、約二十分位で終る。

私は明治十一年生で十一才の時から習いはじめた。磐梯山の麓が私の郷里であるが近くの山内しょうげんという山伏に習った。三春から出た星という人にもついたが、この人につれられて二十才の年に羽黒に登った。私の家は松平公よりお扶持を頂いていた武士格であった。子供の時も目は少し悪かったので祖父につれられて山伏の許に通ったのである。かくて十一から十五の年まで通ったが目はそれほどでなかったので絹糸もとった。父が横浜で病気になったので、今までより一層水垢離をとり、しきりに鎮守のお諏訪様を信心している中、ある時御鏡の中に鎮守が現れて口を利いた。私が十四才の時である。旧四月三日であった。父親はよくなるから怠らず信心しろ、今日から麦の粥をのませるからということであった。その前の二日の夜、危篤の電報が来たので、伯父と母と二人で鎮守に参り、八町ほどある所に水垢離をとりに行った。ところが提灯の火が見えなくなったかと思うとぽっかーん〳〵と木を伐る音と大木のおっくるけえる音がしてあたりは火事になった。それが繰り返されて自分は気を失った。母達は、父が死んだのでこの目にあわせられたのだといい、また鎮守に行き三十三べん社を廻って拝んだ。この時から一層神仏はありがたいと思うようになり、それからは日に三度水垢離をとって修行した。穀断ちもした。

祭文のようなものは山形の人で六角某(先の六角某と同じ人か別人か)というワカより習った。私より二廻り位上の人で何でも出来る人だった、山内の親類なのでこちらに来ていたのである。ミコは須賀川在の萱野という女の人に習ったが、法印の妻で長く病気をしていた人だった。神おろしの出来ない人だったので、だいどうじんぎとお祓い位しか教えて貰えなかった。ワカの先生に大酒のみの女が居て、私の家はあげ酒屋だったので、酒をよくもっていったためによく教えてくれた。この人に三年ついた。

習ったものは心経だいどうじんぎ、国めぐり、じやきさがし、月のばんじん、日のばんじん、如来経、いろんな祭文その他であった。

弓は三尺の弓を使った。弓を立ててやらなければ三倍も拝まなければならないのである。もとは大弓とて、仏を十人位出すことをよくやった。狐おろしなども大弓でないと駄目だった。弓を使うのはもと豊間の沼の内に一人いたが、今は浜三郡では自分一人だけになってしまった。ぼんでんは自分でなく神主につくって貰った。神よせにも仏よせにもぼんでんを使っている。私の弟子はここに三人、木戸に一人、町に一人、仙台の方に一人行っているが、中には男もいる。

水垢離は四十七の年までとった。魚は決して食べなかった。結婚は二十一の年にした。

神つきの時は経文の出来る和尚もたのむし、法印も頼んだ。仲間も集る。私の時も十三、四人集った。親類も水垢離をとってしめの外にいる。神がうまくつかぬとダイゴーリ〳〵といって何べんも垢離をとる。私はすぐついたからよいが、別の弟子などはなかなかつかなかった。神のおや(先生)と別の弟子と三人荒こもに坐らせられ、三万三千三百三十三という風に水をかぶせてくれる。親類の人もみな水を浴びて手伝う。私の場合は八月二十四日に水垢離をとって二十五日が神つきであった。午前十時頃から神よせがはじまる。私には摩利支天や三宝荒神がついたが、荒神のためにあばれまわって何ともしようがなかったという。この時の服装は白装束で髪はまるまげ、嫁の仕度であった。弟子にははらみ狐がついて大騒ぎをした。それをはらって新しい神をつけねばならぬ。その時は他の人の代垢離でよい。二斗一升入りの米の入った俵三俵をおく。一俵は腰かけるので腰かけ俵という。後に一俵、わきに一俵置く。それ〴〵の俵にはぼんでんがさしてあり、四隅に青竹を立て神のぼんでんを飾る。神つきをする弟子は小幣を二本持たされてすわる。師匠は神子に真向いに坐り、後方には山伏など並び神をせめる。この時の御経はいろ〳〵あるが心経が中心で、はやすにも心経を用いる。昔はさんげ〳〵云々、今はあやに〳〵云々。その中神がついてふるえ出す。あまりふるえて可愛想な時は何かかけてしばっておく。何神様がついたかわかる。おかま様がついてへらとしゃくしを持って来いなどと云われた例もある。よくつく神はおしんめ様、お竈さま、地蔵様などで、近くの八幡も鎮守なのでよくつく人あり。私には不動もついたが、いつも信仰していた小倉山東光寺の不動であった。皆で威勢よくはやす言葉は、つき山葉山はぐろの権現云々、さんげ〳〵云々というのであった。自分が如来経を習ったのは神つき二十一日前であった。子供が亡くなったので何でも私は弓をならして如来経でやった。

神つきの前日は、結婚するというわけで、かね親をきめて歯をそめる人もあった。神つきのすんだ晩は、おふるまいをする。おたなおろしとてしめや竹を取るから、こんどは誰が入ってもよい。そのしめはかみあげとてきれいな所でもした。

私の弟子になりたいという人は身体が悪いとか目の見えぬ人が多かった。

神つきの振舞後百日たてば何でも拝むことが許された。

私は前にいった師匠の外、若松の渡辺某、米沢の山田某という人にも習い、新庄の円満寺にも行って習った。

神おろし仏おろしの時は、ただガーくという音を聞くだけで、仏のいうことがよくわからない。だから聞く方で充分気をつけて聞いて貰いたい。

会津などでは昔は死人があればすぐ寄せた。弓を立てて一度に三十人位寄せたりもした。新しく亡くなった人は一番後に出てくるから、新口に聞けば前に聞き落した事も聞くことが出来る。亡くなった翌日でも初七日でも寄せたものだ。

村に出向いてすることもあり、広野でみな集って村のことを聞いたことがあったが、この時は土地の地蔵と八幡をおろした。地蔵様の前や宿でやるのであったが、秋の取り入れがすむと翌年のことを聞くのが普通であった。私は行く範囲は原町から南は日立まで位であった。

いちこの修行は女の一人前、さわりのあるまでなすべきものだ。私は夫持たぬ前は月のさわりは無かった。いちこの本山は別に無い。私は免状はじんしゅう教から貰った。山伏の集りで年に二回会津城下で試験があった。やまとだま教の免状も貰っている。

弟子になるには別段のきまりはない。神のつかぬ駄目な弟子あり。

会津ではみこは冬木沢(耶麻郡大字広野八葉寺)の阿弥陀堂に集り、弓はってやったものだ。会津ではいたこといった。あがたというのは歩きみこのことである。これは他から来た。

拝んでいる間に一寸自分をとり返す時もある、しかしまたずっと入ってゆく。

神つきの時餅を百八個上げることあり。伝受のしるしは別になく、数珠などくれる人がある。お守は女だから自分は作らず山伏など外の人につくって貰っている。目は六十九の年からこんなに悪くなって、明るい暗いの外は全くわからない。

相　沢　某　女　（双葉郡広野町山峰、六十才位、和田文夫氏調査）

訪ねると昼食時で、食事中であった。祈禱所は別棟になっている。巫女は目が不自由だが、それでも自分でそろ〳〵歩くことは出来る。井戸端へ行き、手と口をすゝいで、私を祈禱所へ上げた。こゝは八畳に六畳の部屋で、六畳の間に神殿がある。不動をまつる。成田の不動という。

体でも弱いのかという。仏を寄せて貰いたいというと、仏は寄せない、子供の虫祈禱、失せ物まじない等だという。それで身の上判断をたのむ。

巫女は赤い衣を着て、大祓の祝詞から不動経、稲荷勧請の一部、般若経の一部といった唱えごとをしている中、神が降りて来た。祭壇中央には五本の幣があり、不動の掛軸があり、しんめい箱に納められたしんめい様がある。五本の幣の内、右から二本目が赤である。語るところは易の暗記らしいものであった。

生立ちは、子供の頃から目が不自由であったから、三十才の時、親達は心配して、自分等の丈夫なうちはよいが、死んだら兄妹達にばかり世話になってもいられまいからとて、白石から久之浜にその頃来ていた夫婦の不動様の許に弟子入りさせた。一人前になった時、この家と田二反歩を親から貰って、これだけあれば何とか自分で食ってだけはゆけるだろうと、半独立した形になって今日に至った。夫は遂に持たずにしまった。

こゝにあるしんめい様は、この家の本家に当る家にあったものだが、誰も見る人が無くなったのを、こゝに納めておく。数代前の人に大変器用な法印が居て、このしんめいもその人が刻んだのだろうといわれている。

石　井　ミ　ナ　女（四倉町七十二才、女、稲荷、昭和二七年九月一四日調査、和田文夫氏同行）

御嶽教よりの免状を額に入れてかゝげてあり。同行の某氏（三十七才男）、身の上を見て貰う。まず祈禱の言葉あり。太鼓をしきりにたたく。幣束を持って拝む。ものの数秒もたつと神がついたと見え、身体が動き出した。祝詞のことばの中に、次の語句をきれぎれに聞いた。「大宮ひめの命、うけもちの命、……稲穂をさゝげ奉りてより……稲荷の霊験を示し……信田の森の葛の葉……奥州の那須野原の美女稲荷……加賀国白山坊……因幡国けんぞうまる……大日本六十余州の稲荷……」と国々の稲荷をあげる。この間両手で幣を動かし、身体またしきりに動く。目はつぶっている。「ぐんだりやしや……、不動明王……なやみを吹散らし……勿体なくもこのところの御本尊……」。これは己の直接信仰しているここの稲荷に祈るものと思われた。

次に客に対して「三十七だな」と確めてから、「この人は今までやった事やっていゝんだな。こんどの……は骨折んなくてはならねえな。漕ぎ抜くんだな。やって見せえ……立派な人にしてやっぺ。稲荷がついてやってやる。何でも。後（あと）っちゃりする心配してなんねえ。信仰してやって見せえ。上げもんなど上げなくてもその心さえあればいゝんだ。精神的の信心だ。ついてってやるから、荒っぽいことあってもつきぬけてやって見せえ」。以上は巫女の言葉そのままで石城弁である。客は一生懸命やって見ます、などといっている。やがて巫女は幣を持ったまま上体をうつ伏せるようにしてじっとしていると、一分足らずで神が離れた様子。拍手二回、次に口中で「かけまくもかしこき天神地祇云々」。これで終る。

以下彼女の話。どの神でも降すことが出来るが、自分は稲荷を祀っているから普通稲荷をおろす。ここで客は巫女に仏をおろして貰いたいと頼むと、仏をおろすのはお彼岸がよい、もうすぐお彼岸だからその時にしなさいという。それでも客は強って頼むと、神がまだついているから駄目だ、それだったら最初から神をおろさず仏をおろせばよかった、などの問答あり。以下再び女の話。

私は何もわからぬ。外で何一つ習ったわけでない。神がついてる時は、手の先から足の爪先までサーサッと身体がなってる。仏のついた時は何でもない。どこでも神がつく。神の方でつくのだ。寝ていてもつくものだ。今、壇にかざっておく地蔵は三十八の時に山から見つけてきたものだった。宝珠の玉のように土が盛り上っていたので掘ったら、中に地蔵があった。その頃夫が気が違って、私は追いかけられるのでこの山にかくれていたのだ。この地蔵を見つけてから八十日位の間は少しもねむくなく、御飯も食べたくなかった。また、何事につけても今までのように困るという気は無くなった。貧乏もさっぱり気にならなくなった。地蔵がつくかも知れぬといわれて、夢中になって拝んだらつくようになった。神のつき初めはこの地蔵からであった。こんなに神のつく身体は無いからと人にすゝめられて免状をとった。

地蔵を見つけてからも、最初の中は子供のことなどばかり気にかかって働いてだけいてそれ程信心の気はなかったのだが、夫が気違の様な有様で死んだり、三人の子供の中二人を水で死なせたりしてから信心が深くなり、神もよくつくようになった。はじめ私が嫁に行った家に稲荷のお掛軸があったがこれも後で私についた。この軸をある家の気違娘が借りて行って置いたら治ったが、返さずそのままにしておいたので、その家で災難が起った。それ以来その稲荷を返して貰い、まつって御神体にしている。巫女は片目であるが、神をみつける少し前から風眼で一晩でつぶれたのだという。

下　藤　ツ　チ　女（平市四波、明治十六年生、女、笠間稲荷、昭和二八年八月二七日、内藤丈夫氏調査）

父は養子、自分も養子を迎えた、弟があったが早く死んだので自分が継いだのである。八畳、四畳の二間あり、四畳の床の間に稲荷をまつる。巫女は字も相当読めるし、服装もきちんとしている。磐崎村の熊野の神官藤原（吉田）吉胤より免許状を貰い、祈禱まじないを勉強した。もとは免許状なしでやっていたが、大正五年神道実行教から裁許状をもらい、正式に祈禱出来るようになった。最近のものでは「中講義下藤ツチ、補権大講義、昭和二十四年一月六日、神道実行教管長柴田道守」。子供は男三人女二人。長男は農業をしている。現在は夫と二人隠居している。

その頃(三十一才の時)家は百姓だったが、田に入ると頭が痛くなってくる病気が自分にあった。はじめ隣に親戚に当る五つ年下の女が住んでいた。その女が病気―精神病らしかった―を治すために、市内の巫女(二つ年上)の某が稲荷をまつっていたので、そこへ日参した。女をつれて行くこともあったし、自分だけの事もあったが、当時三人の子をつれて隣の人のために一年半日参したのだ。その後も日参ではなかったが通って、結局二年出入りした。ごんけさまなる某はよくない人で毎日米一升か金三十銭あげなければならず、一週間目の結願の日は酒とかおなまを上げねばならなかった。ほまちで物を買って続けたり、信心家より金を集めて家を建ててやったこともあったが、とにかくやりきれなくなって三年でやめてしまった。それでも隣の娘の病気は治らなかった。

しかしどうしても助けたい一心で今度は自分で修行した。ある時五日間寒の水に入って行をしたら、お稲荷様のお告の如きものがあった。お前の一心はわかったが、のりだいはこれだといった(のりだいとは某女のことであった)。そして左手をのばし右手で円をつくった(お前は某女を拝んでいるようだが、腹の中は金だけの人だの意)。娘の病気は、その祖父が行状が悪かったその祟が孫に現れたのであった。自分は某女に離れて一心に自分だけで拝み、病人の枕もとで刀を抜いてまじないをしたりしたので、彼女もよう〳〵落着いて来た。某女の所でも多少修行の方法を覚えたが、それから離れた時、神様も呆れて自分についてきた。合掌すると、某女から神様をとりかえしたくなるから刀を抜いて祈禱をしろというお告があった。覚めたら汗をかいていた(これは別に神は、この新米の巫女の方に来たがって いるというわけでなく、刀でまじないをすれば病気が治るということを神はこの巫女に教えたもので、某女は刀の祈禱をしていなかったのである)。娘は治ったので母親は喜んで宣伝してくれたからそれからはやるようになったのだ。三十四才頃免状をもらった

神おろしをする時出てくるのは笠間稲荷と正一位正光稲荷―下藤の昔からの氏神―であったがやめて(何か一寸したい

ざこざがあったらしい）祈禱まじないをしている。しかし結局神のお告と同じである。また神おろし、仏おろし、これも同じようなものだ。

取子になった人は五、六十人居り、その中には八十になって死んだ人も居る。お参りに来ていて取子になって、自分で信心してのりうつるようになったのでごんけさまになった人もある。しかし別に弟子というわけでない。自分が某女の許に通ったのは、隣の娘の病気を治したい一心で、弟子になるためではなかった。娘も私の所に来て毎朝おつとめをしている間はよかったが、つとめが厭になった時死んでしまった。

神祕祝詞

御前奏初詞　身滌大祓　心根清浄大祓　無上霊宝神刀加持　大正十年旧八月八日　小教正藤原阿曾美吉胤花押

男子、女子の運は九曜で占うと書いた記録あり、また、五行神については、

五行神

東　木　久々能智命

西　金　金山比古命

中央　土　埴山比女命

南　火　火産霊命

北　水　弥都波能売命

これらは藤原吉胤より授けられている。この外虫祈禱呪法、焼戸や安産の呪法もあった。

渡　辺　政　郎　氏（内郷市御厩、明治二十九年生、男、稲荷、内藤丈夫氏調査）

祭壇には八畳の間の床をあて、京都伏見稲荷をまつってある。昭和十七年に現住所に来たのでそれまでは双葉郡に

いた。三十七才より祈禱師となった。身の上を見る時にはおぼしめし(百円位か)を頂く。

まず身の上を見る。神前のろうそくに火をともし、太鼓をたたく、幣束を振る。「……高みむすびの神……」、鈴をならす、拍手をうつ。「三十四才になったんだね」。両手の指を組合せたり手を打ったりして、「……稲荷大明神、大日如来、高天原に……正一位稲荷大明神生霊死霊……」。鈴をならす。「本年三十四才になる女の身の上を明かに知らしめ給へ」幣束を取替える。「成田不動様……」。おかみさんが来て後に坐り、お告げを聞いてくれるが、依頼者も聞いてよい。「この女の運勢は三十一から三十四迄浮き沈みがあり、体内に病がある。親しい人に別れる。住所移転、身体病、普請をしたか(しました)。生星はさしつかえないが、結婚式の月日が悪く暗殺剣に当っていたのが原因で、結婚以来浅間山に煙が絶えないように苦が絶えない。目上の四十二の男には結婚したいと思われている女があって、結婚出来ないので怨に思っているのでその障りもある。この男には円満の日はない。出世しない。死んだ後も線香を立ててくれる者はない。不時の災難がある。必ず泣く時勢がある。信仰して改心せよ。三十四才の女の病気は九分九厘手おくれで重病だ。身体は弱り切って五臓六腑皆悪く遂に喉頭結核になる。かねて今年は不吉の災難がある。病気は三、四月大凶、五、六月も悪く、九月もいけない。身体を打ったことはなかったか、それも原因で産後に血脚気になっただろう。住所移転も悪かった。前の住所も現住所も悪い。現住所は水神、寺、墓地、神社があった跡で、埋っていないか。家相地相も悪いから避け、結婚式の月日が悪かったから縁談を組み直し、薬をのめ。その薬は蛙の黒焼、六神丸、白南天の三つがよい。マイシンよりも縞蛇の粉を飲め。そうすれば治らぬこともないから、家内中一心に信仰せよ、わかったか」。太鼓をたゝき、上衣を脱ぎ、さっさと神前から立ち去った。

蛙はいぼ蛙がよい。小さい蛙で寒中でも土に入らないで山作の水溜の木の葉の下などにいる。地相よけの祈禱をしてよくなった例および結婚式をあげ直して病気のよくなった例とを話してくれた。式のあげ直しは神前で行い、酒一升、生ぐさ二匹、米一升炊いて祈禱し、祝詞をあげてもらって、一緒に飯を食べればよい。

双葉郡広野の生れで百姓であった。稲で両眼を突き三十二才で失明した。目が見えるようになりたいので成田山本山で一心に修行した。二十一日の断食をしていると、七日で神がのりうつった。それは振動が起るのでわかる。祈禱師になるためではなく目を治したい一心の心願であった。神がのりうつっただけでは物をいわないから、祈禱師の許で修行するといえるようになるのである。それで双葉郡竜田村下繁岡の根本沢十氏(当時八十余才)のところで修行した。相弟子が二人いたが盲でなかった。根本氏は歳徳神の大夫様だった。

広野の渡辺家には、慶応二年十月京都伏見稲荷を勧請して氏神としてまつってはおいたが、とくにこの氏神を信心していたわけでもなく、成田の不動様をとくに信仰して断食に行ったわけでもなく、どんな神が有難いかもわからず、ただ目を治したかっただけである。それでどんな神がのりうつったのか自分でもわからなかったが、師匠の根本氏に聞いてもらってはじめて、氏神の伏見稲荷であることがわかったのである。今はこの神を祭壇にまつっておくが、あらたかな神で、神様へあがった物を子供が食べたら口がはれた事がある。

神がのりうつっている時に喋った事は、自分には分らないが、長時間やっているとからだが疲れてくる。私は仏おろしはやらないが、神おろしと祈願祈禱は得意である。相弟子の一人には地蔵がついた。富岡にいたが今はどこへ行ったかわからない。他の一人には不動がついたが、これも終戦後行方がわからない。

神霊をのりうつらせることは難しい。バケツで水を百三十八杯かぶらなければならぬがこんなつらいことをしてものらぬ人もある。弟子は二、三人あったが、その中の目の不自由な男は、仙台の方の竹駒様から神霊を貰いたいといっていた。竹駒様が乗ったが山の神ものった。現在は高萩でやっている。

昭和十四年から十七年頃に神様の整理があったが、その当時石城郡内には祈禱師が百人位いた。私は伏見稲荷と実行教の免許を持っている。昭和二十年頃伏見稲荷の中教正になった。客は日に三人から五人位あるので家をあけられないが、頼まれて行くこともある(**おかみさんは無職で手伝をしている**)。修行前の子供は死んでしまったが、高校三年の一人息子がいる。身の上ばかりでなく、たゝりさわり除け等の祈禱の依頼者があるので、ゆるんでは居られない。初午祭の前後はとくに忙しい。みこともいう人があるがおがみやと一般によんでいる。しかしこれは悪口であって祈禱師というのが本当である。

根本氏の所へは三年間住込みであった。目が見えぬので、相弟子二人のように作法はやらなかったが、祝詞は習った。法事は神より習ったのである。身の上、金神よけ、たたりよけ、生霊死霊よけ、普請、移転の障り等はよけられるし得意とするところである。

一人前になる時は、名びらきをする。その方法は、嫁聟の仕度をして、親類縁者を集めて、そこで俗人から神になるのである。男なら神に聟入りするのだし、女なら神に嫁入りするので、神との結婚式を挙げるのである。一人前の祈禱師になる式のことである。

某　　女（平市尼子稲荷祈禱所、明治四十年十二月生、昭和二八年二月一日、内藤丈夫氏調査）

拝む所は一坪位、正一位尼子稲荷明神がまつられている。八畳の居間には、尼子稲荷の社の写真が額に入れてかけてある。仕切りが無いので、居間で待っていると、拝んでいる様子がよく見える。茨城県の高萩から来た老婆は、七十三才なそうで三十年間も拝んでもらいに来ているという。身の上のことで親娘三人で来ている。東京から来た娘は、四件頼まれて紙に書いたのを助手が聞いている。

おぼしめしは一件一回百円位でおがむ前に神様に上げた方がよい。神がおのりになってから聞けという。白衣に草色の袴を着け、笏を持ったお稲荷様は、駿河の三百六十云々と唱えてから、年は幾つかと聞き、托宣がはじまった。体内七分はふけざめ（熱が出て高くなったり低くなったりすることだという）が出ている。神経が弱いから心気を大きくしなければならぬ。余が指図によれ。無理をしてはいけない。強壮剤、ホルモン剤を用い信仰することであると笏を振りながら、依頼者が聞いても聞かなくてもさっさと喋って終ってしまった。

以下彼女よりの聞書。平市長橋町に生れ。生れた時産婆が神様が出来たといったそうである（母から聞いた、母は七十余才で健在）。七才より不思議があり、白狐が私にとびついて来たり、姿を現したことが度々あった。家が貧乏であったから、十二才の時、東京の日清紡績へ百円の借金を背負って働きに行った。二ケ月目にはじめて外出出来たので、友達三人と亀井戸の天神様へ遊びに行った。境内に七十位の占おきの老人が居て、そこへ行く三人の娘さん、こっちのねえちゃん、一寸お出でと呼止め、後から追かけてきて、見てやるから待っていろといわれた。「両親は丈夫だね。兄妹は九人であなたは真中である。あなたにはあらたかな因縁の深い神様がついている。普通の生れではなく、昔は貴い人の生れかわりである。両親兄妹を世話するようになる。人の難を背負って立つような年月日時刻に生れて来ている。二十才位の時に神が現れる」といった。兄妹は七人しか知らないが、母に聞いて見ると、私が生れる前に二人死んだという。親兄妹も私が世話している。二十才の五月九日に神様が私におさがりになった。そのあらたかな神様は腰から上だけしか見えなかったが、百才位の中肉中背のお爺さんで、ちょんまげで裃を着て金剛杖を持ってありありと現れた。ただ拝みたくなって拝んでいたらその時のってしまった。「余は尼子稲荷であるぞ」といって、おさがりになり、「人助けに世の中に出よう出ようと思っていたが、体内を借りる者が無くて出られなかった。其方の身体一代借りるぞ」といった。約三十分位のって居た。この時姉だけが家にいたが、私が「おかえり」と叫んだ時、戸は全部しめてあったがすごい音がしたという。それからは人を見ると、どの病気か、身の上はどうかが直ぐ分るようになった。

両親は拝むなどはもっての外だと反対したが、神が憑いているのでおがみたくて仕方なかったし、お室（尼子稲荷社の近くにあり）に行きたくて仕方なかった。母は疑って私の後をつけて行ったら、私の後に長さ一尺、高さ五寸位で尻尾がぼさぼさした白狐が歩いていて、母はその狐から宝珠の玉だと、胸にふくまされて、なるほど家の娘には神様がついているのだなと知って、母もお室におまいりして帰り、家の前の店先に腰かけて、「たまげた、家の娘には本当に神様がついている」と話したという。

その店のおかみさんの夫は就職採用通知がいつ来るかと心配していたし、子供は病気であったので、拝んでみてくれと頼まれたが、免状も無かった上、どうしてよいかわからなかったが、密柑箱と、五分位の高さの焼物の稲荷様を買ってきて（何か形が無くてはおがめなかった）、経文も何も知らなかったが、拝むと神が憑いて、「子供の病気は一週間で治るし、通知も一週間内に来る」と出た。その通りであったから、おかみさんは喜んで、さらしの着物をお礼に上げてくれたし、お魚など店にあるものを持ってお礼に来た。それからは少しずつ知れ渡って、見てもらう人が来るようになった。また、その店で秤を誰かに貸したまま分らなくなっていたので、拝んだら、「立会人がある。四角な箱の中にある」と出た。秤を借りるのを見て居た人があり、秤は魚屋の魚箱の中に忘れられていたことがわかって元へ戻った。

信仰してうけられる方には、遠くとも心で一心に信仰すれば白狐が行って治してくれる。白狐は下は歩かない。はっという間に向山を越している。本人がここに来たことがなくても、信仰してうけられる方なら白狐が行って治してくれる。白狐はお室で拝んでもはっきり立つという。これは神の神通力で夢じるしに立つこともある。うけられぬ者とは、悪心があったり二心がある人のことである。

師匠も弟子も無い。弟子も年に二、三人の申し込みがあるが、これぱかりは因縁であり教えるわけにはいかぬと断っている。

二十才のとき神がお下りになってからのことだが、身丈六尺のちょんまげ姿の方が毎晩半年間夢枕に立った。背中を圧されたので来た時と帰る時がわかった。掛物をすらっと下げて、かくせよとか、法事、梵字のかき方等手にとるように教えてくれた。腰には荒縄をしめていた。半年後になって、巻物を授ける、これを持って人を助けよ、といって帰った。それからは一度も来ない。天照大神は一度だけ来られた。二十才の年の五月十六日のことであった。拝みたくなっておがんでいると、お天道さまが後光さしたようになってお姿があらわれた。鈴をつけた神馬にのり、お鏡を一つ下げていた。因縁あって尼子稲荷とは兄妹だといわれ、舞を一つやって、風も無いのに天にのぼって行ってしまった。大日如来は、私に何か心配があるとか、国に何かおこるとか、戦争があるとかすると、後光がさして何事も教えてくれる。

二十才位で色気もあったし、拝んでばかり居られなくなり東京へ行こうと出てゆくと、白狐が後から追いかけて来て、おがんでもらいたい人が十人位来て家で待っている。助けてやれと胸にふくまされて家に帰って見ると三時間も待っている人もあった。拝むことをやめたいと思った事が三回もあったが、いつも白狐がとんできて止められてしまった。経文は口ではいえぬ有難いことがあり、夢知らせで教えられた。神から教えられた経文だから人には分からないが神にはよくわかるので、すぐのりうつるのである。

神社仏閣どこへも行ったことはない。胸の二つのマークの一つは、神教のマークで、石城の祈禱師でもぐりでないことを示し、もう一つの方は神習教のマークである。因縁があって神が私におさがりになり、神様の方で私を仕立ててくれたのである。明治四十年十二月七日午前五時出生でまる未年である。六十年に一度の天の上に居る未年で守本尊は大日如来である。人の難を背負って立つような年月日時刻に生れ、如来様のような情深い性格であると、亀井戸の占おきからいわれた。手紙で拝んでもらうには、数え年、男女別、生年月日、身上、病気等を書いてよこせばよいが、なるべく自分で来るとこまかい点がよくわかる。

結婚して子供あり、現在は老母と子供と生活している。

吉　田　ス　エ　女（平市上荒川、五十三才、女、不動、昭和二八年二月二二日調査、内藤丈夫氏）

不動をまつっている。石川郡より後妻として来り吉田氏に嫁す。竹籔で目をついたため、目はおそみである。十三才頃からやっている。子供あり。今日はほろぶ日だから拝まないという。正月(旧)は十五日過ぎないと仏様は出さない。松の内でも神おろしはする。彼岸と盆とは仏を出すに最もよい。新築等のために出張することもあるが、そんな時はリヤカーなどで迎えに来て貰う。拝みきれないほど依頼者が来ることもある。

その他

石城の巫女、行者(内藤丈夫氏調査資料)。

平市下平窪八木田　渡辺氏の妻。

同　曲田　竹駒稲荷(出身不明)。

同　同　佐藤忠助氏妻、六十五才位、石川郡の人という

赤井村第一小学校東の稲荷様(ごんけさま)、女。

内郷市金谷　いなり様、女。

勿来市窪田の国魂神社附近にもおがむ女あり。

平市緒方氏、御嶽教。

同　菅野氏、御嶽教。

内郷市字宮にはおがみやはぎっちりあるという。

漁がないのでごんけを頼んで拝んでもらったら、海中に金物を落したからだというので、紙や板に現物の写しを書いた絵馬を鎮守様(信仰する神様)にあげると漁があるという。

その他(巫女以外)

高木誠一氏談

神や仏のつき易い人と然らざる人あり。自分の幼時、地蔵遊びということあり、自分も中に入って地蔵になったが、どうしてもつかなかった。

昔はよく、あがたが来た。仏を寄せる時、南天の葉を水に浸してつかった。「盆や彼岸に呼ばれたよりも、今日いまひごろよく呼んで下さった。こんな嬉しいことはない。熱いものならさめたよう、燃立つ火なら消えたよう、此処はかりざで座はのびる、あとは位牌の前でよく語りたい」とか、「よく水を手向けて下さった、……我もはや惜しき命にないけれどせめて十年か二十年長らえて……」などよくいったものだ。昭和十五、六年頃久之浜小久に暫くいたあがたを呼んで仏をおろした時に唱えたのは、中臣祓、観音経の和訓、消災陀羅尼であった。次の如きのもあった。「そも〳〵うやまって申奉るは、梵天帝釈四大天王、下界に至れば閻魔大王、ごとうのみょうかん、我国は神国のはじめ天神七代地神五代の御神、伊勢はしんめい天照皇大神宮、下宮は四十末社、内宮には八十末社、雨の宮、風の宮、月よみ日よみのおんみこと、北にべんぐうかがみの社、天の岩戸、大日如来、浅間嶽、福一方虚空蔵、その外日本六十余州、総じて神のまんどころ、出雲の国は大社、神の数は九万八千七社のおん社、仏の数が一万三千四霊の霊場、冥道を照らしここにしょうじ奉る」。以上あがたの神おろしの際。

高木重信氏談

子供の頃、瀬谷駒吉氏の隠居屋にあがたといわれる中年の女が来ていたのを覚えている。長い着物を着、白い帯をしめ、頭はとめじょうという髪の形で、麻裏草履をはいて毎日ぶら〳〵していた。一夏をすごしてどこかへ行ってしまった。

渡辺ケン女（七十才）談

小泉某氏の秘書をしていた人の奥さんに、神様のつき易い人がいた。たゞ神様の前を通ったり、神棚の下を通って、別に拝んだりもしないのに、ここは神様だ有難いなと思うだけで直ぐ神がのってくる。のりきになると、自分は無中でいろ〳〵告げ言をするようになる。主人はそれをひどく嫌った。それで出来るだけ神のある所は通らぬよう注意していたそうだ。話者は久之浜町生れで私の遠い親戚に当る(和田文夫氏)。

阿部順妙女(福島市霞町、女、六十才余、昭和二七年一一月二三日)

表は広い道路で、家の入口に成田山と刻んだ石柱あり、門札には紺野とあった。訪れた時は、午前九時半頃、油揚屋来合せてあり、これを買っているのがこの家の巫女であった。普通の老婆で、目もどこも不自由とは見えず、かえって丈夫そうな体格の老女である。玄関のある所が茶の間で、次が中の間と覚しくそこを通って座敷にゆく。部屋の北側に南面して祭壇あり、不動、阿弥陀の画像その他雑然としてあり。太鼓、かね、南無妙法蓮華経の団扇太鼓、写真などいろ〳〵あり。写真はこの巫女の師匠べっき貞夫という人の肖像という。手前に机あり、上に鉦一つあるのみ。

巫女が神おろしや仏おろしの出来ることをたしかめてから、祖父を出して貰うことを頼む。女は背に南無妙法蓮華経と墨で書いてある白衣を羽織り、首に珠数をかけ、祭壇に向って坐り、線香をとぼしろうそくに火を点じた。そして鉦をならし拍手、祝詞と思われるものを唱える。最初の語を聞き落したが「……のおん前に謹しみ敬ひ……相馬郡中村町の年四十四才の男何の某(実際の姓と名とをいった)が……」祖父の霊を出そうとしているから出てくれ、という意味であったが、その中に祖父の姓名と亡くなった年月日(明治四十年十月十四日)があった。これだけは前以て自分が巫女に聞かれて教えておいたものであった。そして時々合掌している手に息を吹きかける風であった。次に高天原に神しづまりますにはじまる大祓の祠らしきものを誦し、やがて何かの印でも結ぶらしく手を固くくみ合せ、口の中でぶつ〳〵と呪文如きを唱えるが、「守り給ひ幸ひ給へ」とか、「高みむすび神むすび」などの語を耳にはさんだ。目はつぶっていた。その中に仏の霊がついたと見え、結んだ手がふるえ出して上下に盛んに動き、時々大きな呼吸をしていたが、完全についたらしく言葉が出て来た。

「俺は十月十四日の仏だが、お前は俺を知らぬ筈だが（祖父は自分の生れぬ前に死去）よく気がついて呼んでくれた、うれしいぞ……、自分は世に居る時に人のためによくしてやったので何の障りもなく、直ぐお前の前にもこうして出ることが出来るのだ、よく呼んでくれた、嬉しく思うぞ……」。自分は、お祖父さんですか一度こうしてお会いしたかったです、などというと仏はうなずいた風であった。仏にいろ〳〵聞いた中の一つ二つ。お祖父さんの傍にみんな仏様はいるのですか。「みんな居る、此処まで届かないで途中にいるのも居る」。それは男ですか女ですか。「男も女も居る」。何時までも行けないでいるのですか。「そんなことはない、その中こっちに来られるだろう」（その頃少し前叔ー父仏の末子と叔母が死んだからそれかなと心に思う）。私の家に何か変った事はありませんか。「別段変ったことは何もないようだ、何かある時は、はっきり夢枕に立って教えてやる」。やがて聞くことも無くなったので御礼を云うと、最後に再び「お前とははじめて会ったのだが、よく気がついて呼んでくれた。あとを頼んだぞ、それではこれでお別れ」といって、巫女はうつ伏になって一寸の間じっとしていたが、やがて仏は離れ去った様子で、やがて小声で呪文如き（神道的な）を唱え、かねをならし、最後に南無妙法蓮華経の語をとなえ、かねを鳴らして終る。

天地の神々をおろすことが出来る。特定の神もお願いすればおろすことが出来る。神は上の方からずうっと真直ぐに降りてくるが、はたから悪い霊がよってきていろ〳〵と妨害する。神をおろす時は手は上になって動く上に動き方がはげしい。あらたかな神様ほどそうだ。それでいて疲れることは少い。仏おろしの時は、手が胸より下になりがちで、動き方も小刻みでおとなしく、身体の動揺も少い。だがしんが疲れる。長い時間かかるとことにつかれる。つく霊の姿が見える。貴方のお祖父さんのはちょんまげで白っぽい袢をきていた（余の祖父は天保生れであるがはじめ修験者でのち神職となるゆえ服装は違うと思う）。頭は白髪でこの人（傍にあり合せの誰かの写真を指して）よりは髪が多かった。ちゃんと座に出てきて居た。女の場合などは着物の模様もわかるものだ。常によく祀られている仏は壇の上に直ぐはつきりと出てくるものだが、常によくまつられていない仏はなか〳〵出難いもので、また出て来ても口を利くことが出来ぬ場合がよくある。そして畳の上あたりにもや〳〵としてはっきりしない姿で戻るものだ。また仏の座には段階があって、迷っているわけでなくても、直ぐにそこまで到達することが出来るとは限らない。新しく亡くなった人などにはいうことがよくあるものだ。仏なら新しくても古くても出すことが出来る。また自分には出来ないが近頃はねんじといって念じて姿の現れた時それを写真にとることが出来る。そういう人のとった写真がここに二、三枚ある。自分が見せて貰ったのは、しかるべき高僧と某藩主と名も無き人のそれとであった。前二者のはよく肖像画などで見る如き服装も整ったものであったが、某の亡霊というのは、半分煙の如きもやもやした無気味なものであった。

若い頃は三十三所観音まいりをするのが好きで人々と一緒に歩いていたが、熟心に拝むと霊動を感じ身体がひとりで動いたものだ。それはしかし自分だけがそうなるので他の人は何ともなかった。いよ〳〵信心を厚くしているうち、今から二十年程前、べつき貞夫という九州阿蘇の方で信仰心の強い先生が当地に見えたのでついて学ぶことになった。私のみでなく大層信者があった。自分もお滝に打たれて修行した。しかしこの先生の信者は多くても、私のように拝むことを職業のようにしている人は無いようだ。免許は本山の三井寺より貰った。壁間の額に「一僧祇槍証訖未　教師阿部順妙　昭和二十七年四月二十二日　修験検校大僧正福永守明」とありもう一枚のは天台寺門宗管長大僧正福永守明の名によるもので、これには補準教師とあって日付は一日違いの二十三日となっている。

語っている間は何か夢のようにわかるが、何をいったかは後で聞かれても解らない。仏の霊が私にのりうつって仏がいうのだから、私の言葉は仏の言葉通りの筈だ。私はそう思っている。

佐藤しく女（伊達郡梁川町、六十三才、女、おしく稲荷。昭和二七年一一月二三日）

梁川下車、電車駅前の店で聞いておしく稲荷を訪ねる。立てこんだ家並の一軒であった。おしく稲荷とは巫女の名前で、これは後で聞いた。隣室では姿は見えぬが娘か誰かが針仕事をしている様子。台所とも茶の間ともつかぬ入口の部屋には祭壇があって箱のようなお宮あり、陶製の狐などが雑然と飾ってある。手前の机上に、ろうそくが立ててあり、万蔵稲荷大明神と書いた信者よりの寄進旗がいくつかある。

見れば年の頃三十程の女が来合わせて、身の上を見て貰っている所であった。巫女は神壇を背にずっと入口に近い炉端に戸口に面して坐り客と対しているが普通と異り奇妙に思われた。六十余と思われる普通の目明の白髪の老婆である。背をかがめて坐ったまま、左の掌を開き指を時々動かしたり開いたりしながら、これを見いくいろんな事をいうが大層静かに落着いた調子である。「ようく登ったと思えば、知らずくに土手の上に大きな穴があいていてそこから水がもって‥‥」などと女の身の上に関する言葉がよどみなく流れてくる。よく見ていると、拝む時はじっと目をつむり(手は別にどうもせず)、祈祷の言葉を早口によどみなく述べ、次に目を開いては、左の掌を見つつ今のべた事について解説する。すぐまた稲荷がつくと再びよどみのない言葉が流れ、また解説になる。聞いていていてその間の区別は一寸つきかねる時があるが、よく聞いているとわかる。女は帰り去り自分の番となる。

この老女のおろすのは稲荷であって、仏おろしはしないという。自分ははるばる遠くから来たので拝んでもらったり、話を聞いたりしたいというと女は承知した。ただ話ばかり聞くのもと思って身の上を見て貰い、とくに思いついて、神経痛でなやんでいることと、自家で南東の方の岩をとってきて庭に敷こうかと思っていたところなのでそれも見て貰うことにする。相変らず老婆は炉辺に坐ったまま寒い時誰でもするように腕組みをしたまま「万蔵稲荷大明神々々、中村町‥‥四十四才‥‥」。これは先に自分の住所と年令をいっておいたので、それである。後は早口でよく解らぬが、中にこんな言葉が出てきた。「月のけがれ日のけがれなく痛み苦しみなく、火難盗難なく‥‥神のしんじん‥‥神の守りあって‥‥ひとえに願上げ奉る」。終ってじっと手を合わせて瞑目して祈念すること一分時ばかりの後、「ただ今神の信心願のことに相成りしは中村町‥‥」にはじまって左のような意味のことを話してくれた。人のために親切に苦労しておるのに、その割によい事が返って来ないということ。女のために苦労するということ。思いがけない女があって非常に男を思っているのに一緒になれないから、その女の思いがつのっている。男の方で気がついて慰めてやれるとよいのだが、ということ。この男には子供が無かった、女(妻)は胸の病気で亡くなったがよく看病されて満足している。しかし今幸福に暮しているのを見て羨しく思っている風もあるようだ、などということ。男の足が病めるのは大した事でもない、胃から来ている、湯に入ってあたたまるとよい、土湯などがよいこと。東の方から土を採るのはよくない、どうしても採らねばならぬなら浄めてすればよいが、なるべくならとるなということ。四十四、五という年はよい、五十過ぎればだん〳〵よくなって来る、というような事であった。

これらの事は巫女が一気に喋るのではなくて区切りがある。とくに目をつぶるでもなく、あるいはつぶりあるいは開いてさらさらという。自分でもどうしようもないという風で聞いていて自然で楽しそうな位である。一区切りすむと「……土を採ってはならないっと」というようにいって、自分でも思いがけぬという風を時々して、というわけだがその通りかと客に聞く、そして説明する。こちらでまた新しいことを聞くと再び祈念、また稲荷が下りて来ると見えて、さら〳〵した言葉が出、また神が去ると見えてその言葉が終り、また解説になる。一区切りすめば稲荷はずっと上ってしまう。左の掌を見るのは巫女の心覚えで、その人の運命が指に現れてくるのだそうだ。

自分は今年で六十三才になった。拝みはじめてから今年で三十一年になる。家は宮城県の海岸だったが十八の時ここに来た。夫は三十七才で死に、自分も病気した。子供は小さく(三人あったが一人だけ今残っている)、苦労して稲荷にすがって教えられたのだ。それまで十日々々は稲荷様の御縁日なので小豆御飯などを上げていた。ある時知りあいの家から蚕の手伝に頼まれたので子供をつれて行こうとしたが、十日の御縁日がすんでからにしようと、二日程のばして行った。ひどく疲れて帰り、それから具合悪くなって寝ていたら稲荷様が枕下に立って救ってやるぞと教えてくれた。万蔵さまのあたりの様子がはっきりと見えたと思った。こうしたお託宣を受けた頃から病気が快方に向ったので毎日万蔵いなりにお詣りに行った。そして太夫に浄めて貰い御神体をいただいてきた。多分三十一才の時で、夢の御託宣があってから一ケ月過ぎた頃であった。

以上のようなわけで、私には師匠もなく弟子もなくわがだけの信仰である。御礼をいただいても、多くても少くてもそのままいただく。これでなくてならぬという事は少しもない。貧乏な人にはただでみて上げる。当ったといわれれば、それで私は一番満足する。

松　浦　某　女　（伊達郡藤田町、五十才、女、三吉神社、昭和二七年一一月二三日調査）

梁川よりバスで藤田下車、三吉神社を訪ねる。松浦氏はこの神社の神職の家であるが、実際に祈祷にたずさわっているのは妻女であり、土地の人からは三吉様のみこさんと呼ばれている。裏は山つづき前面はひろい田である。鳥居をくぐれば社殿あり、ここで巫女が祝詞をあげて居り、側に子供をつれた親父が控えている。神前にろうそくがともり供物すべて普通の神社と異らない。「かけまくも畏きみよし神社の大前に云々……守り幸ひ給へ……かしこみ畏みも申す」と祝詞をあげ終るや、拍手拝礼をくりかえし、傍の三宝の麻を少しとり分けて手にもち、しばし祈念をくり返し、やがて「四十五才の男、胃腸の病にて苦しんで居ります。みよし大神さま、どうぞお助け下さい……」と声高く祈の言葉を唱え、それがすむと麻を与えて終りとなる。

巫女、というより女神主は、髪は束髪の如く無雑作に後に束ね、白い袴をはき、短い白い浄衣を着ている。以下彼女の話。

主人は会津の方の学校に勤めていたので、私は母と留守をしながら母を助けて講中の世話をしていた。母はその時神職の仕事をしていたが、だん〳〵年とりそれが容易でなくなった。村の人は、昔から崇敬している三吉様（村の人はさんきち様とよんでいるらしい）を人に渡すことをしないで、主人の帰るまで嫁さんがお母さんの代りになってお祓をしてくれとの依頼であった。母というのはこの家の娘で他に嫁したのだが、主人と別れて子供四人をつれて再びこの家に帰っていたもので、父(私のおじいさん)が神主であったあとを承けて母が神主になっていたのである。私は農家の出であるし、神様の事など遠慮したいといったが、村の人は聞き入れず母もそう考えて、とうとう私は神におつとめする身になった。二十三才の年である。お母さんに習った中臣大祓でやっている。子供の弱い人、病気、厄払い、星祭など、お母さんの続んだ祝詞をよんでいる。私の主人は秋春の祭の時位はやってくれる。

社殿に小枕がうず高くあるのできいて見る、祭神も聞いてみたが、この方は判然としたことはわからなかった。額には水波神社、三吉神社、もう一つ何かの神社名が書いてあったと思う。枕は安産のためで、これをいただくとお産が軽くてすむ。ろくさんのまつりののりとを唱えてから、安産守りと麻とを出している。麻はお産の時頭髪をしばる。農家では三吉さんを盗難よけ、虫よけ、蚕の夜かぜよけ(蚕安全)にも信仰している。村の人の外、北海道、東京、近くでは筆甫(宮城)、あとは近村であり、また講中も多い。母の丈夫なうちは自分の講中のお膳の世話を引受けて忙しかったが母の仕事を引継いでからのおよそ一年間、よく覚えるまでは池へ入って朝夕水を浴びた。夜の十一時より二時頃までは練習をした。穀断ちもした。子供が六人もあるが皆寝静ってからした。一方お母さんを助けて膳部の仕事もした。現在も寒三十日の間は水を浴びたり、穀断ちをしている。

今でも病気の重い人があって是非にと頼まれれば、三日なり五日なりの行をしてあげる。その人のために池に入って祈る。だから身体はおしょうしい位ひびだらけである。我ながら不思議に思うことがよくある。向うの鉄道も見えぬ位の吹雪の時、襟をかき合せ目鼻をふさいで家を出て池に行くが、祈祷するための石に坐ると、身のまわりに風は弱くなり雪は極くうっすらとしか積らない。あゝ三吉様といって、石にのって水をかぶってから、ざんぶり水に入って祈る。社殿で祈祷している時、重い病気なら燈明はまるく動かないが、よくなる病気だと炎がぱっ〳〵と高くなり、ろうそくの丈位にもなる。村の某という男が首や手が痛んで動かれなくなった。かかあはお産で寝ている。田畑も出来ず気がもめるからみこさん何とか治してくれろといって来たので拝んでもんで上げたが、大分よくなり帰って行った。間もなく再びやってきて、あまりよかったので午後三百の稲をあげたが、急にまた悪くなったという。また祈祷してやって帰したが、私の方が急に頭が重く目がまわって、社からここの家までやっと戻った。翌日某が喜んで来てみこさんのお陰でよくなったといった。ある時胸をわずらっている子供の祈祷を頼まれたので拝むと、私自身急に具合が悪くなり、この時もやっとの事で家に帰ってきた。子供はその時から自然によくなった。頭の痛む人を祈るとこちらも頭が重くなり、足の重い人を祈ると足が重くなる。修行のようなことはここでやっただけで外へは全然出てゆかない。一寸でも離れるのを三吉様はお許しにならぬからだ（そう感ずるということ）。

巫女の家は大きな立派な家で農業を主としている。私が神経痛で困っているのに同情して、やまおとこという木とまたたびとを煎じて飲めとてくれた。一泊するようにすすめてもくれた。数町の寒い道を送ってくれたが親切で丁寧な人と思われた。ただ普通の人と違ってものに熱中する気象らしく、人にせまる迫力のようなものを感ずる、そういう女の人であった。

岩　崎　某　女　（信夫郡飯坂町、六十才余、女、昭和二七年一一月二二日調査）

飯坂の町内街路から一歩入った所にすんでいる。巫女と思われる老女は囲炉裏で夕方の飯を大きな鍋で煮ているところであった。神おろしや仏おろしの事を聞くと、そういう事はしない。そういうことをするのは邪教だというような意味のことをいって、しきりに自分に在家宗教のありかたを説いて聞かせた。片目は無いらしい。以下彼女の話。

私は十五、六年前に新潟から来たのだが、先祖を拝むことを心がけていた。子供が弱かったので信仰の道に入って救われようとした。当時B先生という九州の方で信仰の厚い人があり、たまたま当地に来ていたので、この先生とお母さんと子供三人を私の家で引き取ってお世話をしながら信仰について指導を受けた。それは妙法道とて先祖礼拝、神を拝むこと、みたままつりなどいう事であつた。夫も在家として働きながら先生の布教を助けた。

その中に自分はのうがんになつた。これは私が信心不足で信仰に疑いをもっていたからで神様は怒って目か命か何れかと責めたのだ。そしてお前の命をとってはこの仕事をする人が無くなるからと目の方を取り上げられたのだ。つまりその時から目が一つつぶれたので、信仰に入ってから数年後今から十三年程前である。それまでは、夫が神に使われて戻り、人々のなやみ苦しみを救ってやっていたのだが、この事があって後は反対に私の方が気狂のように熱中したのである。私の信心は昭和十年頃から始っているが、三年が一区切の修行期間でそれを繰り、返し重ねてゆく。昭和三十年までに私の仕事は仕上ることにいい渡しになっているのだ。弟子というのは別段無いが、宇都宮その他随分遠くからも来て道を求めてゆく人がある。そして皇室中心、氏神中心の信仰を語ってやる。この人々は自分の家でひとりで手足が動いて仕末に困るのもあるが、こういう事は問題にならない（この老婆はいわゆる霊動を一向に重視していないらしい口ぶりである）。しかしその辺に居る仏おろしや神おろしをする巫女も、それが職業なのであるから、私は非難したり妨害しようとは少しも思わない。なお夫は現在布教のため新潟の方に行っており、息子も同じく宮城の方に行って信仰の仕事をしている。

某　　氏　（福島市信夫山成田不動の行者、六十余、男、昭和二七年一一月二二日調査）

高い丘の上にある成田不動堂を訪ね、神経痛でこまっているから拝んで貰いたいと頼むと火鉢のもとに坐っていた六十余と思われる男は、不自由な足を引きずりながら須弥壇の前を通って部屋の一隅にある仏壇の前に自分を坐らせた。年齢のみを聞いて数珠をまさぐりつつ、「これは非常に重いわけでもないが長びく」などといって、更に「母方の古墓の障りである。いぬいとたつみの方角の神様を大事にしないからだ。午前は大したことなく午後苦になる。しかし治らないというものでもない。よくあたためるとよい。自分もよく拝んでおいてやるから」といい、「これから六日目と九日目が大事なのでこの日に悪くなければ追々よくなるだろう。また旧十、十一、十二月はよい月である」などといった。以下その話。

子供の時から手足が不自由で十三の時から滝に打たれたりして修行した。別に師匠とてなく自然に覚えたようなものだ。数珠によって占うので、神おろし仏おろしはしない。自分の拝んでいる本尊は成田不動である。

この老行者は話をするのが大儀らしく、何を聞いても満足に答えてくれず、早く座を立とうと腰を浮かすので、充分な話は聞けなかった。

遠藤トメ女（白河市和尚壇、八十六才、女、小六稲荷、昭和二八年一月八日、岩越二郎、藤田定市氏同行）

雪道を長靴で行く。水神小六稲荷という大きな石碑のある所より折れて小道を行くと老婆の家に達する。稲荷祠は近くに別にあるが便宜上自宅で拝んでいるのであった。この家は隠居で、後で聞けば老婆のみ住み、つれ合いの老爺は、孫やその他と隣の母屋に住んでいるのであった。土間を入れば部屋が三つ並び、入口に近い部屋が茶の間、一番奥が座敷で若い女二人が拝んでもらっている最中であった。祭壇には金幣三つ、外に太鼓、奉納の旗など、また十能十個ほどあり、これは厄払であげたものという、また馬のわらじ多数あり、馬の病気が治った時の奉納物という。この外机上にろうそくあり拝む時点す。

まず身の上を見てもらうことになり、聞かれるままに数え年令のみをいい、ただ神経痛であることをいい添えた。普段着のままの巫女は神前に向い、二回ほど拍手してから手の指を組んで印を結び、「一心に願い奉る稲荷大明神、四十五才の男子を願い奉る。高天原にとどまります……天の八重雲をかきわけて……祈るところを叶へ給へ……大穴むちの神春日大明神……伏見稲荷大明神……」と各地の稲荷の名を二十程もあげたのち、「この所においでまします水神小六稲荷大明神一心に願い上げ奉る」。この言葉の終り頃より手を少しく動かし来る。しかし他の多くの巫女の如くはげしくなく、目はつぶっている。生あくびを二つ三つつづけざまにしたかと思うと、かなり激しい口調で「今年は運が大層よい。何やってみてもいいからやってみろ、思うことは何でもととのう事になっている。この人は親から米をうんと背負ってきている人だし、末によくなる。来年に厄を払えば益々よくなる。足いてえのは冷えから来ている。大丈夫治っから心配しんな、今冷えたと思ってなくてもやはり知らねえうちに冷えていたんだ。それにはあったまればよい」といって方法をいろ〳〵教えてくれた。大根の葉や青松葉を据風呂の中に入れてとか、にわとこの木をどうしろとかいう事であった。「この外どこも痛く無えべえ。ここ(胸胃らしい)も丈夫だ。何ぼ食ってもいい。丈夫で長生する」などといった。この間にも聞けばうけ答えしてくれた。説明をするために一寸指を解いて肩や胸を叩いてみせたりすることもあった。以上終るやあくびを二、三回して指を解き拍手二回ばかりして、「一心に拝み奉る、いざなぎの命、はらひ給へきよめ給へ……み直し聞直し給へ……」で終る。次に藤田氏も拝んで貰う。

全部すむや神前の袋から豆を一つかみずつ取り出して、新聞紙に包んでそれぞれ三人にくれた。ふくは内の時この豆を入れて使えばよいという。以下巫女の話。

自分の家は百姓であった。火事があって家が焼け、馬が焼け死んでそれから信心をおこすようになった。寝ている時ただ夢のように教わったまでだ。自然にこうなったのであるが、しかしそれまでも信心はよくして、こぶが原でもたなぐらでもどこへでもお参りに行くのが好きであった。しかしこんな風に拝もうなどとははじめ少しも考えていなかった。学問も無し免状ももっていないが、もうけようと思ってやっているのでないから、困る人に頼まれれば拝んであげる。お礼もくれれば貰い、くれねば貰わない。もらった金は足袋一足買うでもなし、皆ためて献金している。子供は死んだので孫にかかっているが、爺は生きている。こうなる前から(拝むことをはじめてからしい)爺とは別にくらしている。爺は孫たちととなり(母屋)に住んでいる。自分一人この隠居に住み食事は運んで貰っている。

巫女は奉納された奇形の繭を見せてくれる。皆いなりさま(狐)の形に似たもので、養蚕の盛んな時分奉納されたものだ。これでも養蚕繁昌の祈願の多かったこともわかる。まゆから直ぐとった絹布も多く奉賽され、それらは飛行機の形だの、日の丸の旗の形だの、鳥居の形だのいろ〳〵で戦捷祈願のものが多いようであった。これら偶然に出来た形のものを巫女はお稲荷様が作ったものと信じて我々に見せるのであった。誰にも見せぬがなどといって見せてくれた。しかし話の方は案外駄目であった。彼女自身「ここの稲荷は文字一つ出来ぬが一心に祈ればその通りにしてくれる」という。これは自分は昔の人で字だら一つ習った事はないが、稲荷はよくついて何でも教えてくれるということであった。

稲荷がつくと身体がだるくなる。手の動き出さぬうちは覚があるが、動きはじめると覚えがなくなる、夢のようになる。お稲荷さんが離れれば正気になる。そして手は動かなくなる(彼女も、稲荷が教えるので自分が教えるのでないから本当のことをいうか、うそをいうかわからないといった)。風邪をひいたりして拝むのがいやな時には、どうしても当らないかも知れない。午前午後をえらばぬが、午前は客がよく来て午後はほとんど来ない。ここのお稲荷様(狐)は白い。見たことがあるが、近頃は見ない。師承関係を聞いても忘れたとか誰にも教わらぬとか要領を得ぬが、恐らくひとりでやってきたもので、何かの折に祈りの文句などは誰かにならったのかも知れない。

払井マス女(白河市昭和町、七十八才、女、出世稲荷、昭和二八年一月七日、岩越二郎、藤田定市氏同行)

町はずれの田圃の中にある。主婦らしい若い女が出てきて来意を聞き奥に入ったが、おばあさんは話すような事はなにもないから、そんな人に会うのはまっぴら〳〵といっていると仲々出て来てくれぬ。主婦の取りなしでやっと会う。耳は遠いが目も見える元気そうな気象の強いらしい老女であった。主婦が時々通訳の役目をしてくれる。

九州の福岡に生れたが夫の仕事の関係で諸所にうつり住んだ。家はもと山伏であった。信仰のはじめは自分の夫は若い時鹿島組で煉瓦を積むのが仕事であったが、山形に居た頃山がくずれてよく人が死んだり怪我したりした。何とかして皆無事でありますようにと湯殿さんに心願をかけ、落成するまで祈った。それが通じたものか何となく山に入りたくて仕方なくなり、山に入るについては、夫が自分の身体にさわらぬ約束をして貰わなくてはならぬ。私の命のある限りは夫を守るから別居することを約束して湯殿山に入った。自分の二十九か三十の年であった。三年ほど湯殿に居て拝んでいるうち不思議なことも随分あった。自分は字はよめぬが真剣にやっているといろんな人の姿が見えた。神の姿というものはやはり人間の偉くなった姿である。人間の偉い人が神になるのだと神に教えられた事があった。教えてくれたのは湯殿でなく、今まつっているこの出世稲荷であった。おいなりさんとは狐のことである。それが時々爺の姿(**自分の夫にあらず**)になって現れ、私の身体をたたいて本性を無くしてしまう。こうして度々ためされた。夫と別居したのもおいなりさんの気持であった。私は夫や人々が怪我しないようと祈ったのがはじまりで社会に出て人のためにつくそうなどという気持はなかった。ある時おいなりさんは、石原を起して米の成る木を授けてやる、それにはお前の妻を借りてさせるからといった。それで夫は百姓になって開墾をはじめ、三町六段の耕地を開いたこともある。

私はあの人を助けたいなと思うとおいなりさんがつく。慾をおこすと駄目だ。私は湯殿山では裸になって腰にロープをまいて水にとびこみ修行した。よく猿が来たが、自分は友達になった。強力に穴を堀ってもらって住んだが、雨の夜は水が入り込んで気持が悪かった。ある時きれいな女が入口のこもをめくって入って来たが気持わるかった。山を下りて羽黒まで行き、聞くとそれは山蛇だから住居を替えろと忠告された。食事は湯のみ一杯の水と生米一つかみを食うだけであった。すべて生ものを食った。水くみにかねのはしごを上り下りして自分の住居まで運んでくると、くらっとひっくり返される。泣く泣く下りると例の六尺もある霊界の翁が来て助けてくれた。山から離れる時おいなりさんは、私に、お前は学問が無いからむずかしい事をいっても駄目だから、ただエホバと呼べ。そうすれば現れて教えてやる、そういう霊感を得た。エホバとは日本でいえば狐のことで稲荷の事だろうと思っている。

湯殿にこもった三年間のことについて主婦は、おばあさんはある時急にいなくなった。そして三年も山にこもったのだ、おじいさんはその間食物を運んでいたらしい、帰る時も一人で来て自宅(山形)の物置にいたのをみつけて驚いたという。三日か四日か山にいたと思ったのに世間に出てみたら三年も過ぎていたのだという。白河にうつってからも三十五年程になるが信心は怠らず、はじめの十年間は鹿島様に札を打ち諸所のお墓には線香を手向けた。一時東京にいたこともあり、流産の女の弱っているのを助けたり、株をもうけさせてやったりしたこともある。

高天原云々の祝詞をよむ。稲荷がついてからは何をしゃべるか自分ではわからない。耳が遠いので人のいうのは普段わからぬが、神がついて問口をかけられると、さしつかえなく答えられるようだ。別段午前午後を選ばぬが朝の御神託は一番よい。また気の向かぬ時はだめである。毎朝起きると本堂にゆきおつとめをする。私をいじめる人は皆ろくな事がない。私は弟子を持っていない。誰か後がまがないかと思うこともある。私の行を誰にも見破られずに世の中をたってゆくのかとそう思うこともある。しかし誰かに伝わるという予感をもっている。もっともこの家の若い主婦もおばあさんの拝む代理位はしているという。この若い女の話であるが、この一軒屋にいても別に淋しく思ったことがないのはお稲荷様が守っているからだ。近くの堀川というところにもおまんという稲荷がいるが、それがここの出世稲荷と結婚した。何年前か覚えぬが牡丹のきれいに咲いている時分であったが、矢部さんの辺を狐のお嫁入りの行列が通っているのがよく見えた。提灯がびっしり並んでいた。その時おばあさんは東京に行っていて不在であった。

巫女の夫は八十八才で丈夫であるという。巫女は岩越氏を見て、この人は長生する、八十八才までは大丈夫だ、藤田氏にもどこも悪い所はないという。自分に向っては少し悪い所があると云う。神経痛だというとそうだろうというような事をいった。

人から頼まれて拝む時は年齢だけきく。何才の人の運勢といった風である。神がつくと自分で自分がわからなくなる。自分の気持が離れてしまうのだ。何神でも同じようなものだが、ただこぶが原の下りた時だけは別で違うようだ。身体の動きも違うような気がする。これはこの神様は位が高いからかも知れない。病気の人を拝むとき、大丈夫と出た時はきっと助かるが、手当をしろと出た時は死ぬ。仏は出さないが、あまり泣きつかれて呼んだ時もある。そんな時は引っくり返る。仏には無縁が多いので、そんなのがついてくるので仏は呼びたくない。もとく仏をよぶのは行そのものが違うのだから、あまり好まない。

柴　田　セ　イ　女（白河市九番町、七十七才、女、地蔵、昭和二八年一月八日、岩越二郎、藤田定市氏同行）

頭を坊主頭にした達者そうな老婆で目は普通、頗る他と変っている感じあり。町裏の某家の土蔵の中に住んでいる。午前十時頃なのに暗くて人の顔も一寸には見分けがつかぬほどである。部屋は一間だけで、正面は簡単な祭壇を設け、木製らしき小さき地蔵厨子の中にあり。金紙の幣多く立並べあり、その前の湯のみ十幾つかに水だか茶だか入れてあげてある。多くの神々にあげておくのだという。信者のらしい写真十枚ほど飾ってある。陶製の安っぽい狐数個あり、太鼓も何もなく、ろうそく立てがある。

岩越氏来意を告げても老婆は困った困ったとうろうろするのみ。それでも座布団やこたつをすすめてくれる。話を聞き出そうと思ってもこの老婆あまりに通常人と違う感じで話に筋道なく頗る断片的となる。以下その談話を中心とする。

不思議なことしばくあり、今日も白羽の鴉様がうんとさわいだ、誰か来るハテナと思っていたらみんな（我々のこと）が来た。自分は親も兄弟もなくみよりというのは爪のあかほどもない。埼玉県川越の柴田といわれていた。三つの時母親死に、六つの時二度目のおっかさんとお父さんが、こういう灸をおれの足の裏にすえて逃げて行った。こんな大きな灸のあとをもつのは俺ばかりだ、といって足の裏を見せるが別に何も無い。おれほど小さい時からいじめられた者はない。なんぼ死ぬべと思ったかわからない。ここに来てからも近所からいじめられるから、死ぬべと思って井戸に入っては助けられて死ねず、川に入っても死ぬことが出来ない。どうしてこう皆はいじめるのだろう、などといって我慢出来ぬ風情で涙をこぼす。そういうものだと思い込んで夢の様な錯覚をえがいているものの様である。銭が無くなる毎に俺のせいにして親から穴ぐらに逆さにつるされた。あまり苦しいので一言いったらそれがもとで追出された。自分には子供が一人あったが、それは山で産んで草の露でとりあげて、こくぶという人の世話になった。はじめは自分は機織していたが、神様や仏様を信仰していた。子供は男の子であったが三つの時に赤痢になったので赤痢小屋に入った。生かしておいては可愛想だと思って手で首をしめようとした時、地蔵様が現れた。ああとんだことをし出かそうとした、この子の息のあるうちはいたずらしないと地蔵様に申しわけをした。それからというもの何かあるとこの神様は教えてくれる。私は人のようにこんな事はしないといって手を組んで神のつくまねをする。仏おろしもしないという。どうして拝むかと聞くと、白紙で拝むのだという。紙の上にちやんと願った事が現れるという。一人子は男で十九の時死に、貰い娘が残っているが、マッサージの免許状を東京府から貰って居て、現在は市内の某料理屋に住込みで働いている。

八王子の近くに住んでいた頃のこと、夢で木の下に古井戸があって、そこを通ると娘が居た。私の身体に入ろうとしたから、あれっとおさえたら抜けて裾から身体に入った。そして気を失ったが、あとで気付いたら握った掌に蛇のうろこの跡がついていた。それで現在蛇が腹に入っているからさわらずに大事にしている。ここが蛇の目だ、といってふところを広げて見せる。何かあると蛇が教えてくれる。

水を浴びて修行した。足尾にも居たが、十日の中に逃げねば命が無いと電信柱に貼紙されたので娘と女中と犬とでここの某をたよってきた。そして腕にろうそくを立てて祈った。それでも皆にいじめられた。

もとは信心きらいだったが子供が赤痢になってから熱心に地蔵を拝むようになった。一番最初人の家の茶つみ手伝いをしていたら、拝んでくれと頼みに来た人があった。拝み方を知らぬといったら、その家の主人が白紙を立てて拝めばよかろうなどというのでそうした。それからである、こうなったのは。

さて拝んでもらうことにする。例の如く神経痛を持出すと、巫女は自分も神経痛だ、これはなかなか治らぬ、などといいながら台所で口をすすぎ手を洗ってそのままの服装で神前に坐し、ろうそくに火を点し、自分に年（酉年）と姓名とを問う。次に数珠をおし頂くようにすること三度ばかり、ゆるやかに振り、数を数えるが如くし、次に神前の白紙二三帳重ねたまま二つに折ってあるのをそのまま引寄せるようにして開いた。自分はいざり寄ってみるに何も書いてない。老婆は仔細げに見つめること一分間ばかり、ああおそかった。惜しい〳〵という。聞けば神仏を信仰するのがもすこし早ければよかったのだという。次に裸になれという。気味悪いので辞退すると、残念そうに、あつくはないのにといい〳〵、それでは服のままでいいからとて、火鉢の真赤な炭火の二寸ほどのを例の白紙数枚に包んで煙のもう〳〵出るのを手に持って手早く自分の足と腰とをさすりはじめた。たちまち紙は燃えて中の火が見えそうになると、また数枚を取って包みさする。かくすること三回ばかり、同行の二氏の肩や背をもなでてこの事は終る。自分らは狐につままれた如く暗い土蔵を出て、正午の日がまぶしく雪にうつる戸外へ出た。

永　峯　サ　キ　女（会津若松市栄町、七十九才、女、山の神昭和二八年一月九日、山口弥一郎氏同行）

道路に面した所は店になっていて一番奥の座敷に巫女の老女が居る。目は不自由でない。祭壇あり、大山津見神社と書いた旗二、三あり、御幣、鏡、狐の像、燈明など。一対のしんめい像もあった。

一人先客あり、家族と思われるもの病気平癒を拝んでもらっていた。はじまって間もないと見え、巫女は白い上衣をつけて神前に向い、白幣を振り〳〵拝んでいたが、神道の拝み方のようであった。終るとえいと掛声をかけ、うーうと唸る如く気合を入れ、またえいっと掛声をかける。その中幣がふるえ出す。その幣を右手に持ちかえ、左手でおさえた机上の白紙（これは中に呪符が入っている風であった）の上に、幣の軸で何やら文字を書いていたが時々うーう、えいつをくり返す。その間あくびをした。次に女の方に斜めに向きをかえる。目はつぶって居り、幣は少しずつふるえている。「どうもひととこの病気でねえんだもの、寿命とても短い寿命でなさそうだから、大事にくしてるように見えつから、かわいと思ってやってくれっから……これ(呪符如きもの)で悪いとこを撫でてみろ」やがて問答となる。巫女の言葉は「さしけえねえぞ」、「よかんべて」。聞く方でも「よげな事しねえ方よかんべがなす」。巫女「医者のいうのと、おれ、この神のいうのと両方同じようなもんだが……」などの言葉あり。おれといって直ぐこの神といい直すあたりは面白い。やがて終ったと見えて「わかったか、しんぺえしっことあんめえ」といって再び神前に向き直り、大きく幣を振り、あくびすること二回ばかり。伏して拝み、幣動かなくなる。そして覚めたらしく最後に「大山つみの大神三十三才の……お治し下され、是非達者にして下され……御苦労様でございました」。机上の例の呪符かお札かを更に白紙で包み直し、再び幣の柄で字を書く風をなし、これで悪い所をなでろと女に渡した。また神前に向い、拍手二回ばかり、手の指を組んで拝み、あくびをした。最後に切火、幣で自分の身をなでてから立上り、窓を開いて幣を振って祓い、着物をぬぎかえた。

私は日蔭町の阿部せんさんと同じで、主に平塚の先生(男)についたが、巫女の本当の先生は材木町の矢沢さんという人であった。この人は男のような人で死んでから四、五年になる。私は神経痛リューマチが頭にのぼってしまったので、山の神を信仰したのが動機であったが、それからまるっと三十年になる最初一年ほど手も後にまわらなかった。医者にも三べん程行ったが悪くなるばかりであったから、あとは行かず、天照皇大神や山の神を信心した。山の神は野沢の山の神で、ここにお籠りした。弟子についてからもこの山の神には寒三十日はおこもりした。

まだ弟子にならぬうち一人で一心に拝んでいた頃、急にぶっ返った。子供達が集ってきて泣きさわぐのが底の方に聞えた。起きようとしても起きられぬので皆で起してくれた。その時私は「母ちゃんはあんまり信仰しっから神様から身体を貸せといわれたんだ」と神の言葉を口走ったそうだ。目が覚めてみると気持のよいことは何ともいえぬ位であった。わが身体でない気持であった。それからは神が目の前に現れていろんな事を教えてくれた。まじないも寝ていて夢で教わる。はっと思って目覚めると寝ているのだった。満一年のうちに大てい覚えた。そして一年後は手足も動かすことが出来るようになった。

神がついてわが手でわがからだをなでた。家の中をころ〳〵ところげ歩いた。ふっと目が覚めるととんでもない所に寝ている。からだが軽くなる気持であった。人はなりたくてもなれぬのに自分は神になれることがありがたかった。からだをなでて病気を治すのをおかじというが、材木町の人が私のお加持するのを来て見て行って矢吹という人に話したらしく、矢吹さんから弟子になってくれと盃をよこされた。神がつくなどは私はだまっていたのに、神様がきかずにこうなったのだ。ここに一年程通ったが、習ったのは高天原位で師匠もこれしか知らなかったのであろう。しかも外へ出てならぬと止められていたので拝む方法は更に知らぬ。ところがその時分兵隊を送る会がよくあって大夫様が祈禱する。そういう所に出て見て、こんな祓の方法もあったのだと私はたまげた。それからは大夫のあげる祝詞を聞いて一心に覚えた。こりもとり、穀断ちもし、この辺の神にお籠りもし、熱心に精進した。新鶴村の稲荷様などもおや神様として尊んでいる。まじないも少しはやるが、これは上述のように夢で神様から直接聞いたので矢吹さんから教わったのではない。

私も弟子を少しとつた。身体のよわいのやめくらが多い。弟子ははじめ六、七人あったのだが二人残り、その一人は今は七十二、三になる筈だが今やまとのこびき原におり、今一人も同じ村にいる。共に百姓だから現在拝んでいるかどうかわからない。私の免状は東京の管長から貰ったのだが矢吹さんが骨を折ってくれた。「免許状、永峯サキ、授六級神教子、教師十一級の礼遇を与ふ、大正十三年十月十一日、神習教管長芳村忠明」、も一枚は「太卜之法八等免許候事」、この外にもまだあつた。

祭壇に沢山の人の姓名が紙に書いてはってあるのは、取子祈禱のためであった。一年とか二年、三年とか、親達の希望にもよるが年限をきめてその期、間は子供を神様にあずかってもらう。巫女は朝夕その子達のために祈禱する。その期間一年に三回、すなわち正月、三月節句、お盆と巫女の許にお礼に来るわけになっているが仲々実行されても居ない。おしんめさまは私が出ぬので今は外へ遊びに出ない。決してひとり離しはしない。私は仏はおろさない。私の夫は三年前に死んだ。子供が一人いて別に仕事をしている(職人らしい)。

老女は我々闖人者を最初怪訝そうな面持で見ていたが、すぐなれて部屋の隅のこたつで種々話してくれたのが上述の聞書である。少女がお茶とみかんを持ってきて、我々にお婆さんに何を聞くのと責める口調でいった。老婆は、これは孫で、孫が心配して様子を見に来たのですといって笑った。そこばくの賽銭を上げて外へ出たら薄ぐらくなっていた。

吉　井　イ　ソ　女（会津若松市、七十八才、女、稲荷、昭和二八年一月九日、山口弥一郎氏同行）

吉井巫女を訪ねると最近不幸があって二七日かに当るので拝むことをしないという。目の不自由もない丈夫そうな老婆である。聞けば人が死んで五十日の間は神に向わぬという。茶の間の次が座敷で祭壇があるが幕代りにふすまを立てかけ見えぬようにしてあった。以下彼女の話。

私は百姓であったが作がとれずその上病気になって苦しんだので信心をおこした。そして慶徳の稲荷さんを拝んでいる中、稲荷さんから身体を貸せといわれた。このいなり(狐)は白いが背中に黒い所があるそうだ。しかし自分は子供を育て上げるまでは神様にからだをあげるわけにはゆかなかった。

五十一になった時亭主に別れ、七人の子供もそれぞれ片付いた。この間いろいろ不思議があった。例えば子供の姿が見えなくなる、活動写真などに行ったまま帰らない。どうしたものか警察に届けようかと思いつつ拝んでみる。半分からだがかれていたから居る方角がすぐわかった。一週間位で出たものだ。一人で無事に帰ってくる。毎年寒三十日はこりをとった。神のついたばかりの五年間位つづけた。今は年をとって行かぬが滝沢の観音でよくこりをとった。山で径我したことあり、某医院に行ったがよくならぬ。医者が治療している中、神が背中からついて医者の悪口をいい困ったことがあった。

弟子は居ない。私の先生は日蔭町の阿部さん(女)で一寸の間朝晩仕事のひまに行って唱えごとなどを習った。日中は子供をつれてかせがねばならなかった。

神がつくと身体がぼーっとして神あがるまで覚がなくなる。身体を神にまかせておくと、病気をしても困らない。風邪などひいても大丈夫だ。神があがっても仲々目があかぬ。明けようとしても明けられぬものだ。神あがる時は帰るぞと神は教えて去ってゆく。無理につけた神だと駄目だが、神の方が私を救ってくれるとて来たのだから極く自然についたり離れたりするのだ。神は、身をかりられたお稲荷様が出、よその神はめったに出ない。私は忙しい身体なので家にばかり居られぬ。しかし例えば新潟の子供の所へ行ったとしてもすぐ帰って来る。それは神様を放ったらかしておくと神様がおこるからだ。拝む時は白幣を持つ。持幣(もちべい)という。幣に二通りあり、柄の長いのをかなぎという。他に出る時には短いのを持ってゆく。私の正式の服装はかくいという上衣、それに袴で、かくいは紫、袴は白を用いる。

祭壇を見るとおしんめ様が一対箱に入っている。もと二むかいあったのを一むき(古い方らしい)は新潟の方に行っているという。かんまじないする時につかう。拝みに来れば今もこれでやって上げる(しんめい像は恐らく巫女のとりものであったのに相違ない)。おしんめもお稲荷のつきものであるから、一箕村の大夫様に刻ってもらった。つくってから二十年程になる。着物を上げる人も今は稀なので家で着せて上げる。身体の弱い人がこの着物を一枚借りて行って、肩のえりの中にぬい入れておき、二枚にしてお返しする。おしんめいは伊勢の大神宮だからお稲荷様の上である。阿部さん所にも二むきある筈だ。やはり一箕の大夫に刻ってもらった筈である。祭壇に祝詞を書いた折手本あり、これも一箕村の大夫より書いて貰ったものであるというが目次だけ挙げると左の通り。

神事祝詞―造化詞、太祝詞、禊祓ひ詞、衆順禊祓詞、ひふみ祓詞、大祓詞、最要祓詞、清祓詞、禊祓詞、天地和合祓詞、神降詞、神上詞、十種神宝詞、星祓詞、六三祓詞。

以上であるが普通おはらいとお稲荷さんのおはらいとおしんめ様のおはらいと三通り位で間に合う。私はみこでおわかさまでないから、仏の口よせはしない。しかしどうしてもおろさねばならぬ時は道場をお稲荷さんから借りて出す外はないがよく〳〵案じて来る人の時に限る。そうでないと道場が邪魔されて困る。小さい子供などちよろ〳〵して困るものだ。

会津ではみこ（神に仕え神おろしをする）とわか（仏に仕え仏をおろす）と区別している。一般は必ずしもそうでないようだが、みこに聞くとよくそういうことをいう。

阿　部　せ　ん　女（若松市日蔭町、七十八才、女、山の神をまつる、昭和二八年一月九日、山口弥一郎氏同行）

吉井女に聞いてその師匠であるという阿部巫女を山口氏の案内で尋ねたところ、近くの呉服屋に手伝に行って不在であった。その呉服屋にいくと、今子供を負うて用足しに出たあとという。すぐ追いついて、山口氏の友入某商店の店先に休んでもらい、ストーブにあたりながら聞いてみる。女は手拭を被り子供をおぶったままである。年とって忘れてしまったから駄目だ、それに今は「神様をやめて」ただひとり信心しているだけだからといい〳〵、それでも少し話してくれた。以下その話。

自分は山の神を信仰している。はじめ神がついたのは不意であった。神になりたくなってなれるものではない。その頃高野村に永井という大夫があって弱い人などを拝んでいた。私は松下村の親戚の家に行き合せていた時、その家に弱い人がいて大夫に来てもらい祈禱することになった。その時居合せたみんなも自分も拝んでもらうことになった。

中には肉など食っている人も居り、自分だけは清浄な身であったので、誰にもつかぬのに私にだけ神がついて、身体がゆれてぽつ〳〵となった。独りではだかになってがらがら水をかぶった、これは覚えがある。そして神様からお前の病気は治せぬが（私はからだが弱かった）、苦しみだけはとってやるといわれた。大夫は、それは神様がついたんだからぜひ神様を拝めという。おれはそういう事は厭だといったがそんな事をいわずにとすゝめられた。家に帰っても祈禱するとすぐに神がついて坐ったままぽんぽんと歩いた。そして疲れては眠った。こんなことが三日程続いた。この自分の身体を神にあげんぞと大夫にいわれても、子供三人も居べし、おやじは居るし、なじよしっぺ、自分の母親もみこだ、今また娘の自分も神様になる、どうした事かといったが、娘をみこに上げねば命にかかわるといわれ、それがもとで弟子に入った。だから私の最初の先生は永井という人である。私の四十五、六才の時であった。ここに二十一日間とまって朝晩祈禱していた。しかし免状などはまだまだとれずそれは後のことであった。

この人の世話で免状をとってから次に習ったのが高野村の平塚先生（男）で、死ぬまで面倒をみてもらった。この人は器用な人で私の持っているおしんめさまもこの人が刻ってくれたのだ。免状は四級まで上った。先生からの奥許しとかやかましい引きつぎの儀式などは何もなかった。私は三人ばかり弟子をとったが一人は死に、一人は吉井イソ、一人は男で身体が弱かつたので弟子入りしてきたのだが、男のみこなどあまり聞いたこともないからお前は大夫さまになれとすゝめ、後で大夫になった。

わかさまは盲の人で仏さまの方であるに引きかえて、みこさまは神に仕える。みこでもたって頼まれれば仏も拝むことが出来、わかも神もおろせるが、やればやれるというだけで、そういうことは誰もあまりしない。現在若松の町内にわかさまは居ないようだ。私の母親もみこでやはり高野村の大夫より習った。

老婆の帰り去ったあとで来合せた村の人の話によれば、阿部巫女の出た村は神指村で、総領であったが、三十五、六年も前に村を出たらしいとの事だった。なおこの人の話に、松下村に何という神社か知らぬが天狗がいるという。

またここにのりわらと呼んだ神がついて神の言葉をしゃべる人がいたという。女らしく、つまりおわかと同じものかな、などといっていた。冬木沢には親が死んだのでお参りに行ったことがある。ここに集るのはみこでなく、わかさまらしかった。

渡　辺　ひさ子　女（耶麻郡一箕村、四十五才、女、昭和二〇年三月二日、山口弥一郎氏調査）

この巫女は他に嫁していたがある時、櫛田某（五十二才、男）に拝んで貰い、「神様に上げます」とて某の妻となった。今も姓は違っている。現在会津の神習教の本部になって居り、三百人位の信者をもっている。檀家のようになってい て、春は星祭とて年令による一覧表（例えば◑四十八才、男、水、千手、西方凶）を配布して祈禱してまわる。

彼女は嫁に来てからみこになった。夫の留守中に歯のまじないを頼まれ、だんだん出来るようになった。子供のかんを治す。二度で完全に治る。

櫛田氏はおわか様の先生というわけで一年に一度同氏支配のみこ達が百人から二百人位集まり（一般信者が多い）、大振舞をする。米一升に金三十円位から五十円位持ち集る。赤飯を炊く。おかまならしというのは行事中にかまをならすことがあるからである。なおみこに神仏の二種あるのは、明治以後本部より免状を貰うようになってからで、以前は区別が無かった様だという。

昭和十二年七月神習教支部で配下のおわかさまから寄附を貰ったことあり、その時の名簿があるが参考のため記せば、若松市七日町阿部せん、同栄町永崎さき、田島町渡辺長次、河沼郡日橋村斎藤しん、若松市大町安西いわ、同栄町秋山せん、河沼郡堂島村渡辺とめ、耶麻郡磐梯村山口すて、若松市馬場磯部いね、北会津郡荒井村小沼よしの、若松市大町小野里きそ、北会津郡門田村須佐とよ、若松市下五ノ町小林ふみ、河沼郡若宮村谷沢はま、大沼郡高田町佐野はつみ、新潟県北浦原郡安田村佐海たまの、同村小野里とく、耶麻郡小川村佐藤しな、同村阿部みね、磐梯村佐藤とく、若松市原きい、筒井みん、吉井いそ、岩田のぶ、大竹すて、河沼郡堂島村雲野ささ、生亀ちよ、若松市荒ちよ。

櫛田氏はいろいろつきもののはらいもする。狐、蛇のついたものなどよくはらうが、重いのは何回もやる。虫歯、突目、子供のかん、安産、気狂などもはらう。

木　村　セ　キ　女（耶麻郡猪苗代町、六十七才、女、笠間いなり、山口弥一郎氏調査）

家は農業、五十七才の時千里村で笠間タカ女より習って一人前になった。師匠よりは太鼓をゆずられた。さんげを唱える。神おろしをする。高天原の言葉でやる。覚める時安心の気持、あとでつかれた感じ、しめ、幣束、鈴、燈明、数珠などあり。葬式の後一週間位の間新口をおろす。新しい仏は三十五日間おろせぬ（この辺ははっきりせず）。古口はいつでもおろす。とくに春秋の彼岸日、盆がよいともいわず、特別に神おろしをしていけない月もない。

会津冬木沢に集ったわかの話（昭和二八年一月一〇日、山口弥一郎氏同行）

冬木沢の上野覚太郎氏（八十七才）その息（六十八才）より聞く。上野氏は堂島第一の長老で、もと区長をつとめたしっかりした品のよい人である。

広田駅にて下車、寒いしかしよく晴れた朝の雪道を冬木沢に向う。ここは空也上人の霊場で上人の創立にかかるという諸陵山八葉寺があり、また上人の墓碑がある。天禄三年壬申九月十一日と刻まれている。特別保護建造物という阿弥陀堂をはじめ、諸堂名残りをとどめ、また境内には五輪宝篋印の諸塔や苔むした碑が並び、正に地方高野山の観を呈している。空也念仏も今に伝承されているという。

冬木沢に行くと死んだ人に会われるとて、ここの祭の日には近郷近在はおろか会津全円、遠くは新潟の方からまで人々が集り、わかに口寄せを頼んだものだ。これは明治の末まで続いた。今は来る人もなく、村には一人のわかもみこも居らぬ。死んで惜しくない人もないが、とくにいたましく思うような人を寄せるためであった。その人の命日をいってよせてもらう。土瓶に入れた水を何月何日の仏さまと呼びつつ、息をかけてはどんぶりにあけた。□□形の水の入れもので片方から片方へくみ入れる方法もあった。親兄弟が集まってわかを中にして聞く。まだ出ねえのかななどいい〳〵また水を上げる。姉を出そうとするのにお祖父さんが出たりして仲々出ぬものだった。しかしわかの口ぶりから、ああこれはおじっあんだとか誰だとか推察がついたものだ。夫婦のことはあいのまくらという言葉でわかったし、子供の場合はよく賽の河原という言葉が出たものだ。皆手拭で目をおさえまなくを泣きはらして聞いていた。子供心にあわれで見ていられなかったものだ。近くではうるし沢という所におわかが一人居たが、あとは皆この日だけ他から集って来たものであった。皆掛声かけながら泣き泣き聞いた。例えばあれ程看病してやったに何故死んでしまったとか、子供を残して可愛くないかとか。それに対して仏も、子供を大事にしてくれろとかいろいろいうのであった（同行の山口氏も子供の時、重箱などを持って親につれられてお参りに来たこともあった）。

もとは道路の傍でそっちに一かたまりこっちに一かたまりして聞くのであったが、何しろ泣かねばならぬのだからみば悪いので、それに警察の方でもやかましくいうようになって、附近の家に入って口寄せするようになった。そのために附近の家々では座敷を開放した。そういう家が十軒位もあったろうか。私の家などは少し離れているので少なかったが、便利な家は幾組も入って座敷が一杯であった。近くが満員になると遠くの家にだんだんに及ぶ。お祭近くになると座敷を開いて掃除をして待っていてくれたものだ。

まつりは旧の七月一日から十一日まであったが七日は御縁日なので、わかはそれまで居て七日以後は帰った。しかし参詣者は十一日まで続いた。なお遠くから来るわかは一日の前から来てとまっていた。滝沢、うるし沢、野沢など辺から多く来たものだ。昔は非常に多かったそうだが、私が覚えていて多い時は二十人位で、明治四十年頃までは十人位来た。明治の末には五、六人位であったが、大正になっても堂のわきに二、三人居るのを見たことがある。しかしこの頃は口寄せをしてもらう者もあまり居なかつたようだ。おわかさまは目が見えぬが、大がい棒一つでどこからでもやつて来たようだ。若い人も居た。服装はかなり立派で袖のある着物を着、帯をおたふくにしめて丸まげ白足袋であつた。遠くのわかは泊りがけで来ていた。宿にもしたがつて泊りつけの宿が出来て居て、渡辺文蔵氏宅などよく泊るわかあり、私の家などにも若松の大町のおわか様がよく来たものだつたが、もう今から五十年も前のことになる。わかだけでみこは来なかつた。わかは盲目だからどうにも仕様なく、宿で世話をしてそれぞれ店を出させたものだ。物を売る店も祭の時は出て、また近くの家々でも臨時に出すことが多く、食事のお菜や汁など簡単なものを売つた。

おわか様は昔は弓をもつて来て祈禱したもので、病の重い時などはこの弓祈禱であつた。黒く塗つた四尺位のもので、これを机の上にのせ左手でおさえ、右手に持つた棒でびんびんつるを叩いたものだが、仏をぶち出すものだと思われていた。唱え詞などあつたろうがわからない。後では弓を持つて来ず、口ばかりになつた。

ここに集まるおわか様でおしんめ様を持つてくるのは無かつたようだ。

この辺の村にはもと空也念仏があつて七日に行なつたのだがそれが中絶してしまつていた。東京の本部から人が二人ほど来て二週間ほど教えてくれ、再興したのは大正十一年であつた。

この部落によく来たのはわか、あわしま、みこ、法印などで、この部落にはあまり来たのを見かけなかつたが、外にしんめい、あがたがおつた。

某　氏　（相馬市笹川、男、後藤稲荷）

笹川稲荷の拝む人といえば某氏のことである。駒ケ嶺の菅谷生れ、昭和三年一家をあげて塩釜へ行き、一、二の会社で働いていたが、昭和十二年会社をやめて古鉄買をはじめた。神がつくようになつたのはその頃で、結局相馬市の稲荷さんが空いていたので入ることになつた。来てから十五年ほどになる。今は百姓しながら稲荷の祠守をし、頼まれれば拝む。客は、丸森、館山、鹿島の方面からもよく来る。

親に早く別れたので神仏をよく拝んだ。お白狐が時々ここの稲荷様に来る。足跡を見るが姿は見えぬ。一時菅谷に居た時も狐が沢山来たのだ。皿に食物を出しておくと食うその音だけするものだ。

塩釜に居た頃、昭和十三年旧九月八日の朝のこと、その日も例の通り二階に祀ってある神仏を拝んでいると、合掌していた手が離れなくなった。力を入れて二十分も居たら自然に手が楽になった。それでこれから拝めるようになるなあ、と思った。そしたら一日に何度も拝みたくなった。近くの塩釜様にも何べんも行くようになり、また相馬の妙見、そうぜんなども拝んだ。反対に商買はしたくなくなり、拝みまわった。悪い考えをおこすと、ひっくり返っていきを出し吸われなくなる。皆集って泣声を立てて居るのがわかる。商売を考え家族の生活を考えてなやむ。なやむと死んだように身体が固くなって動けなくなる。神の道に考えが落着くまではそうなったもので、こういう事は当分続いた。お札や珠数でなでると、暫くしてくるっと起き上れた。そんなわけで否応なく神の道に入ったのだ。祝詞は郷里の駒ケ嶺のそうぜん様(延喜式内子眉嶺神社)の神主目黒氏に教えて貰った。そして神道しゆうせい派に加入した。

家に居ては水垢離を熱心にとった。寒中でも一時間はした。二十一日の穀断ち、三日位の塩断ちもした。今は荒行はしないが、水行だけは少しやっている。拝んだ神はいろいろあったが塩釜、竹駒が主であった。これは常に拝んでいる守護神のようなものであるから、お参りする時も後から押されるほど自分の身体が軽い。さあお参りだとなれば、万事をうちすてて出掛けるので、家内もすておけずついて行くが、とぶようにはやくて、何時も電柱二本分位おくれてしまう。そして家内は塩釜様なら石段の下で待っているのだ。自分はえいっと気合をかけて二段三段と一足にとび上る、そして真中を通る。皆よけてくれた。手は合掌目はつぶったまゝ。帰りは目はつぶったまゝだが、手は左右に開き、四段位ずつ一気に降りた。

拝んで貰いに来る人には、相手の名も聞くが数え年が第一である。拝む時手を合せただけで何も持たぬ。欠伸が出る。終る時は頭を下げ拍手を解くのみ。問わなければ喋らぬ。病人を治す時も神前で拍手をすれば神様が来て救ってくれる。病人の状態もよくわかる。自分はいろいろと喋ることになるわけだが、何も考えず口からぽんぽん出るだけである。いうことは大体わかるが長くつづけて喋ると忘れてしまう。気持だけははっきりしている。熱心に拝むとその人の特徴ある顔が心に見えるものだ。なんぼ遠くに居てもわかる。しかし皆が皆とは限らない。問わねば答えぬが、簡単なことは要点位問わなくてもいうものだ。財産争いに関することで、拝みに来た人があったが、「慾だべ」といって怒ったことがあったが、それも神様が怒ったのである。

仏が出る時はこわい(疲れて大儀)。苦しんで死んだ人の時などことにこわい。出ても語らない人があり、どんどん語る人もあり、持った気性によるものかも知れない。よくお客について来る仏があるが、そういう仏ならすぐ出るものだ。そういう仏は心配してついて来るのだ。ある時三十一才の男が身の上を見てくれとてやって来たが、この男にはそのおっ母さんがついて来た。地相や家相も見る。

普段でも、たとえば食事などしていても、時として神様の下ることがある。

他家に行った場合、深い罪障のある家だと、自然に目をつぶってしまって何も語れなくなるものだ。病人のある家やとかく何かある家に行くとそういう傾向があるから、その時は酒で清めて祈禱をはじめることにしている。

神も仏もない人は一番こまる。拝んでも神様は口をきかぬ。自分は神様の方はよくわかるが、仏はよくわからない。

第三節　葉山ののりわらとしんめい巫女

一

葉山のみこは発生的に他の巫女より古いとはいえないが、古い時代の形を今に伝えているのは幸いである。葉山の場合は巫女といっても女でなくて男である。男でなくてはならぬ理由も無さそうであるが、実際に男であるのは最初からの姿ではなかろう。やはり古代の巫女は多く女性であったのに、いろんな理由で後に男子がこれに代ったのであろうが、葉山は最初どうであったかは判らない。現在葉山の祭で最もやかましくいうのは潔斎で、垢離をとり、生ぐさを食わず、女を一切近づけぬのを見れば、穢ということから男子が当ったものとも思われる。それにのりわらという如き神と同等の地位の人を選ぶためには、女性の地位が卑しく低すぎたそういう時代になってからの産物であろう。それに巫女は神の妻であるという観念、それは意識されたはっきりしたものでなくても名残りを今にとどめているものである。例えば夫はあっても衾を一つにしないとか、神の嫁になる儀式を行うとか、そういう事は今でもいうし、ところにより人によっては行なってもいる。女は神になれなくても神の妻になれるとするのかも知れぬ。

葉山ののりわらは一般巫女の個人的であり職業的であるのにひきかえ、村人共有という観念が強く、かつ職業的でない。これまた古風を伝えるものである。普段は一般村人と何等変らぬ生活をなし、職業を持ち村の一員としてのつとめを果しているのであるが、一旦葉山の祭の日ともなれば村人の輿望を一身にになってにわかに神の座に就き、神と交り神の言葉を村人に告げて驚かせたり、喜ばせたりするのである。ゆえにのりわらは神と人との間に位置するが、時には神の代理の役をつとめ随って神ともよばれることがある。大倉の葉山ののりわらも、大てい葉山の神がついて託宣するために普段でさえ葉山と呼ばれてあやしまない。のりわらは神そのものになり得るか、神の言葉の伝達者であるかは、村の人に聞いても明確を欠くが、しかし大体においてせいぜい伝達者という考えであり、時には神の代理になり得ることがある程度で、神そのものとは考えないようである。

葉山の宣る村に関する吉凶禍福を聞いて、聞くだけでなく実行するのだから、今以て共同祈願の古風を守っているわけである。村人は集ってのりわらに神をつけ、また神を離す。のりわらが欠員になると人々は心配してあとをつくらねばならない。のりわら自身もまた公共的のものであることを心得ていて、個人の意志による行動をとることなく、神のためにのみ、村のためにのみ働く。祭がすぎればただの村の一員に返る、もちろん巷間の巫女の如く村の人々の身の上をみてやったりするような世すぎのための個人的な仕事はしない。

現代になって個人的な世間の巫女は減少しないのに、葉山ののりわらの跡を絶とうとしているのは、一口でいえば社会事情が変ってのりわらを必要としなくなったためである。一部で必要を認めても、やはり条件というものがあって、もはやその条件を満たすべきのりわらは居なくなっているのである。のりわらの発生よりして、村人の中で神の思召にかなった人を皆で選定したことから見ても、また人々の信ずるに足るのりわらから神の託宣を聞き正したいのは人情だから、その辺の職業巫女では誰も納得しないのである。しかし宗教的修養のつんだのりわらなどはだんだん少くなるし、いくら自分の村からのりわらを出したいといっても適当な人が得られなければよその村から頼んで来る外はなかったのであり、頼んだにしても経費もかかり、情もうつらず面倒でもあり、第一それほどまでにして旧慣を墨守しようとする信心家が居なくなったのである。信仰というものは多少の抵抗は気にしないものであるが、このようにのりわらのいうことが村の多くの人々から信用せられない時代になって見れば、喜んでのりわらになろうとする気持だって無くなるのは当然である。従来ののりわらが年をとってその後任が差し当り見つからぬことが、村にまだ残っている信仰心深い人々の一つのなやみなのである。

しかし神の託宣というものがほとんど絶対的なものであった時代がそう古いものでなかったという事は面白いことであって、今でも半信半疑の人が信仰心の厚い村にあることは不思議でない。恐らく政治にも戦争にも生活にも文学に至るまでその原動力をなしていたのは宗教の力であったに相違ないことは、幾つも実例を挙げることが出来る。普通の巫女が孤立であって、予言をなし人の胸奥を見抜くと信ぜられていたために気味悪いものとして恐れを抱かれていたのに対し、葉山ののりわらは性格上そういう感もなくはないが、村の一員として常に人と交り、祭日とて一緒にお籠りをし、共に酒を飲み談笑して親しい雰囲気のあるのは、やはり葉山のりわらの一つの特色でもあろう。これが職業化し、孤立化し、報酬を求め威張る時こそ、村の生活から遊離し、村人から敬遠せられ、村人共通の葉山の神から離れて個人の神を勝手にまつる時であるに相違ない。

なおのりわらを最初に選出する方法であるが、これも一般巫女と全く趣を異にする。現在の状況より推察するに、先ずはじめ神の託宣を聞いて思召を知り、大体これぞと思う候補者を選んで人々の輪の中に入れて坐らせ、一斉に呪文を唱して囃したてたのである。かくて神のつくつかぬを見たものであるが、つけば神の思召を得たものとして人々は納得した。一旦つけば毎年ほとんどかわることが無いのも当然であった。個人的にのりわらになる素質を最初から持っていたにしても、村人一同の意志が選定に関与し得たということが大切な事だったと思われる。共同で選び、共同事項を神に祈ったことに意義があったのである。

職業巫女につく神、仏、生霊死霊等の範囲は広いが、のりわらにつく神の範囲はせまく、葉山が主となっている。しかし前者とても彼女自身にある身近の神仏を出す。後者も土地の人を守っていてくれると信ぜられている神であって、いわば祖霊のような家つきの神、村つきの神霊がその中心をなしていたことは想像される。どうも外来神や自然神が突如としてつくことはあるかも知れないが、例が少いようである。ことに仏教の影響の無かった時代は、神ともつかず、仏ともつかぬ土着の霊であったに違いない。少くともそれが主だったのであろう。現在託宣の内容を見ても作のよしあし、火事のあるなし、病気のあるなし、その他ことごとくといっていい程、村々家々の生活に関係することばかりであった。我々が将来の子供や子孫のために、あるいは同じ村人のために心配してやらねばならぬ事ばかりである。祖霊でもなければどうしてこれだけの親身の託宣が出来ようかと思われるのである。

二

相馬では巫女のことをしんめいとかおしんめ様とかいうことがある。彼女等はしんめいと称する男女一組の像を持って祈祷して歩く故の名称に外ならぬのであるが、そのしんめいには流派のようなものがあってどれが古いかはわからず、また互いに混同して判然としなくなっている現在であるが、浜通りには次の四つがあるらしいことはいろんな場合に出てくるのでわかる。すなわち熊野しんめい、伊勢しんめい、白山しんめい、葉山しんめいこれである。この中で現在よく聞くのは伊勢しんめいであるが、それは熊野についで盛んな時代があったからの名残でもあろうと思う。葉山しんめいもいずれは熊野あたりからの派生かも知れぬがとにかく一つの存在をなしている。

熊野信仰が平安時代に至り頗る盛んであったことはわかるが、当地方にあってはむしろ熊野信仰の下火になってきた鎌倉時代、この信仰をつなぎとめるためにいわゆる熊野巫女が口寄せをしながら全国的に漂泊したその頃の影響の方が濃く残っているらしいが、中には修験の直接もって来たもの、鈴木の持ってきたものもあって入りまじっている。熊野は霊の集る一種の霊場であったらしいから、熊野しんめいの所持したしんめいも熊野の神そのものというよりは、各巫女のまつるにそれぞれふさわしい霊魂、結局は祖霊を結びこめて身の護りとしたものがしんめい像のもとの形ではなかったかと思うのである。そして上から来たものではなくて、奥州の巫女の間に工夫されて出来た像を右の霊魂にあてたものであろう。そして巫女はこれを箱にでも入れて持ち廻るようになったと思われる。しんめい像は歩くことが好きだというのは像の元来の性格ではなくて、漂泊巫女の性格をうつしたもののように思われる。像のもつ呪力も巫女のもつ呪力と同じものだったと思う。巫女にして今なおしんめいをおろす者は多く、また祭壇にかざり、かつ遊ばせているものの多いのも昔の名残りと思われる。幣束は着物をあらわしているものだと思っている人が現に村に多いのであるが、それと似た考えで串に目鼻をつけてみようとする考えだっておこり得た筈である。幣串に目鼻をつけ着物を着せればすなわちしんめいになる。石城戸田のしんめいの着物についてこの家の主人は、御幣に垂れている紙と同じものだと考えていたし、同じく西小川の高萩女の持ち歩くしんめいは、夏は神があついというので着物をぬぐのだといっていた。次に遊ばせるということについて、明治初年の大須賀筠軒の磐城民俗記に、

神明さま達を遊ばせ申されといへば、もり子内に入りて坐して彼の二つ木像を両手にささげすり合せ居る。暫くありて木像自ら躍り潜りまはるごとくにて、手もだるく休めんとするも止まず、これ神明の遊び給ふなりとて、稍しばらくして止む。その時もりこ神明様御機嫌に遊び給ひしといひ、斯くて米銭を納るなり(山伏または禰宜の妻を守子といい、瞽者の妻をわかという)。

なおしんめい像で肩を叩けば凝りがとれるといい、頭をさすれば頭がよくなるというのも巫女の手草であった証拠ともいえそうである。一対であるというのは巫女が両手に一本ずつ持った名残に相違なく、現在安達松川の羽山ののりわらは、幣束一本ずつ両手にそれぞれ持って神がかりしている。

神めい像が神官や修験の家で多く所持されているというのは、恐らくは神官や修験のものでなく、やはり歩き巫女達の携えて居たものであったらしい。事実巫女は修験の妻である場合が多かったから、したがって彼等の家に納まっているのではないか。それに明治になってから、とかくたたりの多いしんめい像を恐れて、巫女や修験でなくなった子孫の人々はもてあまして神社などに納めたものらしい。平市下神谷愛宕花園神社の神官吉田氏のところに数組もの像があるが、何れも明治初年に近隣の人々から託されたものと云う。その一つに小さな札あり、表に「神像二組、明治十四年辛巳九月二十三日、赤沼作田久太郎」、裏に「白米二升年々奉納」とある例などよい証拠である。

次にしんめい像の発生的な問題であるがよくわからない。普通おしらさまと同じものと思われているのであるが、まるで同じだという事も出来ず、おしらの方が古いといえるはっきりした証拠もない。似ているようでもかなり違うところあり、例えば磐城のしんめいは蚕の信仰が別に無いし、したがって桑の木で作るなどのこともいわない。近く

しんめいを並べていえることは巫女の呪具であったらしいということ位である。ある種の神舞は巫女の神がかりの状態をあらわしたものと思われるが、それと似た考えで巫女が神がかりの時もったもの（弓、鈴、幣、笹）の変化、例えば幣串等に目鼻を書いて人形の姿にしたものであろうかと思われるのである。小高神社の相馬胤敏氏の話によると、浪江のしんめい巫女の手に持っていたのは、白い細い紙をいくつも結びつけた棒であったといい、また四倉町橋本家のしんめい（熊野しんめいと称するもの）は顔形もない棒に布きれをまるくかぶせたものであったという。同じ四倉の金王不動堂にも、岩手あたりのおしらに酷似した目鼻を書いてないものがあった。それが熊野の場合なら、巫女が熊野の霊魂を持ち歩いたことになるのであろうし、鳥の案内によって熊野を鎮座させたという伝説にも関係があろうと思われる。鳥に対して人々の抱く不吉感は恐らくは古いもので、鳥は霊魂の行く方を知る鳥だったに違いない。単なる道案内の能力をもった鳥というだけではなかったのであろう。

要するにしんめい像は、その所有者なる巫女を離れては遊びに出たがらないこと（会津永峰女）、古い形ののりわらのとりものは一対であったこと（信夫松川）、白山しんめい、伊勢しんめいその他いろいろあったのは白山みこ、伊勢みこなどのあったこと、しんめいの利益は巫女の祈祷と一致していること、着物は幣の垂れと関係あるらしいこと等から推して巫女の採物だったとする説を確認したいのである。そしてこれも仮説になるが、しんめいははじめ古い熊野に起り、のち分化して伊勢、葉山その他にもうつって、歩きまわる人々が、それぞれの神そのものだと思いこんで持ち歩くようになったものではないかということである。

第四節　子安信仰と取子

一

藩政時代の子安信仰は、衛生思想が発達せず設備も不完全であった結果難産多く、ぜひ安全に子供を生みたいという人間の本能から出る熱烈な叫びに加え、重なる凶作で人口が減少したためにその増加をはかることから、更に生活の苦しさから間引堕胎が多かったのでその矯正のために、といった種々の理由で自然的にあるいは人為的に広まらざるを得なかった思想であった。

自然的な欲求によるものは別としても、この必要と思われる子安の思想を徹底させるためには、どうした方法が考えられたかというに、第一は子安明神や観音地蔵の類を設けて信仰心を培い、神仏の恵に頼って安産を期したことである。妙見社その他の社寺でもこれに一役買って安産祈願をよく行なった。第二は多産の者に養育料を与えて人口の増加を奨励すると共に経済的に扶養を助けたこと。第三に儒教思想の上から堕胎、嬰児圧殺等の人道にもとる所以を説き、人倫を明かにしたこと。ために藩でもしばしば堕胎矯正の触書を出している。第四には有司や医者あるいは僧侶等を督励し、あるいは着帯改を励行して妊婦の診療、あるいは教化方面より指導をなし、目にあまる者はこれを罰した。一方取子の風が盛んで、これが結果において側面より子安の思想を助長したことにもなったのである。

浜通り、ことに南半の石城の村々を歩いていると、路傍や寺の境内などに十九夜さまと称する、多くは石像の如意輪観音のまつられてあるのを見かける。当時の村の若い女達が生命をかけての出産の少しでも軽からんことを、こんな稚拙な石仏にさえすがらざるを得なかったかと思うとあわれである。

ことに里遠い地方ではよくよくの事でなければ、医者を頼むことが出来なかったから、難産で死ぬ者が多かった。私が訪ねた相馬の山中郷のある部落の老女などは、若い頃は村に医者は無論、産婆さえ居なかったから、手馴れた近所の老婆に取り上げてもらうのが普通で、それが間に合わず夫に取り上げて貰ったこともあり、甚しい時は自分で手をのべて生れた子の臍の緒の仕末もしなければならなかった。横に寝ていては産が重いとて、さんと(産婦)は天井から吊り下げた麻紐で頭髪をしばられ、否応なしに起されていたりした。午前中一杯田の草を採り、腹が痛くなって来てから急ぎ帰って自分で湯をわかし床をのべて寝る。出産後も何時までものんきに寝ているわけに行かなかった。だから今でも息子の嫁のお産の時には、大丈夫生めそうかどうかを聞いておいて、自信が無ければ里から医者をあげる用意をしておくというのである。生れる頃になるとそれは心配なものでうぶすな様に燈明をあげた。中村の辺では燈明のろうそくが点り尽きぬうちに生れるとよいとし、でなければ難産だから、あまり早くろうそくをともすことを忌んだ。磯辺の辺では昔はどんどん火を炉にもしたと、これは今(昭和三十二年)八十余才の老婆の話である。こうした心細い状態のもとにおける出産ゆえに命をおとす女も多かったわけで、そういう女の供養のために立てられた十九夜碑も石城地方に数多い。四倉には正徳頃のでよい観音石像があったし、山間地方には子供を抱いた像が多く見られる。

月の十九日、あるいは春秋などの特定の月の十九日の夜に、宿(多くはまわり番)に集った女達が幾許かの米銭を持ち寄って餅をつくり馳走をこしらえ、観音の画像に供え、鉦をならして十九夜念仏を唱える。平市草野に伝っているものなどは嘉永七年のものであったが、女の罪深さを誇張し強調したもので十九夜念仏と血の池和讃の二つに分れている。これを一同で唱和の上、難産の暗い幻をはらいのけて感傷の涙をそそぎ、同時に一種のリクリエーションとして今宵のみは姑や夫の束縛をのがれ得た女だけのはかない楽しみを味わったのである。

講の種類は多いが子安安産の講の如く女が主となっているものはさすがに珍しい。子安の信仰こそは労働や育児や、そして何よりも「家」という重圧におしつぶされそうになりながら、なお村の組織などから一応除外されて、悪くいえば問題にもされなかった封建制下の彼女達の一縷のより所といった感じのものである。二十三夜の信仰は浜通り北部に多く、勢至菩薩をまつり、これにも講があって、女だけで安産をいのる。諸々の講の中、ここでも最も多いのは二十三夜であるから、石城方部の十九夜信仰と全くよい対象をなしているわけである。

相馬藩では天明凶作に際会するや、極度の物資不足と、衛生思想の貧困とから、多くの餓死者と病死者とを出して窮乏のどん底にあえいだ。人口が約三分の一近くに減少したのもこの時である。今藩の当時の記録を整理してみれば、

天明飢饉死亡表（天明三年一〇月～同四年三月）

郷名	人口	病死	失踪	空屋	死亡歩合
宇多郷	一〇、五六七	一、一九六	一七五	三〇八	一一%
北郷	七、一一八	三三八	七八	一一一	四・七%
中郷	九、二四四	一、一七五	三〇八	二六三	一一%
小高郷	六、五二八	四二八	一五六	一〇九	六・五%
北標葉郷	五、四七二	二六二	六六	七四	四・八%
南標葉郷	四、一八〇	一四四	二九	二六	三・四%
山中郷	五、一三四	八七四	一、〇三一	四八〇	一七%
計	四八、二四三	四、四一七	一、八四三	一、三七〇	

かかる状態であったから、栄養失調の母親は、子を生まぬように不自然で非衛生な産児制限を考えて自ら生命を縮め、生れた子は間引と称して圧殺して縁の下などに埋めた。もっともこの悪風は天明時と限らず、かつ相馬に限ったことではなく、首の曲った老人などを見ると、あれは赤児の時親が間引そこねたのだなどと石城の辺でもいうのを聞いた。同じ石城地方にはオロノク、モドス、オッカエスなどの語もあり、三人位までは育てて、後はオロヌいたものだったという。しかし一声でも泣声を立てた際にはそれはこの世のものになったのだから殺してはならないとされた。

すでに明和四年十月幕府大目付より矯正の命令が出ているが、それによれば常陸下総辺がとくに右の取沙汰があるから気をつけよとある。相馬においては祥胤年譜中天明六年七月の条に左の意味のことが見える。近年領内の戸口著しく減少して郷村の生産力が年を追うて衰頽の傾向にあるため、これを歎いた藩主祥胤とその父恕胤は、人口の繁殖を阻害しているものは堕胎と嬰児圧殺の陋習と考え、これを矯正するには神仏信仰の徳性を養って羞恥の念を起させるにありと考え、城南高松に子安大明神の祠を建てて平産守護の神となし、懐妊の者へ祓を授け、信心の徳によって平産母子安全の立願をさせた。また妙見社にあっては秘法を行なって母子安全、子孫繁昌の守札を領内全般に配布し、ことに妊婦のために月次母子安全の祈祷を執行して守札を与えた。生産の婦人には寿命料として若干の米穀を給与して産児の生育を遂げさせ、また一方身持不謹慎で流産または死体分娩の場合等には、その女の快復の後体刑を施し、鬢髪を剃り縄をつけ罪状を記した紙小旗をさして居町村の附近を引きまわし、奉公人の妻にあってはその格禄を奪う等の痛苦を与え、恩威ならび行う方法をとったのであった。しかし養育料はよく行われたが、体罰の方はあまり実行せられなかったらしい。中村の長松寺は藩の学問所のような地位にあって領内教化の一中心の観があったが、時の住僧物先はこの施策に感激して自らも万民豊楽、母子安全の祈祷の宝牘を領内各戸に一枚ずつ配布したという。

右の高松の子安明神は、現在国魂神社の境内にあって、社前に小枕がうず高く積まれ、また麻が供えられてある。これを借りて行って妊婦の枕もとにおき、麻で頭髪を結えば安産する。産後新しい枕をつくってもとのと共に御礼参りの時社前に納めるのである。

こうした信仰をもつ神社仏閣は多い。すなわち子安明神、子安観音、子安地蔵の類とその他とである。例えば小池宮前の子安明神は多田氏の護神であった。磯辺稲荷社地の子安観音は孫市という者の守仏であった。小丸出口のは如意輪観音で小丸氏代々の守仏であったが、これあるがために当村には古来難産無く、他村に嫁した者も同様お蔭を蒙ったという。原釜東照山境内の観音は寛延二年新建のものと伝え縁日九月十七日、尾浜水茎山のは石仏というが、これは宮前の白麻を受け臨産の時に妊婦の髪を結ぶ。二十一日すぎて結髪の麻を解き、再詣の時新麻を捧げて御礼とする。その他新田にあり、日下石にもあり(寛保三年建立、縁日九月十九日)、柚木梅光山境内にあるものは如意輪で慶長八年建立という。昔この村に難産が多かったが観音が出来てからそのことが無くなったといっている。縁日九月二十二日。中村文殊寺境内のも子安観音であった。塩崎磨崖の一体について奥相志に、「九横死の中で臨産の死を第一とす。然るに一心に観世音菩薩を念ずれば……安穏に平産母子安全の誓願なり」と子安の功徳を称え、松川浦水茎山のもう一つの観音、夕顔観音は伝説によればもと下総の香取郡にあり平良文夫婦が蓮池の辺にいた時天人が舞い下りる夢を見て懐妊し忠頼を生んだ。良文年老い歿するに臨み、わが姿を見たいなら庭の夕顔を見よと遺言した。割いて見るに千手観音あり云々というような伝説で、これも子安観音同様の信仰を現在持っている。以上は子安観音のすべてとはむろんいえず、あたまから子安と銘うった観音を一応挙げたのである。

子安地蔵と名づけられた地蔵は観音と比べるとほとんど無いといってもよい位だが、実際の信仰を持つ地蔵はかなりある。鹿島寺内の八幡社境内の地蔵は子安地蔵で、今も信仰が続いているらしい。

右の寺内八幡は男山八幡であるが、安産祈願で地方では有名なものである。私なども子供の時、母につれられて御礼参りに行った記憶があるが、今でも社前に小枕が一杯あがっている。前記の境内の子安地蔵とも信仰上のつらなりが出来ているのであろう。四倉にもろこし帯をあげてある安産守護の山の神があったが、南新田三島社境内の山神もそれで祭神を木花咲耶姫としている。領内に一、二見られる滝尾社や赤木明神も安産の護神という。中村火沢の長命寺趾にある赤木社について奥相志に、「藩公の夫人懐孕のことあれば則ち安産を祈る。また蓮池あり、この由緒に、先公の総州相馬に在るや未だ嗣子あらず、長命寺に命じて男子誕生の法を修せしむ。蓮沼のほとりに於て護摩を修して祈る、即ち男子生れて世次となす。この故に長命寺境に必ず蓮池あり」。

以上は形に現れている神仏であるが、むしろこれらより広く人々相集って、月々行っていた村々の二十三夜講のことを忘れてはならない。

二

子安信仰に伴ってこれも昔は一層盛んであったものに取子の風がある。子供が虚弱な時、そうでなくても丈夫に育ってもらいたいと親が願う時など、子供をつれて神社や寺へ参り、そこの神や仏にあずかってもらうので、実際は神主、僧侶、山伏などが取り扱っている。もとは巫女も関与した。

相馬市仏立寺鬼子母神取子状況（昭和 31年）

年別＼地域別	相馬市中村	新地村今神	鹿島町	原町	大内村金山町	相馬市大野地区	枝野村	坂元村	相馬市原釜地区	相馬市磯辺地区	鹿島町栃窪地区	相馬山上八幡	計
大正元	15	2	10	1					6	9			43
2									2	2			4
3	1	1	5						8	3			18
4	3					6				1	1		11
5	13	8	11	6	4	3	1	6	18	11	6		87
6	9	4	2			7			10	6	6		44
7	1	1				1			1		1		5
8													
9													
10	6					7					3		16
11			1				2		3		1	3	10
12													
13	1												1
14												10	10
15													
昭和 2										4			4
3									76		5		81
4	11	6										9	26
5													
6	3	1	10		10		5		11		4	1	45
7	1		1						3	6	10		22
8													
9								6					6
10													
11				4	4								8
12													6
13									6				
14	8												8
15													
16	10	5	8	4	3	9	6	7	23	74	6		155
17	1		1			1		1				1	5
18	2				3		10					1	16
19	3	1	1		7								12
20													
21												6	6
22													
23													
24													
25			7		1					9		1	18
26													
27			1			2				1	1		5
28				1	1			1		1	1	1	6
29	8	6			1		1	1		6			23
30	4	1		6		7		8	1	1	1	9	38
31	1							1					2
計	101	36	58	22	35	43	25	31	168	134	46	42	741

相馬市高松子安明神取子状況（昭和 30年）

地域／年	山上（相馬）	中村（相馬）	日立木（相馬）	東京	松ケ江（相馬）	八幡（相馬）	飯豊（相馬）	上真野（鹿島）	大野（相馬）	駒ケ嶺（相馬）	大田和（小高）	八沢（鹿島）	仙台	上岡（双葉）	小高	宮城柴田	石城四倉	石城湯本	新潟	
大正12	3	5	1	2	1	1	1													14
13			2			4	4													10
14						1	2													3
15		5				1	1	2												9
昭和 2	1	4				1			1	1										8
3		3	1			3			1											8
4		6	1		1		1		1		1	1								12
5		1											1	1						3
6						1				2					2					5
7		4		1		1			1				1			1	1			10
8						2	2			1								1	1	7
9		4							1								1			6
10		1	1																	2
11		1	2	1					2											6
12	1	1								1					1					4
13																				0
14						1														1
15																				0
16		2																		2
17																				0
18						2														2
19																				0
20																				0
21																				0
22																				0
23																				0
24																				0
25																				0
26																				0
27																				0
28		1				1														2
29		1				1														2
30																				
	5	39	8	4	2	20	11	2	7	5	1	1	2	1	3	1	2	1	1	116

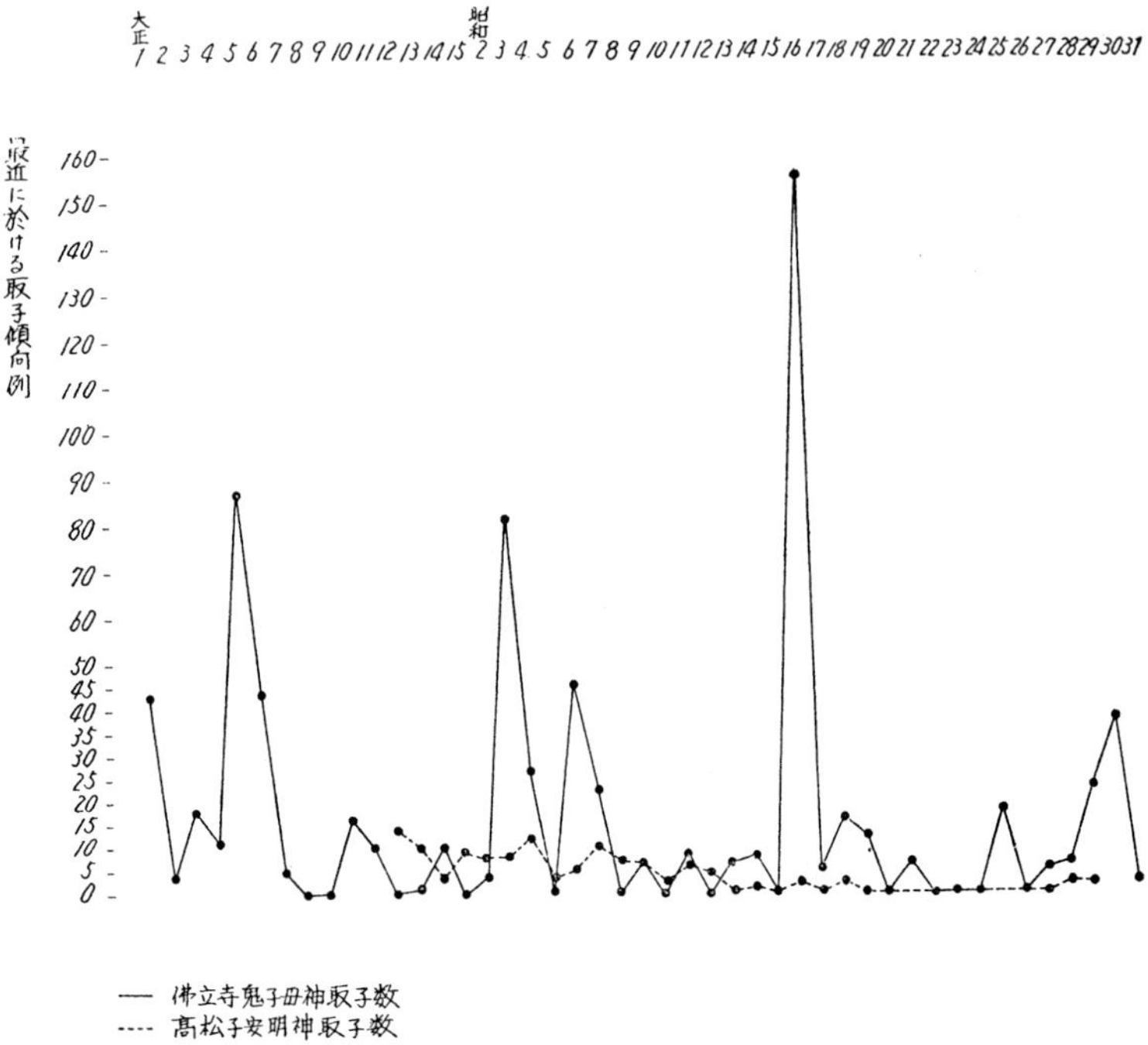

現在も取子を取り扱っている社寺は数多くはないが少しは見られる。相馬市では仏立寺の鬼子母神の取子で、これは近在では最も数が多いかと思う。記録は大正の初よりしか残っていないようであったが、歴史は随分古いらしいという。ここの鬼子母神像は十三糎ほどの丈の木彫のよい彫りで、正保元年仏立寺をたてた日領が小湊より持って来たものと伝える。大正以降の取子の数は別表の通りで計七四一名あり、そのうち相馬市は大部分を占め、南は原町、北は宮城県の北部に及ぶが遠隔の地は無い。高松の子安明神は前記のように天明中藩で建てたものであるが、現在では大正十二年以降の資料しか無く、全体の数も一一六に過ぎぬが、双葉郡、仙台、新潟、東京、石城など遠い地方の人の名が少しずつ見られる。高松の修験山王院、新地の大槻神社、水神社等についても一応聞いてみたが、どこの社寺でも取子の数は近年激減しており、やがては過去の一風習となり終る日の来る

のも近いうちと思われる。

仏立寺の鬼子母神と高松子安のを表にしてみたが、これだけでは傾向はわからない。だが考えられることは、戦争があるとか病気が流行するとか何か変ったことのある時に多いらしいこと、またさしたることが無くてもすすめる人があって一時に大勢加入することもあったりするらしいことである。

新地釣師の水神社境内の子安は木花咲耶姫をまつり、子供を抱いた神体であったと記憶する。神職杉目氏は土地としては多くの取子をあずかっている人だが、親の代から続いている取子の数は五百人に達している。毎年十人前後はあり、病気のはやる年などはもとからとくに多かったが、戦争などではそう変りも無かったそうである。取子に名前をつけかえてやることもあるが、戸籍の名まで直すことは普通しなかった。取子の家に行くと神主はお父っあんと呼ばれて親子の親しさを持っているという。親が取子だとその子をも希望して取子に上げることがよくある。神社ではその者の氏名年齢所番地等を記しておき、常に祈祷することになる。かつ吉日を選んで親子を招き取子の御守を与える。もとは呼ばれた方では酒一升とさかなを持参したものだ。今も一生豆で暮せるようにとの縁起から一升の米を餅につき百個にまるめ、豆一升を添えて神にあげるという。また、正月、五月、九月、十二月の年四回取子の家に行くが、病気でもすると臨時に見舞う。物がたい家では、年四回の外、日待はもとより盆正月までやって来る。取子に年限は無く一生この関係は続くのだが、氏子とは違う。杉目氏によれば取子は、神の方ではわき子というのが本当で、これはににぎの命が身体が弱いので天照大神がいつも背から離さず、負うたまま腋の下からまわして授乳した、そのための名であるという。ここの取子の範囲は、南は原町から北は宮城県山下辺までで、新地、福田、駒ケ嶺の一番多いのはやはり地元のせいである。

右の釣師の杉目訓氏は新地大槻神社の社家の分れであるが、この大槻神社の取子は昔は頗る盛んで、大正まではかなりあったという。今は非常に少くなったが、それでも米一升に百円位あげて祈祷してもらい、神社からは取子安全の御札を出している。やはり旧正月、五月、九月、十二月の四回取子の家におつとめに行く。日はきまっていないがその月の十八日までにすませる。信仰範囲は東は浜、北は山下、坂元、南は鹿島、八沢、栃窪、西は伊具の大内、青葉辺まで金山も入る。

相馬市高松の子安明神でも二千名を超える取子があったといい、四節と称して春夏秋冬一回ずつおつとめをしたが、現在は数も稀になり、希望による祈祷程度らしい。同じ高松の山王院の取子は、弱い子や一人息子、一人娘などが多いようで、取子にあげてから丈夫になったとよくいうそうである。年二回取子の家から招かれるが、六月と九月の二十八日である。義理がたい人は不動様の縁日や盆正月にやって来る。とり子に上げる時は、昔は酒一升持ってきたものであった。

取子の側からすればどうかというに、相馬氏黒木の門馬善治氏の談に、仏立寺の鬼子母神に子供のとき取子にあげられたが、その時米一升持って行った。先方からは四節に拝みに来てくれたが、こちらからも年二回親につれられて参詣に行き、赤飯など御馳走になってきたものだ。大人になってからは余り行かなくなった。黒木で今も取子として行って拝むことを続けている人は、聞いている範囲では十人はあろう。私の家では私(門馬氏)と孫と二人が取子になっている。その子の健康状態によってあげるわけだが、かたい家などでは生れるとすぐあげる人もある。仏立寺の本堂を建てる時など、取子の協力が大部分であったという。

山上の万蔵院の取子については、記録に「先公しばしば万蔵院を召して法談あり。屋津姫君初姫君を取子に賜ひ、守護を献ず云々」。

三

一方堕胎間引等悪風矯正のためにはしばしば藩主より教諭書が出たが、あわせて有司や社寺への協力も要望されたのは、決して一片の法令を以て押えることの出来るような社会事情ではなかったことを示すものであろう。まず明和四年十月十五日恕胤の代、幕府の大目付より、

百姓共大勢子供有之候得は、出生之子を産所にて殺候国柄も有之段相聞不仁之至に候、以来右体之儀無之様、村役人は勿論百姓共も相互に心を付可申候、常陸下総辺にて右之取沙汰有之由、若し外より相顕はるるに於ては可為曲事者也

養育料のことが記録に出てくるのは天明七年であるが養育料のことは後述する。寛政十一年には相馬の惨状が聖護院宮にも聞えて、院内務心画院をして相馬の修験本司上之坊へ示達するところがあった。当時の上之坊は雨潤で心画院と親交のあったことは他の往復書簡によっても明かである。

奥州辺出生之男女不育之者有之候由、粗達御聞、法親王深愁歎被遊、右等之儀相止候様、霞下並諸方随力、幾重ニ茂可被加教諭旨申達候様蒙仰候、右之趣敬承可有之候、已上

寛政十一年未三月　　聖護院御内　心画院謙牛

相馬上之坊御房

文化三年には樹胤の代になっていたが父祥胤の直筆の諭告書が出た。

一、御父様(恕胤)被仰出候出生之子供養育之儀、不心得之者有之、人道に背かざる様、取締面々ゆるがせに致置候ては、道に不叶事と思ひ、此旨在郷役人共へ申付、厳重之沙汰可有事

文化三年寅十一月　　祥胤

これにつき更に敷衍した注意書が出された。

一、先年高峻院様大殿様、御困民御仁愛之余り、出生之子撫育無之為め、格別之御法令被仰付置候得共、稀に不心得の者も有之、人道に背候始末有之候様被為及御聴、右取締方之儀者、郷役人共迄厳重申付候様、此度御筆御下被遊候、其上此後産婦の儀に付、不埒之儀有之沙汰相聞候はば、逐一達御聞取扱候様被仰出候、必竟誰として子を害し候体之儀は、人倫之大変人非人之致方にて、天罰冥罰叵逢其罪に陥り候段、御歎ヶ敷被思召、追々被仰出候事も相見候得共、郷々頭立候役人は勿論村役人ニ至迄、右体之儀無之様、取〆方立入吟味相尽し可申候、尤下々大勢之事に候得ば、心得違右御法を犯候者可有之哉、其節急度相糺吟味可致候、万一見遁し聞遁し等仕、穿鑿向於等閑は、罪人と共々御仁政を差塞候と申者にて、不軽御科候間、此旨共々相心得取扱肝要に候

同じ祥胤によって更に詳細なものが出ている。これも自筆で幸いに残っているが、ただ壬二月とあるのは寛政四年か享和二年か文化九年の何れか判然としない。

下々の者、毎々生るる子を手づから殺し候之段、人倫之大変此上もなくなげかはしき事候、高峻院様（恕胤）深御悼被成、御仁恩を以御止め被遊度思召、種々御手段有之に付、大抵十人之内六七人位は殺し候事相止むよふに思ひ候、我等不徳之事なれば、又々下々悪心をも可生やと日夜安堵無之候、侍以上之面々は本より恥を知る事なれば、右躰之儀は有之間敷候得共、若し心得違ひ、或は困窮に迫り、右躰之事有之に於ては以之外の事候、当時倹約筋専らの時節、まわり遠き道理之様にも可存候得共、身上向取直しに付而茂、専要之事に候間、支配持諸役人、此儀不断心得居り、暫時も無怠慢心附候様可致候、領内に於て百姓町人は勿論、又者屋敷守等迄も其主人々々より心附候て、子供殺害之事決して無之様致方可有之候間、相談之上申聞け呉候様致度候、了簡筆紙に認め兼候事は可及直談候、先々老共と能々熟談被致候也

壬二月　　祥胤

支配持諸役人

文政五年八月一日益胤の諭告書（益胤年譜）

一、出生不育無之様、先年より度々被仰出、養育料被成下、厳重に仰付置候得共、取緩不育之向も有之哉之趣粗相聞、不届之至に候、前々より被仰聞候通、我が子を害候義、人倫之大変無此上、鳥獣にも劣候義、言語道断之事候、畢竟困窮に迫り迷候者も可有之哉、何共歎敷事に候間、悪敷心得に而、衣服食物其外兼々取扱に拘候事故、大勢は養育致兼候義と存候哉、衣服は暑寒を凌ぐ迄に而、食はまづ物を為給、育候而も害候よりハ増成道理、誰とても善知候事、尤不育致候へば天罰逃れがたき筋、能々勘弁致、不育無之様可心掛事

以上の趣旨を遂行するため、村目付組頭手代等をして、管内の妊婦を調査記帳し、毎年二月、六月、十月の三期にこれを実査の上その記帳を所属の代官に提出させた。益胤年譜文化五年八月一日の条に「着帯改郷々区々之処、左之通被仰付候」とあって、

一、村々給人郷士禰宜山伏足軽長柄百姓とも、十四才より五十才までの妻女共、帳面にしらべおき、二月、六月、手代村目付改、十月組頭村目付改、右之届三度三役にて見届致帳面、代官へ差出可申候

但月々着帯届寄合之義は是迄之通

当時の寺院はさすがに民衆教化の一拠点であったから、この方面にも要請するところがあった。

諸本寺江（文政五年八月一日　益胤年譜）
一、在々にて赤子不育の向も有之様、先年高峻院様大殿様被及御聞、御憂慮之余り、三男三女以上出生之節、寿命料養育料被成下、其上格別之御法令被仰出、被遊御取〆候得共、旧来之悪習之故か、今以て稀には不育仕候体之ものも有之様に殿様被為及御聞、甚御歎ヶ敷被思召、今般在々諸寺院江、右悪習相止候様、教化可申付旨被仰出候

この外諸役人へ示したものも似たようなものであるが、やはり当時の様子がそれぞれにあらわれているから煩をいとわず挙げてみる。

手代江
出生養育之義、先年より度々被仰付置候処、今以不埒之向も相聞候に付、在々給人郷士足軽之類下々迄都而懐妊改左之通被仰付候間、嫁入を境四十九才迄帳面に調置、一ヶ年に四度宛組頭村目付立合に而致廻村着帯改置、出生之節追々引合代官江届可申出候、若生産に而も死体小産流産等之類は、其者之組親類を以、最寄之三役之内江申出、仰差図取仕廻候様、向々江被仰付置候間、早速罷越、組頭村目付立合に而、其品に届候通相違無之哉、能々心を付見届可申候、怪しき義も有之候はゞ、急度相糺、訳合代官に申出、得差図取扱可申候

「組頭村目付江」というのもあるが、これはほとんど手代の場合と同じゆえ省略する。次に、

医師へ
一、出生養育之儀、先年より度々被仰付候得共、旧来之悪習に依てに候哉、近年不埒之向も相聞候に付、猶御取〆方被仰付候処、畢竟懐妊之者は勿論家内迄も間々心得違之者も有之、小産死体等有之哉に相聞候間、療治掛合之面々は不及申、他郷仲間迄も申合候而心得違無様、懐妊之者有之候はゞ、兼而之身持養生入念申含安産有之様取扱可申旨被仰付候、近年は処々より色々俗薬を用、堕胎流産等に致し、母迄も病身又は命に掛候者も粗相聞、不届之至言語道断之儀に候間、是等之儀を能々立入遂吟味、右体之者有之候はゞ急度相改可申出候

肝入足軽頭長柄者頭江
一、着帯改組頭手代村目付、一年に四度づつ廻村にて改被仰付候間、致案内、改を受候様可致候尤も臨月に至出生候はゞ、翌日手代方江届、男女之訳共可申出候、若小産死体流産血荒等に候はゞ、早速組合親類之内より、最寄之組頭手代村目付江、其品申出見届を受候て取仕廻可申候、右様之次第隠置、追々顕るるに於ては、本人は不及申、近類組合其頭々迄、重き無調法被仰付候間、心得違無之様取扱候様仰被付候（下略）

足軽之類並在住之職人其外下々江
一、出産養育之儀格別に被仰付候に付、懐妊並死体改共に在郷給人郷士之外、在住之下々は都而百姓同様三役立合改も受候様被仰付、出

生之子死去之節、出生之日より日数六十日の間、死体改同様三役立合改も受候様被仰付候
百姓江
一、出生之子死去之節、出生之日より日数六十日の間、死体改同様三役立合改も受候様被仰付候
組頭手代村目付江
一、出生養育之儀格別に被仰付候に付、足軽之類在住之職人其外在住之下々、妻女懐妊改並死体改共、百姓同様三役立合改候様被仰付候

以上は文化五年八月一日付のものである。同じく益胤年譜、天保三年十月十八日の条には左の記事が見えるが、矯正の効果もあらわれて悪風も追々少くなった風が見える。

去文政五午年、格別之思召を以、御家中並在郷給人郷士足軽某外下々御家中又者迄再び養育料被成下、百姓江者猶又増御籾有之、子供養育方之義御入念御教諭被為有、万一心得違之向有之候はば、速に御糺明之上重科可被成御執行之旨御厳令、御領分中端に至迄悉く奉感伏、我が子を害むるの悪行絶て無之段、追々被為及御聞、殊近年二子出生多く有之儀者、弥弊風相除候験と深く御歓被遊候、此上役々者不及申、毎度被仰付置候御寺院社家在医師等迄、能々相心得、無油断教示を加可被申、妻妾奴僕別而心得違無之様、叮嚀に為申聞置候様被仰付候、右之通仰渡候

一、（省略）
一、（省略）
一、取揚婆吟味之上御褒美御扱

養育料を恵まれて成長した子供が、報恩のため田螺を献じた記事が年譜の諸所に見られる。例えば充胤の天保九年三月二十八日の条に、

一、今般追々養育料頂載之子供共、十一才より十三才までの間、年々千田にし献納願差出し、右子供御道筋に被相出、御賞し被置

とあり、四月二日の条にも見える。この方は十三才より十五才とあり、また、九才より十三才ともなって範囲は広くなっている。三年の間一合ずつ献納ともあった。

経済的な援助としては、寿命料とか養育料とか名称は色々であったが同じもので、とにかく後までずっと続いている。まず祥胤年譜天明六年の条に、当春御家中ならびに在々まで三男二女以上養育料給与仰出でらるとあり、天明七

年の条には、家中にあっては三男三女より、一人につき米一俵ずつ七ケ年間給与することに定めたとあり、その他在郷給人郷士足軽長柄小人坊主その他諸職人町人また家来等にあっては、三男三女より毎年米一俵ずつ、七才まで養育料として給与する。百姓にあっては初年寿命料一俵、養育料二俵、二年三年までは養育料のみ二俵ずつ、四年より七年までは毎年養育料一俵ずつ合計十一俵を給与することに定めた。寛政七年七月には格別の思召をもって子供養育料を増し下さるとある。寛政十二年四月祥胤江戸へ上る途中、領内において五人以上の子女を養育したものを宿駅に召して扇面を賜うた。

しかし文化元年樹胤の時、財政困難のゆえをもって、一時養育料を中止したが、益胤の時に至り、文化改革後追々財政順調に向うや文政五年八月これを復活、御勝手より金二千四百両を支出の上、鈴木庄右衛門、渡辺利八以下有力確実と目される商人に貸与、二十五両に一分の利を徴し、前代よりも却って率を高めて給与した。在郷給人郷士足軽長柄山先水主の家で生れた三男三女には、初年米三俵金一分、二年目米二俵金一分、三年目米一俵を給したが、その五男五女以上にあっては、初年米四俵金一分、二年目米二俵金一分、三年目米一俵の割で、三年間に米七俵金二分を給与、双生児出生には三ケ年間毎年米十二俵と養育料とを併給する方法をとり、その他町給人郷士小人馬取諸職人寓又家中社家修験高不持百姓又者町人等の家庭における産児に対しても、また粗同額の米金を救与して、専ら産児の養育を保護奨励した。なお農民への給与額はあつく、三男三女米十俵、四男四女十俵金二分、五男五女以上米十一俵金二分で、これを五年に分割して給したが、初年にあつく後年にうすくなっている。文政四年の調によると、同年中領内の四男四女以上の出生数は百九十五人であった。

充胤年譜によれば、天保七年十二月の一町触は左の通り。

一、一男嫡女二男二女養育料被下無之所、年柄に付右出生之節、米半俵も被成下候間、臨月届可申出候、尤三度目以上、養育料定の半減被成下、其内米半俵余米一俵を金一分の割に被相渡候

天保九年の秋、幕府の巡見使が巡見の際、答えるために調べておいた記録がある。すなわち、

養育料割合定

一、御家中　重御借上御年限中

四百石以上　三男三女　米一俵臨月下さる

四男四女　米二俵、内一俵臨月下さる、内一俵出生廿一日過被下

五男五女　米三俵内一俵右同断、内二俵右同断

猶出生の節、右の外四男四女へ金一歩二朱、五男五女へ金二分被下

百石以上　三男三女　米二俵、内一俵臨月被下、内一俵出生二十一日過被下、但御宛介二人取者米二俵

四男四女　米四俵、内一俵右同断、同三俵右同断

金一分二朱出生の節被下、但御宛介二人取者米三俵金一分二朱

五男五女　米五俵、内一俵臨月被下、内四俵出生廿一日過被下

金二分出生の節被下、但御宛介二人取者米四俵金二分被下

一、在郷給人郷士足軽長柄山先水主

三男三女　米三俵、初年二年三年各一俵宛被下

四男五女　米三俵初年二俵、二年目一俵被下

金一分

五男五女以上　米七俵、初年四俵、二年二俵、三年一俵

金二分

一、町給人郷士小人御馬取諸職人鷹者又家中社家修験高不持百姓又は家抱人町人

但御宛介取は御借上御年限中被下

三男三女　米三俵、内一俵初年、同一俵二年目、同一俵三年目

四男四女　米四俵金一分、内二俵金一分、同一俵右に同じ、同一俵右に同じ

五男五女以上　米五俵金一分、内三俵一分初年、一俵二年目、一俵三年目

一、百姓　三男三女　米十俵、内初年一俵寿命料四俵養育料、二年二俵、三年より五年まで各一俵づつ

四男四女　米十俵金二分、内初年同右の外に金一分、二年同上の外に金一分、以下同右

五男五女以上　米十一俵金二分、内初年米六俵金一分、二年二俵一分、以下右に同じ
右文政五年八月朔日より仰渡され候
一、養育料被下候御趣意被仰渡を境、其後出生より被成下候
二、三男三女より養育料被下候処、兄姉の内御奉公に出候が縁付候江も定の通年限丈被成下候
一、総領及二男二女致病死候後、出生の三男三女江は不被下、致欠落候迚も同様の事
一、三男三女養育料年限中兄姉の内死去致候はば、落残は不被成下候、四男四女共に右に準じ後の渡り定相減ず
一、双子出生致候はば、是迄の通、米十二俵づつ三ケ年被成下候、但養育料被下候面々江も余計に被成下候

天保九年十一月の条には、

一、諸廉養育料上下の内、一俵正米にて御渡、残り丸に米一俵を金一分宛に定、被相直、金にて被成下候
右之通御引方相成候得共、此外三ケ年の間、未の年よりも都而御引増有之向は、三ケ年御法之通御引方之事

天保九年十二月の条には、

一、養育料被下年柄に付、来八月迄の間、米一俵被相渡、余は米一俵に付、金一分之定を以て被相渡候

実際に養育料を支給された例は左の通りで、充胤年譜に見える。年月日ははっきりしないが戌五月は天保九年かと思われる。

坪田村百姓市次郎妻
右二度出産双子出生届申出、兼ての通り養育料被下候事
一、浦尻村平右衛門四度目に而二子出生之処、三度目以上先にも不相見に付、三十六俵は常之養育料之外に被下可然と勘定奉行迄は相談仕、其通相極

四度目之二子、浦尻村平右衛門
米五十五俵
金一両
内十二俵宛　戌年より子年迄三ケ年
同九俵、二分　四女出生定式

四俵、一分、戌年　二俵、一分、亥年　一俵宛、子年より寅年まで三ケ年
同十俵、二分、五女出生定式
五俵、一分、戌年　二俵、一分、亥年　一俵宛、子年より寅年迄三ケ年
戌五月
外一俵、臨月被下分、被下
一、四十五俵　二度目二子出生　室原村　孫右衛門
内三十六俵　二子出生に付
十二俵　寅年、内六俵、此節被下、同六俵、七日過被下
同十二俵　卯年より辰年迄二ケ年
同九俵　三度目翌月十五日過被下、内四俵寅年、同二俵卯年、同一俵、辰年より午年まで三ケ年
外一俵　寿命料被下

結　論

一

序論に述べた如き趣旨のもとに、本論において小祠の考察を試みたのであるが、種々の反省すべき事項に会って、必ずしも所期の結論は得られなかった。しかし当初より結論はかくある筈と期待することも、民俗学的方法においてはことに困難事であって、やはり資料によるまわりくどい方法によるより仕方がなかったと考える。

先ず最初の目的の一つは、一つ一つの小祠を見た上、全体がいかに有機的に関連をもっているかを確めた上、ひろく小祠に学問的体系を与えてみようとすることであった。そして発生、展開の様式を取り出して、科学的に究明して見たい、それには日本全体の小祠を知ることは先ず不可能であるから、地域を相馬およびその周辺に限ってみたことである。相馬を選んだ理由は既述の通り、私自身の住む所であって、生活にしみついた信仰は、その中にあってはじめて本当の事が知られる、という考え方、一つは相馬は古い土地柄で地域としてまとまっており、残っている小祠の数も種類も非常に多く、大体主なものは一通り揃っていると思われたからに外ならない。そのため小祠の名称、分類、分布、異同等にわたる一般信仰の考察の試みは、はじめてで不完全ながら一応なされたかと考える。ただ選定した地域がせまかったために、この地域をモデルとして、直接全国の小祠を類推することは遠慮したが、他にも類型のはっきり認められる特殊の信仰を持つものにあっては、多少この遠慮は顧みなかった。

小祠の変遷過程を重視したのも理由があった。すなわちその信仰の発生を明かにするため、一つには現在の姿を現在の信仰様式の中に明かにとらえることで、したがってそれには過程も明かにされねばならなくなる。葉山を取りあげたのはそのためであって、発生様式は割合に古く、現代までの過程もかなり明かにされると信じたからに外ならぬ。すなわち葉山の信仰を明かにすれば、古代の他の一般信仰もよほど明かになると考えたからである。

由来葉山の信仰は、ほとんど東北地方に限られ、それも山の神といい、作神といい、その性格も明瞭でなかったが、祭祀の諸様式をたずねて一応祭場と神の降臨等六項目とし、他信仰との結びつきを、試論ではあるが明かにし得たのは嬉しいことである。古代の様子もある程度推量することの出来る程度には資料も揃え得た。同時にその変化過程も、これまたある程度ではあるが知ることが出来た。直接の発生はかなり新しいかも知れないが、古い要素も今の信仰に含まれていることは確かである。

葉山の本祠はわからない。山形県の葉山より分れたともいうが、直接にはあるいはそうかも知れない。今こそ村々至るところに存在するが、何れも昔は高い山、それも里近い山にあるのが特徴で、広く地図を見れば、古い葉山ならきまって高い山をいい、それが点々と連っているのを発見する。しかも山の神としての性格と共に作神としての性格を具備している。本論において述べた如くその成立の基礎は祖霊にあると思われ、この神が子孫の耕作の状況を見て守護し給うたものと見られるのである。葉山には託宣があって、それが祭の中心をなしていた。その神託によって次年度の作の豊凶をはじめ、ひろく吉凶を知らしめられて、一村の政治は成り立っていた、科学的予報を知らぬ古代にあっては、神なる祖霊が子孫に吉凶禍福を告げることは普通であり、その中心が耕作におかれていたことも想像に難くないことであって、葉山はそうした面で作神として、より発達し来ったのである。

またよく葉山で行われる雨乞を、作神のゆえと思われがちであるが、むしろ水の信仰が山の神と結びついている結果がもとになっているかも知れぬのである。みくまりの神の信仰の山にあるのは当然であろうから、葉山にあるのもその名残りらしい。山から水が湧き出ることにも、山に降った雨が里に下ってゆくことにも、雷は多く山に発生することにも関係があろう。宮城県の刈田嶺神社も天水分、国水分をまつり、作神信仰があるというが、雨乞を山で行うことは日本のみでは無い。

我国に広くいわれている田の神が春山より下りて田の神になり、秋収穫後山に入って山の神になるという信仰も、この間に生じたものであって、葉山の神もそれに当るが、むろん葉山に限るわけではない。ただ田の神と山の神は同じである、という所に重点があるのではなくて、田の神になったり山の神になったりする機能をもつ神がある、ということなので、葉山の神もそれだと思われる。あるいは田の神が山に入って休息するので、山の神の性格を併せもつと考えられてよい場合もあろう。とにかく葉山の山は、葉山の神の居る所でもあり、祭場でもあったが、やはり祭場としての考えの方が、山そのものを神とする観念よりは古いかと思われる。多分神は、葉山の神に固定せぬ以前は祖霊を中心とした諸々の神霊霊魂の類で、この茂山を中心に、あるいは天駈りなどして活躍したものであろうと考える。

更に思えば葉山は、いわゆる葉山の神でなくてもよかったのであろう。葉山は奥山に対しての里近い端山であるゆえに、全国至る所にあってよかった。ただはやまの名にわざわいされて、後世羽山戸神などが祀られた葉山のみが残った形であるが、本当は前述のように、村々の端山に祖霊や神霊が寄り集る、そういうきまった山が幾つもあったのである。それは今より一寸想像出来ぬような古い時代であって、村の祭もまつりごともその端山を中心に行われたものに相違ない。そこはきっと今の葉山の如く、祭の日など一定の日には、祖霊と人とが会うことが出来、祖霊より数々の教示を受けて信奉したものに相違ない。それは必ず高い山にきまっていた。恐らく多くの高山の神祠、とくに熊野、羽黒の如き、山神作神の信仰を合せ持ち、しかも祖霊のにおいのどことなくつきまとっているのを見ても、恐らくは古代において、葉山と同じ系統から分れたものと推測される。それは葉山の神と熊野の神などが同じということではなく、何神などともいわなかった古い時代に、祖霊中心の葉山信仰が存在し、それが発展して行くうちに、熊野とか羽黒とかの神がくっついて、更にそれとして独立して行ったと見るのである。今の葉山は修験道の息のかかったものばかりであるが、成立の基礎は、はるか古代にまでさかのぼらせてよいことは確かである。

二

氏神も特殊な小祠の一つとして重視せらるべきものであるが、これも地域的に詳細に検討して見た結果、細かな点についてはむろん異論があっても、大体において柳田国男氏等先覚の諸論を裏づけ確認したに止まったかの如くである。すなわち私の立論の要旨は、氏神は氏の神であって本家にあるのが本当であること、古く氏神信仰というものがあって、その家の祖霊をまつるのが本体であること、したがって勧請神は後世であること、すなわち血縁関係が地縁関係より古いこと、そしてその変遷、ことに氏より部落へのうつりかわり等を取上げて見ようとした。

なおこれは結論でなく未解決の問題になって残ったが、江戸時代の記録にあるうぶ神とうぶ子である。氏神と氏子と同じものを最初から指したかどうかは疑問があるが、少くとも近い世では同じものと考えていたらしい。ただ氏神氏子とはっきりいう時は、氏ないし血縁関係よりする場合多く、うぶ神とかうぶすなとかいう時は、その人の生れた土地にいる守り神という意がつよくなり、その神の守護を受けている土地の人がうぶ子という感じである。うぶ神とうぶすなもまたまるで同じか否か疑問があるが、まず大体同じと見る外は無さそうである。お産の安全を祈る産神も、そういう独立した神があったのではなくて、うぶすな神もしくは氏神のことをいったものと思われる。現に産神をおぼつなと称するところも外にあるらしく、また相馬においても出産の時刻が近づくと、おぶすなさまに燈明を上げたものだ。そのおぶすなとは氏神のことなのに、出産の時などは氏神といわずにうぶすな様とよんだのである。

葉山、氏神の外は、みわたり神が山口にまつられる水の神であったことがわかり、やや詳論したつもりである。大塚も地域的な名称の神であるが、これは湯殿系の信仰であった。また考古学的見地より見て、古い小祠は古代遺跡の上にあるものということもわかった。その著名な例は八竜神であったが、これもかつては山口にまつられた水神系のものであったかも知れない。

霊魂観については、東西の宗教学者によって詳細に論ぜられて来たものであるが、民俗学的にも柳田、折口両氏をはじめ、近くは堀一郎氏等のすぐれた論考が見られ、啓発せられるところが多い。ただ自分はしばしば考古学者と共に古墳の発掘調査を行う機会にめぐまれたので、そういう方面からも考えてみようとするくせがついているらしい。すなわち、古代には死の事実はあっても死に対する観念は確かに今と違っていて蘇生するものだという感じが強かったから、墳墓に人を埋めても、蘇生の方のことも考えて種々の方策を施したらしい跡がみられる。肉体の早く腐蝕することを願ったかに見えるのも、蘇生を早くすることを念じたからかも知れない。祭場を高い所に設けたのも、霊魂が肉体より分離して高きに上り神になる思想と関係があろうし、円墳や前方後円墳も山丘を表示したものかも知れぬ。また神が潮を浴びて神の機能を新にしたことは別に述べたが、これまた魂の復活と同じ理と考えられる。古墳にしばしば海岸の岩石を用い、海砂を用いてあるのを見るが、やはり潮水と関係をもち、真野古墳あたりの舟型の石棺から想像されるように、海の彼方の故郷が忘れられず、現実には潮を浴びて蘇生する呪術がそこにあったように思われてならないのである。今年の夏浪江町の円墳―自分は一種の祭祀遺跡と見たのであるが―にかなり離れた海より運んだと思われる小石を数多く用いてあるのを土地の人々が見て、我々の先祖が、もと来た海の向うが忘れられずにしたことだろうと事もなげにいうのを聞いた。そう簡単にいえないことはむろんわかるが、何か忘れられていた祖先の血が、どこかに残っているのを見つけたような妙な気持がした。

要するに神は霊魂であるゆえに死滅が無い。その霊魂が人体を借りていた場合、人体が死んでも魂は死なずに、次の人体に蘇生の形でうつって行く。魂だけでは形が無いからどこにでも自在に住む。それでは不都合で不便なこともあるから、必要な魂は社や祠をつくって留めて置こうとする。それは人間生活に必要なだけの魂でよいのであって、したがって最初は、神の種類も少くて間に合った筈であるが、生活が進歩し、社会が複雑になるにつれ、必要な神の種類がましてゆく。そして一家に必要なものは一家の神として、部落の利害と一致する神は部落の神として祀られるようになる。そして条件の変らぬ中は似た状態で存続してゆく。

三

小祠は小祠のみで他の影響なしには存在し得ない。種々の社会事情の下に幾つもの条件が揃って成立し発達してきたものであるから、類似信仰とくに神道、仏教、修験道などの影響はことに大きな意義を持つ。すなわち固有信仰が、仏教、修験道等との間にいかなる妥協を考えたか、右の中に固有神道がいかにかくれているか、等を指摘することは意義がある。かかる見地から小祠の成立に影響を及ぼしたと思われる周辺の諸信仰を検討したのであるが、これまた範囲が広きにわたつて、各々の小祠との有機的なむすびつきを究明してこれを指摘するに不充分であった。せめて各々の概論に流れる無意味を避けたいと思い、地域において特殊と思われる、かつ直接間接に小祠信仰に影響を与えたと考えられるものを挙げた。しかも従来明かにされていなかった資料のみによったつもりである。

神道において吉田神道を選んだのは、この地域が吉田神道の最後に花を咲かせ、そして滅んだ所であるばかりでなく、従来ほとんど不明とされていた同神道に関する門外不出の古文書が、相馬旧藩主家の庫より今度発見出来たからである。このために相馬の一般小祠がかなりの影響を受けていたこともわかり、世間から今まであまり注意されず軽しめられていた吉田神道を、民間信仰の立場よりも再吟味する資料にもなり得たと考える。

修験道に地域の本寺上之坊の消長を選んだのは、これまた幸に相馬領の本寺であった同寺に、全く完全に近いまでに数百通の文書が未公開のまま残っていて、これが整理によって、村々に浸透していた修験道、常民の生活と最も密接な関係にあった信仰を、極めて詳細に知ることが出来たからである。もっとも自分としては、原始神道につながる修験道というものが、村々にどのような形で、どのような古い形で存在していたかを知りたいのであるが、今回はこの目的は達せられなかった。

仏教に真宗移民を選んだのは、相馬藩が天明凶作以来、激減した人口を補うべく、危険をおかして北陸地方より数千の移民を明治初年まで計画的に入殖せしめた、彼等はこの地にこれまでほとんど無かった真宗を持ち来りつつ、生活環境の全く異る異郷に入り、土地の人との軋轢を克服して、いかにして生活にとけ込まんとし、また一致せぬ信仰をいかにして保持し来ったか、その同化不同化の法則を見つけようとしたのである。これは文献が割に残っていないために、村々を歩き、寺の住職や古老の聞書にたよらざるを得なかったが、それにもかかわらず時代があまり古くないために、在来の土地の信仰に及ぼした影響は、ある程度確め得たと信ずる。

民間信仰のうち巫女の生活を選んだのは、葉山の信仰の大きな要素をなしているのは託宣であって、巫女的性格が中心をなしているためのみでなく、古代の信仰を知るには現代の巫女の調査が大事である。それには今の巫女の実態を見てより所としたいと考えたからに外ならなかった。そして県下で数個所選んでみた。直接小祠との関連は薄いようであっても、古代人の思想信仰を考える上に役立ったと自分では思っている。

これを要するに、神道にせよ、仏教、修験道にせよ、民間信仰よりみれば本質的に差違はない。というわけは、生活の中から必要に応じてしみ出した信仰が横にたてに織りなされ、時には仏教的に、時には神道風に、あるいは修験道の形で、その信仰を表示するに一番適当な形を自然にとって、おもてに現れるに過ぎぬのである。小祠もその中の一つの産物で、結果においてより神道的だというように過ぎず、民間信仰よりすればそうした宗教的分類の大した意味の無いことを知るのである。それほど民間信仰は雑駁で幼稚で非科学的なのでもあろう。強いていえば小祠は、日本人の民間信仰を比較的具体的に結集した、形にあらわれた一種の象徴物なのであろう。

（昭和三十四年十二月七日）

後　　記

日本民俗学の創始者であった柳田国男先生にはじめてお会いしたのは、昭和十年の夏であったが、それから昭和三十七年八月に亡くなられるまでの三十年に近い年月を、弟子の末席に加えていただけたことはまことに光栄であった。私が民間信仰、ことに小祠の調査をはじめたのは、昭和五年国学院大学を卒業して間もなくのことであったが、すでに在学中、金田一京助、折口信夫その他の先生の影響を受けて、柳田民俗学というものを知ることが出来た。

卒業後は勤める身となったので、調査もしたがって日曜か休日に限られ、その間勤務校は福島県内の磐城女子高校、相馬高校、相馬女子高校と変って今日に至った。調査はなるべく実地採集によろうとし、また広く深くと思ったが、遠くの土地の調査は不可能なので、その代りせまい範囲ながらに出来うる限り詳密に調査して、その類型の全国にも及ぶことを明らかにしてみたいと考えた。あえて本邦の字を冠したのもそのためである。一方、文献も資料として大切に考え、とくに旧相馬藩主家相馬恵胤氏所蔵にかかる従来未公開の文書を利用させていただいたことは感謝にたえない。奥相志の原本、衆臣系譜の原本、吉田神道の文書等みなそれである。修験道文書は家蔵のものによった。なおまとまった資料として、石城の古碑は磐城民俗研究会の、相馬の磨崖仏は相馬高校、相馬女子高校郷土室のそれぞれの手をわずらわした。

昭和三十四年秋、論文「本邦小祠の研究」が出来上ったので、堀一郎博士に一応見ていただき、また国学院大学の西角井正慶博士に見ていただく前に柳田先生の所にお届けした。先生は八十余歳の高齢でありながら、原稿のほとんどすべてにわたって目を通され、「近頃他人の論文をこんなに熱心に見たことはなかった」といわれ、とくにはやま信仰については先生自身も興味を持って居られて、これまでもたびたび御指導をいただいたが、この時もずいぶんこま

向って左柳田国男先生

かな批評をカードに書いて寄せられた。

その後国学院に提出した右の論文がはからずも審査に合格し、昭和三十七年三月十三日付で、旧制学位令による文学博士の学位を得たので、急いで柳田先生の御宅に伺い、今はやや衰えられた先生に喜んでいただくことの出来た時には、かえって私の方が涙が出そうであった。写真はその日同行の阿部恵久子のとってくれたものである。それからまもなくの五月三日、先生の米寿のお祝の会が成城大学で催された時、案外にお元気な姿を拝見して喜んだのもつかの間、八月八日のあついさなかに、天寿を全うして歿せられた。

その後、論文出版のことについて、郷里の先輩知友の方々が骨を折って下さることとなり、私の出身校なる相馬高校の持館泰校長、私の現任校の太田長夫相馬女子高校長、前の富岡高校長松田一氏等の肝いりで、昭和三十七年末、出版後援準備会が出来、相馬高校を会場に持館氏が主となって数回会合が開かれた。かくして三十八年一月に至り、福島県下はむろんひろく全国から二百数十名の発起人があげられ、論文出版後援会が発足した。中心は学界、教育界、神社界それに各同窓会の人々であった。

会長には地元相馬市教育委員会の荒利美教育委員長が当られ、渡辺宗綱氏外二十数氏が副会長以下実行委員になって下さった。相馬恵胤、渋沢敬三、阿部信義県教育委員長の各氏をはじめ、横山宗延氏等地元の各市町村長各位は賛助員となって下さった。とくに国大教授金田一京助先生よりは本の題字と推薦文をたまわり、国大教授西角井正慶、東北大文学部長・日本宗教学会長石津照璽、東北大経済学部長中村吉治、国大・東北大教授堀一郎、東北大教授豊田武の各博士をはじめ福島県教育長大槻文夫、福島県神社庁長阿部信の各氏よりは推薦文を頂戴した。

一方中村教授の斡旋で、仙台市の笹気出版印刷株式会社社長笹気幸助氏が印刷万端を引受けて下さることになり、高田兼雅営業部長はじめ各位が非常な好意をよせられてすぐれた技術をつくしてみごとな本をつくって下さったのである。ほとんど毎日のようにかさなってくる庶務・渉外の雑事や校正の仕事は、みな相馬高校の佐藤政宏教頭と東北大学経済史研究室の岩本由輝君、印刷所の皆川一輝君がてきぱきと処理され、相馬女子高校の高橋重久氏ほか国語科の全職員が校正に当られた。

以上のように、ひろく深い後援会会員各位の御協力によって、印刷出版はいうまでもなく、会員募集から本の発送に至るまで、すべてが今完了しようとしている。真に感謝にたえないことであって、今さらお礼の申し述べようもない。今はただ、今後とも調査研究を続けて行き、地方の文化向上に少しでもお役に立つように、そして皆さんの御期待にそいたいものとひとえに念願するばかりである。

昭和三十八年三月二十二日

岩　崎　敏　夫

事項索引

（か）

図表索引

写真索引

新装版　本邦小祠の研究　　　　　　　　**岩崎敏夫著作集**

2019 年（令和元年）7 月 20 日　新装版　第 1 刷

著　者　　岩崎　敏夫

発行所　　株式会社　名著出版

〒571-0002　大阪府門真市岸和田 2-21-8　電話 072-887-4551

発行者　　平井　誠司

印刷・製本　株式会社　デジタル・パブリッシング・サービス

ISBN978-4-626-01830-4　　C3339